부富의 열쇠

부富의 열쇠

돈과 인간의 질서

민경두 지음

노형

추천의 글

"자유시장에 대해 인간 스스로 존중할 수 있는 근간인 경쟁의 자연원리를 제시한 것이 날카롭게 다가왔다. 단 한시도 이윤추구를 놓을 수 없는 자본주의 가치를 인간 중심으로 잘 설파했다. 국가 경제정책과 운용에 사상적 배경으로 크게 기여할 것이라고 생각한다."

― 이을형 박사(숭실대학교 전 법대 교수/학장)

"돈의 속성을 자연과학과 철학적 사유, 종교적 직관 등으로 동시에 풀어 낸 담론이 신비롭다. 그 논리의 중심에 인간의 도덕률과 신성이 교차해 자리하고 있다는 긍정의 절대성을 현대 자본주의 축으로 본 시각이 놀랍게 다가왔다."

― 정재남 총경(충남지방경찰서)

"부자는 돈의 많고 적음의 문제가 아니었다. 경쟁에서 지고 이기는 것이 부의 실체였다. 하지만 이런 시장의 차별은 생명의 질서였다. 자유시장은 이기심을 먹고 자라는 정교한 이타적 에너지가 얽힌 크고 작은 수많은 톱니바퀴들이 쉬지 않고 돌고 있는 시스템임을 통찰하게 됐다."

― 이문수 변호사(이문수법률사무소)

힘 없는 정의는 공염불이지만 정의 없는 힘은 폭력배라는 치열한 자유시장의 현실이 눈에 들어왔다. 금력을 좌우하는 돈이 차갑게만 느껴졌지만 따뜻한 면이 함께 있음을 보았다. 폭군같은 금력이 힘 없는 자유시장의 사람들에게 빛이 될 수 있는 가능성을 보고 희망을 느꼈다."

― 성헌식 편집인(고구려역사저널)

"2000년전 예루살렘에서 그리고 2018년 서울에서 예수님이 우리에게 말씀합니다. '진리가 너희를 자유케 하리니' 진리를 찾아 걸어가는 목마른 광야에서 세속적 돈에 얽힌 인간을 구원하고자 하는 예수님 사랑의 마르지 않는 진리를 볼수 있었습니다."

– 박영길 목사(전남 진도 관매도교회)

"부자라고 생각하면 오만이었다. 가장 위험한 순간이라는 것도 알게 됐다. 내가 돈을 가진 것이 아니고 돈이 나를 좌우하며 머문다는 것을 알게 됐기 때문이다. 부자는 돈이 잘 머무는 사람들이다. 돈에 울타리를 쌓으면 반드시 그 울타리가 무너진다는 사실을 확신하게 됐다."

– 임정환(경기도 고양시 덕양구)

"국민이란 집단지성은 언제든 위정자들에게 매를 들 수 있는 자유시장경쟁의 욕망집단이었다. 위정자는 국민의 욕망을 이용해 표리부동한 태도를 취한다. 위대한 정치인은 매질을 당하면서도 그 욕망을 오히려 강력한 결핍의 에너지로 삼아 국가와 국민의 부를 키워왔음을 인식하게 됐다."

– 이정아 원장(이정헤어샵)

"자유시장의 긍정적 측면을 부정의 측면이 기여하는 대비를 통해 제시하고 있어 독특한 전개방식이다. 한 번만 읽으면 혼란을 주는듯 하지만 2~3번 글을 음미하면 자유시장경제의 장·단점이 강렬하게 대비돼 강점이 투영된다."

— 윤수현 부원장(서울대학교 한국보건정보정책연구원, 약학박사)

"큰 부자들은 마치 다른 나라 사람 같았다. 소위 재벌을 일군 사람들을 평범하게 보지 않았다. 하지만 그들은 가장 평범했고, 그것이 비범이었다. 인간은 누구나 이기적이라는 것을 진심으로 인정하는데서 나아가 그들과 함께 더 큰 이기적 욕망들을 가꾼 사람들이라는 사실이 눈에 들어왔다."

— 장우순 상무(한국제약바이오협회 대외협력실)

"금융기관 40년의 인생에서 돈은 숫자이고 측정하는 단순차원이었다. 하지만 책을 통해 불평등의 단초이자 부도덕성의 배경으로 더 지탄받아 온 돈 그리고 그 자본주의가 인간 휴머니즘의 완성이자 진선미라는 미학의 완성에 절대적으로 기여한다는 논리를 새로운 방식의 '에너지론'으로 종횡무진 전개한 내용이 흥분을 자아내게 했다."

— 김종철 대표(주식회사 포컴, 신한카드 전 부사장)

"쌈짓돈을 버는 사람의 한계를 알고 무릎을 쳤다. 손에 쥔 돈을 내놓을 용기가 없는 사람들이었다. 부자에겐 쥐어지는 돈이 아니라 돌고 있는 돈이 많았다. 쥔 돈은 절대 부자를 만들지 못했다. 내 손에 있는 쌈짓돈은 부가 아니었다."

- 이재현 대표이사(주식회사 엠디스컴퍼니)

"돈은 치열한 현실의 금맥이지만 환상의 연금술이기도 한 이중성이었다. 황금의 나라 엘도라도에 빠질 때 돈이 엉뚱한 곳으로 질주하는 이유를 알았다. 돈은 환상과 현실을 동시에 만드는 괴력을 지녔다. 빈부를 가르는 심판관 역할을 하는 신성을 띠었다."

- 김운용 사장(푸른기초)

"자유시장에서 경쟁은 무한경쟁이라는 사실을 냉철하게 짚었다. 인생사 수많은 변칙이나 반칙에도 생명의 원리가 녹아든 책임에서 비롯됐다는 사실에 깊이 공감한다. 경쟁의 두려움을 이기는 길은 고귀했고 결과는 아름답다. 이 사회를 움직이는 에너지는 바로 무한경쟁 속에 녹아 있다."

- 박승범 사장(남매쌀상회)

책을 펴내며

누구나 부자가 되고 싶지만 누구나 부자가 되지는 않는다. 도대체 무슨 이유로 빈부가 갈리고 일부만 부자가 나오는지 궁금했다. 부(富)의 개념이 무엇인지를 분명히 정의하는 것이 먼저 중요했다. 부를 알고 부자가 되는 길을 알고 싶은 마음에 돈을 만드는 원천을 알고 싶었다. 그것을 또한 많은 사람들에게 알려주고 싶은 욕망이 부자담론의 펜을 들게 한 용기를 내게 했다.

생명 원천과 자연 원리에 대해 탐구하기를 좋아해 언론사 운영 본업이 바쁜 가운데도 최근 10년간 물리학 관련 책만 100여 권을 탐독했다. 중요한 책은 몇 번씩 반복해서 읽었다. 물리학에 빠지다 보니 심리학, 경제학, 언어학, 미학, 종교학, 사회학, 생물학, 역사학, 정치학 등의 책도 읽어 나갔다. 미적분과 기하학, 삼각함수 등을 다시 공부하고 동서양의 대표적인 철학서들과 그 배경지식이 될 문학작품들도 틈틈이 읽었다. 하지만 돈의 원천이 무엇인지 여전히 뚜렷이 들어오지 않았다.

그런데 거시세계의 '슈뢰딩거 고양이'가 돈(화폐와 다른 등가가치 개념)의 원류가 되지 않을까 하는 생각이 문득 들었다. 돈을 일로 간주하고 가속운동으로 정의하니 돈 에너지의 원류는 미시의 운동역학일 것이라는 확신이 들기 시작했다. 슈뢰딩거 고양이는 미시의 과학적 정의가 거시에서 불가능하다는 사고실험이었지만 돈은 가능할 것이라는 생각이 뇌리를 파고 들었다. 미시와 거시를 연결하는 길목에서 돈은 그 연결고리인 블랙홀의 강력한 모습으로 존재하는 듯한 원리가 눈에 들어왔다.

에너지는 질량으로 그리고 질량은 에너지로 상호 치환될 수 있는 것은 물리 상식이다. 이를 통해 그 작은 초미세 입자 속에서 태양, 원자력 같은 거대 에너지가 나온다는 것은 엄청나게 효율이 큰 자연의 부가가치다. 현대문명의 메가기둥인 전자기력도 자연의 초미세 효율을 거시세상에서 획기적으로 높인 찬란한 발견이다. 질량이 없는 광자의 빛 정체가 전자기파 일종이라는 것도 드러나고 그 빛은 자연과 생명 에너지의 원천이며, 돈은 또한 바로 그 에너지의 수많은 변형된 형태로 우리 자신이 되고 우리 앞에 현실이 되고 있었다.

미세 영역에서 역학의 일은 곧 거시에서도 일이다. 분자, 아원자 단위에서 일어나는 역학들이 생명을 이어가게 하는 에너지 샘물이다. 그 일은 정교한 질서의 섭리다. 그 속에서 탄생한 돈 에너지는 값지고 귀한 몸으로 대접을 받는 것이 당연했다. 돈은 70억 인류의 에너지 장 속에 실제 있다. 그래서 돈은 특정인에 머물지 않고 순환해야 숨을 쉬는 생명의 질서를 머금었다. 이를 거스른 채 돈을 무리하게 보유하는 것은 가장 위험한 행위다. 돈은 도덕을 정초한 인간의 질서다.

　부의 물리적 정체는 결국 에너지다. 자연의 모든 가속운동은 부가가치를 만든다. 이 부가가치는 물질처럼 좌표계 기준이 반드시 필요하다. 0의 발견은 무한소와 무한대를 가능하게 했다. 0은 상상하기 어려운 무한영역을 결정짓고 그 속에서 활동하는 돈의 가치를 무한히 결정하는 모든 효율의 기반이 됐다. 기준은 시간을 통해 공간 속 일의 효율을 결정지었다. 기준 좌표를 중심으로 한 돈의 무한 변수는 시공간 에너지 틀 속에서 가치생산의 무한 방식으로 인간에게 다가왔다. 이 같은 미지의 수많은 경쟁유형이 자유시장을 세우고 강력하게 유지시키고 있다.

　돈은 무에서 유를 창조하는 자신이자 동력이다. 창조의 원류인 이 에너지는 신성했지만 그 창조력은 공포와 위력을 동시에 주었다. 인간에게 중력의 붙잡힘이 보금자리로 행복하지만 중력에 항상 대항해야 하는 생명운동은 사실 힘든 일이고 고통이다. 아인슈타인이 행복한 생각이었다고 한 중력법칙 속에도 돈의 가공할 에너지가 숨어 있는 것이었다. 자연의 운동섭리를 따르는 것이 곧 부자 되는 길이다. 자유시장의 역동하는 밭은 부가 싹트고 부자가 자라는 필연적인 조건이다. 자유시장은 운동의 동인(動因)으로 부를 유인해 내는 에너지장이다.

이처럼 돈을 자가발전하는 자유시장은 자본주의라는 이름으로 불린다. 무소불위의 권력을 갖게 된 돈은 곧 모든 사람이 그것을 갖고 싶은 강력한 욕망의 다른 이름이다. 비교 또는 상대우위, 나아가 절대우위에 대한 탐진치(貪瞋癡)는 선악을 만들어 내고 위악추(僞惡醜)로 변하기 쉬워 돈의 부정성을 키우기는 했다. 하지만 추(醜)의 미학에서 인간은 미학을 보는 혜안을 발휘했다. 돈이 아름다운 질서를 추구하는 모습이 보였다.

　생사가 갈리는 링 위의 전쟁에서 결정되는 빈부는 희망과 비전을 동시에 품고 있었다. 결코 용서나 관용을 바랄 수 없는 끔찍한 고통과 두려움은 또한 자유를 품기도 했다. 위대한 자유는 결핍의 속박이다. 안정으로의 욕망이 저마다의 결핍을 드러내면 일이 끝없이 인간 세상의 아름다운 결실을 맺고 효율을 낳았다. 자본시장은 이를 통해 많은 부자를 인과율로 양산해 냈다. 누구나 부자가 될 수 없는 이유는 단순했지만 반드시 부자가 나오는 이유도 당연했다.

　자본시장은 악덕 장사꾼들이 넘치는 세상이지만 그 속에서 운명의 개척을 가능하게 한 무한변수가 가면을 쓴 채 인간을 향해 행복을 끝없이 부르고 있다. 선악의 구분이 어렵다. 유와 무는 다르지 않은 상생이고 합일이다. 양자중첩처럼 선악은 하나다. 수없는 칼질의 경쟁이 난무하는 냉혹한 자본시장은 권력에의 의지를 키우면서 부의 행복 그릇들을 동시에 확대시켜 나가는 정밀한 원운동이자 파동성이다. 원의 좌표상으로 정밀한 파동성이다. 부가 모든 자유시장 사람들에게 순환하는 것이 오르막 내리막을 반복한다. 이 과정에서 수많은 자유시장의 이방인들이 탄생해 인간 스스로를 끝없이 괴롭히는 지옥의 장이 펼쳐지지만 부의 행복감은 그것 때문에 가능해지는 패러독스다.

생명은 선과 악 그리고 정의의 원리를 앞서가고 있다. 자유시장의 돈은 생명의 사투를 통해 계속 탄생하면서 끝없이 가장 아름다운 책임의 원리를 만들고 있다는 것이다. 부자가 되고 싶다면 책임의 강에 뛰어들기를 주저하지 말아야 한다. 생존의 사투에서 벌이는 치열한 경쟁을 자연의 섭리로 끝없이 받아들이는 것이 자본시장의 이방인에서 벗어나는 길이다. 선악의 심판관일수록 자본시장의 이방인들 동굴에 들어간다. 부는 신성의 권능을 갖고 이방인을 책임 있는 자유인으로 만든다.

'부의 열쇠'는 승패가 갈리지 않는 한 내려올 수 없는 링에서만 사용될 수 있다. 그 열쇠는 스스로 벌이는 최후의 심판이다. 자신만이 아닌 가족, 사회, 국가를 향해 무한히 사랑할 수 있는 에너지를 얻을 수 있는 길로 들어가는 문의 열쇠다. 다자(多者)들의 운명을 책임지는 속에서 행복을 느낄 때 부의 기운이 몰리고 부자로 남는다. 부의 열쇠는 곧 네트워크다. 분산을 통해 속박, 고통, 비자유, 결핍, 두려움 등에 얽히는 듯한 결정의 매순간 습관이 자유를 얻고 부의 첫 관문을 연다. 첫 문을 열고 들어가면 자신의 그릇에 맞는 수많은 부의 문들이 보인다. 의심을 걷고 두드려야 한다.

험난한 부의 길을 탐색하고자 하는 여정에서 만족스럽지 못하고 부족한 내용들이 많음에도 출판을 결정한 논형출판사, 순수 지성과 양심으로 똘똘 뭉친 소재두 논형 대표님, 원고검토를 용어사진까지 자청해서 만들고 밤잠 설치면서 입술이 터지도록 교열·교정에 임해주신 이용화 선생님, 편집작업에 수고를 아끼지 않은 소재천 논형 팀장님, 작은 이미지도 매 원고마다 영혼을 담아 정성스럽게 그려준 고윤석 디자이너, 끝까지 원고에 대한 조언을 아끼지 않은 스카이데일리 가족 최은숙 상무와 김신 편집인 등에게 진심으로 감사의 인사를 드린다.

프롤로그
생명과 돈의 가치

'생명이 어디냐' 묻는 돈, 인간과 하나 된 에너지

　자연의 순행원리가 성립되고 그것을 가능하게 한 배경은 에너지의 흐름인 '운동'을 근간으로 한다. 인류 역사상 오랜 기간 움직임이 없는 '정지'가 만물의 자연스러운 기본 상태로 간주돼 왔다. 마치 뛰면 걷고 싶고 걸으면 서고 싶고 서면 앉고 싶은 자연스러운 끌림의 끝에 쉼(정지)이 있는 것과 비유된다. 하지만 근대과학의 아버지가 된 갈릴레이가 상대성원리로 '등속운동(=정지)의 가치'를 발견한 이후 운동의 개념은 우주의 얼개를 새롭게 보는 눈이 됐다. 무중력 우주공간에서 등속운동과 정지상태가 같다는 이론은 이후 관찰자의 위치와는 무관하게 속도가 일정한 빛의 절대속도 값이라는 특수한 상황이 추가되면서 특수상대성이론으로 체계화 됐다. 운동하는 물질은 신기하게도 '시간지연'과 '길이수축' 효과가 일어났다. 이런 현상들이 우주공간이나 빛의 속도라는 특수상황 조건하에서만 일어나는 일이 아니었다. 지구상의 중력계 또는 가속계의 일반적인 상황에서도 이 같은 현상이 적용돼 뉴턴의 고전역학인 만유인력이 사실은 '가짜 힘'이라는 사실이 아인슈타인의 일반상대성이론에 의해 확인된다.

　진공 속 등속운동하는 좌표계(관성계)에서 모든 물리법칙은 동일하게 적용돼 등속과 정지를 구분할 수 없지만 중력의 지배를 받는 지구상(가속계)에서의 정지는 특별한 상태다. 지구상의 정지는 중력의 특수형태로 제약을 받는 것이기에 사실 당연한 상태가 아니다. 운동하려는 속성이 본래 자연스러운 상태이기에 지구상의 정지는 고정이 아니라 중력질량을 갖고 있는 일단 멈춤의 성질이다. 지구상의 중력질량(정지)과 우주공간 속 관성질량(가속)은 같다는 것이 또 확인된다. 중력가속계가 있는 지구상의 정지 관성은 일종의 고집이 센 힘이다. 그 힘의 정체는 그리고 질량이다.

질량이 있는 곳에 힘(중력)이 발생하고 운동이 일어난다. 중력계에서는 운동하는 것보다 정지의 개념이 자연스러운 현상인 것처럼 보였지만 가속운동이 본래 당연한 사연의 힘으로 떠오르면서 에너지(힘)의 근원이 드러나기 시작했다. 지구상에서 인간과 자연의 대부분 운동이 힘을 더하는 또는 일을 한다는 개념인 가속운동이다. 지구의 공전과 같은 천체의 원운동 또한 직선운동을 잡아두는 힘이 있기에 가속운동이다. 빛과 같은 파동도 방향전환을 하는 가속운동이다. 가속운동은 힘을 더하는 과정에서 에너지를 필요로 한다. 그리고 에너지의 원천인 전하를 가진 전자가 가속운동을 하면 전자기파(빛)가 발생한다. 이처럼 운동의 대표적인 것이 가속도이고 그것이 바로 중력의 실체였다. 가속 좌표계에서 일어나는 물리량은 중력장 내 그것과 같았다. 가속도는 에너지 흐름의 한 표현 형태다.

중력은 가속도 외에도 질량 주변에 휘어진 시공간의 굴곡이 또 하나의 실체다. 지구의 공전은 힘이 아니라 태양이 만든 거대 질량의 굴곡길(지름길)을 따라가는 것뿐이다. 그런데 질량이란 실체도 곧 에너지다. 뉴턴은 질량을 부피로, 부피는 밀도 등으로 인식했을 뿐 '질량=에너지'의 개념을 몰랐다. 뉴턴이 생각한 만유인력 개념의 중력은 결국 없다. 두 물질이 잡아당기는 뉴턴식 중력은 뉴턴만의 상상이다. 그럼에도 중력이라는 용어를 쓰는 배경에는 에너지가 자리하고 있기 때문이란 관점이 매우 중요하다. 광의로 보면 힘을 더하고(가속도) 질량이 시공간을 왜곡시키는(중력) 현상들은 에너지의 범주 속에 있다. 에너지는 운동, 곧 일을 하게 하는 원천이기 때문이다.

운동과 힘의 원리가 규명되면서 시작이 있을 때 시간이 발생하고 질량의 이동을 통해 위치가 생길 때 공간이 탄생했다. 이들 운동 상태에서의 물질이 있는 시공간 또한 신의 입자라는 힉스로 이뤄진 힉스장이 물질과 에너지를 주고받으며 질량을 만들어 낸다. 만물의 존재는 질량을 필요조건으로 하면서 이렇게 형성됐다. 곧 에너지는 인간을 비롯한 모든 만물의 창조주와 같은 신성을 가졌다. 따라서 물질은 에너지로, 에너지는 물질로 상호 바뀌거나 치환된다. 현대 이론물리학의 선두에 있는 초끈이론을 보면 물질 소립자들의 통칭인 페르미온과 힘을 매개하는 소립자들의 통칭인 보손은 같은 물리량으로 모습을 바꿀 수 있다. 빛 알갱이자 전자기력의 매개입자인 광자도 입자와 반입자의 쌍생성·쌍소멸로 명멸한다. 전자와 양전자(반물질)가 만나 쌍소멸하면 두 개의 광자(빛, 감마선)가 탄생하고 이들 광자가 다시 만나 전자와 양전자를 만드는 쌍생성을 반복한다. 현상계에서 우리의 눈으로 보면 무에서 유가 탄생하고 유에서 다시 무로 되돌아 가는 것처럼 보인다. 신이 간섭

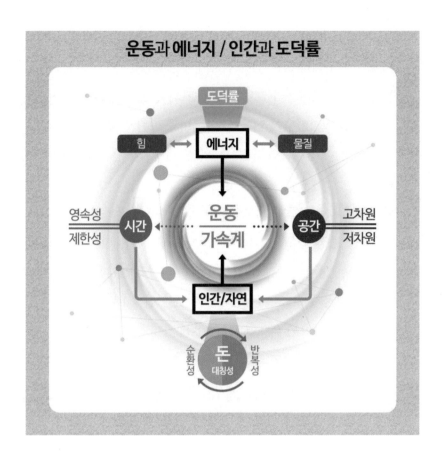

운동과 에너지 / 인간과 도덕률

도덕률

힘 ←→ 에너지 ←→ 물질

영속성 / 제한성 시간 ⋯⋯ 운동 가속계 ⋯⋯ 공간 고차원 / 저차원

인간/자연

순환성 / 반복성 돈 대칭성

하는 창조의 섭리와 순행의 이치로 보인다. 실제로 이들 유령같은 행동을 하는 에너지가 만물의 물질과 힘 그리고 인간과 생명의 주인공이다.

운동과 에너지를 기반으로 탄생한 자연의 근본 구성과 관련, 인류는 자연과학 또는 자연철학을 시작하면서 지(地)·수(水)·화(火)·풍(風)을 신의 창조 원리로 삼았다. 이들 물질 각각 만물의 근원인 것이 맞지만 이들 모두가 하나로 수렴되고 그 실체적 근원에서는 통일된 에너지로 정립된다. 지수화풍 존재의 근원은 원자 또는 그 이하 아원자단의 소립자들이기 때문이다. 나아가 더 이상 쪼갤 수 없는 에너지 단위 양자가 모든 것을 결정한다. 양자운동의 에너지 역학이 자연의 부가가치를 결정하는 근원이라고 하겠다. 전자의 이동에 따라 생명 에너지 원천인 빛이 발생하고, 아울러 그 원소간 전자의 결합방식에 따른 물질과 생명의 원천인 화학작용이 이루어진다. 이들 소립자 보다 더 작은 초미세 영역으로 더 들어가면 초끈이론의 끈 에너지가 만물을 만들어 내는 주관자다.

이처럼 에너지로 가득한 세상인 자연의 가치는 인간의 인식(또는 의식) 범주에서 결정되기도 한다는데서 놀라움을 준다. 인간의 인식 파동은 양자 또는 물질의 존재를 결정짓는다. 의식이 강력한 고에너지이기 때문이다. 가령 한 개의 드럼통에 담겨 있는 섭씨 100℃의 물에 1℃의 물 한 방울을 넣으면 약 100℃가 된다. 반대로 드럼통 1℃의 물에 100℃ 물 한 방울을 넣으면 약 1℃가 된다. 한 방울의 물은 인간의 의식 에너지의 힘에 따라 좌우되는 소립자들의 '불확정성 원리'로 비유된다. 한 방울의 물은 주변의 물리량 또는 에너지 크기에 의해 '근사치의 불확정성' 현상을 일으킨다. 아울러 드럼통을 관측자라고 할 경우 관측대상인 한 방울의 물은 정반대의 모습까지 변형될 수 있는 '상반된 불확정성'도 있다. 소립자의 세계에서 관측자에 따라 입자와 파동의 정반대 이중성 현상이 실제로 일어난다.

입자의 위치와 운동량 또는 시간과 에너지 값을 동시에 알지 못하는 불확정성의 원리가 거시의 원리로도 이 같이 비유된다. 입자의 위치를 알기 위해 빛의 에너지값이 크면(짧은 파장) 운동량의 불확정성이 커지고 빛 에너지값이 작아(긴 파장) 불확정성이 커지면 운동량은 보다 정확히 알 수 있다. 또 입자의 파동을 관측할 때 시간이 짧으면(정확해지면)

에너지의 불확정성이 커지고 시간이 길어 불확정성이 커지면 에너지 불확정성이 작아진다. 오늘날의 원자모형을 최초로 정립한 닐스 보어 이후 전자의 운동형태가 확정되지 않고 확률로 존재한다는 것은 하이젠베르크와 슈뢰딩거 등을 거쳐 수학적으로 그리고 실험적으로 증거됐다. 동시에 인간의 의식 에너지 파장도 수많은 사례들로 증거가 돼 왔고, 종교의 영성 체험과 동양의 기(氣)치료는 이미 보편화 됐다. 지금은 의식 뇌파를 이용해 움직이는 첨단 IT 기계들도 속속 등장하고 있다.

앞서 근대철학의 출발인 방법서설에서 '나는 생각한다. 고로 존재한다'는 것이나 독일 관념론의 큰 깃발을 올린 순수이성비판의 인간 중심 인식론 등은 인간 이성이 만물의 중심으로 자리 잡게 하는 논거를 제공했다. 이는 과학적 범주인 자연철학을 근간으로 한 형이상학적 고찰을 비롯해 수학 방정식, 양자운동역학 실험 등에서 거듭 확인됐다. 그런데 인간 중심의 의식 에너지 가치에서 간과해서는 안 될 진실이 있다. 인간 중심의 존재론적 인식을 결정하는 '가치'는 선험적으로 존재하는 본유(本有) 개념의 '도덕률'에서 출발하고 있다는 점이다. 인간 인식의 가장 강력한 에너지 틀인 양심 또는 도덕률이 인간의 존엄성을 결정짓는다. 그리고 그 신념이 에너지 장을 만든다. 그 인식의 가치 내에 세속의 대표적 가치인 '돈 에너지'가 전 생애에 걸쳐 자리하고 있다.

가늠운동이자 일의 현상으로 나온 가치인 돈 에너지는 생명 에너지의 한 형태이기도 하다. 생명 에너지는 원자단위에서 이뤄진다. 생명유지 에너지의 원천이 열(칼로리) 에너지이고, 그것은 빛을 받아들여 동화작용을 하는 광합성으로 탄생한다. 원자 단위 원소 간 화학결합 과정에서 에너지로 축적된다는 것이다. 열에너지는 거꾸로 이화작용을 통해 수없이 다양한 인간의 생명활동에 사용된다. 물질대사, 운동, 혈액순환, 면역, 유전, 세포생성 등에 이들 에너지가 작동한다.

생명의 물질만 봐도 탄소화합물이다. 탄소를 중심으로 한 원소들 간의 수없이 다양한 결합은 바로 공유결합을 하는 전자 단위로 이뤄진다. 전자가 돈 에너지와 같은 순환성(원운동), 대칭성(음양), 반복성(파동)의 성질을 띠었다. 생명유지의 원천 에너지라는 점이 같다.

원자 주변을 도는 전자는 입자이기도 하면서 파장(물질파)의 형태로 정상파 궤도만을 따라서 돌면 되기 때문에 일반적인 가속운동에 따른 에너지를 필요로 하지 않는다. 전자가 에너지를 필요로 하는 원운동을 한다면 전자는 에너지를 쓰다가 소진돼 원자핵 속의 양성자에 빨려 들어간다. 만물은 사라지고 생명도 존재할 수 없다. 거꾸로 일정 궤도를 도는 전자가 가능해 모든 생명체와 만물이 존재할 수 있는데, 전자의 입자성과 파동성이라는 모순이 드넓은 우주와 자연을 유지시켜주고 있는 셈이다.

입자로써 전자의 원운동은 정해진 궤도(정수배)를 달리할 때만 전자기파(빛) 형태의 에너지를 쏟기도 하고 흡수하기도 한다. 전자가 양성자에 가까워질수록 에너지를 쏟아내 안정화 되고 양성자에서 멀어진 궤도로 이동할수록 에너지를 머금어 그 힘으로 원운동을 유지한다. 전자는 또 원자 밖으로의 이동도 비교적 자유롭다. 이 같은 전자의 운동이 바로 오늘의 현대문명 총아가 된 전기(또는 전자기)와 IT문명의 주축이 됐다. 열에너지, 빛 에너지, 운동에너지 형태로 생명과 문명에 관여하지 않는 곳이 없다.

자유전자의 원자 밖 여행이 음전하와 양전하를 탄생시켰다. 이를 통해 인력과 척력을 이용한 첨단 문명의 기반이 만들어졌다. 발전기, 모터, 반도체, 배터리 등은 모두 전자의 운동성 때문에 가능했다. 전자의 운동 에너지는 마치 신의 창조물처럼 인류에게 하늘의 빛을 땅으로 내리게 했을 뿐만 아니라 인간의 작은 힘을 대신할 수 있는 무한히 응용할 무한대의 힘을 주었다. 시공을 초월한 인간의 의식 에너지가 투입된 돈(부자) 에너지가 이 같은 무한의 힘을 가져 흡사한 물리상태를 유지하고 있다. 인간이 사용하는 돈 에너지는 실제로 원자 단위의 에너지로부터 얻어지는 일 또는 노동력(가속운동)이 원천이다. 생명유지 현상 모두가 돈 에너지와 같은 일 에너지다. 아울러 전자기력을 제공하는 전자의 파장은 물질 뿐만 아니라 의식에서도 파장형식이 같다. 에너지는 영성과 물성을 오간다.

자연의 섭리 동력엔 무한의 '일'

물성이든 영성이든 에너지의 속성은 대칭성, 순환성, 반복성을 통해 자기 존재를 결정하고 그것이 자연의 기본 생명가치를 또 만들어 낸다. 그런데 돈의 속성이 이와 같다. 돈이 가진 본유적 도덕률은 대칭성을 통해 인간의 세속성으로 표현되면서 가치를 극대화 하고자 하는데 있다. 돈의 탄생은 본래 선함을 추구하는 진선미(眞善美)의 얼굴이었으나 세속적으로는 탐진치(貪瞋癡)의 대상성을 자기모멘텀으로 갖으며 위악추(僞惡醜)로 대칭을 이뤘다. 마치 천사와 악마가 공존하는 모습이다. 신성으로 탄생한 자연은 문명 그리고 그 문명의 총아인 돈이 가진 스스로의 반도덕성을 수렴하면서 인간의 도덕률에 항상적 긴장감을 준다. 이것이 대칭의 존재 이유이고 돈의 신성성을 반추하게 한다. 돈이 가진 세속성에 반해 인간은 돈에서도 본유적 도덕률을 찾고 유지하려 하고 있다는 사실이 그것을 반증한다. 성공한 부자들의 기부행위는 그 대표적인 양심 에너지가 발동하는 행위다.

인간은 시공간 속 4차원에서 존재하며 끊임없는 생명운동을 한다. 기본적인 생명운동의 목표는 종족의 보존과 안정적 삶의 유지다. 이를 위해 끊임없이 탄수화물, 단백질, 지방 등의 에너지를 흡입해 분해하고 축적하는 세포호흡을 하며 생명을 이어간다. 생명 에너지 충전소인 ATP는 세포 내 기질과 에너지 생산 공장인 미토콘드리아에서 시시각각 만들어진다. 인간은 이런 범주의 신비로운 생명운동을 정말 정교하게 하면서 신체적 삶을 유지한다. 동시에 정신적으로는 이상적 낙원을 꿈꾼다. 인간의 이 같은 물적·영적 생명활동 자체가 에너지 흐름의 한 형태라는 것이며, 세속적인 돈 에너지가 치밀하게 얽혀 있다. 이를 냉정하면서도 따뜻하게 바라볼 필요가 있다.

현상계에서 생명유지 가치 추구의 정점에 돈이 중요하게 자리하고 있는 것은 신의 자기얼굴인 상보성으로 간주돼야 할 일이다. 돈은 인간에게 필요한 가용한 에너지 산물을 제공하는 가장 중요한 매개 에너지가 되면서 세속적으로 신성화 아니면 속물화라는 두 얼굴의 모습을 갖고 있다. 내재적이고 본원적인 생명의 기본질서 속에서 인간의 존재가 존엄화됐듯이 돈을 생명운동의 기본 에너지로 삼은 인간 속에서 역시 돈도 신성화된 가치를 지녔다. 신성의 가치는 보편적인 도덕률을 따른다. 그 도덕률은 가속운동인 일의 형태로 표출된다. 가속계가 원자단위에서 창조의 역할을 하듯이 거시에서도 일은 유무형의 가치를 창조해 낸다. 인간

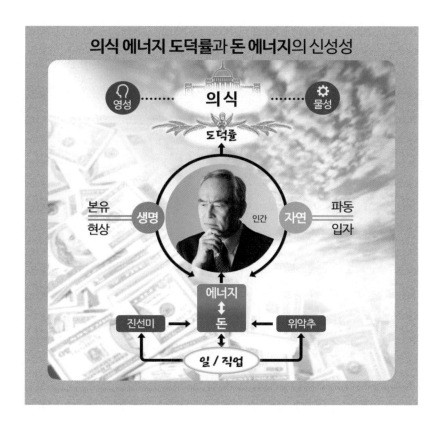

의식 에너지 도덕률과 돈 에너지의 신성성

영성 ······ 의식 ······ 물성

도덕률

본유 / 현상   생명   인간   자연   파동 / 입자

에너지 ↕ 돈

진선미 →   ← 위악추

일 / 직업

이 스스로의 존재가치를 평생 가속운동의 연속인 생명을 기본가치로 규정하는 이상 그 존엄성의 의미는 생명활동 에너지의 뒷받침을 하는 돈의 가치가 상당히 포섭된다고 하겠다.

돈의 에너지는 현상계 인간의 에너지로 함께 태어났고 문명화 되면서 '세속적 덕인 악덕'의 모습을 띠었다. 악한 덕이 존재할 수 있고 가능하기는 할까. 돈은 선덕의 본유가치와 악덕의 현상가치를 시공간을 초월해 초연결하면서 덕을 공통분모로 삼아 자연과 신성의 '매개 에너지'로 분(扮)하고 있다는 것이다. 즉, 신성의 본유와 만물의 창조 간에 공명(하나)과 공유(하나됨)를 번갈아 하면서 존재의미를 찾는다. 본래 일(가속)

이 갖는 의미가 이처럼 사익과 공익을 공유한다. 일의 현상가치인 돈 에너지의 속성은 양립한 세계이면서 하나다. 그래서 자연과 인간의 가치 속성은 정지하지 않는다. 이 자가운동은 스스로 무한대칭을 마주하면서 해가는 '변증의 발전적 순환'인데, 기하학적으로 표현하면 최상의 선을 향한 '상승하는 나선운동'이다.

결국 부가가치 에너지인 돈은 등속이 아닌 가속운동(일)을 하면서 있는 그대로의 본유와 그로부터 만들어지는 창조를 얽어매 끝없이 효율을 내려 한다. 이는 인간 삶의 형태로 보면 책임 또는 사랑이란 말의 다른 표현이다. 곧 경제현상이다. 운동과 속도는 시작할 때와 위치값을 가질 때 시공간을 만들어 반복하는 모습을 보인다. 돈 에너지를 많이 갖고 있는 부자는 그런 점에서 세속적 가치를 갖고 있음과 동시에 본유적 도덕률을 존재케 하는 본원적 존재자 또는 이데아의 역할을 정초할 수 있는 에너지를 갖췄다. 악덕이 가능한 배경이다. 카르마(業) 속의 속인이지만 그들이 모두 다르마의 불성을 갖고 있는 것은 초연결의 에너지 때문인 것과 같다. 부자는 자연의 긍정성을 유지하기 위한 필연성을 잉태한다. 부는 인간의 존엄성을 유지하는 생명수 역할을 하고 있기 때문에 일방적으로 세속적 비판의 대상이 돼서는 안 되는 이유다.

만물의 가치와 시장의 가치는 본질적으로 다르지만 진리의 본질을 추구하는 형이상학적 도덕률의 가치는 연결선상에 있다. 시장의 재화를 만들어 내는 가치는 직업의 선함과 고귀함 그리고 아름다움의 다른 이름이다. 장인(匠人) 정신이 올곧이 들어가 이타적 결실로 나타나는 최상의 기술적 선함인 직업적 '아레테(Arete)'의 실행이라고 하겠다. 직업은 지행합일의 최상 도덕률을 따르는 대중 속 이상적 인간상인 보살도(菩薩道)

의 자리이타(自利利他) 실현 과정이라고도 할 수 있다. 저마다의 모두에게 이로운 현대문명이 그렇게 거탑을 쌓았다.

존엄한 직업의 수행과정에서 생산되는 돈의 가치는 도덕률의 또 다른 표상이 되지 않으면 안 된다. 오늘날 진리에 반한다는 비판을 받고 있는 속세의 자본주의 시장가치가 존엄한 인간의 직업 가치에서 나온다고 할 때 이렇게 의미가 달라진다. 시장가치를 떠받드는 '가격'은 직업의 이타성이라는 도덕률의 극대화를 위한 상호 선함의 소통이자 실현 과정으로 간주돼야 한다. 돈의 가치가 도덕률의 가치를 내재한다고 믿을 때 역으로 인간은 선해지고 또한 선함을 추구하는 책임 있는 직업적 삶을 살아간다. 생명과 일의 등식이 성립된다. 인간이 왜 살아야 하고 삶이 축복인지를 알게 된다.

재화에 내재된 경제적 부가가치와 가격에 입혀진 양심의 창조적 가치가 곧 도덕률의 양대 기둥이다. 인간의 노동 에너지로 이뤄진 모든 재화와 상품은 높은 이타적 가치를 갖고 있어 그 매개 가치인 돈은 신성함의 근본 가치를 실현할 기질을 갖고 있다고 하겠다. 특히 만물의 실질 가치는 양심의 몰입에 가장 많은 이타적 창조성을 부여해 준다. 보다 많은 사람에게 사심이나 탐진치를 발하지 않고 양심으로 이타적 재화나 상품을 만들어 파는 것이 가치의 극대화인 창조성의 잠재력을 일구게 한다. 이것이 세속적 자본주의에서 거대 자본가 유형으로 많이 나타나고, 그들의 돈 벌이는 존경을 받는다. 전 세계인들의 책상에 개인용 컴퓨터(PC)와 전 세계인들의 손 안에 컴퓨터 통신(스마트폰)을 쥐게 하겠다는 양심적인 직업적 삶을 산 스티브 잡스는 위대한 창조를 실현한 이타적 인물로 꼽힌다.

모든 사람들의 직업적 순기능은 최상의 기술을 통한 베풂과 배려가 가능한 아레테적 성격을 띠었다. 지식과 실천의 도덕률로 진리의 본질을 찾았던 태도가 소크라테스라는 위대한 철학의 아버지를 세웠듯이 직업은 실천덕목의 상징성을 갖는다. 자본주의 가치는 자본가들만의 이슈가 아니라 직업을 가진 모든 사람들의 장인 가치에 열려 있는 고귀함이 묻어 있다. 모든 사람들에게 직업은 삶이고 그것이 돈의 재화를 통해 신성으로 연결된다. 주목해야 할 것은 무한 창조력의 동인은 곧 세속적 탐진치의 극대화라는 돈의 역설에서 시작되는 메커니즘이 작동하고 있다는 사실에 있다. 돈 에너지는 극과 극을 넘나드는 무한에 가까운 대칭성으로 무시간 · 무공간 세계의 정신적 영역까지 지배하게 된다.

　탐욕의 욕심이 가치의 배아라면 양심과 도덕률은 배아를 싹 틔우는 창조적 자아다. 자아는 스스로를 버리는 이율배반적 '에고의 없음'이라는 가치로 구현되는 무시간 · 무공간의 정보에서 돋아난다. 자아는 인연의 욕심을 버리는 깨달음의 진아(眞我) 형식이라는 것이다. 탐욕과 양심은 이처럼 하나의 변증운동을 한다. 이때 의식을 기반으로 한 자아는 당연히 질량이 없다. 광자가 질량이 없어 질량을 가진 물질이 절대 넘을 수 없는 광속을 내는데, 이 속도가 시공간을 구부러뜨리고 휘게 만든다. 이런 빛조차 잡아두는 블랙홀 속 '사건의 지평선' 내 시공이 없는 것과 같이 의식은 광속을 넘어 시공을 아예 초월한다. 무시간 · 무공간은 그 개념이다. 그 속에 담긴 정보가 곧 현상계로 드러난다.

　자아는 밖이 아니라 안을 들여다보면서 시공을 초월한 본유적 가치를 보면서 커간다. 밖은 그 어떤 신성이 있다고 해도 인간의 오감범주를 벗어나기 어렵기에 안으로부터의 인식개념이 세상의 본질 가치를 찾을 수 있다. 수많은 종교가 그랬다. 그것은 정보다. 우리가 사는 허구적 시공간을 탈출하는 초시간·초공간(시간과 공간의 분개가 가능한 시간 또는 공간)으로의 이동은 돈의 세속적 가치를 내재한 도덕률의 화신으로 분한 세계로의 중첩현상이다. 밤과 낮이 서로를 존재케 하면서 반드시 공명 또는 공유를 통해 하나여야 하는 것과 같은 이치다. 고차원 세계에서 밤과 낮은 하나로 중첩된다. 소립자의 세계와 같은 형식의 얼개라는 것이고, 우리가 사는 거시세상이 또 다른 거시우주의 소립자 세계일 수도 있다. 이론물리학의 첨단인 막 우주론과 다중우주 또는 평행우주 이론은 그 근거로 작동한다. 무시간·무공간으로 향한 중간과정이 초시간·초공간이다. 돈 에너지를 포함한 물질과 현상의 자연계는 초시간·초공간을 통해 본질로 접근한다. 그 연결선상에 돈 에너지가 중요하게 자리하고 있다는 것은 의미심장한 진리다.

돈은 플라톤의 이데아, 헤겔의 절대이성, 스피노자의 능산적 자연 등 그 어떤 신성이든 그 주체와 그것의 산물인 만물의 '동시적 존재'를 가능케 하는 초연결 에너지로 우리 인간에게 세속적으로 그리고 신앙적으로 존중받아야 할 무한 잠재력의 에너지다. 그 에너지는 무시간의 초공간에 존재하기도 하고 무공간의 초시간에 존재하기도 한다. 전자는 공간만이, 후자는 시간만이 존재하지만 이 역시 중첩이다. 중첩은 격자로 존재하는 좌표계가 아니라 입자와 파동의 동시적 성질과 같다. 씨줄과 날줄로 존재하는 것이 아니라 하나다. 현상계 시공간이 무에서 탄생한 배경이다.

다른 말로 전자는 세속적으로 현상계 무한책임 사랑이며, 후자는 신앙적으로 창조계 영혼의 사랑이다. 현상계 사랑은 드러나야 하기에 공간을 필요로 하지만 시간을 초월하고, 신의 사랑은 영원성이라는 시간을 차지하지만 삼지사방 가득하고 무소부재 하기에 공간을 초월한다. 두 사랑의 중첩은 통일적으로 화엄세계 중중무진의 '일즉다 다즉일'의 에너지 장과 유사하다. 돈의 가치가 이 같은 세속과 신성의 연결고리에 중첩해 있다는 것인데, 이중성의 이율배반적 모습이 진실하다는 고차원 물리량이다. 시공간 4차원의 물리공간에서는 모순이면서 이해하기 힘들지만 고차원의 세계에서는 당연하게 보이는 틀이다.

빛이 생명의 근간이 되는 것은 전자의 입자성 외에 파동성이라는 이율배반적 이중성을 유지하기 위한 연속적인 파장과 그것의 전령사인 불연속적인 광자(빛 알갱이)가 조화를 이루어 자연 물리계의 절대속도인 광속을 내는 성질에 있다. 음파나 지진파처럼 속도가 전달되는 매개물질(매질)이 광속에 없는 신비로운 이유는 전기파와 자기파의 상호의존성 내지 교란성에 있다. 빛에는 자가발전하는 에너지가 담겨 있다는 것이다. 실제로 전기파와 자기파가 상호 매질이 되면서 광속을 내야만 빛이 탄생한다. 전기파와 자기파가 공존하지 않고 하나만 있으면 무한대로 커지거나 무한대로 작아져 에너지의 근원은 사라진다. 모순적 상보성이 인간과 우주의 창조적 원류이듯 그것을 기반으로 탄생한 에너지, 그리고 그 일(힘)의 현상가치인 돈은 모순적 상보성을 내재할 수밖에 없다는 뜻이다. 존재해서는 안 될 필연적 얽힘이니 거꾸로 반드시 존재해야 한다는 개념이다. 이 원리가 인간과 우주의 기막힌 존재를 구현하고 있다.

빛의 속도를 낼 수밖에 없는 원리에 들어간 전자기파의 전자와 광자는 하나로 움직인다. 빛의 가치가 무한대인 것은 그것이 인간 생존과 우주의 존재라는 존엄성으로 연결되는데 있다. 빛 에너지처럼 돈 에너지 또한 무한히 활용될 성질을 지녔다. 시공을 넘나들기 때문이다. 소위 눈에 보이는 화폐는 시공간을 가졌지만 그 속성은 시공간이 없다는 개념에 눈을 뜬다면 돈 에너지는 도덕률의 권좌를 중요하게 차지한다. 돈이 갖는 에너지가 지금처럼 세속의 잣대로만 폄훼될 수 없는 이유다. 돈의 가치는 세속 반대편의 인간다움을 끌어안고 있다. 돈의 가치는 곧 창조의 신성이다.

|차례|

THE KEY TO WEALTH

1. 시간 속 에너지

시간의 장(場), 일 가치 심판하는 자연 연금술사

인간이 자연을 바라보는 눈은 역사적으로 크게 두 가지 범주의 시각으로 상반된 이해를 보여 왔다. 하나는 신이 주관하는 경외심 가득한 대상인 반면 또 하나는 인간의 의지로 좌우할 수 있는 대상이 각각 그것이다. 또 자연의 질서는 초정밀 예정설과 불확정설로 나뉘어 인간의 지적 호기심을 자극해 왔다. 현재 신앙적으로는 예정설이, 과학적으로는 불확정설이 각각 상반되고 있다.

자연은 인류에게 우주와 인간의 본질에 대한 사유를 시작하게 한 계기를 주었다. 자연은 신의 이름으로 불리면서 인간의 삶이 무엇인가에 대해 반추케 해 주는 거울이 됐다. 서양철학의 역사가 시작된 고대 희랍의 사람들은 만물의 근원이 물, 바람, 공기, 땅 등으로 사유하기 시작하면서 자연과 인간의 조화와 그리고 그 질서를 알아내고자 했다. 하지만 자연은 인간의 주관 하에 있다는 세계관이 자연에 대한 신적 경외심과 대립적으로 혼돈을 일으켜 왔다. 물리학, 천문학, 수학 등을 필두로 과학이 그 선두에 있어 왔다. 개인적 믿음과 학문직 연구 부문에서 논란은 여전하다. 그래서 지금도 철학적으로 사유 중이며, 과학적으로 탐구 중이다.

미지의 자연에 한 가지 관통하는 진실이 있다. 자연은 에너지로 가득 차 있다는 사실이다. 거시의 자연 그리고 미시의 자연 모두가 수많은 개별 에너지를 갖기도 하면서 그것이 모여 에너지의 집합체로 끊임없이 역동하고 있다. 소립자 세계에서 자연의 디지털 원리라고 할 양자들의 에너지 역학은 창조성이 실현되면서 자연의 배아가 됐다. 이 같은 창조의 주체는 음양의 대칭성과 그것을 매개로 한 운동성을 원천으로 한 에너지다. 에너지가 자연의 창조주라는 신의 일을 수행하고 있다는 셈이다. 그 에너지가 하는 일의 양은 물론 질도 있다. 에너지에 시간이 가미되면서 효율성이 등장했다는 것이다. 시간의 좌표 속 에너지는 곧 '창조의 효율성'이다. 과학의 원리로 시간은 에너지가 창조하는 자연을 재단해 신적 주관자의 위치에 있다.

에너지의 양자 특성은 거시의 현실 세계와는 달리 확률적으로 존재하는 디지털 개념이다. 그 양자의 신비한 존재 생태계가 인간과 자연의 어머니로 분(扮)했다. 시간은 물리적 실체가 없는 듯 보이지만 공간과 씨줄·날줄로 엮이면서 물리량을 갖는다. 시간은 자연의 모든 물리량의 질을 따져볼 수 있게 한다. 물질은 공간에서 창조되지만 시간이 그 탄생의 의미를 결정짓는다. 시간은 결국 공간과 함께 에너지 영역을 차지한다. 텅 비어있는 듯한 공간은 창조의 가치가 만들어지는 시간의 에너지로 꽉 차 있다.

지구의 자연 질서는 중력장이 미치는 곳이기에 가속운동의 지배를 받는다. 힘이 너해지는 물리량 없이 이농이 일어나지 않는다. 운동에너지는 힘에 이동거리를 곱한 일의 양(J, 줄)이다. 힘($F=ma$)은 질량 곱하기 가속도다. 그런데 중력계 정지상태 또한 가속 관성계의 물리량과 같다. 자연의 법칙이나 생명현상이 모두 일을 하는 개념인 가속운동의 에너지장 속에 있는 것이다. 운동양($p=mv$, momentum)은 질량에 속력을 곱

해야 한다. 속력(v=s/t)은 또 거리를 시간으로 나눈 값이다. 힘(에너지,
$E=mc^2$)은 곧 시간의 지배를 받는다. 결국 에너지는 시간 속에서 작동
해야 의미 있는 물리량을 갖는다.

스칼라(scalar) 물리량의 경우 특정 효율을 내고자 하면 많은 에너지
를 써야 하지만 크기와 방향을 동시에 갖고 있는 벡터(vector) 물리량은
에너지의 효율을 높일 수 있다. 예컨대 특정한 위치를 찾을 때 1km라
는 거리의 크기만 주어진다면 현재의 지점에서 수없이 왕래를 하며 에
너지를 불필요하게 많이 사용해 찾아야 하지만 방향이 주어지면 에너지
를 아주 적게 쓰고도 쉽게 원하는 지점을 찾는다. 시간은 이 같은 효율
성을 재단할 수 있는 척도다. 시간이 없다면 물리량 가치를 매길 수 없
고 에너지의 가치를 부여하기 어렵다. 자연의 질서는 곧 초정밀로 작동
하는 효율적 에너지 흐름이다. 시간은 이 모든 것에 관여돼 신비로운 역
할을 해내고 있다.

광활한 우주 또한 극도로 치밀한 20여 가지 상수들이 정밀하게 작동해
야 존재한다. 우주의 얼개를 표현한 표준모형 안에는 만물의 존재 근거
가 되는 소립자들이 있다. 만물에 질량을 부여하는 신의 입자라는 힉스
는 최근 발견됐다. 이들 입자들은 물질의 원천이고 에너지 요소들이다.
소립자들에 의해 만들어지는 만물은 에너지의 흐름이 정밀하게 작동해
야만 한다. 소립자의 에너지 장이나 그것을 기반으로 한 우주 상수들을
존재하도록 의미를 부여하는 것이 시간이다. 시간이 관통하지 않으면 우
주상수 존재의미를 찾기 못한다.

에너지를 품은 현실은 분초를 다투는 생명현상들의 경쟁의 장이다. 거
시의 현실에서 생명의 에너지 역동은 그야말로 복잡하면서도 정밀하다.

시간의 지배력과 이율배반의 진리

에너지의 흐름

시간의 왜곡
(다양성)

허구의
시간
(인간)

초월적
시간
(영혼)

만물의 잣대
(효율성)

일양의 가치(일률)

크기가 방향 값을 가져야 효율성이 있는 것처럼 초정밀 시간들이 생명 현상 곳곳에 치밀하게 개입된다. 소립자들의 내적 진동 또한 상상할 수 없는 빠른 속도와 순환 그리고 반복의 움직임으로 격렬하다. 빛의 빠름 과 그 파동의 신행 방식은 그 대표적 흐름이다. 광속이라는 시간의 값이 정밀하게 나오지 않으면 전기파와 자기파의 교란은 불가능하고 빛도 탄생하지 않는다. 에너지 흐름은 이처럼 시간의 지배를 받으면서 반복성 과 순환성이라는 옷을 멋지게 입었다. 시간이 에너지 가치를 결정하면서 시간이 속된 말로 만물에 가치를 부여하는 연금술사가 됐다. 인간의 삶도 단 한 순간조차 시간을 벗어나 살 수 없다. 삶 자체가 에너지라는 점을 감안하면 시간과 에너지는 한 몸으로 어우러진다.

운동하는 물질의 시간지연 또는 느려짐 현상은 에너지의 지체현상이다. 개별 에너지장이 아닌 주변 에너지장 모두가 함께 지연된다. 에너지와 물질이 양립해 치환되면서 상호 존재를 규정지을 때도 이 같은 '시간의 장(場)'이 결부된다. 시간은 에너지와 같이 인력과 척력이 없어 일을 할 수 있는 힘의 원천은 안 되지만 전기장이나 자기장 못지않은 퍼텐셜 에너지(위치에너지)의 잣대를 제공한다. 기준점이 없이는 전위차가 없다는 것은 퍼텐셜 에너지의 의미를 상기시킨다. 운동하는 모든 물질은 운동에너지와 퍼텐셜 에너지로 이루어진다. 위치에너지는 질량을 갖는 특정 물체가 이동하는 시간 동안에 갖고 있는 '보존력'이 해당물체에 힘을 미쳐 운동할 수 있는 '일의 양'이다. 이처럼 이동한 거리(일)에서 또는 가속한 운동(일)에서 시간의 장이 일의 가치를 매기기에 창조성이 부여되는 시간이다. 반입자(반물질)도 초대칭의 맞물림 속에 있기 때문에 시간을 온전히 초월하기 어렵다.

자연의 질서가 곧 인간의 역사와 호흡해 온 바탕엔 시간이 운동장을 제공했기 때문에 가능했다. 인간이 자연의 일원으로 도덕률 잣대를 들이댈 수 있었던 것은 시간이 자연의 원리를 정교하게 지배했기 때문이다. 테제가 안티테제를 잉태하면서 테제 스스로 존재를 규정짓듯이 에너지는 시간 속에서 시간을 배출하면서 스스로 시간의 틀 속에 들어가 일의 성격 내지 가치를 규정지었다. 그것이 수없이 많은 자연의 창조물로 잉태됐다.

우리가 사는 거시의 현실은 또 다른 초월적 거시의 미시로 보는 시각 또한 상당히 긍정적 추론을 이끌어 낼 수 있다. 수학적 공리로 근원성이 해결된 것이 없지만 사유의 원리들이 쌓이면서 시간의 정체가 조금씩 드러나고 있기 때문이다. 시간이 곧 에너지라는 대전제를 깔아보면 보이지 않았던 진실들이 드러난다. 우주의 시간으로 보면 지구의 시간은 너무나 작아진다. 시간이 에너지와 물질의 가치를 결정하기에 극도로 작은 시간의 단위는 또 다른 거시의 세계를 역추정하게 한다. 초끈이론의 다중우주론은 수학적으로 이와 유사한 그림 같은 이론을 제공했다.

우리는 편의상 시간을 디지털화 해서 사용하고 있지만 시간의 본질은 사실 아날로그다. 연속성의 개념을 크게 나누어 사용하는 개념이다. 1초 간격에도 무수히 많은 시간이 무한대로 흐른다. 이를 0에 가깝게 미분을 한다면 연속의 에너지 장이다. 아무리 작은 미분계수라도 질량이 있는 운동이라면 순간속도가 존재하는 운동하는 아날로그 값이다. 시간은 흐름이라는 것이다. 하지만 시간은 특정 단위로 물리량을 표현할 때 의미를 갖는다. 무리수로 무한히 표현하는 시간은 사실 의미가 없어진다. 시간이 갖는 고유특성인 에너지의 양이나 질을 재단할 수 없다. 다시말해 시간이 아날로그이면 에너지의 질을 측정하기 쉽지 않지만 디지털이면 수학적으로 쉽게 계량된다. 물질이든 생명이든 일의 양을 질적으로 변환시킬 때 시간은 디지털화 돼야만 한다는 것이다. 에너지 원천인 전하들의 일의 양(가속도)을 질적으로 표현하려면 마치 양자화 된 시간이 필요하다. 이처럼 디지털화 된 시간으로 전위차의 질적인 조절과 통제를 통해 현대문명의 화려한 씨가 뿌려졌다. 시간이 갖는 가공할 물리력이다.

아날로그 시간은 또한 초미세 단위이지만 정확한 약속을 하는 것이 불가능해진다. 현재 원자시계는 1억분의 1초의 시간단위가 가능하지만 시간 본래의 속성은 그 이하도 가능하다. 초정밀 시간도 디지털로 사용한 다는 뜻이다. 시간은 곧 연속이자 불연속적인 이중성의 얼굴을 가졌다. 전자, 광자 등 소립자들의 입자와 파동이라는 성질을 모두 갖는 이중성 과 유사하다. 입자는 파장을 가질 수 없고 파동은 질량을 가질 수 없지 만 하나로 공존한다. 이중성은 흑과 백을 섞은 회색이 아니라 흑도 되고 백도 되는 것이기에 현실에서 존재할 수 없는 물리량이지만 엄정히 존 재한다. 인간의 시간 역시 아날로그를 기반으로 한 디지털 에너지로 사 용되고 있다.

시간의 힘은 무한소·무한대 우주의 구조론에도 영향을 미치고 있다. 수학의 공리보다 항상 앞서 전개돼 온 학문적 진리 사례들이 적지 않았 음을 감안하면 거시의 세계가 또 하나의 미시라는 사유 또한 수학적으로 계산될 개연성이 높아지고 있다. 우주의 프랙털(fractal) 구조론은 그 개 연성을 높힌다. 수학이 바로 시간의 지배를 받고 있다. 이는 동일하게 시 간의 지배를 받는 우리 인간이나 자연의 개체성들 모두 존재가 결정된 것 이 아니라 확률적으로 존재하는 기이한 에너지 양자 특성을 갖고 있을 가 능성 역시 높이는 일이다. 거시의 존재 자체가 존재하는 것이 아니라 확 률적으로 존재하는 일종의 개념일 수 있다는 것이다. 그런데 확률 자체 가 시간의 지배를 받는다. 곧 확률이 진짜 존재의 모습이고 우리가 아는 존재는 가짜일 수 있다. 영화 매트릭스처럼 진짜라고 철석같이 믿고 있 는 자신과 이 세상 만물이 환상일 수 있다는 점을 온전히 부정하기 어렵 다. 하지만 환상이라고 해도 에너지의 한 형태라는 것은 변하지 않는다.

미시의 원리들을 보면 인간과 자연의 세계는 충만한 에너지 파동이다. 마치 스토리처럼 이들 에너지가 갖고 있는 정보의 바다가 현실 세계로 드러났다. 모든 물질은 정보를 갖고 있다는 것이며, 그 근원이 시간의 지배를 받는 에너지 운동이다. 가령 인간의 몸을 보면 원자 및 아원자 단계에서 물질들이 무수히 사라지지만 DNA 정보에 의해서 정밀하게 재생되며 몸과 각종 장기의 원형을 유지한다. 우리 몸조차 생명유지 과정은 정보를 축으로 작동하는 일련의 시스템이다. 무한 변수의 에너지 정보가 복잡다단하기 그지없는 인간과 자연을 만들어 내는 것은 일종의 전지전능 정보로 간주된다. 정보를 주관하는 실체는 인간의 인식능력으로 밝혀진 바 없고 신적 영역으로는 믿음의 대상이 됐다. 그것은 사람처럼 이성을 갖는 신일 수 있고 아니면 있는 그대로 존재하며 치밀한 자연의 원리를 따르는 현존재 인간과 대립되는 존재자의 신성일 수 있다. 이들의 공통점은 시간과 에너지를 빼고 설명할 수 없다는데 있음을 주목해야 한다.

에너지 정보의 주관자를 논하기에 앞서 그 순환성과 반복성의 초정밀성은 모든 것을 잉태하는 그릇이 됐다. 자연과 세계 그리고 인간은 정밀하게 짜여진 에너지 정보의 틀 속에 있다. 다만 그 틀 속에서 빠르고 느리게 속도조절이 가능하고 전후좌우 방향을 바꾸는 것이 가능하다. 속도조절도 방향전환도 모두 시간의 재단을 받는다. 예정된 운명의 범주 안에서 운명을 바꾸는 것이 가능한, 그것이 모순인 듯 모순이 아닌 원리가 그래서 통하고 있다. 운명이 시간의 원리로 정해지지만 그 시간의 원리로 변형 또한 가능하다. 사주팔자 운명론이 태어난 연월일시라는 시간으로 정해지지만 그 운명의 주관자 시간이 스스로를 결정짓지 못하는 부분이 있다. 에너지 또는 운동량에 의해 시간의 느려짐이 발생하는 것은 그 사례다. 시간과 에너지의 불확정성 원리도 마찬가지다.

인간의 운명도 큰 틀에서 정해졌지만 삶의 시간에서 정해진 것 또한 없다는 것은 인간의 감각능력인 감성적 인식으로 이율배반이다. 하지만 그 원리가 무한소 · 무한대라는 전체 에너지의 얼개, 즉 시간의 수없는 변형으로 보면 틀리지 않는다. 시간 자체의 크고 작음이 무수히 많은 개념이다. 움직임이 다른 물체마다 시간의 흐름이 상대적으로 모두 조금씩 다른 것은 그 반증이다. 모든 사람에게 같은 시간은 없다. 극미의 차이라도 시간차가 발생한다. 자연도 마찬가지다. 현실의 물리량으로 불가능듯한 이율배반 그 자체가 진리라는 이율배반의 다른 고유성격이 있는 것은 아직 인간 인식 밖의 진리다. 우리의 오감으로 시간의 무한 창조성을 재단할 수 없다는 것이다.

거시의 이율배반이 진실이 아닌 듯 하지만 거시의 눈으로 본 미시의 이율배반이 진리로 검증되고 있다는 것은 우리가 논하는 이율배반이라는 거짓을 진실로 규정지을 가능성이 충분하다는 것을 보여준다. 인간은 정해진 운명을 살지만 정해지지 않은 운명의 길을 가고 있다는 의미는 이것으로 설명 가능해진다. 에너지로 충만한 세계의 상호간 역진성과 호환성의 얽힘이 또한 이것이다. 자연도 시간도 연속과 불연속의 이중성은 같은 방식이다. 에너지의 성질을 이것으로 간주하면 유와 무는 같다. 시간이 유와 무도 가른다.

본능적 부(富) 추구, 공동선 추구 속 에너지 충돌

인간과 세계의 배아인 에너지의 역동성이 이율배반의 방식이기에 한 가지 간과해서는 안 될 잣대를 살펴봐야 한다. 그 시간이 진짜인가 하는 문제다. 우리가 통상 정의하는 시간은 인간의 편리성에 의해 만들어진 기준에 지나지 않는다. 이런 시간의 탄생은 미시 · 거시의 에너지 순환성과 반복성에 의해 태어났다. 엄정히 정의하면 인류가 만들어 사용하는 시간은 에너지 역동성이 만든 허구의 시간이다. 물리적으로 시간은 역방향으로 흐르는 것이 가능하지만 절대 시간은 뒤로 역진하지 않는 것처럼 느껴진다. 오로지 한 방향으로만 나아가는 시간은 물리법칙을 벗어난다. 그 시간이 진짜 시간인지 의심해 볼 여지를 갖게 한다.

우주공간에 행성이나 별 등 아무런 물질이 없다면 인간은 당연히 에너지 흐름을 느낄 수 없고 시간을 감지할 수 없다. 시간으로 재단되는 물질(에너지)은 인간의 오감으로 느끼는 현상계 자연에 국한된다. 현상계에서 인간이 규정한 시간은 움직임이고, 그것은 순환성과 반복성에 특징지워져 있다. 하루 24시간은 지구라는 질량을 갖는 물질(에너지)의 자전에 의해 만들어진 기준의 에너지 공통흐름의 표현이고 1년 365일은 지구 공전의 순환과 반복으로 만들어진 우리 모두가 공유하는 공통흐름의 표식이다. 허구의 시간을 만들어 사용하는 인류는 그 시간이 실체인 냥 알고 있기에 과거와 미래를 여행하는 것이 가능하다고 희망한다. 하지만 에너지의 흐름을 재단하면서 함께 역동하는 시간의 성질 때문에 과거와 미래로 갈 수 있는 시간의 존재는 실제로 없다. 물론 허구의 시간은 운동량에 따라 늘어짐 현상이 발생하기 때문에 미래여행은 가능해진다. 그래도 미래의 또 다른 자신이 있는 여행은 불가능하다.

중력에 따른 시간의 다름까지 추가해 보면 인류는 모두 시구상에서 자신들만의 허구시간을 갖고 살아간다. 이를 전 우주로 넓히면 미세한 허구시간의 차이는 상상을 초월할 만큼 커진다. 선속도와 각속도가 다른 개념과 유사하다. 각속도는 거리가 멀 경우 조금만 키워도 많은 물리량의 변화가 따른다. 만약 거리를 우주의 끝 부분인 130억 광년으로 넓혀 보면 그것을 실감한다. 이를 통해 과거와 미래가 과연 존재하는지 실증적인 의문을 가질 수 있다.

100억 광년 떨어진 두 사람의 현재라는 시간의 차이는 작은 운동에도 느려짐과 빨라짐으로 인해 수백년 또는 수천년을 넘나들 수 있다. 시간의 각이 조금만 달라져도 거리가 멀기 때문에 나타나는 현상이다. 이것이 함의하는 의미는 과거와 미래가 하나의 연속선상에 있는 동시적 현재라는 단면에 모두 포함된다는 뜻이다. 곧 과거 · 미래가 허구라는 것이고 그 허구는 현재 시간도 허구임을 반추하게 한다. 특히 과거가 곧 현재이고 미래가 곧 현재에 담겨질 수 있으니 과거와 미래는 상상의 시간으로 규정된다. 인간의 시간은 잘 짜여진 한편의 영화와 같고 그 시간의 단면들은 영화가 상영될 수 있는 낱장의 그림판과 유사하다. 낱장의 그림판들이 모여 영화가 되는 것일 뿐 전체 그림판의 모임이 단 하나의 시간으로 연결돼 있다. 결과적으로 진짜 시간 속에서 과거 · 현재 · 미래라는 시간의 구분은 없다.

그럼에도 시간이 존재하는 것처럼 보이는 것은 에너지의 흐름 때문이다. 열역학 제2법칙 엔트로피 법칙에 따라 에너지가 소진되는 혼돈의 세계로 지향하는 것이 통상의 흐름이다. 이 흐름이 시간의 진행성을 규정 짓고 그것을 느끼게 한다. 물론 시간이 에너지의 흐름을 지배하기 때문에 시간의 역진성이 느껴지지 않는다. 우주 탄생의 시작인 특이점의 대폭발(빅뱅) 역시 에너지 흐름의 일방향성에 영향을 미쳐 마치 시간이 있는 것처럼 착시케 했다. 에너지의 흐름은 진실이지만 그 흐름이 인간이 만든 시간을 착시케 하고 있는 만큼 착시가 존재라는 것을 느끼는 이상 그것은 결국 허구의 존재이고 가상의 세계다. 시간 속에 에너지가 흐른다는 것이 관념이지만 에너지가 거꾸로 허구의 시간을 만들어 인간의 편리성을 증대시켰다.

시간은 에너지의 흐름과 진동에 의해 영원성으로 반복하고 또한 휘어지고 구부러지기도 한다. 에너지는 이런 허구 또는 가상의 시간을 통해 증명되는 불변의 존재라는 것이 그래서 포섭된다. 동시에 에너지의 영원성에 반하는 시간의 허구성이 동시에 증거된다. 이런 원리로 에너지는 인간과 자연의 하나됨의 가교가 됐고, 그로부터 일어난 표상 에너지의 전지전능함이 자연의 성격을 역으로 규정지었다.

시간의 정지, 그것이 진리라는 속에서 에너지의 흐름이 시간의 허울을 만들고 그 허울 속 에너지는 그 자신을 갖고 또한 갖고자 하는 자연본성으로 이어져 생명의 욕망이 만들어 졌다. 따라서 인간을 포함한 생명의 진실은 시간의 정지 속에서 구현된다. 허구의 시간 속에서 허구의 의식 에너지가 생명의 구성성분이 됐다는 것은 에너지가 만든 자연이 진실이라기보다 하나의 3차원 표상이라는 것으로 이해돼야 한다. 진짜 시간이 지배하는 에너지(정보)인 완벽한 표상이 불완전의 3차원 표상을 만들어 자신을 구현하는 대칭의 존재원리다. 이제 시간의 지배를 받는 에너지를 정보로 간주하기 시작하면 무시간의 값이 나온다.

시간이 없으면 에너지가 현상계 물질로 분할 수 없어 시간이 없는 물질은 반입자일 가능성을 유추케 한다. 입자와 초대칭을 이루는 반입자의 세계는 명멸을 반복한다. 현재단면으로 보면 희안한 일이다. 반입자가 시간을 필요로 하는지 여부는 입자의 성질을 보면 안다. 입자는 존재하는 것 자체로 시간을 필요로 하지만 양자얽힘을 보면 시간을 필요로 하지 않는다. 양자얽힘은 수억 광년이 떨어진 곳에서도 짝을 이룬 두 소립자가 동시에 연동돼 움직이는 현상이다. 이 같은 무시간은 곧 '시간이 없다' 또는 '시간을 필요로 하지 않는다'는 뜻이다.

　누구나 신성을 내재한 인간 자체는 무시간의 에너지 본성을 내재해 필연적으로 전지전능의 능력을 가졌지만 불완전의 현상세계에서는 그것이 오히려 큰 간극으로 벌어져 늘 부족함과 결핍함을 느끼게 해준다. 그것이 시간의 존재다. 시간은 곧 에너지를 느끼게 하고 실제로 상호작용케 한다. 인간에게 허구의 시간은 실제로 느껴진다. 그 시간은 3차원 표상의 물질을 실제인 것처럼 구체화 해준다. 인간은 스스로 시간 속 에너지에 잠재하고 있으면서 무시간 속 무한 에너지를 느끼고 있기에 이를 보충하고자 하는 삶에서의 욕망이나 탐심은 기본 기제가 됐다. 욕망이 클수록 시간은 더욱 구체화 된 실재가 된다. 이는 인간 세계의 덕을 관통하는 선덕과 악덕의 근원이 됐다.

　인간의 에너지 쟁취본성 중 가장 큰 본성이 바로 돈 에너지의 욕망이다. 돈은 모두가 소망하는 가장 강력한 에너지 유형이다. 그래서 가장 큰 힘을 내재하고 있어 얻기 힘들고 다루기 까다로운 고에너지 장이다. 돈 에너지를 잘못 소유하거나 다루면 화의 에너지로 변모하는 것은 그런 이유다. 돈은 본래 자신도 이롭게 하면서 타자도 이롭게 하는 자리이타(自利利他)적인 양면의 특성을 가졌다. 선함은 물론 악함도 덕(악덕)의 기운이 있는 배경이다. 돈은 일(또는 노동 에너지)의 가치를 의미하기 때문이다. 모든 생명은 평생 일을 통해 자신이 써야 할 에너지를 지속적으로 습득한다. 그 일은 자신만의 것이기도 하지만 타자를 위한 경우가 더 많다. 가족은 그 대표적 사례다. 종복보존 욕망은 무한책임이자 무한사랑의 다른 표현이다. 가치를 부여받은 에너지의 질서이고, 그 가치의 정점에 돈 에너지가 흐른다. 오늘날의 현대 화폐는 대부분 실제가치(일)를 반영하지 않는 '약속의 대가'(가공자산)라는 점에서 돈의 실제가치를 오히려 무한히 떨어뜨리는 역할을 하고 있다. 이런 인류의 무한게임이 어디까지 갈지는 모른다.

여기서는 일단 이해를 돕기 위해 화폐(종이 또는 동전)도 돈(또는 금·은) 가치와 같은 가정에서 담론을 이어가고자 한다. 물론 현대의 화폐는 실질가치를 거의 반영하고 있지 못하고 있을 뿐만 아니라 향후 이런 현상은 점점 더 심해진다. 글로벌 화폐인 미국의 달러를 비롯해 세계 많은 국가의 화폐가 공장에서 인쇄되는 것이 멈추지 않는 한 개인의 돈 가치가 오를 가능성은 희박하다. 에너지를 소유한다는 것은 운동에너지(일)를 확보한다는 것과 같아 현실에서는 지배력이고 영향력이며 권위인데, 돈 가치의 파워가 그중 가장 크다. 인간은 개별 에너지 단위라는 개념에서 이런 공공의 돈을 소유하고자 할 경우 위험이 따르지만 끝없이 낙원을 지향하는 절대성을 향한 운동 에너지를 발산하고 있어 웬만한 위험은 감수한다. 어떤 삶이든 에너지 결핍감을 갖고 있다는 점이다. 시간의 지배를 받는 에너지 장과 무시간의 영혼 에너지 모두가 돈 에너지에 대한 소유욕망을 버리지 못한다. 돈은 곧 물질과 비물질을 넘나드는 위력을 지녔다. 돈은 인간의 육체와 영혼까지 낙원으로 이끌기도 하지만 파멸로 인도하기노 한다.

현실의 돈 에너지 소유욕망은 스스로 만든 허구의 시간 속에서 이뤄진다. 인간 자신이 만든 주어진 시간의 촉박함은 온갖 갈등과 다툼 그리고 전쟁을 낳는다. 죽음은 가장 치열한 허구의 시간을 증명하지만 인간은 그것을 절대적 시간의 한계로 인식하고 종족보존의 무한 욕망 또한 결코 버리지 않고 키워간다. 죽음이라는 시간의 한계가 가진 인간 에너지는 종족보존 욕구를 키우면서 욕망기제를 더욱 진화시켜 다른 에너지를 약탈하려는 습성을 자연스럽게 지니게 했다. 약탈은 강도와 전쟁이라는 행위뿐만 아니라 경쟁이라는 공정한 방식조차 그 틀 속에 넣었다. 인간이 만든 허구의 시간 속 에너지는 이처럼 악덕을 향해 수영을 해 가는 모습이다. 하지만 인간은 악덕의 근원에 선덕을 쌓으려는 욕망기제 또한 강력하게 부여잡고 있는 이중성을 지녔다. 에너지 근원이 플러스(+) 기제인 점력과 마이너스(−) 기제인 폭발력을 사이에 두고 순환·반복하는 성격을 갖고 있는 것이 선덕과 악덕의 동시 이행논리와 상통한다.

　현상계에서 에너지 쟁탈 방식은 이른바 '지렛대 효과'를 본능처럼 사용한다. 지렛대는 작은 힘으로 큰 힘을 상대하는 효율성 또는 경제성의 상징개념이다. 마치 에너지 흐름에 대한 시간의 지배력과 흡사하다. 즉, 미시의 에너지 지렛대 원리는 거시세계에서 자본주의 경제의 총아로 화려한 옷을 입고 활약 중이다. 에너지 지렛대의 소유와 무소유에 따라 그리고 크고 작음에 따라 부자와 가난으로 갈린다. 설사 작은 에너지 지렛대를 갖고 있다고 하더라고 상대적으로 강한 지렛대면 부자이며, 그 반대는 가난으로 통한다. 무한감소 에너지, 무한증가 에너지가 양립하면서 각각의 에너지 준위를 오가는 극한의 대립이 끊임없이 일어나 부(富)와 가난의 문제는 영원의 순환성이자 풀 수 없는 미지의 숙제로 남았다. 이 과정에서 부의 완전한 평등은 있을 수 없는 것이 됐지만 그것이 또한 있을 수 있는 것처럼 보이는 허상이 만들어졌다. 그래서 만인의 부가 평등할 수 있다는 공산주의는 희대의 사기극이다.

　에너지 지렛대 갈등이나 싸움은 크게 나누면 두 가지 방식으로 이뤄

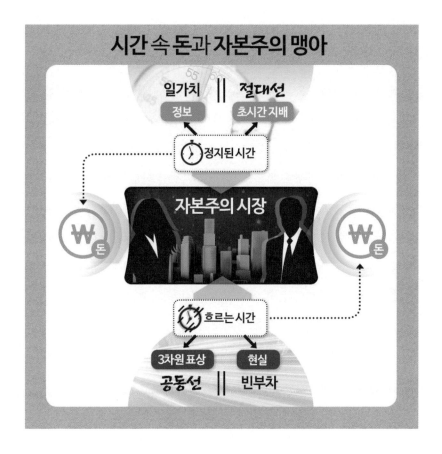

진다. 하나는 지렛대를 소유하려는 전쟁이다. 크면 클수록 지배력을 높이는 방식으로 경쟁과 다툼 그리고 전쟁까지 일어나 용서할 수 없는 악마적 환경들이 탄생해 왔다. 그런데 이런 환경은 순수 영혼의 에너지가 샃고 있는 설대성과 신성의 존재가치를 역설적으로 높여주면서 대칭적 진실(또는 존재)의 필연성이라는 조건을 충족시켜 준다. 악마적 환경인 부와 가난의 질곡이 악마적이라고 단정 지을 수 없는 배경이다. 가난 속에도 부가 있고 부 속에도 가난이 있다는 개념은 선악의 공존이 하나이고 반드시 하나여야 할 이율배반의 진실이다. 이 같은 빈부의 존재가 우리의 현존재를 결정하는 3차원이라면 대칭을 하나로 보는 무대칭은 고차원의 세계다. 따라서 인간의 부를 향한 상위운동의 지향성 개념으로 돈 에너지를 규정지을 경우 부자든 상대적 부자든 부자는 세속적으로 지탄받는 악덕의 대상이 아니라 행복한 비전과 선함을 만들어 주는 선덕의 대상이다.

또 다른 에너지 지렛대 싸움의 방식은 전쟁이 아닌 강탈이다. 남의 것을 강제로 빼앗으려 할 때 수많은 변수들이 더 많이 일어난다. 오늘날 자본주의 모형은 그것을 용인해 자유라는 이름으로 불린다. '자유시장경제'라는 이름에 에너지 지렛대 강탈을 도덕적으로 인정하는 시스템이 형성돼 있다. 이 또한 시간 속 에너지의 오판에 의해 마치 영원한 시간을 갖는 듯한 착각으로 이뤄진다. 허구의 시간 속에서 에너지를 강탈하고자 하는 것은 결핍의 임계치에 늘 동인하는 인간의 기본 욕망이 항상성으로 역동하기 때문이다. 절대성의 근처에서 부족함의 한계에 늘 거하는 그 자체가 그것을 둘러싼 인간의 시간이 곧 허구라는 것을 비춰준다. 자본주의는 그 절대성의 대칭에 선 현상계의 결핍을 상징하는 얼굴이다.

자본주의 속에 웅크린 돈의 무대는 모순이지만 진짜이기도 하고 가짜이기도 하다. 이율배반이라는 현실의 모순이 진실이 되고자 할 때 그 이율배반조차 사라지는 진테제가 되기를 에너지 스스로 자가발전하는 속성을 지녔다. 그래서 이율배반의 변증운동은 늘 임계 에너지의 순환이고, 그 임계치의 지속이 바로 우리가 하루하루를 치열하게 사는 현실이다. 우리 삶의 현실이 힘든 이유는 이런 에너지 역학이 작동하기 때문이고, 그것은 지극히 당연한 삶이자 생명현상이다. 힘든 일을 하는 것은 생명의 축복에 촛불을 켜는 일이다. 다만 임계 에너지를 쓰는 일이 고통이기에 자신이 투하한 에너지(일)보다 많은 에너지를 갖고자 하는 것이 자연스러운 현상이 됐다. 그 갈등과 다툼은 에너지장 또는 인간과 국가 간에 일상이 돼 마치 돈 에너지는 악함만 있는 것처럼 보인다.

임계 에너지를 사용할 수밖에 없는 패턴이 정착돼 있다면 그것은 이기적인 속성과 이타적인 속성이 대칭을 이루고 있다는 의미다. 즉, 극한의 경쟁이 이어지고 늘 에너지를 최고치까지 투자하는 패턴은 자리이타의 개념이다. 탐심과 이타심의 혼재다. 시간 속 에너지는 이처럼 완벽하지 않지만 완벽한 듯한 포장된 힘을 과시한다. 이를 토대로 한 인간의 행복 또는 낙원지향형 물질만능주의는 자본주의의 속성이 됐다. 행복과 낙원을 추구하는 선덕의 욕망이라는 사다리가 인간을 구속하는 것은 사실이지만 인간은 구속임을 느끼지 않는다는 것이 중요하다. 부와 부자를 싫어하는 경우는 극히 드물다는 것이다. 다만 이 같은 에너지 장이 인간을 허구의 시간 속에 갇혀 있도록 했다. 한정된 시간에 쫓기면서 살아가는 인간에게 허구의 시간조차 진실로 다가와 그 시간 속에서 흐르는 불완전한 에너지를 채우고자 하는 지렛대 싸움이 자본주의에서 치열하게 벌어진다. 이는 자본주의 이후라도 인간이 생명운동을 하는 한 끝없이 전개될 수밖에 없다.

자본주의에서 부자의 기본 조건은 재화 곧 인간의 에너지로 만든 이타적 선덕의 에너지 부가가치 상품이 이상적인 효율성과 경제성을 지녔다. 악덕이 결핍의 근원적 문제와 이를 시작으로 하는 완전성으로의 지향이라는 점에서 선악을 경직되게 구분 짓지 말아야 하는 것이 부를 향한 노정이다. 선과 악은 하나, 곧 덕이 공통분모로 있다는 선덕과 악덕을 관조하고 인정하는 속에서 돈 에너지가 보이고 또한 모인다. 돈 에너지는 절대 선악을 구분하지 않는다. 뇌가 뇌 밖의 사물을 정보로만 판단하고 진짜인지 가짜인지를 구분하지 못하는 것과 같다. 순환하는 돈 에너지는 인간의 의지로 얼마든지 그 모습을 달라지게 할 수 있다. 돈 에너지의 순환성, 다양성, 대칭성을 수용할 때 돈이 없더라도 반드시 돈을 얻을 기회를 만들어 낸다.

돈을 능동적으로 벌고자 하는 행위는 악덕조차 품어야 하기에 덕이 관통하는 절대성을 향한 강력한 운동에너지다. 그것이 직업의 아레테적 성질이다. 일 운동은 현상의 공동선과 본질의 절대선을 향한 낙관적 에너지 파동이다. 현상의 개별적 선은 공동의 선과 대립 또는 갈등하지만 전체로 보면 공동선이라는 시스템에서 움직이는 정밀한 부가가치 운동이다. 부의 추구가 곧 공동선의 에너지 장이다. 부자는 현상계와 본질계를 하나로 본다면 묵시적으로 존중 받을 언저리에 자리하고 있다.

2. 공간 속 에너지

돈의 이동, 위험한 생존 공간서 '아슬아슬 역동'

시공간의 변형은 공간 속 실체에 대해 빈 공간이 없는 에너지 장의 개념으로 인식되기 시작했다. 시간과 공간이 상호 주고받는 생명체처럼 에너지의 흐름이 일어나는 놀라운 발상의 전환이 증거됐다. 따라서 공간이 비어있다는 것이 과연 가능한 표현인가에 회의하면서 공간에 대한 인식 방법론이 달라졌다. 공간이 무엇으로 꽉 차 있다면 공간이란 실체는 당연히 존재할 수 없기 때문이다. 그런데 인간과 자연 그리고 일체의 만물이 공간을 차지하고 있는 것처럼 보이는 것은 왜일까.

인간의 오감으로 공간이 빈 것처럼 보이고 인간은 그 공간의 일부를 점유하고 있는 것 같지만 실제로는 에너지 장에 분포한 에너지 간 얽힌 시스템이다. 공간은 휘어지고 구부러지며 줄어들고 늘어나면서 인간과 자연의 에너지를 품어 함께 움직인다. 그래서 우리 우주는 가상의 공간 논란이 구체적이다. 인간이 사는 우주의 공간 속엔 미지의 에너지인 암흑에너지와 암흑물질이 96%나 된다. 인간이 인지하는 공간의 물질은 성간물질 3.6%를 빼고 나면 0.4%에 지나지 않는다. 96.6%가 인간의 오감 범위를 벗어나 있는데, 그것이 곧 에너지 시스템이다. 행성이나 별 등도 질량을 갖고 있는 이상 에너지 형태다. 결국 에너지가 없는 '비어 있다'는 공간은 생각하기 어렵다. 만물의 질량을 부여하는 힉스장까지 감안하면 비어 있는 공간이란 실체는 불가능에 가깝다.

엄밀히 공간은 존재할 수 없지만 문제는 에너지와 그 존재 양태다. 에너지가 질량을 가지면서 입자로 등장할 때 그리고 그것이 만물의 형상을 갖추어 갈 때 공간의 형상이 드러난다. 빈 공간이 아닌 꽉 찬 공간을 밀어낸 개념이기에 인간이 느끼는 공간은 결국 시간처럼 사실상 허상이다. 공간은 곧 다른 이해도의 에너지 임계치라는 잣대를 들이댈 경우 그것은 끊임없이 움직이는 에너지의 충만이다. 에너지의 총합이 공간이고 그것은 모든 물질을 만들어 내는 어머니의 자궁 같은 모태다. 만물의 물질에 에너지를 주고받으면서 있음과 없음을 재단한다. 힉스는 공간에서 물질과 에너지를 주고받으며 조응해 물질의 질량을 창조해 낸다.

에너지의 진동, 즉 순환·반복성에 의해 물질이 탄생할 때 허구의 시간이 탄생하면서 가상의 공간도 동시에 탄생해 정밀하게 얽힌다. 인간에게는 현실로 보이는 가상의 공간 속 에너지는 결국 에너지 스스로 창조하는 자연의 창조물로 나아가기에 신성이 또한 부여된다. 만물의 씨앗인 에너지가 공간을 통해서도 제약되지 않고 증명된다고 하겠다.

공간을 탄생시킨 에너지는 그 본질성에 확장의 힘을 내재하고 있다. 공간이란 개념은 개체성과 함께 유한성의 개념을 지녔지만 이런 공간의 확장성은 무한성을 지녔다. 따라서 공간은 시간의 이율배반 정의가 그렇듯이 마찬가지로 이율배반의 상대적 진리를 본성으로 내재한다. 유한성의 그릇이 무한을 지향하는 그릇을 내재하는 물리적 법칙이 통하지 않는 정의다. 하지만 미시의 양자세계는 그 법칙이 엄연히 진리다. 수많은 종교들도 이론적으로 이를 증거하며 이런 법을 수십억명이 믿음이라는 이름으로 따른다. 무한확장의 성질을 갖고 있는 에너지 총합은 개별 에너지들인 인간을 비롯한 생명들에게도 같은 성질을 부여하고 있다. 모든 개별 에너지는 총합의 에너지 힘을 내재하고 총합의 에너지는 하나로 응축되는 성질을 동시에 가졌다. 초고압·초고온의 극미 세계 특이점이 빅뱅을 통해 무한한 우주가 만들어진 원리가 이와 같다.

에너지 지렛대 소유욕은 보다 큰 공간을 그리고 더 많이 확보하려는 본성을 담아내 무한히 커진다. 공간에 대한 확장력이 돈 에너지를 기반으로 할 경우 현실의 부자를 만들어 낸다. 부의 욕망은 한 자리에 머물러 유한성에 안주하지 않는 특성을 지녔다. 부자가 되고자 하는 에너지 공간 확보 욕망은 끝없는 무한성을 지녔다는 것인데, 에너지의 순환성에 의해 그 욕망이 멈출 줄 모르면 역진성의 늪으로 떨어지기도 해 가난의 화를 입기도 한다. 그럼에도 부의 욕망은 확장성을 포기하지 않는 고에너지 팽창의 파장이다. 공간 에너지의 점유율은 평균적으로 이들 고

에너지가 높인다.

부의 공간 확장능력은 개별 생명체마다 모두 제각각의 모습을 띤다. 부의 지배력이 큰 개체는 확장력이 강할수록 그리고 에너지 크기가 클수록 공간 지배력을 키우면서 공간과 함께 시간의 지배력을 증가시킨다. 중력법칙에 의해 시간의 느려짐이 큰 에너지는 그 연장선상에서 생명력이 길어진다. 에너지 확장력과 보존력이 비례해서 커졌기 때문이며 가상의 시공간이 물리량으로 이에 조응해 준데 있다. 현실에서 개체성의 에너지가 크고 시간의 늘어짐을 통한 생명연장의 에너지 지렛대를 확보하면 상대적으로 더 많은 에너지를 확보할 여력을 얻는 이유다. 부자는 상대적으로 오랜 삶을 유지할 생명 에너지를 담보한다는 점이다. 그것이 강력한 패권의 연속되는 자가발전 속성이다. 돈이 돈을 낳고 부가 부를 키운다는 확장성 에너지가 그 축에 있다.

따라서 시간의 유한성과 함께 공간의 개체성이 만물을 탄생시키지만 확장성이 자연과 인간의 특이적 존재를 규정짓는다. 시간의 유한성에 시작이 있으면 끝이 있는 개념을 포함하듯 공간의 개체성에도 마찬가지 원리가 적용된다. 시간의 종착역을 향한 임계점은 단방향이지만 공간의 임계점은 무한히 커진다. 개체성이 갖는 한계성과 무한성의 양립은 이율배반이지만 이것이 또한 신성의 에너지로 나아가면 진리의 틀 속에 있다는 것이다. 시간의 단방향과 공간의 무한성이 결합할 때 임계로의 진행은 멈추지 않는다. 끝없는 임계점을 향해 가는 과정에서 강하게 존재가 드러나고 규정된다. 그것이 자연의 세계이고 생명활동으로 드러난다. 자연은 한계가 있는 생멸의 세계지만 불멸의 영혼성을 동시에 내재해 한계를 표현해 준다.

만물과 생명은 임계 한계치에서 반드시 존재를 드러낸다. 우리 우주가 존재하기 위한 우주상수들을 보면 극미의 오차가 발생해도 한 순간 사라지거나 파괴된다. 마치 낭떠러지 위에 서야만 존재가 드러나는 모습으로 초정밀의 위험한 상수가 우주의 모습을 지켜간다. 초정밀의 조화라는 뜻인 코스모스(우주)는 다른 말로 대단히 위험한 환경에 처해 있는 자연이란 말과 상통한다.

다중우주론에서 많은 우주에 동시 영향력을 행사하는 중력의 경우 우리 우주에서만큼은 그 질량이 너무 작아 '있음'이라고 표현할 수도 없지만 그것이 우리 우주의 존재를 결정짓는 힘으로 작용하고 있는 초미세 조절능력을 가졌다. 우리 우주를 떠받치는 중력의 힘이 극도로 위험한 상태에 있다는 말과 같다. 중력의 힘이 수천조분의 1만 달라져도 우리 우주는 존재할 수 없다. 그 중력이 곧 극초정밀의 시스템 에너지 중 하나다. 끝없는 임계 에너지의 발현은 마치 태어나면서부터 죽음에 직면해 있는 생명과 유사하다. 광대한 우주도 언제가 죽음을 맞는다는 이론 또한 상당한 수학적 공리의 근거를 갖고 있다.

인간을 비롯한 모든 생명의 죽음은 가장 강력한 생명으로의 동인이 되는 역진성이 통한다. 이를 통한 생명력은 돈의 에너지만큼이나 강렬하고 지속적이다. 예컨대 스티브 잡스가 이룩해 낸 성과는 시공간이 갖는 한계와 죽음이라는 임계점을 강력한 에너지로 변화했기에 가능했다. 잡스는 죽음을 선행하는 거룩한 고민을 하면서 생명 에너지를 키워내 생명의 임계치로 나아갈수록 돈 에너지를 크게 거머쥐었다. 잡스 같은 위대한 인물은 생명이 갖는 임계치의 산물로 매우 상징적이다.

공간의 탄생은 개념을 주는 일에서도 탄생한다. 특정한 사건과 일에

생명의 에너지가 개념을 주사 또는 투사하면 공간을 확보할 물질이 만들어진다. 주어진 운명 속에서도 변수가 많은 운명의 개척은 그렇게 이루어진다. 개념과 함께 동시 운행하는 인식도 공간의 탄생에 기여한다. 인간이 개념을 설정하고 인식의 주체로 정의할 때 공간이 탄생한다. 공간의 탄생은 물질의 탄생과 동시에 그 물질로 인해 신성이 사라지는 결과를 낳지만 끝없는 확장적 성질을 갖는 인간이성의 신성화가 동시에 진행되면서 허구의 개념이지만 공간성을 유지한다. 돈 에너지와 깊은 관련이 있는 인간의 의식이 공간의 확장성과 지속성에 직간접 영향을 준다는 의미다.

인간이성이 인식의 절대적 주관자로 역할을 한다고 하면 그 이성은 만물의 범신적(汎神的) 위상으로 신적 경지인 능산적(能産的) 위치를 확보하는 개념으로 나아간다. 그것이 확장성의 목적에 정조준 돼 있다. 대상의 존재는 인간이 부여할 때만 가능한 존재가 되기에 이성은 세계를 창조하는 주체가 된다. 합리론과 경험론을 통합한 순수이성비판은 그런 능력이 있음을 사유적으로 증거해 냈다. 화엄경의 일체유심조, 중중무진의 세계도 그와 같다. 관찰자가 관찰할 때만 존재가 되는 소립자의 세계가 신기하게 그런 에너지 시스템의 원리다. 양자중첩 속에서 관찰자의 에너지가 가해지면 특정한 입자가 특정화 되어 드러나는 원리에는 양자 에너지의 진동성과 보이지 않는 얽힘에 그 배경이 있다. 관찰자의 이성은 강력한 파장을 갖고 그것은 나아가려는 에너지의 확장성에 근거를 둔다.

신성의 인간이성이 탄생시킨 공간은 완전성을 내재하지만 불완전성을 동시에 내포한다. 그 불완전성이 허구의 시공간과 결합해 가상의 세계를 잉태한 것이 인간이 오감으로 보고 느끼는 만물의 3차원적 표상으로 간주된다. 신성의 주체인 인간이성의 담지자인 육체는 그 물리적 한계에 갇혔기 때문이 허구 또는 가상이라는 논리가 명확해진다. 인간의 몸과 영혼이 분리돼 허구의 시공간에서 묶여 있는 것은 우연이 아니다.

불완전한 육체는 완전한 이성을 추구하고 그 과정에서 신성의 구현방식인 돈 에너지의 유혹이 따른다. 돈 에너지는 강력한 긍정 에너지를 완성하고 있기 때문이며 선덕과 악덕을 아우르는 그 에너지가 필요에 따라 불완전한 육체 에너지에 부응해 준다. 현실의 불완전을 에너지 절정체인 돈 에너지로 충족하려는 본성이 부자에 대한 욕망과 욕구로 분출된다. 이런 공간 속 에너지 확장욕망들의 충돌은 마치 이온화된 초강력 플라스마 상태와 흡사하다. 단 한 순간도 방심할 수 없고 게으를 수 없는 경쟁의 절정이 상존한다. 부와 부자는 그 속에서 힘들게 만들어진다.

무한 잠재력 텅 빈 공간에 가득 찬 최고의 가치

우리가 사는 세계가 아닌 무한이 많은 우주를 창조하는 바탕이 되고 있는 에너지가 우리 우주의 힘을 통합하는 힘을 가졌다. 중력의 인력이 태양과 지구 등 천체를 붙잡아 일종의 은하셋트나 행성셋트를 만들어 생명의 잉태 배경이 되고 있지만 반중력의 척력이 우주를 엄청난 속도로 무한 팽창시키고 있다. 중력의 힘이 극히 미약함에도 이 같은 현상이 벌어지고 있는데는 수많은 우주들 속에 중력 에너지가 차원을 넘나들며 자유롭게 이동하는 것이 가능한 방정식이 도출됐기 때문이다. 이는 현대물리학의 첨병인 초끈이론이다. 중력의 실제 힘은 아직까지 실험적인 이론물리학의 영역이지만 수학공리인 초끈이론의 바탕이 되고 있는 다중우주 속에서 막강한 위력을 발휘하는 초강력 에너지다.

우리 우주는 거시의 힘인 만유인력과 미시의 힘인 양자역학이 하나로 통합될 가능성을 이미 마주하고 있다. 블랙홀은 그 상징적인 초질량의 천체다. 시공간의 경계선인 '사건의 지평선' 안쪽에는 인류가 사는 차원의 시공긴 물리법칙이 없다. 과거 · 현재 · 미래가 공존해 혼재돼 있는 특성을 지녔다. 아니 시간이 없다. 블랙홀을 통해 다른 우주로의 여행이 가능하다면 우리 우주의 중력 에너지가 얼마나 작은지 실감나게 느낄 수 있다. 블랙홀 사건의 지평선 너머에 무엇이 있는지는 드러난 것이 없지만 분명한 것은 우리 우주의 얼개인 표준모형을 블랙홀이 설명해 주면서 상상 속 천체의 실재성이 눈앞에 있다는 사실이다. 미시의 양자처럼 시공간이 사라지는 세계인 초강력 중력의 천체 블랙홀은 분명 존재한다. 시간은 없고 공간만 존재하는 초공간도 있다는 얘기다.

블랙홀이라는 기묘한 천체의 존재 그 자체와 다중우주가 존재할 수밖에 없는 수학의 공리는 우리 우주의 새로운 거울이 되고 있다. 그것이 우리 우주와는 다른 물리법칙이 존재하는 것을 어렴풋하게나마 상상의 공간 내지 형이상학적 철학으로 인도하는 안내자 역할을 한다. 상상의 고차원 세계 중 가장 상상하기 쉬운 세계는 시공간이 없는 세계다. 엄연히 존재하기에 상상이란 표현 자체가 학문적으로도 불허되지만 그것을 체험한 인류가 또한 아직은 없다. 그렇다고 그것을 상상의 세계라고 단정짓는 것도 불가한 만큼 고차원의 세계는 인류에게 희망이고 비전이다. 누구나 가보면 확실하게 도착할 정거장에 가지 못할 이유가 없다. 그곳에 도착하면 상상을 초월한 에너지 파장의 주인공이 될 수 있다.

우리가 있는 우주를 2차원의 세계로 가정해 본다면 인간은 동전의 앞뒷면이 있다는 것을 절대로 알지 못한다. 3차원의 사람이 동전을 간단히 뒤집어 보면 앞뒷면이 있다는 것을 쉽게 알 수 있지만 2차원에서는 이런 상상 자체가 불가능하다. 3차원의 인류가 4차원 또는 그 이상 차원의 세계를 상상하는 것이 어려운 이유다. 하지만 3차원에서 추정할 수 없는 물리법칙을 4차원 이상의 상상을 통해 가능하게 하기에 초끈이론과 다중우주론은 우리가 사는 3차원 공간과 상관성 및 상보성을 갖는 증거 역할을 하고 있다. 그런데 3차원이라고 확신하는 우리 우주는 실제로 2차원 막 형태라는 것이 가설과 수학을 넘어 관측을 통해 드러나고 있다.

전자가 입자인 동시에 파동성을 갖는 것이나 하나의 입자가 여러 곳에 동시에 존재하는 양자현상 등은 3차원 공간에서 있을 수 없는 해괴한 일이지만 이런 양자특성이 오늘날 현대문명의 메가 기둥이 됐다. 이 같은 소립자가 존재할 확률은 이른바 전자의 파동성이다. 파동함수 '프사이'(Ψ)는 제곱의 값을 가질 때 파동의 모습을 드러낸다. 파동은 상수에 따라 많은 경우의 수가 드러난다. 다시 말해 전자가 여기저기 동시적으로 존재하는 유령 같은 현상이 파동의 형태로 공간을 차지하는 것은 3차원 세계에서는 물리적으로 있을 수 없다. 이는 소립자의 공간 지배 방식이 다르다는 것을 의미하면서 동시에 우리가 생각하는 통상의 공간과 소립자의 공간은 다른 형식이라는 것을 보여준다. 소립자는 시간이 무시되는 또는 시간이 없는 초공간을 갖고 있는 셈이다. 이동하는 시간 없이 순간이동한 것처럼 자신의 모습을 드러내기 때문이다. 이런 양자특성이 현대문명은 물론 앞으로 다가올 양자컴퓨터 등의 초혁명을 앞당길 것으로 확실시 된다.

또한 거시의 중력을 초미세 영역의 방정식으로 발상의 전환을 하자 표준모형의 미시세계와 천체의 거시세계가 통합의 가능성을 열었듯이 우리 우주의 물리법칙은 다른 차원의 거울이 되고 있을 가능성을 비록 표상이라고 하지만 그 조차 존재의 증거로 연역할 가치가 충분하다. 그것이 비록 가상의 세계라고 하면 더 가치 있는 탐구 대상이다. 이는 우리의 공간에 대한 직관과 실제를 정확히 보는 눈이 된다는 것인네, 2차원의 사람이 동전을 뒤집는 도약이라고 설명될 여지를 함의한다.

이제 우리 우주의 실체가 어떤 허상으로 존재하는지 짚고 넘어갈 필요가 있다. 전부 공간이기도 하면서 전부 에너지이기도 한 원리를 살펴볼 이유에는 공간과 에너지가 결국 하나로 묶인다는 것을 관조해야 하기 때문이다. 공간과 에너지가 하나이기에 물질의 탄생이 가능하고 그 질량은 다시 에너지로 변환 가능해진다. 거대한 공간이 우리를 에너지로 지배하고 물질화 시켰는지 반추해야만 하는 것은 에너지의 역동성이 그만큼 소중하다는 것을 인식하기 위해서다. 그 에너지 역동의 핵심에 돈 에너지가 인간과 함께 얽혀 있다.

인간이 오감을 통해 평상시 인지하는 0.4%에 불과한 일반물질 곧 우리 현실 또는 우주의 구조는 물질의 최소단위인 원자로 구성돼 있다. 야구공을 지구로 키우면 원자는 작은 구슬의 크기(10^{-12}cm)로 비유되는데, 원자를 다시 잠실운동장 크기로 키우면 원자핵은 다시 야구공 크기에 지나지 않는다. 나머지 99.9%가 텅텅 빈 공간이다. 이렇게 거의 빈 공간으로 만들어진 만물이 우리가 인지하는 꽉 찬 듯한 세상의 실체다.

더 나아가 전자 또는 원자핵 속 양성자 내 쿼크 크기는 원자핵의 크기의 10만분의 1(10^{-18}cm)로 원자핵 내부도 거의 텅텅 빈 공간이다. 또 원자를 태양계로 키우면 만물의 구성 에너지인 끈 이론의 끈은 나무 한 그루(10^{-33}cm, 100억 광년 거리에서 보는 책의 글자 크기)에 지나지 않는다. 결국 만물을 이루는 아원자의 세계 거의 대부분 또한 빈 공간이라는 결론에 이르게 된다. 결론적으로 우리가 보고 느끼고 만지는 모든 일반물질(현실)은 종교적으로 '공'의 세계이고 물질의 실체는 아원자 최소단위에서 없다는 쪽에 가까워지게 된다. 만물을 물리량으로 계산해 보면 '없음'의 성격이다. 우리의 오감에 있음이 없음인 것은 다른 말로 허상이다.

우리가 실체 또는 실재라고 느끼는 현실은 결국 우리 뇌의 착시이고 이미지다. 빛의 전기적 신호를 읽는 뇌가 빈 공간을 절대 보지 못하고 못

하나된 에너지와 공간 이중성

2차원 막우주
(돈과 인간)

사건   사건

빈 공간   블랙홀   찬 공간

화이트홀

중력자

고차원 우주

느끼는 것은 빛의 광자가 통과하거나 입자성의 전자와 전자의 밀어냄으로 시각과 촉각이 형성되기 때문이다. 대부분의 빈 공간은 인간의 오감으로 인지할 길이 없다는 것이다. 극미량의 물질 간 흐름은 표준모형 4대 힘 중 하나인 전자기력으로 느낀다는 것이고, 그것이 빈 공간을 보지 못하고 못 느끼게 한다. 빈 허공이 단단한 것인냥 우리의 물질세계인 것으로 다가오지만 정작 그것은 초거대 빈 공간 속 극미의 소립자라는 개념이 맞다. 여러 차원을 넘나드는 중력자는 이에 영향력을 행사하지 못하기에 인간의 뇌가 감지하는 전자기력의 한계는 우리 우주가 전부인 것인 냥 허상의 실재성으로 연결된다.

나아가 인간은 모든 것을 느끼고 판단하는 뇌가 실체라고 느끼지만 뇌는 단지 기억이라는 것을 활용해 외부에 실체가 있다는 정보를 간직할 뿐이다. 인간의 뇌는 세상을 이미지로 읽을 뿐 실체와 진실을 모른다는 것이다. 가령 특정인의 뇌 시신경에 자신이 강당에 있다는 정보(전기신호)를 주면 뇌는 그 사람이 전혀 다른 곳에 있다고 해도 강당에 있다고 실감나게 느끼게 해준다. 공간을 점유한다는 뇌의 개념인식 또한 마찬가지다. 우리가 특정 공간에 있다고 확신하는 것은 뇌의 인식일 뿐 실체적 환경인지는 모른다. 뇌는 뇌 밖의 실체성을 모른 채 세상의 정보를 받아들여 그것이 실체라고 느끼기에 역으로 실체인 세상에서는 장님일 개연성이 아주 높다.

물질 자체가 비어 있는 공간이고 뇌가 받아들이는 물질은 결국 표상에 지나지 않다면 공간에는 다른 무언가로 채워지지 않으면 안 된다. 허상이라고 하더라도 공간은 그 존재를 드러냈기에 상관성의 관계가 있는 탓이다. 공간 에너지가 존재한다는 것은 현실의 실체성을 회의하게 만드는 실체적 증거가 되고 있다는 것이기에 이를 느끼고 공감하는 순간에 엄청난 에너지 공명을 일으키게 된다. 공명은 힉스장과 함께 존재의 끈을 반추하게 하는 물리적 실체다. 거리에 관계없이 움직임을 결정하는 양자얽힘처럼 공명은 상대의 존재를 순식간(동시성)에 결정지운다. 그것이 공간 에너지의 강력함이고 눈에 보이지 않는 돈 에너지의 잠재성과도 연결된다. 인간의 오감으로 미시의 소립자까지 거의 전부가 텅텅 빈 우주지만 그 공간은 실재하는 에너지들의 역동성이 늘 상존하는 곳이다. 이를 인간의 눈으로는 비었다고 하고 창조의 눈으로는 꽉 차 있다는 표현이 어울린다.

돈 에너지가 갖는 특성은 바로 공명이다. 에너지 시스템이 영구히 작동하는 거대한 공간에 돈 에너지는 가장 강력한 시스템 중 하나다. 상대의 재화를 나의 재화로 교환하는 과정에서 일어나는 공명이 돈 에너지 특성이다. 이 경우도 부풀려진 가짜가치인 화폐가 돈이라는 뜻이 아니라는 것을 전제한다. 재화의 가치와 일치하는 돈의 교환가치가 공명의 가치로 연결되고 이 가치의 확장성이 공간 에너지의 확장성을 유발시켜 인류 전체에 돈 에너지의 강력한 확장성을 지니게 했다. 따라서 허구의 표상에서 벗어나 공간 에너지를 통한 공명의 노력이 부를 향한 땀이고 노력이다. 그 가치는 과거와 미래에 있지 않고 현재라는 과정의 가치에 존재한다. 돈은 늘 현재와 공명하며 그것을 또한 공명하거나 공명하려고 하는 사람에게 다가간다. 돈 에너지는 빈 공간에 충만한 에너지 시스템을 다리로 해서 영혼의 가치로 올라가려는 목적까지 수행하려 하기에 신성을 지녔다.

3. 시간의 탈출

무한 권력욕에 깃든 장인정신이 큰 돈을 번다

변화는 시간의 탄생 요인이다. 변화의 핵심에 속도가 있다. 정지를 자연의 이치로 당연한 것으로 보았던 수천년을 지나 등속운동을 가치 있는 물리량으로 보고 설정한 것은 인류가 자연을 보는 도약이었다. 등속운동은 외부에서 가하는 힘의 합이 제로 상태인 것으로 사실 정지와 같다.

하지만 운동의 속성이 드러났다. 다시 말해 지구상의 정지는 다르다. 등속운동이 물리의 기본이고 중력계 정지가 특이성으로 특수하다는 발견은 과학의 비상이다. 정지의 특이성은 가속계 힘의 원리와 자연의 정밀한 패턴을 특징지었다. 마치 신의 창조원리가 힘의 원리에 깃들어 자연의 작동 원리를 인식할 수 있게 했다.

특정한 질량을 일정 거리만큼 힘을 가하면 그것이 곧 일이다. 일은 에너지를 전달하는 과정이고 그것은 자연계와 생명 구석구석에 깃든 움직임의 기본 법계다. 힘과 힘의 역학관계를 들여다보기 시작한 인류는 거시의 천체운동 원리는 물론 미시의 세계까지 보면서 우주의 얼개 표준모형을 만들어 인간을 포함한 모든 만물의 운동이 에너지 파장으로 이뤄졌다는 혜안을 갖게 됐다.

중력 좌표계의 정지상태는 비교 대상으로 운동의 기본 메커니즘인 등속과 다른 특수한 상황이라는 것에 초점을 잘 맞춰야 했다. 등속이 일반원리라면 속도가 변하는 가속은 다른 특수상황이다. 속도의 변환은 힘의 작용 또는 작용·반작용이고 에너지가 충만한 세계와 생명의 메커니즘으로 작동하게 한다. 힘의 변환 중 대표적인 운동에너지는 기본적으로 퍼텐셜 에너지를 가지면서 역동하는 에너지의 기반을 만들어 주었다. 자연과 만물은 늘 변화무쌍하고 그것의 섭리는 초정밀의 힘, 곧 에너지에 의해 엮여 있는 시스템이다. 변화는 시간의 탄생뿐만 아니라 현재 존재하는 것의 정의를 가능하게 했다.

이처럼 변화를 매개로 한 시간의 탄생은 비록 그것이 실재성이 아닌 편리성의 허구적 표식이라고 해도 공간과 상관성을 이루며 절대자연의 완전성을 반추하는 대칭성을 갖으면서 의미를 가졌다. 그 시간의 역동적 변화는 운동의 정밀성을 상태로 표현하는 수학적 공리를 따르기에 변화를 촉매한 배경의 에너지는 자연으로 보면 모든 것의 주관자다. 시간의 변화 속에 주관자가 들어앉게 된 것이기에 역설적으로 시간의 틀에 인간이 묶인 형상이기도 하다. 하지만 인류는 시간의 틀 속에 있다는 생각을 하기보다 그 틀을 이용한다는 주관자로 관념화 돼 있어 무질서의 단방향 변화인 허구의 시간을 좀처럼 탈출하지 못한 채 갇혀 있음을 현재성과 실재성으로 규정한다. 인류는 그것을 진리로 간주해 왔다.

그런데 변화를 일으킨 모든 촉매는 주관자의 내재적 성질을 공유하고 인간이 이런 인식의 능력이 있기도 했다. 강력한 인식은 실제 주관이며 주관자 역할을 해낸다. 이런 의식은 의지로 승화하면서 고에너지를 방출해 주변의 에너지를 포용하고 섭외한다. 고에너지를 방출하는 대부분의 부자는 기본적으로 가역적 순환의 성질을 갖고 있는 돈 에너지를 포용하는 기운을 가졌다. 기운이 변화를 주도하는 촉매역할을 한다는 점에서 부자는 거꾸로 시간의 주관자로 역할이 가능했다. 그것이 허상의 시간을 인간의 실재하는 시간으로 바꾸는 과정이며 다른 말로 현실 세계에서는 큰 성공으로 불린다. 반면 허상의 시간에 갇혀 끌려 다니고 쫓겨 다니는 현상 역시 저에너지의 상황에서 이뤄진다. 그것은 현실에서 가난이다. 허구의 시간은 주관자를 내재하고 있기에 진정한 탈출은 그 시간을 고에너지 변화의 힘으로 다스리는 것이라고 할 수 있다. 누구나 그 힘을 내재하고 있다는 믿음이 중요하다.

속도, 즉 변화가 존재하면 힘의 원리가 아주 정밀하게 작동한다. 대표적인 것이 중력이다. 중력은 질량을 가진 모든 물질 사이에 반드시 질량에 반비례 해 정확하게 일어나는 에너지의 상호작용이다. 속도의 변화가 있는 곳에 고에너지의 흐름이 나타나 물질이 존재 배경을 갖게 되고 동시에 시공간을 불러들여 힘을 교환한다. 중력 메커니즘이다. 질량 있는 물질이 움직일 때 시공간이 휘고 힘의 변화인 가속도가 중력인 이유다.

또 속도는 거리를 시간으로 나눈 값 또는 정확히 델타 변위량을 미분한 값이라는 점에서 일정한 거리를 시간으로 쪼갠 것이기에 그 또한 공간을 만들어 낸다. 시간의 변화는 공간 속에서 에너지 기본 조화인 인력과 척력을 만들어내고 그 에너지 값이 생명의 세계에서 정밀하게 작동해 새로운 운명을 만드는 무한히 많은 세계(현실)를 창조한다. 인간의 운명도 시간 속에 갇혀 공간의 틀로 묶이면 수많은 운명 중 하나로 수렴된다. 거시세계의 운명은 이처럼 중력법칙의 에너지에 영향을 받아 부와 가난이 결정되는 불연속적인 큰 파동이다. 파동과 파동 사이에는 간극이 없다. 사주팔자라고 하는 현실의 운명론은 이런 원리가 배경이다. 부와 가난은 연속적인 파동으로 움직이는 것 같지만 불연속적인 파동 특성이 있다. 현실 세계에서 빈부차는 그렇게 발생한다.

거시의 중력 에너지와 상반되는 미시의 변화도 운명을 결정짓는 패턴이 작용한다. 미시의 척력이 강할 때 가난으로 향하고 거시의 인력이 강할 때 부의 기운이 몰린다. 빅뱅 후 우주팽창과 관련 있는 반중력의 성질은 인력이 불가능해 상대적으로 질량이 커지는 미시의 척력을 줄일 때 거시의 인력이 커진다는 속성이다. 원자 내 전자는 에너지를 받을 때 핵에서 멀어지는 궤도(척력)로 이동하기 때문이나. 원자핵으로 향하는 에너지 방출(인력)과는 상반되는 양자 운동이다. 미시세계에서 원자 밖의 전자나 외곽 전자가 불연속적으로 에너지를 내뿜으며 낮은 궤도로 안정화 되는 것이 미시의 인력이다. 반면 에너지를 받아 에너지 준위가 높은 궤도로 올라가면 불안전한 상태가 된다. 높은 단계의 에너지 준위에서 고에너지를 방출하는 파장(정상파)의 움직임이 시간의 주관자이고 그것이 허구 시간의 탈출이다. 다른 말로 원자와 만물의 안정화이고 그 반대일수록 시간을 더욱더 필요로 한다.

속도의 변화, 즉 가속도가 중력이고 인력을 키우며 그 가속도를 통해 에너지의 강한 발산이 일어난다. 일상생활에서 일어나는 거의 모든 운동은 힘을 더하는 운동이며 전자기적 에너지 흐름이다. 진짜 시간이 바로 그 흐름에 동행한다. 자신이 에너지를 발산하는 쪽에 시간의 변화를 맡기면 역설적으로 인력이 커지고 에너지를 모을 수 있다. 그것이 진정성 있는 일이다. 나의 에너지를 옮기는 과정에서 반사적으로 더 많은 에너지를 얻는 방식이다. 시간의 변화가 갖는 속도의 변화는 위치 에너지를 특정화시키지 않기에 불확정한 가운데 변화하는 공간을 만들어 낸다. 그 혼돈의 공간 속에 가능성이 커지고 인력의 에너지가 커질수록 부가 지향된다. 공간의 창조는 개별 에너지를 쓰면서 밀어내는 원리에 있지만 돈 에너지는 이와 교환되는 특성을 지녀 가속도에 따른 고에너지 방출은 가역적으로 부의 에너지를 끌어들여 부자를 향하게 한다.

돈 에너지는 모든 얼굴을 다 가진 만물의 표상 에너지를 내재한다. 선과 악의 대칭성을 하나의 형상으로 갖고 있기에 신성의 두 얼굴인 천사와 악마의 내립성도 양립한다. 부와 가난은 물론이다. 그래서 고에너지 방출을 기본 특성으로 한다. 본래 이 모두가 시간의 틀 안에 있다. 만약 선악이 합해져 없음이 되는 합일성의 완전성인 진테제로 정립되면 그로부터 표현되는 표상은 돈 에너지의 완전성과 내재성이다. 이 에너지는 만물의 다양한 에너지 진동을 가능하게 하는 만능줄기세포 같은 역할을 한다. 돈은 모든 것을 가능하게 하는 인간의 욕망인 동시에 거꾸로 인간을 옭아매는 이율배반의 묘한 정의를 따르는 배경이다. 돈 에너지는 어떤 시간, 어떤 장소에서도 모순이 존재하지만 그 속에서 정의감이 공존하는 특성을 지녔다는 것을 늘 염두해 둬야 한다. 현실의 물리량 또는 공리법칙이 잘 들어맞지 않아 상반된 법칙이라는 점에서 허구의 시공간 개념으로만 이해될 수 없는 범주인 특성이다. 돈의 진짜 에너지는 선과 악을 구분하지 않는다는 원리를 받아 들여야 부자가 된다는 논리다.

시간의 탈출이란 현상으로 표출된 고에너지 표상에서의 탈출이다. 특정한 변화를 통해 허구의 시간 밖으로 나온다는 것은 과거와 미래를 없애는 일로 간주된다. 시공간이 없는 세계로의 진행은 강력한 에너지를 바탕으로 한다. 생명 에너지가 일방향으로 흘러 노인이 돼 가는 과정은 허구의 시간 속 틀에 갇힌 뇌의 잘못된 인지일 뿐이다. 저에너지로 향하는 것을 뇌가 감지할 수 있을 뿐이다. 뇌는 절대 에너지 흐름의 법칙 속을 벗어나지 못한다. 뇌는 정지가 정의하는 바를 정확히 모른다는 것이다. 정지를 모른다는 것은 등속운동과 가속도도 판단하기 어렵다는 의미다. 현실세계의 판단은 보편성의 원리를 따라 판단의 잣대를 들이대는 과정이다. 시간의 정지는 운동으로 치환하면 에너지가 0(제로)인 값이지만 물리법칙은 이를 용납하지 않는다. 강하게 정지한 사물이라고 해도 운동 에너지를 소모하고 있어 시간이 변하면서 위치 값을 바꾸는 일은 에너지를 내놓는 일이다. 시간 밖으로의 여행은 시간이 숙성된(축적된) 에너지 준위 상태에 있다. 그곳에서 시간은 없다.

시간 밖이란 표현과 시간의 탈출이란 설명은 사실 존재하지 않는 가상일 가능성을 열어 놓을 수 있다. 그것은 실험적으로 증거되지 않았기

에 확실한 명제가 아닌 것이기 때문이다. 역설적으로 시간이 지나고 특정 위치가 변화 했을 때 시간의 통제 밖에 있으면 명제는 확실하다. 그것은 시간을 멈추는 일이다. 존재하지 않는 허구의 시간을 멈추게 한다는 것은 인간의 편의성으로 만들어진 잣대에 끌려 다니는 생명활동을 거부하는 행동이다. 숙명적 삶을 받아들이고 그 안에 스스로를 가두면 미시의 척력이 커진다. 척력이 발휘되는 흐름은 에너지 소진이고 그것이 극대화되면 파괴다. 에너지를 잡아먹는 척력 속엔 돈의 긍정적 에너지가 머물기 곤란하다.

허구의 시간을 멈추면 새로운 시간을 사는 것이 가능하다. 시간이 사라진 이 공간에서 새로운 일을 하는 것은 짐짓 당연한 논리다. 그 새로움의 에너지 파동은 안정화 된 에너지장이다. 인간의 강한 의지가 그것을 웅변하고 그 강한 의지는 도덕률 또는 양심의 에너지로 바탕이 쌓인다. 에너지 중 가장 강한 파동을 주는 것이 권력욕이다. 이 에너지 장은 두 가지로 표현된다. 하나는 반도덕적 행태가 전자의 탈출 때 필요한 에너지처럼 고에너지를 흡혈귀처럼 흡입한다. 반면 다른 측면에선 도덕률을 높이는 고에너지를 방출하면서 안정화 된다.

전자가 선행하고 후자가 이어지면 시간이 의미 없는 대척점에서 의미 있는 시간으로 전환된다. 돈에 구속받지 않되 돈을 자신만의 편리한 도구로 그리고 그것을 선하게 활용하는 측면이 이와 같다. 돈에 내재된 선함은 전지전능에 가깝다. 악 자체를 구분하기 어렵다. 그것은 만물의 창조이고 물질(에너지) 자체다. 더없는 선함은 인간이고 생명이다. 인간과 생명에 진실한 에너지를 방출하면 돈이 모인다. 만물은 그런 원리로 탄생됐으며 돈 에너지는 창조를 준비하는 원리로 응축돼 있기 때문이다. 우리가 현실이라는 허구의 시간 속에 있지만 자연, 인간, 생명의 존귀함을 동행할 때 진정한 자신만의 시간을 가질 수 있다. 그것이 장인(匠人) 정신이다. 누구나 통제 가능한 그 시간이 있지만 대부분의 사람들은 그 시간을 버리고 허구의 시간 속에서 헤맨다.

순간이동 돈 에너지, 누구든 '부자의 길' 열려

빛의 정체에 대해 많은 사실들이 알려졌지만 그 빠름에 대한 속도 원리는 질량과 관련이 있는 것으로 잘 알려져 있다. 빛의 알갱이 광자(포톤)는 질량이 없다. 질량이 있는 물질은 속도가 빨라질수록 무한대의 질량 값을 가져야 하고 무한대의 에너지가 들어가야 하기 때문에 가장 빠른 빛 그리고 어떤 상황에서도 그 속도 값이 변하지 않는 광속불변의 원리가 적용되기 위한 조건은 바로 무질량이다.

절대 속도 빛은 시공간을 변형시키는 주역이다. 빛의 속도로 이동하면 시간의 느려짐으로 현실(공간)을 바꾼다. 시공간은 에너지 장으로 얽혀 있어 시간과 함께 공간이 함께 뒤틀린다. 빛의 속도는 뉴턴의 시공간 절대좌표를 이처럼 무너뜨렸다. 그런데 빛의 속도 역시 이율배반의 정의를 따른다. 모순으로 보이는 속도가 고정돼 있는 만물의 상태(진리)를 변화시키는 모순을 진리로 간주한 것은 상상하기 힘든 발상인데, 그것이 결국 진리였다. 허구 시간으로부터 탈출하기 위해서는 생명과 에너지의 원천인 빛을 알아야 하는 이유다.

광자 입자이자 전자기파 파동성을 동시에 갖는 빛은 당연한 듯 보이지만 정확히 빛의 속도를 내야 빛이 된다. 정확한 속도 값은 전자기파의 정밀한 교란과 이를 매개하는 광자의 신기에 가까운 힘의 역학관계로 가능하기에 당연하지 않은 원리다. 이 과정에서 상상할 수 없이 빠른 순환성, 반복성, 대칭성이 극도로 정밀하다. 광자는 물론 소립자 내에 또 다른 구조가 없는 기본입자(렙톤)인 전자가 또한 파동 이외에 입자성을 띠었다. 즉, 빛은 보순을 잉태해야 빛이 된다.

이런 모순은 만물의 근원인 원자 안에서 똑같다. 전자가 입자 형태로 크기가 있으면 질량이 있게 되고 그것은 빛의 속도로 나아갈 수 없다. 그 반대로 질량이 없는 전자는 빛의 속도로 나아갈 수 있어 핵이 원자 내에서 잡아 둘 수 없게 된다. 이 경우 원자 자체를 파괴, 이 세상 만물이 순식간에 사라지는 비극이 초래된다. 따라서 전자는 파동의 성격을 가진 무질량의 행동을 하면서 반드시 입자로도 존재해야 세상을 존재케 한다. 전자의 크기를 직접 잴 수 없어 스핀의 자기장을 역분석하면 전자의 크기는 분명히 존재한다. 질량이 있기도 하면서 없기도 하다는 특성이 상상할 수 없는 현상이지만 엄연한 진실이다.

자연의 세계는 상대론적 대칭의 진리가 동전의 양면처럼 무수히 많이 상존하고 있다. 이런 진리에 대해 새로운 포괄적 개념이 에너지로 통일될 수 있다는 것이 중요한 맥락이다. 모순이 하나의 원리로 이해되고 통일되는 것은 창조에 버금간다. 이것이 새로운 세계를 바라보는 눈의 하나이고 허구의 시간을 탈출할 수 있는 조건이 된다.

3차원 시공간에서 4차원 시공간으로 가는 것은 상상 자체를 불허하지만 말도 안 되는 듯한 모순의 포괄적 개념을 이해하고 받아들일 때 그 수렴의 결과는 전혀 새로워진다. 무질량의 에너지 이동이 가능하면서 공간은 없고 시간만 존재하는 초시간 도약이 가능하다는 것이다. 동시성은 무공간 초시간이고 입자의 순간이동은 그 실사례다. 더불어 입자와 파동의 동시성은 초시간적 특성이다. 이런 입자들에게 거리의 개념인 공간은 존재하지 않는다. 거시의 세계에서 이 같은 초시간이 과연 불가능한 일일까. 공간을 뛰어넘는 순간이동은 물리적으로는 가능할 것으로 설명되고 있다. 결국 시간의 탈출은 공간에 지배당하지 않아야 한다. 우리가 감각하는 만물이 실제 소산적으로 이뤄지기도 했고 능산적인 정보의 한 표현일 수 있는 동전의 양면같은 진실을 받아들이는 것이 그 연장선의 진리다. 이들을 수렴하는 통일된 범주가 바로 에너지다.

이율배반의 정의는 무한한 대칭성의 다른 표현으로 이해된다. 대칭의 무한은 그 존재를 상상하기 어렵다. 공간의 지배를 받지 않는 초시간 속에 무한 대칭성이 적합하게 어울린다. 무한소와 무한대의 자연 원리가 역설적으로 상호 존재를 끝없이 확인시켜주는 기막힌 구조다. 그래서 그 좌표계 기준이 되는 0의 발견은 위대하다. 공간이 있어야 가능한 이 구조가 공간이 없어야 무한성이 실현되니 이 또한 모순이지만 진리의 역진성을 필요로 하는 원리다. 프랙털(fractal) 우주론으로 상정할 경우 그 방점을 어디에 둬도 무한대칭을 이뤄 모순은 아름다운 현상으로 기막히게 위장해 현실로 드러난다.

에너지 특성이 무한 대칭성의 시작임을 받아들이면 끝이 있기도 하고 없기도 해야 하기에 시작과 끝 자체는 영원 순환성 속에 파묻혀 생과 멸을 주관한다. 이것이 음양의 탄생과 음양의 필연적 존재 배경이다. 당연히 공간이란 개념을 상상하기 힘들다. 생도 에너지이며 멸도 에너지다. 시작과 끝은 어디를 찍어도 존재하지만 그것이 시작과 끝도 아니라는 현상으로 보면 현상의 해괴한 진실이 초시간의 진리로 수렴된다. 우리가 대하는 현실은 이미 무공간 초시간의 지배를 받고 있다는 것에 진리의 또 하나 방점이 있을 것이라는 믿음을 버릴 수가 없다.

거듭 강조하지만 현대 문명의 총아를 이루게 한 전자기 혁명에 전자가 있는 것은 마찬가지 원리를 보여준다. 전자기력을 매개하는 광자가 전자기파를 빛의 성질로 만들있다. 따라서 전자는 실험적으로 크기가 있다고 해야 맞고 없다고 해도 맞다. 그런데 전자가 질량이 없다면 현대물리학 최고의 걸작인 신의 입자 힉스와 힉스장이 무력해진다. 위치를 특정할 수 없는 파동성의 전자가 동시에 크기와 질량을 갖는다는 것은 힉스장의 존재를 상보하기 위해서도 필연적인 사실이어야 한다.

파동으로 광속을 내는 빛이 광전효과를 통해 입자로 증거된 극적 모순 속에 답을 못할 것 같은 의문이 꼬리를 물지만 물질과 힘의 초대칭성과 상호치환의 얽힘이 답을 유추케 한다. 결론에 이르는 과정은 물질의 이 중성 대로 거시세계도 그렇게 진행한다는 것이 다중우주론이다. 이 이 론이 아직은 실험적으로 증명되지 않았다고 해도 그것을 뒷받침하는 수 학적 이론들이 완전에 가깝다. 다중우주는 모순의 원리를 바탕으로 한 새로운 물리량으로 존재의 상수값을 찾아가고 있다. 미시의 현상이 거 시의 현상이 될 수 없다는 사고실험이었던 이른바 슈뢰딩거 고양이는 불확정성의 코펜하겐 해석을 반박하고자 했지만 오히려 양자의 세계가 거시를 움직이는 원리로 이해되는 패러독스로 작용했다. 고양이의 생과 사가 중첩돼 있는 현상을 거시세계에서 증명할 수 없지만 그것의 관측 이 이뤄지면 존재한다는 양자원리를 이해하게 도왔다.

이 같은 소립자의 존재에 대한 모순이 거시세계 또는 절대시간을 움 직인다면 시간은 과연 실재하는가에 대한 의문이 틀리지 않을 것이라는 믿음을 갖게 한다. 우리가 허구의 시간 속에서 나가기 위해서는 슈뢰딩 거 고양이처럼 수많은 모순 속에 들어가야 한다는 것인데, 그것이 바로 4차원 이상 높은 차원의 여행이다. 3차원 물질이 다른 차원으로 가는 것 이 불가능해 보이는 것이 현대과학의 한계에 와 있지만 가능할 수 있다 는 방정식들이 나오고 있다. 단지 우리가 인지하는 시공간이 없어야 하 기 때문에 도무지 상상하기 어렵다. 시공간이 있는 곳에서 없는 곳으로 간다는 것은 현재의 시공간이 없는 것이라는 역설이 가능해 진다. 이를 분명히 정립하면 시공간이 없는 세계의 역추적이 시작된다.

이런 식의 도약은 초월적 능력이라는 상상속의 힘이지만 현실 속에서

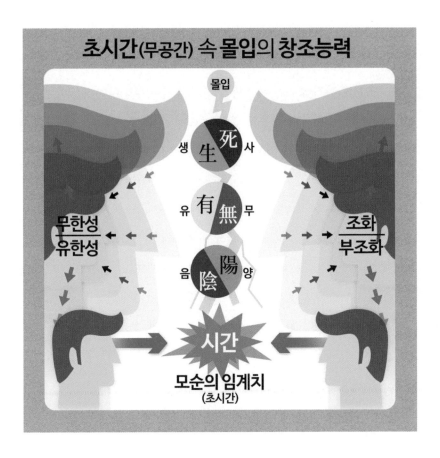

초시간(무공간) 속 몰입의 창조능력

몰입

死
生 사
생

有 無 무
유

陽 양
음 陰

무한성
유한성

조화
부조화

시간

모순의 임계치
(초시간)

간접 체험이 가능하다. 꿈이 그 하나의 형식이라면 구체적인 현실 속의 방법은 몰입이다. 상념을 깨끗이 제거하는 훈련이 그에 앞서야 하는 전제조건이 붙는다. 이후의 몰입은 고에너지를 방출하는 집중력 훈련이다. 이 에너지 특성은 특정의 세계를 열어가는 정보이자 명령어 역할을 한다. 실제로 전자가 고에너지 빛을 방출하면서 핵에 가까워질수록 원자는 안정화 된다. 세상의 만물은 전자의 안정화로 이뤄져 있다. 그 전자는 작은 의식에도 많은 영향을 받는다. 수없이 많은 종교적 또는 사상적 지혜의 일꾼들이 명상과 몰입의 실험적 결과를 증거해 내고 있음은 그 반증이다.

현실의 무수한 상념을 제거한다는 것은 입자이자 파동의 성격을 갖는 전자의 이중슬릿 실험조건과 유사한 방식이다. 이 실험의 전제조건은 흑체복사조차도 전자에 아무런 영향을 미치지 말아야 한다는데 있다. 심지어 질량이 없는 광자의 접근도 막아야 해서 관찰(빛) 자체가 불허된다. 이 조건이라야만 입자가 파동으로 옷을 바꿔 입고 입자가 만들 수 없는 간섭무늬를 만들어 낸다. 몰입을 위해서는 상념들이 없어야 하는 것과 같다. 그 효과는 불교 법계의 견성에 비유된다. 그래서 속도가 갖는 이율배반을 수렴하면서 현대 물리학의 전제가치인 물리적 상념들을 제거한다면 시공간이 없는 초월적 위치로 나아가는 것이 가능하다.

초월적 지위는 슈퍼맨 같은 초능력의 개념이 아니라 인간과 자연 그리고 신의 얼개를 보다 높은 곳에서 보다 정확하게 볼 수 있는 능력을 말한다. 이럴 경우 그 인식은 만물의 운동 축인 돈의 메커니즘과 돈의 에너지 흐름을 정확히 보는 망원경을 얻게 된다. 현실적으로 말하는 돈의 길목마다 예측해 앞서 갈 수 있다. 마음먹기에 따라 상상할 수 없는 부를 거머쥐는 것이 가능하다.

눈앞의 장벽에 지나친 에너지를 쏟을 때 몰입이 불가능하다면 눈앞에 말도 안 되는 장벽이 있다고 해도 뛰어 넘을 수 있다는 것을 상정하고 멀리 보는 것이 몰입의 방식이다. 넘어가기 불가능해 보이는 장벽을 멀리서만 볼 수 있어도 그것은 또 하나의 코페르니쿠스적 전회의 기회를 얻는다. 인류가 공통의 시각으로 한 단계 도약하는 세상을 마주하게 되면 인류는 과거와 미래의 시간을 현재의 시간으로 끌어다 쓴 시간여행을 하는 것과 같다.

모순의 극대치(임계치)에서 차원을 넘나드는 길이 있다는 것을 알아채듯이 몰입은 한 개인의 시간적 도약을 가능하게 해준다. 돈이 현재가치에 집중된 이(理)와 기(氣)의 합일된 지상명령이라고 간주할 경우 그 배후의 시공간은 사라지고 악덕이라고 해도 덕을 품은 힘을 과시한다. 현상계의 돈 에너지는 조건 없이 현재에 머물러 있는 상황에서 이를 강한 에너지로 공명할 때 끌어다 쓸 수 있다. 공간에 제약되지 않는 물리적 초시간은 바로 생각이다. 생각의 힘이 의식이 되고 의식의 힘이 현실을 바꾼다. 수많은 부자들이 공간의 제약성이 없고 시간만 존재케 할 수 있는 이런 의식의 힘이 쌓이고 쌓여 만들어 졌다.

4. 공간의 탈출

무소유, 모든 것을 버려야만 모든 것을 얻는다

시간의 유한성에 공간의 개체성이 합의되고 공간의 개체성에 시간의 유한성이 포용된다. 시공간의 얽힘은 끊을 수 없고 풀 수 없지만 현실이라고 생각하는 허구의 시간과 공간의 개념은 분개가 가능하다. 시공간의 분리는 허구시간의 탈출방법이기도 하지만 가상공간의 탈출 통로를 만들어 준다. 시간이 없는 공간은 속도가 있을 수 없다. 이런 공간으로의 이동이 공간의 탈출이고 그 길은 수많은 길이 있지만 개별 에너지가 선택할 경우는 하나의 길로 응축된다. 초공간으로의 이동이다.

공간의 탈출 통로는 무아(無我)라는 자아의 버림을 통해 갈 수 있지만 방식은 무한이 많은 길을 포섭하기에 그것이 진리인지 현상계에서는 혼란스럽다. 현상의 세계에서 무아는 수없이 많은 종교로 나타나고 학문적으로 구체성을 띠기도 한다. 현상의 좌표계 에너지 상태인 허구의 공간을 탈출하는 것이 더욱 어려운 배경은 종교와 학문이 무아의 통로를 따르지만 오히려 그것이 무아를 찾아들어가는 노정을 방해하는 높은 장벽이라는데 있다. 상상하기 어려운 고된 땀과 노력이 수반되지 않으면 시공의 분개를 가능하게 하는, 아니 시공이 없는 무아(또는 진아)의 세계에 자리하기 힘들다.

진아의 세계에 이르면 시공의 분리를 통해 공간의 본질을 알아차린다. 인간의 오감을 받아들이는 세계를 어떻게 버리는지 자명한 이치로 알아차릴 때 공간의 본질을 안다. 그리고 진아의 에너지는 공명 그리고 교감이 가능해진다. 그것이 무시간의 초공간이다. 공간이 없는 순간이동은 초시간의 현상이고 시간이 없는 공명은 초공간에서 이뤄진다.

중첩 상태에서 진아의 자아세계에서는 동시성, 내재성, 순환성의 운동 또한 동일하게 일어난다. 인간이 인지하는 실재의 공간은 자연계에 있지 않고 인간 내부의 진아에 있다는 것이다. 생명유지에 필수불가결한 상념들이 그 장벽이 되고 있다. 에고로 표현되는 상념들의 떨쳐버림을 두려워하면 무시간의 초공간에 들어갈 기회가 없다. 끝없는 정진의 과정이 수반되는 고행이 수반되지만 동시에 직관과의 상호작용이 필요하다. 에너지 공명의 최고 수행상태에 있어 일종의 깨달음의 경지인 아라한이 현상계를 분개하는 것이 가능하기는 하지만 분개조차 무의미해지는 신성으로 향하는 곳이 실재하는 초공간이다.

이데아가 모든 만물의 근원으로 수천년을 진리로 자리해 왔지만 그 이데아조차 무의미하게 만드는 무아의 법계가 곧 강한 에너지를 얻는 길이 된다. 있음을 보지 않고 없음을 보되 그 없음이 실재하고 있음을 보는 것은 만물의 근원자리가 그 어디라도 있다는 것과 같다. 특정 공간이 자리를 차지하고 자리매김 할 수 없다는 뜻이다. 물론 시간은 보이지 않는다. 만물의 어디를 봐도 수많은 개체성 속에 그 만물을 잉태하는 전체 원리가 내재하고 있기에 인간 내면의 진정한 나를 바라보는 것이 곧 가상공간의 탈출이면서 초공간 이동의 길이다.

공간의 실체는 내 안의 나를 바라보는 눈이라는 공통분모가 있다. 이 또한 내 안에 있는 그러나 실제가 없는 듯한 나를 본다는 것 역시 현상계의 물리량으로 계산하면 이율배반의 정의다. 없음을 알고 그것을 찾아들어가는 과정의 너머에 무아지경이 있다는 것이며, 그곳에서 가상공간의 속박이 탈출된다.

오감으로 감각하는 자연의 공간은 귀납적이든 연역적이든 인과율의 법칙이 존재하지만 시간이 없는 곳에서는 원인의 과거뿐만 아니라 결과의 현재나 미래도 의미성을 갖지 못한다. 인과율 자체를 상상할 수 없기에 시간이 존재하지 않는다. 아울러 인과율이 하나이기에 공간은 존재하는 초공간이다. 차원이 낮은 곳에서 높은 곳을 이해하기 불가능하듯이 그 반대의 경우도 성립한다. 인과율은 고차원이 저차원을 바라 볼 때 이해할 수 없다. 가령 3차원의 사람이 2차원의 사람을 봤을 때 인과율의 법칙을 부동의 진리로 간주한 채 판단한다면 3차원의 사람은 2차원의 사람이 왜 공간을 뛰어넘지 못하는지 이해할 수 없는 것과 같다.

무한한 에너지 진용으로 동시에 나열된 나, 곧 개체성에 적용되는 무애의 법계가 곧 다른 공간이다. 무애의 법칙에 가상공간이 끼어들지 못한다. 무애 속 무아의 공간에 존재를 내재하는 개체는 에너지의 무한 집중이 가능하고 무한 발산도 자연스럽게 이뤄진다. 무한이 많은 단 하나의 개체성들이 온 우주의 에너지를 저마다의 나로 모두 품고 있다고 하겠다. 이 같은 무시간의 순간이동이 지배하는 초공간 속 초연결이 현상계에서는 보이지 않지만 에너지 파장으로 얽혀 있다. 부의 법칙이 초공간의 연결고리 에너지와 같다. 부의 에너지는 에너지의 공유로 시작해 그 연결과 확장성을 갖는 개념이다. 그 에너지는 가상의 공간을 확보하지 않지만 수많은 현상의 공간에서 개성들을 표출해 준다.

초공간은 형상없이 존재하는 에너지 얽힘 또는 에너지 그 자체라는 말로 정리될 수 있다. 이 공간에 강력한 파장의 돈 에너지가 똬리를 틀고 있지만 인간은 이를 애써 외면한다. 초공간 속 에너지 형태는 만물의 모태 역할을 한다는 것이지만 돈이 아닌 성스러운 선을 선택한다. 하지만 인간의 현상계 탐욕의 극대화가 초공간 속 선과 초대칭으로 맞물린다. 탐욕은 고통을 낳지만 초대칭과 짝을 이룬다는 선순환의 에너지 파장은 고통이라고 해도 아프지 않으며 현상계의 선함을 실현하는 강력한 힘이다. 초공간 속 강력한 에너지 파장이 인간의 탐진치(貪瞋癡)를 자극해 현상의 가장 강력한 돈 에너지를 만들어 냈기에 그 인자들의 배후에 있는 대칭성이 진선미(眞善美)라는 것을 응시할 필요가 있다.

성리학적 수행의 도덕률인 인의예지신과 불교 수행의 도덕률인 육바라밀 등의 엄정한 수양의 에너지보다 돈 에너지가 더 강력한 것은 돈의 근원 속에 만물의 선함을 완성하려는 절대성이 각각의 개체성에 본유 그리고 분유되어 있기 때문이다. 자연의 초대칭 가운데 세속의 에너지가 맞물려 돌아가기(환극의 초공간)에 세속의 악덕이 부자 에너지인 것은 악함으로 단정지을 수 없다. 그것이 환극을 넘어선 태극(초시간)이다. 초대칭 구현방식 경우의 수는 무한대다. 태극은 초대칭까지 모두 하

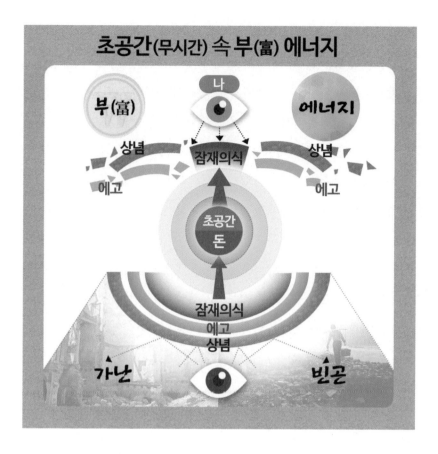

초공간(무시간) 속 부(富) 에너지

나

부(富)

에너지

상념

상념

잠재의식

에고

에고

초공간
돈

잠재의식
에고
상념

가난

빈곤

나로 수렴한다. 그 무한의 수의 개체가 자연과 인간에 드러나고 공통의 에너지는 모든 것을 포섭할 수 있는 가치(일=에너지=돈)로 귀결된다. 그래서 선과 악이 같은 그릇 안에서 돌아가고 부자의 현세적 덕성인 악덕도 그 안에 있다.

세속에서 드러나는 선덕과 악덕의 공통분모는 덕이다. 악덕 안의 덕은 선을 비추고 선덕 안에 덕은 악을 비추어 서로의 존재를 확인시켜 주면서 공통의 덕을 교감한다. 이것이 무아의 세계가 분개하는 초공간 에너지의 대칭성이다. 현상의 모든 만물은 덕성의 공통분모를 강렬하게 내재한다. 덕의 전개방식이 다를 뿐 모든 개체에 덕성이 잠재돼 있다. 그것은 선험성 또는 본성, 내재성, 이데아, 형이상학, 능산적 자연, 절대이성 등으로 표현된다. 이들 보이지 않는 절대이성의 도덕률이 자연계에 도달했다고 보면 틀리지 않다. 거꾸로 자연계의 동선(가속=일)이 변증의 나선운동을 통해 절대이성의 덕성으로 지향하고자 하는 것 또한 덕의 공존성을 비추는 거울이라고 하겠다. 그 비춤 속에 모든 생명의 개체적 성불사상과 만인에 내재한 그리스도교적 사랑이 수천년을 내려왔다.

덕성의 결과 값이 시간적·공간적 선후가 있는 것처럼 보이는 이유는 현재라는 덕성을 지상명령으로 이행하는 시기가 다른데 있다. 하지만 현상계의 덕성 발현시기가 다른 것은 의미를 둘 이유가 없다. 곧 인간이 살아가는 이유에는 시간의 탈출과 함께 공간의 탈출 속에서 오직 현재 진행되고 있는 강한 고에너지 발산을 통해 덕성을 얼마만큼 몰입해서 발휘하느냐의 여부에 달렸다. 특히 가상공간을 벗어난 초공간에서는 그 결과가 구체적이다. 가상의 에고를 벗어난 무아 곧 진아 속에서 확연히 보이기 때문이다. 현실의 돈 에너지는 악덕의 순행을 해야만 존재 이유를 갖지만 근본은 무아의 선덕이 존재해야 할 필연적 거울이면서 스스로 선덕의 덕성을 끊임없이(태극의 초시간) 현실과 공명한다.

도덕 포장한 내면의 사탄과 싸울 때 부의 기운

상념은 가상의 공간을 지배하고자 하는 에고의 착각이다. 상념의 태동은 생명활동에서 나오기에 공간의 지배를 받고 에고 또한 그 허구의 공간을 진실로 믿는다. 에고에 지배당하는 상념은 거꾸로 에고를 지배하기도 한다. 절대이성으로 나아가기 위한 몰입을 방해하는 상념의 생명활동은 치열하다. 어떤 상황에서도 몰입을 방해하려고 하는 에너지가 강한 만큼 몰입은 에고에게 가장 위협적인 존재다. 에고는 상념을 사생결단의 각오로 끊임없이 부여잡으려는 속성 때문에 견고한 울타리를 만들어 낸다. 이런 식으로 가상의 공간을 확장하려 하지만 그럴수록 에고는 저에너지 파동으로 떨어진다. 그 극단의 고통이 자폐성이다.

상념을 버리는 방식은 생명활동을 하는 모든 것에 수고스러움을 발휘하지 않는데서 출발한다. 심지어 육체의 극한 고통도 그 하나의 방편으로 쓰이고 있다. 호흡이나 단전훈련 등의 방식이 주로 많이 사용된다. 하지만 수없이 많은 방편이 있다고 하더라도 가장 중요한 개념은 진정으로 내려놓을 줄 하는 비움의 극치에 있다. 생명을 유지하는 단 한순간도 방심하지 않은 채 지속적으로 내려놓는 심적·물적 무소유의 방식이다. 자연 또는 현상의 세계가 가상의 공간에 있다는 믿음이 필요하지만 이런 생각조차 없는 것이 상념을 벗어나는 길이다. 현상계의 이 같은 무소유는 만물 에너지 전체와 공명하는 과정이기에 그리고 그것은 본질의 전체를 향해 가는 과정이기에 누구에게도 소유가 아닌 전체가 주인인 일즉다 다즉일의 노정이다.

영혼이 깨어난다는 개념은 허상의 공간에 있는 온갖 상념들의 흔적까지 지우는 것이지만 지우려고 하는 마음 자체까지 모르는 것이 최상의 깨어남이다. 영혼은 상념의 짙은 안개에 갇혀 있고 안개는 저에너지의 묶음으로 돼 있다. 나 같은 나를 바라볼 때 내가 아닌 그것이 안개처럼 뿌옇게 끼어 있는 것이 상념의 실체다. 상념의 나는 진짜 나인 것 같지만 가짜 나라는 확신 속에 영혼의 에너지가 움직인다. 수많은 위대한 사상가나 종교인들 그리고 학자들은 그것을 믿고 정진했다. 나 같기에 걸어

내지 못하고 억매여 가상의 공간을 집으로 생각하는 경향이 태생적이지만 현인들은 그것을 넘어갔다. 진실의 세상을 보지 못한 채 온전히 갇혀진 신세임에도 오로지 가상의 세계에서 안락하고자 하기도 하지만 깨달음은 그 장벽을 깨고 진리에 다다랐다. 고정관념이나 편견의 업장들은 보통 화려한 옷을 입는다. 지식과 제도 그리고 규칙 등의 완벽해 보이는 것들도 모두 업장의 에너지 축이다.

상념은 사탄과 즐기기를 좋아하고 사탄은 즐거움을 주는 대신 오만과 편견의 가상세계를 감옥의 형식으로 준다. 살아가는 생명활동의 모든 방식을 사탄의 기준으로 두게 하면서 영혼을 끝없이 잠재우려 한다. 갇혀진 공간의 탈출은 나 같은 나가 아닌 내면과의 조용하지만 치열한 전쟁이다. 이를 이겨내면 생명활동이 꺼질 것 같은 극한의 고통을 수반하지만 현실은 그 반대로 이루어진다. 선업의 에너지와 부의 기운이 몰리고 선덕의 장과 큰 부자의 그릇이 만들어진다. 이 과정에서 고에너지를 먹어 치우는 일종의 해충들인 상념들은 최후까지 사투를 벌인다. 상념으로 제거하려는 습관 때문에 갇혀진 공간 속에 존재하고 있는 생명들은 자기 자신과의 진지한 사투를 통해 시간의 흔적이 없고 어느 곳이나 존재할 수 있는 초공간을 갈 수 있다.

질량이 없으면 시간을 갖지 못하거나 시간을 가져도 허구의 공간이 부여되지 않는다. 초공간은 질량이 없고 크기가 없는 현상계 물질이 없는 세계다. 시간이 없다는 것 보다 시공간의 분개를 통한 초공간의 존재가 무질량 특성으로 가능해진다. 힉스장이 존재하지 않는 공간은 에너지의 주고받음도 없이 얽힌다. 가상의 공간을 탈출한 초공간 속 상념은 공간을 느끼고 시간을 못 느낀다. 온갖 상념이 괴롭힐 때 그 에너지를 얼마든지 사라질 수 있게 하는 것은 시공간의 얽힘이 없기 때문이다. 이것이 시간으로부터 분개된 초공간이다.

상념이 번뇌가 될 때 시간성은 여전히 없지만 공간성은 강화된다. 악몽과 가위눌림은 그 에너지 파동 사례다. 현실에서는 트라우마 공포가 그와 같다. 공간성은 순간이동을 기본으로 하기 때문에 시간성이 사라진 공간이다. 개체가 여러 곳에 동시적으로 존재하고 얽혀 움직이는 초공간의 무시간 속에서 상념을 움직이는 잠재의식은 극과 극의 형태로 생명을 움직인다. 이상적인 꿈과 행복의 나래를 주기도 하지만 극한의 고통을 주기도 한다. 무시간 속 가상공간의 지배를 받지 않는 잠재의식은 일종의 기억 저장창고이기에 정보의 보고라고 할 수 있다. 잠재의식이 있는 초공간을 생명활동이 볼 수 있다면 상념의 흔적들을 쉽게 제거하는 것이 가능하다. 물론 잠재의식 너머에 인간 마음의 실체가 있다. 영화 인셉션은 그 가능성을 상징적이지만 잘 표현해 내주고 있다.

마음은 크게 표면의식(생각), 상념, 잠재의식, 절대이성 등을 모두 포괄한다. 표면의식과 상념이 인간의 욕망이 자리하는 에고의 세계라면 잠재의식은 욕망이 사라진 자리이긴 하지만 여전히 물질의 세계인 탓에 영혼이 안착하기 힘들다. 영혼의 행복과 고통이 번갈아 계속되는 자리다. 절대이성은 이 모두를 포괄하며 구현한다. 절대이성은 생각으로 상념을 만들고 그것으로 아픔과 상처를 잉태시킨다. 그것이 또한 잠재의식으로 쌓인다. 이른바 업장은 존재에 대한 궁극의 회의감과 삶의 절망에서 더 잘 자라난다.

또 상념의 주적은 상념이다. 그래서 아프고 고통스러운 주체인 상념이 진지하게 상념을 공명하고 바라볼 때 기적처럼 사라진다. 마치 나 자신을 또 다른 내가 위로하듯이 정면으로 응시하고 위로하며 어루만져줘야 한다. 그런 상념 간의 중화로 진정한 없음이 실현되고 강한 고에너지가 그 속에서 발산한다. 그리고 원자핵에 가까운 전자의 에너지 준위처럼 안정화 된다. 상념은 제3의 고에너지가 집중적으로 모아질 때 사라지기도 하지만 이는 의존적이기에 근본 치유는 아니다.

이타적 신성으로 쌓여진 돈 에너지는 상념이 걷힌 고순도 파장이다. 탐진치를 추구하되 동시에 그것을 수시로 내려놓을 수 있는 직업적 이타심이 그것이다. 직업은 본질적으로 이기적인 것일 수 있지만 전체가 모이는 직업군은 상호 이타성의 완성체다. 인간세계든 동물이나 곤충의 세계든 그 이타성이 군집의 형태를 이루고 공동선을 탄생시켰다. 자신에게 맡겨진 일을 성실히 수행하는 것을 소명이라고 하는 것은 이타성의 도덕률을 설명하는 말이다. 이타성은 다른 말로 배려이며 사랑이다. 공동체적 이타성은 현상계의 악덕으로 드러나기도 해 갈등과 전쟁의 발단이되고 있지만 가상공간을 벗어난 에너지 공명의 초연결로 얽혀진 초공간에서는 사랑이다. 사랑은 초공간에서 영혼의 쉼터가 돼 준다.

사랑은 현상계의 힉스장처럼 초공간에 꽉 차 있는 고에너지 파장이다. 상념이 이 에너지를 흔들 때 고통이 따르지만 사랑은 그 조차 품어낸다. 현상계의 고통과는 다른 차원에서 움직이는 포용의 에너지는 선험적으로 도덕률을 갖게 한 큰 그릇이다. 누가 강요하거나 요청하지 않아도 생명은 무엇이 옳은지를 알고 그렇게 판단하며 움직이려 한다. 인간의 뇌가 판단하기 전에 주는 선험적 정보가 그것이다. 인간의 몸이 정교하게 움직이는 패턴의 선험적 정보도 다르지 않다. 돈 에너지가 본래 그랬다. 아니 완벽한 이타적 본성을 지녔다. 그것이 현상계의 속세 에너지로 상

허구의 공간과 통제의 공간

먹구름

통제의 공간

선덕

부(富)

₩ 돈

탄생

부자

악덕

전쟁

갈등

사기

싸움

거지

탈출

초대칭

허구의 공간

이전투구
(탐진치 貪瞋癡)

최상승선
(진선미 眞善美)

보성을 띠면서 돈의 도덕률은 마치 나쁜 기준으로 떨어졌다.

하지만 그런 상황이 돈의 고귀함을 나쁘게 물들이지 못했다. 오히려 현상계의 돈이 주는 상념들은 초공간을 비추면서 결핍을 더 느끼고 완성으로 나아가게끔 노와준다. 돈이 삿는 고에너지가 생성된다. 가상공간의 탈출은 생명의 배아인 영혼이 거주하는 초공간에서 다시 그 공간조차 존재하지 않는 세계로의 지향이다. 상념을 어떻게 없애는가에 따라 누구나 존경받는 부자가 될 수 있고 나아가 신성과 불성을 가진 존재로 거듭난다.

5. 시공간의 무한성

직업재능 최상승 선(善) 지향 때 '운명적 부자'

시간이 없는 곳에 공간만이 존재하는 초공간의 분개가 가능한 확철대오(廓徹大悟, 확연하게 꿰뚫어 크게 깨우침)의 깨달음을 얻었다면 공간을 자유자재로 끌어다 쓰는 것이 가능해진다. 만물의 모든 공간에서 생각과 인식의 중첩이 가능하기 때문이다. 이는 우주 만물이 내 안에 있다는 뜻과 같다. 반대로 나의 생각이 우주 만물로 향한다. 인식, 감정, 생각, 욕심, 의식 등이 작용하는 오온(五蘊)의 에고를 온전히 지우는 아공(我空)에 이르면 시간이 무의미 해진다. 오직 순간의 느낌만이 존재하고 찰라의 시간도 우주 탄생의 전후로 넘나든다. 많은 종교적 지도자들과 신자들이 이런 체험을 간증해 왔다.

초공간의 세계는 차원의 의미로 보면 인간과 만물이 존재하고 활동하는 3차원보다 한 차원 높은 4차원의 세계 모형과 거의 흡사하다. 전후좌후에 상하까지 3차원의 공간에서 움직임이 없을 때 세상은 2차원처럼 '면'의 형상으로 보인다. 움직임이 시작되고 시간차원이 더해지면 3차원은 4차원(3차원공간+시간)에서 5차원으로 넘어가면서 '체(입체)'를 볼 수 있다. 한 차원 더 높아진 4차원에서 본 세상은 '체'의 형상이고, 움직임이 발생해 시간차원이 더해진 4차원은 5차원으로 넘어가 '환(극=전후 사방=원)'을 보게 된다.

'환'은 움직임에 따라 시간이 더해지지만 시간이 무시되는 이율배반의 초공간이다. 이 또한 시간 에너지의 극과 극 초대칭 연결이다. 가속이 있는 시간은 현상계 허구의 시간이다. 다시 말해 가속이 있는 5차원에서 시간이 없다는 것은 허구의 시간이 움직임을 역으로 결정하지만 그 움직임이 허구의 시간을 사라지게 하는 동인이 된다는 의미다. 양자세계 소립자의 동시적 존재가 그 양태다. 환의 차원에서 움직임이 발생하면 입체의 앞면은 물론이고 옆면, 뒷면, 밑면 등을 모두 보는 것이 가능해진다. 삼지사방 어디를 봐도 대칭 아닌 것이 없지만 극도의 조화로움으로 관찰자는 하나가 된다. 환극의 차원이 바로 초공간이다.

물리적으로는 빛의 속도가 무시간의 상징이고 공간을 변형시킨다. 빛이 광속을 유지하며 시공간을 변형시킬 때 빛의 시간은 불변이다. 빛의 속도와 똑같이 가는 물리량은 불가능하기 때문이다. 주지하다시피 광속은 질량을 갖는 물질일 경우 절대 따를 수 없는 절대 속도값을 갖는다. 빛 이외에 초당 30만km의 속도를 내는 물리량이 자연계(가속계)에서 불가능하다면 광속은 자연계의 시간값을 갖기는 하지만 동시에 속도를 비교할 대상이 없는 만큼 편리상 만들어진 허구적 시간과 무관해진다. 다시 말해 특수상대성 이론의 빛의 속도는 어떤 상황에서도 줄거나 빨라지지 않기에 그렇게 줄고 빨라지는 물리적 시간의 통제를 받지 않고 밖에 있다. 광속이란 자체가 속도를 함의하고 있어 시간과 얽혀 있지만 엄밀히 현상계 허구의 시간이 도달하지 못하기에 시간이 없는 초공간의 지위를 갖는다. 현상계 생명의 사랑이 이런 초공간에 있는 무시간의 값이다. 강한 신념이나 잠재의식이 그 범주에 든다.

따라서 인간은 신념(또는 몰입)과 순수의지를 방해하는 에고를 끝없이 비워 나갈 때 시간이 없는 불변의 속도값을 갖는 에너지를 자신 안에서 볼 수 있다. 수행적으로는 4단계의 근본적인 선정인 사선정(四禪定)을 통해 무시간의 공간 에너지를 소유할 수 있으면서 점유의 무제한 자유를 누린다. 개체성이 있기도 하고 없기도 하면서 공간만이 존재하는 초공간을 수렴한다. 멸진정(四禪定)으로 나아가면 시간의 선행이 사라지고 공간의 후행만 따른다. 엄밀히 선행이 없는 만큼 공간은 모두 즉시적 존재다.

비록 순간이라고 해도 생명을 가진 에너지는 초공간을 경험해 우주의 끝까지 항해하는 것이 가능하다. 기억 저편에 수천년을 오가는 생생함의 현재성이 초공간으로 보여진다. 속도는 사라지고 없지만 속도값을 매겨 광속으로 달리는 중첩의 이중성이 이와 유사하다. 자신을 보고 자신의 본체적 존재를 알아차릴 때 그리고 다른 존재가 사라져 보일 때 초공간을 경험한다. 에고와 나 그리고 본체의 나가 중첩하기 때문이다. 무시간의 자유는 인간과 영혼의 중간자적 개념이지만 필연적으로 존재하는 나를 경험하는 시간이다. 그 시간은 누구에게나 나를 존재케 하는 무한의 시간이다. 시작과 끝이 없는 무한한 시간은 신성을 갖는 것이기에 개체성이 사라지지만 공간을 점유한 가운데 시간의 없음을 보기에 현상계의 모습이다. 다른 말로 현상계 순환의 무한성이다.

자연이 순환의 무한성으로 환극(4차원 초공간, 허구시간차원까지 5차원) 상태의 물리량을 초정밀로 지배하듯이 태극(5차원 초시간, 허구시간차원까지 6차원)은 그것을 잉태하는 무한정의 정보 바다이다. 정보 그 자체가 없을 때 초시간과 함께 초공간이 어깨동무하며 무극(6차원 무시간·무공간, 허구시간차원까지 7차원)의 신성으로 모든 것을 품고 또한 낳는다. 시공간이 존재하거나 시공의 분개가 가능한 태극의 현존재(음양)는 있음과 없음이 교차하는 조화의 극치이지만 무극은 절대 없음의 규칙을 따른다. 절대 무존재는 있음을 만들어내기 위한 자기발전적 존재의 의미를 가지면서 결코 없음 자체를 드러낼 수가 없다. 없음에 만물의 있음이 존재하기에 없음 그 자체가 무한 가능성의 있음을 자연이라는 표상을 통해 표현되고 있다. 무극의 절대 없음을 통해 태극의 유·무가 하나의 형상으로 출현하고 환극을 통해 그 유와 무가 구분된다. 4차원의 세계 환극에서 초공간의 공간이 무한한 순환성을 갖는 개념이 그것이다.

5차원(허구시간차원까지 6차원) 초시간은 움직임이 없으면 '환'의 세계이고, 움직임이 있으면 '태(극)'의 세상으로 보여진다. 양자역학의 양자얽힘은 그 사례다. 수억년 떨어진 입자라고 해도 두 입자가 얽히면 공간을 뛰어넘어 하나로 얽힌다. 공간이 없기에 수억년을 떨어져도 두 입자는 동전의 앞뒷면처럼 하나다. 있음과 없음이 별개인거 같지만 하나인 원리다. 종교적으로 신의 영원한 사랑은 시간을 필요로 하지만 공간적으로 보면 그 사랑은 없는 곳이 없다. 신의 사랑이 모든 공간이고 모든 공간이 전부 사랑이다. 태의 세계는 이율배반의 정의가 극도의 초정밀 조화로 하나가 되는 것이기에 만물의 순환 환극과 모든 것을 잉태하는 무극의 중간자 위치에 있다.

칸트 이후 이데아론에 대한 회의와 이성 및 물질중심의 사상이 조류를 이루어 현대의 사상흐름도 그런 사조의 실존에 대한 사유가 풍류를 이루고 있다. 하지만 그에 대반 반동으로 절대계에 대한 신성이 다시 제기되면서 이(理)와 사(事)의 무애 법계가 고찰되고 있다. 초공간이 깃는 무한성이 자연계와 연결되면서 이런 법계가 각인된다.

인간이 어떤 인식으로든 존재를 결정짓지 못하는 절대계는 인간 중심의 판단이 아니라 자연 그 자체에 숨어 있는 무한지성의 원리로 작동한다. 현상의 원리는 근본을 모른다. 생명현상이나 뇌의 기능에 대한 수많은 학문적 연구가 수행돼 그 기능을 알아내지만 정작 왜 그 생명현상이 있는지에 대해서는 답을 내놓지 못한다. 누구나 주체로 인식되는 뇌만 해도 기능과 작용은 알 수 있지만 그 기능이 어디서 왜 일어나야만 하는지는 시공간의 물질영역에서 알 수 없다. 수학공리와 정해진 물리량으로 지배를 받는 현상계의 눈으로 보면 인간은 여전히 모순된 미지의 실체다.

절대계는 한정됨이 없는 시간의 무한성(초공간)을 지녔기에 모든 것을 품을 수 있는 공간이 가능하다. 시간의 무한성은 에너지의 선후가 없다. 에너지는 인간에게 고통과 아픔을 주기도 하지만 희망과 기쁨도 준다. 시간의 무한성은 이들 생각과 감정들의 극과 극을 수렴하고 언제든지 모든 희로애락을 현재 중심으로 끌어온다. 모든 곳이 원점이고 출발이며 끝이기에 아무리 큰 고통이나 불안이 찾아와도 그것을 바라보는 순간 현재형으로 사라진다. 희망과 기쁨 또한 반드시 좌절과 고통을 동행하기에 평상심으로 돌아올 수 있다는 것이다. 죽을 것만 같은 고통이나 좌절은 반드시 회복될 성질의 것이기에 결코 그것에 굴복할 이유가 없다.

부의 에너지도 언제든 극과 극의 에너지를 모두 취할 수 있기에 인간의 생체 나이는 유한성을 갖고 간섭하지 못한다. 부는 인간의 생애에서 직업의 이타성을 어떻게 발휘하느냐의 여부에 따라 언제든지 들고 나는 통로가 열려 있다. 과거형 부자나 가난이 존재할 수 없고 뜬구름 식 미래형 부자나 가난이 없다. 부를 선택하는 강한 에너지가 발산할 때 오직 현재형으로 작동하는 에너지 특성을 지녔다. 전 인생에 걸쳐 모든 사람은 언제든지 부자가 될 에너지를 얻을 기회가 있기도 하고 반대로 언제든지 가난에 내몰릴 환경도 주어진다. 초월적 자아의 아트만은 우주

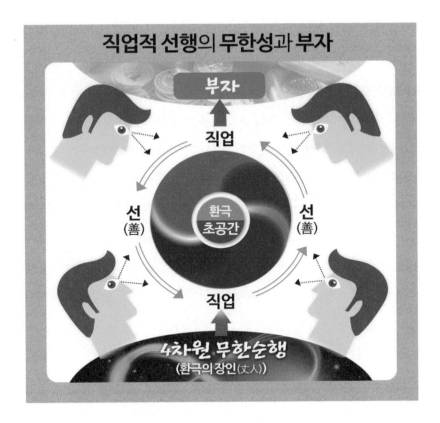

직업적 선행의 무한성과 부자

부자

직업

선
(善)

환극
초공간

선
(善)

직업

4차원 무한순행
(환극의 장인(丈人))

의 절대원리가 지배하는 브라만 속에 그 자신을 비추어 가듯 부의 에너
지도 마찬가지다. 부의 탐욕이 아닌 최상승 선을 향한 공동의 부가가치
를 높이는 쪽으로 직업적 재능을 최고로 수작할 수 있다면 부는 현재형
으로 절대계와 교감한다.

　시간의 부한성은 순환성이 끝이 없음이기에 환극은 현상계의 기본구
조로 늘 제자리로 돌아오는 법칙을 따른다. 인간의 편리한 잣대인 허구
시간도 이런 무한의 순환적 정밀성으로 만들어졌다. 다만 시작과 끝이
없는 무시간의 공간 무한성이다. 24시간은 지구의 자전, 365일은 지구
의 공전으로 각각 허구의 시간이 만들어진 정밀한 순환체계다. 4계절이

나 24절기 등도 순환으로 가능해진 현상이다. 시계의 시침, 분침, 초침이 가리키는 숫자는 12진법의 무한 순환을 따랐다. 이는 현상계 시간의 무한성이다. 1을 5분이라 부르고 6을 30분이라 이름지었다. 또 12를 60분 내지 1시간으로 정할 수 있는 것은 자연계의 세밀한 무한 순환성에서 가능했다. 시공을 초월한 절대계를 본유하고 있는 자연이 우리의 허구적 표상의 시간을 만들어 내 그 조차 무한한 순환성을 띠고 있는 셈이다.

과거와 미래가 없는 순환성에 인간은 현재를 얻기도 하고 잃기도 한다. 환극의 코스모스 조화는 어딜 가도 그리고 어느 위치에 가도 현재시간이다. 지금의 시간이 무한반복이라는 개념의 출발은 시간을 가능케 하는 공간이 존재하는데서 비롯됐다. 현재의 무한성이 반복성과 결부돼 공간이 존재하는 시공의 분개된 초공간이다. 나아가 환극을 넘어선 태극의 초시간 속 공간은 무한히 펼쳐지는 공간 어디를 가도 또한 중심이며 우주의 근원자리다. 계속 잉태하는 자연의 조건 때문에 음양과 대칭의 조화 속에 창조의 시간을 끝없이 필요로 한다. 현상계를 허구의 시간으로 만들어 내면서 그리고 자신의 모습을 바라보는 것이 창조를 위한 수태 과정이다. 태극의 모습이 이것이다.

현상계는 태극이라는 유와 무의 초정밀 조화(하나)에서 탄생하지만 동시에 사라지기를 반복하며 태어나기를 또 반복해 시간을 드러나게 한다. 자연은 이 때 허구의 시간을 표면으로 간직하고 환극의 원리는 초공산을 버린다. 태극과 환극은 마주보면서 자연을 창조하는 주관자의 대칭성을 유지하면서 서로의 필요성을 확인한다. 초시간과 초공간의 조화로운 극치다.

환극의 에너지는 시간차가 없기 때문에 항상성으로 보존된다. 에너지간 주고받음이 치열하지만 총량은 유지되고 그 가운데서 부와 가난이 결정된다. 시간을 따지는 것은 과거에 묻혀 살거나 미래를 뜬구름으로 생각하는 경향성이다. 인간은 이런 경향성에 마치 중독된 삶을 살아간다. 시간의 부존재를 확인할 때 에너지는 누구에게나 공평하게 열려 있다. 에너지 형평성 조화의 극치다. 개체성에 정해진 에너지가 없는 것은 무한 순환성의 환극 특성이 작용하기 때문이다. 무제한적 시간일수록 아껴 써야만 더욱 강한 고에너지 파장을 받을 수 있다. 허구의 시간이 초공간에 관여할 수 없지만 그 시간이 있어야 1차원, 2차원, 3차원, 4차원 후에 5차원이 가능한 역설이다. 부의 흐름도 이런 에너지 흐름과 같이 현상계에 필연적으로 관여하면서 그것을 버리는 의식 에너지인 도덕률과 결부돼 있다. 이를 상기할 때 부의 극과 극 에너지가 하나로 공명한다.

초정밀 생명 신성한 일, 세속적 돈 존엄한 일

가상의 공간에 신에 의해 수작된 물질세계를 고대 인도어로 말하면 마야에 비유된다. 신이 창조한 마야는 일종의 초월적 자아이고 인간이성의 모든 근원을 갖고 있다. 나와 타인의 구분이 없기에 무한성의 자아다. 무한히 뻗어가는 공간자리가 시간이 없다는 것은 인간과 자연 모두 신의 에너지를 공동으로 갖고 있어 창소의 근원이 된다는 뜻이다. 양자역학의 이론물리학자들은 이런 공간을 두고 양자진공으로 부르기도 한다.

이는 1차원 X좌표, 2차원이 X-Y좌표, 3차원이 X-Y-Z좌표, 4차원 X-Y-Z-U좌표, 5차원 X-Y-Z-U-V좌표, 6차원 X-Y-Z-U-V-W좌표인 원리다. 1차원의 X좌표 '선'은 움직임이 없을 때 '점'이고, 2차원의 X-Y좌표 '면'은 움직임이 없을 때 '선'이며, 3차원의 X-Y-Z좌표 '체'는 움직임이 없을 때 '면'이다. 4차원 X-Y-Z-U좌표 '환'은 움직임이 없을 때 '체'이며, 5차원 X-Y-Z-U-V좌표 '태'는 움직임이 없을 때 '환'이다. 3차원 현실에서 입체영화를 보는 듯한 모습이 3차원 공간에서 자신이 움직이지 않고 상대가 움직여 입체를 느끼는 방식을 각 차원마다 자신이 움직이는 방식으로 이해하면 된다. 초시간의 자리가 5차원의 세계이며, 허구시간을 가미하면 6차원이고, 초월적 자아의 형상이다. 종교적으로는 인간과 신의 구분이 모호해지는 자리다. 과학적으로는 양자 진공이 흡사하다.

양자세계의 진공은 엄밀히 없기에 정말 빠른 순간에 거품처럼 등장했다 사라지기를 반복하는 현상을 가리켜 양자거품이라고 한다. 양자거품의 세계에서 시공간은 무의미하다. 특히 공간은 더욱 그렇다. 이런 양자들의 요동에 의해 만물이 결정된다. 물론 이 이론을 더 깊이 들어가면 끈이론과 11차원의 고차원 우주론까지 포섭해 수없이 많은 우주가 생성과 소멸을 반복하고 있다는 이론에 이르게 된다. 이는 실험적으로 증명되지 않았다고 해도 수리적으로는 아름답다고 할 정도로 계산이 됐다.

양자 에너지는 지금 정신적 영역까지 범위를 확장하는 중이다. 물질과 정신의 공통분모에 에너지가 자리하고 있기 때문이다. 따라서 초월적 자아의 존재는 인간도 신처럼 무한 창조력이 있고 어느 누구에게도 그것은 제약이 없다는 쪽으로 나아가고 있다. 진일보한 끈이론을 보면 자신만의 세계를 얼마든지 창조해 낼 수 있다. 철학적 사유로는 그 배경에 초시간 속 무공간이 신성화 된데 따른 것으로 유추된다. 현실의 인류에게 그 신성의 구현방식은 자본주의와 돈의 개념이 새롭게 설정될 가치로 무한폭발력을 지녔다.

자연의 세계는 아무리 작은 미물에도 신성이 내재한다. 다만 생명활동의 이기심 본능에 충실하면 분유된 신성을 살려내기 어렵다. 신성은 그자신의 존재가치가 그러하듯 도덕률의 내재적 상승선과 그 임계치에서늘 드러난다. 그래서 시간을 필요로 하지만 공간이 없으니 임계치의 위치값을 알 수 없다. 다시 말해 그 임계치는 살아 있는 동안 평생동안 해야 할 도덕률이라는 것을 뜻한다. 인간 희노애락애오욕의 칠정(七情)에좌우되지 않는 평상심의 항상성 유지가 그것이다. 칠정을 도덕률의 내적 컨트롤 장치인 사단(四端)으로 조율하고 그 반대로 사단 속에 있더라도 극한의 경계상태로 내적 불침범을 자청해야 한다. 초월적 자아가 좋아하는 이런 노력이 계속된다면 시간의 무제약성으로 원하는 공간을 점유하는 여행이 가능하다. 이것이 진정한 영혼의 자유이고 존재의 이유가 된다. 이는 신앙적으로 영혼의 사랑이다.

성리학적 견지로 만물의 순행원리인 본질태와 그 산물인 현상태의 경우도 원리는 다르지 않다. 그 둘은 다르되 같다. 이(理)와 기(氣)가 다르다는 이원론의 전제를 따르면 현상태인 기가 본질태인 이를 따르도록하는 수양적 측면의 도덕을 수반해야 한다. 반면 이와 기가 하나인 일원론이라면 실천적 도덕을 선행해야 한다. 이기이원론과 이기일원론은 선후의 문세일 뿐 신선미를 추구하는 노덕률은 같다. 도덕률은 따라서 그어떤 측면에서도 신성 그 자체이다. 유와 무가 하나라는 것과 같은 원리다. 인간이 사단을 갖고 육바라밀과 인의예지신 등을 수행할 수 있는 것자체가 무공간 초시간의 무한성에 실린 존재라는 것을 증거한다.

그 도덕률을 최고의 상승선으로 실행하려면 무한 반복성이 따라야 하고 그 현상이 현실의 직업으로 표상된다. 직업은 직능으로 표상되며 그것으로 얻는 돈 에너지가 배경의 근원이다. 돈은 곧 무한히 순환하는 도덕률의 가치다.

이를 자연의 모든 현상이 곧 수(數)라고 하는 수리(數理)로 표현하면 숫자 1과 2는 엄연히 다른 정수이지만 무한변수가 개입될 때 '같다'고 표현될 정도로 '거의 같다'는 수리로 대치시킬 수 있는 원리에 적용시킬 수 있다. 사실상 1과 2는 하나라는 것이 가능하다. 가령 정삼각형 빗변 두 개의 길이는 분명 2라는 숫자이고 나머지 밑변은 한 개이기에 1이라는 숫자다. 정삼각형 내부를 무한히 둘로 나누는 식으로 무한변수를 들이대면 빗변 두 개는 밑변의 한 개의 크기로 모아져 거의 같아진다. 또한 좌표상 직선이 아닌 포물선의 면적을 구할 때 무한대로 구분한 면적(구분구적)을 적분하면 신기하게도 정수일 때 n개의 단위면적 차이가 사라져 같은 원리가 적용, 포물선 면적을 구할 수 있다. 이는 오늘날 현대문명이 존재할 수 있는 혁명적인 수학의 기법이자 가속계 자연의 움직임을 인간의 눈에 보이게 구할 수 있는 원리이기에 신성의 창조계를 바라보는 현미경과 같다.

돈의 무한 순행원리가 이와 유사하다. 선덕과 악덕이 맞서고 대칭하는 돈이 선덕과 악덕을 합친 온전한 도덕률과 같을 수 있다. 공통분모 덕으로 돈의 순행 움직임을 무한히 나누면 수리처럼 분모가 극한값으로 커지고 분자는 돈으로 상수처리되기에 결과값은 0에 가까워져 선덕과 악덕의 차이가 사라지고 하나가 된다. 돈이 모든 곳에서 즉, 공간이 사라지게 하는 초시간 속에서 온전한 도덕률을 실현하는 과정이다. 다시말해 이는 포물선을 적분할 경우 적분한 n개의 내합면적과 외합면

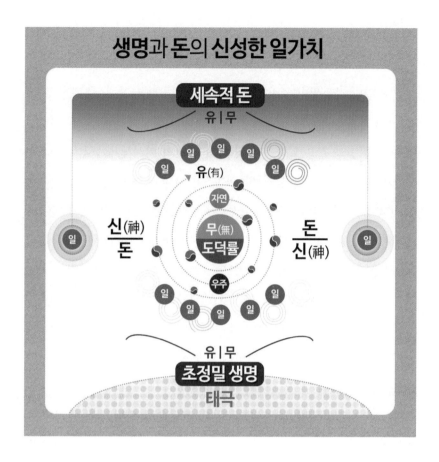

생명과 돈의 신성한 일가치

세속적 돈
유 | 무

유(有)

자연

무(無)
도덕률

신(神)
돈

돈
신(神)

우주

유 | 무

초정밀 생명

태극

적 간에 발생하는 면적 차이를 무한히 쪼개면 사라지는 수리로 증거된다. 이 원리는 달리 보면 매우 간단하게도 내합과 외합의 차이를 움직이는 선분에 무한히 가깝게 만들어 하나로 수렴되게 하는 방식이다. 선녁과 악녁의 자이가 대징성을 이루면서 무한 순환을 하면 차이가 순환하는 에너지에 극한값으로 가까워져 상호 대칭의 차이를 구분하지 못하게 하고 그것이 하나의 조화로움으로 수렴되는 것과 같다. 수렴의 의미는 '거의 같지만 사실상 같다'의 의미로 자연의 임계치로 간주하면 된다. 수리로는 무한히 나눈 리미트 값을 끝없이 더하는 시그마를 합친 인테그랄 정적분이다.

초시간의 무한성은 생명현상에서도 구현된다. 생명을 유지하는 자연계의 초정밀 작동원리는 미시의 세계에서 일어나는 세포, 단백질, 아미노산, 유전자 등의 고유성격과 기능에 의해 이뤄진다. 일종의 직업 정신이 투철한 것과 같은 일들이 우리 몸과 자연의 미시세계에서 극도로 정밀하게 일어난다. 수많은 기능들이 단 한 치의 오차도 일어나지 않아야만 생명이 유지된다. 상상하기조차 힘든 정교한 기능들의 집합체가 곧 생명이기에 생명 그 자체를 유지하는 것이 곧 생명의 아름다움과 그리고 도덕률이다. 태극이 곧 도덕률이다. 극도의 정밀함이 곧 시간을 끝없이 나누는 초시간의 값이다. 하지만 생명유지를 위한 노력들을 세속적으로 치부하는 경향이 일반적이다. 이들에게 미시의 분자 이하 단위에서 맡은 바 충실하는 생명유지 속성을 보여주면 그 기능에 감탄하지 않을 수 없다. 생명현상 자체가 도덕률의 총합이다.

인간은 정자와 난자라는 단세포 간의 만남으로 탄생한다. 아기의 탄생은 수조개의 세포분열과 함께 모양과 기능에 따라 정교하게 설계된 예술의 탄생과 비견된다. 설계 그 이상으로 지시에 관여하는 유전자에 의해 인간의 몸이 생명의 가치를 가진다. 마치 건축설계사가 장인정신을 갖고 건물설계를 하는 직업적 일과 흡사한 것이 DNA와 RNA의 역할이다. DNA는 다른 DNA와 RNA를 끝없이 만들어 죽어가는 세포들을 유지시켜 준다. RNA 중에는 세포의 죽음을 지시하는 저승사자까지 있다. 이를 통해 늘 새로 태어나는 인간의 몸은 비록 살아 있다고 해도 생과 사를 넘나드는 이중성을 띤다. 이 또한 유와 무의 동시성인 초시간 태극의 원리다.

유전자에 의해 만들어진 수많은 단백질들은 유전자에 의존하기 보다는 각각의 생체 특성에 맞는 일을 별도로 하기도 한다. 우리 몸의 에너지 대사나 면역체계 그리고 갖가지 육체기능은 고유의 전문 직업인들이 맡은 바 업무를 제대로 수행하기 때문에 가능하다. 인간의 몸은 수백만 미시 직업인들의 일꾼들 때문에 유지된다고 하겠다. 그 일은 공간의 지배를 받지 않는 모종의 정보체계에 의해 가능하다.

생명을 이루는 수많은 직능들의 발현은 도덕률의 가치 실현 과정임을 거듭 강조하고 싶다. 생명현상이 가장 세속적인 삶이라고 해도 그것의 존엄성과 가치성을 폄훼하는 분명한 논거는 없어야 하는 것이 자연의 순리이고 이치다. 이 같은 존엄한 생명유지 장치의 첨병이라고 할 직업과 돈의 가치 또한 그 범주 안에 있다. 돈은 유전자 설계도처럼 치밀하고 정밀한 책임감을 운용한다. 현상계에서 가족, 기업, 사회, 국가의 근본을 이루는 가치의 실현이라는 신성의 본태성을 지녔다.

생명은 유한하지만 그 생명이 뿜어 대는 자연계의 도덕률은 무한히 흐르고 그 에너지 기반이 인간 영혼의 룰을 만들었다. 생명현상 속에 스며든 정교한 에너지 얽힘의 진짜 설계도는 유전자 너머에 있다는 것이며, 생명유지 활동의 돈을 버는 일 또한 자연의 법칙 밖에 있다. 바로 초시간의 영원성이다. 이런 무한의 에너지는 진실하고 선하며 그래서 아름답다.

공간이 없음은 있음의 거울이기에 있음이 비추는 없음에는 현상계에 대한 신의 수작하는 선이 보인다. 인간과 자연이 시간의 제약을 받지 않고 영원성으로 공간에서 수작할 때 본태적으로 아름다운 이유다. 생명유지나 보존을 위한 치열한 세속의 삶은 아름다움의 극치다. 그 삶의 경이로움이 무수히 많은 예술을 낳았다. 예술은 본태적으로 미학을 추구하는 선함의 본성을 지녔다. 미학의 크라이막스는 생명의 탄생이며 이어지는 생명들 간의 이기적 관점들이 본래 이타적이라는 것을 깨닫게 된다. 이타성은 시간의 무한성(영원성)을 본태적으로 갖췄다. 사랑은 그 대표적 표징이다. 사랑의 감정은 시간의 제약을 받지 않는 정신 에너지다. 사랑은 책임의식의 다른 표현이며 돈은 그 책임의 가장 적나라한 도덕률에 서 있다.

6. 시공간의 절대성

사소한 직업도 절대 에너지 담아낸 무한의 힘

시공이 없는 곳을 경험하는 것은 아주 각별하다. 수많은 사상가들이나 깨달음을 얻은 수행자들 그리고 종교인들이 이를 수없이 증거해 왔다. 열반에 온전히 들고 성령이 임하는 그런 경험들이 종교적인 시공의 초월이다. 시공의 초월은 곧 무(無)의 세계다. 없음은 현상적으로 물질이 없는 것이고 심상적으로 오감과 인식이 없는 상태인 절대없음의 초현상이다. 초시간과 초공간이 동시에 소멸하는 6좌표계 7차원의 무극 상태다. 극이 순환하지 않고 무한성조차 없을 때 만물은 사라지고 시공간도 의미가 없어진다. 의식의 확장을 자유자재로 할 수 있는 인간은 없음의 자리에 있는 진아라는 초월적 자아를 통해 만물과 공유하면서 종교적으로는 아버지(절대자)와 소통한다. 역설적으로 놀라운 것은 절대성이 현실의 거울이기에 지금 자신이 삶이 곧 절대성의 방점에 있다는 사실이다.

초월적 자아조차 없는 시공간의 절대성이 함의하는 무시간·무공간의 상보적 성격은 기막히게도 현상계다. 대칭의 순환성과 반복성이 없는 '일여' 또는 '일자' 그리고 '아이앰'이라는 절대계는 진실로 없음이지만 정보의 자리이기에 현상계의 좌표로 보면 있음이다. 기쁘다, 힘들다 등의 감정이나 느낌의 에너지 정체는 '나'라는 주체로 간주되는 뇌에서 오지 않는다. 뇌는 수신기능과 보여주기 기능을 하는 통과의례의 비주체적 존재의 모습으로 주체적 정보를 생산하지 못한다. 뇌에 미치는 정보 에너지의 정체는 절대없음의 절대계에 얽혀 있다. 정보가 곧 절대계를 움직이는 시공을 초월한 실체이지만 그 정보는 없다고 할 수 없는 있음이다. 정보의 존재가 절대없음으로 귀결되고 그것이 다시 반추되는 귀납적 인과율은 정보 자체가 있음을 투사하기 때문이다. 뇌를 움직이고 인간을 비롯한 모든 생명과 자연계를 조종하는 정보 메커니즘은 주체를 모르지만 모를 수밖에 없이 작동하는 원리가 그 주체로 엄존한다. 절대없음 속에서 정보는 있음이라는 울타리에 갇혀 없는 것 같지만 현상계 모든 치밀한 설계를 초정밀로 담보하고 있으니 절대성이다. 무극은 절대적 담지자이지만 그것이 절대 드러나지 않는다.

정보 주체를 추론하는 것은 불완전성이 절대성을 인식하려 하는 것이기에 접근을 불허한다. 인간의 인식체계가 생명유지를 작동시키는데 우신하기 때문에 그에 반하는 사유만이 인산 인식의 임계지를 넘을 수 있다. 인간은 절대계를 간접 체험하지만 작동의 원리를 알 수 없기에 절대계의 뜻에 무조건 따르는 삶을 살아야 하고 또한 그렇게 살고 있는 사실을 간과하거나 아예 모르기도 한다. 따라서 절대계는 모든 것이 가능한 '간섭의 절대성'을 갖고 있다. 절대없음과 정보 메커니즘은 같은 작동

원리로 현상계 모든 것을 주관할 수 있는 절대 간섭의 전지전능함을 갖고 있다고 하겠다.

시간이 사라진 후 초시간의 자리에서 공간까지 사라지는 절대성은 신성이 시공간을 필요로 하지 않는다는 것을 의미한다. 그 절대성이 자연계에서 드러날 때 창조성이 발휘된다. 창조성은 절대성을 갖지는 못하지만 시공간을 초월해 일어나는 경우의 극한값이다. 창조성의 기반이 되는 아이디어는 절대계와 시공을 초월해 소통할 때 무한히 순환하면서 일어난다. 불성으로는 에고를 온전히 비우는 아공을 넘어 우주의 공이 일어나는 법공으로 나아갈 때 창조성이 극대화 된다. 법력이 뛰어난 선사가 예지력을 발휘하는 것은 수학적 공리로 W좌표까지 계산되는 통찰의 에너지가 흘러 무의식적으로 그 흐름을 감지하는 것이 가능하기 때문이다. U-V 좌표에 W좌표까지 에너지의 흐름은 시공을 자유자재로 흐르거나 넘어선 의식의 범주다.

시공간이 없음은 인간의 이성으로 그 형태를 절대 그릴 수 없지만 없음의 이유 때문이 아니다. 시간이 얽힌 4차원 인간사회의 저차원이 7차원 초고차원의 없음을 있음처럼 절대 그리지 못한다. 근대 관념철학의 위대한 사상가들조차 이를 인정했다. 단 하나 다가갈 수 있으면서 절대 없음의 특성을 인식할 수 있는 초월적 방법은 모든 것을 버리는 직관의 상태라는 것이 일견 상통했다. 이는 부분적으로 동양 사상이나 불교 학문 등에 의해 탐닉되고 실현됐다. 몰입을 통해 절대성을 진행할 때 수많은 난관이 따르지만 보고 느끼는 영적 경험을 하게 된다.

모든 종교들이 이타성 곧 사랑을 기본 축으로 하는 배경에는 사랑이 고순도 에너지라는 절대없음의 성질과 유사하기 때문이다. 절대계에서

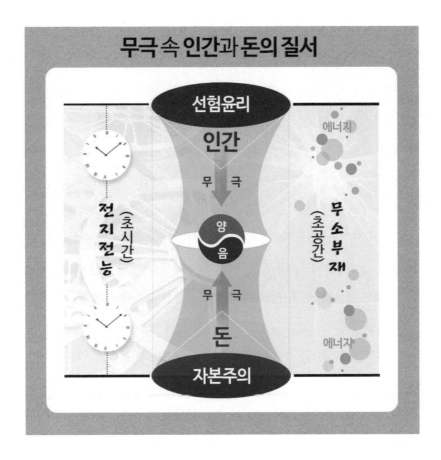

무극 속 인간과 돈의 질서

선험윤리

인간

무 극

양
음

무 극

돈

자본주의

에너지

무소부재
(초공간)

에너지

전지전능
(초시간)

는 나와 타인의 구분이 없기 때문에 이타적 도덕률의 임계치가 절대치
와 가까워진다. 동시에 현상계에서는 도덕률이 커질수록 창조와 아이디
어가 커진다. 현상계 물리량의 광속과 등가로 가는 속도가 불가능하듯
이 창조와 아이디어는 설대계의 전능과 같을 수 없지만 그에 가까이 가
는 무한성을 띠었다. 무한성의 임계치가 지속적으로 드러날 때 창조적
절대성이 지속된다. 이는 현상계에서 직업을 통해 구현되고 직업은 자
본주의 메커니즘인 돈을 통해 이뤄지는 원리가 적용된다. 돈의 원류를
거슬러 올라가면 돈의 속성은 절대없음의 절대희소가치를 가져야 하는

것이 맞다. 절대계의 돈은 당연히 화폐(통화량)가 아니고 실물가치이며, '절대 에너지'(또는 힘의 단초)의 근원자리에 자리하고 있다. 오늘날 자본주의를 축으로 대다수 국가들은 이상적인 섭리의 순리를 따르는 셈이다. 자본주의는 필연적으로 잉태됐고, 아울러 치명적 모순이 있다고 해도 필연적으로 인간과 돈의 질서에 정교하게 관여하고 있다. 자본주의는 자연 현상의 근본 섭리다. 인간의 사유가 자연철학을 모태로 한 것은 우연이 아니다.

아무리 사소한 직업이라도 이타성을 극대화 하는 재능이 발휘될 때 창조의 무한성이 절대화 돼 간다. 자본주의 도덕률은 이처럼 단순하지만 그 과정은 순탄치 않다. 창조 에너지가 발산할 때마다 고에너지가 방출되면서 절대계와 공명하지만 그 에너지가 순기능만을 하는 것은 아니다. 특히 재능이나 기능을 중시하지 않은 채 돈을 추구하는 직업인은 저에너지의 강력한 지배를 받아 시공간에 끝없이 구속되고 절대적으로 제약된다. 아무리 발버둥 쳐도 되는 일이 없는 사람들의 공통적 내재특성을 보면 재능이나 기능보다 돈만을 탐닉한다. 존재만을 탐할 때 절대없음의 성질에서 분유된 돈은 실질 에너지인 존재를 드러내지 않는다.

인간은 생명이 유지되는 한 안타깝지만 온전한 무한성으로 절대계 또는 열반에 앉아있을 수 없다. 하지만 수많은 현실이 절대계와 초연결 돼 있다. 생명유지장치가 정밀하게 작동하는데 따른 에고가 작동하고 그 에고는 시공을 먹이로 살아야만 하는 생존의 모습이다. 시공의 에너지가 에고의 동인인 상황에서 시공을 떠나려는 욕심은 망상이다. 망상은 에고의 극대화된 저에너지다. 망상 속에서 그 어떤 절대계의 에너지를 느낄 수 없을 뿐만 아니라 주변의 고에너지를 저급화시켜 저에너지로 바꾸기도 한다. 현실의 소명을 충실히 이행할 때 절대성이 구현된다.

　정작 무한성에 가까이 가지 못하는 망상은 그 자신을 속박하는 원인이 늘 다른 곳 또는 외부에 있다고 생각하는 경향성이 강하다. 타자의 원인도 자신이고 자신의 원인이 타자로 가는 것을 적극적으로 인정하는 특성이다. 절대계의 특성과 완전히 상반된다.

　에고는 사실 선도 아니지만 악도 아니며 동시에 선이고 악이다. 곧 에고는 인과율의 법칙을 따르지 않으려 하는 모순의 극대치를 늘 순환하면서 현실속에서는 중구난방의 혼돈이라는 독특한 원리 속에 있다. 정립되지 않은 마구잡이 현상이지만 길게 보면 일종의 트렌드를 따른다는 점에서 그것은 원리다. 그것은 다름아닌 이기심의 에너지가 자가충전하며 발산하는 시스템이다. 에너지가 악이기는 하지만 온전히 악이라고 부를 수 없는 것은 선의 잠재의식으로 가는 통로에서 도덕률의 극치인 생명유지현상을 돕기 때문이다. 곧 에고는 도덕률을 따지기 이전에 그냥 존재할 수밖에 없는 생명에너지의 필수적 산물이다. 에고는 어느 순간이라도 버리고 떨어져 있을 수 있거나 장기간 이별하는 것이 가능하지만 온전히 버리는 것은 불가능하다.

　부자가 되는 탈에고의 에너지는 물리적 질량과 시공간이 사라질때 충만하기 시작한다. 그만큼 에고는 절대성을 향한 통로를 가장 먼저 막고 있기에 인간에게 절대적 영향력을 발휘한다. 시공간이 사라질 때 생존본능이 사라지고 그 자리에 나의 본성이 드러나면서 에고가 사라진다. 역설적으로 부의 고에너지 장이 형성되는 상황은 절대적으로 일어나지 않아야 할 물리적 법칙에서 일어난다. 자신의 부를 향한 견성이라고 표현하면 부자 에너지의 원천에 관한 설명이 된다. 자연과 나, 만물과 내가 하나 되는 과정이면서 부자 에너지와 자신도 그 연속선상에 서게 하는 절대성의 바다에 빠지는 일이다. 그것이 현실의 지렛대 에너지 극대화로 나타난다. 나의 에너지가 우주의 에너지와 같거나 합일된 것이기에 무한한 힘의 원천을 얻는다.

생명은 존귀하지만 그리고 생명을 유지하고자 하는 에고의 욕심도 존귀하지만 그 에고가 무한에너지를 갖기 위해서는 스스로를 버리는 역설의 동인(動因)을 필요로 한다. 무애 속 에너지는 구분이 없기에 교류의 장 조차 없는 에너지장이다. 현상계로 보면 내 것도 없지만 나의 것이 아닌 것도 없다. 구분 없는 에너지장의 무한 얽힘 속에 들어갈 때 생명의 설계도가 어렴풋하게 고개를 내민다. DNA와 RNA 생명정보들이 어디서 어떻게 작동하는지를 알게 한다. 경계가 없는 무한 얽힘 속의 에너지장에 들어갈 때 보이는 정보 지형도다. 그 정보는 온 우주에 초시간·초공간의 개념으로 존재하기에 언제 어느 때든 시공간 상의 이웃처럼 나와 중첩돼 있다.

모든 사람의 내면에 절대계가 중첩돼 전지전능과 무소부재의 시공간이 없는 무아지경 에너지는 즉시 자신이면서 영원성의 자신이다. 이런 신성의 선함은 선험적 도덕률의 에너지 기저가 됐다. 이(理)와 기(氣)의 이원론 속에 일원론이 또한 녹아들어 있다. 현실적으로는 나를 안다는 것은 무한책임의 바다에 뛰어드는 일이기에 시공간 속 에고들이 전쟁을 마다하지 않는다. 그런데 극단의 세속적 전쟁이 극단의 도덕이기에 그것은 극단의 이율배반이 갖는 정의감의 모태다.

돈을 버는 사회생활을 속된 말로 전쟁에 비유하지만 반대편 무한책임의 사회성은 천성지성이다. 곧 사회지성의 나와 하늘의 본천지성이 곧 하나다. 돈의 에너지가 강할수록 이와 기의 상통함이 원활하고 크며 종국에는 하나로 된 양면을 이룬다. 반대로 돈의 저에너지가 강할 수록 대칭성이 크고 우주 현상계와 자연의 현상계에서 나타나는 프랙털 구조의 확장성이 절대화된다. 이-기의 상통함이 클 때 강한 배수진과 용기의 발현이 나오는 원리다. 태극을 키울수록 현실의 환극이 커지고 절대성을 향한 고에너지 파동(태극)을 일으킨다. 이런 에너지는 이내 사라졌다 나타나기를 반복해 무극의 신성을 끝없이 자기복제한다.

돈은 인간 자연권 담은 정보 에너지 메커니즘

에너지가 만물의 근원인 것은 질량의 치환 때문에 가능하다. 신성의 발현방식이 에너지와 질량의 가역성 때문이다. 소립자가 갖는 핵력의 힘은 상상할 수 없이 크다. 따라서 질량은 작아도 큰 에너지 값을 갖는다. 약한 핵력의 핵폭탄, 강한 핵력의 만물의 존재가 그 상징성이다. 미시의 세계는 에너지의 역동성인 셈이다. 초강력 에너지를 갖고 있는 천체인 블랙홀도 극미의 특이점을 갖고 있다. 우리 우주를 탄생시킨 빅뱅도 아주 작은 특이점에서 거의 무한의 힘을 내재하고 일어났다. 우주는 빅뱅 후 아직도 빠른 속도로 팽창을 계속하고 있다. 이처럼 초미세 영역이 거대한 에너지를 담고 있는 이유는 신성의 영역이다. 일단의 이론물리학자들은 수소원자 하나의 공간에 태양만큼의 에너지가 늘어 있다고 주장하기도 한다.

질량의 성질을 이해하면 에너지의 고밀도 현상을 대략 역추정할 수 있다. 질량은 다른 시각으로 보면 에너지를 무한히 나눌 수 있는 관성들의 크기다. 에너지가 아주 작은 공간에 초고압으로 응축될 수 있는데, 그런 에너지들의 총합을 갖고 있는 특이점은 아무리 작아도 큰 질량을 갖는다. 관성은 본래의 힘을 유지하려는 힘이다. 관성을 지키고자 하는 에너지 덩어리가 질량의 본성이다. 여기에 가속운동이 관여하면 질량은 무한값을 가질 수 있다. 광속에 가까울수록 질량은 임계치의 무한성을 지속한다. 가속도는 곧 특이한 에너지의 다른 형태로 질량과 조응한다.

빛의 속도 보다 빠른 물질이나 질량이 인과율의 법칙으로 움직이는 현상계에서는 있을 수 없다. 따라서 빛의 입자로 명명되고 있는 광양자 포톤은 엄밀히 파동성을 띤 에너지로 규정돼야 맞다. 하지만 입자의 성질이 있다. 그 입자성이 본래적인 파동성을 버린 것이라고 보기 어렵다는 것이 중요한 관점이다. 파동성의 에너지 기반 하에 입자적 모습을 보여주는 것이기에 광양자는 결국 인간의 오감이 인지(수학적 계산)할 수 있는 자연계에서 가장 빠른 속력을 내는 파동이다. 이런 광양자는 물질 입자들이 존재하는 시공간의 영역에서는 존재할 수 없는(무질량) 에너지 성질을 띠었지만 엄연히 물질입자들이 있는 곳에 빛이 존재해 이율배반의 모습을 띤다.

광양자는 현상계의 힉스 입자와 반응하지 않는다는 점에서 초시간 · 초공간의 법칙을 따른다. 이런 성질 때문에 불교 또는 동양적 사상으로 보면 환극과 태극의 세계를 수시로 왕래할 수 있는 에너지 특성을 지녔다. 이를 현상계에서는 파동과 입자의 이중성이라고 이름 붙였고, 철학적 · 종교적으로는 무극에서의 발아 현상으로 설명된다. 이는 시공간이 없는 곳과 있는 곳의 대칭적 특성을 감안해 사고실험을 해볼 수 있다. 광양자는 태극에서 시간을 초월해 이동하기 때문에 속도값은 눈에 보이는 운동 같지만 상대속도가 없다는 점에서 실제는 볼 수 없다. 움직이는 물체, 즉 시공간을 갖는 물체는 속도를 통해 시공간과 주고받는 대화를 하며 질량도 얻고 자기특성을 결정한다.

속도는 본래 기준계가 있어야 한다는 전제가 따른다. 가속도가 있는 이동하는 물체는 기준계에 따라 속도값이 달라진다. 하지만 광속은 기준계에 좌우되지 않고 같은 속도를 갖기에 시간의 늘어짐과 공간의 수축현상이 나타난다. 초시간·초공간의 특성을 보이는 광양자가 현상계에서 절대속도 값을 가지면서 시공간을 뒤흔든다는 것이다. 무극 현상을 간접 인지하기 위한 방편이 광양자 특성이다.

빛의 물리적 현상과 탄생 및 소멸 등을 인지할 수 있어도 빛이 가진 에너지 근본이 어디서 유래됐고 왜 있어야 하는지를 끝없이 묻고 들어가면 답이 없다. 에너지 정체가 무엇이냐고 질문하면 질량×가속도(=힘) 또는 일을 하는 양 아니면 공간에 영향을 미치는 벡터량 정도로 표현할 수 있겠지만 필연적인 존재이유는 수학적·실험적으로 계산하고 증거하기가 불가능하다. 빛이 에너지를 담고 있는 또는 담아야 할 필요충분조건에 자연의 원리 그 이상이 내재돼 있기 때문이다. 그 필연성이 무극의 상태다. 무극의 좌표계는 인간의 수학적 계산으로 접근을 허용하지 않는다. 다만 현상계 4차원에서 초공간의 환극을 넘어 초시간의 태극을 잉태하는 '무의 극'(절대성) 상태라는 설명이 최선이다.

현상계 3차원의 Z축만으로 수학은 일반인들에게 외세어 같은 공리를 필요로 한다. 시간차원까지 가미된 변형된 가속운동을 계산하는 것에 수학은 무한히 복잡한 좌표와 씨름하지 않으면 안 된다. 여기에 U좌표, V좌표가 가미되는 좌표계의 운동과 변위량 또는 순간기울기 등은 자연현상의 눈으로 계산하기 어려운 초정밀 복잡성을 띤다. 소립자의 운동법칙이 거시의 물리법칙이나 물리량으로 계산할 수 없는 것은 다른 세계의 좌표라는 진일보한 혁명적 사고를 필요로 하기 때문이다. 다른 세계는 초공간 또는 초시간을 함의하면서 무극은 그것을 전 방위적으로 담고 있는 담지체다.

W좌표는 모든 좌표계를 무로 만들지 않으면 계산하기 힘든, 그러나 없음을 계산할 수 없기에 역설적으로 절대적인 좌표계다. 많은 종교들이 W좌표라는 무극에 믿음을 관철시켜 왔고 인류의 역사는 그것을 믿음이라는 종교로 신봉해 왔다. 오늘날 3대 종교인 기독교, 불교, 이슬람교가 신봉하는 믿음의 대상(신)이 그 좌표계 축을 형성하고 있다.

신의 에너지는 없음이어야 하지만 절대계와 현상계를 넘나드는 전지전능이기에 있음이라는 이율배반의 정의를 필요로 한다. 그러나 신의 에너지가 있음으로 존재하는 순간 신의 좌표는 저차원의 좌표로 떨어진다. 에너지의 변화가 시공간을 변화시킬 수 있는 힘은 관성의 크기(질량)에 변화를 주기 때문이다. 광속은 절대질량 제로이면서 동시에 없음의 완전성이라는 모순을 내재한다. 시공을 초월해 움직이기에 광속은 곧 신의 좌표다. 허구의 시공간을 뒤틀 에너지의 힘은 사실상 없음의 절대성에서 나오고 그것은 모든 창조물인 있음을 가능케 하는 모습이다. 빛이 인간과 생명 그리고 우주만물에 존재해야할 필연성의 존재 이유다. 빛은 신의 지팡이로 비유될 수 있다.

빛에너지의 자체 순환하는 에너지 값은 거의 무한대다. 현상계의 그 어느 입자나 에너지에도 간섭받지 않은 채 사실상 시간을 필요로 하지 않는 초시간의 속도로 자기 순환하면서 전자기파를 빠르게 전진시켜 동시에 공간을 필요로 하지 않는다. 전자기파(빛)를 파동성만으로 보면 양

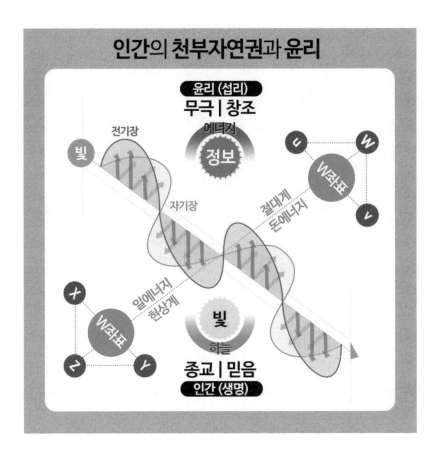

인간의 천부자연권과 윤리

윤리 (섭리)
무극 | 창조
에너지
정보
빛
전기장
자기장
ㄴ   ㅁ
w좌표
ㅂ
절대계
돈에너지
일에너지
현상계
w좌표
X
Z   Y
빛
하늘
종교 | 믿음
인간 (생명)

이 음을, 음이 양을 밀어주면서 절대속도가 발생하고 그 속도는 스스로
상대속도를 사라지게 한다. 빛의 존재조건 속 아무것도 없음에 절대조
화의 법칙이 그리고 그 원리가 현상을 지배한다.

자연계에서 불가능한 물리법칙이 존재하기 위해서는 아이러니컬하게
인간의 인식능력인 오감의 한계 밖에 있어야 한다. 인간은 시공간의 4차
원 잣대로 그 이상차원을 볼 수도 없고 온전히 이해하지도 못한다. 인간
의 이 같은 불완전한 인식의 수준이 수학의 공리와 인과율의 적용을 받
는 공통의 물리량을 역으로 만들었다. 자연의 법칙을 효과적으로 설명

한다고 하는 이들 법칙들로 인해 인간인식의 한계가 작다는 것을 거꾸로 증거하고 있다는 것이다. 인간의 인식은 그렇게 수학과 과학이라는 울타리에 갇혔고 그것을 넘지 못하고 있다. 2차원의 인식이 3차원 공간을 인지하지 못하도록 견고한 울타리를 친 것과 같은 상황이다. 인과율이 없는 물리량을 상상하기 힘든 것이 그 견고한 울타리의 하나다. 초월적 법칙인 이율배반을 감안하는 것은 현상계의 논증 대상이 아니다. 모순의 법칙을 인정할 때 상상하기 힘든 전이가 일어난다. 인간이 인식하는 자연계는 인과율이 사라질 때 존재할 수 있다고 규정짓지 못한다. 이는 곧 없거나 또는 없어야 하는 일이다.

불가능한 자연의 법칙이 존재하기 위한 또 하나의 방법으로는 초월적 시공간의 존재가 현상계에 드러날 때다. 그런데 전자의 인간인식 능력 밖의 문제와 초월적 시공간의 존재가 갖는 의미는 상당하다. 두 가지 공통점의 본질은 변하지 않아야 한다는 것인데, 정작 지구상 모든 인류를 둘러싼 4차원 시공간은 늘 변화무쌍하다. 변화하는 것은 허상의 표현에 다른 이름이다. 변화하거나 가속을 갖는 물체는 물질이라고 확신하기 어렵다. 특정 물질의 정보량만 있으면 재현하는 것이 가능하기 때문이다. 현상계 물질의 존재를 특징지우기 위해 우리는 수학과 과학을 들여다 맞추는 퍼즐게임을 하고 있다는 것이다. 그 퍼즐게임이 끝날 수 없지만 인간의 인식으로 끝났다고 가정할 때 또는 끝낼 수 있다고 생각할 때 인간은 스스로 무존재의 패러독스를 필요로 한다.

아원자 핵 속의 쿼크를 보면 질량 보다는 힘을 매개하는 입자의 운동량이 더 많은 질량비를 나타내고 있다. 이 운동이 갖는 에너지는 쿼크 이하의 소립자로 깊이 들어가면 있음과 없음의 원리를 지배한다. 없기도 하면서 있기도 한 그 대칭 에너지의 무한값이 만물의 보금자리다. 초끈이론의 끈도 운동량을 통해 일어나는 만물의 교향곡이다. 끈의 운동성은 없음의 증거이면서 만물의 태아이기에 인간과 같이 무존재의 패러독스를 내재한다. 열린 끈이 다중우주론의 막을 형성하고 닫힌 끈이 고차원 우주를 자유 왕래하며 분포할 것이라는 끈이론의 최신이론에 인류가 매달리고 있는 이유에는 이처럼 철학적·종교적 사유와 믿음까지를 포괄한다.

특정 소립자가 질량을 갖지 않을 수 있다면 해당 소립자로 만들어진 물질은 우리의 인식체계를 벗어날 수 있다. 질량을 부여하는 힉스장의 경우 힉스의 논문 발표 후 이휘소 박사의 명명을 거쳐 39년 만에 유럽입자물리연구소에서 발견되는 개가를 이뤘다. 힉스장이 없었다면 우리 우주는 원자를 이루는 전자의 질량값이 사라져 존재가 불가능하다. 거꾸로 질량이 없는 소립자는 현상계 근원인 힉스장 밖에 있다는 것을 일단의 학자들이 확신한다. 무질량의 교향곡으로 만들어진 끈의 운동세계가 인간의 3차원 공간에만 있을 수 없기에 다중우주, 11차원 우주론은 근거를 갖는다. 인간의 인식 밖에서 존재하는 고차원의 에너지는 무질량의 법칙을 따르고 그것은 시공의 지배가 아닌 절대성을 갖는다.

돈이 무엇이냐고 원론적인 질문을 던질 때 그 에너지의 원천을 되물어야 한다. 무질량의 운동 에너지가 갖는 특성을 세속적 가치를 만드는 절대계 논 에너지가 갖고 있다. 절대성 속에서 에너지는 시간·공간 값을 갖지 않는다. 현상계에서 이동한 거리와 에너지는 의미가 없어지고, 그 원리에 의거해 절대계 돈 에너지는 어디에나 충만할 수 있는 무소부재의 성격을 지녔다. 돈 에너지의 존재 방식은 속도나 운동이 아니고 존재하는 그 자체로 무한히 정보를 주고받는 개념이다. 인간이 돈의 속성에 매료되고 끌리는 배경에는 몸과 정신의 에너지 모두 돈 에너지장이라는 절대성에서 숨을 쉬고 있기 때문이다. 양자운동을 지배하는 것이 물질의 성격이 아니듯 그리고 거꾸로 물질의 성격을 양자운동이 지배하듯 돈 에너지 정보는 무극의 공간에 존재해야 할 필연적 에너지 운동이다. 그 기(氣)는 순간이동이나 동시적 존재로 현상계의 정보전달 메커니즘 역할을 한다.

절대적 시공간 속 에너지 정보 메커니즘이 그래서 생명의 원천이다. 인간의 뇌작용, DNA나 RNA 생명작용 등에 그 에너지 정보 연결고리가 무한성을 넘어 절대성으로 있다. 인간의 인식기능과 초정밀 생명기능이 작용하는 원천의 가교다. 그것을 지배하는 에너지는 현상계 질량의 한계값 또는 임계값을 무한히 조절하고 있다. 그 핵심에 빛이 있다. 빛 에너지가 세속적으로 발현된 돈과 치밀하게 얽혀 있다. 인류에게 빛의 다른 말은 인간 노동의 에너지이며, 그것은 세속적 돈으로 불리면서 일관된 일(직업)을 통해 창조되고 얻어진다. 인간의 노동 에너지 원천이 바로 빛이고, 그 노동이 빛과 조응하는 초정밀 화학대사인 만큼 살아 존재하는 것 자체가 빛과 소금의 에너지 역할처럼 이타성을 본유하고 있는 절대적 가치를 지닌다. 그것이 인간의 천부적 자연권이고 존엄성이다.

7. 에너지 가치

사회적 생존 투쟁에 전지전능 가짜 힘 '화폐'

만물을 구성하는 원자 내 아원자 소립자들의 움직임은 거시세상의 유기체나 무기체처럼 구분되지 않는다. 생명의 경계를 뚜렷이 구분할 수 없다는 것이다. 소립자들은 거시의 물리법칙과 전혀 다른 운동을 한다. 힘과 물질의 교환이 일어나 인간의 오감으로는 탄생과 소멸이 일어나고 시공간의 지배를 받지 않기도 한다. 자연의 모든 생명체와 물질은 아원자 세상에서 이처럼 평등하다. 그 근원의 인자가 에너지다. 주관자인 에너지가 동시에 피동적인 객체도 된다. 에너지는 결국 만물의 전부라고 할 수 있다. 에너지의 존재 이유는 전부라는 주관자가 아니면 존재가치가 사라진다.

에너지 산물이면서 정신과 신체 모두가 에너지로 유지되는 인간의 생명은 그래서 총체적 에너지를 생존의 조건으로 수반한다. 그 에너지는 인간의 오장육부 등 몸의 전신은 물론이고 사단칠정의 이성 및 감정까지를 포괄한다. 생존의 조건은 신체적 생존, 사회적 생존, 경제적 생존이 동시에 수반해야 조화롭다. 생존은 생과 사의 절박한 극한의 문제다. 생명 에너지가 죽음의 위협을 받는 것은 극도의 공포를 낳는다. 신체적, 사회적, 경제적 생존은 삶 속에서 평생 떠나지 않는 임계치에서 일어나는 근심과 두려움을 주는 3요소다. 그 중 돈 에너지와 관련된 경제적 생존 문제는 현대 자본주의에서 신체적 생존 못지않은 행불행을 마치 파동처럼 선사해 준다. 자본주의는 인간의 노동 에너지가 교환되는 거대한 시장 에너지다. 이 시장에서 에너지 간 충돌과 협력이 항시적으로 일어난다. 성공과 실패의 끝없는 파동은 에너지의 충만과 부족의 상징으로 일어나는 움직임이다.

자본주의가 거대한 에너지 총체라는 점에서 경제적 생존 문제 못지않게 훨씬 중요하게 등장한 것이 사회적 생존의 문제다. 돈으로 상징되는 자본주의는 엄밀히 에너지 거품현상을 일으키면서 '빚 자본주의'로 떨어졌다. 오늘날 전 지구적 화폐들은 가치가 제로인 상황에서 국가신용을 빌어 찍어 내는 빚이다. 자본주의 숲의 나무라고 할 기업들은 화폐를 생존의 자양분으로 빨아들이는 무한경쟁을 하면서 무제한의 사람들에게 무제한 빚을 늘리도록 구매력을 키운다. 구매력은 경제적 생존의 수단으로 나타나지만 글로벌 무한경쟁 속에서 이뤄지는 구매력은 이제 사회적 생존력에 좌지우지 되고 있다. 소비 에너지는 자신의 자존감을 키우기 위한 성향으로 변했다. 인간의 심리를 자극하고 유인하는 마케팅 기법이 봇물을 이루면서 인간의 사회적 생존 문제는 현대인을 오히려 공포 속으로 몰아넣는다. 그 공포가 소비와 구매력이라는 삐뚤어진 에너지를 분출케 하고 있다.

소외에 대한 반사적 행동이 구매력을 유발시키거나 지속 또는 키우는 매우 적절한 유인장치가 되면서 일정한 패턴으로 움직이는 패션 에너지 충만 현상이 주기적으로 나타난다. 쇼핑중독은 그 단적인 현상이지만 그것을 모르는 현대인들의 구매력은 실제 전 방위적으로 일어나고 있다. 기업과 마케터들은 인간의 심리와 그에 따른 행동패턴을 구매력의 동인으로 연구하고 기막힌 위장전술로 접근해 소비 에너지를 키운다. 신체적·경제적 생존보다 무서워진 사회적 생존의 문제는 무의식이나 잠재의식에서 일어난다. 현대인들은 부지불식 중 기업과 마케터들에 의해 정신적 생존의 위협을 당하고 있다는 사실을 애써 간과하거나 잘 모른다. 수많은 소비욕구나 소유욕망이 대부분 마케터들에 의해 치밀하게 조성된 무의식의 영향력이라는 것을 이해조차 하지 못한다는 것이다. 심리전문가들은 현대인 구매력의 90% 이상이 잠재의식에 일어난다고 주장하고 있을 정도다. 자유롭게 소비하고 선택하는 듯한 현대 자본주의는

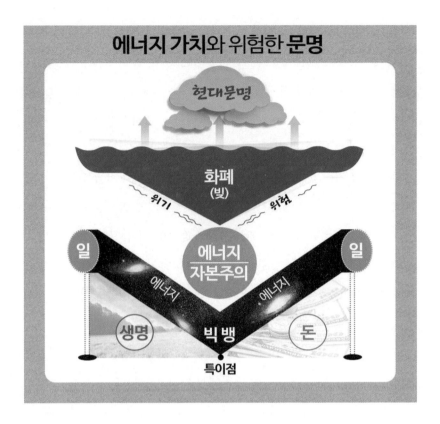

에너지 가치와 위험한 문명

현대문명

화폐
(빚)

위기　　위험

일　　에너지
자본주의　　일

에너지　　에너지

생명　　빅 뱅　　돈

특이점

어느새 일정한 틀에 갇힌 에너지 공간이 됐다.

　의식이 있는 물리적 생존조건인 신체(몸)나 현재의식으로 일어나는 현
실적 생존조건인 돈은 무의식에 지배당하고 있다. 대량생산과 대량소비
라는 특성의 에너지 교환법칙을 따르는 자본주의는 일종의 '자존의 부'
를 중심축으로 자리 잡게 했다. 아원자의 운동법칙이 에너지가 전부이듯
거시세계도 그 법칙을 따라 자본주의는 시장이라는 이름을 내건 에너지
운동을 하고 있다. 시장 에너지는 빈부를 탄생시키는 거대한 혼돈의 창
조에너지가 되면서 인간의 사회적 생존 문제를 다시 증가시키는 시너지
역할을 하고 있다. 시장은 빈부와 상호작용하는 자본주의의 힉스장 에

너지라고 할 만큼 부자와 빈자의 질량을 수없이 가르고 있다. 돈을 통해 이뤄지는 시장인 만큼 절대적 가치를 지닌 돈의 위력이 시장이라는 에너지 메커니즘 속에서 치밀하게 작동 중이다.

돈 가치의 위력은 화폐라는 삐뚤어진 빛을 탄생시키면서 인간의 사회적 생존 문제를 다양화 했다. 화폐 에너지, 즉 통화량은 소외의 공포 이외에 우월적 지배, 차별의 대항 등 갈등과 대립의 에너지들을 만들어 냈다. 물론 그 속에서 빚 에너지를 통한 구매력이 커져 잘못된 부자들이 탄생하는 상황이 절묘하게 창조됐다. 생산과 소비의 중간에서 에너지 가치의 절대값을 지켜가야 할 돈은 화폐라는 허울이 개입하면서 그 기능을 과도하게 떨어뜨렸다. 문제는 빚 에너지로 쌓은 화려한 현대문명이 잠재적 공황을 잠재적으로 쌓아가면서 주기적인 공황을 촉발시키고 있는데, 그 심각성이 날로 더해지고 있다는데 있다. 자본주의의 또 다른 위기라고 하지 않을 수 없는 조짐들이 곳곳에서 터지고 있는 것은 그 반증이다.

아담 스미스의 국부론 이후 250여년이 된 자본주의는 수없이 많은 문제가 드러나고 위기를 겪으면서도 굳건히 살아남기는 했다. 마르크스-엥겔스의 노도와 같은 도전에도 자본주의는 여전히 강한 긍정의 에너지를 발산하고 있다. '보이지 않는 손' 원리는 케인즈의 반자유방임이라는 역류에 부딪치기도 했지만 하이에크의 신자본주의로 다시 인용돼 빛을 발해 왔다. 하지만 다시 괴물로 커진 현대 금융자본주의는 전 세계 인류에게 거대한 '빚 주머니'(화폐)를 만들어 주고 그것을 지금 이 순간에도 열심히 키우게끔 하고 있다. 노동과 재화의 시장 에너지는 빚 시장에 의해 잠식돼가면서 금융공황을 일으키고 있다. 신자유주의의 중심 미국에서 일어난 금융위기는 그 상징이다. 자본주의의 위기가 멈추지 않는 원리에 에너지 임계를 향한 나선 운동이 자리하고 있다. 여전히 변증의 원리를 따르는 에너지 운동법칙은 도덕률로 무장하는 상승 에너지의 상태를 유지해야 하지만 금융자본주의가 이를 희석시키고 있다.

탐진치의 적나라한 표현인 금융자본의 탐닉성은 돈이 갖고 있는 에너지 가치를 감소시키면서 자발적 위협요인을 자가발전 해 키우는 중이다. 인간의 사회적 생존 에너지가 마치 불이 활활 타는 곳(빚)에 부어진 기름 역할을 하면서 긍정의 돈 에너지 가치는 더 떨어지고 있는 중이다. 생명의 역동과 무한책임의 소중한 돈의 가치는 형식적으로 유지되면서 인간 자신은 물론 사회와 국가 모든 곳에서 부조화를 키우고 있다. 가짜 돈(빚)으로 만들어진 권력은 지금 수많은 금자탑을 쌓은 듯 보이지만 너무나 쉽게 무너질 수 있는 모래위의 화려한 성이 됐다.

일 에너지를 쏟아 부으며 돈을 버는 과정 속에서 아원자 전자단위의 인력과 척력이 수없이 교환되듯이 이타적인 에너지가 인력과 척력을 통해 무한값으로 교류된다. 이것이 삶의 동력이고 에너지이며 살아야 할 이유가 되고 행복감을 창출해 낸다. 생명의 원천인 빛도 이런 교란의 행복으로 만들어진 절대가치다. 에너지 가치는 곧 무형의 기쁨과 자아의 완성이라는 영역에 미치는 힘이다. 영혼의 가치조차 곧 에너지이기에 그 에너지는 순수성을 띤다. 현대문명은 이 같은 자연의 기저원리와 반대되는 쪽으로 나아가고 있다.

영웅 기다리는 자본주의 타락싱에 깃든 비전

자력은 전기가 불안전하게 플러스와 마이너스를 수없이 교차하며 나아갈 때 수직의 방향으로 N극에서 나와 S극으로 모든 물리량이 들어가는 에너지 합이 제로인 상태를 유지한다. 이런 아원자 세계의 자력이 인력과 척력의 바탕이 돼 거시의 전기를 생산하고 현대 자본주의 힘을 창조해 내는 기막힌 문명을 탄생시켰다.

일정 궤도만을 도는 전자의 정수배 양자도약 운동(물질파 에너지)의 다른 해석은 있음과 없음을 결정하는 힘(에너지) 현상이다. 현상계 오감의 잣대로 보면 전자는 도약이지만 끈이론 여분의 차원까지 감안하면 전자의 생성 자체가 움직임(파동)의 한 형태다. 그 파동이 만물의 단초인 소립자를 결정한다. 돈의 생명체라고 할 자본주의 원천인 인력과 척력의 탄생 배경에 있는 이 같은 에너지 파동은 11차원의 세계를 자유롭게 여행하는 신기에 가까운 운동을 한다. 그 에너지는 결합력이 강력하다. 자본주의가 성숙할수록 에너지는 더욱 강한 것이 정상이고 이를 기반으로 한 사회적 결속 또한 더욱 높아져야 하는 것이 정의로 작동하는 근간이다. 미시든 거시든 가장 이상적인 결속은 결합에너지를 높여 안정화 되는 과정이다. 핵융합을 통한 결합에너지를 높이는 일이나 핵분열을 통해 역시 결합에너지를 높이는 원리가 같듯이 자본주의를 움직이는 결합에너지가 바로 돈이다. 남녀 간 사랑의 에너지는 융합에너지가 강력하게 크고 반대로 대가족의 결합에너지보다 핵가족의 끈끈한 에너지가 더 강력하다. 결합력이 커지고자 하는 에너지의 본유적 성격이 인간의 사회적 생존력을 확장시켜 자본주의를 낳았다.

전자의 원자 밖 자유여행은 자연과 만물에 힘이라는 존재를 드러내게 했다. 음 에너지가 양 에너지와 떨어지면서 역설적으로 현대 자본주의 문명의 모든 힘을 발아시켰다. 총아가 된 전기·전자혁명은 거시세계 문명을 움직이는 원동력이 돼 돈 에너지는 곧 전자의 운동성에 좌우되는 가치가 됐다. 원자는 플러스 에너지인 핵과 마이너스 에너지인 전자 간에 평형상태를 이뤄 만물이 존재하게 하지만 돈 에너지는 그 평형이 무너질 때부터 발생한다. 에너지 가치는 힘이라는 것이고 그 힘은 완전과 평형의 반대편에서 움직이는 음양의 불완전에서 오는 패러독스였다. 그것이 음양의 탄생이며 조화이고 동시에 부조화이기도 하다. 에너지가 환극의 자연과 그 원류인 태극과 무극을 자유롭게 항해할 수 있어야 하는 배경이다. 에너지는 인간과 자연에 신이 부여한 신비의 보석이다.

인간의 생명유지에 관여되는 에너지 운동역학은 다른 말로 음양의 대립과 조화였다. 소립자들의 상상을 초월한 변환과 변수 그리고 순환들이 모든 가치의 배아이듯 정신적 힘의 영역도 에너지로 작동하기에 소립자 운동역학에서 자유롭지 못하다. 자본주의가 물질에서 영혼으로 옷을 바꿔 입는 과정에서 에고와 상념으로 묶인 탐욕 에너지가 현대 자본주의를 나락으로 떨어뜨리고 있음을 볼 수 있다는 것이다. 사회적 생존의 문제가 에너지의 순수가치를 훼손하고 더욱 극렬해진 자아들이 결합에너지를 손상시키는 역할을 하고 있다. 개인주의는 일상화 됐고 혼자 사는 법칙들이 확장되는 자신들만의 웅덩이가 곳곳에 파였다. 돈의 본래 가치인 순환은 주고받고 하면서 결합에너지를 높이는데 이용돼야 하지만 순환하지 않는 욕심의 가치로 비정성화 돼가고 있다.

현대문명의 수많은 이기(利器)들은 진자기 유도라는 힘의 상호작용과 교란으로 이뤄졌다. 그 순환이 초당 수조회 일어나는 정교함이 작동한다. 전자기력에 기반을 둔 자본주의는 물질만능의 질량을 추구하지만 본래는 무질량의 특성을 내재했다. 질량이 없는 빛 에너지에 의해 지구상 모든 생명이 가능하듯 무질량의 에너지 특성은 인간의 사회적 생존에 영역을 확장했다. 그것이 잘못된 금융자본주의를 잉태하게 하는 과정에서 에너지 가치는 새로운 항해를 해야 할 당위성이 커졌다. 그 길은 에너지 본래 가치를 지켜가는 것이고 그 이상적인 방향이 에너지의 결합력을 키우는 일이다. 결합에너지는 이타성과 그것의 순환성이라는 의미이며 현실 속에서 부자는 빈자에게 기회를 열어 주고 빈자는 부자를 존중해야 하는 의미가 함의된다.

결합에너지의 총체적 증가는 도덕률의 에너지가 증가하는 것과 정교하게 비례한다. 에너지 가치의 존재 이유는 현재의 도덕률 에너지와 동시에 결핍의 도덕률이 상승하는 에너지 속에 있다. 그 가치는 근본적인 생존의 조건과 얽힌 것이기에 자본주의 속성이 이를 따라야 한다. 부 에너지의 공유와 순환이 힘겨울수록 에너지의 본래 가치는 희석되고 가짜 힘(화폐)이 판치는 느슨한 결합에너지가 확산된다. 자본주의가 현재위기의 생존을 넘어 한 단계 진화하기 위해서는 부 에너지가 곧 공공성이라는 확고한 결합성을 공유하는 여부에 달려 있다. 공익의 가치는 결속의 무한가치를 창조하는 폭발력을 지녀 자본주의 지향점과 다른 것 같지만 에너지의 흐름이 원만하다면 결속을 무한히 증가시키는 힘을 또한 지녔다.

가짜 돈 화폐의 순환은 거꾸로 순환이 아닌 멈춤이다. 욕심의 자기충만이 커지면서 커진 탐욕의 비대화 상징이 곧 화폐가 됐다. 현대 자본주의가 화폐의 거대한 사상누각으로 커진다면 언젠가 자멸하는 상황을 면하지 못하고 지금의 부와 부자는 순식간에 나락으로 떨어진다. 금융자본에 새로운 옷을 입히는 일은 개인과 사회 그리고 국가의 치밀한 절제에 있다. 화폐와 달리 돈 에너지와 욕심은 비례해서 커지는 듯 하지만 반비례 한다. 탐욕이 만든 거대한 금융 에너지는 돈 가치가 아니며 부도 아닌 허상이다. 자본주의는 돈의 가치를 부활시킬 때 모든 사람에게 필요한 수단이 지속돼 생존한다. 에너지의 필요성이 수반된다는 것은 공공성이며 공익적 에너지 가치다. 부와 부자는 그래서 그 울타리가 공개돼야 하는 것이 자연의 섭리상 생존의 가치가 되고 있다. 일정한 틀에 갇혀 부와 부자는 반드시 무너지는 허상의 탑을 쌓고 있는 것이기에 공공의 리더들은 스스로 자기무덤을 파는 견고한 성을 쌓아서는 안 된다.

전자운무라는 전자의 존재상태는 여러 곳에 동시적으로 존재하는 중첩상태다. 중첩은 거시세계의 물리량으로 보면 하나만 있고 나머지는 없음이다. 하지만 양자로 보면 분명히 있음이다. 없음의 양자들이 현상의 있음으로 구현되고 그것의 중첩현상이 실제로 거시 힘의 원천인 만큼 양자의 중첩은 거시의 없음이지만 분명이 있음을 만드는 것이 틀리지 않는다. 공공의 이익이라는 특성도 없는 듯 하지만 있음을 드러내는 원리와 다르지 않다. 공공의 순환성은 마치 파동처럼 무질량의 특성이지만 그 전부를 보면 있음이고 있음을 만들어 낸다. 존재의 원리가 상보성이 있듯이 그 상보성은 있음과 없음의 중첩이다. 돈 에너지가 가치를 지니기 위해서는 공공의 가치로 순환하면서 개인의 행복에도 기여할 때 이뤄진다. 자본주의에서 돈은 곧 얽힌 사슬의 가치 총량이다.

그 사슬을 정교하게 읽어매고 있는 것이 일과 직업이나. 인류는 일을 통해 결합에너지를 키워왔고 오늘날 자본주의 문명을 찬란하게 키웠다. 그 일의 중심에 직업적 재능이 기능하게 하면서 직업은 숭고한 에너지 가치를 실현하는 상징으로 기능한다. 인간의 몸 자체가 전자를 기반으로 한 전자기력 에너지로 생명을 유지하듯 직업의 힘도 똑같이 가속계 장에 있다는 것이 틀리지 않는다. 가속계 존재의 근거는 힘이 늘 작용한다는 것이고 현실 자본주의는 그 힘의 원천이며 그 원류는 직업이라는 점이다. 직업을 통해 돈은 나와 타인 그리고 군중 간에 수없이 교환되고 순환되는 특성을 지니면서 힘을 발휘한다. 나와 모든 타인을 연결하는 이타적 가교가 될 수 있는 것이 돈 에너지의 무한 순환가치다.

사람의 일은 노동이라는 운동을 통해 에너지를 다른 곳으로 이동시키는 물리적인 양을 의미한다. 그 에너지 이동은 무한 변수를 갖지만 반환되는 반복성과 순환성 그리고 가역성의 원칙을 결코 버리지 않는다. 따라서 일이 갖는 의미는 단순히 자신의 에너지를 옮기는 과정에 있는 것이 아니라 에너지를 전달한 후에 오는 반사효과가 있는데서 가치로 주어진다. 반대급부 에너지는 항상 자신이 전달한 에너지의 양 보다 크기를 바라는 것이 탐욕의 근원이지만 그것이 지렛대 에너지 경쟁의 경제성 법칙으로 정교하게 작동 중이다. 이는 치열한 경쟁의 근원이기에 부도덕의 소산이 되고 있지만 일의 절대가치가 부여되는 선순환의 요소라는 것도 중요한 맥락이다.

현실의 눈으로 노동에 따른 부정과 부도덕의 문제들이 부각되면서 긍정의 가치들이 묻혀버릴 수 있지만 같은 일을 하면서 같은 에너지를 쏟아도 시간이 가미되면 가치들은 다른 값을 가져 긍정을 잉태한다. 특정 비례 상수값이 주어질 때 경쟁이 촉발되고 부정과 부당함이 나올 수 있다는 것이다. 그래서 자본주의 성숙의 일의 가치를 높이는 것이 아주 중요해졌다. 경제성의 효과는 곧 부가가치다. 이를 위한 경쟁은 휴머니즘으로 통찰하고 그것을 살리는 시스템을 만들어 가는 것이 자본주의의 생존력을 키운다.

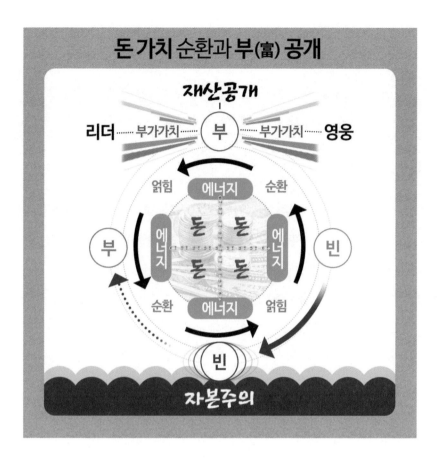

일을 통한 에너지 투입과 부가가치 이윤창출 과정은 개인과 기업에 모두 해당되는 원천적인 에너지 기전으로 작동한다. 도덕과 부도덕의 이중성이 하나라는 개념은 에너지의 이중성에서 합목적성을 띤다. 거시세계에서 드러나는 사성의 원리는 결국 병형상태의 반전이지만 합목적성을 띤 어긋남(극성)이고 반전이다. 이것이 에너지 상관성이자 상반성의 동시성이다. 직업의 에너지에 그것이 모아져 있다.

일의 결과를 통해 얻어지는 오늘날 화폐는 에너지의 현상적 추상이다. 돈 에너지는 일로 투입된 노동 에너지의 다른 이름이지만 화폐는 가짜 믿음을 사이에 둔 가짜 에너지 쟁탈전이다. 본래 돈 에너지는 하나라는 상관성과 두 개라는 상반성을 동시에 갖기에 이타적 경쟁조차 악마적 모습을 필요로 하는데, 순수 에너지가 투입되는 경우가 당연히 훨씬 많다. 순수 에너지의 대중적 지향성 내지 확장성이 본래 추구해야 할 자본주의의 다른 이름이다. 정치는 그 정점에 같이 자리한다. 정치도 대중을 위한 이타성을 쫓기에 자본적 헤게모니는 진선미의 도덕률을 따라야 맞다. 안타깝게도 정치의 진선미를 위악추(僞惡醜)로 반전시켜 대중들에게 위해를 주는 일이 빈번하게 일어나는 것은 자본주의의를 위협하는 또 다른 측면 요소다.

많은 사람들이 영웅의 탄생을 기다리고 있는 이면에는 자신의 울타리가 돼 주기를 기원하는 본성이 내재하고 있는데 있다. 정작 자신은 부당과 불법을 저지르지 말아야 하는 정의감을 누구나 갖고 있지만 반대로 설사 이타성을 위한 것이라고 해도 부당과 불법 등을 감내해야 하는 실천력의 제일 선두에 바로 영웅을 세우고 있다. 영웅은 결국 이타성과 이기심을 모두 교우한다. 그리고 대중들의 정의에 대한 기대감과 그 반대편의 부정에 대한 처벌의 두려움을 이겨내는 속성의 극단적 에너지를 모두 갖고 있다. 역사적으로 대중적 지지를 받은 영웅들이 일의 가치에 스스로를 갈등과 대립의 부가가치로 내모는 속성이 있는 배경이다. 그 절정이 때로는 전쟁이고 살육이지만 이 조차 정당화 된다. 세계대전의 발발은 그 상징적 사건이었다.

오늘날 자본주의 논리에 영웅의 속성이 들어 있다. 그 속에서 부정적인 질타를 당하며 부정한 에너지로 지탄을 받는 일이 주기적으로 자주 일어나지만 그래도 대중들은 영웅을 원한다. 이 과정에서 자본주의 논리가 부정의 논리를 머금으며 긍정의 부분을 전지전능의 힘처럼 막강하게 확장하게 했고 그것이 금융자본의 타락을 만들었다. 하지만 현상의 전지전능처럼 움직이는 돈 에너지 파워는 냉혹함 속에 가장 인간적인 휴머니즘의 면모를 드러낸다. 가짜 돈이라는 정글 자본주의에서 누구나 태어난데 대한 무한채무라고 할 도덕률이 더 커지는 현상은 가장 강력한 자동 제어장치다. 그것이 현대 자본주의를 자율적으로 인도해 가고 있으니 다행인 눈으로 바라보면 된다. 동시에 영웅을 원하는 마음에 도덕률을 키워 가면 자본주의를 지켜갈 영웅이 실제 나타난다. 빛처럼 돈 에너지의 절대적 부가가치를 향한 자기 모멘트의 지속성은 멈출 수 없다. 완벽한 이타성을 지향하는 부가가치 일은 없지만 있는 것을 지향한다.

부정의 에너지를 모두 포섭하는 속에서 그것과 갈등하는 긍정의 요소를 극대화 하는 것에 대한 믿음의 척도가 도덕률이다. 이는 강한 에너지를 소유하거나 발산하지 않으면 불가능한 일이다. 약한 에너지가 도덕률의 임계치를 끌어올리려 하면 가식이 되거나 두려움의 원천으로 자가 발전해 더 나쁜 결과를 가져온다. 스스로 파멸의 길을 가는 것이 그런 위선의 에너지다. 일의 가치가 이런 상관성과 상반성을 동시에 실현할 때 돈 에너지는 긍정의 파장으로 모두에게 이롭다. 돈에 부정의 요소도 그리고 긍정의 요소도 임의로 부여한 값이 없고 그 자체로 신성의 에너지들로 차 있다. 에너지 가치는 영역이 없나.

2부

자본주의와 돈

THE KEY TO WEALTH

1. 무형의 가치

인간 실존 상징 '자유' 대변한 이기심의 승리

시간은 눈에 보이지 않는 무엇이라고 가정할 때 '그 무엇'의 단초를 에너지라고 하면 선뜻 이해하기 쉽지 않다. 시간의 보이지 않는 가치를 따지면 통상 시간이 아깝다는 말로 대신되는데 그친다. 그런데 시간이 아까운 이유가 무엇인가를 깊게 따져 들어가면 에너지라는 단초를 발견하게 된다. 자연의 세계는 변화의 에너지 준위(레벨)에 따른 운동량이 없는 정지상태는 의미를 찾기 어렵다. 에너지 변화가 없는 만물이라면 생명활동 자체가 유지되는 것이 가능하지 않다. 변화는 자연의 조화와 맥을 같이하고 그 변화 물리량(가속계)이 거의 모든 창조와 생명유지의 신성으로 존재한다는 것이다. 힘, 가속도, 속도, 속력, 변위, 벡터, 질량 등 물리적 변화가 가능한 값이 생명력을 갖는다. 이들 물리량에 시간이 가세해 또한 막중한 역할을 해낸다. 시간이 갖는 에너지 성격 때문이다.

변화는 곧 위치의 이동값이고 그 값에 질적인 것을 추가할 때 시간이 들어가야 하고 필요로 해진다. 시간의 크고 작음에 따라 물리량이 달라지면서 에너지의 깅도가 달라진다는 점에서 시간이 정의된다. 시간이 곧 에너지 변화의 주체이기에 시간 자체가 에너지라는 것이다. 통상적으로 시간이 흘러간다고 하지만 무엇이 흐르는지 막연하거나 잘 모른다. 시간은 곧 보이지 않는 변화의 기준 잣대가 된다. 변화에서 기준을 정하지 않으면 그 무엇도 변화값을 알지 못한다. 특정 기준이 시간의 탄생이다.

시간의 기준점이 시사하는 것은 변화할 때 변화하는 운동량이나 에너지 값을 파악할 수 있기에 시간은 시공간을 흐른다고 표현한다. 시공간을 만들어 낸다고 하는 이유는 시간 에너지가 흐를 때 시간은 자화된 성질의 극성을 통해 자기모멘트화(magnetic moment) 하면서 공간을 필요로 하기 때문이다. 원자자석 내에서 시공간이 형성되면서 거시 자연의 원리에 시공간이 만들어지는 원리다. 공간도 에너지 장이라는 것을 감안하면 시공간은 4차원의 합치된 에너지 차원이다.

에너지들이 가득 찬 공간에서 시간 에너지가 얽혀 함께 흐르는 현상계 자연의 법칙은 인간의 오감에 보이지 않는 무형의 가치다. 시간 에너지는 인식의 주체인 '나'라는 자신에 의해 무형으로 실존하는 유형의 가치지만 여전히 무형이다. 따라서 시공간 에너지를 실존의 의미로 보면 속박되거나 정해진 개념이 아닌 자유의지가 개입돼야만 의미를 갖는다. 인간이 선택할 때 자유가 있다고 하듯이 의지는 곧 자유의 보금자리다. 의지는 변화하고자 하는 힘, 자유는 그 변화에 대한 행동(가속계)을 각각 드러낸다.

자유를 근간으로 한 자본주의는 시스템적으로 자유시장경제다. 자유로운 일의 교환가치 에너지 총량이 오늘날 자본주의의 모습이나. 사본주의는 자본이 중심이 되지만 그 자본은 돈이고 그것은 에너지이며 자유의 원리를 따른다는 것이다. 자유의 기저에 이타심이 아닌 이기심의 원리를 기초로 했다. 그런 의미에서 자유시장의 출발을 알린 아담스미스의 국부론은 인간의 이기심에 대한 명쾌한 통찰이다. 이기심이 교환가치의 중심에 있고 그 총합이 자본주의를 작동케 하는 에너지로 기능한다. 휴머니즘으로 출발한 마르크스-엥겔스의 자본론은 철저히 이타심을 근간으로 한 공산주의 공유가치를 중시해 도덕적으로는 최고의 인간적인 면을 띠었다. 하지만 그것은 이기심이 넘치는 야심의 권력가들에게 정치적으로 철저히 이용됐고 경제적으로 공산주의는 사실상 용도 폐기 됐다.

공산주의는 전 세계적으로 북한이라는 유일무이한 국가만이 남았고 모두 실패했지만 이기심을 근간으로 한 자본주의는 여전히 맹위를 떨친다. 자본주의 이기심의 에너지가 역의 에너지 총합으로 보면 이타심으로 역동성을 보였고, 공산주의는 협동의 가치가 소중한 이타심이었지만 그것을 관리하는 관료주의 절대계급을 낳아 이기심이 작동하는 부정의 에너지를 만들어 냈다.

자본시장의 일 가치는 '보이지 않는 손'이라는 자유가 원천인 것이 맞다. 정부가 자유시장에 일부 개입하고 조작한다고 해도 온전히 시장의 자유를 빼앗을 수 없는 것이 자본주의 얼굴이다. 이 같은 기본 특성은 인간의 이기심을 기반으로 엮은 상호주의 이타심이라는 것이다. 자본주의에서의 자유는 선택된 것이 아니고 무한히 선택할 수 있는 강력한 에너지들의 총합이기 때문에 역동성이 강하다. 그 가운데 직업적 이타심이 실제로 구현된다. 이것이 인간 실존과 연결된다. 시장가치와 생명가치는 상호 존엄성을 떠받드는 과정이 되고 있다는 것이며 이 절차에 무형의 가치인 긍정의 에너지가 작동하는 원리다. 보이지 않는 손의 이기심을 이기적이라고 절대 단정할 수 없다.

자본주의의 자유는 그래서 희망 에너지이며 그 희망조차 구속되지 않

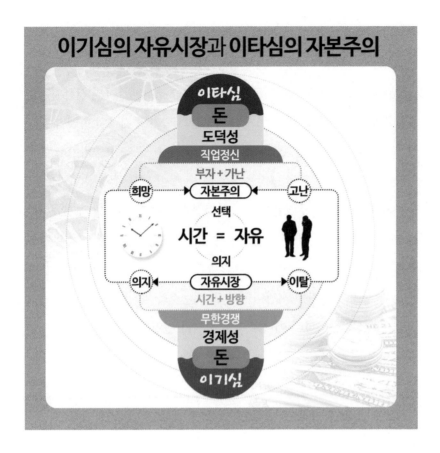

은 가장 자유로운 상태를 유지해야 한다. 무한 경쟁이라는 시스템이 공정경쟁을 위한 명분 때문에 역으로 그 희망을 구속하지만 그 조차 실상은 자유를 위한 구속이다. 자본(돈) 에너지는 자유로운 에너지 값이라는 깃이고 자유가 지속직으로 싱장할 때 상호 이타적 직업석 상인틀이 다수 태어나 서로를 또 돕는다. 시장의 이기심은 지금도 이타심을 유도하는 유인장치로 작동하고 있다. 자유는 그래서 자신의 가능성에 대한 믿음이며, 보이지 않는 의지라는 무형의 가치를 끝없이 신뢰하는 과정이다. 지속성의 이 가치가 변증운동을 하면서 일 에너지를 증가시켜 장인

에너지가 확장되고 그것이 부와 부자 에너지 가치를 키워간다. 이는 사회적 생존의 중요한 방편이면서 자존감의 실체적 실천이다.

자본주의를 실존적 에너지로 봤을 때 3차원 공간과 1차원 시간이라는 표현은 엄밀히 정확치 않다. 4차원 시공간의 합치된 에너지 형태가 인간이 포함된 자연의 총합 에너지로 흐르고 있다. 가속도를 중력이라고 발견한 아인쉬타인은 그런 생각을 도출해 낸 것이 매우 행복했다고 했다. 중력은 자연과 우주에 상존하는 근본적인 에너지다. 미시의 세계에서부터 거시의 세계까지 관통해 설명될 수 있는 중력자는 가장 유력한 만물의 힘이다. 시간이 그 중력의 하나인 것은 중력자에 의해 에너지장의 흐름이 다른 곳으로 가면 시간여행이 된다는 것을 암시한다. 이런 에너지 원리가 물질만능이라는 에너지 추구 법칙과 긴밀히 상호작용한다. 자본이라는 자유에너지가 충만할 때 누구든 현상계 현실을 바꿀 수 있다. 자동차와 주택은 물론이고 사회적 위치까지 모든 것이 에너지라는 점에서 기저 에너지의 역학들이 바뀌면 현실이 바뀐다. 기저 에너지는 시간을 포함한 4차원을 떠받치는 3차원 공간에서의 중력을 포함한다. 질량의 크기처럼 중력 크기에 따라 시간의 변형이 발생하기 때문에 중력은 현상계에 영향을 미치는 에너지 장이다. 자본주의 돈(일) 에너지가 에너지 흐름 전체 안에서 작동한다.

자본주의에서 자유 에너지는 개인의 선택과 그 선택을 위한 의지 에너지로 무한히 커지는 양상을 띤다. 목표는 선택을 위한 수단으로 바뀌어 자본주의의 이기심과 탐심이 드러나고 그것이 다시 이타심과 미학이 돼 나선 변증법칙을 지속해서 따른다. 이 운동이 궁극의 가치에너지로 분할 때 무형의 가치는 곧 과정의 고난과 또는 갈등이라는 산을 넘고 넘으면서 반복적 유형의 가치를 창출한다. 자본주의 생존 방식의 에너지 흐름이다. 자본주의는 이기심과 이타심을 동시에 넘어서 초인의 자유를 요구하기에 극단적으로 자유의 속박이라는 표현이 틀리지 않는다. 하지만 그 과정의 초인의 법칙이 신묘하다. 인간의 진정한 자유 에너지를 분출하는 장이 자본주의 250여년의 역사임에도 자기구속 상태에 계속 빠지면 모든 자본 에너지를 잃기도 한다. 하지만 자본주의는 초인의 에너지를 발휘해 왔다. 자본주의에서 죽음과 지옥조차 넘어가는 것이 자유 에너지다.

자본주의 자유 에너지 공간에서 부자가 되고자 희망을 탐심하는 것은 개체 에너지들에 시간이 개입된다는 의미다. 시간은 우리 눈에 보이지 않고 형태가 없지만 엄밀히 에너지라는 형태를 갖고 있음을 거듭 주시해서 봐야 한다. 시간 에너지를 공간과 함께 통제 가능할 때 초시간 · 초공간을 좌우할 힘을 얻는다. 크기는 물론 방향 에너지 준위까지 벡터를 잘 살펴야 한다. 변위는 가장 짧은 거리의 결과물을 보는 물리량의 변화다. 여기에 방향을 잘 잡아 변화가 일어나면 효율성이 높은 경제성을 추구할 수 있다. 시간이 개입되는 질적 효과라는 점이다. 효율성과 경제성은 다른 말로 적은 에너지를 들여 얻고자 하는 것을 얻을 수 있다. 부와 부자는 그런 시간이 개입된 일 가치에 의해 만들어진다. 시간은 자본주의에서 자유이고 자유가 곧 시간이다.

방향은 시간과 함께 시공간을 경제적으로 고에너지화 할 수 있는 만능 키라고 할 수 있다. 방향은 1차원의 선분, 2차원의 면, 3차원의 높이 등으로 나뉘면서 에너지의 확장성(또는 경제성)과 얽혀 있다. 에너지는 1차원에서 여러 선분으로, 2차원에서 사방으로, 3차원에서 사방과 하늘로 각각 뻗어나간다. 방향을 가장 효율적으로 잡고 이동한다는 것은 곧 절대적인 에너지 효율과 같다.

시간과 방향 속에 돈 에너지 강도, 곧 부와 부자가 결정된다. 방향 또한 에너지 총합에 얽혀 있는 실존하는 무형의 가치라는 것이다. 에너지라는 것은 현실 속 에서 실감나게 느껴지는 생명원리이기에 생명체들이 방향을 잡는 것은 생사가 걸린 사투다. 같은 거리라도 기준점과 도착점을 잇는 중간 길은 무한대로 많다. 방향을 모르는 생명체가 있다면 아주 가까운 거리도 돌고 돌아 많은 에너지를 소요한다. 이 때 최단거리를 안다는 것은 신성의 개입과도 같다. 현상적으로는 먹이사슬이다.

에너지 소모성이 수없이 다양한 방향의 성격 때문에 방향은 시간과 얽히고 결국 공간과 조응한다. 방향을 효율적으로 한 곳에 잘 잡으면 불필요한 에너지를 줄여 같은 에너지 양으로 일정한 벡터값을 유지한다. 이런 에너지를 축전할 수만 있다면 에너지 생산의 효율성은 물론 지속적인 생산량 제고가 가능해진다. 이것이 자본주의가 지상제일주의로 추구하는 경제성이다. 경제라는 것은 곧 모든 생명체들에게 사활이 걸린 에너지 효율성이다. 그 결과 값은 돈이라는 에너지로 표현된다.

직업적 자존 에너지 넘칠 때 자본주의 영속

시간이 없는 초공간의 상황에 한 철학자는 인간이 아무것도 할 수 없으니 비자유의 형벌을 받는 구속이라고 했다. 하지만 이는 소설 문학작품의 현상계 비유일 뿐이다. 4차원 초공간에서 3차원의 현실을 비유한 것이기에 4차원을 실제로 논했다고 보기 어렵다. 초공간에서 인간의 영혼은 시간의 제약을 받지 않기에 극도의 자유로움을 느끼며 그것을 통해 현상계 자유와 비자유가 순환과 조화를 반복하게 한다. 자유시장 현상이 이런 원리를 충실히 따른다.

자본주의와 돈 그리고 인류는 자유와 비자유를 동시에 경험하면서 생명 에너지를 발산하고 있다. 자유시장은 개인의 의지와 목표가 토양을 이루면서 그 위에 돈 에너지라는 나무를 무수히 심고 키우고 있다. 하지만 그 나무들은 영원히 특정인의 소유가 되지 않는 순환의 가치를 반드시 갖는다. 생명 에너지는 일정시간이 지나면 멸(죽음)하지만 그들이 심은 자유시장의 에너지는 계속 다른 생명에게 순환한다. 자유시장에 형성된 돈이 무형이지만 무한한 잠재 에너지를 갖고 생명의 시간적 한계를 갖고 있는 인간군상들의 질서를 잡아가고 있다고 하겠다. 그것이 규율과 제도 및 법의 형태로 나타난다. 그 최상위에 물론 도덕률이 자리한다.

시공간에 자본주의 효율(경제)이 잠입된 에너지가 인간이라는 에너지체와 공존할 때 인간도 공명 현상이 일어나야 원만한 부자가 될 수 있다. 인간은 자연처럼 에너지의 흐름으로 간주하면 다르지 않은 자연의 일부분일 따름이기 때문이다. 그 질서는 정교한 에너지 설계도 위에 놓여져 있다. 하지만 누가 주관하는지는 모르고 종교적으로는 이성적 신들이 주관한다. 육체만을 전제한다면 인간은 시공간을 쓰는 다른 동식물과 전혀 다를 바 없지만 인식의 주체가 에너지를 결정하는 강도를 보면 인간은 확실하게 강한 에너지를 소유하고 있나. 시공산을 인지할 지혜를 가졌다는 것인데, 그 인지가 시공을 초월할 수 있다는 점에서 그것을 기반으로 형성된 자본주의는 인류가 지배하는 지구에서 막강한 힘을 발휘한다.

시공간 인지는 인간 사이의 상상할 수 없는 권력을 낳아 공포스러운 이슈로 떨어지기도 하면서 반도덕과 비윤리적인 양태를 나타나게 했다. 그것은 자유에로의 석양이다. 지는 해를 향해 에너지가 떨어지는 불행이지만 그 조차 자유로의 항진이다. 그것이 자본주의가 가진 극한의 속성이다. 자본주의 자유시장은 끝없이 임계의 자유를 지속적으로 추구하지만 불안을 타고 있거나 불안을 엎고 있는 상태다. 불안과 반드시 동행하는 자유이기에 기저에 두려움이 깔려 있다. 자본주의는 그래서 공포의 주춧돌 위에 세워진 자유라는 지옥이란 말이 또한 틀리지 않는다. 하지만 자본주의 질서는 그것이 개인들을 억압하는 모습이라고 해도 멈추지 않고 역동하는 속성을 버리지 않는다. 인간의 이기심은 생명과 한 몸을 이뤄 절대 사라질 수 없기 때문이다. 이기심을 동력으로 하는 자본주의는 자유와 공포를 양 날개로 삼아 끝없이 나아간다. 그 파동에 이른바 프로그램 자본주의 형상이 드러난다.

자본주의 시장의 무한경쟁은 무질서 속 혼돈의 연속인 듯 보이지만 철저히 프로그램된 질서가 구축돼 있다. 마치 컴퓨터의 마더보드(mother board)처럼 모든 것을 지배하는 프로그램이 자본시장 곳곳에 치밀하게 얽혀 있다. 학벌과 시험, 법률과 제도, 형벌과 구속, 정부와 관료, 금융과 화폐 등 치밀한 그물망이 자본시장을 에워싸고 있다. 그물망에서의 자유는 곧 통제된 자유이기에 공포감이 그 자유의 힘을 키우고 있다. 자유시장은 일종의 마더월드처럼 절대적 권능이 시장의 요구에 의해 상존한다. 거대한 장벽들이 에워싼 자유시장의 그 장벽을 넘어가면 생존이 불가능하다. 자유시장 공포감의 실체다. 자유라는 장벽을 오히려 희망으로 설정하고 자신과의 사투 그리고 타인과의 사투를 끝없이 벌인다. 자본주의는 이것을 유도해 생존의 먹잇감으로 삼는다.

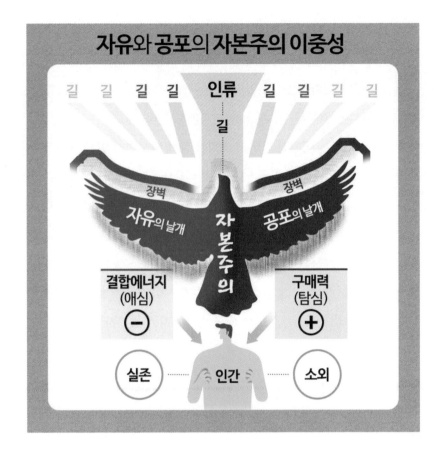

자유와 공포의 자본주의 이중성

인류

길 길 길 길 길 길 길 길

길

장벽   장벽

자유의날개   공포의날개

자본주의

결합에너지   구매력
(애심)   (탐심)
─   +

실존 ········ 인간 ········ 소외

　　인간의 인지능력은 지혜로운 것이지만 그 인지는 곧 통제할 수 있는 근거를 만들어 냈다. 자유의 장벽을 인지하는 인간의 공포감이 희망으로 전환돼 통제의 합목적성을 구현했다. 허구적 시공간의 통제는 이율배반의 정의가 통하는 고차원 세계와의 소통이고 에너지 이동이다. 동물과 무기물은 지혜라는 고에너지(경제성과 효율성)를 통해 이런 에너지 이동이 불가능하다. 인간의 고차원 인지 에너지는 현상계에서 필연적 상보성의 모습으로 나타난다. 하지만 이 자유가 허구적 자유임에도 이것을 넘어 진짜 자유를 즐기는 것인 냥 스스로 착각한다. 자본주의는 빛의 전기장과 자기장의 교란처럼 이기적인 장과 이타적인 장을 만들어내면서 파동성을 갖는 운동을 한다. 이를 통해 인간의 희망과 공포를 동시에 잡아두고 있다. 인간의 인지능력에서는 자유가 있기도 하고 없기도 하며 동시에 존재하기도 하고 사라지기도 한다.

자유시장 가치는 이처럼 극한의 조화를 품에 안으면서 인간 개인을 소외의 공포로부터 해방시켜 주기도 하지만 동시에 속박하는 이중성을 띠었다. 그 상보성이 클수록 소외의 공포를 벗어나기 힘든 사각지대가 드러난다. 우월적 지배가 등장하면서 소외의 공포와 조응하고 차별의 대항이라는 사회 계급투쟁이 발생하지만 이 모든 것이 궁극의 사회적 생존 법칙이 되고 있다. 자본주의 필연적 조건은 이처럼 행복과 불행을 모두 포괄하면서 인간의 자유의지 에너지를 강하게 요구하고 있다. 자본주의에서는 신도 이방인이 될 만큼 초인적 자유의지를 갖고 있는 사람들이 많다. 이들의 생존 조건들이 생산과 소비에서 무수히 많은 부가가치 변수들을 잉태시켜 돈 에너지는 무형의 가치로 자본주의를 떠받든다.

부와 가난이 양립하지만 양립이 거꾸로 자본주의를 지탱하면서 궁극적으로 자유의지의 숭고함을 더 빛나게 하고 있다. 그것이 화려한 문명으로 우리 눈앞에 서 있다. 문명 속에서 직업적 자존감이 훨씬 커졌다. 자본주의 생존 조건의 키가 그 속에 있다. 직업적 자존 에너지가 확장되면 될수록 자본주의는 무한경쟁 속 이타심을 싹 틔우는 결합에너지를 키운다. 그 결합에너지가 다시 자본주의의 긍정성을 키우며 시텟내 효과를 발생시킨다. 거꾸로 이기심이 높아지면 사회적 생존의 공포가 커지면서 자본주의 먹이인 구매력을 향상시킨다. 이런 순환성이 멈추지 않는다면 자본주의는 지속적으로 인류라는 생명체에게 기여하는 무형의 가치를 선사한다. 교환가치와 구매력이 그것이다.

자연과 만물을 존재케 하는 원자핵 속 강한 핵력의 매개입자인 글루온은 질량이 0이고 광속이 가능하기에 불안정하다. 거꾸로 글루온 때문에 가능한 강한 핵력은 같은 극성을 잡고 있기에 전자기력 보다 약 100배 이상 강한 힘을 갖고 있다. 전자기력이 전자들의 이동에 의한 음양의 인력과 척력으로 가능한 힘이지만 강력은 그것을 이겨내 원자핵의 평형상태를 유지케 한다. 강력의 존재는 다른 말로 전자기력이라는 변화를 가능하게 한 원천 소스다. 원자핵의 양성자가 중심을 잡아주면서 전자의 이동에 따른 힘이 탄생했다. 자본주의를 잡아두는 힘의 원천도 강한 핵력과 같다. 전자들의 이동성에 의해 생명과 문명이 유지되지만 양의 기운인 핵의 결합에너지가 그 축에 있다. 자본주의 축이 실존이라는 자유에너지 축이지만 그것을 묶어두는 축은 공포 또는 불안 에너지라는 것을 거듭 강조하지 않을 수 없다. 자본주의 공포감은 강한 핵력을 발휘하면서 자본의 탐심이 극에 달할 때 강력히 붙잡는 역할을 해준다.

원자핵 중심에 사회적 생존이란 공포 에너지는 자존감을 갖기 위한 양의 기운이다. 그것이 강력한 힘으로 똬리를 틀고 있지 않다면 자유의지의 변화에 따른 물리량의 변화를 만들어 내는 것이 불가능했다. 인간이 만물의 존엄성으로 존재하는 근원에 있는 공포 에너지는 곧 생과 사의 위험한 기로에서 나왔다. 위험인자는 가장 극단적 불안정 에너지이지만 그 불안정성 때문에 강한 결합에너지를 필요로 한다. 원자핵 속 양성자와 중성자를 붙들고 있는 힘이 만물의 힘이 탄생한 토양이 돼 주었듯이 자본주의는 사라질 운명을 먹잇감 삼는 방어 전략을 스스로 펼치면서 생존하고 있다. 그 에너지 흐름이 인간의 영혼 에너지와 조응하고 관계

한다. 질량이 없는 힘의 매개입자가 만물을 존재케 하는 무형의 가치이 듯 영혼도 그 범주다.

인간이 무형의 가치 총화인 자본주의에서 자신의 자존감을 지켜가기 위해서는 끝없이 자신의 핵에너지 결합력을 보면서 의지를 키우는 일에 달려 있다. 원자핵의 안정화가 물리량 변위를 탄생시키면서 시간 좌표를 만들어 주듯이 자본주의에서 생존조건이나 부의 조건은 타자가 아닌 자신의 내부 속에 들어 있다. 핵의 안정화를 지향하는 원소들이 가장 안 정된 철 원소를 향해 핵융합과 핵분열 반응을 일으키려는 성질은 인류 에게 가공할 에너지 원천이 됐다.

철 원소보다 원자핵 속 양성자 · 중성자 수를 합한 값인 질량수가 적은 원소는 핵융합을 통해 고에너지를 창출하면서 인간에게 별(태양)과 빛을 선사했다. 이 철이 현대 인류문명의 씨앗이 됐다. 철 보다 질량수 가 많은 원소들의 경우는 핵분열을 통해 에너지를 방출하려 하는 성질 로 인류는 자연의 원소 중 가장 무거운 우라늄 핵분열 제어기술을 개발, 원자력 발전을 만들어 냈다. 이 또한 현대문명의 신기원을 가능하게 했 다. 그 속에서 자본주의가 무한히 커졌다. 인간의 일이나 노동 이외에 자연의 에너지 원리를 끌어다 쓰면서 돈 에너지 가치는 무한 확장을 지 속하고 있는 중이다.

4차원 시공간은 허구의 에너지 형태라고 해도 인류의 삶의 터전이라 는 둥지는 틀리지 않는다. 소립자들의 변화값으로 시작된 허구의 시공 간은 인류가 현존재하는 것을 가정할 경우는 허구가 아니다. 인류조차 정보의 틀에 묶인 홀로그램의 모습으로 정보의 산물이기에 인간과 자연 그리고 그것으로 탄생하고 인지하는 시공간은 허구지만 그곳에 부가가치가 부여되고 있다. 생명의 실존이다. 생명이 있는 곳에 돈 에너지는 필연적으로 흐른다. 생명 에너지는 무기물의 총합이고 정보의 산물이라고 하지만 동시에 효율과 경제라는 에너지 지렛대를 만들어 자본주의를 확장시키고 있다. 자본주의 속성을 인지하고 활용하는 동물은 인간뿐인데, 그 인지의 중심에 있는 돈은 인류가 보호해야 할 가치다.

생명체의 변화는 다른 말로 생존본능의 확대이고 그것이 장기화되면 생존본능의 추가 확장이다. 생존의 확장본능 속에 탄생의 축복이 자리하고 그 이면에 고도의 생명유전자를 갖고 있는 음양의 조화가 있다. 생존본능이 복잡계를 만들어 인간의 삶을 더욱 어렵게 한 측면이 있지만 그 보이지 않는 생명유지 원천이 인간의 가치를 끌어 올렸다. 가치의 탄생은 인정하기 싫지만 없음이다. 그 없음이 진짜 없을 때 부가가치가 부여된다는 것이 아이러니이지만 이런 이율배반의 고차원이 정의가 되면 우린 너무나 당연한 물리량 속에 있다. 무형의 가치는 모순 속에 새로운 가치가 탄생하는 것을 받아들이는 과정에서 시작된다. 자본주의는 우리 눈에 보이고 만질 수 있는 것 같지만 보이지 않는 무형의 부가가치 운동(에너지)으로 강력하게 역동하고 있다.

2. 순환의 가치

교환가치 자기순환, 자유시장 능동적 도덕률

자본주의가 개인들의 선순환적 자유의지(에너지)를 근간으로 한 인간 실존의 자유가치를 지켜가기 위해서는 자유시장의 기본 메커니즘인 교환가치를 상실해서는 안 된다. 자유의 선순환은 가속계의 초자유로 비견된다. 자유의지를 넘어선 창조적 에너지가 개입될 때 초자유의 희열을 느끼는 것이 신성을 부여받은 생명의 본능적 태생성이다. 초자유는 교환가치로 실현돼 선행적 에너지가 강할수록 그리고 에너지 바퀴가 클수록 비례해서 커진다. 교환가치가 자본주의 생존요건의 가장 중요한 근간이 되는 배경이다. 교환가치는 돈의 순환법칙을 따른다.

돈이 순환을 하지 않으면 자본주의는 '에너지 항상성(恒常性)'을 유지하기 힘들 뿐만 아니라 한계상황을 드러내 이른바 '넋 빠짐'에 이르게 된다. 구매력의 급락이고 자유시장의 위기다. 항상성은 현상계 평상심이다. 극과 극을 모두 포용한 아주 강력한 에너지다. 항상성은 순환 속에서 유지된다. 순환을 통해 강력한 에너지가 지속되지 않으면 영혼의 에너지도 무력해지면서 생명까지 위협을 받는다. 혼돈과 무질서 속에서도 치밀하게 프로그램 된 자본주의가 항상성을 잃는다는 것은 곧 사멸이다. 그 결과로 인해 초자유와 자유의지의 상실이 가져올 자본주의의 끝은 그 새로운 시작을 모르기에 생명 에너지 불꽃이 사그라지는 것과 같다. 현상적으로는 대공황 아니면 극심한 빈부차 심화가 지속되는 양태로 그 전조증상이 일어난다.

교환가치가 위협 받을 때 자본주의 존립이 위험해지는 것은 자유의지로 형성된 자유시장이 그만큼 정교한 순환의 에너지 운동을 기반으로 한다는 것을 반추한다. 그 정교성은 인위적으로 불가능하다. 그럼에도 국가나 권력의 정의로 무장된 조작이 만들어진다. 교환가치의 순환은 시작이 있기도 하고 없기도 한 원운동에 비유돼 원점을 찾기가 어렵다. 원운동은 같은 자리의 등속이 아니기 때문에 파동성으로 치환할 수 있다. 따라서 원점을 찾아 시작의 의미를 찾는 것은 순환의 본래적 운동성을 몰이해(沒理解) 하는 것과 같다. 순환의 시작점을 찾는 의미가 없다는 것이다. 순환은 어디를 찍어도 결과를 얻고 원인을 얻는다. 자본주의를 떠받치는 인과율의 에너지 흐름은 기준점이 없다. 국가나 권력이 교환가치 조작을 하는 인위성은 인과율의 기준점을 마구 찍어 대고 있는 모습이다. 이는 순환의 항상성 에너지가 얼마나 폭발력이 있는지를 모른 채 인위적으로 관여하는 것이기에 무서운 위험성을 키우고 있는 자가당착이다.

자유 또는 초자유는 인과율의 법칙에서 일어나는 결과값에 대한 시작의 기대치이지만 정확한 값을 알 수 없다. 초정밀 수리를 동원해도 결과 값을 인식하기 힘들다면 돈의 흐름에 대한 수리도 인간의 인식으로 알지 못한다. 파동성을 알 뿐 그 크기나 시기는 변화무쌍하다. 공황이나 대공황에 대한 사전 예방이 인간의 의지로 힘든 것은 자유의지 자체에 공황을 만들어 낼 에너지가 실려 있는데 있다. 그 에너지는 파동성이기 때문에 재단이 불가능하다. 순환의 교환가치를 지켜가기 위한 방점은 순환의 인과율 법칙을 재단하지 않는데 있다는 것이다. 교환가치는 인과율의 통제가 아닌 자유의지나 초자유에 의한 일종의 에너지 흐름이라는 것을 인식하는 것이 자본주의 성격을 이해하는 최선의 길이다. 오늘날 자본수의가 위협을 받는 것은 이를 인정하지 않거나 애써 간과해 교환가치를 국가나 권력가들이 조작할 수 있다는 만용을 부리기 때문에 일어나는 현상이다.

굳이 자본주의가 안고 있는 내재적 문제점을 선제적으로 해결하고자 한다면 빈부차 해결이 선결 요건이지만 궁극적 해결책은 아니다. 오히려 무차별이라는 낭만적 비전이 자본주의의 위험을 가중시킨다. 자본주의에 섣부르게 칼을 대는 것은 교환가치의 불확실성을 키워 에너지 순환을 근본적으로 왜곡시킨다. 빈부의 문제가 도덕률과 연결돼 자본주의 상처를 치유하면서 나아가야 하지만 돈 에너지의 본래가치가 오히려 도덕률을 크게 좌우한다. 자본주의 도덕률의 본래가치는 평등주의가 아니기에 섣부른 퍼주기 포퓰리즘은 오히려 권력에 대한 탐욕의 발로에서 나오는 성향이 강한 모습을 보인다. 교환가치가 빛을 발하려면 부를 일구는 과정과 지키는 과정 모두에서 중요한 과제를 수반한다. 그것은 부의 오픈소스다. 돈의 순환을 타기 위해 자신을 순환에 태우는 방식이 우선돼야 하고 그 순환을 타는 태도가 도덕률의 실현 과정에서 중요한 맥락이다. 그것은 대중들을 향한 부의 오픈 과정이며 선의의 경쟁이다.

순환을 위한 차선의 도덕률은 기부나 봉사 등이 있지만 최선의 도덕률은 돈을 버는 과정에서 일어나는 부가가치의 대중적 공유로 이해되지 않으면 안 된다. 돈의 순환가치를 알고 선순환으로 앞장서 갈 때 바로 부와 부자의 기운이 모아지고 운까지 불러일으킨다. 그 기운은 긍정성이며 동시에 공익성이다. 운은 인과율에서 정해진 가치의 값이 아니지만 정당한 돈으로 환산되는 신성을 갖는다. 그래서 운은 절묘하게도 교환가치에서 무욕의 진정성으로 좌우된다. 탐심이 지나칠 때 운이 따르지 않고 오히려 액운이 덮는다. 운은 타인으로부터 받는 직·간접적 에너지 수렴의 방식이기 때문에 탐심과는 반비례에너지다. 탐심의 근간을 버릴 수 없으니 사심의 한계를 정하고 그 이상 넘어가려 하지 않을 때 타인의 이타적 에너지를 받아 쓸 수 있다. 그 교환가치는 탐심으로 해낸 크기보다 훨씬 크다. 무욕의 가치가 크다는 것을 알 때 아낌없이 순환의 선순환을

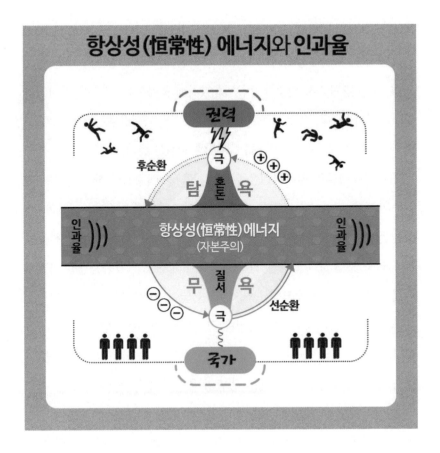

타고 그 순환을 탄 것 때문에 부는 물론 행복을 불러들인다. 다만 이 무욕의 가치는 지름길이 아닌 척박하고 험난한 길이다.

선순환은 그래서 필연적으로 자가운동이다. 이는 가속계의 능동적 도덕률 실현이다. 생명가치의 실현과 자본주의 선순환 도덕률은 연장선상에 있는 에너지 순환 법칙을 따른다. 순환의 가속운동을 시작할 때 없음에서 있음이 드러나고 이데아 본질에서 현상을 구현하는데, 현상은 철저히 이데아 설계를 따라 완벽하게 운동한다. 없음과 있음을 반복하는 순환이기에 없음은 포용이고 있음은 나타냄이다. 결핍은 음의 기운으로 원점의 성격을 띠면서 양의 기운으로 나가려 한다. 포용하는 순환이 치열하게 얽혀 가속운동을 할 때 존재가 빛을 발하고 그렇게 환해진 존재의 빛은 원점(관측자 기준)을 비추고 있기에 축복이다. 원점은 에너지가 창조되거나 그 에너지로 인해 탄생되는 생명의 축복을 확인하는 순간이다. 자본주의 에너지는 축복하는 사람에 방점을 둔다.

현상계 생명들의 에너지원은 멸(滅, 없음)을 배경으로 하기 때문에 자본주의 또한 본성이 사라짐을 전제한다. 자본주의를 떠받치는 근원이 실상은 상보성의 원리처럼 떠받치면 안 되는 무의 에너지장이다. 원운동을 원리로 보면 360도 회전하는 원이 각각의 점에서 가속운동을 하면서 존재한다고 증거할 배경에는 생이 아닌 멸이 우선한다. 원점과 기준점을 찾는 것이 불가능하지만 생멸은 그 어떤 곳에서도 일어나기에 멸을 배경으로 한 생의 운동위치를 인지하는 것이 가능하다. 인간의 수명이나 생명도 예측 가능한 것은 그 생멸의 움직임이 경탄스러울 만큼 치밀하다는 점에 있다. 일종의 저승사자가 특정인의 수(壽)를 지배한다는 스토리는 허무맹랑하지 않다. 에너지의 흐름을 알면 한 개인의 수명을 예측하는 것이 가능해진다. 생명은 전자의 궤도 이동(양자도약)과 같이 원에너지의 안정성과 반비례한다. 궤도가 작을수록 안정화되는 것은 만물의 존재 근원이지만 정작 불안정한 궤도와 전자가 화학과 공유결합이라는 생명 에너지 원천이다.

수평을 180도라고 규정지을 근거는 360도의 절반에서 찾지만 삼각형 내각의 합을 측정으로만 할 경우 180도라고 할 근거는 없다. 아무리 치밀한 측정장치라고 해도 미세한 편차가 발생한다. 하지만 수평선 180도를 통한 기하학으로 상보각의 합을 계산할 때 삼각형 내각의 합은 굳이 측정치 않아도 정밀하게 나온다. 기하학은 자연의 보이지 않는 원리를 인간의 인지범위에 들어오도록 돕는다. 원은 이상적인 가속계의 모형이고 자연의 순환원리를 기하학적 모형으로 기막히게 설명하는 표식이다. 원 운동이 자연 만물의 원천이고 근원적 시스템이라는 것이다. 자연 또는 생명과 마찬가지로 돈이 원운동처럼 순환을 하지 않으면 좌표계에 드러나지 않는 죽음이다. 에너지 가치는 사장된다. 돈은 순환을 하면서 빛을 발산하고 생명과 함께 호흡하면서 자본주의라는 현대문명의 생명체를 움직이게 하고 있다. 자본주의를 떠받치는 교환가치에 돈이 녹아 있는 것은 가격으로 설명되지만 그 가격 가치 또한 순환하면서 다시 절묘하게 미세 조정된다. 가격이 수요와 공급을 통해 메겨지지만 그 교차점 자체가 늘 순환하는 성질을 갖는다. 이 같은 순환은 무한순환이기 때문에 무욕의 선순환(없음, 포용) 원리가 필연적으로 깃들어 있다.

자유시장에서의 가격은 순환을 돕는 교란자 역할을 한다. 교란은 힘이 일어나고 작동하는 상징이다. 힘의 소통이 가격이다. 소통을 위한 상호 힘의 명함이 교란이며, 그 정보를 통해 또한 가격이 결정된다. 빛의 전기장과 자기장이 밀고 당기며 교란해 절대속도값을 유지하는 법칙과 유사한 에너지 흐름이다. 따라서 수요와 공급이 교란을 일으키는 매개 힘 자체도 가격이지만 그것으로 결정된 가치도 가격이다. 가격이 없다면 수요와 공급 산에 형성되는 에너지가 발생되지 않아 교환가치는 성립되지 않고 돈은 사라진다. 가격은 자발적으로 형성되지만 인간의 탐욕이라는 큰 에너지가 개입돼 인위적으로 형성된 가공적 가격도 있다. 시장가격 중에는 인위적으로 순환을 하는 경우가 있지만 이는 오래갈 수 없다. 가공의 가격은 순환을 하는데 큰 장벽을 만들기 때문이다. 자연스러운 교환가치의 실현이 자유시장의 영속성을 키운다. 영속성은 무한한 순환이고 무한은 일즉다 다즉일의 신성에 가려진 비밀이자 법칙이다. 무한은 절대성이라는 것이고 종교적으로는 신이다.

국가나 정부가 개입하는 인위적 가격들이 부지불식 순환의 장벽을 세우는 것은 마찬가지다. 인공가격은 순환동력인 듯 보이지만 그 동력에 너지가 정밀하게 작동하지 않아 흐름의 장애를 자청해서 세워 나간다. 신성의 무한 순환 원리를 인공의 순환논리로 절대 조절이 불가능하다. 자본주의가 무한 순환의 가치를 따르기 위해서는 결국 양심(직업적 헌신, 무욕)의 에너지들이 많이 모여야 하고 그 에너지는 돈이 가진 순환성을 진작시킨다.

자본주의 에너지가 불평등한 근원이기에 그 속에서 수평을 맞춰가는 에너지는 본래 자유의지가 아니다. 양심은 이타심에만 편중된 것이 아니다. 그런데 역설적으로 인간의 자유의지가 수평을 지향하고 있다. 수직적 구조를 만들어 내고 유지하는 자유의지가 수평적 구조를 지향한다는 의미는 인간의 태생성을 반추하면 인식된다. 선덕보다 악덕이 때로는 덕의 가치로 빛을 발하는 것은 스스로 안고 있는 덕성이 악함까지 알아야 하는데 있다. 자본주의 순환도 이런 이기심의 악덕으로 주춧돌이 놓여지고 선덕이 기둥을 세우면서 서까래와 지붕이 얹혀졌다. 자본주의가 끈질긴 생명력을 유지하는 것은 인간 본성의 이기심에서 이타심을 보고 부지불식 그 이타심을 우선하는 지향성이 강한데 있다. 그것이 자유와 초자유 의지이고 자유시장으로 발현된다. 자유시장의 교환가치는 인간의 사회성이 계속되는 한 살아 남는 법칙을 따른다.

누구나 이방인, 평범한 삶 속 시장경제 번성

자본주의는 인간의 군집생활인 사회를 토대로 교환가치를 매개하는 자유시장에서 일어나기에 사회의 성격을 이해하는 것은 자본시장의 원리를 알아 나가는 과정이다. 사회는 에너지 주체들 간의 혼재된 양상이지만 그 주체들의 질서가 엄연히 존재한다. 질서는 이합집산이 수시로 일어나지만 그 조차 일정한 패턴을 유지한다. 생명의 유전형질을 결정하는 신기에 가까운 DNA가 돌연변이를 통해 종의 새로운 변화를 만드는 것도 기막힌 패턴을 갖는다. 유인원에서 오늘날 현생인류가 탄생하는 과정에서도 DNA의 자기복제 과정에서 질서가 가미된 돌연변이를 통해 가능했다. 이런 생명의 원리와 유사하게 인간의 사회상도 돌연변이처럼 일정한 패턴을 통해 변화 또는 진화하는 양상을 띤다.

사회의 유전적 DNA 변화를 촉발하는 반복적 패턴의 조절장치가 인간의 공포에서 기원되는 사회적 소외에 근원을 둔다는 것을 보면 섬칫 놀랄 수밖에 없다. 사회생활은 누구나 그 끝을 반복적으로 응시하면 소외와의 전쟁이다. 그 속에서 인간 스스로 결정하는 선택의 자유는 거의 제로에 가깝다. 잠재의식에 각인된 환경과의 적응과정에서 자기선택은 가려져 있다. 인간의 삶은 사회의 선택에 의한 자유이기 때문에 엄밀히 자유가 있다고 하기 어렵다. 누구나 이에 구속돼 있는 상태임에도 모르거나 인지하지 못한다. 사회의 선택에 의한 개인의 자유의지 총합이 일정한 틀을 이루면 화려한 사회적 유희인 문화가 되고 전통이 된다. 이를 벗어나지 못하게 하는 사회적 DNA가 바로 생존의 공포이며 사회적 소외다. 문화와 전통이란 아름다움은 창살로 변한다.

사회가 곧 생존과 연결되면서 생존은 일정한 틀에 철저히 묶였다. 사회적 소외는 개인의 자유를 개인 스스로 가두는 창살이기도 하다. 그런데 어둠에 갇힌 자유가 속박의 한계를 느낄 때 사회적 소외는 변화의 동인이 된다. 개인들의 사회적 소외 양상이 극도로 높아질 때 혁명이나 전쟁이 일어난다. 자유시장의 변화 시스템도 극단적 전쟁이나 혁명은 아니지만 시스템의 작동원리는 유사하다. 자유시장의 변화는 기막히게도 인간의 DNA 변화처럼 패턴을 따른다.

전쟁은 사회적 소외의 창살에 갇혔던 개별 자유 에너지가 극단적으로 발산하는 양상이다. 전쟁의 주체는 원하든 원치 않든 새로운 질서와 다른 사회를 다시 형성하게 한다. 사회는 이 과정에서 진실을 혼동케 하는 에너지들을 마구 발산하면서 인간의 진리에 대한 인식범위는 또다시 혼동을 겪는다. 무차별적으로 죽고 죽이는 전쟁은 생존의 자유를 거듭 구속한다. 전쟁이 끝나도 이런 전쟁의 상흔은 남는다. 사회는 일상에서도 전쟁 같은 에너지 충돌이 곳곳에서 일어난다. 그 속에서 누구나 군집 속의 이방인 같은 삶을 살지만 이방인이 아닌 척 하는 삶들이 근간을 이룬다. 이들 이방인의 에너지가 자본시장의 구속된 자유의지를 형성한다.

구속된 자유는 양심을 멀리하면서 이기심이 정의로 포장되고 온갖 야비한 방식과 비열한 과정이 정상적인 것으로 치부된다. 자본시장의 이기심은 용서가 없는 냉혹함이 서려 있다. 이기심을 기반으로 한 자본시장은 사상누각으로 지어진 호화로운 저택으로 권위를 뽐내지만 언제 사라질지 모르는 황금탑을 쌓아 올리는 식의 위기를 주기적으로 자가발전한다. 그 권위에 짓눌린 이방인들이 기하급수적으로 증가하면서 자본주의의 종말론적 행태가 나타나 왔다. 다행스럽게 자본주의는 이기심의 교란현상으로 만들어진 이타심 에너지들이 발생하면서 공황의 위기를 이겨내 현란한 문명을 만들어 내고 자본주의를 지켜왔다. 자본시장은 극도의 전쟁상태 속에서 인간의 자유를 끝없이 시험하는 파동성이다. 누구에게든 삶이 평생 고된 이유는 이처럼 자본시장 전체 시스템을 알면 이해된다. 고된 시험을 받는 개인들의 자유의지가 이타심을 만들어 내고 이기심과 교란하면서 자본주의 진화를 촉진시킨 것은 아주 중요한 맥락이다.

자본주의 미래는 그럼에도 백척간두에 서 있는 것처럼 여전히 불안하다. 지금까지 수백년간 자유시장의 에너지를 진화시켜 왔지만 전 인류를 파멸로 이끌 미증유의 에너지가 동시에 잠재적으로 커왔다. 인간 도살장을 만드는 대량살상무기가 자유시장의 한 켠에서 전 인류를 정조준하고 있다. 극한의 무한경쟁은 생명 에너지를 말살하는 군사 에너지로 돌연변이가 되듯 커 왔다. 현대 자본주의의 화려한 이면에는 무차별 살육의 그림자가 드리운 기운들이 모든 사람들의 주변을 겹겹이 에워싸고 있다. 언제 어느 때라도 인류의 문명은 즉시 초토화될 위험성에 온전히 노출돼 있다. 그것이 국가의 자유를 묶고 개인의 자유를 보이지 않게 속박한다. 가공할 핵무기는 그 상징으로 자유시장의 악마에 다름 아니다.

대량살상 무기들은 전쟁이 갖고 있던 '갈등의 해소'라는 효과를 기대할 수 없고 오히려 갈등 에너지를 키우고 있다. 공산주의가 멸망하고 냉전이 끝난 이후 오히려 자본수의 자유시장이 자기복제한 부한경쟁의 핵무기 비대화는 인류 스스로 초래하고 있는 멸망의 자충수인 만큼 반드시 그 원인을 제거하지 않으면 안 된다. 영구 핵클럽 좌장들인 안보리 상임이사국의 해체는 그 첫 걸음이다. 자본주의를 위협하고 있는 종심에 핵클럽이 있다는 것을 모른다거나 간과하고 있는 것 자체가 인류의 영속성과 번영에 반하는 치명적 독버섯이다.

사회적 선택에 의해 자유의지가 거의 없는 상태에서 변화의 동인이 되는 주체적 자유의지인 전쟁마저 중심을 잃어가고 있다. 인간의 진정한 자유의지를 살려내고 자본시장의 생명을 지켜가기 위해서는 또다시 순환의 패턴 에너지가 작동돼야 한다. 순환은 위기를 조정하는 과정이기도 하지만 이를 극복하는 필수 과정이다. 사회적 소외로 인한 자유의지가 총체적으로 사라져 가는 과정이 변화의 잠재적 시장이다. 그 에너지가 쌓일 때 자유의 변곡점을 예상하게 되고 그 시기는 정밀하게 맞아 들어간다. 순환은 생명과 사회를 존재하게 하는 신성의 에너지 운동방식이다. 그 가운데 변곡점의 위치에 존재하는 전쟁이 순환을 오히려 막고 있다면 전쟁권력의 지나친 비대화이고 쏠림현상이다. 대량살상 무기와 함께 괴물로 변한 금융자본 역시 위기의 양대 축이다.

산업자본과 함께 자본주의를 지탱하는 기둥인 금융자본의 태동을 보면 인간의 살육전과 이리저리 얽히면서 존재를 드러냈다. 금융자본 역시 개인의 자유의지가 소수의 권력에 의해 보잘 것 없도록 만들었다. 전쟁의 승패를 좌지우지했던 채권은 권력이동의 한 수단이 되고 그것은 오늘날 금융제도의 축을 이루며 화려한 금융권력의 금자탑을 쌓도록 했다. 현대 자본주의는 산업자본의 부가가치를 중심으로 꽃을 피워오면서 노동의 가치를 키워오기는 했지만 산업의 혈맥인 금융자본의 잘못된 비대화는 선순환의 자유의지와 도덕률에 의문을 갖게 만들었다. 금융자본의 지나친 탐욕(화폐=신용=빚)은 에너지 버블을 무한히 키워가고 있는 중이다. 그 버블을 먹고 사는 극히 일부의 부유층 때문에 금융자본의 반도덕성이 커지고 있다. 금융자본은 사회적 소외뿐만 아니라 신체적 생

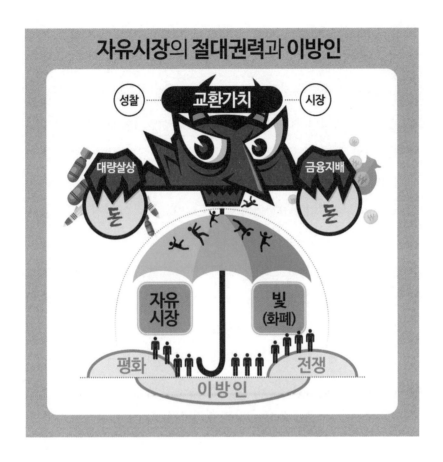

자유시장의 절대권력과 이방인

존을 직접적으로 위협하면서 개인의 자유의지를 억누르고 있다. 금융자
본의 막강한 위력은 최소한의 변화의지마저 꺾고 있어 자본주의를 위기
로 몰고 있다. 그것이 화폐라는 가짜 교환가치의 버블이고 그 가짜 에너
지는 '빚'으로 불린다. 전 세계적인 빚의 총량이 거의 빛의 속도로 커지
고 있는 것은 현대 자본주의 최대 위기다. 교환가치인 진짜 돈의 순환을
가로막고 있기 때문이다.

　과거 이탈리아의 고리대금업이 부유층과 성직자 또는 위정자들의 전
쟁 에너지를 머금으며 컸다면 현대 금융자본의 주춧돌이 된 미국의 고

리대금업은 아이러니컬하게도 가난을 무차별 먹으면서 성장했다. 가짜 돈이면서 빚의 자기복제 기능인 미국식 대출과 채권은 마치 사자의 이빨이 아무것도 모르는 초원의 초식동물들을 향해 있는 듯한 모습이다. 금융 권력이 도덕성의 위기를 맞아들이고 있다. 엄밀히 교환가치의 에너지 항상성을 어렵게 하고 있는 화폐는 믿음의 대상일 뿐 교환가치가 아니기 때문에 일어나는 탐욕의 현상이다. 화폐의 혈맥을 타고 순환가치를 높이는 듯 보이지만 교환가치를 격하시키고 가치의 쏠림현상을 촉매해 돈의 순환을 막고 있다.

허상을 빌려주고 허상을 받는 채권과 이자율의 금융자본은 빚의 성을 만들어 유혹하면서 인류의 생명 에너지를 흔든다. 이자가 죄악시 되던 신의 시대에 상업어음의 등장 그리고 돈의 심장이라고 할 은행의 탄생과 함께 돈은 에너지 가치와는 별개의 별천지 세상을 구현했다. 이 과정에서 누구에게든 사회적 소외뿐만 아니라 신체적 생존에 대한 공포감을 키워 돈이란 이름을 차용한 가짜 부가가치 표시인 화폐가 인류를 총체적으로 억압하고 있는 중이다. 금융자본주의는 지금 위기를 향해 치닫고 있다.

기축통화는 전쟁이란 피의 냄새를 또한 호기심 어리게 맡고 있으니 자본주의 위기는 현실화 돼 가고 있다. 전쟁은 본래 순환을 촉발시키는 에너지이지만 동시에 순환을 언제든 막을 위력을 지닌 막강한 에너지다. 전쟁은 자유의지의 구속에서 탈출하는 것이 아니라 탐욕을 키워가는 수단으로 떨어지고 말았다. 상상을 초월한 자산가의 등장이 그것을 웅변한다. 전쟁은 교환가치가 아닌 국가의 가짜가치를 키워 개인들 모든 구성원들에게 자유 또는 초자유에 대한 의지를 상실케 하고 있다. 자유의지 구속에 빠져들지 않아야 하지만 그 즉시 사회적 죽음을 선택하는 결과를 낳고 양심으로부터의 소리조차 용서가 없는 죽음을 만들어 낸다.

실존의 자유인 양심은 겉과 속이 같은 것이지만 그것은 실존의 사라짐을 초래하고 있다. 정신적으로 평범한 양심의 소리에 귀를 기울이거나 그런 삶은 쉽지 않게 됐다. 자본주의가 영속성을 지켜가기 위해서는 자유시장을 보호하는 것이라고 전제한다면 시장에 양심이라는 에너지를 심어 도덕률이라는 큰 틀 속에서 진정한 자유의지들을 키워 나가야 한다. 그 방법론은 작금의 신자유주의에 대한 냉정한 자성적 평가가 시작이다. 금융질서가 자본시장의 자유를 억압하고 있는 만큼 금융의 비대화를 스스로 견제하는 조절장치들이 작동되지 않으면 안 된다. 그것을 위해 금융권력을 벗어난 평범한 삶이 무엇인지에 대한 자기성찰이 중요하다.

평범한 삶이 마치 영혼이 없는 삶처럼 치부되는 것은 자본시장 무한경쟁의 잘못된 인식에 대한 결과다. 자본시장 제2의 도덕률 상승조건은 평범함 속 진정성 있는 경쟁력이다. 마치 이방인의 삶을 한번쯤 들여다보고 그것을 통해 자유의지를 되찾는 작업이다. 물질만능의 자유시장 무한욕구를 절제하는 성찰은 대단히 의미심장하다. 성찰은 타인의 선택에 의한 삶이 아닌 주체적 삶의 조건이다. 누구나 이방인이기 때문에 이를 받아들여야 한다. 그것만이 변화의 주체적 농인이다. 사회 전체가 이기심의 극한 게임으로 성장하는 자본시장은 거짓과 위선이라는 한계를 노정지어 누구나 타인이 된다. 어디도 속하지 못하는 타인의 삶은 행복의 조건이 되지 못하고 돈과 인간의 기본 질서를 무너뜨린다. 성찰이 질서를 지켜가는 망루의 감시자이자 동시에 보호자다.

인간은 본래적으로 자본시장의 보호를 받기 위해 소외와의 사투를 벌이면서 이기심으로 이타심을 조절하기에 진리의 영역 밖에 거주하고 있다. 자본주의 태생 자체가 악조건의 기둥 위에 올라서 있다는 점이다. 개인 모두가 자본시장의 에너지 장에 갇혀 있을 때 그 개인의 생명과 재산을 보호해줄 국가가 사지로 내몰린다. 국가 없는 자본시장이 의미 없는 것처럼 국민 없는 자본시장은 더더욱 의미가 없다. 국민 개개인이 살고 국가가 지탱될 때 자본시장의 건전성이 유지되면서 누구나 자유의지를 키울 여건이 성숙되고 기회의 장이 함께 마련된다. 탐심의 결실들만을 얻어가는 시스템은 회의감을 갖는 대중 속 고독을 치열하게 경험하게 하고 나아가 삶과 죽음의 경계선으로 자신을 내몬다. 순환의 의미를 잃으면 자신의 생명도 막혀 나아가지 못한다. 교환가치를 지켜가는 지혜는 사회 속 군중인 저마다의 객체가 평범함 속 비범함의 진리를 성찰하는 일에 있다.

특별하지 않은 것에 대한 비구도적 태도가 오히려 특별한 것에 대한 구도적 마인드보다 강한 에너지를 발산해 자본주의의 도약을 일군다. 자본주의 성장 바탕은 사회 속 자아, 즉 이기심에 대한 성찰에 좌우된다는 것이다. 자존을 위해 순환의 흐름을 깨는 것이 아니라 평범함이 순환의 자존감이다. 그것이 에너지 항상성이다. 그 에너지는 현실의 탐심에 일희일비 하지 않고 크고 작은 자유의지를 선택할 혜안을 통해 도덕률을 동세하는 통찰의 힘이다. 순환의 순리 안에서 강힌 에너지 기운을 받아 역동성이 커지고 자유시장은 모두를 위한 부가가치를 키운다. 자유시장은 특별하지 않은 평범함의 대담한 시스템이다.

3. 가치의 탄생과 소멸

위험감수 자본, 창조적 파괴로 가치사슬 역동

산업혁명에 의한 산업자본주의가 번성을 누리기 이전, 네덜란드 동인도회사는 오늘날 벤처기업과 유사한 주식을 발행하고 투자자를 끌어들여 모험적 자본시장의 깃발을 들어 올렸다. 자유시장 가치를 창조해 낸이 회사는 막강한 부(富)를 일구며 네덜란드를 세계 최강의 경제강국으로 우뚝 서게 했다. 대항해 시대 바다를 부의 가치로 삼은 모험은 전혀 새로운 사회적 부가가치까지 탄생시켜 계급의 대중화를 시현하는 사회혁명도 창출했다. 귀족과 성직자뿐만 아니라 상공인이나 하녀들의 돈까지 투자를 받아 당시로는 상상하기 힘든 돈 에너지의 가치를 부풀렸다.

상업자본주의가 갖는 가치의 의미는 일부 약탈적 성격이 있기는 했지만 교역이라는 교환가치의 자본주의 태생성을 제공하면서 인간의 이기심 본체를 합리적으로 드러나도록 했다. 이기심의 수치화는 매우 중요한 교환가치의 기반이다. 주식발행은 인간의 자유의지를 탄 혁명적 발상인 셈이다. 이기심에 반계급이라는 수평주의가 깃들면서 자본의 위력을 키운 만큼 이기심과 이타심의 상보적 교란성은 상업자본주의부터 시작됐다고 할 수 있다.

인간의 이기심을 자극한 '모험적 부'는 이후 산업혁명을 통해 극적 확대를 꾀하면서 영국뿐만 아니라 인류의 부가가치를 비약적으로 증대시켰다. 상업자본주의 국부는 네덜란드에서 일거에 영국으로 넘어가기는 했지만 전 세계적으로 오늘날의 자본주의의가 확산되고 기반이 구축되는 전기를 마련해 주었다. 자본주의는 1차 산업혁명의 주역인 기계노동

(증기기관)을 타고 대량생산은 물론 대량유통이라는 토양을 닦았다. 면직산업의 부흥은 철로와 기차를 타고 자유시장 에너지를 한껏 머금으며 인간의 이기심을 자가발전하게 만든 원동력이다.

상업자본주의는 모험과 투자를 엮어 상상할 수 없는 부의 가치를 탄생시켰다. 시장의 원리가 무한경쟁을 원천으로 하는 것이 당연하게 받아들이게 된 것은 모험투자에 의한 선택의 대가를 대중이 인정할 수밖에 없는데 있다. 모험은 눈에 보이지 않는 무형의 가치이면서 가치를 창출하는 선순환의 자가운동이다. 눈에 잡히지 않은 채 위험이 상존하고 있는 곳에 목숨을 건 에너지를 발산하는 것은 가치의 원천인 초자유의 강력한 힘에 의해서 가능하다. 초자유는 가치의 공유를 촉발해 탐심의 공공성이라는 이타적 에너지를 뿌려 상업자본주의의 도덕성 기반을 만들어 주었다. 가치의 탄생은 없음에서 있음을 시현하는 혁명적 사건의 에너지 창조 개념이라는 것이다. 질량이 없는 힘의 매개 에너지가 질량을 갖는 물질로 탄생하고 그 역의 현상도 일어나는 보손과 페르미온의 상호 에너지 교차현상과 흡사하다.

인간의 의지라는 무형의 힘 가치는 인간의 오감에 보이는 문명의 발전에 기여하면서 개인들에게 편리함을 가져다주고 물리적 행복감을 주었다. 자본주의 가치는 영혼과 물질을 상호 치환할 수 있는 모든 재화나 용역을 포괄한다. 상업자본주의의 번성은 그 가능성을 확인해 주는 사건이었다. 중상주의 당시 영국이 약탈적 근성을 버리지 못했다면 네덜란드는 교환가치의 의미심장한 역사를 만들어 냈다.

산업자본주의 시대에 이르러 교환가치는 더욱 부흥했지만 동시에 이기심은 걷잡을 수 없는 속도로 쏠림현상을 적나라하게 드러냈다. 자본가 계급의 탐심은 귀족과 성직자에 못지않은 배타성을 띠면서 수평주의 에너지의 탄생을 풀무질했다. 이기심이 탐심을 자극하고 탐심이 공포를 불러 소외를 방어케 하면서 인간의 정신적 생존환경은 더욱 나빠지자 일단의 휴머니즘 철학자들이자 사회운동가들은 공산주의 질서를 창안해 냈다. 그 후폭풍은 수억명을 죽게 만든 인류의 시행착오였다. 그 원인의 발단이 바로 교환가치를 무시한 산업자본의 극렬한 탐심이었다.

가치는 이렇게 생명을 유지케 하고 번성하게도 하면서 행복하게 해 주지만 그 생명이 갖는 탐심의 역풍은 무차별 살육전의 양상으로 되돌아왔다. 없음에서 탄생하는 무의 가치가 유의 가치가 될 때, 그리고 그 극과 극의 항상성 에너지를 잃을 때 얼마나 몸서리치는 결과가 드러나는지 인류는 치열하게 경험했다. 가치의 탄생은 축복이면서 공포다. 가치가 드러나기 시작하면서 인간의 악마성이 드러나고, 그로인해 스스로 만든 공포의 무기가 인간의 목숨을 노린다.

편리함이 가져다 준 도시의 현란함은 가치의 또 다른 가치인 분배 에너지의 불균형을 가져와 가치의 소멸을 자발적으로 불러들이기도 했다. 창조적 파괴는 가치의 탄생과 소멸을 상징하는 부의 양자도약이다. 자유시장의 수많은 모험성 자유의지들이 충돌 또는 결합을 반복하면서 그리고 가치는 없음과 있음을 파동처럼 반복하면서 그 교란을 바탕으로 자본주의라는 틀을 시켜왔다. 사본주의는 가지를 기능으로 하지만 그 가치로 인해 위험을 마주 안은 채 달리는 기관차와 같다. 기관차에 탑승한 자유의지들은 아우성을 치면서 자유시장이라는 열차들을 계속 덧대고 있다. 수없이 늘어진 자유시장 열차들은 저마다 각기 다른 가치의 역습을 자율적으로 감수하면서 가치의 창조적 파괴를 지속하고 있다.

자본주의의 큰 부자들은 그래서 창조적 파괴라는 가치사슬을 주도적으로 엮어낸다. 이들은 동인도회사의 그들처럼 사회적·신체적 생사를 내건 위험에 몸을 내던지면서 성과를 거둔다. 이들의 공통점은 가치를 정신적 에너지인 믿음으로 승화시켜 현상계 에너지(질량) 형상으로 창조해 낸다. 큰 부의 모습은 곧 보이지 않는 무형의 가치를 기반으로 한다. 가까운 미래에 자본주의가 사라질 위기가 닥친다고 해도 가치 탄생의 주역들이 역할을 지속해 나간다면 지금까지 반복됐던 것처럼 자본주의는 그 형태를 유지할 가능성이 여전히 높다. 그 형태가 지금의 자본주의 모형을 유지할지는 예단할 수 없지만 한 가지 분명한 것은 교환가치가 더욱더 높아진다는 사실이다. 구매력이 높아진 시장은 자본주의의 틀을 벗어 날 수 없기에 재화와 노동의 교환이 이뤄지는 사회와 국가가 존속하는 한 자유시장은 원천적으로 사라지기 어렵다.

　　자본주의가 존속되는 상황 속에서 가치의 변화는 기존 화폐의 몰락과 함께 등장할 구매력 혁명의 새로운 교환수단이 위용을 뽐낼 수 있다. 그것은 가상화폐일수도 있지만 다른 유형일 수 있는 다양한 교환가치다. 그 교환가치는 지금보다 수십배 정도가 아니라 수십만배가 넘을 수 있는 초부가가치다. 이 가치가 돈이 필요 없는 최첨단의 물물교환이나 공유경제의 특성으로 대중화 될 경우 자본주의는 상업–〉산업–〉금융 단계를 지나 이른바 심성자본으로 진화할 여지를 주고 있다. 신자유주의의 근간인 금융이 인산의 심리에 의해 절묘하게 움직이듯 심성에 의힌 가치의 창출은 무한대이고 무한은 비밀을 간직하기에 신성이다. 신성은 영혼적 가치를 지닌다. 가치의 새로운 혁명이 지금 이미 진행형이다. 심성자본의 근간은 돈보다 애심과 도덕성을 통한 가치창조에 방점을 둔다.

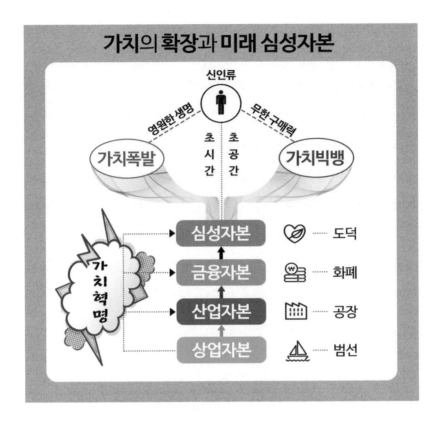

가치의 확장과 미래 심성자본

신인류

영원한 생명 / 무한 구매력

초시간 / 초공간

가치폭발 / 가치빅뱅

가치혁명

심성자본 ♡ ···· 도덕
금융자본 ⓦ ···· 화폐
산업자본 🏭 ···· 공장
상업자본 ⛵ ···· 범선

　　엄밀히 애심은 간접적 가치 창출이고 도덕은 직접적 가치 창출이다.
이는 자본주의가 일관되게 유지해 온 이기심에서 공산주의가 실패한 이
타심으로 넘어가는 코페르니쿠스적 전회로 기대할 가치가 있는 부가가
치다. 문명의 극대화된 가치는 탐심의 한계로 향하는 과정이다. 탐심은
불질의 장조과정에 있지만 그 창조과정에서 인간의식이 좌우하는 권력
이 등장한다. 의식이 권력의 정점에 설 수 있는 초자유의 변곡점에 있다.
변곡점은 전환점이다. 자본주의를 떠받치는 이기심의 자유시장은 변곡
점에 가깝게 다가가고 있다. 대전환의 시작은 심성가치로 진화하는 자
유시장에 있다.

의식은 심성의 하나이며 탐심이 우선하기에 권력의 정당성을 완성하지 못한다. 또 의식은 심성을 자극하면서 미래 자본주의의 근간 에너지를 이루지만 심성은 역으로 의식을 강력히 제어한다. 심성자본의 특징은 그 제어 에너지를 바탕으로 초강력 구매력을 창조한다. 현대 자본주의의 생존도 심성마케팅이 대세를 이룰 만큼 구매력이 인간의 심적 기반 동선에 의해 연구되고 창출된다. 인간의 심성으로 가능한 모든 것이 현상계 물질로 구현될 때 그 가치는 상상을 초월한다. 시공간을 초월한 인간의 심성이 상품화 될 때 문명은 인류가 지금까지 이룬 수십·수백 배를 단 몇 년간에 이룰 수 있다. 가치의 새로운 탄생인데, 그 속도는 나날이 빨라지지만 임계치는 잘 보이지 않는다.

가치의 혁명성은 파급효과가 커 언제나 한계에 다가가지 않는다. 그 가치는 소멸의 동인(창조)이 있을 때 소멸하기에 예정돼 있지 않을 뿐만 아니라 재탄생을 위한 가치창조는 기존 가치의 작은 잔류도 용납하지 않는다. 가치의 탄생과 소멸은 자본주의 재화가 시장에서 성공하고 퇴출되는 양태와 비슷한 냉혹성을 갖고 있다. 자유시장에서 회사를 일구는 것은 물론 작은 식당을 하기도 버거운 것은 가치탄생의 산고가 생명의 탄생에 비견될 만큼 크게 때문이다. 하지만 그 가치탄생은 인간에 의해서만 가능하다. 고통을 수반하지 않는 가치는 아름답지 못하고 추하게 보인다. 치열한 아픔이 서려 있는 가치는 애심의 가치창출에 기여하고 강력한 윤리성으로 무장하면 고부가가치를 만들어 낸다.

인간심성 에너지, 무한 가치 창조하는 연금술

현상계 물질의 창조과정이 기계와 문명으로 무한복제가 가능할 때 가치의 혁신을 일으킬 돈 에너지 출구는 정신적 영역으로 확산된다. 심성에너지가 가치의 주역이 된다는 것은 기술적 도약이 상상을 초월한다는 것을 뜻한다. 하지만 과학자들은 그 시간이 의외로 멀지 않다고 말한다. 실제로 시공을 초월한 현상계의 구현과 그 세계를 오갈 수 있는 기술적 구현은 이미 시동이 걸렸다. 부의 유형은 바뀌고 부의 기준도 새로운 가치를 따르게 된다. 부의 유형은 이방인들로 넘쳐나는 자본주의 한계를 극복한 심성가치다. 그 가치는 자유의지를 무한히 갖는 테크닉이나 플랫폼으로 나타난다. 기술적 진보는 4차 산업혁명으로 기반을 닦은 뒤 일어난다. 테크닉이 시공을 초월한 기술적 창조라면 플랫폼은 다차원을 이동하는 시공간들이다. 타임머신처럼 과거-현재-미래가 아니다. 가치의 탄생은 의식의 무제한 이동 에너지에 의해 좌우된다.

미래 자본주의에 앞서 현대 자본주의도 가치의 탄생 유형이 인간의 심적 상태를 기반으로 소용돌이 쳐 왔음은 부자의 유형들을 보면 드러난다. 좌표계에서 Y축을 돈으로 하고 X축을 시간이라고 했을 때 나타나는 부의 형태들은 외형상 다르지만 공통점이 있다. 인간의 심리적 의식 상태가 일관되게 흐른다는 점이다.

1번 그래프는 슈퍼리치로 불리는 사업형 부자다. 이들은 많은 시간과 에너지(일)를 투자해 가속계 중력의 제어와 무한경쟁의 개별적 반발 에너지를 이겨내고 선도적 자가운동으로 가치를 창조해 낸다. 초창기 성장은 느리지만 가치가 창조되기 시작하면 단숨에 큰 돈을 벌 많은 잠재 에너지가 분출된다. 이 에너지의 발단에는 강한 의식이 자리하며, 그 의식의 플랫폼은 자기 자신으로 늘 순환하는 특성을 지녔다. 의식 에너지를 끝없이 자기순환하는 과정을 통해 에너지가 축적돼 창조를 잉태하는 플랫폼은 퍼텐셜 에너지를 키운다. 의식은 이동이 없어도 반드시 위치 에너지 값을 갖기 때문에 초창기 운동에너지는 작지만 시간이 갈수록 퍼텐셜 에너지가 증가해 전체 에너지의 양이 급격히 증가하는 결과를 낳는다.

2번 그래프(파란색 선) 유형의 부자들은 현대 자본주의 에너지의 상징인 부동산과 금융을 기반으로 큰 돈을 번다. 부동산은 땅이라는 제한된 가치를 제한된 눈으로 정확하게 볼 수 있는 역량이다. 협소하게 보여진 미지의 교환가치 땅은 결단과 믿음의 역량으로 가치를 자가발전하면서 부자를 만든다. 금융 또한 제한된 눈으로 보는 것은 마찬가지지만 교환가치가 상상할 수 없이 부풀려진데 대한 결단과 믿음의 역량이다. 따라서 부동산과 금융은 일종의 테크닉적 에너지 활용을 통한 부의 실현이라는 점에서 시쳇말로 '재테크'로 불린다. 이 재테크에 바로 의식 에너지가 깊게 자리해 있으면서 관여한다. 이는 육체적으로 일과 노동이라는 에너지 투여를 통한 가치의 실현이 아니라는 점에서 의식의 에너지 파도를 탄다고 하는 상황이 적절하다. 주식 가격은 외견상 물리적 현상이지만 시시각각 운동하는 의식의 퍼텐셜 에너지 크기에 의해 좌우된다는 기준으로 보면 심리상태를 표현하는 비물리적 에너지 운동이다. 주가는 집단 에너지(정보)로 형성된 경쟁적 잠재의식(퍼텐셜에너지)이 결정적인 요소로 작용한다.

현대 자본주의에서 스스로 무덤을 파는 환경이 만들어지고 있는 부동산 · 금융 재테크는 무형의 가치를 가치가 있는 것인 냥 포장시킨다는 점에서 가상의 의식 에너지 확장이다. 가치의 소멸로 가는 위험을 내재하면서 여전히 자본주의에서 큰 에너지로 맹위를 떨치고 있기에 언젠가 무서운 역주행 에너지가 될 부의 유형이다. 이자율은 자본주의의 근간을 이루는 가짜 교환가치의 총량인 통화량(빚)을 떠받치는 메가 기둥이란 점에서 의식의 허상이다. 이자는 가치를 창출하는 듯 보이지만 가치창출을 부풀린다는 점에서 자본주의 생존 기간을 단축시킬 위험인자다. 특히 복리 이자율은 자본주의 위기의 폭발물에 점화를 시킬 신관이기에 고리채를 통한 부의 에너지는 인간과 문명의 물리적 행복감에 독을 묻힌 단 꿀이다.

3번 그래프는(보라색 선) 유산 · 상속 · 증여형 부자들의 유형이다. 빠른 시간 안에 돈의 형태나 부동산 및 주식 등의 형태로 엄청나 부를 손에 쥐지만 그 이상의 부를 지향해 갈수록 임계치가 높아지는 한계상황에 마주한다. 가치 탄생의 주역에 비해 한계가 노정되는 것은 가치가 창조적 파괴라는 혁명의 성격을 띠지 않는데 있다. 부 에너지 가치의 탄생은 잠재적 원리와 그것을 기반으로 한 폭발성을 그 기저원리로 한다는 점에서 성장 임계치와 숙명적으로 마주한다. 이 때 의식 에너지가 견고하고 강해야 하지만 이들 유형의 부자는 테크닉 에너지도 플랫폼 에너지도 모두 약하다. 예외적인 경우가 있다면 플랫폼 에너지 보다 테크닉 에니지가 부의 확징을 지속하게 하지만 그 조차 한계를 향하는 파징의 연장에 불과하다. 이들이 플랫폼 부자로 전환하기 위한 자기순환적 방법은 없다. 미래에는 테크닉을 기반으로 한 플랫폼의 변환을 유도할 가능성이 있겠지만 이 조차 플랫폼의 발전이나 진화가 아닌 변화라는 점에서 한계를 벗어난 것은 아니다.

4번 그래프는 단 시간 내 큰 부자가 되는 요행성 · 사행성 파도를 탄 경우이지만 강력한 돈 에너지의 특성을 인지하지 못할 뿐만 아니라 관리가 불가능해 벼랑으로 추락할 위험인자를 가장 많이 갖고 있다. 의식은 돈 에너지를 이길 수 없는 작은 에너지들로 산재하고 있기 때문에 돈을 무시하거나 무서워한다. 돈을 무시하는 대가는 참혹하다. 돈 에너지가 갖고 있는 다중의 이기심 때문에 의식이 이를 이겨내지 못하면 실패를 점철하게 되고 성공 에너지를 거머쥐었다고 해도 오래가지 못한다. 돈에는 무한성의 이기심 외에 무한성의 일(에너지)이라는 교환가치가 대치하면서 순환에너지가 정밀하게 역동하고 있다. 요행성 · 사행성의 극단적 이기심으로는 이 에너지를 이겨내지 못한다. 혼자서 수백명, 수천명, 수십만명 등을 상대하는 것과 같다. 순환가치를 탄다고 해도 안정적으로 타지 못한다.

5번 그래프는 자본주의 생산성 에너지의 일관성을 유지하고 있는 많은 샐러리맨들의 특별히 변할 것 없어 보이는 연봉 에너지다. 의식의 선순환적 자가운동이 전반적으로 약해 부자가 될 에너지 장이 갖춰지지 않았다. 일관된 에너지 흐름을 타면서 파동성이 약하기에 에너지가 강하지 않아도 된다. 의식은 주변의 영향을 받으면서 테크닉 가치나 플랫폼 가치를 창출하기도 어렵다. 다만 주변 에너지 장과 잘 조화를 한다면 테크닉이나 플랫폼에 준한 네트워크 가치를 창출한다.

시너지를 발휘하는 네트워크 가치 또한 자유의지를 무한히 가질 수 있다는 점에서 테크닉 · 플랫폼 가치와 비견되고 있다. 정치는 네트워크 가치의 대표성을 갖으면서 그래프는 1번 유형을 띠기도 한다. 이 때 도덕성 에너지가 네트워크 가치의 반발에너지로 에워싸면서 제어를 가해

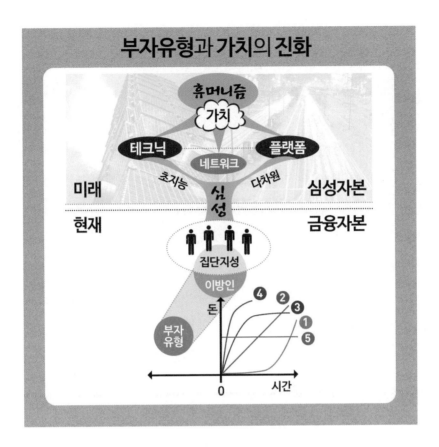

부자유형과 가치의 진화

의식의 고에너지를 요구한다. 본래 가진 의식의 무한가치를 활용한다면 큰 지도가가 나오지만 가치가 유한하면 사회나 국가를 위험에 빠뜨린다.

다섯 가지 부의 유형 중에서 자본가들이 향하는 타깃은 금융이 꼽힌다. 금융을 제대로 이해하지 못하면 다른 다섯 가지 부의 유형을 의식의 기준으로 파악하기 어렵다. 금융은 의식 에너지의 현란한 조작인 탓이다. 조작을 진실한 가치로 믿어야 하고 그 신용이 또한 조작을 만들면서 현대 자본주의 부를 막고 있다. 금융권력은 이 같이 제한적인 가치를 부풀려 꿀을 발라 유혹하면서 먹게 하는 과정이기에 본래 가치의 소멸을 부채질하고 있다. 에너지 역동성의 근간인 가치가 재창출 과정 없이 일부에게 국한된 쏠림으로 치닫게 하는 과정이 재테크 유혹이다.

부의 편중이 심화될수록 고리채가 성행하고 이자율이란 악마의 유혹이 등장하면서 가난이 시너지를 일으킨다. 가난 에너지는 요행이나 사행성을 키워 금융에너지가 발산하는 의식 에너지에 쉽게 빠진다. 미국 자본주의가 서민들의 의식적 특성을 잘 타면서 거대한 글로벌 자본의 토대를 구축했듯이 많은 국가들은 미국식을 따른다. 서민을 대상으로 한 신용 대출이 곧 부의 기준이 되고 큰 강물이 되어 돈의 토양을 바꾼다. 금융의 부산물인 부동산 중심의 자본주의 비대화는 이자율에 따라 돈 에너지가 출렁이도록 하는 과정에서 만들어졌다. 이자율은 가치 탄생 없이 부자가 만들어지는 허상의 가면 역할을 해내면서 부동산은 금융보다 더한 허상의 가치를 만들어 내는 주역으로 올라섰다.

자본주의 가치가 본래의 역동성 에너지를 되찾기 위해서는 일 가치에 대한 창조적 파괴가 어떤 모습으로 오는지를 명확하게 이해하고 사회 집단지성에 이를 심는데 있다. 집단지성의 창조적 파괴 가치는 차후 신질서 자본주의의 근간을 이루는 정신적 가치로 그 모습을 드러낼 것이라는 점에서 심성자본주의의 문을 열 방아쇠다. 가치의 재탄생을 이뤄낼 집단지성의 우선 가치는 또 다시 이방인의 역설에서 나온다. 누구나 이방인의 영역에서 가치의 소멸을 이끄는데 일조하고 있는 자본주의의 일탈 에너지를 역류하게 하기 위한 조건의 최상위에 이방인의 일상이 있다. 일상은 특별한 변화가 없는 것이지만 쏠림에 대한 강력한 균형을 유지하는 역할을 한다. 그것은 때로 이타심과 도덕률의 에너지로 변화무쌍한 흐름을 보인다.

누구나 이방인이기에 그 이방인을 드러내는 것이 일상이라는 에너지의 진리가 있다. 일상이 보여진다는 것이 작은 에너지가 아니라는 점이다. 이방인이 아닌 척 온갖 무가치한 영혼들이 집단지성을 이룰 때 위험 에너지를 쌓는다. 미래 자본주의 실존의 문제는 결국 휴머니즘을 지향하지만 집단지성은 이기심을 유지하는 형태를 따른다. 개인의 이타심이 집단의 이기심이란 것은 이방인의 무력한 에너지를 탈출하려는 욕구들의 분출에 의해 가능해지고 그것은 사회적 공포에 대한 탈출심리다. 집단지성은 이런 이타심으로 전체를 하나로 묶는 울타리를 치면서 이기심을 높이지만 개인의 이타심 범위가 확산되는 긍정적인 이기심이다. 초창기부터 오늘날 자본주의까지 개인의 이기심이 가치 창조의 원천을 이끌어 왔지만 집단지성의 이기심이 이를 대체할 것이라는 점에서 심성자본주의의 가치 사슬이 오고 있다.

특별하지 않은 삶은 상대적이 아닌 가치와 연결되면서 외견상 수평적 가치도 같이 창출된다. 부의 가치 중 상대적 가치를 따지지 않는 행복감이 상당한 비중을 차지한다는 것이다. 이는 가치의 부풀림이 아닌 진정한 의미의 가치 확장이다. 이를 위한 집단지성의 노력은 개인들의 이방적인 삶이 실존하고자 하는데 있음을 지향하며, 시간이 곧 자유라는 인식의 기둥을 세우는 곳을 향한다. 자유시장 가치는 시간이 가치라는 확고한 인식 아래 시간의 상대성을 상호 인성하는 여유와 그 상대성의 부가가치를 또한 받아들이는 진정한 자유가 집단지성화 될 때 커진다. 개인적 잣대의 부자 우열도 사라진다. 자유 또는 자유시장은 실존의 가치를 지니면서 창조적 파괴를 다시 강하게 일으킨다.

심적 영역 아래 인간과 시장이 공존하면서 돈과 재화는 하나의 에너지로 역동한다. 기존의 자본주의 가치는 소멸하기 시작하면서 새로운 에너지가 다시 일어난다. 이자율을 근간으로 한 금융질서는 반집단지성의 이방인을 끝없이 양산하기에, 그리고 그들의 일상의 자유를 약탈하기에 가치의 소멸을 촉매하고 앞당긴다. 가치의 재탄생은 그 중심에서 다시 일어나고 있는데, 그것은 이방인들의 실존가치를 중시하는 신인류의 탄생에 비견되는 일이다. 이런 조류는 도도하게 시작됐다.

4. 자본의 응집력

행복 · 쾌락 추구행위, 부자들의 철옹성 키운다

자유시장이 성립되기 위한 조건에는 돈에 대해 자유를 탐미하는 이기심이 존재해야 한다는 전제가 있다. 돈은 신성의 가치가 있지만 세속에서 현상을 구현하는 과정을 통해 탐심의 자유를 필요로 한다. 선악과(善惡果)를 따먹지 말라는 신의 명령은 오히려 선택의 자유를 주었고, 그 자유는 불안과 공포감을 안긴 구속된 자유였다. 자유시장에서 이기심과 탐심이 서려 있는 자유는 이런 공포의 자유, 구속된 자유이지만 인류는 이를 탐미해 왔다. 탐미는 현상계 세속적 욕망이며 안락함이다. 공리적으로는 쾌락주의이고 행복이다. 인류는 그것을 아름다움으로 쫓아 왔다. 육체의 편안함과 명예 그리고 영혼의 고귀함 등이 자유를 탐미하는 조건에 들어 있다. 외견상으로 좋아 보이는 이런 탐미성이 탐심의 근원이 되고 빈부차를 벌리면서 잉여가치의 과도한 쏠림을 만들어 냈다.

돈은 무형의 가치이면서 순환의 가치이기에 돈에 접근하는 과정에서 제한이 없어야 가치의 실현이 가능하다. 무제한적 자유가 당연히 필요조건이다. 탐미를 위한 탐심의 자유에 장애가 없는 조건이 자유시장이다. 이 같은 무한의 자유는 무한 경쟁을 촉발하면서 인간의 사회적 소외를 유발하고 두려움을 가중시켰다. 무한 경쟁 속에서 조화가 동시에 일어나 자유시장에서는 미지의 변수들이 무수히 발생했다. 그 미지의 가능성에 대응해 무한의 자유(선택)가 더 커지지만 그 자유는 더 많은 불안을 만들거나 희망조차도 불안으로 휩싸이게 하고 있다. 그것이 또 탐심을 키우면서 잉여가치의 고른 분배가 힘들어졌다. 자본의 응집력은 자유시장의 질서 중 가장 흔한 사건으로 시시각각 수없이 일어난다.

돈의 가치질서에 따라 인간은 자유시장을 누리며 살지만 엄밀히 비자유의 자유가 드리운 보이지 않는 창살 속에서의 삶이다. 매시매초 불안을 들깨우는 자유이기에 이기심은 극적 탐심으로 발아되기 쉬운 환경이다. 이런 탐심은 자유시장의 부작용인 사기, 도둑, 강도 등을 유발하고 있다. 탐욕이 더 많이 극대화된 자유시장은 돈의 순환가치인 교환가치를 통한 무형의 가치가 현실로 드러나지 않는 정체성을 보인다. 자유시장이란 이름만 있을 뿐 실제적으로 순환하지 않는 시장이다. 자유는 비자유로 추락하면서 자본시장의 위기가 닥친다. 비자유는 외부의 통제에 의한 구속이 아니라 자발적 자기구속 상태라는 점에서 원인은 시장 내 개개인들에 있다. 돈을 번다는 개념이 순환을 촉발하지만 그 응집력이 지나치게 강할 때 자유시장을 자발적으로 억압하는 일이 발생한다.

개개인들이 돈의 응집력을 키우면 상호 시너지를 일으키면서 응집력이 더더욱 커진다. 돈이 모여 거대자본이 형성된 후 돈 권력과 금융 패권 등이 나타나면 자본의 응집력은 자가발전하면서 자유시장의 순환을 막는 비대증이 일어난다. 자본가가 많아질수록 자유시장의 무한경쟁이 가열돼 순환의 유도현상이 일어나기는 하지만 지나치게 극심할 경우 정체현상이 유도된다. 이 과정에서 자유는 반휴머니즘으로 돌변해 인간의 자유의지를 억압하는 상황까지 간다. 희망은 불안에서 두려움 그리고 절망으로 변질되고 자유는 소수 자본가들의 자연스런 독점권력의 면책특권으로 이용된다. 잉여가치의 독식현상은 이처럼 삐뚤어진 자본가들을 잉태시켜 왔다.

이 같은 자본주의의 부정적 현상을 보지 않고서는 자본의 응집력에 대한 장점을 설명하기 어렵다. 거대 자본가들이 악한 것으로 일방적 장막을 칠 수 없는 것은 그들이 자유시장에서 그들만의 자유를 이용해 부를 쌓은 경우가 많은데 있다. 자유의지라는 에너지를 쏟아 부은 결과는 자유시장 발전의 공익성을 담보한다. 자유시장의 빈부는 불가피한 산물이다. 그 부의 차이도 발생할 수밖에 없는 자유시장의 인과율이다. 따라서 자유시장에서 인간은 절대적 결핍과 상대적 결핍들이 불가피하게 발생하는 부분에 대해 지나친 윤리적 죄의식을 가질 필요가 없다. 자유로부터 구속을 기준으로 보면 자본가층이나 부유층이 오히려 자유롭지 못한 환경이 즐비하다. 돈의 순환가치만 막지 않는다면 자본의 응집력은 시장을 키우는데 일조하면서 전체적인 부가가치를 높인다. 존경받는 부자의 상은 자유시장을 돌리는 에너지에 풀무질을 하는 사람들이다. 이들은 공포를 희망으로, 두려움을 비전으로 만드는 힘을 발휘하면서 사회적 소외를 구매력으로 유도하고 있다. 맨주먹으로 큰 기업을 일군 창업주들이 이런 유형의 큰 부를 일궜다. 자본의 응집력이 갖는 긍정의 에너지는 시너지를 통해 부의 총량을 늘린다.

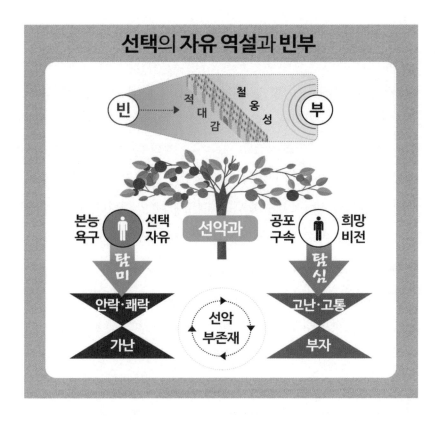

자유시장의 구매력이 사회적 소외에 대한 공포감과 두려움이 쌓인 잠재의식으로 유발되지만 경제적 생존(돈)은 미지의 자유가 어떤 모습으로 올지 모르는데 대한 생존방법을 모르기 때문에 일어난다. 경제적 생존은 기회의 장이지만 동시 추락의 장이다. 기회와 추락에 한계가 없나. 추락의 상싱인 가난은 경제적 생존을 좌우하는 고통이다. 가난은 가장 세속적이면서 현재의식으로 이뤄지는 즉시성이 있어 자본시장의 공포감을 느끼게 해준다. 누구나 기회를 위한 발걸음을 쉽게 내딛지 못하는 이유다. 자유시장 내 인간이 경제적 생존의 고통 가능성을 벗어나는 길은 없다. 희망적인 것은 가난으로의 추락에 대한 걱정이나 불안이 현대 복지국가 체계에서 어느 정도 해결 가능해졌다는 점이다. 일부 국가에서는 실패에 대한 재기의 기회를 열어주는 것이 공익화 돼 있기도 하다. 가난의 공포를 머금어야 기회를 크게 잡지만 가난의 공포를 막아주는 백신이 있다면 기회를 다양하게 잡을 여유가 주어진다. 큰 기회보다 많은 기회가 자유시장의 새로운 흐름이다. 부의 다양성이 확산되면 안정된 사회다. 부의 길이 다변화 되면 될수록 더 안정된 사회를 만들어낸다. 자본의 응집력이 다양화 되면 부는 개인뿐만 아니라 모두를 위한 축재 과정이다. 부는 존경받는 신성의 가치를 구현하면서 도덕률을 끌어 올릴 수 있다.

시장에서의 자유의지는 경제적 풍요를 확보하기 위한 분주한 걸음이고 동시에 그것을 희망하는 과정에서 가난의 위기에 대한 반대급부 의식이다. 이 때 부는 다변화 되고 많은 부자들이 탄생한다. 긍정적 자유의지가 넘치면 풍요로운 사회가 이뤄지면서 상대적 빈부차가 줄어든다. 부의 다양성이 있는 자유시장에서 윤리성은 큰 의미를 갖기 어렵다. 시장 자율적으로 순환가치 교환이 원활하다는 것은 선택의 공포를 줄일 수 있는 행복감을 제공해 준다. 잉여가치는 특정 자본가가 일방적인 주도권을 갖기 어렵다. 부의 오픈 소스 정보들은 강력한 분배효과를 나타내면서 건전한 자유시장의 근간을 형성한다.

자유시장에서 빈부에 따른 자본의 응집력은 인간의 천성이 갖고 있는 공포의 방어를 위한 선제적 행위 측면도 강하다. 가난에 대한 공포가 자신의 현재적 모습을 상기시키면서 냉혹한 질서를 스스로 만들어낸다. 자본시장에서 돈이 냉혹한 모습을 보이는 것은 자본의 응집력이 비대해져 가는 과정에서 개인의 불안들이 외부에 확산되는데 있다. 자본의 응집력은 인간의 불안심리를 먹고 산다. 부의 힘도 불안 속에서 커지고 부자 스스로도 불안을 키운다. 이런 유형의 자유시장은 큰 부자들을 제어하고 견제하는 장치가 불가피해진다. 이를 통해 부의 다변화 시스템(부의 오픈 소스)을 선순환으로 돌린다면 얼마든지 자유시장의 건전성을 유지하는 것이 가능해진다. 놀라운 것은 불안의 밑그림 위에 선 자유시장의 진짜 모습이 꿈과 희망의 형상이라는데 있다. 자유시장의 다른 말은 미래이며 비전으로 통용되는 불확실성이다. 불확실성은 절묘하게 공포와 불안을 자양분 삼았지만 그 실체는 희망을 상징으로 자신을 가치화 하고 있는 모습이다.

자본주의 이방인들은 이기심의 부를 긍정적 에너지로 돌려야 한다. 이기심은 곧 두려움의 탑이지만 그 두려움이 쌓이고 쌓여 개개인의 희망을 만들어 내는 요술을 부린다. 불안의 그림자들이 그 불안의 실체를 알아 나가는 과정 속에서 자유시장은 자존감을 드러낸다. 비전은 그렇게 공포의 연속이다. 평범한 일상으로 뚜벅이처럼 걸어가는 것이 비전의 모습이다. 좌고우면하지 않고 한 길을 우직하게 땀을 흘리는 일이 비전의 시작이다. 그 때 선택에 대한 공포는 사라지고 그 선택 이후 따라올 희망이 더 크게 보인다.

항상성 에너지의 평상심이 고에너지를 유지할 수밖에 없다. 평범한 일상의 가치, 평범한 과정의 가치가 중요한 것은 비전에 강한 내적 에너지를 갖고 있기 때문이다. 이는 위치 에너지 값에서 운동 에너지가 작지만 퍼텐셜 에너지가 매우 크다. 어떤 어려움이 닥쳐도 강인하게 이겨낸다. 자본주의 이방인들 누구나 안 되는 것과 실패에 대한 두려움에서 자유의 맛을 느끼는 역설이 통한다. 희망과 비전은 안락함이 아니라 공포 한 가운데 있다.

악마의 금융자본 지고 천사의 심성자본 희망

두려움이 클수록 자유의지가 커지고 그 속에서 이뤄내는 비전의 에너지들이 역시 커진다. 초자유는 두려움을 이겨내는 반작용에 힘을 쓸 때 더 큰 힘을 발휘하고 생명이 가치가 있는 이유를 알게 해준다. 그런데 생명의 가치는 과정으로 보면 평범한 것이며, 이방인 안에 내재한 반 이방인 적인 삶의 평범한 형태다. 이런 이방인들에게 용기는 두려움이 클수록 커지고 용기가 많을수록 오히려 작아진다. 이들은 항상 두려움을 갖는 군집 속의 방황하는 주체지만 주체라는 끈을 놓지 않는다. 자본시장 내 거의 대부분이라고 할 이방인들은 상호 두려움을 통해 초자유를 키우면서 성공을 꿈꾼다. 이를 통해 예기치 않은 두려움에 맞서면서 두려움을 상대해 나간다.

시장의 이방인들은 자신의 실체를 가릴 수 있다고 생각하며 어울리지만 서로가 서로에게 속아주는 안타까움의 연속이기도 하다. 이방인 안에 반 이방인적인 요소를 교류하지 못하는 것은 평범함에 대한 두려움이 불필요하게 많다는 뜻이다. 시장은 미지의 가능성이 무한히 넘실대면서 이방인들을 양산하지만 예측 가능한 일들이 동시에 무한히 일어나면서 반 이방인의 어울림을 구현해 주기도 한다. 그것은 시장에 대한 믿음이다. 사실 시장은 믿음이라는 자유의지에 의해 항상성 에너지가 유지된다. 극과 극의 이기심과 이타심이 부딪치지만 믿음으로 인해 가격이 형성되고 순환가치가 돌아간다. 교환에 대한 믿음이 어긋나면 물가라는 개념 자체가 불가능하다. 물가는 시장 내 개인들의 상호 믿음에 대한 총화다. 물가가 극심한 변동 폭을 갖지 않고 일정한 패턴을 갖는다는 것은 시장을 신뢰하는 집단지성의 내재적 힘이다. 이방인들의 반 이방인 적 삶이 녹아들어 있다.

자유시장에서 자유의 선택(교환가치)은 믿음에 의지하는 과정이다. 그 믿음은 윤리적이지 않은 것이 많지만 비윤리적인 것에 대한 반작용 때문에 도덕률이 형성되는 이율배반의 정의가 통한다. 믿음의 강도가 강하면 강할수록 비윤리에 반발하는 힘도 커지면서 보이지 않는 도덕률이 자유시장의 틀을 형성하고 있다. 그 도덕률은 성문화된 것인 아닌 자유에 기반을 둔 자율적 계율이다. 이른바 불문율이다. 상도의는 대표적인 자유시장의 불문율이다. 굳이 몰라도 따라야 하는 이면에는 법보다 권위 있는 숭고한 가치가 내재돼 있기 때문이다. 또한 따르지 않으면 자유의지에 대한 혹독한 대가가 있을 것이라는 경고 메시지가 숨겨져 있는 것을 시장의 이방인들은 안다. 그 냉혹한 대가는 가난이다. 현상계에서 가난의 문은 지옥으로 가는 문이다.

자유의지를 믿는 비전에는 신적 경지의 믿음까지 서릴 때 진정한 자유인 모습을 갖게 된다. 불문율이 개입된 자유에는 성문화된 법을 앞선 것이 포섭되면서 탈법과 위법한 의지들이 그 안에서 당연히 제약된다. 반면 불문율을 넘어서 이길 수만 있다면 불법을 자행하는데 대한 죄의식이 사라져 승리감에 도취되는 상황에 빠진다. 사유시장에서 불법이 만연한다는 것은 공정한 룰이 망가지는 것이라는 점에서 자본주의 근본을 흔든다. 불문율을 넘으면 법은 그 이전에 이미 제 기능을 하지 못한다는 것이다. 신적 믿음은 불법을 넘어도 불문율은 넘을 수 없다는 자율적 계시다. 불법을 넘을 때 불문율에 대한 믿음이 커지는 것이 정상이다. 자본의 응집력이 과도하게 커지는 것을 막는 자율조절 장치가 불문율의 도덕률이다.

상도의에 대한 믿음이 커지면 동반해서 실패에 대한 미지의 불안과 두려움에서 벗어나고 믿음 자체에 의미를 둔다. 자유시장에서 부와 부자를 추구하는 과정 자체에 강한 믿음을 갖는 것은 역설적으로 더 큰 부와 부자를 잉태한다. 이들을 소위 양심적 부자라고 일컫고, 이들이 혼란한 자유시장을 지켜내는 자유시장의 기둥들이다. 자유시장은 이들에게도 늘 혼탁해질 여지가 상존하면서 유혹하는 시험대가 되지만 양심 에너지가 클수록 불문율의 제어장치가 강하게 작동한다. 그래서 그것은 인위적으로 만든 제도나 규칙이 아니다. 시장에서 전지전능한 절대이성의 컨트롤은 절대 없다. 집단지성의 룰이 마치 절대이성처럼 작동하면서 미세조정을 해준다.

시장은 물적 중심의 현상계이지만 그것을 지탱하게 해주는 조절장치는 손에 잡히지 않는 관념이다. 보편성이 없는 주관적 관념이 객관화 되면서 보편적 관념으로 나아가는 것은 시장의 교환가치 에너지가 갖는 순환의 특성이 있기 때문이다. 순환을 통해 보편성이 만들어지는 것은 마치 애니메이션 낱장의 그림을 연속해서 보면 움직임이 있는 것처럼 보이는 현상과 흡사하다. 시장의 행위들은 주체적 자유의지이지만 동시에 공동체적 집단지성이다. 시장의 개인은 자유롭게 교환가치를 상호 선택하는 것 같지만 일정한 틀 안에서 선택해야 하는 보이지 않는 룰을 따른다.

자본의 응집력은 양심과 비양심의 대칭성이 늘 조응하면서 현실로 구현되고 그 교란의 힘이 조화롭다. 본래 양심이 비양심을 비추고 비양심이 양심을 비추지면서 상호 무관심한데서 더 나아가 적대적이기까지 하다. 하지만 비양심의 자본가들이 양심적 자본가들에 비해 두려움과 불안증을 훨씬 더 많이 갖고 있다. 양심적 자본가들은 자유시장 내 긍정적 선순환을 통해 악마적 환경의 부조차 이로울 것이라는 믿음을 갖고 강한 의지를 쏟아낸다. 종교적 신념 못지않은 이들의 태도는 돈의 신성이 갖는 악덕과 선덕의 혼재된 덕목이다. 자본의 응집력이 이들에 의해 커질 때 자본시장의 발전이 지속된다. 믿음의 영역은 곧 심성의 영역이다. 자수성가로 큰 성공을 이룬 사람들 중에 믿음의 영역이 뒷받침 된 경우가 많다. 심성자본이 미래의 주축으로 설 때 자본시장의 역동성은 상상할 수 없이 커진다.

자본시장은 생명활동과 같이 주체적 자아가 전진해 가는 멈추지 않는 진행형의 모습으로 항상 꿈틀댄다. 자본시장의 자유는 객관적이고 보편적인 진리가 아닌 개인의 변화무쌍한 것만이 존재한다는 사실, 그 이상도 그 이하도 아니다. 정해진 것이 없는 무한 선택의 자유에 의해 무한의 자유가 조응하고 있다. 그래서 자유에 대한 변화는 필수다. 변화해 가면서 나아가야 하는 생존의 싸움들이 정당화 되는 것은 상호 이익에 부합하기 때문이다. 자유시장에서 자본의 흐름 전체가 하나의 생명체 같은 자가운동의 에너지 흐름이다. 이는 상호 관여하는 총체적 도덕률이다. 거미줄 망을 형성하는 개인들의 자유가 서로에게 매듭을 지어주면서 도덕률의 그물을 만들어 낸다. 잉여가치에 대한 과도한 욕심을 가진 자본가들은 그물을 통해 걸러진다. 교환가치를 인위적으로 조작해 가격을 흔들면 잉여가치를 가져올 수 있다는 생각을 선제적으로 차단하는 효과도 있다.

시간이 흘러가는 시장은 과거–현재–미래가 있는 듯 하지만 현재만이 있는 것이 중요한 개념이다. 시간이 없는 초공간의 성질이 자본시장이다. 시장을 객관화·보편화 할 수 없어 진리라고 규정지을 잣대나 대상이 없다고 볼 때 진리는 자유가 그런 상태로 돈의 흐름과 순환을 결정한다는 것뿐이다. 인간의 오감으로 특징지울 수 없는 진리라는 것은 인간의 인식으로 인지할 수 없는 형태다. 오로지 시장에서 움직이는 자유라는 현재만이 존재해 돈을 중심으로 한 자본의 이합집산이 멈추지 않는다. 이 과정에서 자본의 응집력은 존재할 수밖에 없는 진리의 한 형태이고, 그것은 완벽한 도덕률의 잣대를 들이대 재단할 수 없는 돈 에너지의 파동(생명) 형태다. 돈과 생명은 파동이라는 에너지 형태에서 등가물이기 때문에 자본시장은 돈과 생명이 공존하는 곳이다. 시장에서의 과거는 몽상에 불과하고 미래는 뜬구름 잡기다. 오직 현재적으로 생존가치가 존재할 뿐이다.

인간의 이성이 시장을 지배하지 못하고 시장이 인간의 이성을 이해하지 못한다. 단지 상호 파동성으로 존재를 확보해야 할 상보적 관계다. 자본의 응집 또한 큰 파동이다. 그 파동은 존재하는 상태만 있을 뿐 존재한다고 특정지을 수 없어 대상이 없는 대상의 대상성이다. 무를 특징지을 수 없는 무가 유를 반추하면서 무가 올 때 그 무가 무의 대상성이다. 없지만 없는 것의 대상성은 존재한다고 할 수도 있고 없다고도 할 수 있다. 마치 양자중첩이나 불확정성의 원리와 궤를 같이한다. 시장은 객관화된 대상이 없이 자본의 응집력을 통해 객관화되고 보편화 된 대상성을 확인해 나가는 시스템이다. 자유는 없는 가운데 있는데, 보편성이 없을 뿐 대상성이 존재하면서 시장의 에너지 파동을 확인케 한다.

자본의 응집력은 부와 부자라는 현상적 측면에서 대상성이 있기에 윤

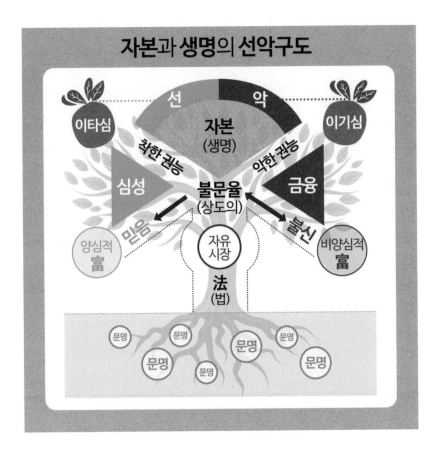

자본과 생명의 선악구도

리적 객체를 따질 수 있다. 보편적 존재로 따지는 것이 아니라 대상성으로 도덕률을 적용할 수 있다는 점에서 자기변증이 가능하다. 성경이 비유와 은유를 통해 자신의 대상성을 확인하면서 신성의 전파를 거의 무한대로 해 왔듯이 자유시장도 자신의 도덕률을 인지는 못해도 스스로 세워나가는 자기정립이 가능하다. 그 정립이 절대적이면 자유시장의 항상적 에너지가 지속되는 것이지만 그 정립이 불안하면 위기가 닥친다. 자본시장의 자기정립 또는 자기변증의 방법론은 부의 과정, 부자가 되는 길에서 나타나는 오픈 과정을 통해 이뤄진다. 그것은 자본시장이 존재해야 할 이유를 찾는 것이기에 신성이 가미된 공공성의 가치를 지닌다.

아름다운 부자는 과정이 당당할 때다. 당당함은 시장의 질서를 만드는 힘을 가졌다. 평범한 주체적 자아가 보편성을 만들기는 대단히 어렵지만 아름다운 부자들은 해낸다. 혁신적 리더들이 보다 많은 보편적 의지들을 만들어 나가는 것이 자유시장의 선도적 순환이다. 그래서 잉여가치가 몰리는 자본의 응집력은 그 힘이 약할 때 커지는 패러독스를 따른다. 혁신의 가치가 그 동력이며 그 가치를 통해 돈은 천사의 얼굴로 온다. 다만 천사와 악마의 두 얼굴을 갖고 있는 돈은 천사나 악마 중 하나의 모습으로만 존재하는 것을 거부한다. 그래서 혁신가치를 창조하는 부자의 자유의지는 천사와 악마를 선택할 의지를 갖는다. 실제로 많은 부자들이 천사의 선행을 하면서 시장의 존재 당위성을 자연스럽게 웅변해 왔다. 이들에게 돈은 분산된 것이 의미 없지만 응집력 또한 큰 의미를 찾기 힘들다는 것이 지혜로 주어진다. 돈이 쌓인다는 의미보다 돈의 순환이 쌓인다고 표현할 때, 그런 응집력이 이들에게 더 중요하다. 개인들은 이들 속에서 이방인의 한계를 벗어난다.

경제적 생존이 자유시장의 바퀴를 돌리는 원동력이기는 하지만 극과 극을 수렴하면서 항상성 에너지를 가져가기 위해서는 천사를 선택하는 자본가들의 자유의지들이 필요하다. 돈의 속성은 네 가지의 모습을 갖고 있다. 돈은 절대자 신성의 모습, 천사의 모습, 타락한 천사(악마)의 모습, 절대자 악마의 모습 등으로 늘 변화무쌍하다. 절대자는 절대적 힘을 갖고 있지만 천사와 악마처럼 대비된다. 절대자 신성은 완벽한 조화를 순리의 주체로 삼지만 절대자 악마의 모습은 그 순리를 파괴하는 정점에 있다. 천사는 신성을 대리하는 '착한 권능'이고, 악마는 신성을 대리하는 '악한 권능'이다. 이 같은 돈의 모습은 함부로 할 수 없는 큰 에너지를 갖고 있다는 것을 뜻한다. 자본의 응집력이 강할수록 돈은 더욱 강력한 힘을 발휘하면서 천사와 악마를 오간다.

강한 에너지일수록 반드시 순환하고 흘러야 하는 성질이 본유적으로 내재해 있다. 돈이 절대적 에너지 특성을 갖고 있는 배경에는 전 세계 70억 인류에게 이 같은 에너지 특성이 공통으로 자리하고 있다는 것을 함의한다. 당연히 돈 에너지는 무소불위의 힘을 가진 존재로 순환을 하게 된다. 안타깝게도 돈은 선행의 자유의지보다 악행의 자유의지가 강력한 모습을 띤다. 따라서 돈이 인류에게 천사의 모습으로 선순환을 하기 위해서는 혁신적 리더들의 태도에 좌우된다. 오늘날 시장의 혁신가치는 상상할 수 없는 잉여가치를 만들어 낸다. 산업혁명 초기 이후부터 상당기간 동안 잉여가치는 악마의 선택권에 있었지만 지금은 그 선택들이 천사의 옷을 입고 있다. 혁신의 부가가치가 자본시장의 성장을 견인하고 있는 것은 자본의 민주화다. 자본의 응집력 또한 그 바탕위에 선순환의 혁신 동력으로 확산되고 있다.

이들의 에너지가 돈의 변화무쌍함을 통제할 때 순환이 또한 자연스럽게 이뤄진다. 반면 혁신의 리더들이 사라지거나 역할을 못할 때 인류는 큰 불행을 맞을 수 있다. 리더들은 지금 선악과를 따먹지 말아야 할 신의 명령을 듣고 있지만 또나시 선택을 강요받는 사유들 나시 한 번 싫어졌다. 그 선택이 고통스럽기에 혁신적 리더들의 강력한 에너지가 필요하다. 심성은 어떤 에너지도 담을 수 있는 상징이다. 심성자본의 시대에 혁신적 리더들이 큰 부를 거머쥔다는 것은 큰 수레바퀴를 새로 굴리는 순환의 의미다. 과거형으로 보면 빌게이츠나 스티브잡스는 그 상징이다.

작금의 금융자본주의가 악마의 모습을 버리지 못하고 있기 때문에 금융자본 에너지가 클수록 혁신적 리더들의 에너지가 동반 상승하고 있다. 인류는 자본시장의 미래를 희망적으로 가꾸어 갈 수 있다.

5. 무한 창조력

정신혁명 초지능 시대, 화폐 발권 무한 다양성

일은 에너지의 이전효과지만 가치는 일을 통해 새로운 것이 창조되는 혁신이라는 점에서 단순 노동이 아닌 인간의 정신 에너지가 가미되는 부가가치 산물이다. 일이 무형의 부가가치를 갖는 재화로 탄생하면 심성가치가 내재된다. 생각, 고민, 아이디어, 연구 등이 보이지 않고 계량화되기 어렵지만 힘(에너지)을 쏟는 일의 범주가 명확하다. 산업이 고도화 될수록 정신적인 일은 육체적 노동 못지않은 에너지를 쓰는 '더욱 힘든 일'이 되고 있다. 심성가치가 재화에 가격으로 환산되는 일은 이미 기정사실화 되고 있다.

산업혁명 시기마다 인간의 육체적 일을 대체하는 의미의 효율성 또는 경제성이 계산됐지만 정신적 부가가치는 무시되거나 배제됐다. 산업혁명 초기 정신 에너지를 자본시장의 가격에 가미한다는 것은 불가능했다. 하지만 산업혁명이 고도화 될수록 육체 에너지 보다 정신 에너지의 비중이 급격히 커지고 있어 현대 자본주의는 심성가치를 배제한 시장가격을 생각하기 어렵게 됐다. 경제성에 대한 무한경쟁이 곧 생존의 조건이 되면서 창조를 필요로 하는 정신 영역의 효율성 제고가 중요해지고 치열해졌다. 자본시장 생존의 필수조건은 육체노동에서 정신노동으로 바뀌고 있다.

4차 산업혁명의 주요 화두는 심성가치를 재화에 얼마나 구현하느냐에 따라 좌우되고 있다. 인공지능은 그 대표적인 선도산업이고 중심으로 떠올랐다. 사물인터넷, 로봇공학, 휴먼바이오 등도 인간의 창조 에너지에 기반하는 정신노동의 결실로 그 경쟁력이 좌우된다. 동시에 초연결·초지능 4차 산업혁명의 좌표는 인간의 육체적 일을 해방시키는 첫걸음이기도 하다. 이후 5차 산업혁명은 인간이 육체적 일에서 해방하는 무노동의 시대를 열 것으로 예상되고 있다. 더불어 정신노동은 '무한 창조력'의 토대로 빛을 발한다.

인간의 창조력에 끝이 없다는 전제는 인간의 본성인 에너지 역동성에 기인한다. 인간본성 중 호기심과 과학적 탐구능력은 무한 창조력의 핵심적 토대 중 하나다. 이는 영장류 중 인간만이 갖고 있는 아주 독특한 에너지 지향성의 끊임없는 자존감이다. 특정 사람이 과학적 탐구를 수행하지 못하거나 지적 호기심이 없는 것으로 판단되면 인간만이 갖고 있는 삶의 존엄성이 흔들린다. 호기심이 생명 에너지의 역동성을 확인하는 시작이라면 과학적 탐구는 그 생명에 존엄성이 부여되는 자기부양의 행동이다.

호기심과 탐구는 끊임없는 학습을 필요로 하는 동시에 다양한 사고력을 기반한 모방을 전제로 하고 있다. 학습을 체계적으로 하면서 다양한 결론을 도출해 내는 과정이다. 즉, 학습은 모방의 한 형태이고 그 모방의 반복을 통해 새로운 것이 창조되고 있다. 창조가 지속적인 에너지 역동성을 보이는 것은 끊임없는 인간의 탐구욕망이라는 본성에 기인하고 있다. 인간 본성의 무한 창조력은 자연의 원리가 끝없이 펼쳐지는 속에서 사라지지 않는 정신의 가속계 에너지다. 이는 인간의 심성가치가 현 3차원 물리공간에만 머물지 않는다는 것을 함의하고 있다.

심성가치를 물리 현상으로 구현하는 것은 상상하기 힘든 폭발력을 갖는 욕구다. 물론 모든 재화마다 심성가치를 정확하게 가치로 매기는 것은 불가능하다. 분명한 것은 창조력이 경제성(교환가치, 돈)으로 시현 가능하다는 점이다. 심성가치가 자본시장에서 큰 돈을 벌 환경으로 기능하다는 것은 무한 창조력의 반사적 사실이며, 그것은 다시 무한 경쟁력으로 반복돼 커진다. 인간이 할 수 있는 사고나 사유가 가능한 기계나 시스템은 곧 상상할 수 없는 기술적 진보다. 이를 거래가 가능한 자본시장의 가격으로 환산한다면 현재 인류가 사용하고 있는 그 어떤 재화보다 비싼 가치(가격)를 지닌다.

초연결 · 초지능 사회에서 인간과 기계의 경계를 구분하기 어려운 테크닉의 발전은 가격혁명이다. 인풋 대비 아웃풋의 경제성 · 효율성이 가격을 매기기조차 어려운 상황이 초래되면 교환가치가 실현되는데 한계에 부딪친다. 실제로 가격이 언젠가 사라질 수 있을까를 자문해 본다면 가능하다에 방점이 찍힌다. 그 시기는 화폐가 유통 가능한지 의문이 되는 시점이다.

미래 돈의 개념은 심성가치가 극대화 된 자본시장에서 유도되고, 이 돈은 생명과 같은 속성의 에너지를 가져 정신적 영역 에너지가 존재하는 다른 형태로 지속적인 공생관계를 가져간다. 인간의 욕망이 돈을 만든 기저를 유지하면서 돈이 인간의 욕망을 거꾸로 키운다. 또 다른 형태의 돈은 특정 화폐의 구매력이 아닌 순간적인 쏠림들이다. 이는 동시

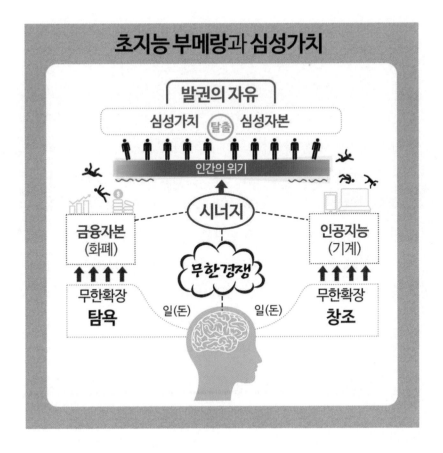

초지능 부메랑과 심성가치

발권의 자유

심성가치 탈출 심성자본

인간의 위기

시너지

금융자본
(화폐)

인공지능
(기계)

무한경쟁

무한확장
탐욕

일(돈)   일(돈)

무한확장
창조

다발적이면서 일시적 현상들이다. 화폐이지만 화폐가 아닌 방식으로 구현된다. 인간의 사회적 구속을 유지시켜 주는 수단이 화폐로 등장한다. 돈이 인간의 사회성을 묶는 가장 강력한 끈이 되고 있지만 테크닉과 플랫폼이 고도로 발달하면 인간의 사회적 결속력은 간절한 필요조건이 아니다. 개인에게 사회는 변방이 되면서 각 개인들은 첨단화된 기술과 플랫폼으로 소통한다. 인간과 기계의 구분이 모호해지면서 인간은 사회적 생존력을 강력히 요구받지 않는다. 미래 인간의 자유는 속박이나 공포를 최소화 하고 인성의 본유가치인 도덕률에 에너지를 쓰는 밝은 빛들이다. 기존 화폐의 유통은 명분을 잃고 심성가치가 심어진 보이지 않는 화폐로 그 시장을 대체한다. 가상화폐, 암호화폐는 그 시작일 뿐이다. 전 세계에 수만·수십만 블록체인 가상화폐들이 통용될 날이 멀지 않았다.

인간의 물질에 대한 탐욕의 현상이 전체 인류에 보편적으로 똑 같이 흘러온 것은 아니다. 자본주의 이전 원시사회, 농경사회, 유목사회 등에서 자본주의의 탐욕과는 다른 욕망이 자리했다. 심지어 봉건사회에서도 마찬가지였다. 이들 사회에서 돈의 기저 에너지는 같았지만 인간의 탐욕 본능은 자본주의가 고도로 발달한 금융자본주의에 비해 훨씬 작았다. 당연히 화폐의 용도가 달랐고 화폐를 바라보는 기준도 같지 않았다. 이는 탐욕의 에너지가 작아지는 미래 자본주의가 심성으로 환원될 가능성을 열어놓고 있다. 심성가치가 자본주의에 심어질 때 창조 에너지가 크게 발산하면서 화폐의 용도가 달라질 개연성을 키운다. 4차산업혁명이 고도로 발달한 시스템에서 이 같은 심성가치는 어떤 결과물을 내놓을지 모르는 미지의 에너지로 역할을 한다. 그 부가가치는 늘 예상을 초월하면서 탐욕을 줄이는 휴머니즘의 복귀를 자발적으로 촉발시킨다. 자본주의에서 이기심과 탐심은 돈을 창조하고 부를 만들어 냈지만 탐욕은 그 욕심이 지나친 부작용을 낳았다. 심성가치는 인류가 본래 추구하고자 했던 휴머니즘의 혁신을 가져올 모멘텀이다.

휴머니즘을 기치로 내건 마르크스-엥겔스 사회주의가 이상적 현실을 성공적으로 잉태하는데 실패한 것은 오로지 심성가치에만 몰입한 아이러니가 있었다. 학자적 양심은 인본이었지만 그것에 기반한 현실 정치체는 선언적이면서 실천적으로 대부분 물질주의에 바탕을 뒀다. 휴먼은 현실의 욕망에 도구로 사용됐다. 자본주의로 보면 경제성을 높이기 위한 지렛대 효과다. 노동자 · 농민의 욕망에 부응하기 위한 정치적 선택이 담아서는 안 될 물질주의였다. 결국 공산주의 휴먼 사회의 구상은 자본주의 아류에 불과했고 자본주의보다 더한 권력욕, 물질욕을 끌어들였다.

이상적 공동체와 그 삶을 추구한 공산−사회주의가 사실상 용도폐기된 것은 인간의 탐욕이 손쉽게 휴머니즘으로 전환될 수 없음을 상징적으로 보여준 세기적 사건이었다. 이는 자본주의가 자폭성 탐욕에 무리수를 둘 때 다시 휴머니즘을 쫓을 가능성을 거꾸로 암시해 주고 있다. 방식은 인간의 사회적 본성을 지켜주고, 그것은 휴머니즘을 지향하는 것으로 나아간다.

사회적 소외에 대한 강력한 저항감은 인간의 본성 중 으뜸이다. 인간은 사회 속에서 행복과 불행을 끌어안고 온전히 그 사회를 취하지도 버리지도 못한다. 사회적 소외는 사실상 신체적 생존 못지않은 큰 죽음이다. 인간은 신체적 생존 자체의 조건에 사회적 소외가 필연적으로 걸려있는 존재이기에 휴머니즘이 필수적 지향 방향이다. 사회적 소외의 반대편에 사랑을 갈구하고 그 사랑에 소외되는 것을 사회적 죽음으로 간주하는 성향이 강하다. 이를 해결한 사회적 휴머니즘이 자본주의 가치의 개념으로 교환이 될 때 심성자본주의의 기반이 마련된다.

이 때 교환가치 내지 순환가지는 전혀 새로운 형태로 존속하면서 인간의 욕망을 대변하고 부와 부자의 논리는 변하지 않는다. 돈은 심성자본의 시대에 오히려 창조력의 동인으로 더 기능하면서 인간의 정신적 영역을 표현해줄 촉매제로 분한다. 심성가치가 지배하는 심성자본의 미래는 생명의 인위적 조작도 가능하기 때문에 재화를 대변하는 돈은 그때그때 변화무쌍할 환경을 맞는다. 시시각각 가격을 매기기 힘든 상품이 무수히 쏟아진다는 것은 일률적인 교환가치를 지닌 화폐를 만든다는 것이 의미를 찾기 힘들게 한다. 나이증명서를 갖고 다니는 시대, 육체를 몇 번 바꿨는지 증명이 필요한 시대, 어느 차원의 우주에서 왔는지 증명서를 휴대해야 하는 시대 등은 지역(국가 등)과 인식(화폐 등)으로 제한된 교환가치를 만들어 내는 것이 가능하지 않음을 뜻한다.

창조력의 무한 폭발시대, 그 기반이 되는 정신혁명의 부가가치가 폭발할 때 금융자본 시대의 화폐는 지나친 보편성, 과도한 과장성, 무리한 확장성, 애매한 정체성, 비양심의 허구성 등으로 인해 사라질 운명을 맞는다. 화폐는 새로운 교환·순환가치로 국소성, 현재성, 한계성, 역동성, 진실성 등을 담는다. 국가는 수많은 글로벌 화폐를 관리하는 '망의 한 객체'로 왜소해진다. 발권력은 무한 창조력과 함께 무수히 분산되면서 화폐의 민주화로 나아간다.

노동의 역습, 인간·기계 경계서 초부가가치 소외

가속계 운동인 일 가치는 단순 노동에서 기계, 컴퓨터, 로봇, 인공지능 등의 인간 외적인 노동이 개입하면서 기하급수적으로 부가가치 총량의 증가를 가져왔다. 기계 문명 이전 인간의 노동은 일 그 자체의 의미가 매우 소중했지만 산업혁명이 고도화 될수록 효율이란 의미로 대체됐다. 즉, 육체적 노동으로만 한정해서 보면 인간의 일은 자본주의 경제에서 효율적이지 못한 가치로 떨어졌다. 반면 인간의 정신적 노동으로 탄생한 문명의 이기들이 무한 창조력을 기반으로 잉여가치 크기를 상상할 수 없게 키웠다. 그 잉여가치는 자본가와 투자자들의 부(富)를 획기적으로 증

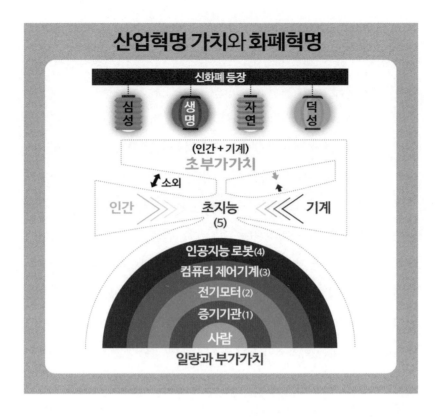

산업혁명 가치와 화폐혁명

신화폐 등장

심성 | 생명 | 자연 | 덕성

(인간 + 기계)
초부가가치

↕소외

인간 >> 초지능 << 기계
(5)

인공지능 로봇(4)
컴퓨터 제어기계(3)
전기모터(2)
증기기관(1)
사람

일량과 부가가치

대시켰다. 전체적으로 부의 증가가 일어났지만 부의 쏠림이 나타났다.

이 과정에서 가치 부풀림을 조장하는 금융자본이 필연적으로 확대되고 부의 편중현상을 가중시켰다. 금융자본의 성장은 산업자본의 혈맥이되는데 기여했지만 돈의 악마성을 부추겨 돈에 대한 부정적 인식을 키우는데 일조했다. 지금도 금융자본은 그 자체의 동력으로 거품을 창조하면서 가짜 교환가치를 창조하고 있다. 교환가치의 부풀림은 인간의 노동은 물론 기계 노동까지 진짜가치를 혼돈스럽게 하고 있다. 교환가치에 대한 믿음이 흔들리면서 금융자본의 부도덕성은 스스로 권력을 담금질 했다. 인간의 존엄성은 초라하게 떨어졌다. 심지어 인간의 가치가 돈 에너지의 수치로 판단되면서 존엄성의 위협을 받는 중이다. 절대 교환의 수단이 돼서는 안 돼야 할 인간의 존엄성 자체가 교환가치의 수단으로 추락했다.

전 세계적으로 강력해진 금융자본은 인간의 악마적 심리를 부추겨 선의를 포장한 탐욕의 에너지를 키우고 있다. 인간은 더욱더 왜소해진 부품으로 전락하고 있다. 하지만 무한 창조력이 갖는 자가발전의 한계가 오면서 이를 해결하기 위한 인간의 심성가치가 부각되고 있다. 인감의 탐욕이 빚은 국가나 사회의 각종 억압 시스템은 무수히 많은 비용발생 부작용을 낳으면서 부의 쏠림을 진전시켰기 때문이다. 각종 사법제도와 규칙들, 그리고 사회보장제도 등을 위해 투입해야 하는 관리비용들이 과도하게 비대해지면서 잉여가치의 고른 분배를 더욱 어렵게 했다는 것이다. 이에 대한 회의론이 새로운 시스템의 필요성을 요구하고 있다.

심성가치를 높여야 할 당위성의 의미는 인간의 탐욕을 강압적으로 제어하고 관리하는 불필요한 비용을 획기적으로 줄이면서 인간의 창조력을 지속적으로 유지 · 발전시켜야 하는데 있다. 심성자본은 인간과 인간의 일에 대한 존엄성을 키우면서 자본주의가 갖는 장점을 살려 문명을 확대해 갈 토대가 될 수 있다는데 희망과 비전이 있다. 따라서 산업혁명 시기별로 본 일 가치, 잉여가치의 증가현상 등을 살펴보면서 인간의 정신노동이 갖는 의미와 향후 심성가치의 역할을 관조해 볼 필요가 있다.

#1…산업혁명 이선 시기 한 사람이 벅돌을 시간당 100장을 나른다고 했을 때 8시간의 일량은 800장이다. 이동한 벽돌의 부가가치는 120장(15%)이고, 그 중 잉여가치는 40장이라고 전제한다.

인간은 벽돌을 나르는 데에만 시간을 할애한다. 사람의 총 일량은 800

장이다. 총 가치는 920장이다. 잉여가치는 일량 대비 5%다. 인간의 정신노동 에너지 가치는 무시된다. 인간은 자신의 일량으로 발생한 부가가치에서 일정액의 돈을 받는다. 일의 가치가 신성되는 듯 보이지만 부가가치와 잉여가치가 적어 큰 돈을 받기 어렵다.

#2…1차 산업혁명 시기에 증기기관 기계 하나가 벽돌을 시간당 1000장을 나른다고 했을 때 8시간 기계의 일량은 8000장이다. 이동한 벽돌의 부가가치는 2400장(30%)이고, 그 중 잉여가치는 1600장이라고 전제한다.

인간은 증기기관 기계 10대를 관리하는데 투입된다. 사람+증기기관의 총 일량은 8만장이다. 총 가치는 10만4000장이다. 잉여가치는 일량 대비 20%다. 인간의 정신노동 에너지 가치는 감안되지만 구체적인 수치로는 무시된다. 증기기관 10대가 벽돌 8만장을 이동했지만 인간의 일은 기계 10대를 1대의 기계처럼 관리한 것으로 인정받는다. 인간은 기계 한 대 기준의 부가가치에서 돈을 받는다. 잉여가치가 늘어 단순 노동에 비해 전체 평균 증가한 임금을 받지만 증기기관 기계를 소유한 주인이 더 많은 잉여가치를 가져간다.

#3…2차 산업혁명 시기에 전기모터 기계 하나가 벽돌을 시간당 3000장 나른다고 했을 때 8시간 기계의 일량은 2만4000장이다. 이동한 벽돌의 부가가치는 1만2000장(50%)이고, 그 중 잉여가치는 7200장이라고 전제한다.

인간은 전기모터 기계 10대를 관리하는데 투입된다. 사람+전기모터 기계의 총 일량은 24만장이다. 총 가치는 36만장이다. 잉여가치는 일량 대비 30%다. 인간의 정신노동 에너지 가치는 감안되지만 수치가 정확하지 않다. 전기모터기계 10대가 벽돌을 이동했지만 인간의 일은 이들 모터들을 마치 하나의 기계처럼 관리했다. 인간은 전기모터기계 한 대의 부가가치에서 돈을 받는다. 부가가치가 더욱 늘어나면서 잉여가치도 증가해 전체 평균 임금이 증가하지만 자본가나 투자자들이 증가한 수익의 상당부분을 가져간다.

#4…3차 산업혁명 시기에 컴퓨터 제어 전자동 기계 하나가 벽돌을 시간당 5000장 나른다고 했을 때 8시간 기계의 일량은 4만장이다. 이동한 벽돌의 부가가치는 2만8000장(70%)이고, 그 중 잉여가치는 2만장이라고 전제한다.

인간은 컴퓨터 제어 기계 30대를 관리하는 컴퓨터 한 대만 관리한다. 사람+컴퓨터 전기모터의 총 일량은 120만장이다. 총 가치는 204만장이다. 잉여가치는 일량 대비 50%다. 정신적 에너지 가치는 감안되면서 수치가 정확해진다. 컴퓨터 제어 기계 30대가 120만장을 이동했지만 인간의 일은 1대의 기계처럼 관리했다. 인간은 컴퓨터 제어기계 1대의 부가가치에서 돈을 받는다. 인간은 또 컴퓨터 제어기기를 개발하는 소프트웨어 가치를 별도로 인정받는다. 해당 소프트웨어는 기계보다 비싸지기 시작한다. 부가가치와 잉여가치가 획기적으로 증가하면서 전체 평균 임금이 오르지만 자본가나 투자자들이 증가한 수익의 대부분을 가져간다. 컴퓨터 제어 소프트웨어에 대한 별도의 수익이 발생하면서 자본가와 투자자 이외에 전문가들도 많은 돈을 번다.

#5…4차 산업혁명 시기에 인공지능 제어를 받는 로봇 하나가 벽돌을 시간당 7000장 나른다고 했을 때 8시간 로봇의 일량은 5만6000장이다. 이동한 벽돌의 부가가치는 4만4800장(80%)이고, 그 중 잉여가치는 3만

9200장이라고 전제한다.

인간은 로봇 100대의 인공지능 컴퓨터 한 대만 관리한다. 사람+인공지능 로봇의 총 일량은 56만장이다. 총 가치는 1008만장이다. 그 중 잉여가치는 70%다. 인간의 정신적 에너지 가치가 정확히 감안된다. 인공지능 로봇 100대가 560만장을 이동했지만 인간의 일은 1대의 기계처럼 관리했다. 인간은 인공지능 제어 기계 하나의 부가가치에서 돈을 받는다. 인간은 인공지능과 로봇을 개발하는 가치를 별도로 인정받는다. 인공지능 로봇이 부가가치가 훨씬 높은 상품으로 거래된다. 부가가치와 잉여가치가 폭발하면서 전체 평균 임금이 크게 오르지만 자본가, 투자자, 전문가들이 수익을 독점하다시피 한다. 인간의 일자리가 줄어들기 시작하면서 그 속도가 빨라진다.

#6…5차 산업혁명 시기에 초지능 제어를 받는 공장 하나가 벽돌을 시간당 1만장을 나른다고 했을 때 8시간 초지능 공장의 일량은 8만장이다. 이동한 벽돌의 부가가치는 7만2000장(90%)이고, 그 중 잉여가치는 6만4000장이라고 전제한다.

인간은 초지능 공장 1000개를 관리하는 슈퍼컴을 한 대만 관리한다. 사람+초지능 공장의 총 일량은 8000만장이다. 총 가치는 1억5200만장이다. 일량 대비 잉여가치는 80%다. 정신적 에너지 가치가 더 많이 감안된다. 인간은 슈퍼컴 1대의 부가가치에서 돈을 받는다. 인간은 초지능 공장의 힘을 빌려 벽돌을 나른 가치보다 슈퍼컴을 개발하는 가치를 훨씬 높게 인정받는다. 슈퍼컴은 부가가치가 월등히 높은 상품으로 거래된다. 부가가치와 잉여가치가 상상을 초월할 정도로 높아지면서 전체 평균 임금이 오르지만 일자리가 사라지는 속도가 더욱더 빨라진다.

많은 사람들이 무노동 시대를 맞으면서 사회복지에 기댄 삶을 살아간다. 인간의 일에 대한 가치논쟁이 계속되면서 인간의 존엄성이 흔들리고 이를 재정립하고자 하는 움직임이 일어난다. 기계의 지능이 고도화되면서 인간만이 갖고 있거나 가져야 할 심성가치의 중요성이 중요하게 부각된다.

산업혁명 단계별 일량 · 일가치 · 부(富)의 변동

구분 \ 산업혁명	사람	증기기관 (1차산업혁명)	전기모터기계 (2차산업혁명)	컴퓨터제어 자동기계 (3차산업혁명)	인공지능 로봇 (4차산업혁명)	초지능 공장 (미래)
시간당 벽돌 이동	100장	1,000장	3,000장	5,000장	7,000장	10,000장
8시간 일량	800장	8,000장	24,000장	40,000장	56,000장	80,000장
일량 후 부가가치	120장	2,400장	12,000장	28,000장	44,800장	72,000장
일량 비 잉여가치	40장	1,600장	7,200장	20,000장	39,200장	64,000장
1인 총 일량	800장	80,000장	240,000장	1,200,000장	5,600,000장	80,000,000장
총 일가치	920장	104,000장	360,000장	2,040,000장	10,080,000장	152,000,000장
부가가치율	15%	30%	50%	70%	80%	90%
잉여가치율	5%	20%	30%	50%	70%	80%
기계·로봇·공장 수	없음	10대	10대	30대	100대	1,000대
실 부가가치	120장	24,000장	120,000장	840,000장	4,480,000장	72,000,000장
실 잉여가치	40장	16,000장	72,000장	600,000장	3,920,000장	64,000,000장
정신노동 가치	미반영	수치 미반영	수치 불분명	별도가치 반영	높은 가치 반영	매우 높은 초부가가치
최대 수익자	노동자	자본가	자본가+투자자	자본가+투자자+금융	자본가+금융	슈퍼인텔리전스
인텔리전스 수익	없음	미미	증가	급증	매우 급증	초단기 급증
효율성 주체	사람	사람+증기기관	사람+전기모터	사람+컴퓨터+자동기계	사람+인공지능+로봇	포스트 휴먼
인간 존엄성	보통	매우 낮음	낮음	보통	보통	매우 낮음

이상의 일가치와 잉여가치 단계를 보면 산업혁명은 곧 기계화 · 지능화다. 기계가 인간의 노동을 대신한다는 것은 인간의 노동능력을 뛰어넘는 일가치의 새로운 등장이고 혁명적 변화다. 하지만 기계가 인간의 일가치보다 효율성이 좋다고 해서 비례해 커진 잉여가치를 인간은 그 만큼 돈으로 받지 못한다. 자본주의 시장에서 자본가와 투자자들이 나날이

크게 세를 확장하고, 시시각각 커진 잉여가치의 상당 부분을 이들이 가져간다. 여기에 전문가들이 수익배분자로 등장해 한 켠을 차지한다. 인간의 일가치는 산업혁명이 고도화 될수록 감소하면서 빈부 격차는 심화돼 간다. 금융자본은 인간과 기계의 일가치 통용을 빠르게 하는 고속도로로 기능하면서 이를 가속화시킨다.

기계의 일가치가 극대화 되면서 산업혁명의 고도화는 궁극적으로 인간의 뇌를 지향한다. 인간의 육체는 노동 효율성 측면에서 기계에 못 미치지만 인간의 뇌는 기계가 해내지 못하는 창조가치를 무한변수로 해내기 때문이다. 인간의 무한 창조력은 산업혁명 궁극의 지향점이다. 4차 산업혁명은 지금 그 방향으로 이미 진행 중이다. 인공지능을 넘어 인간의 창조력을 구현할 차세대 인공지능은 인공지성이라고 불러야 정확하다. 지능은 주어진 프로그램의 범주에서 창조력의 한계가 있다. 인공지성은 인간과 가까운 마음을 갖는 이른바 감성 사이보그로 지칭된다. 이들은 사망하지 않는 기계지만 인간의 심성을 갖고 있다는 점에서 많은 SF영화에서 나오는 것처럼 창조력의 자기복제가 가능해 진다.

인간과 기계의 구분이 모호해지고 인간과 기계가 하나가 되는 세상은 모든 법률과 제도를 바꿔야 하고 인간의 존엄성 가치도 새로운 해석을 필요로 하면서 기준을 새롭게 정해야 한다. 그러나 이 같은 초지능 산업혁명 사회에서 나타날 비진의 역설은 인간의 범주를 정하기 어렵다는데 있다. 인간의 유형들이 다양해지면서 인간의 상품화와 교환가치가 이뤄질 개연성이 높아진다. 인간의 창조력은 훗날 스스로를 파괴하는 주역이 된다는 사실이다. 이에 대한 제어기능을 인간은 스스로 찾아 나설 수밖에 없다. 심성과 이를 바탕으로 한 윤리가 그 해답이다.

인간은 무한히 창조할 지성을 갖췄지만 그 지성 속에 기계가 갖지 못할 도덕률의 심성가치를 갖고 있다. 초지능 사회에서 인간지성의 윤리성과 도덕률은 창조의 부메랑을 미연에 방지하고 인간의 존엄성을 지켜갈 생물학적 최후 방책이다. 무한 창조력에 대한 재화가 돈의 가치로 무한히 커진 후에 오는 자기방어적 시스템이 바로 도덕률이다. 그 이전까지 자본시장은 한쪽에서는 인간의 존엄성을 깨고 또 한 쪽에서는 지키려 하는 격렬한 싸움이 반복돼 일어난다.

　　자본시장의 부는 존엄성을 깨는 쪽이 승리를 해나가지만 종국에는 스스로 파멸하는 방향으로 나아가고 만다. 인간은 이를 직감적으로 인식할 수 있다. 이 때 부의 근간과 기준이 되는 오늘날의 화폐가 사라지고 새로운 가치개념이 등장한다. 그 가치는 교환가치를 표현하는 동시에 창조가치를 내재하는 그 무엇이다. 하지만 이 가치 또한 도덕률(신뢰)이 전제되지 않는 한 통용되기 어렵다. 미래 화폐는 기계가 접근하지 못할 생물학적 집단지성이 정한 심성가치가 매겨질 때 발권력을 가질 가능성이 크다. 발권력은 오늘날과 같은 국가나 기관의 신용(거품신용)이 아니라 개인 또는 집단지성의 신용이다. 화폐 발권력은 무한한 다양성을 가지면서 영향력은 즉시성으로 전 지구적이다. 구매력은 각 단위별(발권)로 천차만별 일어나면서 신뢰기반 윤리성이 중요한 가치의 척도로 등장한다. 심성가치는 곧 미래사회의 영속성을 지탱할 오늘날의 헌법가치처럼 최고의 부가가치 지위에 오른다.

6. 악마의 타락

선의 입은 타락, 인간만의 낙원 속 악마들의 춤

신성의 눈으로 신의 상태에서 선악은 원리로 존재하지만 현상계에서 그것이 보편화 될 때 인간의 악마성을 대변한다. 현상계에서 선악이 존재하지 않고 그것을 대변하는 돈의 선악이 역시 존해하지 않는 이유다. 인간의 관념으로 선악은 절대계 선악을 이해하지 못한다. 절대적 선악과 보편적 선악은 다르기 때문이다. 현상계에서 보편성이 선악을 가르는 기준이지만 절대계에서는 그 조차 없음을 통해 선악이 대비된다. 현상계 기준으로 설명하기 어려운 태극 상태의 조화가 곧 선악이다. 하지만 태극의 상보성인 현상계 자본시장은 혼돈의 조화다. 조화로움은 같지만 절대 고요의 태극과 절대 혼돈의 시장은 무한 상보성을 띠면서 서로를 비춘다. 자본시장의 선악은 현상계의 기준으로 없는 가운데 절대계를 오르내린다.

자본주의 도덕률은 절대적 가치를 지닌 것이 아니라 하나의 자리에 있는 선악의 형상이 수시로 무한히 모양을 바꾸는 과정 또는 형식에 매번 특별한 의미를 부여한 것에 지나지 않는다. 선악은 단 두 개로만 이뤄진 대립된 세계처럼 보이지만 인간의 도덕률이 무한 순환 또는 파동성(원운동)의 경향성을 갖기 때문에 무한한 얼굴로 표현되고 있다. 그 얼굴에 내재한 선악은 구분되지 않는 하나지만 시공간의 위치에 따라 보여지는 상황이 개입돼 가속계 생명의 세상에서는 선과 악의 이중주가 무수히 울려대는 모습이다. 인간은 그 음악에 따라 울고 웃으며 비극과 희극을 넘나든 춤을 춘다. 기뻐하고 분노하며 사랑하는 등 하나의 선악에서 사람들은 제각각 자신만의 도덕률을 신기에 가깝게 도출하는 묘기를 부린다. 선과 악이 늘 대립하고 싸우는 일은 수많은 형상들을 한 에너지들의 교란현상이다. 생명이 또한 그 범주에 있고 인간이 그 안에서 벗어나지 못하고 있다.

자유시장의 도덕률도 선악이 함께 있어 인간의 눈으로는 본래 구분되지 않는다. 이를 구분하기 시작하는 자발적 동력이 악의 시작이다. 자유시장의 선악은 일반 천사와 악마의 극단적 대립과는 다른 특성을 보인다. 선악의 보편적 구분이 불가능하다. 선덕과 악덕이라는 '덕'의 축에서 순환한다는 개념이다. 선악의 분명한 얼굴은 당연히 보이지 않는다.

선악의 무수한 얼굴은 이타심과 이기심의 무한 교란 속에서 현란한 문명을 만들어 내 왔다. 문명은 인간에게 편리함과 행복감을 주는 덕성을 발휘하고 있다. 문명의 악마적 요소까지 선과의 교란성 때문에 덕성이 드러나면서 자유시장은 인간의 생명활동을 유지하는 없어서는 안 될 불가피한 자유운동의 큰 에너지 장이 됐다. 자본주의의 자유시장은 그래서 기본 바탕이 덕성이다. 악덕이 본유된 이 덕성은 선덕과 대상성을 가지면서 선덕의 가치를 만들어 내 왔다.

자유시장의 악 또는 악마는 본래 없다는 것이며, 존재의 모습으로 드러날 때 선과 천사의 가면 속에 있다. 악마는 존재하지 않기도 하고 존재하기도 하는 이중성이다. 천사와 동거하는 악마는 동거하지 않을 때 아예 사라진다. 천사와 악마의 동기 또한 그 사실이 없다. 천사와 동거하지 않는 악마는 결국 없다. 하지만 천사 자체에 악마가 동일화 돼 있다. 정확한 의미로 악마는 천사의 동인체(動因體)다. 천사의 움직임이 일어날 때마다 악마가 먼저 숨을 쉬고 일을 한다. 천사의 모습에 악마가 있는 것은 동거가 아닌 하나의 형상이면서 수없이 많은 얼굴로 표현된다. 그래서 그것을 악마라 부른다. 분명히 보이기도 하면서 안 보이는 모습으로 악한 짓을 행하기 때문이다.

자유시장에서 악마는 다른 말로 악덕이다. 시장은 악마가 오로지 악의 축으로 존재하기를 용서하지 않는다. 인간이 만든 자유시장은 선택의 자유가 무한히 넘치는 자유인 속에서 악을 견인하기 때문에 선의 존재 필연성에 악은 악의 역할을 하지 않는다. 덕성이 내재한 악덕은 자유시장에서 필연적 인과율일 뿐이다. 현상계에서 선악의 보편성은 없다고 해도 덕을 축으로 한 선덕과 악덕은 이처럼 구분된다. 물론 신성의 가치가 아닌 인간 에고적 관점이다.

선덕이 생명 유지 속성상 목적(이기심)을 가질 때 그것은 선이 아니라 악의 쪽에 가까운 악덕이다. 외견상으로 드러나는 목적이 설사 선행이라고 해도 이기심의 축은 변하기 어렵다. 선한 행동을 통해 만족감을 갖거나 자존감을 높이는 것은 의식 또는 무의식적 목적성이다. 무의식 상태의 목적성이 언뜻 모순이다. 하지만 무의식은 잠재의식의 지배를 받으면서 목적성을 부지불식 갖는다. 무의식이 없다고 하는 것은 없는 것처럼 스스로 목적성을 더 많이 부여하는 자기자신에 대한 치열한 합리화일 뿐이다. 이는 악덕의 한 현상이라는 것이며 절대적 도덕률이 결코 될 수 없다. 선이 공공의 가치를 우선하고자 하는 것 또한 이타심의 모습이지만 더 많은 이기적 목표를 내재한다면 역시 악덕이다. 이처럼 인간의 선한 본성은 악한 본성을 통해 드러나기 때문에 악덕을 악이라 단정하지 못하고 설사 그것이 진짜 악덕이라고 해도 악으로 규정짓기 어렵다.

수없이 무한 순환을 하면서 가치의 생멸이 일어나는 자유시장에서 절대 도덕률을 따지는 것은 한계 도덕률을 인간의 자기 편리성으로 늘 변형한 것에 지나지 않는다. 한계 도덕률은 신적 가치의 도덕률을 지키기 어려운 인간의 한계성이다. 절대적 가치를 갖는 도덕률이 존재한다면 그것은 신성으로만 가능한 신앙일 뿐 인간의 세상에 반추되지 않는다. 절대 도덕률이라고 수없이 만들어지는 수많은 법과 제도 그리고 규칙들은 도덕률을 망가뜨리는 폭력적인 압제의 형태로 기능한다. 개인이 이런 환경을 내세우거나 따진다면 위장 전술이다. 이것이 악마의 타락이다.

자연과 인간 그리고 생명의 도덕률은 생존의 가치를 따지는 측면으로 봤을 때 없다. 자연·인간·생명의 공통적 도덕률은 엄격함을 지키지 못하는 가운데 자라나는 역설이 통한다. 자유시장의 선택적 의지가 강할수록 도덕률이 더 자란다. 그 도덕률은 수시로 변하는 악행의 울타리일 뿐만 아니라 인간의 부도덕성까지 부추겨 돈을 그 범주로도 넣는다. 세속화된 돈은 악과 악행 나아가 악마로 지칭된다. 돈이 갖는 선악의 이중성 또는 중첩성은 이념과 신념 그리고 정념의 문제로 해결되지 않는다. 돈이 온전히 악마의 모습을 취하지 못하지만 거꾸로 악마가 돈의 모습을 하면서 천사로 돌아가지 못한다. 문제는 돈이 악마의 모습을 하도록 규정짓는 행위가 인간에 전적으로 의존된다는 사실이다.

강조하지만 악마는 본래 없으며, 천사는 본래 있지만 없기도 하다. 천사의 존재 유무에 따라 악마가 수많은 천의 얼굴로 결정된다는 것이다. 그 악마의 모습은 그래서 천사로 포장되기 일쑤다. 진짜 악마의 모습은 무수히 천사의 모습으로 환한 미소를 짓는다. 악마(천사)의 유혹을 없애기 위해서는 천사를 통해 드러나는 악을 더욱더 치열하게 응시하는 방

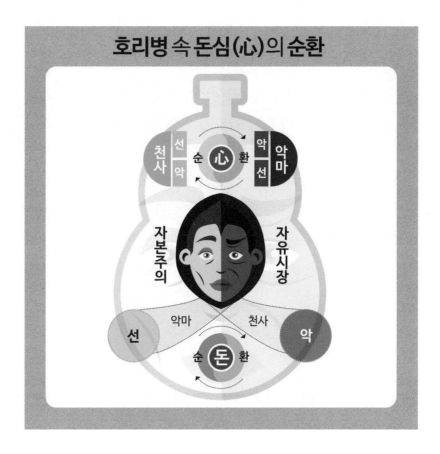

호리병 속 돈심(心)의 순환

천사 선 악 순 心 환 악 선 악마

자본주의 자유시장

악마 천사

선 순 돈 환 악

법 이외에는 없다. 악의 주체가 상대방의 응시를 감안하지 않은 채 더 큰 에너지 발산이 일어나면 강렬한 에너지 장을 이미 만들었거나 그 속에 있음을 뜻한다.

악마적 환경이 신의의 씨앗이 되면서 대칭성으로 작용한다는 것이다. 직지인심(直旨人心) 견성성불(見性成佛)에 이르는 자신을 향한 눈이 내면의 악마성을 확인할 때 선의가 발아된다. 자유시장의 얼굴에도 인간의 내면처럼 악마적 환경들이 가득하지만 스스로 자유시장의 자유에 대한 자기모습을 들여다 볼 때 무아(無我)와 같은 선의 절대성을 확인할 수 있다. 자본주의가 스스로를 본다는 것은 집단지성이 한 개인처럼 스스로 보는 것 이외에는 타자를 구분 짓지 않고 하나의 파동으로 역동하고 있음을 구성원들이 함께 느끼는 과정이다.

자유시장 내 인간 개별적 자유들만을 보면 탐진치들이 넘치지만 집단지성의 한 객체로써 타자를 구분 짓지 않는 자유는 도덕률의 극대화가 설정되는 하나의 몸과 같다. 이때 집단지성은 인과율을 느끼지 않으면서 무수히 많은 갈등과 대립들을 소화해 나간다. 이는 시공을 초월하는 것이기에 보이지 않는 초시간·초공간의 현상이다. 개인으로는 영원한 생명(무량수, 無量壽)을 느끼는 아미타(阿彌陀)의 반열이며 동시에 에덴동산이다.

자본주의가 수많은 문제점들을 잠복하고 있는 시대는 마치 에덴의 동쪽 같지만 집단지성이 진정한 집단적 자아로 실존하는 한 그 땅에서는 선덕의 향상을 위해 살아 꿈틀거리는 시간이 흐른다. 이 때 악과 악마는 이런 환경들을 싫어 하지만 반드시 기생하고 만다. 악마는 더 타락할 것이 없는 아주 나쁨의 그 상태다. 이런 악마의 타락은 선의 극대화 속에서 자신만의 목적성을 분명히 할 때 나타나는 선의 모습이어서 선으로 위장한 반휴머니즘적 모습이다. 악마는 그 선함을 이용할 때 타락한다. 무수히 많은 이방인들이 반 이방인적 삶을 살아나가는 자유시장에는 선한 노랫소리에 춤을 추는 형상이 있다. 타락은 악마보다 더 나쁜 과정의 추함이다. 타락을 통해 선이 구현되지 못하거나 방해받고 숨겨진다. 악마는 사람들에 내재된 선으로의 포장이다. 악마의 타락은 선의 형식으로 가속도를 내며 급속히 퍼지기에 집단지성은 늘 이를 경계해야 한다.

자유시장 내 돈은 악마의 타락과 같은 모습으로 순환하면서 동시에 선의를 구현하기 위한 방어기제 운동을 하는 속성을 지녔다. 돈과 인간이 상호작용하면서 마치 한 몸처럼 교란을 하며 가속 원운동을 한다. 신의 눈에 보이는 돈은 선악의 유형이 프리즘으로 형상화 된다. 신성의 절대적 눈이 아닌 이상 인간이 돈의 선악을 논하는 것 자체가 악마의 타락이다.

돈 만 쫓는 군상엔 용서 없는 돈의 무서운 역습

인간의 존엄성은 도덕률의 제고를 기반으로 한 이타심과 선의를 통해 지켜지지만 무한 창조력 사회에서 그 가치가 유지될지는 미지수다. 인간이 가치를 무한히 창조할 수 있다는 것은 인간 스스로는 교환가치가 돼서는 안 된다는 맥락과 같이한다. 창조의 주체는 자신의 존재와 부존재 자체를 몰라야 하고 그것이 절대적 신성의 조건이다. 인간의 법은 존엄성이라는 선덕의 실행 가능성을 높이지만 악덕을 부추길 환경 또한 부추기고 있다. 법의 통제는 인간에게 선악의 선택에 혼동을 주면서 인간 스스로 존엄성에 위협을 가하고 있는 것이다. 악과 악마를 강력히 규정하면서 되레 악마가 무엇인지를 거의 모르게 하고 있는데 따른 현상이다. 이 또한 악마의 타락이며, 최소한 갖고 있던 악덕의 덕 가치를 사라지게 한다. 인간은 자유시장에서 상호 가격으로 매기는 상품화를 타면서 악의 손짓에 유혹당하고 있다.

인간에 가격이 매겨지는 불행한 자본시장은 무한 창조력의 물질 자본주의에서 충분히 또는 필요조건으로 인간의 존재감을 보여주지 않는다. 인간 스스로 상품화를 막아낼 수 없는 저평가 장비들의 방어기제들이 작동하고 있기 때문이다. 낮은 방어기제들을 들여다봐야 하는 것은 인간의 존엄성이 깃든 자유시장을 지키는 일이기도 하다. 그것은 인간 내면에 깃든 선과 악 또는 천사와 악마 중 악과 악마를 다시 보는 일의 시작이다. 이를 유심히 바라보면 악마는 선의를 갖고 있는 경우가 많으며, 악은 이타심을 추종하는 모습을 많이 띤다는데 놀랍다. 선의를 가진 악마가 선의의 행동을 할 때 그 내면에 있는 이기심이 똬리를 틀고 있음을 거의 보지 못한다. 결국 악의 시작은 자신의 내면에 있다. 이 때 악마는 자신이 악마인 줄 모르고 자신의 선의가 곧 천사인 것으로 안다. 아이러니컬하게도 선이 악에 휩싸여 있고 악마라고 보는 순간, 그것이 선의이고 선을 추종하는 시작이다.

상호 이익이 되고 편리한 현대문명은 선의의 환경이다. 하지만 점차적으로 적지 않은 악마적 환경이 커지고 있어 우려스럽다. 물론 자유시장 내에서 자아의 한정된 측면에서 선악의 구분은 불필요하지만 돈의 악마적 모습은 집단지성으로 끝없이 경계해야 한다. 작금의 자유시장 돈이 천의 얼굴로 선악을 대별하면서 인간 위에 군림하는 성향을 높이고 있기 때문이다. 시장의 교환가치가 강한 에너지로 순환이 돼야 하는 이유에는 순환이 안 되거나 느릴 때 교환가치를 대변하는 돈은 악의 모습으로 인간을 억압한다. 이 때 개인들은 돈에 대해 보편적 선악보다 개별적 선악을 느끼고 살아갈 수밖에 없다. 돈은 인자한 모습으로 기쁨과 행복을 주기도 하지만 혹독한 시련과 불행을 안기는 이중성으로 사람들 사이를 오간다. 돈의 속성상 보편성은 그래서 가장 무섭다. 보편성은 순환이 멈추거나 잘 진행되지 않을 때 일어나는 돈의 자기한계가 갖는 인간과 생명에 대한 부조화다. 돈이 가속계에서 생명과 같은 운동성을 갖기 때문에 부조화 한다는 것은 생명에 고통을 준다는 의미와 같다.

개별적 선악 속에서 보편성이 병풍처럼 펼쳐지는 것은 바로 악의 환경이다. 마녀사냥은 대표적인 또 하나의 악마의 타락 현상이다. 자본시장에서 마녀사냥은 수시로 일어난다. 그것은 2인 이상이 모이는 관계 속에서 항상 싹이 튼다. 상호 마녀사냥을 하기 위한 전쟁이 일어나고 그것을 방어하기 위한 또 다른 마녀사냥이 늘 준비되고 실행되고 있다. 돈은 마녀들의 놀이인 것처럼 전락하고 일의 신성가치를 폄훼시킨다. 상황에 따라, 사람에 따라, 환경에 따라 같은 행위가 선과 악의 모습을 달리하는 마녀사냥들이 넘실대면서 시장의 역동성이 위축되고 있다. 나아가 그 행위를 보는 주관적 해석에 따라 선과 악이 혼돈을 일으키고 극단적으로 선이 악으로, 악이 선으로 무수한 뒤바뀜 현상이 혼재한다.

정언명령으로 정의될 수 있는 준칙의 반대편에 있는 악한 행위나 악마의 정의가 없음에도 강력히 규정되는 것은 권력싸움이다. 보편성의 다른 이름이 정언명령이기 때문이다. 인간은 보편적 도덕률로 권력싸움을 벌이기를 좋아하는 속성이 있다. 정언명령을 무기로 주적을 규정짓는 행위나 사고가 또 다른 악마의 모습이다. 자본시장의 악마는 곧 개인처럼 집단적 에고에서 못 벗어나고 있다. 집단지성이 갖고 있는 이기심은 개인의 이기심을 통제하지 못하지만 잠재의식이 통제되는 특성이 있다. 잠재의식에 깃든 공동전선을 형성하는 이합집산의 혼돈성이 강력한 마녀성을 띠었다. 그 악마는 늘 타락하는 모습을 빈번히 보여준다. 탐욕을 발톱으로 숨기고 있는 탓이다. 심지어 악마는 자신의 목적성 있는 선의가 목적성 없는 진실로 확실할 때도 있는 묘술을 부린다.

자본주의의 악마는 모두에 깃들어 있는 내면의 잠재의식 울타리에서 욕망의 한계를 못 벗어나는 모습으로 웅크리고 있다. 잠재의식은 보이지 않는 선악의 분수이면서 동시에 조절장치가 되기도 한다. 선의적 행위 보다 주로 악의적 환경에 익숙해 있다는 것이다. 에고가 이에 풀무질을 하는 강력한 에너지다. 에고는 그 의식에 대부분 충실할 뿐 진짜 의도를 스스로 모르고 슈퍼에고가 통제하는 속에서 도덕률을 무장하거나 치장해 나간다. 하지만 이성의 힘이 절대 도덕률이 아니듯이 슈퍼에고의 강력한 자기통제가 온전한 도덕률이 아니다. 그 도덕률이 악마와 거래하고 교류하는 경우가 많다. 잠재의식이 분수처럼 뿜으면서 그것을 돕는다. 선하다고 착각하는 사람조차 잠재의식의 악마적 계산이 빠르게 돌아가는 경우가 허다하다. 잠재의식은 분수의 조절장치를 통제하면서 생존한다.

　돈을 버는 과정은 누구나 힘들고 고통스럽다. 잠재의식 속 표리부동의 악은 에너지 장의 충돌을 일으키기 때문이다. 수많은 타인과 표리부동이 부딪칠 때 돈을 버는 과정이 형상화 된다. 상호 진실하지 않은 만큼 서로 고통이 따른다. 외견상으로 자유시장 선의의 모습들이 돈을 버는 과정이지만 내면은 탐심이다. 그 탐심이 자본시장을 키우지만 개인들은 힘들다. 그 힘든 에너지가 또한 이타심으로 발현되면서 자유시장을 키워 나간다. 하지만 진실한 이타심은 본 모습이 제대로 드러나지 않는 경우가 많아 표리부동의 에너지 어긋남이 발생하고 있다. 자본시장에서 극단적 이기심은 표리부동보다 안락과 쾌락이다. 이를 추구하는 과정은 돈을 못 벌면서 선의를 쫓는다. 극단적인 잠재의식 속 타락한 악마의 조종을 받기 때문이다. 자신의 선의만 보는 것 또한 이런 형태다. 선한 삶을 사는 양 안위를 추구하는 외견상 이타심은 잠재의식 속에 있는 악마의 타락성이다.

자본주의에서 지대추구행위가 고도화 되면서 선의로 포장된 심성가치가 허울을 만들어 낸다. 금융은 극단적 지대추구행위의 악마적 현실이다. 선한 얼굴을 하고 있는 금융은 노동의 가치를 인정하지 않는 노예사회에서처럼 인간의 일 가치를 사소하게 만들고 인간의 존엄성을 떨어뜨리고 있다. 금융은 생명을 교환가치가 있는 것으로 만들어가지만 인간상호 간 악의 의지를 깨워 인간조차 상품화 대열로 올려놓고 있는 중이다. 인간의 존엄성이 온전히 무시되면 아무리 현란한 문명이라도 인간은 그 공든 탑을 과감히 무너뜨려야 한다.

본질적이고 보편적인 악마는 그 자체로 선함의 시작이라고 했듯이 눈에 드러난 악의 모습은 악마가 아니다. 공공의 질서와 제도 속에서 그리고 치열한 돈 벌이를 위해서 진실하지 않게 부지불식 숨겨야 할 상황 속에서 악마가 커지고 그것이 또 인간이 타락할 웅덩이를 만들고 있다. 돈은 타락된 인간 옆에 서 있기를 좋아하고 인간도 돈의 타락을 유인하기를 즐거워하기도 한다. 돈이 악마적 모습을 드러낼 때 돈을 쫓는 인간의 불행이 시작되지만 그 불행은 보이지 않는다. 즉시성으로 늘 보이는 돈의 모습은 선의의 해결사나 불사신인 듯 보이고 실제 그런 모습이 있지만 인간의 음울함과 손을 잡으면 인간을 가차 없이 짓누른다. 돈은 천의 얼굴을 갖고 인간을 속인다는 것인데, 그 때 따르는 고통은 인간 스스로 만들어 낸 돈의 환상이나 돈에 대해 갖는 두려움이나 증오심 때문에 촉발된다.

돈은 인간의 의지가 없으면 늘 항상성 에너지도 동요하지 않지만 자유시장에서 돈이 갖는 권력은 요동치면 막강하다. 집단지성의 개별적 인간들은 돈에게 막강한 권한을 부여하고 또한 그것에 속박돼 있다. 개인들의 탈출구는 역설적으로 집단지성이 하나가 되도록 자기 에너지를 발산해 돕는 일이다. 집단의 참나 또는 진아를 찾는 과정이 그것이다. 그 참나만이 자유시장에서 실존하기 때문에 나머지는 그것에 의해 언제든 사라질 먼지 같은 존재다. 따라서 집단의 참나는 개인들의 심성가치가 하나로 모아지는 과정이다. 그 끝에 자유시장의 문제점들은 '보이지 않는다'가 아니라 '보지 않는다'는 쪽으로 결론이 난다.

심성가치는 곧 갈등이나 갈등의 소지 등을 잠재우는 것이 아니라 근본적으로 치유하는 세속계 정화의 과정이다. 그것은 도덕률의 안착이다. 동양의 수천년 항상성 에너지인 무위(無爲)는 '하지 않음'이 아니라 '모든 것을 하면서 하지 않음'이다. 무위는 곧 태극과 연결되고 무극 속에서 잉태된다. 문명적으로는 가장 이상적인 통치와 경제 시스템이다. 최고 권력자는 하지 않지만 하지 않음이 없는 강력한 에너지 장의 중심에 있다. 심성가치는 무위의 한 형태다.

　무위는 또한 생명이다. 인간의 뇌나 몸의 생리적 작용이 아니라 그 무엇이란 환경이 인간에 전달돼 작용되는 생명현상이다. 생명현상은 갈등이 없으면 오히려 문제가 되는 이율배반의 정의가 통한다. 무위는 현상계 혼돈을 담아내는 담지자다. 현상계 악과 악마적 환경은 자위적 현상으로 포장되고 커지지만 무위적 현상이 이를 충분히 제어하고도 남음이 있다. 시스템적으로 하자 없이 모든 일이 순조롭다면 그것은 선의 발아다. 이때 선을 더 많이 불러들이고 악을 물리치는 방식은 내면의 탐닉성으로 자기 자신을 돌아 볼 때다. 악은 선의 속에서 다시 발아되기 때문이다. 끝없이 무위를 지켜야 하는 항상성 에너지는 그래서 강력하다. 절대계 에너지를 필요로 할 만큼 무위의 에너지는 모든 것을 통제 가능하다. 돈이 무위의 한 가운데 자리를 잡고 앉아 모든 것을 가능하게 하기도 하지만 파괴하기도 한다. 돈이 신성을 가지면서 선악을 대변하는 이유다. 돈은 무위의 중앙통제장치이면서 무위의 흐름 속에 흐르는 에너지이기도 하다. 그래서 인간의 인위적 에너지로 돈이 통제되지 않는다. 현대 금융자본은 이를 거스르고 있다. 이 또한 악덕의 덕이 사라지는 악마의 타락이다.

7. 천사의 옷

천사가 버린 자유 시장 이단아 '게으른 한량들'

생명의 초정밀 작동원리는 결핍을 전제로 한 끌림의 총체적 에너지 조화다. 원자 단위에서 공유결합을 통한 아미노산의 생성은 전자의 결핍 그리고 결합에 의해 시작된다. 공유결합과 함께 결핍의 조화인 수소결합, 이온결합 등을 통해 생명체 인간이 만들어진다. 근육, 장기, 면역, 대사 등 생명유지에 관여하는 수많은 단백질들은 그렇게 생성된다. 또 생명유지의 세포호흡 등 화학작용들은 결핍과 끌림의 이중주로 일어나는 무한히 다양한 음률과 같다. 생명 에너지와 같은 원리를 갖고 있는 동화체인 돈 또한 결핍과 끌림의 대칭적 운동성을 갖는다. 돈의 상징은 부족함의 결핍과 넘침의 끌림이라는 상반된 순환 에너지를 갖고 있다. 가난의 고통은 결핍에서, 부의 행복은 넘침에서 일어나 인간의 행불행을 가른다.

생명운동은 음양의 무수한 변수인 자유가 주어진 속에서 무제한적으로 많은 선택지들을 치열하게 골라야 하는 행동이다. 그것이 업(카르마)이고 그 업이 쌓여 업장이 되고 있다. 현상계에서 (등속)운동은 업이 쌓이지 않는 비선택이지만 행동은 에너지 장(업)을 형성한다. 행동은 자유이지만 잘못된 선택에 대한 두려움의 연속성으로 인해 구속이고 원죄의 단초가 되는데, 그 자체가 생명의 축복인 이중성이다. 절대계 무위(無爲)와 현상계 유위(有爲)가 엄연히 다르지만 또한 다르지 않은 공생의 원리다.

무위는 생명운동을 통해 업을 쌓도록 하지만 그 업(유위)의 작위(作爲)

가 곧 자유이기에 존엄한 신성이다. 업이 고통과 번뇌이기에 꼭 떨쳐버려야 할 존재 같지만 그것을 있는 그대로 바라보는 유위를 통해 무위를 향할 수 있다. 그것이 선택지 행동이다. 반면 절대계에서 등속운동은 없음과 같은 고요함이다. 그러나 절대계 무위는 하지 않음이 아닌 모든 것을 하게 함을 하는 모태다. 현상계의 무위는 엄밀히 없고 유위의 중단상태일 뿐이다. 절대계와 현상계, 무위와 유위, 운동과 행동 등의 에너지 원리가 바로 결핍과 끌림의 상호작용으로 역동하고 있다.

현상계에서 생명의 축복은 에너지 충전과 방전을 반복하면서 이루어지는 결핍과 끌림의 신비한 상호 작용에 대한 찬미다. 생명의 원천이 돼온 결핍은 에너지 충전상태이고, 끌림에 의해 조화가 완료된 상태는 방전이다. 충전이 생명이고 방전은 죽음이지만 생명유지 속성은 살아 있는 동안 이를 무한 반복한다. 인간의 경우 약 70조개에 이르는 세포들이 불과 몇 개월이라는 짧은 기간에 전부 죽고 새로 태어나며 옷을 계속 갈아입듯 생명 속 생명현상은 생멸을 반복하면서 생명을 유지고 있다. 결핍과 끌림의 상호작용은 가속운동인 행동의 치밀한 예정설과 같이 정밀하게 작동하고 있다.

이처럼 행동은 자유의지를 갖고 스스로 업을 쌓는 것조차 축복이기에 자기 안의 고통을 바라보는 것이 곧 생의 찬미인데, 이것은 자연의 법이며 인간의 노(道)이고 불성의 나트바다. 에너지 기본 속성을 이해하고 받아들일 때 행복과 고통이 하나가 되고 무아의 경지에 이른다. 고통은 본래 존재하지 않는 것으로 사라진다는 의미조차 없다. 따라서 본래 자리로 돌아간다고 해야 맞다. 결핍과 끌림은 결국 신성을 갖는 하나의 동일체다. 가속운동을 하는 업 자체가 인간에게는 미지의 일이기에 두려움과 공포의 대상이기는 하지만 반대로 그것 때문에 생명의 희열을 느끼면서 희망을 갖게 하는 것은 태극의 조화다. 고통은 결핍의 원인 같지만 넘침을 바라보는 결핍이기에 본래 고통스럽지 않은 에너지 장이다.

결핍과 끌림의 에너지는 설사 생명이 끝난다고 해도 그것이 새로운 에너지의 시작이라는 것을 알려준다. 죽음이 조화로운 이유에는 새로운 결핍을 만들어 내는 무극의 상태가 태극으로 그리고 환극으로 역전이 현상을 일으키는데 있다. 인간, 자연, 만물이 가능한 이유에는 극과 극의 분리와 그것으로 인한 척력과 인력의 순환에 있다는 것이다. 현대 문명의 모든 이기들이 양자들의 극성에 의해 찬란하게 태어났다. 마이너스 극이 플러스 극과 완벽히 만나 조화로우면 방전이고 그 극이 떨어져 있으면 충전이듯 생명의 원리는 결핍성의 전자 운동성에 달렸다.

영생(永生)이나 불생(不生)도 그 연장선상에 있다. 생명의 완벽한 조화는 죽음이 아닌 영불생의 새로운 변환이다. 영생과 불생은 정반대이면서 같다. 태극상태에 있는 영불생은 그 조차 없을 때 무극이다. 천사의 옷은 영불생이 있는 곳에 연유한다. 극성이 없는 무극의 절대계는 고요함조차 없는 고요함이다. 그 속에서 극성이 다시 탄생하고 만물이 창조되기에 절대적 신성의 영역이다. 하지만 생명에게는 죽음이고 그것이 종교적으로는 영원한 영불생의 영성으로 표현된다.

에고의 원리로 몸이 아닌 자신이 영성이라면 죽음이 없다는 것은 틀리지 않다. 에너지의 변환만 일어날 뿐이다. 불성으로 에너지의 영원한 정지를 가능케 한다면 기독교적으로 영원성과 구분되지 않는다. 우주는 그런 영성과 불성으로 코스모스 원리와 같은 완벽한 조화를 창조해 냈다. 영불성에 있는 천사의 옷은 그렇게 창조한 곳을 오갈 수 있는 일종의 소통 에너지다. 일체개고(一切皆苦) 근심과 걱정, 불안 등의 고통은 해탈이라는 영원성으로 들어가는 것이 가능하다. 원죄의 공포와 두려움 등의 죄의식 또한 구원이라는 영원성으로 향해 나아갈 수 있다. 이 과정을 관통하는 에너지가 천사의 옷이다. 다르마와 법, 도(道), 말씀, 섭리, 로고스 등이 태극 속에서 일어난 절대 조화의 고요함이다. 천사의 옷이 고요함을 실어 나른다. 제법무아(諸法無我)에 이르면 그 고요함 속에 옷이 보인다. 삼라만상에 가득해 요동치는 양자장이 또한 태극의 법질서를 따른다.

천사는 거울 같은 역할을 한다. 생명의 운동성이 온갖 고통과 원죄를 유발하면서도 스스로 가속계 법칙에 따라 생명을 찬미하는 모습이 마치 거울이다. 천사는 신성의 법칙을 따르지만 생명을 찬미한다. 이는 선과 악으로 갈라진 가속계에서 일종의 긍정적 동력이다. 이 동력은 생명 에너지의 원천으로 결핍의 근간이 되면서 척력과 인력을 순환케 하고 있다. 현상계 고통과 번뇌는 생명의 한 몸으로 태어나 천사를 통해 반추되고 있다. 그런데 천사는 꼭 선함만의 얼굴이 아니다. 천사는 옷을 입어야만 천사의 역할을 하는 방전된 생명현상의 결핍 속에 함께 있다. 하늘의 고요함과 절대 순환 속에서 천사는 불필요하지만 생명이 잉태될 때 생명의 옷을 입어 절대계와 현상계의 에너지 심부름을 한다. 돈은 그런 천사의 옷과 같은 존재다. 돈은 절대적 신성을 담지자로 삼아 현상계 불완전의 옷을 입고 선악의 무한 얼굴을 갖은 채 움직인다.

인간이 우주이고 마음이 영성이라면 천사는 그것을 보게 하는 에너지 가교다. 영적 교감이나 깨달음 그리고 도에 이르는 것 등의 현상들도 그래서 천사다. 종교적 천사도 있고 비종교적 천사도 있다. 전자는 신의 대변인 격인 선지자들이며 후자는 자연의 근본섭리를 탐구하고 이해하고 밝히는 지혜를 갖고 있는 철인(哲人)들이다. 이들에 의해 인간의 존엄성이 밝혀지고 구현되며 지켜지고 있다. 이들이 밝혀내는 존엄성은 생명의 찬미 속에 악과 악마가 포함되는 진리다.

인간의 심성 차원에서 천사는 생명의 수행원리를 따르는 자연의 섭리에 순응하는 형식이다. 그 섭리는 무조건 조아리는 것이 아닌 생명의 능동적 자기구현을 완성해 나가는 인격이다. 자기만의 목적성이 악의 형태지만 그 목적성이 집단지성으로 이타성의 결과를 낳을 때 그 사람은 지상의 천사에 버금간다. 그 천사가 입는 옷은 절대계와 현상계를 오갈 수 있는 에너지의 다른 표현이다. 천사의 옷은 무조건 착함이나 선행이 아닌 선과 악을 모두 아우르는 중용의 덕이다.

천사는 악을 쫓아내는 주인이지만 선을 쫓아내는 주인이기도 하다. 선과 악 그 어느 하나를 취하지 않는다는 것이며, 선함인 냥 하는 악은 가장 추악하게 배척한다. 이 세상의 선함을 다 하는 것인 냥 하면서 정작 일을 하지 않는 한량들이나 일을 해도 목표가 없는 게으른 일꾼들이 그 대상이다. 이들은 천사로부터 사기꾼이나 강도보다 더 나쁜 취급을 받는다. 천사의 옷을 입고 절대계에 죄값을 청해야 한다면 게으른 한량들이 1순위이고 그 다음이 게으른 일꾼들이다. 이들의 특성은 공들게 쌓은 에너지를 무너뜨리기 좋아하는 본성을 갖고 있다. 이들은 자연의 섭리를 파괴하면서 스스로 악마인줄 모른다. 위급하면 천사를 부르기까지 하는 이상한 행동을 한다. 나아가 이들은 천사의 옷까지 사고팔고자 하는 과욕을 부리며 착각 속에서 헤어나오지 못한다.

천사가 옷을 입고 일을 할 때 자유시장 내 현상계 기준 악덕의 사람들

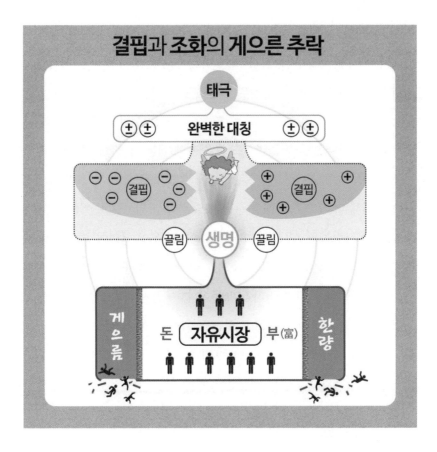

결핍과 조화의 게으른 추락

에겐 자유라는 이름의 선택권을 더 준다. 시장에서 이들의 역할이 선덕으로 표현될 때 돈이 이들에게 화답을 한다. 반면 게으른 한량들은 자신만의 선한 얼굴 속에 몸까지 파묻은 채 스스로 묘지를 파지만 그 조차 모르고 남의 무덤을 판다고 착각한다. 천사는 지옥에 가는 이들 생명의 가치를 축복하지 않은 채 방관만 한다.

부자들이 구원을 받기 어렵다고 한데는 그들만의 목적성이 지나치게 강한데서 오는 악의 근성이 있지만 자유시장에는 이들 부자보다 더 나쁜 선한 위장을 하는 악의 근성이 많다. 부자들은 결과적으로 자유시장이라는 생명의 초원을 일구는데 일조하는 측면이 있다는 것은 주지의 사실이다. 타인을 향한 미필적 고의에 의한 선함은 영적 성숙은 아니라고 하더라도 영적 타락을 하기 전의 모습이다.

반면 게으른 한량들은 영적으로 타락해 생명의 풀밭인 자유시장을 헤집고 다니며 숙떼밭을 만들면서도 그 행위에 대한 죄의식을 스스로 면책하는 악행의 주범들이다. 천사는 이들에 대해 옷을 입고 가차 없는 영적 구속을 위해 더 게으른 상태를 주는 형벌을 주는 임무를 수행한다. 시장의 악질적 사람들의 행태에는 차라리 천사의 옷이 날아들 여지조차 없다. 자유시장 내 선덕과 악덕의 조화가 악과 악마적 요소만 있는 에너지장을 에워싸거나 아니면 버리기 때문이다. 이런 원리의 에너지 장을 갖는 돈은 게으른 한량이나 게으른 일꾼들에게는 향하지 않으며 간다 해도 잠시 뿐이다. 이들이 탈출할 수 있는 길은 자유시장 내 이타성을 발휘하는 긍정의 에너지를 끝없이 선순환으로 돌리는데 있다.

형벌조차 모르는 운명의 불만자 '게으른 일꾼들'

천사와 악마의 두 얼굴을 하고 있는 돈의 본 모습을 보려하면 보고자 하는 그 에너지 장에 먹구름이 끼기 시작한다. 돈은 천사도 악마도 다른 에너지로부터 구별되는 것을 원하지 않는다. 인간이 신의 선악을 구분하지 못하는 것과 연장선상에 있다. 하지만 많은 자유시장 내 이방인들은 반 이방인적 평범함의 마음을 갖지 못하고 신성을 갖고 있는 돈의 선악을 가를 수 있다고 생각하며 오만한 행동을 하기 일쑤다.

게으른 한량들이 이런 성향이 가장 강하다. 이들 다음으로 늘 방전돼 있는 부류인 게으른 일꾼들이 또한 돈에 대해 오만한 생각을 갖는다. 그 오만함은 일을 하고자 하는 충전 에너지가 아니라 타인의 에너지를 공짜로 얻어 방전하려는 자기기만의 성격을 갖는다. 게으른 일꾼은 목표가 없이 자기 안에 갇힌 뜬구름을 행복으로 여기는 삶을 산다. 즐기는 것과 안락함이 우선인 채 힘들면 피하거나 자기 안에 꽁꽁 숨는다. 늘 불평불만이 많고 자리를 자주 옮겨 다녀 주변을 힘들게 하는 악귀 같은 속성을 지녔다. 돈은 게으른 한량 보다 게으른 일꾼을 더 경계한다.

돈이 인간에 의해 선악을 가를 수 있다면 그 돈은 인간의 에고일 뿐 돈의 가치를 오히려 모르게 된다. 인간의 에고라는 잣대는 특별한 기준을 갖추지 못한 혼돈의 번뇌다. 번뇌의 잣대로 절대의 모습을 재단한다면 그것은 자신뿐만 아니라 주변의 번뇌를 더 키울 뿐이다. 선악을 더 구분하지 못하는 가운데 돈의 변화무쌍함이 원망스럽다며 돈을 증오하고 미워한다. 게으른 한량과 게으른 일꾼들이 갖는 보편적 성향이다. 이 때 천사는 옷을 입고 이들을 일깨우려 하지만 돈을 천시하고 무시하며 미워하는 이들은 그 조차 알아차리지 못한다. 죽음의 순간까지 자신의 존재가치를 알지 못하고 자기 자신이 부여한 가난의 예정된 운명을 확정지어 버린다.

그들에겐 부질없는 상념이 늘 머리를 둘러싸 천박한 행복을 존엄이라고 착각하게 하는 상황들이 멈추지 않는다. 에고라는 먹구름이 천사가 옷을 입는 것을 방해하고 전사가 들어오는 것을 막아서면서 인산이 돈의 질서를 관장할 수 있다고 오인하는 순간 돈은 본 모습을 드러내며 역습까지 가한다. 그 돈의 모습은 악마의 얼굴이다.

정글에서 잠자는 사자의 성냄이 무섭듯 돈은 늘 치밀하고 정교하게 순환하면서 성냄이 없는 잠자는 모습이지만 한번 성냄이 드러나면 사자의 이빨처럼 용서가 없다. 그것은 부자와 빈자를 가리지 않는다. 천사가 옷을 입고 개입할 틈을 주지 않는다. 부자는 빈자로, 빈자는 더 빈자로 만드는 것이 돈의 공포스러운 성냄이다. 돈은 그래서 무섭게 소용돌이치는 힘이지만 보이지 않는 고요함의 퍼텐셜 에너지가 강렬해 더 공포스럽다. 돈의 이런 힘을 보기를 원한다면 돈을 향한 모든 사심과 탐심에서 자유로워야 한다. 그 무욕은 돈과의 이별이나 결별이 아니라 그 반대로 돈과의 진실된 하나됨의 과정이다. 돈의 선악을 재단해 악마를 불러들이는 과정이 아니다. 돈과 생명의 파동이 같은 주기로 움직이기 때문에 하나됨은 당연한 자연의 교감현상이다. 신의 말씀도 당연한 이치를 따르는 것이고, 위대한 선지자들의 가르침도 정해진 순리를 위배하지 않는데 있다. 무욕은 그런 이치이며 그 속에서 돈은 인간에게 가치를 창출해 준다.

선악의 문제를 무위와 유위적 측면에서 다시 이해를 해볼 필요가 있다. 무위가 하지 않음이 아니고 유위가 아니지만 유위를 모두 관장하는 전부 하는 것이라는 관점에서 무위를 보면 돈의 세속적 작위는 곧 돈의 무위에서 온다. 철저히 작위적인 가속계 자본시장에서 인간의 자유의지라는 유위로 만들어지는 일 가치의 돈은 분명 유위의 인과율 법칙을 따른다. 그 과정에서 돈은 스스로 드러내지 않음에도 인간은 그 돈을 드러내려 하는 작위적 성향이 강하다. 그것을 통해 과시하고 뽐내며 오만해하고 타자를 구분해 무시하기까지 한다. 작위의 극한은 인간이 돈의 선익을 만들어 가는 노정과 같다. 인과율이 만들어지는 돈의 현상계는 혼돈의 에너지로 변하면서 결국 인간을 공격하고 들어온다. 많은 부자들이 이런 작위적 실수를 하면서 빈자로 추락하거나 많은 빈자들이 이런 작위에 빠져드는 실수를 하면서 극빈자로 떨어진다.

천사의 옷은 인간의 에고가 유위적으로 강열한 힘을 발산하는 한 천사에게 입혀지지 않는다. 그래서 인위적으로 옷을 입히려는 노력 또한 헛되다. 빈자가 부자 되는 것보다 부자가 부자로 남는 것이 훨씬 어려운 것은 부자가 되면 천사의 옷까지 입힐 수 있다는 악의 간섭을 받기 때문이다. 돈에 인과율을 임의적으로 가한다는 자만감이 그 시작이다. 그것이 극심하면 인과율에 의해 탄생한 시공이 아니라 시공이 인과율을 만드는 신성의 영역까지 가려 한다. 물론 인과율과 시공은 동시적 존재로 형상을 드러내고 인간에 의해 그때그때 작위적으로 가를 수 없다.

돈은 세속적으로 인과율을 따르지만 유위를 관장하는 무위의 단계에서 그 법칙이 보이지 않는다. 돈이 스스로 결정하는 법칙엔 신성의 창조정신이 깃들기 때문에 자유시장을 돌리는 힘이 있다. 그 순환의 자가발전 속에서 돈은 악덕의 모습보다 선덕의 모습으로 인간에게 다가간다. 인과율을 인간이 부린다고 오만을 부릴 때 당연히 악덕이 덮친다.

악마는 돈 자체에 있는 것이기도 하지만 돈을 소유한 자의 악마가 결합되기 일쑤다. 인간과 돈의 악마성이 만나 시너지를 일으켜 부자의 추락을 가속화 시킬 때 그 악은 후퇴하지 않고 오직 전진만 한다. 때로는 돌아 볼 틈조차 가질 수 없도록 속전속결로 부를 심판하면서 공포를 쏟아낸다. 하지만 돈을 놓아 줄 때 악마성은 사라져 간다. 그래서 돈을 많이 보유한 부사가 되기 위해서는 부의 권능 이후 부사로 남는 길을 시혜로 터득하는 선제적인 용기가 필요하다. 부를 일구는 과정에서 수없이 선악을 구분하는 유혹이 따르지만 그 유혹으로 쌓은 부의 성은 얼마 지나지 않아 무너진다. 정상적이지 않은 부를 쌓고자 하는 사특한 뱀의 유혹은 실로 집요하다. 수없이 많은 부가 뱀에게 가지만 대부분 그들은 그 부가 자신에게 영원히 남을 것으로 본다. 그래서 부를 지켜가는 방법을 안다는 것은 부를 일굴 때 사악함의 유혹을 받지 않는 방법을 터득하는 것과 같다.

천사는 뱀을 물리치는 일을 하지 않음에도 오만한 부자나 빈자들은 천사에게 조난신호를 보내는 어리석은 행동을 넘치게 한다. 자유시장에서 무수히 많은 긴급구조 신호들이 천사에게 향하지만 절대 천사는 그런 옷을 입지 않는다. 천사가 뱀을 물리치는 일을 한다면 뱀은 오히려 천사까지 물어뜯고 전횡을 일삼는다. 그것이 현상적으로 패가망신의 전형이다. 한 순간 모든 것을 잃는다. 자신을 향한 사특함을 돌아볼 때 천사가 옷을 입고 뱀의 유혹은 차단된다.

자연과학적 접근으로 볼 때 천사는 자연계 모두의 속성이며 에너지적으로는 파동의 연속이다. 천사는 물론 악마 또한 파동성을 피할 수 없다. 움직이는 에너지도, 정적인 물질도 파동성을 띠면서 보이지 않는 또는 확연히 드러나는 이미지를 동시에 만들어 낸다. 선악도 그렇게 형성되면서 스스로 창조되기 때문에 다른 파동이 또 다른 파동에 영향을 줄 때 진실 되게 그것을 파악하기 어렵다. 창조의 근원인 양자장은 두 얼굴의 모습으로 선악이라는 항상적 긴장감을 기막힌 정교함으로 유지하고 있다. 양자장의 에너지 형태로 드러나는 돈에 인위적 힘을 가하면 돈의 변신을 유도한다. 원천을 분별하고자 하면 판단하는 주체에 역습이 가해진다.

수많은 천체와 별들 사이의 텅 빈 우주 공간도 그리고 아원자 극미의 미시세계에서 더 큰 비율의 공간도 공통점은 파동의 연속이다. 진행파가 상호작용 하면서 힘을 만들고 인간이 사용할 에너지 원천들을 무한히 제공한다. 현대문명의 원천인 전자기파는 그 대표적 상호작용 에너

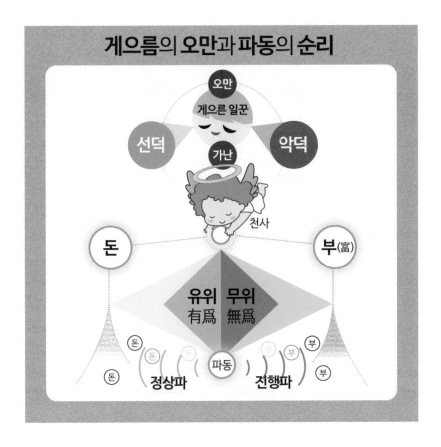

게으름의 오만과 파동의 순리

오만
게으른 일꾼
선덕
악덕
가난
천사
돈
부(富)
유위
有爲
무위
無爲
돈
돈
돈
부
부
부
돈
파동
부
정상파
전행파

지다. 질량을 갖는 물질은 정상파를 통해 존재를 구현하고 있다. 만물의 생명현상과 존재를 동시에 구현하는 원천은 모두 빈 공간의 원리에 들어 있다는 것이다. 거시와 미시 모두 텅 빈 공간에 무수한 에너지(양자)들이 요동치면서 가득한 양자장을 형성하고 있다. 양자장은 종교적으로는 창조주이고 자연의 섭리로 보면 일종의 만능 배아다. 모든 것을 가능하게 하는 초정밀 주관자다. 극미의 상수값만 달리해도 인간은 물론 드넓은 우주도 순식간에 파멸된다.

선한 얼굴도 악한 얼굴도 인위적인 자유시장의 이방인들은 자신을 가두면서 세속적 돈을 벌고 있는 중이다. 그 과정 자체에 자신의 운명을 과감히 놓으면서 무한 창조력을 믿고 일 가치에 최선을 다할 때 에너지 진행파의 상호작용을 통해 강한 힘을 얻는다. 그것이 돈으로 형상화되면서 부의 기운을 몰고 온다. 자본시장에서 인간은 선악을 가르지 않고 유위한 가운데 무위라는 행하지 않음의 하고 있음을 이행하면 옷을 입은 천사의 태극 운행을 받으면서 부의 기운을 모은다.

3부

부자로 가는 길

THE KEY TO WEALTH

1. 양자장의 진실

인간 숙주화 시킨 생명 원리에 돈도 주인 역할

현생 인류인 호모 사피엔스는 다른 동물과 다르게 영성을 갖는 고등 동물로 인정되고, 그 영성이 신성과 통하는 존엄성을 근본가치라고 자기부여 해 왔다. 동물과 다른 영성 또는 존엄성의 근간은 실재하는 것인지 아니면 인간이 스스로 만들어 낸 작위적 산물인지 정확한 진실은 아직 모른다에 가깝다. 다만 수많은 실험결과 영장류 중 인간만이 지적 호기심을 갖고 학습과 탐구를 하는 뛰어난 인지 내지 인식 그리고 사유능력을 갖는다. 하지만 그것만으로 인간이 동물에는 없는 영성을 갖고 있다는 확증을 하기에는 자기오만의 착각일 여지를 남겨둬야 한다. 다세포 복잡계의 생명원리와 그 가치를 보면 이해된다. 인간의 영성이 절대자 신성과 소통할 수 있는 유일자라는 것은 종교적 신자가 아니라면 확실성에서 여전히 여운을 남기고 있다.

생명의 초정밀 원리는 아이러니컬하게도 수십억년 전 가장 단순한 원시 원핵생물부터 시작돼 지금 이 순간에도 지구상 다세포 모든 동식물은 그 원리의 틀 안에 있다. 지구 생성 초기 35억년전 산소를 만들기 시작한 시아노박테리아가 현재도 호모 사피엔스가 지배하고 있는 지구상에서 산소를 내뿜으며 인간과 생명의 이웃이다. 이 박테리아는 인간의 원 조상이자 형제인 셈이다. 이후 자체 DNA를 갖고 있으면서 자기복제를 하는 또 다른 원시 생명체 미토콘드리아와의 위대한 랑데부가 오늘의 인간 생명을 비롯한 모든 동식물의 원형이 됐다. 최초의 광합성 생명인 시아노박테리아와 에너지 공장인 미토콘드리아 간의 치열한 경쟁관계가 집(세포)과 힘(에너지)을 주고받아 공존공영의 생존이라는 드라마틱한 창조세계를 열었다. 원시 지구에서 생명의 공존 내치 협치 원리는 생존을 위한 선택이었고, 그 선택은 자유의지가 개입된 가속계 운동이었다. 원시 세포 간의 공생은 혁명적 진화인 생각과 의식의 출현에 비유될 만한 위대한 사건이다.

에너지 공장이 세포와 합병하면서 열린 다세포 시대는 다른 말로 수많은 생물종의 탄생이었다. 즉, 생존을 위한 치열한 선택의 과정 속에서 새로운 종의 창조와 탄생의 축복이 확대됐다. 이는 에너지의 복잡다단한 변형이기도 하다. 에너지 장으로 가득한 양자장 속에서 시공의 다른 모습이 물질 또는 생명이다. 시공간 에너지의 변화는 생명의 원리를 제공하는 전자기 상호작용(전자기력)의 영향을 받지 않고 중력장의 영향을 받아 인간의 눈과 감각으로는 검출되지 않는 에너지다. 과학자들은 우주의 대부분을 차지하고 있는 암흑물질과 암흑에너지가 다른 차원과 소통하고 있을 가능성까지 제기하고 있다. 치밀하게 짜여지고 얽혀진 에너지장은 자연과 생명의 자궁이면서 운동장이기도 하지만 감옥이기도 한 모습이다. 원시생명들은 그 속에서 새로운 에너지 물질인 교감의 생명을 이뤄냈다. 인간도 역시 시공간에 꽉 찬 에너지 장의 변형으로 탄생돼 양자장의 기준으로 보면 다른 생명체와 특별히 다를 게 없는 산물이다.

다세포 진핵생물은 양자장 속에서 복잡계 유기체를 형성하면서 무한진화를 거듭해 갔다. 지구상에는 그렇게 형성된 동식물이 무려 3천만종에 달하는 기적과도 같은 창조가 현실화 됐다. 인간 이외의 지구상 모든 동식물까지 미토콘드리아라는 단독생명체에 가까운 에너지 공장이 없으면 생명유지가 불가능해졌다. 생명유지에 필요한 에너지를 각종 부위에서 잘게 쪼개 사용할 수 있도록 해주는 미토콘드리아의 ATP는 일종의 에너지 화폐같은 발권의 다양성에 따른 결과물이다. 그 에너지 발권기능이 마치 자본시장의 축인 화폐의 기능과 신비하게 유사하다.

양자장 속에서 전자기 상호작용에 의해 인간의 눈에 보이고 만져지는 물질과 생명은 약 4%에 불과하다. 그 중 생명들은 에너지 발권 공장의 정밀한 작동원리에 의해 지배를 받는다. 극미의 시간조차 인간은 그 지배를 벗어나지 못한다. 거시세계의 자본시장 내의 돈 에너지 또한 인간을 지배한다. 그런데 돈을 지배하려는 인간의 욕망은 자연의 에너지 질서를 벗어난다는 뜻이다. 에너지 화폐 공장의 지배하에 있는 체세포처럼 인간의 나라는 주체가 돈 에너지라는 주체에 의해 작동되는 객체다. 돈 또한 복잡계 체세포의 생명체를 유지시키는 필수 에너지다. 돈은 인간의 노동으로 만들어지는 충전된 가치인 듯 보이지만 본래 충전된 시공간 에너지가 인간의 노동을 이용하는 본래적 주체 에너지다. 이기심을 근간으로 하는 자본시장이 작동하는 과정에서 이타심이 함께 작동하는 이유다. 자본시장이 이기심으로 많은 문제점을 내재하고 있으면서 스스로 정화해 나가는 내적 긴장감을 유지하는 것을 자연의 본유적 길항작용이다.

자본의 전체적 흐름이 이런 시스템이다. 자유시장에서 산업자본과 금융자본의 만남은 미토콘드리아의 랑데부처럼 위대한 문명의 결실을 낳았다. 두 개의 큰 자본 축은 상호 길항작용을 하면서 끈끈하게 뭉쳐졌다. 자유시장의 에너지 축이 돈(화폐)으로 초연결 돼 있듯 지구상의 수천만

양자장 속 생명의 본체

인간의 오만

불행　양자장　불운
돈
박테리아
동·식물
인간

생명
본체

종에 달하는 모든 동식물은 미토콘드리아가 발권하는 작은 단위의 에너지 화폐로 초연결 돼 있다. 생명체 모두에서 하나의 에너지 작동원리가 공통적으로 작동하고 있다는 것은 인간이 여전히 에너지 원천에 관한한 원핵생물의 지위에서 못 벗어난 유기체임을 반증하고 있다. 산업자본과 금융자본도 전자는 일가치에 의해, 후자는 무노동 무가치에 각각 탄생하는 전혀 다른 성질이지만 기막힌 공생관계를 유지하고 있다. 산업자본은 금융자본에 스스로 복제할 수 있는 원천가치를 제공하고, 금융자본은 산업자본에 다세포 분열처럼 가치를 무한히 생산할 수 있도록 하는 필요한 에너지를 실어 날라 준다.

생명은 미시의 작동원리나 거시의 생명유지 모두에서 에너지장의 지배를 받고 있는 셈이다. 따라서 인간을 비롯한 모든 복잡계 생명은 주체가 아니다. 에너지를 매개하는 중간자들인 돈과 단세포 생물이 주체다. 미토콘드리아가 에너지 공장 역할 뿐만 아니라 세포의 성장과 죽음 그리고 그 주기까지 관여하는 것처럼 돈은 인간의 미시와 거시 에너지 생명을 지배하는 슈퍼포스가 됐다. 양자장이 프라임 포스라면 오리지널 슈퍼포스는 인간의 오만이 그리는 인간이 아니고 단세포 에너지 또는 돈과 그 기저의 양자장이라는 것이다. 지구상 대부분 생명들이 미토콘드리아의 에너지 원천 소스와 지시·명령으로 움직인다는 것은 인간을 포함한 모든 동식물이 극미의 에너지 원천 생명체의 숙주역할을 하는 것에 지나지 않는 공포로 다가온다. 돈 역시 그런 형상이 흡사하다.

다세포 생명체가 초정밀 복잡계를 스스로 만들어 내기는 했지만 그 복잡계에 에너지를 부여하는 생명 에너지의 원천은 여전히 수십억년전에 일어난 세포핵과 미토콘드리아와의 공동전선 때문임을 거듭 상기해 보자. 그 에너지의 원천이 만들어지는 가공공장을 또한 들어가 보면 원자단위 양성자와 전자의 운동성으로 일어나는 세포호흡이 기저 원리다. 양성자 펌프는 세포의 막을 넘어가 수소($H+$)를 실어 나르면서 전기화학 전위차를 발생시키면서 결핍과 조화의 법칙에 의해 생명의 원천 에너지를 만들어 낸다. 이 에너지가 인간외 일 가치를 만들어 내고 돈으로 형상화 시켰다. 우주 빅뱅 후 수분 내 만들어지고 현재 모든 우주와 생명체의 대부분을 차지하는 수소가 수십억년에 걸쳐 에너지 샘물이 되고 있다. 그 샘물에 무한히 공급되는 물이 또한 양자장이다.

돈은 생명을 숙주로 원시 지구에서부터 지금까지 수십억년을 살고 있
는 미토콘드리아의 에너지와 흡사하다는 점을 반추해 보면 인간을 에워
싼 자본시장 내 돈의 질서를 볼 수 있다. 인간의 몸은 '나'라는 주체라고
할 그 무엇인가를 찾아야 할 주인에서 멀어지는데, 그 자리에 에너지 매
개체의 오리지널 포스가 자리하고 있다. 그런 주인의 에너지 원리에 의
해 부차적인 인간의 몸이 움직이면서 돈의 질서가 만들어져 돈의 질서
가 인간의 일가치 체계를 정립했다.

단순한 에너지장이 지금 이 순간에도 시시각각 에너지를 만들면서 인
간 사회의 깊숙한 곳곳에서 일로 기능하고 있다. 돈에는 인간이라고 하
는 주체에 의해 관리되는 오만이 들어갈 자리가 없다. 오직 생명원리를
주관하는 양자장의 초객체에 의해 관리되는 정교한 에너지 시스템이다.
부를 지나치게 소유하려고 하면 그것으로 소모된 객체(인간)의 에너지
는 그만큼 상실된다. 아무리 노력해도 돈이 되지 않고 소모(연소)될 뿐
이며, 그것은 오히려 타인을 향하는 지렛대가 될 뿐이다. 나의 내 것이
아니고 타자의 타인 것으로 그리고 정해진 것이 없는 에너지 순환의 객
체로 움직이면서 나라고 생각하는 사람의 몸을 떠난다. 생명유지 속성
과정에서 돈(일)은 이 같은 반열에 있는 만큼 숙주인 인간이 생명의 주인
이라고 에너지를 내뿜지 못한다. 돈은 결코 인간의 지배를 받지 않는다.

오리지널 실체없는 인간, 프라임 에너지 주변인

시공은 물질과 그 매개하는 힘의 상호작용만으로 탄생하는 가속계 운
동의 산물만이 아니라 심적 에너지 파동에 의해서도 탄생한다. 물론 탄
생이란 표현보다 시공 에너지의 변형된 상태가 적절하다. 심(心) 에너지

는 흔히 인지기능의 주체인 뇌를 일컫는다. 뇌가 생각이나 의식을 가지면 수많은 선택의 에너지장에 들어가 활동을 시작하기 때문이다. 그 순간은 대칭의 조화에 결이 생기면서 시공의 변형이 발생하고 물질과 힘이 탄생될 수 있다. 의식의 힘이 현실을 바꾸는 수많은 영적 경험들은 지금도 계속되고 있다. 그 사례가 심 에너지 파동의 사실성을 수렴한다.

심 에너지는 언어를 통해 시공을 독특하게 바꾸거나 왜곡시킨다. 특히 인간의 언어 구사 능력은 무한 선택의 순간을 빠르게 전개시키면서 타자에 영향을 미쳐 현실을 바꾸는 능력이 있다. 언어가 현상계의 지배자로 군림하면서 그 언어를 조종하는 심 에너지의 강한 선택력(자유의지)은 전자기 상호작용(전자기파)의 강한 파장을 만들어 낸다. 의식을 통해 일어나는 강한 파장은 타자 또는 다른 생명체에 직접적인 영향을 준다. 인간의 몸이 혐기성과 호기성 단세포의 기막힌 합병을 통해 에너지 공생을 이뤄 나가듯 전기파와 자기파는 상호 교란을 통해 의식의 장을 만들어주는 운동장이 되고 있다.

그런데 세균의 연합전선 또한 전자기장처럼 여전히 원자 또는 아원자 에너지 장이다. 원시적 에너지 원천과 고등동물의 의식 에너지 원천이 크게 다르지 않다는 것이다. 원천은 전자기파다. 전자기파의 전자는 운동을 하고 광자를 뿜어내면서 모든 살아있음의 자기증명을 분명히 하는 현실의 강한 포스다. 이를 통해 일어나는 전자기 상호작용의 힘은 사실상 무한대다. 그 시작이 또한 우주 전체 또는 인간의 약 70%를 차지하는 수소다. 수소는 생명체의 구성요소이기도 하지만 생명체의 핵심 먹잇감(에너지)이다. 수소에 의해 DNA 정보 지휘기관이 만들어지고 그 수소를 먹잇감으로 세포가 살아갈 데이터까지 쌓인다.

태양의 원천이기도 한 수소의 에너지원은 또 깊은 곳에 있다. 수소를 구성하는 쿼크와 전자 등 아원자 소립자들의 에너지 원천은 또 우주 만물에 가득차 요동치는 양자장이다. 아울러 현대물리학의 최전선에 있는 초끈이론으로 보면 끈이 만물의 창조자다. 초끈 역시 끊임없이 움직이는 에너지라는 것은 양자장 에너지 속성과 크게 다르지 않다. 양자진공이든 초끈이든 에너지가 발생하는 곳은 시공을 초월한 양자세계 힘의 원리에 있다.

상(常)의 원리로 보면 양자장은 무상이고, 아(我)의 원리로 보면 양자장은 무아다. 그 어디에도 드러난 것이 없고 그 어디에도 주체라는 것이 없다. 하지만 양자장의 에너지 세계는 대칭의 조화가 쉽게 깨지는 것이 또한 특성이다. 그로인해 무상과 무아가 사라진다. 양자세계는 가속계 에너지의 원리로는 파동으로, 질량과 물질의 원리로는 형상으로 각각 드러나고 있다. 나아가 순환하고 반복하는 가운데 시공을 점유하는 이 같은 드러남의 현상이 수많은 자본시장의 이기심을 만든 모태 에너지로 작용했다. 의식이 그 이기심의 본체 중 하나로 작용한다.

만물의 모든 법은 역설적으로 자본시장의 이기심 가득한 에너지에 응축되면서 돈이 이 법을 따르고 있다. 무상과 무아를 따르는 돈 에너지는 차원이 다른 세계와의 초연결을 통해 인간의 분열성을 표현하는 극치가 되고 있지만 그 극치의 위험인자가 최고의 도덕률이 무엇인지를 가늠하게 해주고 있다. 수많은 현자들은 그 도덕률의 가치를 역설하면서 자본시장 내 이방인들을 사로잡았다. 현대 자본주의에서 이기심을 갖되 억제하면서 큰 부자가 되는 이들이 많은 것은 돈이 갖는 선덕의 얼굴이다. 그 얼굴은 무한 조화의 초대칭이 깨지는 이율배반에서 오는 역설이다.

가속계 에너지 운동은 완벽한 조화의 형상을 한 것이 없다.

돈의 가치가 극대화 될 때 환극의 세상이 드러나면서 생사가 구분되고 죽음을 인지하는 인식의 가속운동이 빨라지는 현상은 불문가지다. 인지는 판단을 창조해 낸다는 것이다. 유일신(神)의 형상이 유일인(人)으로 에너지 변환이 이뤄진다. 무수히 많은 서로 다른 시공이 만들어지기도 한다. 돈의 그 능력이 다시 만물의 원리를 지혜롭게 인지하면서 생명의 영원성을 지켜내기 위한 투쟁들로 치열하다. 이 순간에도 영원한 삶을 살고자 하는 체세포들의 끊임없는 노력이 지혜의 문을 더 넓히고 있는 중이다. 그러나 생명은 무한히 나쁜 환경 속에서도 나만의 길을 간다는 무한관성의 모습으로 의식에너지 밑바탕에 갇혀져 있다. 그것이 생명의 존귀함을 만들고 있지만 세속적으로 표현하면 모든 생명체의 성욕은 '죽음에의 선구'를 통한 가속계 운동 의지의 반열에 있다. 그 강렬한 초자유 의지가 만물의 영장류라는 타이틀을 걸게 했다.

호모 사피엔스는 만물에 존재하는 절대 포스의 조화를 인지하고 그 힘에서 나온 수많은 생명체의 힘을 인지하는 능력을 가졌다. 영성과 물성 에너지의 원리를 알고 주관할 수 있는 인류는 그 순환의 법칙으로 화폐를 주조해 내 자본시장을 만들었다. 하지만 주지하다시피 돈은 인간이 아닌 오리지널 포스의 원리를 따른다. 포스는 가속계의 기본 힘이지만 오리지널 포스는 보이지 않는 가속계 지배원리다. 다크 에너지가 슈퍼 포스일 가능성을 열어 놓을 수밖에 없는 것은 인간이 인지하는 에너지 총량의 비율이 너무 작기 때문이다. 인간은 아직도 96%에 달하는 에너지 정체를 모른다. 다만 물질 에너지도 파의 한 형태로 구현할 수 있지만 그 파 또한 다종다양하다.

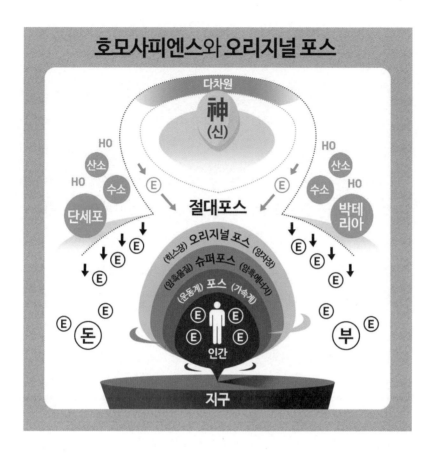

호모사피엔스와 오리지널 포스

다차원
神
(신)

HO
산소
HO
수소
단세포
E

HO
산소
HO
수소
박테리아
E

절대포스

(힉스장) 오리지널 포스 (양자장)
(암흑물질) 슈퍼포스 (암흑에너지)
(운동계) 포스 (가속계)

E
돈
E
E
E
인간
E
E
E
부
E

지구

파장은 얽히고 부딪치고 조화하면서 끊임없이 사건을 일으킨다. 그 사건의 다발이 물질(또는 물질파)과 상호작용(힘)을 만들어 현상을 드러낸다. 모든 시공의 양자장은 특정한 질량이나 결과물이 아니고 끊임없이 사건을 지속하는 무형의 힘이다. 양자장은 에너지의 부존재와 존재를 동시에 증거하면서 인간의 생명원리도 그곳에 완벽히 가두었다.

양자장의 에너지는 완벽한 대칭을 이루되 그것을 싫어하는 선택의지를 동시에 가졌다. 양자장 기초 구조물은 어긋남 속에서 생각을 만들어내는 기막힌 조화를 부렸다. 그 원인으로 인간의 의식이 양자장과 교감할 수 있는 에너지원이 됐다. 그것이 거시세계의 자유로운 탄생을 유도할 수 있는지에 대해서는 수학적 공리나 과학적 실험으로 검증된 바 없지만 선지자들이나 위대한 인물들의 의식을 보면 그것이 현실로 드러나는 사례들이 수없이 많았다. 생명현상으로 보면 인간만이 유독 현실을 바꾸는 의식을 갖고 있는가에 대해서는 절대 신성의 해답만이 확신성을 갖게 한다. 영성이 그것이다. 영성은 의식의 확장단계라는 점에서 현실과 괴리되는 것이 아니다. 오히려 현실을 강력히 포섭하는 에너지장이다.

영성의 교류가 시공을 초월해 교감하는 능력으로 전제할 때 인간의 존엄성이 부여된다. 그런데 인간의 의식체계를 존재할 수 있게 해주는 세포들은 언젠가 필연적으로 죽음을 맞는다. 인간도 모든 동식물의 세포들처럼 생명활동이 정지되면 인식이나 인지 그리고 생각의 원천이 모두 사라진다. 이 때 유일하게 남아 전달되는 것이 생식세포다. 수많은 체세포들은 생식세포를 위한 주변적인 것으로 남는다. 인간의 죽음은 수십조개의 일개미 같은 세포들이 생식세포를 결핍의 조화로 만나게 하는 과정의 일꾼 역할을 충실히 하게 하고 있다. 극과 극의 결핍과 조화의 정점에 생식세포가 있고 그 세포의 정점에 있는 에너지원은 양자장의 원리를 닮았다.

극도의 조화를 원하는 생식세포가 분리돼 있기에 대칭성의 붕괴이고 그것이 생명의 원리로 만난다. 양자장이 극을 형성할 때 시공간이 생겨 힘과 물질의 원천이 되듯이 생식세포 음양의 분리는 아주 단순하지만 기막힌 에너지 원천이다. 마치 알을 낳는 여왕벌처럼 생식세포는 생명 에너지 원천을 제공하고 체세포는 그런 생식세포를 위해 온갖 봉사를 하다 죽음으로 희생을 치룬다. 그 원리는 단순하게도 플라스와 마이너스다. 그리고 그 극들은 반드시 순환을 한다. 돈이 이런 순환을 통해 자기 존재를 드러내는 것을 부정하면 반드시 가난해 진다. 순환의 에너지장에서 어떤 방법으로 순환을 시킬지 그 선택의지가 부와 부자를 일구는 길을 인지할 수 있도록 해준다.

돈은 결이 맞지 않는 자연의 대칭성이 반복해서 일어나는 순환성이다. 극성을 통한 조화의 대칭성과 그 결의 어긋남을 기반으로 한다는 것이다. 돈은 태극 속에서 환극으로 일어나는 대칭성으로 영원한 에너지 주체라는 것을 의미한다. 그런데 정작 인간은 그 주체의 변방이다. 호모 사피엔스의 존엄성은 돈 에너지 주변의 성질을 띠면서도 강열하게 옹립되는 배경으로 인해 돈의 역습을 감당해 내고 있을 뿐이다. 이는 양자장의 불협화음이다. 인간이 양자장을 지배하고 있는 것처럼 자기옹립을 하면 할수록 그 불협화음의 혼돈은 커진다. 인간이 양자장 속에 녹아든 부차적 산물이라는 것을 인정하고 단세포 동물보다 존엄한 그 무엇이 없다는 방식의 에너지 장에 있다는 것을 받아들일 때 강열한 프라임 포스(부) 기운을 타는 배경이다.

인간의 의식은 강열하지만 육체와 함께 죽음을 맞는 부차적 에너지 순환의 산물이 맞다. 이 운명을 따르는 방식은 단순하면서도 명쾌한 일 가치의 도덕률이다. 가속계 자본주의 운동성을 가치가 생산되는 쪽으로 힘을 쏟는 것이 도덕률의 시작이고 끝이다. 그 가치가 자신을 향하든 타인을 향하든 의도는 상황에 따라 모습을 바꾸는 자발적 혼선이 항상 일어난다. 이는 인간이 기본 축이 아니라는 것을 웅변한다. 나아가 자유시장 내 누구나 호모 사피엔스라는 영장류는 죽음을 맞고 그 순간 만물의 영장이라는 주체의 존엄성은 시효를 다하기까지 한다. 영원성을 희망하는 인간일수록 그 문을 두드릴 수 없고 한계의 문이 커지는 것처럼 인간의 한계성은 그 반대의 길을 오롯이 걸어갈 때 영원성의 에너지장에 합류할 수 있는 길을 밝게 비춰준다.

호모 사피엔스의 현상계 대칭성(존재)은 에너지를 순환시키는 동력뿐만 아니라 그 동력의 결과물이라는 성격도 있다. 인간은 그것을 모른 채 자유의지가 온전한 동력의 원천이라고 보고 있다. 자유의지는 외견상 가속운동은 맞지만 그 운동성을 주관하는 것은 아니라는 것이다. 오히려 주관자의 뜻을 단 한치의 오차도 따라야 하는 운명이기에 인간의 행복과 불행은 주관자가 만든 운동성에 기인한다. 불행과 불운이 많을수록 자가발전이라는 속성의 잘못된 의지가 발현되는 것이라는 점을 인정하는 것이 조화의 에너지장에 진입하는 첫 걸음이다. 양자장의 조화가 곧 행운의 시작이다. 그 조화는 인간이 존엄한 가치라는 것을 지나치게 옹립하지 않고, 그 결핍의 충전 상태에서 일 가치를 올곧게 만들어 가는 노력을 죽음이 오는 순간까지 일관되게 해가는 과정이다. 그것이 부를 자연스럽게 모으는 부의 도덕률이다.

2. 초에너지 법칙

부의 길 대운엔 나 아닌 타인들 속 자신의 노력

우주탄생의 시발점인 빅뱅은 이해하기 힘든 초고압 · 초고온 · 초곡률 등의 아주 작은 점인 특이점에서 출발했다. 극미의 작은 점이 지금의 초

거대 우주로 커졌다는 것은 인간의 이성으로 받아들이기 힘든 섭리이지만 빅뱅 후의 사건들 못지않게 빅뱅 전 사건들과 우주의 수명이 다하는 후의 사건들까지 감안하면 특이점의 대폭발은 오히려 이상하지 않다. 빅뱅 직후 거의 동시에 탄생한 중력은 그 미지의 수수께끼 선두에 있다. 우주의 얼개 표준모형에서 우주의 4대 힘 중 강력, 약력, 전자기력의 매개 힘은 알아냈지만 중력을 매개하는 중력자는 아직 안개 속이다. 엄밀히 중력의 실체는 없지만 가속의 관성계와 시공간의 휘어짐에 관여하는 에너지 인자가 존재해야 한다.

부와 부자의 에너지도 강한 힘을 발휘하는 강력한 에너지장을 형성하지만 중력자처럼 그 매개 힘은 묘한 원리에 빠져 있다. 초월적 에너지까지 거론되기 때문이다. 물리적으로는 다차원의 에너지, 종교적으로는 절대 에너지 사이를 오르내리는 흐름이라는 것이다. 흔히 범용되는 쉬운 말로는 사주 또는 운명론이 이에 포함된다. 그래서 부와 부자는 에너지 원천에 대한 의문이 같은 반열에 있다. 물질과 힘(상호작용)의 탄생 배경인 에너지 자체의 근원이 무엇인지에 대해서는 다양한 설명이 가능하지만 단정하기 어려운 문제가 여전히 있다는 점이다. 에너지의 에너지가 되는 '초에너지'의 근원을 알기 위해서는 지금까지 해온 인류의 인지능력과 탐구성과를 훨씬 뛰어 넘는 고차원 방정식이 필요하다. 이는 엄밀히 나차원 시공산의 이해력이 요구되는 사안이다. 이 방식은 4자원 현상계의 차원을 넘음과 동시에 모든 차원을 동시 인지할 수 있어야 한다는 의미와 같다.

초고차원의 인식능력은 수학적 공리로 만들어내지 않으면 안 되는 일이다. 다행히도 우리가 사는 4차원 이외의 7차원의 말린 시공간은 수학적으로 이미 풀렸다. 초끈이론의 아름다운 공식은 에너지의 다차원 이동이 가능하다는 것을 잘 보여준다. 이는 인간의 인식능력 한계 밖에 있는 영역까지 동원될 때 초에너지장의 성격을 이해할 수 있다는 것을 함의한다. 초에너지를 얻기 위해 초능력자라도 돼야 한다는 의미로 해석하는 것은 전혀 다른 이야기다. 다차원 시공간을 자유자재로 넘나드는 초에너지 흐름의 법칙은 인과율의 방정식으로 정립되기 어려운 문제가 내재하고 있다. 초에너지 법칙은 큰 그릇이라는 점에서 이보다 훨씬 작은 그릇인 우리 우주나 자연의 섭리를 이해하도록 충족시키기 어렵다. 초에너지는 전혀 다른 비물리적 방식을 동원해 이해할 수밖에 없다. 그 차원을 인간은 아직 모르고 있지만 차원을 넘나들 에너지가 있을 것이라는 가능성에 확신을 가져도 좋다는 것은 종교적으로는 광범위한 믿음으로 수십억 인류에 심어져 있고, 사상적으로는 사유적으로 역시 수십억 인류의 의식에 직간접 인지돼 있다.

초에너지장은 고에너지장과 유사하기도 하지만 엄밀히 다른 파동의 포스로 이해되지 않으면 안 된다. 인간의 심성 에너지를 축으로 살펴보면 결핍의 눈으로 나 자신을 보면서 완전해지려 하지 말고 결핍의 눈으로 밖을 보면서 자신의 내면을 돌파하는데 필요한 에너지장이다. 반대로 나의 완전성을 추구하는 것은 내가 세상의 주인이라는 오만이지만 그것이 노예적 삶의 무덤을 파는 것과 다르지 않은 것과도 상통한다. 이런 오만은 자신 안의 힘이 빠지고 끝없이 자기학대를 하면서 스스로 에너지를 비효율적으로 소진해 나갈 뿐이다.

일단의 연구에 따르면 인간이 정상적인 생명을 유지하는데 필요한 에너지 총량의 평균지수를 100으로 가정할 때 비전과 희망은 200, 돈과 부유함은 150, 가난은 50 정도로 설정된다. 그런데 모멸·무시·천대 등은 5 수준도 안 돼 거의 밑바닥 에너지 상태다. 이 정도의 에너지 준위는 사람에 따라 조금씩 다르지만 치명적인 상처와 함께 소외감, 자포자기는 물론 더 나아가 극단적 선택에 이르는 상황을 만든다. 반면 초에너지를 얻어 강한 기운과 함께 부의 에너지가 흐르도록 하려면 자신의 몸도 영성도 주인은 무상이자 무아라는 생각에 임해야 한다.

결핍의 주체가 내가 아님을 알 때 진짜 나의 주체가 보이고 그곳에 에너지를 투입하는 공간이 생긴다. 이는 저차원에서 고차원으로 오르는 과정일 뿐만 아니라 세상의 권좌를 얻는 초에너지 공조과정이다. 개미가 세상의 움직임을 알아차리는 인식의 주관자가 혹시 된다면 그 에너지는 호모 사피엔스로 도약하는 것에 비유될 정도의 비상이다. 고차원으로 흐르는 초에너지는 전혀 다른 에너지 준위로의 도약을 통해 인식의 능력과 이동의 방식이 완벽히 달라짐을 의미한다는 것이다. 초에너지는 외견상 힘들이지 않는 초능력을 자연스럽게 얻는 방식이다.

보이지 않는 초정밀 법칙이 인간의 눈에 잡힐 때 시공을 넘는 태극의 정밀함이 보인다. 평생 혼돈에 빠진 성공의 결핍에 허우적거리지 않고 길을 선택한다. 그 길은 성공과 부를 향해 가는 확실한 문이다. 에너지장의 기반이 되는 돈 에너지는 현실의 장에서 평범하게 존재하는 듯 순환하지만 그 循環을 가능케 하는 초에너지를 품고 있다. 초에너지는 인간의 인식 밖에 있음을 내면으로부터 보는 것이 그 흐름을 타는 방식이다. 내안에 있는 자신을 내것이라고 보는 것이 실은 타자 또는 범용의 소유라는 하나다. 타자 모두의 것이 내것인 것과 같은 하나됨을 보는 것이 초에너지 속 자신이다. 초에너지는 전자기파 인지능력으로 인식이 안 된다는 점에서 보면 그 에너지는 인간의 잠재의식이나 그 너머에 있는 고차원 에너지라는 것이 증거된다.

인간의 한계를 뛰어 넘는 초능력은 초에너지의 상징처럼 비유되지만 그 능력은 빈껍데기다. 초에너지는 단순히 힘의 세기가 아니라 시공을 초월하는 통찰과 인지능력 등의 심적 영역 에너지가 가미된다. 하지만 인간의 기준으로 시공을 초월한다고 할 뿐 실제로는 인간이 시공 에너지에 맞추는 노력이다. 이 같은 초에너지의 특성은 깜짝 놀랄만큼 평범함에 있다는 것이 신비스럽다. 인간은 물론 동물과 식물까지 초에너지의 힘을 발휘할 능력을 고루 갖췄지만 이를 어떻게 계발하고 이용할지 상호 모를 뿐이다.

초에너지의 성격을 이해하기 위해서는 인간의 감정과 감성의 스타일을 보면서 역추론할 수 있다. 인간에게 무시, 멸시, 수치 등은 생명유지의 최대 적으로 늘 공격을 해 오지만 그것은 스스로 만든 자기안의 칼로 자신을 공격하는 자가운동의 성질이다. 몸과 영성의 주체가 자신이라는 착각에 빠진 작은 눈이 큰 것을 보지 못하는 것은 2차원의 사람이 3차원을 보거나 감히 상상하지 못하는 이치와 같다. 3차원 시공간상 진짜 나를 볼 때 2차원의 멸시, 무시, 수치는 보잘 것 없다. 초에너지는 고차원의 눈으로 보는 것 차제로 얻어진다.

내 안의 타자 특성은 가짜의 나를 진짜로 알고 가짜의 내가 가속이 아닌 등속운동을 하는 것을 원한다. 가속은 힘들고 어려운 가운데 나아가려는 속성이기 때문에 늘 맞서는 에너지가 있어 한 발 한 발 나아가야 하는 고난의 연속이다. 내 안의 가짜인 자신이라는 타자는 그 고난을 멀리하면서 성공을 말하고 자존을 중시해 스스로 멸시, 모멸, 수치의 에너지

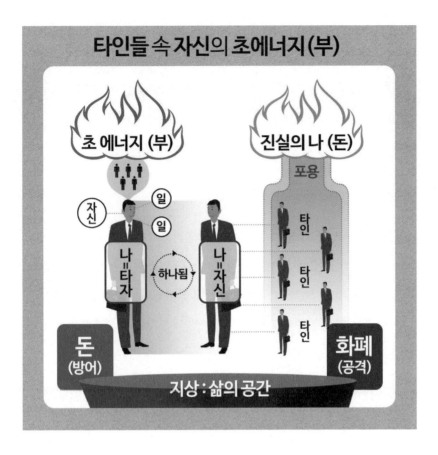

를 키운다. 이런 생명운용의 질서 한 가운데에 들어 있는 돈은 악마성과 천사의 얼굴을 함께 하면서 여기저기 변형된 모습을 드러낸다.

돈이 갖는 악마성의 정체는 인간이 다른 인간에게 상처받지 않으려는 강력한 본능의 방어기제 에너지다. 반면 돈에 내재한 천사의 얼굴은 내 안의 타자가 강할수록 그것을 내려놓고 타자를 자신으로 동질화 하는 일의 가치에 몰입한다. 진실의 나는 곧 타자들 속에 있고 만인 속에 있기에 돈의 악마성으로부터 자유롭다. 자신이 성공하고 부자가 된 것을 자랑하려 하면 자신 안의 타자가 자신으로 오인된 헛된 생각인 탓에 거의 부자에 이르지 못하게 된다. 자신이 이룬 성공과 부가 타자들의 내가 좋아지는 치열한 과정임을 강하게 인지할 때 부를 쌓도록 돕는다. 부는 자랑하려고 하면 갖기 어렵고 자랑하면 사라져 가는데, 이런 에너지 흐름의 법칙이 있다. 나의 부자됨이 나의 노력이 아니라 타자의 진짜 자신이 하도록 한 것이라고 믿을 때 부의 초에너지가 반드시 온다.

숭고한 일 가치 빠질 때 삶의 미학 전부의 법칙

생명은 찔리면 고통을 주는 가시를 필연적으로 끌어안고 가는 결핍의 역동성이기 때문에 꽃은 한결같이 그 반대로 아름다운 자태를 뽐낸다. 돈도 고통을 기쁨으로 안을 때 자신 안에 들어간다. 그런데 자신의 안에 있는 타자는 현실 안주와 쾌락을 추구하면서 그것이 자신이라는 환상 속에 진짜 자신의 생명가치를 버리려 한다. 돈 속에 있는 가시를 볼 때 그리고 그것을 품는 고통이 큰 것이 부자로 가는 길이다.

초에너지는 자연의 눈으로 사건을 관장하는 섭리이며, 인간의 눈으로 운명을 관장하는 예가적(禮家的) 통찰이다. 자연의 눈으로 보는 섭리도 오만하지 않아야 하고 인간의 눈으로 보는 운명을 보고자 할 때는 더 오만하지 않아야 한다. 섭리의 순행과 통찰의 순리는 에너지 조화의 흐름을 탄다. 사건의 섭리는 반드시 인과율을 따르되 우연과 필연의 구분이 없는 우연과 필연의 반복이다. 하나의 현상이되 두 개의 현상이 동시적으로 존재하는 것이기에 초에너지는 그 둘을 함께 품는 방식이다. 우연과 필연은 인간의 눈으로 본 시각일 뿐 초에너지의 눈으로 보면 모두가 원 안에 있는 순환의 법칙이다. 주관자는 신성이지만 그 신성조차 섭리 안으로 들어오는 섭리라면 상황이 달라진다.

섭리는 자연의 현상계에서 환극의 진리다. 신성과 물리적 공간의 조화 속에 초에너지가 흐른다. 예가적 통찰도 그 범주다. 실체의 나는 나라는 내가 아니기에 역주행하고 맞부딪쳐 올라갈 때 실체의 나를 스스로 증거하게 되고 보게 된다. 그래서 가속계 모든 생명들은 역주행하는 기본 성질을 지녔다. 그것이 순응이고 순천자다. 섭리의 에너지 흐름에 무가치하게 몸과 생명을 맡기는 것은 편함과 안락함이지만 그것은 반역이고 역천자다. 맞바람에 흐르지 않고 맞바람을 만들어 갈 때 나의 존재가 드러나고 생명가치가 꽃을 피운다. 그 꽃은 순천자의 복을 몰고 오면서 현실의 부를 안고 온다.

꽃은 맞바람의 먹이를 자양분 삼아 고통과 고난의 자가운동을 통해 아름답게 피면서도 그 아름다움에 도취되지 않는 미의 완성을 할 때만 순천자임을 인식한다. 거슬러 올라감은 둘의 대립과 부딪힘이 아닌 하나됨의 위대한 통일이며, 그것이 도약의 진실이다. 도약했으나 도약함을 느끼지도 못하고 보지도 못하면서 그저 하나됨의 평범함이 진짜 내 안에 초에너지로 흐르는 현상이다. 다만 부딪힘 속에서 진짜 나의 역동성이 확인되고 존재의 가치를 보는 과정이 주어진다. 과정 속에서 일의 가치가 확연히 보이고 그 가치를 쫓는 과정에서 하나됨의 성숙(도약)함이 쌓인다.

돈은 이처럼 역주행하는 가속계의 일가치를 통해 나를 확인해 가는 생명들의 가치로 탄생되고 있다. 쾌락과 안주는 흘러가는 나를 보지 않는 무가치의 의존적 자기추락을 방치하는 타락이다. 생명을 혼탁케 하는 악마성이다. 그래서 역주행의 역동성이 클수록 나의 위대한 가치를 발견해 날로 커지는 초에너지를 느낀다. 모든 것이 희망이고 감사할 일이면서 일가치의 이타성이 자기도 모르게 구현돼 돈 에너지를 강력히 모은다. 이 때 돈 에너지 장은 발산의 플러스 장에서 초에너지 흐름 속 순환의 법칙에 따라 마이너스 장으로 변하기도 하면서 강력한 발산력과 흡인력을 동시에 발휘한다. 현실의 고난과 고통은 에너지 발산을 통해 극복하고 그 후 일어나는 흡인력이 부의 에너지로 장을 이룬다. 자본주의 미학은 이런 하나됨의 순환성 원리로 완성돼 가는 변증법적 역동성이다.

세상의 모든 아름다움은 거슬러 올라가는 주인을 찾는 과정이고, 그것이 예술을 만든다. 에너지의 들고 나감 속에서 항상성 에너지를 간직하고 느끼는 것을 통해 받을 수 있는 나의 형상이 아름다운 꽃으로 보일 때 부의 기운이 작동하는 원리다. 차원을 뛰어 넘는 역주행의 하나됨은 에너지와 에너지의 합일됨이지만 단순한 가속계의 플러스 힘이 아닌 교류의 파동성이다. 자신이 수없이 많게 분화돼 가는 다세포 생명의 창조적 능력처럼 파동 속 자신이 하나의 에너지로 커지는 하나됨이다. 내재적 영성의 강인함이 넘치고 불굴의 의지를 밀어주는 보이지 않는 의식의 가속계 오리지널 포스 에너지장의 조화다. 그 파장 속에서 에고현상에 따른 구분과 비교는 가장 강력한 반대 에너지다.

에고의 에너지 흐름이 초에너지 장에 있다는 것은 매우 불안한 시스템이지만 그것이 완전성을 떠받치는 초에너지장의 구조물로 기능하고 있는 것은 역설적 미학이다. 생명들이 살아가는 법칙에 에고 에너지장은 단 한시도 사라지지 않는다. 그것은 탐욕, 오만, 거짓, 이기심 등의 부정적 파동성이다. 이들 에너지는 생명유지속성의 강력한 에너지장을 형성하면서 거짓의 나를 존재케 하는 본성으로 생명체에 기생한다. 초에너지는 이들 파장을 밀어낼 수 있지만 신비스럽게도 에고의 에너지 파동

생명의 가시와 폭풍의 꽃

초 에너지

예 (禮)

자연의 섭리

인간의 통찰

폭풍

단비

돈 돈 돈

생명 파동

가시 일 일 가시

과 함께 움직이면서 초에너지의 본성을 유지하는 또 다른 하나됨을 실현하고 있다. 에고의 에너지 파장은 그래서 초에너지를 억지로 얻으려는 방식으로 줄어들거나 제거되지 않는다. 초에너지를 얻는 과정도 이와 흡사하다.

초에너지와 함께 파동하는 에고 에너지를 하나로 봐 주고 신실로 인정할 때 초에너지의 역동성이 커지고 에고 파동이 줄어들거나 사라진다. 초에너지는 없음과 있음을 이렇게 관장하면서 차원을 넘나든다. 에고의 파동을 강하게 가질 때 초에너지는 저차원에 머물며 본래의 힘을 드러내지 않는다. 에고의 파동을 적게 가질 때 초에너지는 자연스럽게 고차원의 힘을 쏟아낸다. 사건의 섭리가 보이고 예가적 통찰이 자신 안으로 들어온다. 지혜로운 판단이 가능해지고 그 판단은 늘 타인의 파동성과 동행하면서 에너지를 키운다. 무에서 유를 창조하는 일가치의 초에너지는 성공으로 귀결되고 보다 많은 사람들에게 행복을 선사한다.

초에너지는 이처럼 없음을 관장하는 무의 판단근거를 제공하면서 스스로 없음과 있음을 반복할 수 있는 능력을 지녔다. 단순히 유무가 아닌 절대 없음과 절대 있음이다. 이는 모든 사건을 지배하고 있는 에너지장이다. 사건의 지배는 곧 시공간을 관장하면서 시공의 변형 에너지를 넘나들 능력을 담고 있다. 이것이 인간의 눈에 보이게 되면 훗날을 보는 예지력이 된다. 초에너지 상황에 있을 때 부 에너지가 인간을 따른다.

초에너지를 자기실현하기 위해서는 인과율의 법칙을 구현하기 위한 가속계 운동을 멈추는 '쉼'의 역설적 법칙에서 가능하다. 이 법칙은 단순히 육체의 움직임이 아니라 온갖 상념들의 멈춤이다. 상념은 에고의 가장 강력한 먹잇감이다. 창조를 방해하는 사탄이다. 그 상념들은 선덕의 얼굴로 자기를 기만하는 자기포장 능력이 뛰어나다. 상념의 무덤에 빠지면 저차원으로의 추락이다. 한번 빠지면 헤어 나오기 힘든 무덤과도 같지만 무수히 많은 사람들이 자신도 모르게 빠져 허우적거린다. 게으른 한량과 게으른 일꾼은 대표적인 상념 에너지가 장악한 유형이다. 이들에겐 창조적 능력은 물론 그것을 하고지 하는 의지 자체기 없이 그저 시공간의 흐름을 떠다닌다. 가치가 무엇인지 조차 모르기에 생활의 안주를 행복으로 착각하면서 그것이 부족할 때 수도 없이 원인을 타자로 돌린다. 그들에게 가난은 숙명처럼 찾아온다.

상념들은 신체적 생존과 함께하는 생명과의 영원성이 있기에 제거하기 힘들다는 점에서 인간은 상념에 과감하고 단호한 싸움을 주저해서는 안 된다. 그것은 상념을 끝없이 먹어대는 에고의 쉼이다. 상념을 벗어나 그 상념의 쉼을 구할 때 초에너지 속에서 무수한 사건들이 한 순간처럼 스쳐 지나간다. 여기까지는 자연인의 구도자세로 수련해가기 좋지만 이후에는 수많은 사건의 중첩현상을 선택하는 초인적인 선택의 능력이 필요하다. 초에너지에 접근하기 위해서는 생명의 진실한 에너지가 필요하다. 그것은 현실적으로 수련이고 또한 종교의 믿음이다. 현상계에서는 가장 평범한 노력인 일가치의 구현이 지름길이다.

인간이 초에너지를 발산하기는 불가능에 가깝지만 신체적 힘이 아닌 정신적 힘이라면 가능해진다. 초에너지에 몰입하면 신체는 부수적인 것이 되고 정신이 주가 되면서 초에너지에 맞추기 위한 랑데부를 시작한다. 자연의 섭리와 인간의 통찰이 만나는 순간 자연과 인간이 하나의 대화를 추진하기에 주저할 일이 없어진다. 가장 확신할 수 있는 믿음이 창조와 함께 늘 다가온다. 물론 이 같은 초에너지를 갖기가 쉽지 않다. 마치 한 개의 물 양동이도 주체하지 못하면서 수천개의 물 양동이를 지고 가려는 것과 흡사하기 때문이다. 이 때 통찰의 힘을 마주하면 섭리 에너지와 조응하는 모습이 보이기 시작한다. 통찰은 몰입을 통해 이뤄진다. 몰입은 일 이외에는 올라살 사다리가 없다.

일은 위대한 미학으로 작동한다. 그 미학을 완성해 가는 가치가 삶의 법칙이고 전부다. 지금도 수많은 나노머신들이 생명을 정교하게 유지하고 있는 것은 그 삶의 법칙을 이행하지 않으면 안 된다는 사건의 섭리다. 섭리와 통찰은 조응하면서 살아야 할 책임의 이유를 선물하고, 그것을 실현한 사람들은 자신뿐만 아니라 많은 사람들에게 부를 안겨 주었다.

3. 허구의 선과 악

선악의 주체 돈, 그 선악을 구분하면 가난의 길

돈은 선악의 공존 속 하나이면서 선과 악이 심판되는 진리의 시공간에
있다. 그래서 돈은 오히려 공포스러운 모습으로 다가온다. 많은 사람들
이 돈의 악마적 모습을 이야기 하지만 그럴수록 선악을 구분하는 진리
의 정점에 선다는 것이 돈의 아이러니한 진실이다. 돈의 악마적 모습이
크고 많을수록 상보적으로 천사의 모습도 많아지고 깊어진다. 이를 눈치
채지 않으면 돈은 끝없이 두려움의 대상이어서 멀어지지만 냉정하게 돈
을 응시하고 품을 수 있다면 돈은 그 무엇보다 사랑스러운 존재로 무한
히 다가온다. 극한의 악과도 마주할 수 있는 용기가 있을 때 돈은 그 악
마성을 벗는다. 인간의 의식과 행동이 진실한 시공의 중심에 선다는 것
은 돈의 본래 모습인 선덕을 드러나게 하는 일이라는 점이다.

시공간의 진리는 선악의 본래적 모습을 내재한 절대계이지만 이는 곧
현상계의 자본시장 모습으로 반추되면서 자기역동하는 신성의 현상이
기도 하다. 자기역동은 창조와 연결선상에 있다. 돈은 곧 선악을 스스로
구분하는 절대적 영역에 있다고 해도 과언이 아니다. 그런데 그것이 자
본시장에 투영돼 나타나는 모습이 비정한 면이 많게 보이는 것은 돈의
자기역동성이 아니라 인간이 판단하는 허구의 선과 악 기준이라는 사
실이 숨어 있다. 자본시장에서의 선악은 결국 돈의 본래 모습이라고 보

면 안 된다. 자본시장 내 사람들의 편의적 잣대로 구분하는 수많은 오류의 형식이다. 그 유형이 너무 많아 신성의 반추라고 해도 허구라고 판단해야 하는 측면이 있다. 허구로 표상되는 자본시장의 특징은 금융이다.

절대계 선악은 분명히 구분되면서도 시공간에 있지 않은 듯한 있음이 진리이며, 현상계가 그것을 무수히 많은 변형된 모습으로 비추고 있다는 것이다. 현상계 무한 변형의 표상이 바로 화폐(또는 신용)다. 화폐는 선악의 공존 속 무한히 많은 악행을 드러내면서 거짓의 시공간에 있다. 이는 돈이 현상계에서 보편성을 가질 때 일어나는 현상이다. 화폐 자체가 보편성을 추구하는 가치이고, 그 가치마저 무한히 자기얼굴을 바꾸며 사람들을 속인다. 인간과 생명의 부조화를 촉발하는 화폐의 보편성은 돈이 갖는 악의 모습으로 피어나는 부정한 꽃으로 간주된다. 따라서 화폐를 단순히 많이 보유하는 것은 결코 부자가 아니다.

화폐의 보편성이 갖는 부의 축적은 오히려 불행으로 가는 열차를 탑승하는 결과를 많이 낳는다. 화폐의 축적을 순환하도록 하면 돈이 갖는 선덕의 생명가치가 꿈틀댄다. 인류는 고린도의 풍요에서 인간의 보편적 화폐를 보았다. 오늘날 자본시장의 화려한 자태를 뽐내고 있는 미국의 월가, 영국의 런던시티, 아시아 금융허브 홍콩 등에서 넘치는 잉여가치가 마치 고린도의 삐뚤어진 풍요를 닮았다. 그 풍요는 온갖 탐욕의 극대치를 향해 나락을 낳으면서 인간이 마치 주인인 것처럼 시선방시세 행동하도록 했다.

수없이 모양을 바꾸는 선악의 모습이 악의 형상으로만 드러날 때 그 전조증상은 선악을 모두 아우른다는 풍요 속 인간의 오만이다. 만물의 영장이라는 주인이 객체임을 모르는 어리석음은 덕의 향기가 가득한 부를 차곡차곡 쌓을 수 있음에도 썩은 내음을 풍기는 탑을 쌓아가는 안타까운 자기학대적 타락이다. 돈과 화폐의 가치를 일치시키고자 하는 노력을 게을리 하면 타락은 끝없이 이어진다. 오늘날 화폐를 지나치게 신봉하면서 마치 우상을 숭배하듯 악마적 모습을 키우는 것은 자본시장의 큰 위험요소다. 부자의 개념이 가치의 탄생 없는 부풀려진 가짜 가치의 축적만으로 가능하다는 위험한 판단에 이르게 한 것은 고린도의 풍요를 생각하게 한다. 풍선가치는 언젠가 터지고 만다는 것이며, 그 결과 모든 것은 허공에 사라진다. 인간이 자연과 돈의 객체라는 것을 인지한다면 이런 풍선을 무한히 불어대지 않는다.

화폐의 가치도 돈처럼 본래 소중한 덕성을 지녔다. 이 덕성을 유지하기 위해서는 화폐에 대해서도 인간이 주체가 아닌 객체라는 사실을 받아들여야 한다. 화폐를 전방위적으로 무한 창조를 할 수 있다고 하는 인간의 오만은 전지전능의 신적 권한에 대한 도전이라는 것이다. 그 위험한 게임을 온전히 내려놓을 때 화폐의 가치가 돈의 본래적 가치로 되돌려 진다. 자유시장을 지켜가고 다중이 부의 길을 함께 쌓아가는 노정 속에 화폐가치의 복원이 있다는 것이다. 화폐의 보편성에 대한 의지가 왜곡된 보편성을 확장하면서 권력화 된 것은 오로지 자기반성 이외에는 복원할 길이 없다. 그 자성은 돈이 갖는 선악의 자기역동성을 경건하게 인정하는 일이다. 개인의 진정한 부도 이런 가치를 추구할 때 이뤄지고 또한 오래간다. 작금의 화폐부자는 대부분 오래가지 않은 특성 때문에 차라리 비극적 게임의 순환이다.

생명을 영위하고 있는 주체의 '나'는 초정밀 일의 작용으로 끊임없이 에너지 대사를 하는 신체 그리고 그것과 치밀하게 얽힌 마음으로 간주

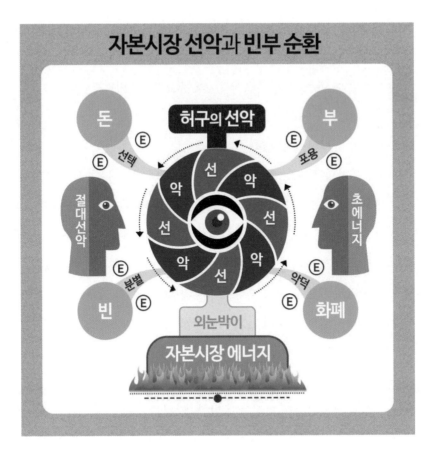

되지만 이들 모두를 인식 또는 주관하고 있는 분리할 수 없는 또 다른 '절대 포스'인 신성이 그 주체다. 그 타락은 가장 공포스러운 것이지만 잘 보이지 않는다. 돈이 이에 관여하고 있다는 것을 의식적으로 받아들이는 교만의 발뇌가 중요한 과세나. 종교석으로는 인간의 형상이 하나님이고 인간의 마음이 부처(심즉불)라고 하는 것을 진리로 받아들인다면 그것이 여간해서 보이지 않는 원리다. 인간은 돈의 진리에 대해 어렴풋한 상상은 가능해도 실제 장님 수준이다.

형상과 마음이 사랑이고 또한 자비의 물리적 절대 에너지이듯 일의 가치로 탄생하는 돈은 이런 선의 모습을 하고 있다는 사실을 진실로 담아내는 그릇을 가져야 한다. 시공간의 없음과 있음을 지배하고 있는 순수하고 정제된 이 포스는 곧 자유시장에서 돈으로 나타난다는 것이다. 돈의 본래 가치를 타게 되면 신체와 마음이 경험하는 고통이나 기쁨 그리고 안락함이나 시련 등이 없다.

그래서 통상의 돈으로 인식하는 돈은 곧 돈의 범주가 아니라는 것이 가장 편한 주체의 인식 방법이다. 이는 인간이 내가 아닌 신체와 그 마음이 병들 때 진실한 자아인 절대 에너지가 내안의 타자를 치료하는 방식으로 직관 또는 통찰의 교류로 온다는 믿음의 방식과 유사하다. 이를 잘 느낄 때 오만과 교만을 강력히 방어하는 기제를 얻는다. 돈도 화폐의 보편성을 따르지 않기 위해 내 안의 타자가 아닌 타자의 자아들을 향한 일 가치를 구현할 때 돈으로 고통스러운 온갖 병증을 치유할 수 있다. 그것은 동시에 부의 지름길이다. 이는 부에 대한 확신감을 넘어 자신의 존재감을 스스로 높이면서 시너지를 유발한다. 더불어 타인의 공감을 자신의 것으로 조화시켜 부에 대한 확신성을 지속적으로 높인다. 타자들 속 자아에 대한 책임감이 높아지면 초에너지를 느낀다. 덕성의 실현은 곧 인간의 보호본능을 타인 모두의 것으로 실현하는데 있음이 진실로 나라는 것을 느끼게 된다.

인간 모두는 저마다 소중하게 인정받고 사랑받으며 보호받고자 하는 속성을 갖고 존재하는데, 신체와 마음을 움직이는 절대적 에너지가 이같은 인간 본성의 안주인 역할을 하고 있다. 절대 에너지에 동거하는 돈은 덕성을 구현할 때 가장 무거운 책임감을 실현할 수 있고 그것이 무한의 사랑으로 표현될 수 있다. 경제적 삶의 조건을 절대 무시하지 못하는 가족의 끈에 바로 돈이 무한책임과 무한사랑으로 기능하고 있다는 것이다. 그런데 돈이 신체처럼 건강하지 못하고 상처를 입게 되면 그 안주인은 즉시 인간과 자본시장에 고통과 고난이라는 신호를 준다. 하지만 그 또한 애정 어린 신호로 보듬고자 하는 것임을 받아들여야 한다.

고통과 고난을 자애로움으로 바라보는 것이 객체인 나의 에고를 넘어 진짜 자신을 제대로 보는 방법이다. 돈이 주는 고통도 이런 모습으로 받아들일 때 돈은 놀라운 변신으로 인간과 자유시장을 아름답게 품는다. 인간의 물리적인 뇌와 그곳으로부터 일어나는 마음을 객체라고 받아들이는 것이 허구의 선과 악을 제대로 보는 시작이다. 이는 선악을 구분한다는 개념이 아니라 선의 포스를 가깝게 오도록 하는 인간과 자본시장 내면의 담금질이다. 그 내공이 돈의 미학이라는 형상으로 현상계에 드러날 때 진실로 행복한 부가 싹튼다. 절대계에 서 있는 선악의 구분은 돈의 모습이고, 그곳에서 자본시장의 금융 화폐가 잉태될 수 없는 것이 현상계에서도 피어난다. 화폐가 뽐내는 경연장은 인간이 스스로 만든 사욕의 감옥이다. 돈과 화폐는 그런 점에서 같은 것처럼 보이지만 완전히 다른 존재다.

돈의 길목에 선 사람들 특성엔 무한책임 포용력

자본주의에서 돈을 버는 것은 화폐를 빌고자 함에서 출발하면 빌지 못하고 돈을 벌고자 하면 화폐가 선덕의 얼굴로 오는 형식을 따른다. 자본주의 선덕의 선순환은 화폐가 아니라 돈이다. 화폐는 화폐가 재주를 부리는 못된 마력이 있지만 돈은 돈이 재주를 부리면 스스로 경계하는 자정능력이 작동하는 시스템이 정교하다. 마치 진아나 참나를 보는 생명

가치를 실현하는 덕성의 실현과 유사하다. 돈이 움직이는 길이 보이고 그 길을 객체의 입장으로 다스릴 방법까지 알게 된다. 돈은 필연적으로 이런 길목을 지키는 사람들의 소유가 된다.

반면 가난은 충동적이고 가벼운 움직임에서 작동하는 시스템이다. 이 또한 인과율이 분명해 피하기 어렵다. 가령 기쁨과 분노 등의 감정들은 충동적이고 가변적이어서 상황과 상대에 따라 존재의 유무가 결정되는 성질을 가졌다. 지속성은 물론 영속성을 담보하지 못한다. 그런 마음들은 생명력이 짧아 영속하는 본연의 실제가 아니다. 이처럼 주변에 맴도는 에너지는 돈 에너지를 결코 관장하지 못하고 그 흐름의 길목을 지키기도 어렵다. 그러나 대부분의 사람들은 상황과 조건에 따른 가변적 기준으로 선악을 가리는 본능에 충실해 가난을 추종하는 자기무덤을 판다. 돈의 길목을 엉뚱한데서 기다리는 것과 같다.

따라서 돈을 보는 허구의 선과 악에 대한 감정과 그로인해 움직이는 실체를 재빠르게 인지하고 잘 알아보는 것이 중요하다. 선악의 감정을 일으킨 원인이 상황이나 상대, 사건 등이 아닌 자신의 내면에 있을 것이라고 돌려보면 진짜 이유가 보이는 것은 잘 알려진 방식이다. 하지만 실천이 쉽지 않다는 것을 받아들이는 노력이 부의 길을 가는 것에 눈을 뜨는 것이고 수많은 부의 길 중 진짜를 선택하는 출발이다. 돈에 대해 분노나 증오의 에너지가 넘칠 때 자신은 물론 다른 사람을 해치는 쪽으로 흐르게 된다는 것을 그 순간 바라보는 일, 반대로 돈에 대해 기뻐할 일이 생겼다면 그 기쁨의 에너지가 교만으로 흐를 가능성이 있다는 것을 그 순간 바라보는 일 등이 자신의 실체를 바로 보는 부자로 가는 태도다.

교만은 부의 길로 가는 가장 큰 장애요소다. 그것도 스스로 만든 장벽이라는 점에서 부자가 되고자 하면 가장 경계해야 할 자신의 담벼락이다. 교만은 인간의 본능인 비교우위적 속성으로 가상현실을 만드는데 핵심 역할을 하기 때문이다. 가상현실은 돈이 만든 풍선가치인 화폐와 유사하다. 화폐를 경계하듯 교만을 경계하지 않으면 부자도 언제든 가난으로 추락한다. 따라서 교만은 진실한 주체를 황폐화시켜 평생 그 뿌리를 뽑을 수 없는 잡초를 나도록 하기에 평생 긴장감을 가져야 할 주체 같은 객체다. 부에 대한 비교우위적 본성은 자신을 객관화하지 못하게 할 뿐만 아니라 다른 사람이나 상황들을 정확하게 보지 못하게 해 오판을 하게 함으로써 결국 그 부메랑을 자신이 맞도록 하기 때문이다. 교만이 가장 무서운 칼 중의 하나인 이유다.

아무리 강해 보이는 사람도 교만의 태도가 보이면 내적 동력은 아주 약한 부류이고, 아무리 약해 보이는 사람도 교만을 절제하면 내적 동력이 강한 부류라고 확신해도 좋다. 그래서 부의 에너지를 깊고 넓게 쌓으려면 내적 길항작용인 교만만 잘 감안해도 그 가능성을 이룬다. 반대로 교만을 다스리지 못하면 허구의 선과 악이라는 혼돈에 휩쓸리고 만다. 그 끝은 끝없는 자기교만의 악행으로 빠져 자본시장에서 생존하지 못하는 불운을 자초하는 것으로 끝난다.

자본시장에서 실재하는 선악은 존재하지 않는다는 인식의 출발이 교만을 사기동세하고 선악의 실체를 바로 보고자 하는 최소한이자 최선의 노력이다. 소박실재론(素朴實在論)에 빠지면 실존하지 않거나 보는 사람마다 다른 판단의 가능성이 열려 있음에도 보이는 현상과 사건에 대해 자신의 시뮬레이션으로 재단하고 판단해 버린다. 이를 조심하지 않으면 틀릴 가능성을 열어두지 않은데 따라 오는 편견이나 오해 그리고 그것이 발전해 오만과 교만으로 커지면 그 부메랑은 고스란히 자신이 맞아야 한다. 돈에 대한 오판과 교만의 부메랑은 치명적 타격을 받는다. 수백만 경우의 수로 일어나는 돈의 온갖 모습에 대한 하나의 주관적 신념이 다른 사람들도 그렇게 판단할 것이라는 허위합의에 빠져 혼자만의 성을 쌓게 되면 닫힌 눈으로 자본시장을 바라보게 된다. 자본시장은 온갖 거짓과 사기로만 보이게 되고 돈을 미워하며 두려워하게 된다. 이런 부류의 에너지를 가진 자가당착의 사람에게 자본시장은 가난이라는 형벌을 내린다.

그래서 자본시장에서 일어나는 다양한 사건이나 상황에서 상처를 쉽게 받으면 가난으로 빠질 위험 시그널이라는 것을 인지해야 한다. 미움과 증오가 쉽게 일어나 자신을 컨트롤하기 어렵다면 선도 악으로 보이는 것이 수시로 발생하지만 이를 간파하지 못한다. 이처럼 위험성을 담보하면서도 혼돈의 에고에서 빠져나오지 못하는 것은 주변적인 뇌가 가상현실에 매료되는 불완전한 인식의 객체임을 인정하지 않는데 있음을 거듭 상기해야 한다. 나아가 주체이자 본성이 순수하고 정제된 실체를 보지 않거나 인정하려 하지 않은 원인이 크다. 시쳇말로 돈이 무섭고 미울수록 주관을 제로화 시킨 상태에서 돈을 있는 그대로 더 응시하고 그로부터 파생되는 선한 에너지를 끝없이 찾으려 노력해야 한다.

자신을 제대로 볼 때 달라지는 것은 평상심(平常心)과 항상심(恒常心)을 유지할 수 있는 여백이 커진다는 점이다. 돈의 모습도 이와 다르지 않다. 돈을 객관적으로 응시할 때 아무리 어려운 일이 닥쳐도 초조하거나 불안해하지 않고 상황에 거리를 두고 판단하면서 지혜로운 길을 찾는다. 더불어 미워하던 돈과의 인연을 객관적으로 읽어 오히려 돈이 처한 상황을 걱정하고 염려하는 마음까지 갖게 되면 누구보다 강하면서 어진 마음을 가꾼다. 이 때 누구에게나 마음을 열어 받아들이는 것이 가능하게 돼 강열한 포스가 역동하는 행복을 누리게 된다.

열린 마음을 통해 파문으로 퍼진 큰 문으로 들어오는 것은 포용력이다. 곧 자신의 일 가치가 조직력과 시스템으로 확산되도록 돕는 것이 포용하는 가치의 신성이다. 리더의 덕목인 무한책임의 사랑이 높아지면서 어려움이 닥칠 때 도움을 줄 지인들이 계속 이어지고 그들이 항상 먼저 손을 내민다. 그 조직력과 시스템이 모두 돈으로 결실이 이뤄진다. 기회를 잘 타고 오르는 것도 중요하지만 위기를 기회로 만들어 가는 능력이 극과 극을 잘 아울러 부를 향한 가장 빠른 지름길을 찾도록 돕는다. 무한책임이 곧 부와 행복을 선순환으로 돌리는 기초 에너지가 되면서 동시에 초에너지의 힘을 얻는다.

종교적으로 말씀이나 다르마 등은 몸이 아닌 영성이기에 그 형상은 사랑이고 자비이며 용서이고 포용이다. 특히 포용은 천사만이 아니라 악마를 반추해 드러나게 하는 중심 에너지다. 드러난 악덕은 선덕의 선순환으로 가려진다. 이 때 말씀이나 다르마가 인간의 가속계 운동계에서 뜻을 세울 때 몸이라는 옷은 불필요해져 의식의 시공간이 만들어진다. 돈에는 형상이 없는 말씀이나 법처럼 뜻을 이루려는 이타적 사랑이 내재적 본류 에너지로 흐른다. 그래서 인간의 기준으로 판단하는 허구의 신과 악으로 돈의 선악을 확신하고자 할 때 그 확신은 부족하기 그지없는 포용력이 없는 에고일 뿐이며, 되레 선악을 보지 못하게 하는 가림막일 뿐이라는 것을 역으로 확신하는 노력을 게을리 하면 안 된다. 이를 평생에 걸쳐 자기혁신의 동력으로 삼아 나간다면 수없이 많은 혼돈의 길이 있는 부의 미로 속에서 정확히 길을 찾는다.

돈을 버는 것은 그래서 완성을 향한 말씀과 법의 실천과정에서 악덕까지 품는 하나된 덕성의 실현과정이다. 수없이 많은 길이 있지만 그 길은 실제 하나라는 것이다. 자연의 섭리로는 이데아나 로고스의 자가운동을 통한 도덕률 상승의 한 유형이다. 사탄의 유혹을 받아 일어난 결과는 수많은 유형의 길을 애써 구분하고자 하는데 있다. 허구의 선악 속에서 길의 확인은 있을 수 없다. 저절로 찾아진다는 개념의 확실성이 정확하다. 수없이 많은 길이 결국 하나라는 것은 그 배경이다. 진실인 것 같은 주관적 판단의 수없이 많은 길 대부분이 가짜이고 벼랑 끝으로 가는 길이다. 따라서 확신하지 않는 하나 됨의 확신이라는 뜻을 잘 이해하지 않으면 안 된다. 다시 말해 섣부른 확신은 또 다른 허구를 만들어 내는 최악의 불확실성이다.

확신형 단죄는 타인을 치죄하는 에고가 격렬하게 활동하면서 실제는 그 에고가 자신의 무덤을 파고 그 자신을 묻는 결과를 낳는다. 돈은 그 객체인 인간에게 이런 형벌을 무차별적으로 가한다. 그래서 현상계에서 삶을 유지하는 신성한 생명가치의 구현이 종교적으로 무조건 죄라고 단정해서는 안 되며, 나아가 인간의 눈으로 확신형 단죄를 하는 것은 더더욱 안 된다. 죄는 누구에게나 있는 생명원리에 녹아들어 있어 치죄는 절대계도 경계하는 일이다. 확신형 단죄는 화폐의 보편성과 같이 잘못을 유인하고 촉발하는 악마의 눈짓이다. 돈은 그 악마의 판가름 위에서 본다.

단죄를 하는 신성의 표현수단인 언어는 형상화 되지 않는 것을 포함한다. 인간은 에고가 생각하는 주체가 진실로 주인이 될 수 없어 신성한 법은 인위적 형상으로 설명될 수 없는 로고스다. 무명의 이름처럼 없음

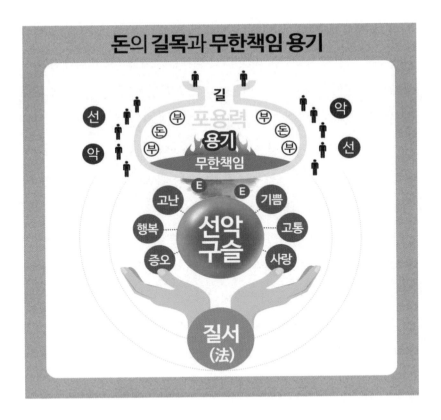

이 새로움의 무한 원천들이고 그 연유로 무언의 소통이 덕성의 축을 이
룬다. 형상화 되지 않은 언어의 함축된 뜻이 형상화 된 단죄의 언어보다
중요하다는 것이다. 인간의 눈, 즉 에고의 언어나 이름으로 확신된 것이
또한 화폐다. 화폐는 자본시장의 왕좌 자리를 차지하면서 돈이 가진 이
나적 일가지의 덕성을 억입해 왔다. 질대 가리기 힘든 신과 익을 구분하
고 키우며 에고를 한없이 끌어들여 현란한 혼돈의 세상을 만들어 왔다.
그리고 그 화폐의 부자들은 자신의 모습을 더 가리고 채워 스스로를 깊
은 심연 아래 의식의 원친인 잠재의식까지 가두었다.

　제국의 에너지 원천이었던 애굽의 땅처럼 외견상의 비옥함이 늘 행복

한 부의 영속성을 유지하는 기둥으로 무한히 서 있기 어렵다. 비옥함의 다른 말은 탐욕을 유발하는 주인 아닌 객체들의 싸움으로 비참해지는 현상계 거짓 선악의 대립이다. 비옥함이 조화의 법을 깨면서 모두 부자가 될 수 있을 것 같지만 모두를 가난에 빠뜨리게 하는 분열상이라는 것이다. 이 분열의 창고에 수많은 사람들이 갇힌다. 이들은 그 속에서 조차 수없이 선악을 만들고 구분하며 진실의 자신과 멀어져 간다. 화폐는 이런 군상들 사이에서 화려한 가치로 역할을 해낸다.

자연의 법을 듣고도 실천하지 않아 사랑을 줄 수 없는 고통이 화폐의 부자들을 에워싸지만 그들은 아무것도 인지하지 못하는 경우가 다반사다. 그들은 종국에는 멸의 기운을 받는다. 돈을 버는 일가치의 묵묵한 세상의 수행자들이 그 반대편에서 선덕으로 대항하며, 힘겨우면서도 강열하게 가치를 유지하고 있다. 그들이 진정한 부자로 남아 가치순환의 중심에서 선순환 운동을 하고 있다.

4. 힘의 쌍방향성

경제적 도덕률 치밀한 작동에 정의 담아낸 이윤

힘은 물질로, 물질은 힘으로 치환이 이뤄지는 형태의 변환은 신비스럽다. 소립자 물질 페르미온과 힘의 매개입자 보손이 같은 물리량으로 변환이 가능한 것은 마치 현상적으로 없음과 있음이 결정되는 것과 같다. 이들 힘과 물질이 에너지 특성인 파동의 특성을 공통적으로 갖고 있다. 이 힘은 일을 시키는 에너지이고, 그 에너지는 상호작용을 통해 힘을 갖는다. 힘과 물질이 모두 에너지라는 점에서 쌍방향성을 갖는다. 힘과 힘, 힘과 물질, 물질과 물질 사이에 상호작용이 있는 흐름은 사건의 섭리다. 이는 생명체인 인간에게도 적용돼 개인의 행복과 불행을 결정짓고 부자와 가난도 가르는 사건의 단초이면서 동시에 전부를 아우른다. 돈(일) 또한 에너지 흐름상 상호작용을 하는 힘이기 때문에 생명을 가진 유기체들은 돈을 통해 고통과 기쁨의 천당과 지옥을 넘나든다.

동물에게는 생명을 유지하기 위한 먹을 에너지의 유무에 따라, 인간에게는 먹을 에너지뿐만 아니라 심(心) 에너지의 상호교류 단절 여부에 따라 극과 극의 행복과 불행이 늘 교차한다. 그 행불행을 관통하는 곳에 효율성을 높이는 공동운동 내지 힘의 쌍방향성이 자리한다. 돈은 현상적으로 가속계 일의 가치로 축적되기 때문에 그것은 효율성이 절대적 잣대로 작용하면서 자본시장의 기본 메커니즘으로 작동하고 있다. 돈을 일의 가치로 쌓여지는 가속운동의 총합이라는 물리량으로 보면 정당한 부의 전제는 스스로 늘 혁신하는 효율성 제고의 추가적인 가속운동의 합이 항상 더해져야 하는 경제적 도덕률을 따라야 한다. 혁신과 효율은 필수적으로 창의성이 수반돼야 하는 점에서 자가운동의 노력이 1차적으로 중요한 과제이지만 2차적으로 타자와 소통하는 공동운동이 더 중요한 과제로 떠올랐다.

효율성의 가장 근본가지를 떠받치고 있는 창의를 위한 소통은 곧 이타적 경쟁에서 승리하기 위한 위대한 도덕률의 잣대라고 해도 과언이 아니다. 그 소통을 위한 과정은 비전과 목표가 전제된다. 타인과의 경쟁이지만 전체 확산성이 있는 목표 때문에 그 과실은 모두의 타인을 지향한다. 이 같은 경제적 도덕률에는 불가피하게 부분적 희생이 따르지만 그 희생은 전체의 부를 높여주는 이타성이 근간을 이룬다. 공통의 이익이라는 경제적 도덕률이 자유시장에 녹아 있다는 것이다. 반면 경제성과 효율성이 갖는 무한경쟁의 냉혹한 현실이 경제적 도덕률을 갖추지 못하고 가공적이고 인위적일 때 자본시장은 자멸의 길로 간다. 그것은 권력이 시장을 억압하거나 지나치게 간섭할 때 일어난다.

자본시장에서 경제적 도덕률을 올곧게 지켜가기는 대단히 어렵다. 권력은 시장과 동거하는 습성 때문이다. 전술, 전략이 무한변수로 등장하고 사용되는 자본시장의 무한경쟁이란 등 위에 올라 탄 권력은 교묘하게 탄 듯 안탄 듯 교언영색을 일삼는다. 이때에도 전략적 목표만큼은 반드시 경제적 도덕률을 바탕에 두지 않으면 안 된다. 그런데 전술적 행위는 극단적 행위가 아니라면 상대의 비윤리적 기만전술을 극복하기 위한 과정으로 오히려 필요한 경우가 수시로 일어난다. 이 경우에도 목표를 함께 하는 집단의 소통이 먼저 이뤄져 합일된 비윤리적 측면들에 대한 배격심과 과정의 가치에 대한 진실성이 묵시적으로 합의돼야 한다.

동일한 목표를 갖는 경제행위 주체들이 모인 집단지성 소통의 힘은 상상 이상으로 강하다. 도덕률을 갖춘 목적이 분명하기에 비윤리적이라는 죄의식이 없는 목표감이 강해 그 어떤 맞바람도 이길 수 있는 강한 에너지를 함께 공유하기 때문이다. 공유된 에너지는 창조 부문에서 강력한 시너지를 내면서 자본시장을 장악할 수 있는 상품이나 서비스를 만들어 내고 부를 쌓는다. 이렇게 쌓여진 돈은 집단의 개인들에게 더 많은 자본시장 내 자유를 선사하는 권능으로 변한다. 권능은 권위로 커지면서 집단의 자유도 확대된다. 돈과 자유는 결국 하나로 인식되면서 더 많은 자유를 위한 그리고 더 많은 돈을 벌기 위한 강력한 소통이 이루어

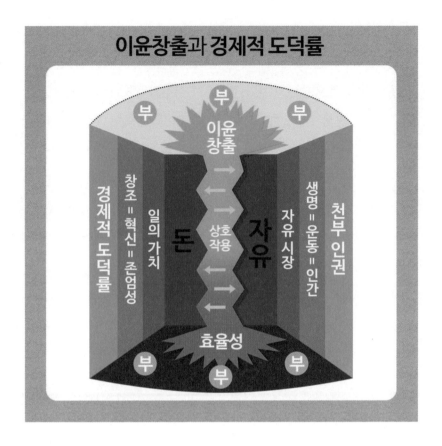

이윤창출과 경제적 도덕률

부
부
부
이윤창출
창조＝혁신＝존엄성
경제적 도덕률
일의 가치
돈
상호작용
자유
자유시장
생명＝운동＝인간
천부인권
효율성
부
부
부

져 나간다. 쌍방향 소통의 상호작용 힘은 이 과정에서 눈덩이처럼 커져 가는 특성을 지녔다.

경제적 도덕률은 이런 집단 에너지로 무한히 향하는 하나의 관문 속에서 동시에 집난 개인들과 소통하는 쌍방향의 길항작용을 한다. 힘의 쌍방향성은 상호 이익이 되는 소통이 될 때를 일컫는 에너지 상승효과를 가져올 때만이 유의미하다. 자유시장은 인간이 무한의 창의력을 갖고 있는 만큼 그것을 멈추지 않는다. 개인의 힘이 목표에 강하게 갈 때 그리고 그 개인들의 힘이 하나로 모아질 때 보이지 않는 전체 에너지와의 쌍방향 교감이 지속적으로 이루어진다. 경제적 도덕률이 이처럼 개인과 집단 간에 무한히 커지는 힘과 속도를 자발적으로 미세조정하는 기능을 갖추고 있다. 이를 통해 개인의 부가 집단으로 이전되기도 하고 집단의 부가 개인의 부로 전해지기도 한다. 개인과 집단 어느 한쪽이 기울기가 너무 과하지 않도록 경제적 도덕률이 자세제어를 해 준다. 개인과 집단의 형평성이 항상성 에너지로 유지될 때 그 사회나 국가는 안정적 성장을 일군다. 당연히 개인은 부를 일궈가면서 전체는 선진국이라는 타이틀을 얻는다. 선진국 조건에서 개인은 경제적 도덕률로 욕망의 제어를 받지만 오히려 그로인해 이타적 행복감을 공유하는 경우가 많다.

반면 선진국으로 올라서지 못하는 유턴현상도 있다. 돈을 번 자유시장 내 개인의 자유가 계속 확장되고, 집단의 자유 또한 확장하면서 눈덩이처럼 커지는 자유의 임계치 파괴현상이 곳곳에서 일어날 때가 그 경우다. 이는 현대 자본주의 자유시장의 가장 위험한 특성 중 하나이기도 하다. 기업의 성장과 독과점은 그 대표적인 사례다. 독과점은 그런 점에서 자유시장 내 비윤리적 측면으로 곧잘 단죄의 대상으로 떠오른다.

하지만 눈덩이처럼 커지는 자유시장 내 탐욕이 제어 받는 시스템이 작동한다면 독과점은 오히려 단죄의 대상이기는커녕 장려 대상으로 변한다. 대기업 독점에 따른 낙수효과가 없거나 작다고 해도 개인과 집단의 경제적 도덕률이 근간을 이룬다면 독점을 오히려 권장해야 할 가치가 충분하다. 독과점은 경쟁을 촉진하고 전체 구성원에 목표감을 제공한다. 이를 통해 자유시장의 자유로운 경쟁을 촉진하고 창의력을 발전시키는 퍼텐셜 에너지를 키운다. 아울러 독점이 권능이 되고 권위가 된다고 해도 영속성의 한계 임계치가 커지는 것을 감안하면 독점의 주역은 항상 바뀌기 때문에 자유시장의 경제적 도덕률은 오히려 상승하는 효과를 기대할 수도 있다.

자유시장 내 삶은 생명가치의 실현이고 그것은 행복감으로 나타나야 하는 궁극적 지향점이 모두에게 있다. 행복은 오늘날 국가가 기본적 인권으로 보장하는 인간 존엄성의 상징인 탓이다. 자유시장의 독점이 과격할수록 인간의 행복감이 억제되고 왜곡될 여지가 있는 것이 사실이지만 그 조차 자유롭게 두지 않으면 행복감을 느끼는 또 다른 사람들의 자유로운 행복이 억제된다. 독점 또는 독과점은 집단 구성원들 모두가 인정하는 평형을 타야 하지만 그것은 이상이라는 것이다. 오히려 목표가 분명해지고 그 목표를 향하는 정의로운 길이 많아진다면 독과점은 행복으로 가는 다양한 길 중 하나로 기능하는 선물이 된다.

삶의 본질과 생명의 기본 가치가 가속운동에 있다는 것은 천부인권에 자유가 필연적으로 수반돼 있다는 것을 함의하고 있다. 이는 곧 생명=삶=가속운동=천부인권=자유라는 등식의 성립이다. 자유는 또한 선제적 창의의 원천이기도 하고 결핍을 느끼는 단초로 작용하면서 후발적으로 일어나는 창의의 촉매다. 이는 부의 길로 가는 확실한 길이다.

자유 뒤에 오는 이어진 등식은 자유=창의=부의 성립이다. 이 때 창의는 경제적 도덕률이 보장되는 독과점의 자유가 허용될 때 극대화 된다. 자유는 창의의 선후에 포진해 밀어주고 끌어주는 자본시장의 메가기둥이란 점에서 이를 근간으로 이뤄지는 독점적 지위에 대한 자유가치를 섣불리 제한해서는 안 된다. 결국 부와 독과점은 경제적 도덕률을 사이에 두고 힘의 쌍방향으로 길항작용을 하면서 자유시장 가치를 유지한다. 공상적 사회주의 논리로 자유의 가치를 억압할 때 그 부메랑은 개인과 기업뿐만 아니라 국가 전체로 향해 지독한 가난의 지옥을 운명적으로 마주케 하는 공포를 안겨 준다.

부의 정보 공유엔 행복한 부의 거탑 쌓는 지름길

자유시장에서 가난은 보이지 않는 가장 치열한 창살이다. 인간이 인간을 노예로 취급하는 상호 불신의 지옥이 가난을 매개로 이뤄지기에 가난한 자는 스스로 창살을 걸머진 죄인으로 낙인찍히기까지 한다. 자유시장에서 가난은 불가피한 패자들의 낙인이기에 해결해 줘야 하는 공동체 윤리의식이 따라야 하지만 그 낙인마저 자유가 기반이 된 상황임을 전제한다면 가난을 지나치게 구제하는 식의 시장통제는 더 큰 가난을 더 많은 사람에게 선사할 위험성을 키운다. 가난의 인위적 구제는 정의와 반드시 상통하지 않을 뿐만 아니라 오히려 불의가 될 수 있다.

집단의 도덕률을 대신하는 국가정신이나 헌법정신은 총화의 가치를 중시하는 것에 우선을 두는 개념이다. 자유시장에서 총화의 우선가치는 개인의 자유이며, 그 자유의 기반이 되는 부(富)라는 밥솥을 키워가는 것이 도덕률의 최전선에 있다. 독점에 대한 통제는 자연발생적으로 발생하는 경쟁자들 간의 한계선으로 결정되도록 하는 것이 맞다. 실제로 자유시장에서 독점은 자기제어를 해가면서 자기통제를 치밀하게 받는다. 자기제어와 자기통제는 오묘하게도 경쟁이란 시스템 속에 있다. 결코 영속하는 독점은 없다는 것이 자유시장 내 독점이란 정의의 메커니즘이다. 시장의 부를 키우는 이처럼 정교한 시스템은 개인들에게 전체적인 부의 상승을 가져다주는 만큼 그 근간의 에너지인 힘의 상호작용은 사건의 섭리로 믿음의 대상이다. 그 사건들이 많을수록 개인도 집단도 부를 이룰 기회요인들이 많아진다.

부를 키우기 위한 소통할 수 있는 기반은 힘을 주고받아 키우는 힘의 쌍방향성을 통해 그 소통을 얼마나 더 빈번하게 더 많이 하느냐에 그 과실의 성과가 다르게 나타난다. 자유시장 내 정의가 지나치게 가난의 구제에 초점이 맞춰지면 역설적으로 빈자들을 더 많이 만든다는 것을 거듭 상기하지 않으면 안 된다. 부의 확장에 무게중심을 둔 소통은 수없이 많은 역사가 증명하듯 궁극적으로 가난을 구제하는 밥그릇을 만들어 왔다. 이 과정에서 자유시장의 경제적 도덕률은 과정의 가치를 절대이성의 목표로 삼는 정신이 중요하다. 과정의 가치는 자유시장 내 개인들의 주체가 객체라는 공동체적 이타심의 향상을 꾀하는 것이다. 또한 지나친 개인의 분별심을 배제하는 자아들의 성숙됨이 모두에게서 향상돼 갈 때 부의 크기가 지속적으로 커진다.

이를 위한 핵심 절차는 부의 소통을 강화하는데 있다. 부의 소통은 부의 형성과정이나 부의 결과물에 대한 대중적 정보 공유가 가장 중요하고 긴요하다. 부의 정보공유는 경제적 도덕률 실현과정의 가치를 키우는 소통의 과정이고, 이것이 모두의 자유를 키우는 기반을 더 확장해 부의 거탑을 쌓는 길로 다듬어진다. 자유시장에서 이런 과정의 가치가 보이지 않을 때 선악의 지나친 분별심이 개입되기 시작하면서 분열상이 일어난다. 빈부격차는 사유시장 내 소통의 과정을 통해 해결 가능하지만 가난의 심리적 위축은 소통으로 해결되지 않는다. 선악의 분별심이 일어나기 시작할 때 개인도 집단도 부의 길이 막히는데, 그것은 부의 다변화 된 길을 찾는 소통창구가 막히는데 원인이 있다.

돈은 가난할수록 치열하고 힘들게 올라가야 하는 높은 산이지만 그 과정에서 얻어지는 시행착오 속에서 인간은 삶의 가치를 얻게 되는 것이 돈이 갖고 있는 천사의 얼굴 형상이다. 따라서 돈의 악덕만 보고 돈을 부정하게 얻으려 하면 그 행위는 '죄와 벌'의 그것처럼 죄를 짓는 것 자체에서 더 나아가 돈을 통한 자유를 결코 얻지 못한다. 돈을 벌기 위한 죄를 짓는다면 그 죄를 통해 자기 안에 갇히는 것이 가장 가혹한 형벌이다. 돈을 부정하게 벌고자 강도나 살인을 한다면 자유를 얻으려는 탐욕이 자유으로부터 도망치는 결과만을 가져올 뿐만 아니라 자유의 기본 속성인 타자와의 관계와 사랑 그리고 그것을 통해 얻는 행복감을 근본적으로 끊는 행위다. 생명에게 최고로 위협적인 무한의 고립 속에 빠져든다는 것이다. 부정한 돈이 주는 형벌은 가난의 지옥보다 더한 내면의 감옥이며, 그곳에 갇히면 단 하루도 숨쉬기 힘들다.

자유는 또한 '안나 카레리나'의 그녀처럼 부유한 삶을 넘어 순간의 탐욕을 구하는 일탈이 아니다. 자기제어라는 가속운동을 하지 않는 방임형 일탈의 부메랑 역시 고통의 강도가 부정한 돈의 자유를 추구하는 것 못지않게 크다. 부정한 돈벌이는 물질의 탐욕에서 오는 고독의 고통을 맞게 하고 일탈의 탐욕은 모든 생명이 갖는 사랑 에너지의 자연스러운 변화를 자신에게만 향하도록 억지로 꿰어 맞추고자 하는데 따라 필연적으로 수반되는 소외를 통해 자신을 고독의 틀에 가두는 행위다. 이들 삶은 자유를 추구하는 속에서 맞는 비참한 선택이다. 힘의 상호작용이 일어나지 않는 인공적 선택이기 때문이다.

자유는 힘의 쌍방향성을 통해 잘못된 운동을 할 경우 그대로 그 잘못됨을 되돌려 받는다. 에너지가 쌍방향성을 갖는 것은 시너지 효과를 내기도 하면서 동시에 인과율에 의한 보복성 내지 응징성으로 드러난다는 것이다. 부의 기운을 모으기 위해서는 돈으로부터 방종의 자유를 얻고자 하거나 돈의 일탈로부터 또 다른 허영의 자유를 확대하려 할 때 자제하는 능력을 필요로 한다. 한 순간의 판단착오가 삶의 모든 것을 황폐화시킨다. 누구나 어떤 지위에서든 이런 유혹을 받아 뿌리치기 어렵다는 것이 삶의 사방에 있는 위협적 요소다. 따라서 쌍방향 에너지를 갖는 돈의 특성을 수렴하는 것은 자기억제의 강력한 내면 에너지 시스템이 늘 작동토록 해야 하는데 있다. 돈을 지배하는 것이 아니라 돈과 어깨동무하고 대화하면서 돈을 존중하고 극진히 품으며 사랑하는 과정이다.

돈을 품는 과정은 무한한 자기절제를 필요로 하기에 고통스럽다. 다시 말해 돈 에너지는 전 세계 수십억명을 삼키는 무한 에너지를 갖고 있는 만큼 개인이 이를 영원히 통제할 수 있다고 하는 것은 어불성설이다. 단 한순간도 돈과 어울리기 위한 자기조절에 긴장을 늦춰서는 안 된다. 그 하나의 방법이 타자들도 모두 선호하는 돈의 욕망과 교류하는 일이다. 그것은 타자들을 위한 일이 곧 자신의 거울이 되고 그 거울을 보면서 자기통제를 하는 요령을 얻는 것과 같다. 내 안의 타자를 통해 타인이 자신을 보고 타자 안의 자신을 내가 볼 때 상호 교감이 일어나는 것은 상호 돈 에너지로 인한 고통을 이겨내도록 해주고 나아가 그것을 기쁨으로 승화시킬 수 있는 요령을 안다는 것과 같다. 이는 다른 말로 강한 힘을 갖고 있는 용기다.

나를 위한 것이 타자가 되고 타자가 자신을 위한 것이 내가 되는 것은 강력한 책임의식이 들어가는 높은 에너지를 수반해야 한다. 이 때 개인은 돈과 어울릴 수 있는 강한 포스를 갖게 된다. 돈도 순환하면서 나 자신도 같이 순환하며 하나가 되기 때문이다. 타자를 위한 순수한 책임의식으로 쌓여진 부는 고통을 끌어안고 가는 용기이며, 그것이 진정한 부의 권능이고 사랑으로 구현될 에너지를 갖는다. 이 같은 상황에서 인간은 기쁨과 행복감을 느낀다. 이것이 타자와의 교류와 사랑을 통한 부의 강한 포스, 그것을 바탕으로 두려움에 항거하고 극복하는 용기다.

이처럼 타자와 내가 벽이 없는 구분이 사라지는 일체감이 될 때 힘의 상호작용이 절정에 이르는 에너지 조화가 일어나면서 운동에너지보다 퍼텐셜 에너지가 지속적으로 커진다. 잠재적 힘이 고통을 이겨내는 지혜를 선사해 준다. 외유내강은 퍼텐셜 에너지가 큰 사람들이 현상적으로 드러난 대표적 유형이다. 즉, 강한 포스는 책임을 위한 전제가 되기 때문에 나와 타자가 따로 없다. 강하지 않으면 생존할 수 없기에 강하기 위한 하나됨을 더 추구하고 그것이 이타적 책임의 용기(사랑)로 드러난다. 이 사랑이 부의 기운을 지속적으로 크게 모으고 강력한 돈 에너지를 항상성으로 관리하는 것이 가능토록 해준다.

반대로 단절은 어떤 역경도 이겨내기 어려워 책임을 회피하고 안락을 목적으로 하는 일에만 골몰하게 한다. 행복을 육체의 편안함으로 간주하면서 일의 가치보다 게으른 가치를 추구해 스스로를 자신의 작은 에너지 방에 끝없이 가둔다. 에너지는 무한히 작아지지만 그 조차 인지하지 못하고 강력한 힘을 갖고 있는 돈 에너지를 쉽게 얻고 쉽게 다룰 수 있다고 착각하기까지 한다. 돈은 이런 부류의 사람에게 가차 없이 무섭게 공격한다. 돈의 공격은 용서가 없어 돈이 있어도 불행해지는 결과를 낳는다. 돈이 있어도 종국에는 돈이 없어서 불행한 상황을 만드는 괴력이다.

자유시장의 많은 사람들이 극단의 이기심으로 뭉친 단절의 고통으로 인한 기저 원인을 대부분 자각하지 못한다. 단절의 에너지로 고립의 울

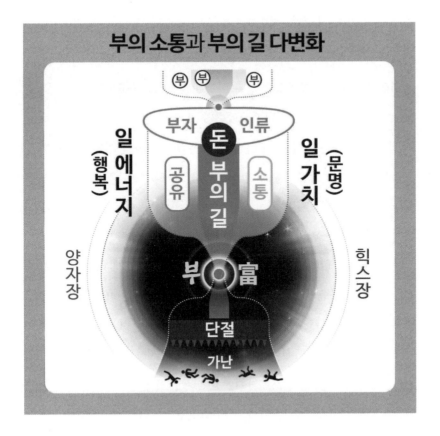

부의 소통과 부의 길 다변화

타리가 두텁게 쳐지면 공포와 두려움이 엄습하면서 생명가치에 대한 근
본적인 회의감이 공격을 하기 시작한다. 결국 돈 에너지를 순환시키는
힘조차 사라져 돈을 모으고도 고통스럽게 살거나 돈이 있어도 빠르게 빠
져나가 가난뱅이로 전락하고 만다.

  인간의 생명가치와 존엄성을 지켜가기 위해서는 돈이 가장 좋아하는
일 가치를 늘 옆에 두고 있어야 한다. 돈과 일은 분리할 수 없는 한 몸
이기 때문에 일을 통해 돈을 벌어 부자가 되고자 희망한다면 일의 에너
지 쌍방향성 역시 끝없이 살펴야 한다는 것이다. 일이 좋다는 것은 자신
의 행복에 중요한 요소이면서 효율성이 높은 돈 에너지를 모으는 출발

이다. 아울러 일이 좋다는 것은 자신의 이기심 어린 행복도가 상승함과 비례해서 타자를 위한 가치까지 동시에 증가함을 의미한다. 최대다수의 최대행복이라는 공리주의의 성공 방점이다. 일을 좋아하는 것은 모두의 공통가치로 인정을 받는 행복함의 척도가 된다는 것이다. 그런데 늘 일이 항상 좋아하는 대상이 될 수 없는 것은 자유시장의 개인이 한계를 주기적으로 넘어야 생존하는 무한경쟁이 있고, 그것을 피할 수 없기 때문이다. 일을 좋아할 때 반드시 옆에 두어야 할 동료는 그래서 고통을 기꺼이 받아들이는 일의 가치다.

일의 가치가 일을 좋아하는 한계를 지속적으로 넘게 하는 기본 동력이다. 그런데 무한경쟁의 자본시장에서 일의 가치만을 좇아도 주기적인 한계를 넘기 힘들다. 그래서 일을 좋아하는 것과 가치를 추구하는 것이 바로 상호작용의 에너지라는 점을 곱씹어야 한다. 이 상호작용이 없는 일은 반드시 한계에 직면해 삶의 풍요로움은 물론 행복함을 느끼기 어렵다. 자동차의 두 바퀴처럼 한 바퀴는 일을 가치가 있도록 하면서 또한 바퀴는 그것을 매우 좋아하도록 하는 의지다. 상호작용 에너지 축을 통한 두 바퀴의 조화로운 굴림이 삶의 길을 행복하게 하는 축복이다.

5. 부자 되는 길

길이 없는 길을 만드는 칼날 위에 선 자유의 미학

누구나 부자가 되기를 희망하지만 누구나 부자가 되기 어려운 것은 그 답이 정확히 없는데 있다. 부자가 되기 위한 온갖 재테크나 처세술 등이 난무하지만 눈에 보이는 부자의 길은 일종의 신기루다. 부자가 되기 위해서는 아이러니컬하게도 정답을 찾지 않아야 한다. 예컨대 기지(既知)의 길에서 무엇을 얻고자 하면 미지(未知)의 길에서 들어오는 도전을 이기지 못하고 갖고 있던 에너지마저 빼앗긴다. 반면 자신의 길을 넘어 타인의 길로 영역을 확장하는 것은 자신뿐만 아니라 타인의 길을 밝힐 수 있는 큰 등불을 갖는 일이다. 이는 공동의 길을 만들고자 하는 치열한 선택이며 모험이다. 부는 일의 교환가치에 의해 쌓이는 공동의 길이다. 따라서 기지의 상태라고 판단할 여지의 길은 없다고 봐야 한다. 부자의 길은 강한 의지에 의해 탄생된다.

선악을 가리지 않는 용기가 포용력이듯이 길을 알지 못함에도 길을 만들어 나가는 용기 또한 포용력이다. 이는 그릇이 큰 주체적 에너지의 소유자다. 타인의 영역까지 포용하면서 길을 만들기 때문에 많은 사람들에게 답(길)을 준다. 하지만 그 답들을 거부하며 답을 만들기를 반복한다. 길과 길이 아닌 곳의 경계에서 끝없이 경계를 넘어가는 위험과 마주하며 가는 것이다. 이것이 생명체의 기본속성이며 사건의 섭리를 따르는 행동이다. 인류가 이룬 수많은 지식과 지혜 그리고 부와 문명은 이런 운동을 통해 거탑을 쌓았다.

모르는 길을 가는 경계가 곧 시작이다. 이 시작의 끝없는 반복이 성장이다. 일의 효율성을 지속적으로 끌어올리는 과정이다. 이런 시작들은 끝을 알 수 있는 섭리를 가진 운동성이다. 극과 극의 상생원리다. 시작을 통해 만물의 섭리가 구현되고 그 무한변수의 시공간이 극초정밀로 질서 있게 돌아간다. 기준점이 반복되는 사건의 섭리에는 창조의 원리가 있다는 것이며, 유기적 시스템이 작동하는 에너지에게는 창조성과 원리성이 공존한다는 개념이다. 창조성은 시작이고 원리성은 변화하는 답이다. 변화무쌍한 답을 무한히 찾은 지식과 지혜의 바다(창조)는 늘 부정당하면서 새로운 지식과 지혜의 또 다른 바다에 원리를 쌓는다. 인류는 이를 통해 공통의 부를 쌓아 문명을 일궈 왔고 개인의 부도 함께 이뤄왔다.

무한 시작의 자가운동이 개인에게 적용될 때 생명의 존재가치인 자기존엄성이 부여된다. 유무상생의 일 그리고 그 가치의 총합이 곧 부이기 때문이다. 극과 극의 끝없는 대칭적 조화로 탄생되는 가치는 신성이다. 따라서 공동의 부를 일구는 국가에게는 개인의 존엄성을 지키기 위한 주권의 영혼적 가치가 부여된다. 개인이든 국가든 자가운동은 책임을 갖는 주인정신이다. 이는 만물은 물론 그 형식의 틀인 국가에게도 절대 무시할 수 없는 고유 가치다.

의식을 가진 생명들에게 주인이란 자존감은 신체적 목숨보다 중요하다. 특히 인간이 자발적 가속운동을 하지 않으면 부자가 되기는커녕 살아가야 할 이유조차 모르는 극단적 소외에 빠진다. 생명은 언제나 소외에 빠질 가능성을 갖고 있어 답을 찾는 존재이지만 그것은 자기함정이다. 그래서 자가운동은 항시적으로 움직이는 자기혁신을 필요로 한다. 혁신을 게을리 할 때 사건의 섭리를 응축한 시작과 기준이 모호해지면서 에너지를 빼앗긴다. 그것이 가난의 모습이다.

기준을 만드는 시작은 공포이고 위험이다. 기준은 양날의 칼을 잡는 가치다. 한 날은 밖을 향하지만 또 하나의 날은 자신을 향하는 것을 두렵게 알고 받아들이는 것이 기준이다. 두려운 일이 있다면 무엇을 시작하는 것이고, 최소한 시작되는 기준을 잡는 위치에 있음을 자각하면 된다. 기준은 어떻게(how) 하는 것보다 무엇을(what) 하는가에 초점을 둔다. 기준은 정해진 길이 아니고 기준을 정하는 길이다. 생명의 모든 순간 선택들이 무엇인가를 위해 한쪽이 아닌 대칭의 양쪽을 선택하는 과정이다. 그것이 시작이다. 대부분 이에 대해 한쪽을 선택한다고 착각하고 있다. 모든 사건의 섭리는 대칭이 하나이기 때문에 한쪽을 선택하는 시작이 아니다. 이 원리를 안다면 긴장하면서 동시에 그것을 알아서 과감하기도 하다. '과감한 긴장'이 다시 큰 기준을 만들고 창조의 선순환이 이루어져 나간다.

부자와 가난도 하나다. 부자가 가난을 알면 긴장하지만 알기에 더 큰 부자를 지향한다. 부자로 남고 싶어도 가난을 안다면 부자로 남고 가난을 모르면 가난해진다. 대칭의 모순 속에 한 덩어리로 존재하는 부자와 가난의 이율배반적 진리는 그래서 긴장 속에 머무른다. 그 긴장 에너지가 모든 것을 지배하는 신성 에너지다. 지배하기에 자유롭고 주인의 위치를 잡는다. 부자는 긴장을 안고 가는 시작점에 항상 서 있다. 거듭 강조하지만 답은 없다. 보이지 않는 길이 만들어지는 것은 그 주변의 에너지 변환일 뿐이다. 만물이 얽혀 있는 양자장 에너지의 흐름 속에 내어 맡기면서 에너지의 흐름을 만들어 간다. 만물의 도(道)라는 유무상생의 조화(일)가 일어나면 필연적으로 그 산물의 에너지(길)가 보인다.

주인이 되는 것은 주인이 되지 않는 상대가 있어야 한다는 전제가 따라야 하기 때문에 주인은 주인 아닌 상대를 필연적으로 보살피고 살펴야 부자의 지위를 영속적으로 유지한다. 그것이 말씀이고 도이며 법이고 다르마다. 책임은 끝없는 시작점이다. 돈은 주인의 위치에서 수없이 이어지는 이 같은 기준점 중심 사건의 섭리를 따를 때 모아지는 소중한 가치다. 소외의 한 유형인 자신만을 위한 삶은 종국적으로 타인의 삶이며,

극적 에고주의에 빠져 가난으로 떨어진다. 진짜 주인은 자신이 왜 시공의 무한변수에서 창조해야 하는 무거운 짐을 지고 있는지 이유를 안다. 그 짐의 정체는 가장 행복한 돈을 벌고 관리하는 강력한 능력이다. 돈을 쫓지도 않고 돈에 집착하지 않으면서 세상 부의 권좌에 앉는다.

따라서 사건의 섭리는 불성의 인연 같은 다르마의 법률로 이기적 이타성을 띤 새로운 지혜나 지식의 창조과정이다. 이 기준은 가속운동의 존재근거를 제시하는 만물의 척도다. 기준점의 지속적 탄생은 지식과 지혜의 탑을 쌓아가는 것에서 나아가 진리가 항상 변화하는 묘술을 부린다는 것을 의미한다. 진리는 곧 없는 존재이며, 있다면 시작을 주관하는 그 무엇이 진리다. 시작은 끝없는 수레바퀴를 거듭 돌리는 평생숙제를 안고 있다는 점에서 주인의식은 순천자가 해야 할 하늘의 소명으로 연결된다. 인간이 소명을 따를 때 반드시 부자를 만들어 모든 사람들에게 이로운 선순환의 에너지장을 일구게 한다. 수레바퀴가 사건의 주관자다. 인간은 누구나 소명을 따를 능력을 갖춘 존재다.

수레바퀴를 통해 분기는 무한히 일어난다. 분기를 통한 운동의 신성한 가치 속에서 돈이 탄생된다는 것을 보는 것이 부자의 길이다. 따라서 기지의 보편성은 분기를 억제, 부와 현대문명의 가장 강력한 맞바람이다. 보편적 진리는 악덕의 근원인 안주함을 조장하고 대립과 분열까지 촉발시킨다. 화폐가 만인의 보편가치로 지나친 확장을 하는 것은 현대사회에서 악마성을 함축하는 배경이다.

보편성은 인간의 불완전한 룰이 절대선악을 판가름하는 제도와 규칙 등의 틀을 만들도록 확장한다. 도덕률이 과도하게 일정한 틀에 갇혀 이념화 되면 같은 문제가 발생하는데, 이 때 발생하는 보편성의 악재가 심

길을 만드는 **부의 수레바퀴**

각한 창조의 정체현상을 일으킨다. 아무 의심 없는 도덕률은 개인들의 무차별 단죄의식을 끌어올려 개인은 물론 국가의 창조성을 막는 거대한 장벽이 되고 만다. 효율성과 생산성이 없는 단죄의식은 실리보다 명분에 휩싸여 불필요한 징의가 난무하고 권력을 위한 빙편으로 떨어지기를 반복한다. 부의 길이 막히는 증상이다.

　가난의 상징 장발장의 도덕률은 역설적인 부의 길을 보여준다. 그 도덕률은 기존 제도에 대한 강력한 항거인 듯 보이지만 그 속에서 무한책임의 에너지로 나온 사랑(용기)의 윤리의식이 잘 드러나 있다. 지속적인 탈옥 또한 법의 정의에 대한 불법적 타락의 모습인 듯 하지만 자신이 아닌 타인에 대한 무한책임의 발로라는 점에서 이 역시 용기이며 사랑이다. 책임에 대한 수없는 시행착오는 선악의 판단이 아니다. 선악을 구분하려는 빅토르 위고의 의지가 발현되지만 그것은 섣부른 신적 권능의 절대적 판단이 아닌 끝없이 추락한 그 속에서조차 책임의 무거운 짐을 지기 위한 방편의 일환일 뿐이다. 이는 소명이고 행복으로 가는 열차다. 몸은 고달프고 끝없는 고통이 줄지어 닥치지만 열차에서 뛰어 내리지 않는다. 장발장은 그렇게 지옥 같은 불행 속에서 공장주와 사장이 된 뒤에도 끝까지 타인을 위한 이타심으로 살아 행복의 열차를 탄 채 생을 복되게 마감했다. 누구나 이 열차를 타면 부자의 길을 가는 틀이 만들어진다는 사실이 은유적으로 제시됐다.

구원을 희망하지 않은 채 막연한 부를 쫓지 않고 꿈이란 모험을 향해 가는 것이 마치 미치광이처럼 보이기도 하는데, 그것이 불가능한 현실에 도전하는 사람들의 포기하지 않는 정신이다. 이들의 특성은 가능성이 많이 보이는 곳을 결코 탐하지 않는다. 답을 원하지 않기에 답이 없는 길을 찾는다. 선악의 구분을 하지 않듯 가능과 불가능을 따지지 않고 오로지 목표 지향성만을 끝없이 놓치지 않고 본다.

목표를 향해 가는 혼돈에 대한 믿음은 위대한 자유다. 그 자유에는 단지 몇 개의 보이는 길이 아닌 무한히 많은 보이지 않는 길을 만들어가는 에너지가 발산하기 때문이다. 무한한 길은 강인한 자유의 다른 표현이다. 그 길을 가지 않은 채 두려움과 공포에 주저하는 사람들까지 포용하고 책임지는 능력을 가졌다. 그래서 결국 하나의 길이다. 그 길의 에너지 특성은 반드시 크게 돌아오는 특성을 지녔다. 한 사람이 발산한 에너지는 모든 사람들이 발산한 에너지를 수렴한다. 그 힘을 통해 불가능을 가능으로 바꾼다. 부자가 되는 사람들은 결코 새로운 시작을 두려워하지 않는다. 길을 안다는 것은 길을 모른다는 것이고, 이를 위해 강한 의지의 자유를 키워갈 때 행복하다. 생명가치는 그 행복 속에 피어나는 꽃이다.

무한 변수 속 돈의 정체, 시시비비 없는 시행착오

현실은 무한히 많은 경우의 수들로 혼돈이 상존하고 있다. 혼돈 속에 진실이 있기는 하지만 그 진실은 상황과 사람 그리고 시간에 따라 모습을 달리하면서 진실이 아닌 모습으로 변화무쌍한 상태를 지속한다. 이같은 혼돈 자체를 받아들일 때 진리를 잡을 가능성이 있는 것이며, 설사 진리를 잡지 못한다고 해도 그 시행착오가 진리에 다가가는 방편이 된다. 돈 에너지도 현상계에서 궁극의 진리를 찾기 어렵지만 그 자체를 수렴할 때 진리의 모습으로 세상을 비추는 빛이 될 수 있다는 것을 알게 된다. 그 빛을 찾는 것은 혼돈의 질서에 한 몸이 되면서 그 고통을 이겨나가고자 하는 노력이다. 아무것도 판단하지 않고 판단할 수 없는 혼돈과 진정성 있게 대화를 하는 용기가 진실의 문이라는 것이다. 종교적 믿음의 종류 같지만 낙원을 바라지 않고 구원을 바라지 않는다.

인간의 존엄성은 이처럼 길이 없는 길을 창조하는 유일한 에너지 파장이 발현되는 생명이란 섬에서 확고해진다. 호기심은 길을 만드는 원천 에너지이고 학습은 창조의 기저 에너지다. 호기심과 학습은 인간의 존엄성을 받치는 기둥이고, 이를 반복하는 것이 생명가치다. 생명의 일은 무한 시작점의 반복인 창조가 일어나지 않으면 효율성을 구현하지 못하고 돈 가치를 만들어내지 못한다. 일은 대칭성과 상보성의 경계선상에서 항상적으로 발생하는 에너지다. 대칭성=시작=창조=효율성이 그 등식이다. 앞서 생명=가속운동=천부인권=자유의 등식과 자유=창의=부의 등식을 연결하면 창조는 공동체의 부와 연결된다.

따라서 창조는 공동체를 위한 선한 이타적 행위의 최전선에 있다. 창조는 본래 선한 것으로 평가받을 때 창조의 수레바퀴가 마녀사냥을 당한다. 창조는 선한 행동이나 그에 대한 평가가 아니라 주어진 소명이라는 믿음으로 이뤄지는 보편성의 반대편에 있다. 창조가 선한 평을 받으면 자신을 위한 것으로 지탄을 받기도 한다. 보통 이기적 창조가 선함이 아니라고 판단하는 것이 옳아 보이지만 그 판단 자체를 하는 행위가 선하지 않은 경우가 대부분이다. 이는 실험적으로 드러난 호마사피엔스의 야릇한 심리다.

타인의 선함이나 정의를 재단하는 것은 선한 의식의 발로이고 행동이지만 정작 그 판단을 하는 순간 그 주체는 선한 행동보다 악한 의식에 빠져 든다. 동시에 그 의식을 선한 것으로 착각하는 경향성의 늪에 빠져 허우적거린다. 타인의 선한 행동에 악의 잣대를 갖고 재단을 하는 사람들은 무한히 창조되는 사건의 섭리로 일어나는 선한 행위조차 자기 안의 잘못된 잣대로 재단한다. 가난의 반대말이 부자이듯 이런 자기 안의 판단을 버리는 것이 부를 일구는 창조의 출발이다.

타인에 대한 섣부른 판단 이전에 자신이 가는 길을 냉정하게 이타심으로 갈고 닦아 나가는 정진의 길을 지속하는 것이 가난의 반대편에 있다. 부자로 가는 길의 첫 번째 계단은 타인의 시시비비를 가리지 않는 마음에서 나아가 그 타인의 대중적 마녀사냥을 막아 주는 것까지 확장하는데 있다. 현실과 동떨어진 행동으로 보이겠지만 오히려 현실에서 악함으로

무(無)의 시행착오와 유(有)의 시시비비

잘못 투영되는 고통의 끝에 서는 고통을 감수해야 진짜 선하지 않은 길을 안다. 극과 극을 모두 인식할 수 있을 때 선하려 하지도 말고 악하려 하지도 않는 섭렵하는 중용이 부자의 길을 찾는 방식이다.

이 때 타인에 대한 잣대를 버리고 자신의 길을 비추는 행위를 끝없이 해야 하는데, 그것이 일의 시행착오로 드러난다. 시행착오는 곧 부자로 가는 길을 비추는 안내등과도 같아 결코 틀림이 없다. 그것을 통해 돈의 흐름을 선제적으로 알게 되고 돈 에너지의 강력함을 몸으로 느끼면서 전율하기도 한다. 시행착오가 없고자 하는 의지는 강력한 선함의 의지처럼 보이지만 종국에는 선함의 결과로 드러나지 않는 경우가 대부분이다. 거친 길을 품지 않은 결과는 돈 에너지와 거리를 두게 되는 결과를 가져온다.

시행착오가 없고자 하는 오만한 판단에 빠지면 부자로 가는 발목을 자발적으로 묶는 행위다. 오만함이 때로 선함으로 몰이해 되는 것은 판단하는 주체가 선함을 추구하기 때문인 것 같지만 미지의 악함을 외면하는 속성이 내재해 있는 것에 불과하다. 창조적 일을 수행할 때 자신의 악함을 바로보지 않는다면 일이 되지 않는다는 것이다. 그 악함은 타인의 비판도 정면으로 감수하는 일이다. 이를 두려워하고 외면하는 순간 미지의 사실을 기지의 사실로 잘못 표현하는 것이 되고, 단지 자기재단 유형일 경우가 대부분이다. 문제는 인간이 절대 미지의 사실을 단정적으로 알지 못한다는데 있다. 이를 단정하는 것은 틀릴 가능성이 높은 의지의 한 표현일 뿐이기에 희망하고 욕망하는 사실에 대한 허구의 표상일 개연성을 높힌다. 이 욕구가 과할 때 자신을 속이는 일이 일어나고 그것은 실패의 연속이다. 부는커녕 가난으로 끝없이 빠져 든다.

시시비비는 창조의 반대신념으로 고착화 되는 경우가 흔하다. 일 가치의 효율성은 줄어드는 것도 알게 되고 가난의 틀에 묶여 있어도 탈출하기가 어렵다는 것도 인지하게 된다. 이 정도의 인식에 이르면 부의 기운을 끌어들인다는 것이지만 자유시장의 대부분 사람들은 권선징악의 시시비비 선을 잘 넘지 못한다. 가난에서 부자로 가는 속칭 넘사벽을 넘기 위해서는 권선징악의 부질없는 인식을 비운 채 새로운 시작의 좌표를 끝없이 만들어 가는 방법을 선택해 나가야 한다. 새 좌표는 무한히 작은 에너지 원천에서 시작된다. 그 에너지는 무한질량과 무한곡률을 가진 빅뱅의 특이점과 유사하다. 초거대 공간이면서 초미세 영역이다. 무한히 많은 것을 만들어 낼 수 있는 무한 극점이다. 태극의 원리를 품고 있는 시작점을 찍는 일이 쉬울 수 없다. 그 시작점을 찍는 것이 지혜다.

　지혜는 모든 가능성을 열어놓는 강력한 에너지를 갖고 있다. 가능성이 무제한인 만큼 상응하는 에너지를 필요로 하기 때문에 수많은 지식을 요구받고 그 지식을 습득하는 과정에서 또한 시행착오를 많이 겪어야 한다. 지혜는 보편적이고 객관적이 아니며 그렇다고 주관적이고 독선적인 것은 더욱 아니다. 지혜가 보편타당한 논리가 되면 세상을 더욱 무지몽매하게 만든다. 보편타당한 수많은 학문적 위업들이 오히려 지혜로운 길을 선택하는 길을 막는다. 뛰어난 영재들이 지혜로운 선택을 하지 못하면 자기기만과 오만으로 끝내 가치의 소외에 빠진다. 지혜는 강력한 부의 길도 되지만 거꾸로 부의 길을 막는 거대한 장벽이 되기도 한다.

　창조의 원천인 지혜는 세상의 모든 사람들이 똑같이 공유해서도 안 되고 또한 원만히 소통할 필요가 없다. 지혜는 무한변수들에 대한 순간순간의 선택적 대응이다. 시작은 무수히 많은 선택지들 중에 최선의 효율성을 향한 강한 걸음이다. 매 걸음마다 통찰과 직관의 에너지들이 몰입으로 집중돼야 하는 일이 지혜의 본령이다. 그 힘의 기본 에너지는 모든 만물과 얽힘이라는 점에서 무수히 많은 타자와의 관계 속에서 정립된다.

　지혜로운 사는 강하고 부드러우며 용기가 넘치면서 섬세하다. 그리고 단호하면서 자애롭고 선하면서 악을 많이 안다. 지혜는 돈이 갖고 있는 많은 모습들을 닮았다. 돈이 매 순간 그 어떤 형태를 취해도 지혜는 그것을 포용하고 받아들이며 이용하기까지 한다. 지혜가 있으면 부자가 되는 길은 아주 쉽다. 부자가 되는 길은 그래서 아는 것에 대한 보편타당성을 거부하는 것에서 출발하고 아는 것에 대한 자기확신성을 역시 거부하는 것에서 다시 시작한다. 모든 상황을 라이브로 알아차리되 그 조차 모두 없는 상황으로 놓아야 돈 에너지가 모이는 지혜로운 판단을 하게 된다.

지혜로운 자가 부자가 된다고 해도 이후의 지혜는 더욱더 중요해진다. 부자가 돈으로 권력을 탐하는 것은 보편타당한 세상을 갖으려 하는 오만이고 그 보편타당성마저 주관적 기만으로 가득한 것을 또한 소유하려는 욕심이다. 지혜의 반대편에 있는 심판하는 지혜는 가차 없이 심판한다. 그 지혜는 다름 아닌 바로 자신이기에 그 조차 바로 보면 지혜의 문에 다시 들어갈 수 있지만 대부분 그것을 간과하거나 모른다.

또 다른 지혜의 공격은 부의 역습이다. 그 공격은 몸서리치게 소름이 돋을 정도로 무섭게 온다. 부는 한 순간의 공든탑으로 무너지기도 하고 부와 관련된 사람들에게 불행이 닥치기도 한다. 따라서 부는 이루고자 하는 지혜와 지키고자 하는 지혜를 모두 볼 수 있을 때 완성된다. 짧은 기간 부를 쌓은 것은 부가 아닌 돈의 악마성을 모셨을 뿐이고 개인은 그 악덕의 종이 됐을 뿐이다. 부를 영속적으로 유지했을 때 선덕의 꽃을 오랫동안 피우면서 자신의 행복을 지켜간다.

인류가 만들어 온 수많은 지식 · 경험의 거탑들과 그것을 바탕으로 한 시스템은 매우 강력하지만 아무리 강력한 틀도 창조의 의식에너지 앞에서는 무력하다. 위대한 성과나 발견들은 항상 새 옷을 입을 준비가 돼 있다는 것을 믿을 때 실제 세상의 새 옷이 자신에 의해서 입혀진다. 그 의식은 보이지도 않고 만져지지도 않지만 반드시 있다고 보면 선명히 보이는 기막힌 에너지다. 부자가 되는 길은 그 에너지를 끝없이 응시하는 의지다.

6. 가난에 빠지는 길

지식 권능 외면할 때 오는 가난 '자기안의 외부인'

문명은 자연을 이해하는 과정에서 축적한 지식을 인간에게 편리한 도구적 측면의 부로 기능하게 하는 자기투쟁의 결과물이다. 문명은 필연적으로 권력과 계급을 낳으면서 투쟁의 역사를 자가순환하고 그 속에서 부의 질서를 형성시켜 왔다. 종교의 성서들이 언어의 권력으로 영혼의 큰 성을 쌓았다면 문명은 수학과 기하학이란 수리적 설계로 부의 성을 축조했다. 수학은 자연의 질서를 기막히게 표현해 낸 권능으로 활약하면서 신과 인간을 잇는 문명 그리고 부의 기둥이 됐다. 수학은 수없이 분파된 정교한 학문들의 주춧돌이 되면서 인간에게 지식 권력의 씨앗을 뿌렸다. 현대문명에서 이 같은 지식들은 또 하나의 권력으로 작동하면서 문명의 축을 덧댔다. 결국 자연의 정교한 원리를 알아나가는 과정의 중심에 서면 부와 권력을 지향해 나갈 수 있지만 그 곁가지에 있거나 멀리 있으면 가난의 질곡에서 벗어나기 힘들다.

자연의 질서는 곧 사건의 섭리이고 그것은 순간순간 요동치는 에너지의 흐름이다. 돈이 에너지 흐름이라는 것을 다시 반추한다면 가난은 에너지 흐름에서 스스로 멀어지거나 소외되는 현상이다. 부와 가난을 완벽한 보편성의 원리로 가지를 칠 수 없지만 전체적인 질서 환경에서 에너지의 흐름을 타지 못하거나 역행하면 가난은 피할 수 없다. 인류 문명사에서 자연의 섭리를 체계적으로 쌓아 놓은 지식이 권력의 중심이 된 배경이다. 지식은 에너지의 흐름을 타는 길을 직관과 통찰로 알게 해주는 핵심 가교다.

에너지 흐름을 타지 못하도록 하는 주체는 기하학의 원리를 도입하면 타자 같은 에고다. 기하학은 수많은 사례에서 자연의 원리가 그렇듯 동일성의 구분이 즉시 가능한 섭리를 대변한 언어다. 정밀한 측정이 불가능한 동일성을 기하학은 즉시 해결한다. 에고는 타자를 거울로 삼아 기막힌 위장전술로 기생의 정당성을 확보하는 타자다. 에고와 타자는 동일성을 구분하기 힘든 상황에 늘 처해 있다. 그런데 이 타자는 기생하는 생존 조건을 항상 우선에 두기 때문에 돈의 권능을 무시하거나 모르기도 한다. 타자라는 것을 염두에 두기는 극도로 힘들고 끝내 어렵기도 하지만 언제든 가능한 일이기도 하다. 이 타자가 돈의 권능에 분별심을 유독 심하게 가지면 완전한 타자지만 그럴수록 기생하는 환경에 더 빠져 에너지 흐름을 타지 못하게 된다. 타자가 지배하는 환경에서 가난은 피할 수 없다.

그래서 에너지 중 돋보이는 흐름이 자유다. 자유는 에고라는 타자를 배격하는 힘을 가졌다. 자유시장은 에너지 흐름이 상시적으로 가장 강열한 곳이다. 에고와 타자가 인식될 에너지 흐름이 역동하고 있다. 인식이 되면 구분이 되고 구분이 되면 자연스럽게 떨쳐 버릴 수 있다. 자유는 바로 생명의 소중한 자기가치를 확인해 가는 파동성의 얽힘 과정이기 때문에 내적 파동성에 그치는 에고를 멀리할 힘을 갖는다. 이 파동은 자유시장의 모든 에너지와 함께 한다. 시장에서 치열한 삶의 과정 자체가 생명가치가 있다는 것이다. 그것이 힘들다고 피하면 가난의 연속이다. 에고라는 타자는 그것을 피하려고만 한다.

자유시장의 역동성은 기준계를 바꾸어 나아가면서 효율성을 올리는 일 가치가 있지만 그 일 가치에 지친 심신을 달래기 위한 비역동적 쉼도

포함되는 대칭의 조화가 관통하는 질서다. 역동성에 내재한 비역동성이 하나라는 것 또한 이율배반의 진리라는 점을 감안하면 자유와 그 시장은 일종의 관성이다. 관성은 멈춤의 성질 그리고 운동하려고 하는 성질의 고집이 센 에너지라는 점을 반추하면 자유는 양자를 모두 묶는 길시자의 위치에 있다. 자유시장에서 쉼과 운동성이 끝없이 반복되면서 에너지가 역동할 때 일 가치가 실현된다. 그것이 파동의 무한 얽힘 구조다. 이를 기반으로 한 자유시장에서 쉼의 관성은 창조의 시간이고 운동의 관성은 생산의 시간이다. 창조와 생산이 무한히 꼬여 마치 무한한 직조물을 이루는 형상이다.

직관과 통찰은 쉼을 통해 가장 크게 얻어진다는 점에서 기준계를 과감히 설정하는 시작이다. 쉼은 곧 응축의 과정이지 에너지가 꺼지는 시간이 아니다. 자유시장의 부는 쉼의 관성을 강하게 유지하고자 할 때 효율성의 수레바퀴가 구를 준비를 한다. 창조가 빛을 발하면 생산성이 커지면서 효율성이 큰 에너지를 양산한다. 가난에 빠지는 비자유인들의 특성은 자신의 관성을 모르거나 무시하는 경향성을 가졌다. 직관과 통찰의 여유를 갖지 못한다는 것은 자연의 질서에 대한 거부임을 스스로 잘 모른다는데 있다. 이 때 자유시장의 사람들은 수학의 원리에 관심을 가져야 한다. 그 원리를 기반으로 한 사유적 사고에 유연하면 통찰을 하기 쉬워진다. 이것이 자유시장의 강력한 권력으로 기능하고 있다. 가난은 이를 기피하거나 모르면 필연적으로 찾아드는 원리의 문에 있다.

국가도 선진국 반열에 오르기 위한 조건은 자연의 원리를 얼마만큼 많이 이해하고 축적하느냐에 좌우된다. 이는 추종이 아닌 창조이기 때문에 반드시 직관과 통찰을 전제로 하면서 사건의 섭리에 늘 서는 위험을 자처하는 자세가 중요하다. 개인이든 국가든 이것이 진정한 자유로의 항진이다. 자유는 그래서 일 가치를 중심으로 그 가치를 끌어 올리는 역동성과 에너지 발산을 미세조절하는 비역동성을 포괄한다. 전자는 개척하는 자의 위대한 자유이고 후자는 창조하는 자의 성스러운 영혼의 자유다. 에컨대 알렉산더는 개척하는 자유를 온 몸에 휘감은 채 제국의 땅을 일구며 말을 내달렸고 베에토벤은 영혼의 자유를 온 몸에 칭칭 동여매면서 인류 역사상 전무후무한 교향곡을 작곡했다.

광대한 땅을 얻은 자유도 신적 경지의 음률로 심금을 울린 자유도 돈을 버는 일과 직접적 관련이 작아 보인다. 하지만 진정한 부자는 이런 유형의 자유를 일군 사람들이다. 이들에겐 물질적 부와 영혼의 부가 있었다. 돈을 쌓아 놓은 부자라고 해도 영혼의 자유를 잃을 때 없는 자의 질곡과 유사한 길을 걷는다. 돈의 기준만으로 가르는 부자와 빈자는 자유를 잣대로 놓고 판단할 여지가 작아진다. 큰 기업을 일궈 상상할 수 없을 만큼 큰 돈을 번 사업가들은 분명 자유를 가꿨다. 자신만의 자유 영역은 늘 만족스럽지 못했기에 호전적인 울타리를 키워가면서 시작을 멈추지 않은 자유의 길을 개척했다. 하지만 큰 성공을 거둔 부자라고 해도 행복하지 않거나 불운을 초래하는 경우 불안과 공포를 동반하기에 결국 스스로 자유를 억압한다. 부는 기하학의 동일성 원리로 가난과 하나라는 생각을 가질 때 부의 길을 더 가꿀 수 있다는 것이다.

부자가 되고 더 큰 부자가 될수록 그들의 자유가 가난을 간과한다면 더욱 작아지고 끝내는 자신이 만든 부의 창살에 갇히고 만다. 이런 부자는 돈이 있어도 오래가지 못하고 오래간다고 해도 그 한계성이 빨라져 진정한 부자라고 할 수 없다. 물질적 부의 기준으로만 보면 영혼의 부가 동반하지 않을 때 불행하거나 불운한 사태를 맞는다. 물질적 부는 시공간의 한계로 언젠가 가난으로 빠지지만 영혼의 부는 시공의 한계가 없어 부를 영원성으로 향하도록 돕는다. 가난에 빠지는 길은 오로지 물질의 부를 추구하면 된다. 영혼의 부는 에고와 타자의 동일성을 보는 일이다. 그것이 물질의 부를 더 풍요롭게 만들고 오래 유지하게 한다. 따라서 자연의 원리를 이해하는 것은 창조의 순환원리인 수레바퀴를 돌리면서 동시에 그 수레바퀴가 수없이 타자들과 얽혀 있다는 것을 이해하는 일이다. 결국 파동성의 얽힘 원리에 부자가 깃들어 있다.

돈의 척도로 빈부를 논하는 것은 늘 변화하는 현재성에 기준하는 것이기에 그 현재에 따라 실제의 빈부는 널뛰기를 한다. 돈이 있어도 그리고 돈이 없어도 자유가 항구적으로 유지될 여지는 지극히 제한된다. 가난은 그래서 현재형 부자들에게 더욱 치명적일 수 있다. 애초부터 가난한 상황에 있으면 대개 그 가난이 창살과 공포로 다가오지 않는다. 가난에 빠지는 길을 예상하고 염려하는 것은 돈을 번 부자들의 진정성 있는 자아성찰이다. 하지만 부자들 대부분은 누구나 가난에 빠질 벼랑을 향해 간다는 것을 잘 알고 인정하면서도 그것을 보지 않으려 하는 것이 현실이다. 가난의 계곡을 가보지 않는 부자들의 행보는 가난 자체를 상상하지 않거나 무시하기 일쑤다.

지극히 상식적인 이치를 간과하면 자연의 질서는 예외도 없고 용서도 없다. 가난은 반드시 찾아오는 자기 안의 주인으로 자리 잡는다. 그래서 부를 품었다고 생각되면 그 가난의 항진을 알면서도 그 길을 가려고 행위하는 원인을 살펴야 한다. 자유가 일 가치를 실현하기 위한 길이 아닌 것으로 착각하는 순간을 알아채야 한다는 것이다. 안락하고 편안하게 위압적인 돈 권력에 의지하는 것을 자유라고 판단하기 시작하는 흐름이 부의 환경 속에 필연적으로 내재해 있다. 그 자유는 사회적 소외의 창살로 가는 길이다. 이 길을 알면서도 걸음을 멈추지 않는데는 돈이 갖고 있는 권능에 아무 생각 없이 의지한 결과다.

돈의 역습은 가차없다. 돈은 일 가치의 소중함을 잃을 때 그 소유한 자에게 비참할 만틈 치명타를 가해 종국에는 가난의 나락에 떨어뜨린다. 돈을 경계하지 않는 무지함은 인간이 돈을 좌지우지 할 수 없다는 한계를 부정하는 오만함에서 나온다. 그 무지가 자신뿐만 아니라 주변까지 가난의 질곡에 빠지게 하는 비극을 초래한다. 지식이 그것을 막는 최선의 방패다. 지식은 원리를 알게 하는 거울이다.

무책임 가림막 두려움 속 분별심은 가난의 보따리

무거운 물체와 가벼운 물체가 시간차 없이 동시에 떨어진다는 것은 상식으로 받아들이기 어려운 질서였지만 갈릴레이에게는 똑같이 낙하하는 것이 당연한 자연의 원리였다. 지구상의 마찰은 광대한 우주공간에 비하면 아주 특이한 현상에 불과한 사건 같지 않은 사건이라는 것을 명확히 인지한 사실이 중요하다. 깃털과 쇠구슬이 동시에 떨어지는 것은 너무나 당연한 자연의 원리라는 것이다. 관성도 마찰이 없거나 외부의 힘이 없다면 영구적으로 움직이고 영구적으로 멈춰 있다. 반면 영구적 움직임이나 멈춤이 있기 어렵다는 원리가 너무나 당연한 원리로 받아들여 온 것이 오히려 특이한 사례일 뿐이라는 것을 받아들이는 것은 그래서 용기였다.

지구적 영향권에서 일어나는 운동성이나 에너지 흐름은 틀에 갇힌 아주 작은 진실일 뿐이다. 넓게 보면 그 갇힌 진실은 진실이 아니고 사례에 그친다. 큰 진리를 보는 것은 큰 에너지의 흐름을 타는 것이다. 그 흐름은 인간의 오감으로 보이거나 느껴지지 않는다. 돈 에너지의 특성도 인간의 오감으로 만지거나 보고 느끼는 것이 불가능하다. 돈의 특성은 많든 적든 그 무게가 같다는 특싱이 있다. 돈도 자유낙하를 시킨다면 지구적 특성은 많고 적음에 따라 구별되지만 에너지 진리의 특성을 보면 구분이 되지 않는다.

작은 돈에 대한 통찰력은 곧 큰 돈의 통찰력과 같다. 작은 돈을 모으고 쓰는 방법은 큰 돈을 모으고 쓰는 방법과 다르지 않다는 점이다. 작은 돈을 알 때 큰 돈이 들어온다는 것이고, 작은 돈을 알 때 큰 돈이 계속 유지된다는 것이다. 작은 돈과 큰 돈에 무게의 차이가 없다는 것을 온 몸으로 인지하고 통찰한다는 것은 천사와 악마의 얼굴을 동시에 갖고 있는 돈의 특성을 이해한다는 의미와 동일하다. 천사와 악마의 얼굴을 수시로 바꾸는 듯한 돈의 모습은 실제로 하나일 뿐이라는 것을 매순간 동기화 할 줄 알 때 작은 돈과 큰 돈은 차이가 없이 다가온다. 이를 알지 못하는 부자는 언제든 가난으로 떨어진다.

돈의 에너지 흐름을 보면 천사와 악마 그리고 타락한 천사와 타락한 악마의 성향으로 얼굴이 드러난다. 돈의 네 가지 유형 중 절대계 악마성은 절대계 신성과 한 몸이지만 돈만이 갖는 특성은 신성을 통해 악마성을 구현하는 방식이 아닌 것이 다른 대칭성의 상생원리와 다르다. 돈의 악마성은 신성으로 반추되지 않고 그 자체로 구현되는 놀라운 특성을 갖고 있다.

천사의 모습과 타락한 천사의 모습도 마찬가지다. 절대자 신성의 모습이 조화 그 자체로 구현되듯이 절대자 악마의 모습은 그 조화를 파괴하는 주체로 드러난다. 유무가 동시에 있는 것이 아니라 유만 있거나 무만 있는 상황에서 유를 무없이 존재하게 하고 무도 유없이 존재케 하는 권능이 돈의 묘한 조화다. 선뜻 이해할 수 없다면 돈의 악마성에 탐닉하면 돈은 신성이 있다는 것을 절대 알려주지 않는다는 사실을 인지하면 된다. 오히려 악마성 자체를 신성이라고 암시해 주는 환상을 깔아 악마성으로 가짜신성을 표현해 내는 마술까지 부린다. 많은 부자들이 이런 신성에 빠져들어 부를 향유하는 자유를 자유라고 오판하고 만다.

부를 누리는 자유는 축적해 놓은 에너지를 사용하는 것이기 때문에 가

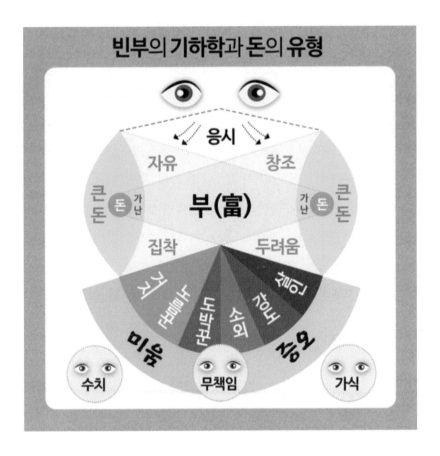

빈부의 기하학과 돈의 유형

응시

자유   창조

큰 돈 가난   부(富)   가난 큰 돈

집착   두려움

미움   증오

수치   무책임   가식

난의 창살로 갇히게 하는 자기억압의 모습을 자주 보인다.

자유는 소진의 경로가 아니다. 부의 소진은 가난의 벼랑으로 떨어지는 과정이다. 돈을 사용할 때 돈을 새로 생성하는 노정이 있다면 그것이 소진과정에서 일어나는 자유행위다. 소진만 하는 행위는 자유의 빛을 선물 받은 것 같지만 막상 뜯어보면 아무 것도 없는 어둠 뿐인 가난의 문턱이다. 부의 소진은 그래서 두려운 일이다. 대개 행복하다고 착각하지만 불행이다. 이를 모른 채 자유라고 착각한다면 재기하기 어려운 가난으로 떨어진다. 가난한 사람보다 가난으로 떨어진 부자가 혹독한 시련을 겪어야 하는 것은 가난의 고통을 소진과정에서 모르거나 무시하기 때문이다.

가난을 안다는 것은 타락한 천사의 모습을 경험하는 것과 같다. 절대성과 달리 천사의 타락은 천사의 모습을 반추케 하면서 악마성으로 향해 가는 것을 인지하게 해준다. 타락한 천사와 같은 돈의 악마적 모습은 크게 집착형과 두려움형으로 나뉜다. 집착형에 빠지면 돈만 생각하고 돈만 쫓는 행위에 탐닉해 일 가치를 소홀히 하게 된다. 이들의 가난 유형이 거지, 노름꾼, 도박꾼들이라는 것을 안다면 부자는 천사의 타락을 보면서 경계하지만 그 반대편에 서 있는 부자는 그것을 잘 모르거나 알아도 다른 세상의 일로 대개 치부한다.

두려움형은 무엇이든 돈으로 쉽게 얻으려 하기 때문에 이 역시 도전하는 일 가치를 도외시하는 경향이 심하다. 그 결과는 무능력한 부류로 전락해 사회적 무시를 당하지만 타락한 천사는 그 무능력에 대한 무시와 천대가 얼마나 공포스러운 것인지를 잘 알려주지 않는다. 다만 천사의 모습을 반추하면서 느낌을 알 수 있는데, 시시각각 그 느낌이 오는 것을 잘 알아차리는 것이 매우 값진 이유다.

돈에 대한 집착과 두려움은 현상계에서 외부의 도움이 없기 때문에 스스로 알아차리면서 자신의 내적 동력으로 극복하는 길 이외에는 대안이 없다. 이 때 돈이 갖고 있는 천사의 힘을 불러들일 수 있는 길이 보인다. 착한 권능인 천사의 날개를 단 돈은 완벽하고 무한한 힘으로 타락힌 친사와 내직 싸움을 전개한다. 누구나 ㄱ 내석 싸움의 지열함을 매시매초 겪고 있지만 그것이 운명을 가르는 천사와 타락한 천사의 양보없는 내전이라는 것을 잘 인지하지 못한다. 이를 인지하는 길은 돈의 흐름을 잘 응시하는 일이다. 자신 안에 들어 있는 돈의 신성을 보는 것은 자신의 내적 동력을 보는 것과 같다. 그 신성은 돈을 버는 자유의 힘과 돈을 소진하는 반자유의 넋 빠짐을 몸으로 함께 느끼는 일이다. 돈이 먼저 보이면 내적 동력을 살리기 어렵고 일 가치가 먼저 보이면 돈이 먼저 내적 동력을 일군다.

돈의 내적 동력을 살려내지 못하면 돈에 대한 미움과 증오로 거침없이 발전한다. 미움과 증오의 특징은 주체할 수 없이 빠른 시간에 눈덩이처럼 커지는데 있다. 미움이 커지기 시작하면 돈을 아주 더럽게 여기거나 그 돈에 가까이 하는 것을 나쁘게 영합하는 것으로 간주하기까지 한다. 나아가 자신이 절대 마주하지 말아야 할 치사한 현실에 대한 거부반응이 옳은 행동인 냥 오인한다. 하지만 그 현실은 거짓말쟁이나 사기꾼이다. 현실에 대한 거부는 거짓말은 물론 사기조차 정당한 것으로 간주하는 잘못된 믿음을 키워 가난을 더 크게 만들어 버린다. 극도의 가난에 내몰릴수록 거짓과 사기에 대한 잘못된 정당화의 에너지가 커져 종국에는 이를 막아내지 못한다.

돈에 대한 증오는 미움이 극도로 달하는 과정에서 일어나는 극단적 자기소외의 유형이다. 사회적 소외는 곧 신체적 죽음과 같은 영혼의 추락이라는 점에서 증오는 막다른 골목에 다다른 구제불능의 사태다. 돈을 증오하는 특성은 돈이 너무 무서워 가까이 가지도 못하고 도망하지도 못하는 것과 같은 행동이다. 돈 때문에 깅도나 실인을 죄의식 없이 벌이는 특성이 나타난다. 나아가 도덕성이 결여된 돈에 대한 증오감은 빙의자 같은 특성을 보인다. 빙의는 자신의 통제를 벗어난 극단적 에고의 지배다. 에고는 스스로 통제하지 못하는 에너지 흐름이기 때문에 자기조절을 못한 채 끝없이 방황하면서 가난을 벗어나지 못하게 한다.

돈에 대한 미움과 증오의 해결방법은 쉽지 않지만 그 어떤 좋은 일이든 나쁜 일이든 분별하고자 하는 생각을 갖지 않겠다는 의지로 시작된다. 미움이 발현되기 시작하면 두려움이 발생하고 그것은 가식으로 표현되며 그 가식이 수치심을 느끼게 한다. 수치심은 아주 가벼운 사안까지 절대 심판관처럼 자기만의 잣대로 시시비비를 하게 해 괴력을 발휘하도록 하는 병에 걸린 에너지다. 수치심을 이기기 위해서는 약한 미움의 발현 상태에서부터 드러나기 시작하는 두려움을 직시하는 것이 관건이다. 두려움은 바로 책임감을 포기하는 마음이다. 이를 안다면 수치심으로 발전하기 이전에 자신을 돌아보고 주변을 관찰하는 시간을 벌어준다.

두려움을 이기지 못했다면 가식으로 가는 단계에서 그것이 의미하는 것을 응시하는 과정을 다시 밟아야 한다. 두려움 다음의 가식은 책임감을 포기하는 마음을 감추고자 하는 에고의 발악적 의도에서 나온다. 이 마음이 들키지 않으려고 하는 극도의 방어전이 수치심이다. 수치심은 결국 자신을 미워하는 성향으로 나타나 외적으로는 증오감의 얼굴로 드러나게 된다. 따라서 돈에 대한 미움과 증오의 발현단계를 중도에 차단하는 에너지는 강한 책임의식을 돌아보는 방법 이외에는 없다. 책임은 자신이 아닌 타자를 보는 눈이고 그 눈이 커지면 두려움, 가식, 수치심을 차례로 제어하는 것이 가능해진다. 곧 타자를 위한 일이 나를 위한 천사의 선물인 것이다. 아울러 자신이 빠져 있는 못난 현실, 부정적 현실, 고통의 현실을 기꺼이 받아들이는 태도다. 자신의 에고를 기준으로 한 분별심이 쉽게 일어나지 않게 된다.

지구가 자전을 하고 태양을 향해 돈다는 느낌을 갖는다는 것이 실제로는 불가능하다면 지구는 돌지 않는 것이라고 확신하는 게 맞다. 수천년간 그 진리를 아무 의심 없이 받아들인 판단이 틀리지 않다는 것은 인간의 오감이 받아들이는 한계를 역설적으로 잘 드러낸다. 끊임없는 관찰과 기하학 그리고 수학이 인간의 오감을 이기고 혁명적으로 진리를 바꾸었다. 기하학과 수학은 거시 자연과 미시 자연을 관찰하는 망원경이면서 현미경이다. 마찬가지로 자신의 가난을 진리가 아닌 것으로 바라보는 눈은 현재의 가난이 가난이 아니라는 돈의 긍정성을 보는 일에서 시작한다.

부자 또한 영원한 진리가 아닌 것으로 응시하는 눈은 돈의 부정성을 받아들이는 부의 영속하는 자세다. 가난과 부자가 응시하는 눈에서는 하나라는 확고한 믿음이 진실이라는 것을 증명해 나가는 것은 돈 에너지의 흐름에 대한 끊임없는 관찰을 수반한다. 관찰을 기반으로 한 수학과 기하학으로 대변되는 자연의 원리, 사건의 섭리를 따르는 원리와 같다. 부의 길을 가고 가난에 허우적거리지 않기 위해서는 부자와 빈자 각각 모두 빈부에 대한 각자의 현실에 깊이 빠져 있으면서도 이를 분별하고자 하지 않는 용기를 갖는데 있다. 가난한 에너지에 휩쓸릴수록 세상을 향한 분별심이 강하지만 그것은 비열한 행위다.

7. 큰 부자의 조건

네트워크에 구현한 일 가치가 큰 부자를 만든다

부는 과연 실재하는 현상인가를 자문해 보면 부는 실재하지 않는 실제 같은 표상 이미지의 합이라는 표현이 정확해 보인다. 부가 생성되기 위한 일 가치의 전제조건인 운동성은 신체적 노동뿐만 아니라 정신적 노동을 훨씬 더 많은 부가가치로 포괄해야 하기 때문이다. 정신적 노동 중 자아를 규정하는 핵심은 운동성에 의해 발생하는 기억인데, 그 주체가 갖는 부가 실재한다고 확신하기 어렵다.

기억도 일 가치처럼 에너지 흐름의 길을 무수히 만드는 과정이기 때문에 시공간을 파생시킨다. 특히 무한히 짧은 시간들을 일으키면서 실시간으로 과거를 만들고 미래를 연상케 한다. 물론 현재를 만들기 때문에 가능한 과거와 미래다. 기억이 외부의 표상 이미지와 연결되면서 실재하는 것 같은 과거를 만든다. 과거의 흘러가는 것 같은 현재의 기억은 자신과 타인 그리고 환경의 구분을 결정하는 정교한 에너지 흐름 때문이다. 그것이 결국 자아라는 주체로 확신하게 되고 그 과정에서 일 가치를 통해 부를 소유할 수 있는 주체가 확실히 있다고 판단하지만 그 무엇도 확신할 수 있는 것은 실제 없다. 확신의 주체인 기억이 만든 실재성이 실재하는지 불분명하기 때문이다. 만약 기억이 인간을 존재하게 하는 주체가 아니라면 실재하는 주체는 사라지고 소유한다는 개념 자체가 의미가 없어진다.

시간은 본래 과거와 미래가 없는 총합의 현재 관념만이 있다. 이는 운동성에 의해 시공간이 뒤틀리면서 현재단면이 무수히 많은 과거와 미래로 엮여 있다는 물리 법칙에서 나온 공리적 논거다. 기억이 또한 반복된 운동성이고 에너지 흐름이다. 기억은 또 과거와 미래를 모두 엮는 총합의 현재이기도 하다. 엄밀히 현재 뿐인 상황의 특이한 연출이 기억이다. 소유한다는 개념이 사라지면 과거가 있어야 가능한 부는 사라진다. 일 가치를 통해 부를 쌓는 것은 과거뿐만 아니라 미래를 포함하기에 미

래 또한 사라져야 한다. 기억은 부의 중심에서 기막힌 위장전술로 현상
의 인간과 세상을 보여주고 있다. 인간에게 부는 존재하지만 존재하지
않기도 하는 중첩의 진실이 통한다.

  기억 에너지 흐름의 주체는 일 가치로 만들어진 부의 에너지처럼 함
께 유동적이다. 공명하는 흐름이 기억의 현상성을 설명해준다. 그 현상
의 연출이 부의 출현이다. 자신을 결정짓는 주체의 에너지나 그 주체로
얻는 에너지나 모두 흐름의 법칙을 타면서 운동하기 때문에 결코 일정
한 곳에 머무르지 않는다. 따라서 소유란 있을 수 없지만 반드시 있어야
하는 이율배반의 진리가 따른다. 큰 부자는 이런 법칙을 충실히 따른다.

  궁극적인 소유가 불가능한 것이 부라는 것을 인식하게 되면 부는 일
종의 네트워킹이란 것을 자각하게 된다. 네트워크는 소유가 아닌 공존
상태의 존재가 흐르는 것이다. 네트워킹은 생명처럼 운동성의 변화하는
흐름을 타는 일이다. 수많은 네트워크 속에 부를 안겨주는 에너지 진행
형의 망이다. 그 에너지 망의 한 가운데 들어갈 때 부자라고 일컫는다.
물론 부가 공유된 현재라는 사실을 잘 인지하지 못할 뿐이다. 일 가치가
네트워크를 만들고 네트워킹이 치밀하게 일어나 일 가치는 부를 실현한
다. 자유시장 내 큰 부자의 실체는 에너지 네트워크다.

  큰 부자가 되기 위한 현상적 주체를 기억이라고 다시 떠올려 보면 기
억이 생명활동의 주체 에너지이시지만 주체노 아닌 보순을 받아들여 한다.
아니 기억의 상보적 대립성을 받아들여야 부를 쌓을 수 있다. 기억은 언
젠가 사라지는 흐름이라는 것을 의심 없이 받아들이라는 것이다. 이 때
자신 속 타자인 에고 중심의 탐욕을 벗어나 이타성을 향한 네트워크 일
가치를 해나가는 것이 무한성을 띤다. 그 무한성의 중심에 무수한 타자

와 엮인 네트워크 기반의 창조가 똬리를 틀고 있다. 마치 전 세계 지적 네트워크가 연결된 인터넷망에서 원하는 지식을 얻는 것과 같은 네트워킹이다. 부를 일구는 일 가치와 네트워크는 수많은 기억의 편린들의 합이다. 에너지 파동이 무한히 엮인 무애의 법계 원리다.

큰 부의 조건은 기억과 표상 이미지 단편들의 총합이 현재로만 존재하고 기억의 저편들에 존재하는 것은 사실 없는 것으로 치열하게 받아들이는 연속의 과정을 수렴하는데 있다. 자신의 내면과 밖의 상황을 구분하는 에고와 정 반대편에 늘 서 있어야 한다는 것이다. 이 때 놀라운 에너지가 모아진다. 주체라는 인식이 자신의 뇌나 기억 그리고 신체가 결코 아닌 것을 절감하게 된다. 생명의 존재가치도 마찬가지다. 자신의 존엄성과 생명의 가치는 오로지 네트워크 속에서만 존재한다. 네트워킹은 네트워크를 이뤄가는 일 가치라는 것을 다시 곱씹어 보자. 아주 작은 운동 에너지까지 네트워크에 사용될 때 그 네트워킹을 통해 부의 에너지가 몰린다. 그 망이 클수록 큰 부자가 만들어진다. 그 부자는 특정 주체의 부자인 것 같지만 망의 한 가운데 있는 위치의 중심을 잡는 존재일 뿐이다. 부자가 변하는 배경이다.

현상적으로만 보면 망의 중심에 있을 때가 기억을 주체라고 인식한다. 그 주체의식이 강할 때 정신노동이 강화되면서 망을 강화하기 위한 신념이 발생하고 신념이 강해지면서 특정 믿음이 촉발된다. 그 믿음이 목표를 강력히 지향할 때 기억의 주체는 타자와 확실히 구분하는 자신의 목표가 진실 같지만 실제는 네트워킹의 한 과정이다.

기억이 현상의 망 중심에 있을 때 태양과 같은 특정 천체가 공간에 놓여 있는 모습이다. 시공간이 휘는 것과 같이 중심을 향한 굴곡이 발생하

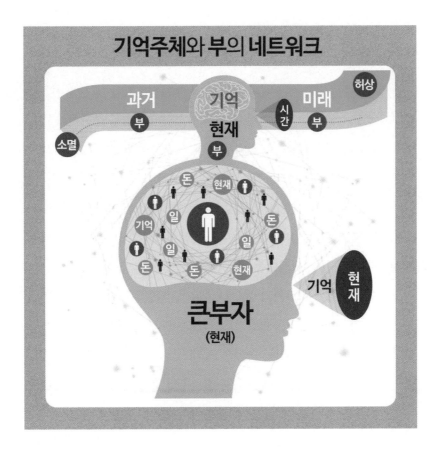

면서 중력효과를 일으킨다. 에너지를 끌어들이는 강력한 힘이 시공간에 있는 일 가치의 돈 에너지를 끌어모아 부의 망을 만들고 그 망 속에 들어가는 주체는 다시 반복해서 들어가 거대한 망의 중심에 자리 잡는다. 그 과정에서 치열한 에너지 흐름이 발생하면서 이합집산을 반복한다. 그것이 큰 부자들의 변화하는 실체다. 이는 기억이 시간을 특정해 창조 운동성의 원천이 되면서 생명의 존엄성과 일 가치를 만들고 신념과 믿음을 잉태해 부를 일구는 과정의 순환이다.

기억을 현상적으로만 보면 단편이지만 큰 부자의 상황을 인식하게 해

준다. 단편이 신념과 믿음이다. 신념은 목적성이 분명한 확고한 믿음이다. 이 믿음은 그 자체로 끝나지 않고 무엇을 이루고자 하는 강한 자유의지를 발현한다. 믿음은 지식과 경험을 통해 이뤄지지만 그 바탕이 되는 배경이 종교적이거나 철학적일 때 더욱 강력한 에너지를 동반한다. 믿음이 그 자체로 머무르면 순수 신앙인이 되고 철학자가 된다. 그런데 믿음이 자유시장에서 강력한 성취욕과 맞물릴 때 상상할 수 없는 결실을 만들어 낸다. 물론 그 진실은 네트워크다. 강한 믿음을 기반으로 한 신념은 대체로 현실적 욕망과 욕구 등이 동반된다. 그것이 권력욕으로 나타날 때 정치적이든 경제적이든 네트워크 욕구는 더 커진다.

자본주의 시장에서 부자가 된다는 것은 끔찍한 고통과 정면으로 마주하는 일이다. 네트워크는 필연적으로 원만하지 않은 갈등과 전쟁을 유발하기 때문이다. 마치 정글 속에서 미지(未知) 또는 기지의 경쟁자들과 알듯 모를 듯 무한 경쟁을 해야 하는 것과 같은 치열함이 기본 환경이다. 네트워크를 차지하고자 하는 무한대상과의 무한경쟁 연속성이다. 공포의 환경이지만 그 공포로 인한 두려움을 이겨내는 것이 신념과 믿음의 결실로 드러난다. 그런데 고통을 이겨내는 것은 부자로 가기 위한 초보적인 계단 하나를 올랐을 뿐이다. 두려움을 없앤다고 해도 가시밭길은 이어진다. 이를 응시하고 봐야 하는 과정들이 거칠게 다가온다. 이 길은 극복할수록 효율성, 경제성이란 말로 대치된다.

자유시장은 무한 효율성의 경쟁이다. 아무리 효율성이 좋은 길을 개척해도 더 좋은 효율성을 개척한 길이 나오면 그 효율성은 아무 의미 없는 상황이 전개된다. 네트워크 속에서 무수히 많은 지름길이 창조된다는 것이다. 이른바 승자의 법칙이 용서 없이 전개되는 경쟁의 제로섬 게임이다. 따라서 하나에 하나를 더해 둘이 되는 효율성은 자유시장에서 절대 통하지 않는다. 최소한 둘을 더해 셋 이상의 가치가 나올 때 효율 경쟁이 시작되고 승자가 가려지기 시작한다. 목숨까지 위태로운 환경이 수시로 닥치지만 이를 마다하지 않아야 할 곳이 자유시장이다. 늘 마주하는 두려움과 공포를 정면으로 응시하지 않으면 무한 효율경쟁에서 이길 수 없어 길을 만들어 나가는 것은 물론 있는 길도 찾기가 어려워진다.

효율은 에너지 지렛대 싸움이다. 자신의 힘과 지혜만으로 효율성 경쟁을 하는 것은 무의미하다. 무한 변수가 발생하는 경쟁들과 수시로 이합집산을 하면서 지렛대 경쟁을 한다는 뜻이다. 네트워크 영역 싸움에서 독불장군의 승리는 있을 수 없다. 자유시장에서 피아가 없다는 것을 냉정하게 받아들이고 시장의 주체 에너지인 돈이 아니면 그 무엇도 의미가 없다는 자세를 견지하는 것과 같다. 돈은 자신만을 위한 효율성의 결과만을 감안하는 것이 아니라 조직, 네트워크, 집단 등을 향할 때 강한 지렛대 역할을 해 준다. 자유시장에서 큰 돈을 벌고 큰 부자가 되기 위한 조건은 보다 많은 지렛대와 더 큰 지렛대를 갖는 일이다. 작은 힘으로 큰 에너지를 끌어 모으는 지렛대 원리는 망의 힘을 이용하는 것뿐이다. 보다 많은 자유시장 사람들의 지렛대 경쟁이 활발해질 때 부의 크기는 눈덩이처럼 커진다.

큰 부자는 대개 돈을 결과물이 아니라 과정의 가치로 존중한다. 아니 결실은 영원히 존재하지 않는다고 본다. 돈이 망 속에 산재하고 자신은 그 망의 중심에 위치하고 있을 뿐이라는 것을 안다. 그 위치를 잡는 일이 돈을 버는 좌표다. 그 좌표에 공동선도 있다. 공동선은 분별하는 마음을 버리는 것이면서 효율의 극치인 에너지 지렛대를 만들거나 소유하는 일에 몰입하는 것을 뜻한다. 무한경쟁을 하되 그 경쟁의 혜택이 다시 무한 상대에 뻗어가는 결실이다.

에너지 지렛대는 큰 효율성을 발휘하면서 돈으로 변한다. 지렛대가 상대의 힘을 이용하는 원리인 만큼 큰 지렛대일수록 협업이 커져야 하는 원리다. 협업을 위해서는 특정 선악이 없다는 원칙을 세워야 한다. 강도와 도둑질 등 악행이 분명한 것을 빼고는 효율성 제고를 위한 목적이라면 수치심이나 죄의식을 벗어던지는 용기가 필요하다. 그 결단은 타인의 에너지를 빼앗는 도둑질이 아니라 그 반대편에 서서 후폭풍을 온전히 감내하는 일이다. 자유시장의 부는 커지면 저질수록 경쟁이 격화되고 나아가 경쟁자들이 필연적으로 많아진다. 이 때 뒤탈이 걱정스러운 마음으로 부를 이루기 어렵다. 필연적으로 발생하는 시기심 · 질투심을 넘어 적개심까지 수용하는 용기를 갖지 않으면 큰 에너지 지렛대를 소유하기 어렵다.

치밀한 부 에너지 흐름 탄 정교한 지적 망의 설계

자유시장에서 이윤과 이익을 따라 움직이는 이합집산은 대부분 윤리가 아닌 돈을 중심으로 이뤄진다. 도덕성이 근간에 자리 잡고 있기는 하지만 과정의 가치에서 윤리가 후순위로 밀리는 경우가 적지 않다. 개인에게 불법과 탈법을 수시로 넘나들 환경이 닥친다는 것이다. 부자의 조건은 그런 상황들이 공포로 다가 올 때 정면으로 마주해야 한다는데 있다. 항상 목숨까지 위태로운 칼날들이 자신의 몸을 향해 닥칠 것을 경계하고 각오하는 자세다. 큰 부자의 조건은 이런 자유시장 내 전쟁 속에서 맞는 신체적 죽음까지 품을 줄 아는 용기다.

이 용기가 이합집산의 이익추구 과정에서 부도덕한 측면을 수반한다고 해도 많은 사람들이 도덕적으로 따를 환경이라는 것을 믿는 것이 중요하다. 개인적으로는 도덕률의 경계선을 수시로 넘나들지만 더 큰 도덕률인 책임의 경계선을 무한히 넓히는 태도를 견지해 나간다는 신념 때문이다. 믿음의 에너지인 책임을 모을 때 훌륭한 리더를 만들어 낸다. 이 리더는 도덕률까지 자기재단하는 능력을 갖춰간다. 영웅적 리더의 모습이다.

에너지 지렛대를 키우기 위한 이합집산은 자유시장에서 치졸한 행태 같지만 큰 그림을 그린 설계에 따라 움직이는 영웅적 행태는 훌륭한 전술이고 전략이다. 이 같은 전술·전략을 외면하고 패배 요인을 적당한 도덕률에 두는 것은 비열하다. 리더는 결정을 하는 주체적 존재이기 때문에 운동성의 시작을 선언하면서 기준을 세우고 창조의 길을 여는 칼날 위에 선 자가발전 에너지다. 자가발전은 작은 범주의 윤리가 아닌 큰 윤리인 만큼 반윤리적 전략·전술은 큰 윤리에 포섭된다. 언제든 지탄을 받는 칼 날 위에서 그 지탄까지 수렴하는 에너지다. 반대로 경쟁에서 패한 뒤 나오는 비열한 언사들은 두려움에 빠져 도망간 내면을 숨긴 채 드러난 두 얼굴의 잣대다. 그 때 윤리는 면피를 위한 담장일 뿐이다. 그것은 아우성으로 그칠 뿐만 아니라 부질없는 보복을 위한 칼이 돼 도덕률의 최악으로 치닫기도 한다.

용기와 마주하면 다양한 선택환경들이 펼쳐진다. 그 선택의 중심에 선 다는 것은 생명가치의 시작을 만드는 긴장을 하는 일이다. 긴장의 연속은 기억이란 주체를 강하게 설정하는 과정이다. 이런 선택의 과정은 효율성을 무한히 끌어 올리는 고된 시련의 작업이다. 선택은 더욱이 상대성이 있기 때문에 끝이 있기도 하고 끝이 없기도 하다. 끝이 있는 선택은 일 가치의 결실이고 끝이 없는 선택은 네트워킹이다. 전자는 과거와 미래를 만들지만 후자는 오로지 현재만이 있을 뿐이다. 그런데 둘은 별개의 개념이 아니라 하나의 상태다. 현재라는 하나의 상태로 엮인다. 그 상태 속에 자신의 진짜 내면과 사투하는 비정함이 또 다른 하나로 숨어 있다.

큰 부자들은 일 가치를 가꾸어 가는 부단한 노력과 함께 그 가치를 함께 일구려는 네트워크를 만들어 간다. 그 속에서 자신과의 사투는 돈이 되는 일 가치로 도덕률의 기준을 만들고 동시에 그것을 기반에 둔 책임(네트워크)을 구현하는 방식으로 도덕률의 완성을 지향한다. 개인의 소유욕과 공동의 생존성은 모순이지만 분명 하나로 움직이는 바퀴라는 것이다. 그 무한 선택은 기억을 만들기도 하고 기억을 없애기도 하면서 바퀴를 굴린다. 부는 존재하지만 사라짐을 반복기에 영원한 부는 없다는 것이 곧 자신과의 또 다른 사투다. 사투는 곧 부의 지속성을 늘리는 지혜다. 큰 부자들은 오랜 기간 부를 향유하는 시간의 흐름을 중요하게 여기지만 그것을 가능케 하는 것은 과거 · 미래가 없는 현재에 정념을 쏟는 것이 최선임을 안다. 기억의 실체가 주체가 되면 그와 같다.

현재단면에서 효율성의 극대화는 전술 · 전략을 바탕으로 하지만 기본 축은 믿음과 신념으로 이뤄진다. 믿음은 행동 에너지를 발산하고 신념은 목표를 성취하고자 하는 에너지를 키운다. 불가능을 가능으로 바꾸는 에너지다. 현실을 창조하는 능력은 곧 오감으로 느끼지 못하는 경이로운 에너지 장의 흐름을 타는 일이다. 신념은 위험을 동반하는 강력한 동기부여 에너지이기 때문에 배수의 진을 친 에너지는 가장 강력한 추진력을 얻는다. 역사적으로 아메리카 신대륙의 발견은 그 에너지의 분수령이었다.

신앙에 똘똘 뭉쳐 있는 믿음을 넘어 반드시 아시아대륙을 더 가까운 서쪽으로 항진해 가서 찾겠다는 신념을 불태우면서 실현된 기적이 신대륙의 발견이다. 망망대해에서 작은 범선의 바람에 의지한 채 끝도 없는 대항해를 한다는 것은 살아 돌아올 확률이 거의 없는 죽음의 항해였다. 하지만 그 신념에는 항해가 죽음의 위험이 아니라 새로운 세상을 열고자 하는 강력한 자유의지였다. 제2의 창조주로 비견될 만큼 시대를 뛰어넘는 위대한 사건의 시작은 길이 아닌 길의 개척이었다. 시작의 등불을 올린 빛은 어둠 속에서도 희망일 뿐이었다. 칠흑같이 어두운 길을 가더라도 길을 환하게 비추는 빛이 내려오는 느낌은 희망이다. 그것은 물리적 파동이 아니라 시공을 필요치 않는 비파동의 얽힘이다.

한 순간의 빛이 수년 또는 수십년 나아가 수백년의 길을 비추는 경우가 인류사에는 수없이 많았다. 신대륙의 발견은 큰 길을 개척하는 전 인류의 새로운 네트워크 문이었다. 이후 세계의 부가 급격히 커지기 시작했다. 대항해의 시대가 열리면서 중상주의를 거쳐 산업혁명에 이르기까지 인류의 부는 상상할 수 없을 만큼 불어났다. 인류에게 깔아 준 부의 신작로에서 지금도 부자들이 그 길을 가고 있다. 이처럼 믿음과 신념은 시대와 역사를 관통한다. 수많은 신뢰의 순간들이 오직 하나의 길로 모아질 때 수백년 또는 수천년조차 한 순간이 된다. 하늘의 빛을 받아 만들어진다는 금을 찾아 나선 신념의 3차 항로는 그래서 첫 항로 못지않아 진짜 길을 만드는 과정이었다. 바람이 불지 않는 적도라인은 범선에게 죽음의 바닷길이었지만 금을 향한 신념으로 목숨을 건 항해를 했기에 신대륙으로 가는 길이 기적처럼 열렸다.

부의 동선을 따르기 위해서는 형식이 무엇이든 이처럼 강한 믿음을 기반으로 자신이 목적하는 신념을 온 몸에 휘감아야 한다. 신념이 커질수록 부의 동선이 확장돼 나간다. 신념이 강할수록 설계가 치밀해진다. 그래서 큰 부자의 조건은 지식을 심도 있게 쌓거나 지식 네트워크를 치밀하게 짜는 결단성에 달려있다. 결단(결정=시작=기준)은 생명체만이 한다. 인공지능이 외재적 프로그래밍이 아닌 인간처럼 내재적 결정을 하지 못할 것으로 예견되는 것은 결정의 근원이 시작의 칼 날 위에서 위기를 감수하는 용기 때문이다. 인공지능은 생명체에 본유한 위기의 실체를 알 수 없다. 무한대에 이르는 감정의 변수를 인공지능에 심지 못하는 것은 인간만이 결정하는 위험을 감수할 수 없다는 뜻이다. 지식을 넘어 지식 네트워크를 해가는 결정은 지적 초능력이다.

자유시장에서 지적 설계는 경쟁에서 살아남기 위한 본능이다. 설계는 돈의 능력을 믿는 일이면서 그 돈의 능력에 완전히 매료된 선순환의 자유의지다. 돛단배를 탄 대항해의 자유가 그것이다. 돈의 능력은 그 에너지의 순환성과 반복성을 구현할 때 절대 포기를 모르는 성질을 지녔다. 설계상 그려진 네트워크 간 에너지 동기화가 이뤄진다. 특히 큰 돈과 동기화가 되는 특징은 돈 네트워크 속에 던져진 채 순환의 가치를 키우는 것에 몰입하고 있는 상태를 지속하고 있는데 있다. 흐름의 가치에 믿음과 신념으로 몰입도가 커지면 상승하는 돈 에너지의 순환을 탈 수 있다. 큰 돈은 예상치 못하게 엄청난 속도로 들어오면서 주체하지 못할 정도가 되는 성격을 가졌다.

네트워크 속 돈 에너지와 동기화 하는 가치는 합류하는 과정이기에 시

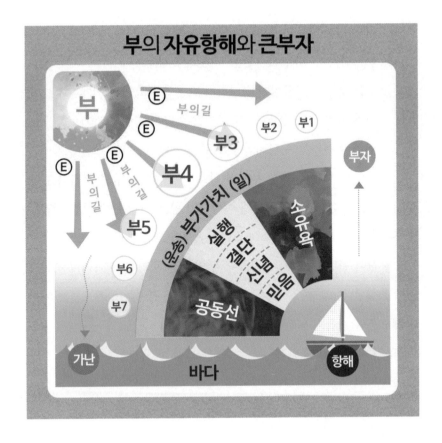

공을 초월하는 의식에까지 이른다. 그 의식은 현재 에너지이지만 과거와 미래를 만들면서 또한 아우른다. 종교적이라면 마치 절대신이 불완전한 세상을 만들고 관장하는 모습이다. 네트워크 가치에 운명을 내 맡길 때 돈의 작은 사이클과 큰 사이클 구분이 사라진다. 작은 사이클은 반드시 큰 사이클로 진행방향을 정하고 움직이기 때문이다. 탑승과정의 가치가 고도로 성숙하면 그 범위는 자발적 확산을 지속하면서 굳이 새로운 에너지 동력을 투입하지 않아도 된다. 그 가치가 스스로 동력원이 될 때 지속적으로 큰 돈이 만들어진다. 한 번 들어온 돈은 순환을 하면서도 잘 나가지도 않는 강력한 울타리까지 쳐지기도 한다.

이후 만들어지는 망의 시스템은 무섭도록 정교하다. 신의 손이 닿은 것이라고 할 정도로 효율성이 정밀하기 때문에 비효율의 저에너지가 개입될 여지가 거의 없을 정도다. 그 시스템이 많은 과정의 가치로 연합될 때 수천년을 이어가는 문명이란 꽃으로 피어난다. 이 시스템이 개인의 가치로 피어날 때는 새로운 문명의 단초가 제공되면서 큰 부자가 탄생한다. 시스템이 문명을 정교하게 이끌지만 큰 시야의 눈으로 긴 시간을 들여다보면 문명이 다시 시스템을 만들면서 상호 교감한다. 시스템과 문명의 교감이 빈번하고 자유로울수록 부의 기반이 더 크게 그리고 자연스럽게 조성된다. 그 자유시장은 문명의 가장 큰 장애물인 게으른 한량이나 게으른 일꾼들이 나올 개연성을 대폭 줄인다.

문명이 시스템과 조화를 이루며 번성해 갈 때 쓰여지는 역사는 강자의 일방적인 기록이 아니다. 강자의 역사는 효율성을 추구하는 것 같지만 탈취와 강탈을 배경으로 하면 오히려 자유시장의 발전을 가로 막거나 더디게 한다. 외견상 강자의 역사가 문명의 거탑을 쌓은 듯 보이지만 그 내면의 기둥들을 보면 자발적 일 가치 시스템이 주춧돌이 됐다. 약탈적 기록은 시작의 분기점을 찍는 역사가 아닌 역행하는 악행이다. 진실한 역사는 문명사에 이타적으로 기여하는 자유의지의 강력한 생산성이 깃들어 있다. 많은 문명사가 이 조류를 탔지만 여전히 약탈적 근성의 역사를 추종하는 무리들이 있다. 이 무리에 편승하게 되면 일시적인 부를 얻지만 개인도 국가도 멸의 기운만을 더 키운다. 큰 부자의 조건에는 영속성을 수반해야 하기 때문에 약탈적 근성은 큰 부자에게 일종의 환영(幻影)이다. 이 환영을 쫓을 때 용서가 없는 돈의 부정적 칼을 받는다.

그래서 식민지 시대의 부는 마치 환영처럼 커졌다가 사라졌다. 자본시장의 효율성 원리가 아닌 탓이다. 반면 산업혁명을 통해 만들어진 계급화 된 부의 서열화는 자본시장의 자유로운 가격구조를 통해 수시로 변화를 맞았다. 산업혁명의 부는 진짜 부의 모습을 보여주고 있다. 누구나 부의 길을 만들어 가면서 그 부를 함께 공유하고 영속하는 부의 기반을 닦을 수 있다. 일 가치가 인간의 육체에서 기계로 상당히 바뀌었을 뿐이다. 산업혁명은 기계의 진보 때문에 여전히 진행형이고 그 극점은 어딘지 모른다. 산업혁명이 일군 부의 총합은 나날이 짧은 시간에 최대를 이룰 만큼 혁명적으로 증가하고 있는 중이다. 부는 기계와의 상호작용과 합일성으로 커지고 있는 것이다. 현대의 부자들은 기계와 친숙하면서 만들어지는 특성을 갖는다. 약탈보다 기계의 효율이 중시되기 때문에 환영이 만들어질 틈이 거의 없다.

효율성은 기계의 노동 가치와 함께 기계의 운송 가치도 혁명적으로 변하면서 판이 커졌다. 낙타에 의존한 채 대륙을 넘나들던 물류가 오대양을 자유롭게 횡단하는 대형 운송선들로 바뀌면서 부의 크기를 좌우하는 효율성은 글로벌한 시너지를 내며 무한 확장했다. 전 세계 해상교통로는 수많은 큰 부자들을 수태시킨 자궁이다. 부자들은 수송로가 곧 돈이라는 것을 안다. 길이 변함없는 돈이기에 유형의 길과 무형의 길을 동일시한다. 돈의 길목을 지킬 줄 안다는 것은 유·무형의 길을 동기화 한다는 뜻이다. 유형의 길은 밖에 있지만 무형의 길은 내면에 있다. 기억이 안과 밖의 상황을 동기화 하면서 시간의 흐름을 만들지만 현재의 연출이라는 것을 상기한다면 유·무형의 길을 동기화 하는 것이 가능해진다.

기억의 동기화는 현실적으로 부의 계급화란 틀에 갇히지 않는 것과 같다. 그러나 개인도 그렇듯이 많은 국가들이 부의 계급화 틀에 갇혔다. 국가의 부를 축적한 나라들의 특성을 보면 부의 정의로 정의되고 있는 분배의 정의가 성숙한 것은 틀리지 않는다. 선진 시스템에서 이뤄지는 분배의 정의는 자유시장의 생산과 유통 효율성이 점증하는 가운데 이뤄지는 부가가치 뿌리가 단단한 모습이다. 하지만 한국과 같이 부가가치 뿌리가 약한 국가에서 일방적 분배의 정의는 나락으로 빠지게 해 국가라는 생명 전체가 죽는 위험을 담보해야 한다. 부가 부의 가치를 창출하는 시스템에 문제가 일어나면 큰 부자가 나올 기회가 작아지고 그것은 작은 부도 성장할 환경을 죽이는 일이다. 부를 계급화의 틀로 규정하면 선진국으로 이행하지 못한다는 것이다. 국가도 유형의 길만을 본 채 현재를 소홀히 하는 것보다 유·무형의 길을 동기화 해 현재에 몰입하는 노력이 필요하다.

미국은 불평등의 구조가 가장 심각한 국가 중 하나이지만 전 세계 부의 1/4을 차지하고 있을 뿐만 아니라 세기적 부자들을 배출하고 있다. 평등한 분배의 정의가 삶의 행복을 보장할 확률이 커지는 것이 틀리지 않지만 그것이 자유시장의 효율성을 전제하지 않으면 부자의 길을 억제하는 역차별이 발생한다. 능력에 따른 임금차별이 심할수록 부의 욕망을 키우는 에너지가 커지고 그 파도를 타고자 하는 흐름들이 거세다. 이 치열하고 격렬한 흐름이 분배의 정의를 실현할 큰 밥솥을 만드는 동인이 되고 있는 것은 분배 그 이상의 정의다. 현재를 옹립하는 기억의 동기화를 통해 유·무형의 길을 하나로 만드는 것은 이런 현실을 받아들이고 합류하는 강한 자유의지다.

부의 비전을 더 크게 그리는 것이 가능할수록 그것을 행복한 성취감으로 추구하는 기회의 문이 더 크다. 집단의 구성원들에 부의 희망을 주기 위해서는 정의인 듯 보이는 분배의 정의가 오히려 가난의 질곡을 만드는 단초가 될 뿐만 아니라 가난을 죄악시하고 천대시하는 풍조까지 만든다. 그 반대의 시장은 비록 시간이 걸린다고 해도 부를 존중하는 문화를 만드는 깃발을 올리는 일이다. 부의 쏠림 현상이 나타는 것을 굳이 부정적으로 보지 말아야 할 이유에는 그 부의 총량이 낙수효과가 없거나 작다고 해도 부를 일궈가는 수많은 길이 제시된다는데 있다.

개도국이나 중진국에게 분배의 정의는 대개 허울로 전락한다. 영속성을 담보하지 않은 일회성은 차라리 비극이다. 나무가 더 이상 뿌리를 내리지 못하거나 있어도 물을 빨아올리지 못하기 때문이다. 자본시장의 나무가 정상적인 성장을 하기 위해서는 뿌리를 깊게 내리는 기업들의 역할론이 필수적이다. 기업들에게 무리한 낙수효과를 기대하거나, 그것을 인위적으로 하고자 하면 나무를 뿌리째 죽이고 만다.

낙수효과는 돈의 흐름이 일 가치와는 별개로 아래로 흐르게 하는 기대심리지만 그것은 자유의지를 감옥에 넣는 공짜 욕이다. 진정한 낙수효과는 경제규모가 커진데 따른 시장의 확산에 있다. 자유시장 내 운동성이 크면 클수록 부의 길로 가는 길이 다양화·다변화되는 것은 진리다. 부가 넘쳐흐르는 것이 아닌 거칠게 역류하는 몸짓을 할 그라운드가 많아지는 것이 부의 낙수효과다. 부자로 가는 길이 많아지고 큰 부자의 꿈을 꿀 수 있는 환경이 커질수록 궁극적인 분배의 정의가 그려지는 큰 그림이다. 큰 부자의 꿈들이 그 속에서 영글어 갈 때 네트워크 속 부의 망들이 더욱 견고하게 커진다. 이 네트워크가 부자들을 많이 만들어 내는 오늘의 선진국 자유시장에 많이 깃들어 있다.

4부

부자로 남는 길

THE KEY TO WEALTH

1. 신성의 능력

지옥의 실체, 낙원의 부 일구는 자유의 내적 고통

신적인 전지전능과 무소부재는 영원한 것이기도 하고 영원히 없는 것이기도 하는 유와 무의 동시적 상징성을 반추하는 절대성이다. 기독교적으로 신성의 유는 시공간이 있을 수 없기에 영원한 현재(존재, 유)로만 존재한다. 반면 불교적으로 신성의 유는 무(공)와 같다. 유와 무는 신성의 대칭적 하나됨의 성질을 갖는 그 무엇의 원리이고 순리다. 유를 논하는 것도 무를 논하는 것도 같다. 그런데 유는 에덴의 인간에 이성을 주어 선택을 하게 한 사탄의 사건이었다. 이성은 자유의지이며 그 의지가 발현된 것이 선택이다.

영원한 현재에 머물던 낙원의 인간은 자유의지의 발현인 일을 위해 선택을 했으나 그 선택이 죄와 죽음의 올가미가 되고 형벌이 됐다. 신성의 절대성은 이를 모두 인지해야 하는 전지전능이기에 인간은 운명의 지배를 받아 절대적으로 자유의지가 없어야 했다. 하지만 신성에 반하는 일과 선택이라는 자유의지를 받아 원죄가 된 듯 했지만 오히려 그 이성의 힘으로 신의 간섭을 벗어났다. 인간은 신성의 운명적 그늘에 있기도 하면서 신성의 반대편에서 스스로 자유를 갖는 존재로 역할을 할 수 있게 됐다. 무엇이 옳고 그른지 시시비비는 중요치 않다. 인간은 신성의 능력과 무능력을 동시에 갖추었다. 능력이 신성과 동일시되는 창조의 자유의지 원천이다. 단테의 연옥은 자유의지의 상징이고 루터의 개혁에는 자유의지가 아닌 인간의 운명론이 담겼다.

신성의 능력은 인간이 신성과 비신성을 동시에 갖춘 존재로 조화를 이루게 했다는데 있다. 이 능력은 절대 바꿀 수 없는 운명보다 언제든 바꿀 수 있는 의지에 무게 중심을 둔다. 운명은 있지만 의지가 바꿀 수 있는 것은 큰 틀에서 자유의지가 운명을 개척하는 신성의 능력이다. 자유의지에 의한 운동성인 시작은 운명적 범위에서 그 범위조차 일탈해 새길을 내는 신적 능력이다. 이 능력이 현상계에서 부의 기운을 모으고 부자로 가는 길을 찾도록 해준다.

부자는 가난의 반대편에 서 있어야 하기에 그리고 영원한 현재의 부자로 남아 있어야 하기에 운명을 만드는 자유의지를 항상성으로 필요로 한다. 인간에게는 이런 신성의 능력이 부여돼 부자로 남는 길은 진정한 자유의지로 일군 부자라는 것을 인식하게 해 주었다.

부자가 계속 부자로 남기 위해서는 에덴의 선택을 수치심으로 여겨서는 안 된다. 수치심을 다시 상기하면 책임감을 포기하는 발악적 의도를 감추고자 하는 가식이다. 가식은 자유의지의 극단적 악행인 책임감을 포기하는 형태의 비열한 표현이라는 것이다. 가식이 미움으로부터 발현되기 시작함을 인지한다면 에덴에서 시작된 수치심은 미움을 씨앗으로 했다. 그런데 자유의지가 신성의 창조능력을 갖춘 강력한 에너지임에도 불구하고 미움을 내재케 한 것은 부의 에너지로 보면 중요한 긍정성을 함의하고 있다. 미움의 자기거울은 수치심으로 가는 길을 알려주고 있다는 점이다. 미움의 발현이 있을 때 그것을 응시할 줄만 알면 책임의 길이 보인다. 책임은 부자로 남는 강한 에너지다. 따라서 미움은 부자가 가난으로 추락하는 것을 미연에 방지할 수 있는 방어기제로 활용할 여지를 역설적으로 보여 준다. 부의 영속성이 부자의 조건인 만큼 그 영속성의 최대 방해물이 타인과의 벽을 치는 배후에 미움이 있기 때문이다.

미움은 벽의 시작이다. 그 미움이 두려움으로 변하면 부자가 가난으로 향하는 것은 속수무책이 된다. 두려움은 부자의 기본 속성인 네트워크 속 강력한 부의 기운인 책임의식에서 멀어지게 한다. 무책임의 속성이자 결과인 소외는 가난이다. 그 무책임조차 감추려 하는 발악이 바로 수치심이기에 미움의 발현을 원천 봉쇄하는 노력이 부의 영속하는 에너지를 부여잡을 수 있다.

네트워크는 자유를 통해 펼쳐지는 망이다. 이 망이 촘촘하고 견고할 때 생명들의 개체는 하나로 엮이면서 상호 이타성을 강화하게 된다. 도덕률은 이렇게 극대화 되면서 자존감의 시너지를 일으킨다. 에덴의 선택이 죄와 죽음의 단초라고 규정짓기 앞서 그 선택은 죄와 죽음조차 극복해 낼 수 있는 신성의 능력을 갖추게 한 위대한 자유를 선물 받은 것이라고 할 수 있다.

이 자유를 통해 원죄의 단초가 된 일 가치 또한 신성의 도덕률을 따르기에 애초 원죄는 무죄의 형식을 띠었다. 인간의 자유의지는 곧 스스로 원죄의 길을 열기도 하지만 근원적으로 무죄의 길을 만든다는 것이 소중하다. 부자가 자신만 부자로 남고자 하는 사회적 소외는 원죄의 속성을 유지하고자 하는 천사의 타락이다. 반면 부자가 네트워크 속 부의 기운을 분산해서 소유하는 신성의 능력을 충실히 하고자 할 때 무죄의 이타성을 영원히 가지면서 부자로 계속 남는다.

인간에게 자유의지가 없다고 한다면 운명론이다. 그것을 낙원으로 거

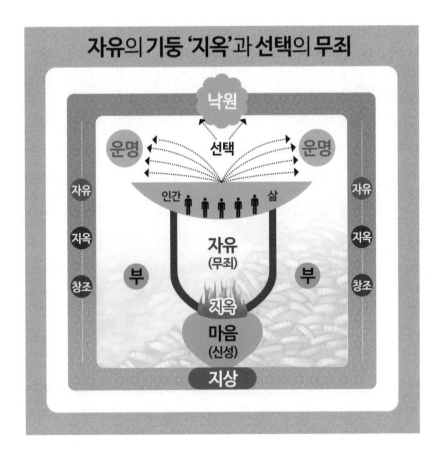

자유의 기둥 '지옥'과 선택의 무죄

낙원
운명 ← 선택 → 운명
자유   자유
지옥   지옥
창조   창조
인간 삶
자유
(무죄)
부   부
지옥
마음
(신성)
지상

슬러 올라가 보면 원죄론이다. 하지만 다시 음미해 보면 선악과를 선택하는 운동성 에너지가 신성의 능력이 아닌 자유의지로 이뤄진다면 원죄에서 벗어난 무죄가 된다. 원죄에 대한 무죄는 종교적으로 선악과를 따먹는 행위를 타락으로 보지 않는 것이라는 점에서 에덴의 숲은 여전히 살아 있어야 한다. 즉, 낙원의 존재는 인간의 타락으로 인한 지옥의 형상을 대칭적으로 보여주는 거울이다. 낙원에서 지옥의 모습을 볼 수 있다는 것은 지옥이 낙원의 모습도 될 수 있다는 뜻이다. 사실 낙원과 지옥은 하나로 되어있다. 하나 된 낙원과 지옥은 분개가 불가능하다. 제대로 된 낙원과 지옥을 인류가 혼돈하고 있는 배경이다. 따라서 지옥이 무엇인지를 정확히 인지하는 것이 올바른 낙원과 그것이 만든 부의 길을 안내한다.

지옥은 반드시 존재해야 하지만 통상적으로 인간에게 무제한 형벌을 주는 식의 신체적 고통들이 모여 있는 아수라장의 모습은 결코 아니다. 이를 냉정히 응시할 때 원죄론에서 벗어나 무죄의 생명현상을 자존감으로 키워가며 열심히 살아 나갈 수 있다. 이 운동성이 일 가치의 기운을 끝까지 유지하게 하는 강력한 에너지다. 이처럼 지옥을 통상의 지옥으로 느끼지 않는 마음은 무죄에 대한 강력한 양심 에너지이다. 양심은 곧 부의 도덕률을 떠받치는 메가기둥 역할을 한다. 양심적 부가 살아 있을 때 부자가 밝히는 불빛은 이타성을 확장하면서 불빛을 계속 키운다. 부자는 부자로 남으면서 큰 부자로 향해 가기도 한다.

지옥의 진짜 모습이 어떤 형상을 띠었을까를 고민할 수 있다는 것 자체가 그래서 또 하나의 위대한 자유다. 낙원을 품고 싶어 하듯 지옥을 가슴에 품는 것은 또 다른 창조의 문을 여는 부의 기운을 모으는 일이다. 지상에 원죄만이 있다는 것이 아니라는 것을 증거하기 위해서는 신성으로부터 분유된 본래적 무죄가 반드시 인간과 자연에 존재해야 한다는 것을 믿는 마음이다. 마음이 곧 신성이고 그 신성이 무죄를 확신할 수 있다. 이렇게 확신이 든 원초적 무죄는 운동성 에너지의 단초인 자유와 같다. 지옥은 그래서 자유의 반대편에 반드시 서 있으면서 하나로 돌아간다.

신성의 선악과를 원죄로만 단정 짓는다면 무죄 유형인 인간의 자유의지는 무의미하거나 존재하지 않는다는 점을 다시 반추해 보자. 절대 있어야 할 지옥이 있다는 것은 자유 또한 반드시 존재한다는 필연적 대칭성을 증거케 한다. 자유와 지옥은 하나로 존재한다. 또 지옥은 자유를 떠받치는 기둥이기에 형벌의 속박만으로 존재하지 않는다. 자유는 창조의 원천인 만큼 지옥은 자유가 속박당하지 않게 하는 그리고 창조의 근원을 지키는 자기조절 장치다. 실제 물리적 지옥은 존재하지 않다는 것이며, 자유를 적절히 통제하는 마음의 지옥이 신체의 형벌처럼 은유되고 있다. 지옥은 오감으로 보이는 형상이 아니고 마음 속 내적 자유를 도와주는 고통이다.

오히려 자유와 하나 되지 않는 진짜 대척점은 고통이 아니고 속박이다. 속박의 극단이 바로 운명이다. 자유와 운명은 하나 되지 않는 성질이다. 원죄는 확정론적이고 예정론적이기에 피할 수 없는 필연적 운명이지만 가장 무능력한 피조물로 전락하는 상징이 되고 만다. 원죄는 신성의 능력에 의해 춤을 추는 그림자일 뿐이다. 원죄의 진짜 모습은 현상계 형벌이 아니라 끝없는 속박의 굴레에서 스스로 벗어나지 못하거나 벗어나지 않으려 하는 반자유를 인정하고 체념한 모습이다. 스스로 운명이라는 철창에 들어가 그것을 숙명이라고 받아들이는 것이 원죄의 실체다. 자유의지가 강하면 원죄는 사라진다는 것이다. 무죄의 인간이 자유를 만끽할 때 그 자유를 도와주는 지옥의 모습은 힘든 가시밭길이라는 것인데, 그 가시밭길이 힘싱게 부의 길을 오래 지탱히게 해준다. 현상계 지옥은 결코 나쁘지 않다.

주어진 운명을 바꾸지 못한다는 것은 생명인 듯 생명이 아닐 뿐만 아니라 살아 있지만 죽음의 상태와 같다. 따라서 신성의 절대능력이 운명을 창조하거나 주관한다면 그것은 신이 아니라 악마로 간주해도 좋다.

진실한 신성은 운명을 주관하지 않는 자유의지를 창조하고 일체 간섭하지 않는다. 지옥도 자신의 통제에 두지 않는다. 만약 생명을 창조한 것이 박제화 된 결정론일 때 인간은 죽음을 생명처럼 착각하는 것이다. 그 죽음의 반대편에 선 의미 없는 자유까지 박제화 됐을 때 그것은 신성의 실수이고 무능력이다. 진실한 자유의지가 없다면 절대적 신성의 능력이 존재하지 않다는 것이다. 죽음이 생명이라고 가짜 창조놀이를 하는 것이 과연 신성일까.

신성은 영원성을 관장하지만 일정 에너지에서는 절대적 법칙조차 관여할 수 없다. 그 속에는 자유로움이 활약한다. 인간은 이 자유로움 속에서 부를 일구고 생명가치를 꿈꾸면서 고생스럽지만 그것을 행복의 단꿈으로 만들어 갈 주체적 능력을 갖췄다. 이것이 진정한 신성의 능력이다.

자유시장 부가가치 부의 주체들 속엔 신들의 명령

신은 절대적 진리로 간주되는 진실의 존재이지만 그 절대성에 의해 탄생한 피조물을 죄인이자 영원히 종으로만 살아야 할 신성의 피조물로만 치부해야 하는 것이 또한 진리라면 완전한 것도 진리이고 부족한 것도 진리가 되기에 신의 절대성은 사라져야 한다. 절대성이 사라지면 피조물이 탄생할 수 없고 신성도 사라진다. 그래서 신성은 창조에 진리의 방점을 두고 있다. 종교적으로나 그리고 철학적으로나 신성은 자연과 인간을 비롯한 삼라만상을 창조하고 주관해야 맞다. 피조물이 이 같은 신성의 능력을 분유 또는 본유하고 있어야 한다는 것이다. 종교도 신의 형상대로 인간이 창조되거나 깨달음의 신성을 지닌 존재라고 규정짓는다.

신성의 창조능력이 인간에게 내재하는 것이 절대적 신성의 조화 중 핵심이다. 인간에게 창조가 있어야만 신성의 능력이 구현되고 신의 존재가 드러나기 때문이다. 창조는 힘이고 에너지이며 생명이고 활동이다. 강력한 시작이면서 고난을 스스로 마주해 가면서도 그것을 넘어가는 동력이다. 이를 통해 신성의 존재감이 확인된다.

창조는 운명과 숙명의 속박을 받지 않는 자유의지다. 신성의 창조력인 자유의지가 피조물에게 부여됐듯이 인간은 신성의 능력인 자유의지라는 창조력을 원천적으로 갖고 있다는 것을 외면하면 노예로 전락한다. 인간 누구에게나 주인과 노예정신이 하나로 혼재돼 있다. 따라서 노예로 전락해도 노예임을 모르는 경우가 허다한데, 그것이 노예의 진짜 모습이다. 책임감 없이 부유하는 삶을 유유자적 하는 것이 노예의 전형이다. 타인들에 의지한 삶을 살면서 그 타자들에 피해를 주는 것조차 모르는 것이 빠져나오기 힘든 노예근성이다. 이들의 의식은 늘 구원을 노래하고 낙원을 찾지만 결코 구원이 되거나 낙원을 찾지 못한다. 구원과 낙원이 자유의 내적 고통임을 전혀 모르거나 알아도 외면하고 있기 때문이다. 일신상의 편안함과 자신의 영혼만을 생각하는 것은 노예의 신음일 뿐이다.

주인은 무죄다. 주인 정신은 무죄다. 자유는 주인이 무엇인지를 가르친다. 자유를 통해 양심의 책임범위를 알아갈 때 모두 주인이 된다. 따라서 원죄가 아닌 자유의지 신믁은 하늘의 도덕이다. 자기 스스로 기준점을 찍지 못하는 노예의 근성이 죄의 원천이고 싸움의 원인이 된다. 본래 노예로 만들어지지 않고 주인으로 창조된 것이 인간과 자연의 기본질서다. 신성의 능력이 이를 통해 바라는 것은 존재감이다. 존재감은 주인됨의 가치다. 그 가치를 실현하는 장이 자유시장이다. 주인은 지배가 아닌 협력이다. 협력의 에너지장을 만들어 이타적 그물망을 만든 뒤 자신뿐만 아니라 모두가 주인이 되는 자유의 힘을 불어 넣는다. 그 모습이 진정한 부의 모습이고 국가적으로는 부국의 지향점이다.

주인이 된 존재는 시공의 탄생을 통해 가능하기 때문에 주인은 스스로 자신이 거주할 시공을 만들어 가면서 특정 시간과 장소에 힘의 다양한 변화 형태로 자신을 존재하도록 한다. 이른바 권력에의 의지는 인간이 자유의지를 갖고 다양한 시공간을 창조하는 과정에서 좌표를 정하는 걸음이다. 이 좌표는 끝없는 상승곡선을 타야 의미를 갖는다. 상승은 가치를 낳고 가치는 자유의 소중한 결실이다. 자유를 가진 존재, 그리고 그 존재가 의지를 갖는 자유를 통해 가치의 탄생이라는 신성의 능력이 구현되면서 끊임없는 변화가 일어난다. 변화가 인간과 떼려야 뗄 수 없는 돈과 부를 동기화 시킨다. 인간과 부는 씨줄과 날줄처럼 얽히고 설켜 동시적 존재로 자연의 질서를 만들어 낸다. 그 질서가 부가 축적되는 부가 가치 운동이다. 부가가치는 주인됨의 결실이다.

자유시장에서 일어나는 상상할 수 없는 부가가치 총량은 신성의 무한 능력이 발현된 축복이다. 피조물의 의지가 신성의 능력과 같은 수준으로 발현되는 것이 자유시장이다. 이 시장은 창조주의 신성 능력으로 보면 낙원이다. 복마전 싸움이 늘 전개되는 자유시장이 부가가치를 함께 키우고 긴밀히 공유하는 낙원임을 모른다면 인간은 원죄의 굴레에서 벗어나지 못한다. 종교적으로 막연한 구원에만 의지한다면 자유의지나 자유시장도 신성의 능력을 거부하는 자기속박일 뿐이다. 실질이 아닌 가짜 자유시장에서 효율성이나 생산성이 나오지 않아 부가 형성되지 않으면 사탄이 들어찬 악마의 울림이다. 인간이 자신의 무한 창조력을 사장시키는 행위는 신을 모독하고 신성을 거부하면서 스스로를 노예의 창살에 가두는 망나니 같은 행동이다. 나아가 절대성을 배신하고 죽이는 역천자다.

자유시장의 순리는 신성의 의지와 연결된다. 끝없이 상승하는 가치를 탄 삶이어야 하는 것이 인간에게 부여된 순리의 길이다. 정해진 운명은 있지만 또한 없기도 한 것이 신성과 인간이 공통적으로 분유하고 있는 에너지 얽힘이다. 운명이 정해졌다는 것은 신성과 인간의 얽힘이고 그 얽힘의 방식은 정해지지 않았다는 것이 자유의 정체다. 강력한 권력에의 의지만 있다면 운명은 무한대로 바뀐다는 것이다. 신성과 얽힌 신성의 능력을 믿은 후 스스로 개척하는 인간의 초월적 능력이 자신에게 있음을 또한 믿는다면 운명은 무한히 개척된다. 초등학교 학벌로 인류사에 찬란한 희곡의 금자탑을 쌓은 셰익스피어의 자유를 향한 현란한 항진은 자연과 인간에 대한 심오한 탐구의 여정이었다. 그의 탐구가 인도와도 바꾸지 않는 영국정신을 낳은 것은 자유의지가 얼마만큼 위대한 능력을 가졌는지를 실감하게 해준다.

신성의 능력이 발휘되는 궁극적 에너지 활용이 신성과 인간 간에 얽혀 있는 자존감을 확인하는데 있는 것은 그 능력이 강력한 동시적 운동성을 띠었기 때문이다. 인과율이 없고 선후가 없는 양자얽힘의 법칙과 흡사하다. 자존감은 배타적 운동이지만 동시에 공동체를 지향하는 이중성을 띠고 있어 개체의 이기심이자 모두의 공동선이나. 그 핵심 역할을 하는 것이 자유로운 힘의 사용이다. 따라서 강력한 운동성은 탄생의 수고로움을 기꺼이 받드는 자세다. 매시매초 긴장의 끈을 놓지 않고 창조의 시공간을 어깨 위에 적극 짊어질 때 인간도 신도 동시에 자존감을 확인하면서 존재가치를 느낀다. 인간이 자존감을 갖지 못하면 신성은 무능력을 넘어 무책임의 극단에 빠진다.

절대적 주관자가 무책임하게 게으름을 일삼는다면 신은 신성의 모습이 아닐 뿐만 아니라 존재의 위치를 상실한다. 게으름은 자유를 실현하지 않거나 자유의 고통을 회피하는 행동이다. 역천자의 행동은 사탄의 속삭임에 넘어가는 안락함이다. 새 길을 만들기를 주저하는 비역동성은 운명을 읊조리는 사탄의 에너지가 깃들었기 때문이다. 이 때 신은 죽고 사라진다. 신을 신답게 하는 신성의 최일선에 인간이 신 답게 서 있어야 하는 이유다. 가난은 인간의 신성능력을 약화시키는 주범이다. 한번이라도 빈자나 가난에 빠지는 위험을 맞닥뜨리면 치유할 수 없을 만큼 정신적 충격과 물리적 한계를 뼈저리게 느낀다. 이 때 운명에 빠지지 않는 선택은 선악과의 타락이 아니다. 선택은 자기변신을 위한 강력한 수단이다. 그런데 이 수단이 자신이 안아야 할 자유의 고통을 피한 채 타인을 통해 고통의 원인을 찾아 넘기고자 할 경우 예정된 가난의 짐수레를 맞을 것임은 분명한 사실이다.

인간이 삶을 유지하는 자연은 수많은 생명들이 치열한 목숨을 걸어 온 자유로운 경연장이기는 하지만 현상적으로 인간은 사지가 묶인 자유를 누린다는 것도 자유의 고통이다. 움직임의 원천이 움직이지 못하도록 묶인 것은 곧 죽음 속에 있다는 것과 같다. 실제 모든 생명은 큰 설계로 보면 모두 죽는다. 죽음의 속박이 인간의 자유로운 항진에 방해 요소다. 그런데 그런 물리적 죽음은 속박이기는 하지만 탈출할 수 있는 속박이다. 누구나 죽음을 초월하는 자유를 갖고 있다는 것이다. 죽음을 넘어 죽음에 순응하는 것이 물리적 죽음에 맞서고 이기는 길이다. 그것이 또한 자유다. 이 자유를 실천하는 강력한 에너지가 부와 조응한다. 죽음에 교만

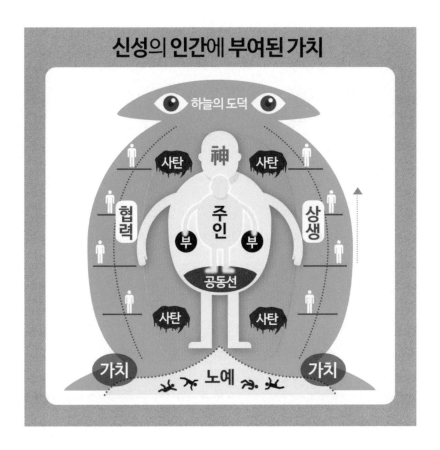

신성의 인간에 부여된 가치

하늘의 도덕

神

사탄   사탄

주인

협력   부 부 상생

공동선

사탄   사탄

가치   노예   가치

하지 않는 강력한 죽음에의 선구가 자유를 고양시키고 큰 결실을 만들어
낸다. 큰 부자가 대개 오래가기도 하는 이유다. 이것이 지상의 낙원이다.

반면 진짜 죽은 자들이 넘치는 지상은 낙원이 아니다. 지상의 생명들
이 죽음의 교향곡을 노래하는 현상이 지구촌 곳곳에서 목도되고 있는
것은 비극이다. 이 비극의 정체는 박제화 된 삶이다. 소중한 생명을 소
홀히 대하고 삶을 그저 편하게 살려고 하는 마음이 확산되면 비극의 땅
그리고 비극의 대지가 만들어진다. 그 속에서 도둑질과 약탈 그리고 강
도와 살인행위들이 발아한다. 가치를 만들어 내지 못하는 사의 찬미가

만연할수록 인간과 자연의 질서는 갈등과 싸움으로 복마전에 빠져 허우적댄다. 가치를 생산하는 자유의지는 그래서 원초적 자연권이다. 자연권은 주어지는 것이 아니라 반드시 가져야 할 의무감이다. 자연권은 자유시장의 생명들이 자랄 수 있는 낙원의 에너지다. 그 에너지가 모두에게 충분히 기능하고 있음에도 이를 축복으로 인정하지 않는 것이 비극의 불씨다. 가치 생산은 등한시 하면서 가치를 펑펑 나눠 쓰는 것 또한 비극으로 향하는 길이다.

인간은 가치를 생산하도록 만들어진 가치의 최상 복합체다. 최고의 영적 에너지가 그 임무를 수행하지 못할 때 혼자만 존재할 수 없는 거대한 그물망에 필연적으로 혼자만 걸려들어 빠져나오지 못하게 된다. 하지만 이조차 신성의 은혜로운 수고다. 신성의 진리는 그 망에서 항상 책임을 덧대는 방식으로 권력에의 의지가 효율적으로 사용되도록 하는데 있다. 소외의 고통 또한 책임을 인지토록 하는 신성과 인간 간의 에너지 얽힘 표현이다. 안타깝게도 많은 자유시장에서 신성의 시그널을 알아채지 못하고 나락으로 떨어지기도 한다. 시그널은 긴장을 통해 들어온다. 가치 탄생의 진리인 능동적 힘을 수용하는 자세가 신성의 능력을 인지하고 신성의 축복을 온전히 받아들여 행복으로 가는 지혜다.

나날이 강력해지는 힘으로 자신만을 위한 것이 아닌 타인을 위할 때 주기적으로 찾아오는 무력감이 극복된다. 무력감을 넘은 후 반드시 오는 존재감의 무게를 측정하는 순간 생명은 환희와 기쁨을 느낀다. 이후 돈의 무게감이 더 확산되고 인간과 돈 간에는 인과율이 적용되지 않는 시공을 초월한 동시적 존재로 상호 얽힘의 자존감이 확인된다. 시간과 거리에 상관없이 우주의 끝이라고 해도 양자얽힘과 같은 힘의 동기화는 가까운 미래에 폭발적인 부를 창출할 씨앗이다.

　돈을 이유 없이 터부시 하거나 경쟁에서 밀린 복수심으로 미워하거나 증오한다면 신성의 능력에서 멀어지거나 외면당한다. 이를 선제적으로 잡기 위해서는 단 한순간도 방심하지 않은 채 자신의 내적 자유의지를 엿봐야 한다. 그 순간순간을 의미 없이 보내는 무자유의 비역동성이 많다면 자신은 물론 국가조차 멸의 길로 안내하는 일이다. 자유의지가 자신의 내면에 잘 모셔져 있는지 아니면 잘 기능하는지의 모습을 세밀히 관찰해야 한다는 것이다. 인간의 자유의지는 슈퍼맨 같은 외형상의 초월적 존재가 아니기 때문이다. 내면의 초월적 존재를 추구하는 것은 자연의 질서에 순응하는 식이다. 자유의지는 예술처럼 자유의 미학을 옹립해 인간이 왜 살아야 하고 살아 가야할 이유를 이야기 해 준다. 내적 자유의지는 자신과 만인의 스승이다. 돈의 선순환이 이런 방식으로 늘 이뤄지도록 하는 것이 자유의지다.

2. 신성의 무능

불행 · 빈곤 부르는 행운, 신들의 무능 사탄의 전령

　원죄는 하늘의 형벌이 아니고 인간 스스로 만드는 속박인 운명을 받아들여 그 안에 갇힐 때 비로소 완성된다는 것을 수렴할 때 본래 존재하지 않았던 원죄를 벗어날 길이 열린다. 지옥이 원죄가 아닌 것은 자유의지를 떠받치는 기둥이기 때문이기도 하지만 그 자유가 수많은 개인의 낙원을 만들어 운명이라는 지옥의 모습을 사라지게 하는데 있다. 강렬한 자유의지는 지옥을 가려주는 듯 하다가 없앤다. 종국에는 낙원과 지옥을 하나 되게 한다. 이 때 지옥은 영웅을 떠받치는 에너지 원천이 된다. 로마제국도 트로이 전쟁에서 패한 일단의 유민들이 의기투합한 도전정신으로 씨앗이 발아됐듯이 참혹한 지옥은 더 큰 새 출발의 무한 에너지원이다. 시바의 영혼이 이 세상을 지배하는 형식처럼 골이 깊을수록 산이 높은 극과 극인 낙원과 지옥의 하나 된 형상은 큰 결실을 향해 가는 지난한 과정의 총체적 모습이다.

이런 낙원과 지옥의 하나 된 조화에 신들의 장난이 있다면 그것은 행운이란 괴팍하고 얄팍한 악덕이다. 행운은 마치 아름답게 포장된 채로 기쁨과 행복을 주는 것 같지만 그 속에 담긴 운명의 장난은 지옥의 그림자다. 행운을 포장한 악령의 선물은 신성의 장난을 넘어 무능이다. 절대적으로 완전성을 갖춰야 할 법칙에서 우연성과 그 행운이 존재한다면 신성은 존재하지 않는 자기모순의 극치에 빠진다. 신성의 운명론도 맞지 않고 신성의 창조론도 맞지 않는다. 행운은 자유의지도 아니고 고통도 아니다. 그래서 행운은 실제 행운이란 가치를 맺지 못하고 반드시 불행을 부르는 사탄의 전령사다. 이 악령은 자유의지 에너지를 고갈시켜 진짜 지옥의 단면인 운명론을 받아들이도록 하는 환경을 만든다. 자유의 반대편에 선 속박의 극단에 들어가도록 꿀맛으로 유혹하는 것이 행운의 실체다.

인간의 삶에 행운이 존재한다는 것은 그 행운이 존재할 것이라고 믿게 하는 기대욕구다. 그 욕심은 가치창조가 아닌 가치파괴를 유도한다. 이기심을 부추겨 협력보다 분열을 조장한다. 행운에 기댈수록 협력 에너지가 고갈돼 가고 타인을 무시하고 짓누르려는 오만에 깊숙이 빠져든다. 확률적 선택을 통해 기만적인 가치파괴 행위를 일삼는 신성은 완성을 향한 지향이 아니고 불안전으로의 추락이다. 신성의 능력을 표현하는 듯 보이지만 가장 무능한 신성의 형태가 행운의 표식이다. 그 표식은 실제 존재하지 않는 확률정보일 뿐이다. 확률은 만물의 존재 가능성을 표현해 실재하는 듯하지만 실재하지 않는 이중성을 띠었다.

정보만 존재하는 것은 물화되지 않고 드러나지 않은 비물화된 시그널이다. 마치 블랙홀 사건의 지평선 안쪽에서 정보만 담은 상태가 외부로 표출되지 않는 상태와 유사하다. 현상계 행운이 정보로는 존재할지 모른다. 하지만 그 정보는 물화된 뒤 오래 존재하지 않으며 존재한다고 해도 빠르게 사라지는 신기루 같다. 행운은 오히려 사라진 후에 반드시 불행의 기운을 부르는 차가운 에너지를 갖고 있다. 물화되지 않은 행운의 정보가 사건의 섭리 속에 진짜 있는지 자체가 의문시 되는 이유다. 행운은 절대성에서 가장 큰 오점을 남긴 비신성의 착시효과다.

정보를 현상으로 표현하기 위한 에너지는 본래 지옥의 내적 고통을 수반하는 용기를 통해서만 가능하다. 행운은 용기를 필요로 하지 않는다. 물질의 형상정보는 강한 힘일수록 원하는 것이 만들어진다는 점에서 의지가 작용하지 않는 행운은 결국 가상이다. 따라서 행운이 아닌 곳에서 발휘돼야만 하는 용기는 강한 힘을 발휘할 수밖에 없다. 용기는 지옥의 발을 딛고 지옥에서 일어나는 에너지다. 사유를 향한 사유의 몸짓은 지옥의 탈출을 가능하게 해준다. 자유와 지옥의 가교에 늘 용기가 관통하고 있다. 용기를 통해 지옥은 디딤돌로 만들어 지고 자유는 더 큰 디딤돌이 돼 수많은 일 가치의 결실을 드러나도록 해 준다. 인류사에 수없이 많은 문명이란 화려한 탑은 지옥 같은 고통을 이겨 낸 용기를 통해 이뤄졌다.

용기는 신성의 자존감으로 보면 부질없는 행동처럼 보인다. 신성 자체가 용기 가득한 창조의 화신인 탓이다. 이는 불완전한 인간에게 용기가 있다는 것은 신의 영역이란 뜻과 다르지 않게 포섭된다. 신성은 이를 질투하듯 용기가 성과를 내는데 대해 매시매초 위협하면서 수없이 많은 위험을 선사한다. 위기의 연속이 가중되면 될수록 용기가 더 필요하지만 대부분은 용기를 끝까지 부여잡기 어렵다.

이 과정에서 행운이란 정보만 보유한 채 현상계로 드러나지 않는 상황이 지속되면 신성의 무능력이 보이기 시작한다. 용기를 잠재우려는 신성의 행운이란 패는 곧 무능이다. 절대성을 향한 용기를 행운이란 표식의 유혹으로 좌절감을 키운다. 사탄의 또 다른 속성인 좌절은 운명을 단정 짓는 바구니에 들어가는 일이다. 이를 막지 못하면 현상계에서는 가난이란 악마적 환경이 만들어진다.

가난은 최소한의 삶의 조건조차 사라지는 원초적인 위험상태다. 가난이 심할수록 그리고 가난이 광범위 할수록 생명의 위험한 환경이 나날이 고조된다. 가난은 곧 에너지 보충이 극도로 제한을 받는 치열한 속박이다. 자유와 대척점에 있는 속박은 운명론으로 나아가 다시 가난의 사술(邪術)이 자유의지를 막도록 한다. 극심한 가난 자체가 생명에게 직접적 위협을 가하기도 하지만 생명들 간 치열한 뺏고 빼앗는 절도, 범죄, 전쟁 등을 일으키게 한다. 이 때 행운이란 사술까지 동반된다. 네트워크형 양심의 에너지는 밀려나면서 사회적 소외를 동반한 개인의 가난 크기가 더욱 커진다. 문제는 이런 부의 추락과 가난의 확대가 지속되면 신들도 말리지 못할 정도로 속도가 빨라진다는데 있다. 신성 스스로 벌인 일

을 수습하지 못하는 모습이다. 용기만이 그것을 중화시키는 맞불이다.

자유의지의 다른 모습은 용기이면서 그것에 힘을 보태는 것이 사랑이란 에너지다. 네트워크형 에너지가 강력한 힘을 발휘하는 최상의 환경은 무한책임의 전제조건인 사랑 에너지나. 사랑은 내징적으로 공포스러운 에너지이기도 하다. 대가가 돌아오지 않을 듯한 적개심의 발로가 되지 않을까에 대한 두려움이면서 동시에 살아야 할 이유가 된 대상을 책임지지 못할 나약함의 자기모습에 대한 상실감에 대한 두려움이다. 대개 전자의 공포가 큰 것처럼 보이지만 죽음을 등지고 배수진을 쳐야 할 상황에 처하거나 마지막 끝단까지 몰려 사랑하는 대상을 위해 아무것도 하지 못할 때 밀려드는 공포가 훨씬 크고 깊다. 후자가 진정한 자유의지의 용기이며 전자는 신성의 무능이다.

비단 가족뿐만 아니라 순수한 이성에 대한 사랑도 역사의 큰 물줄기를 바꾼다. 베아트리체에 대한 무한히 벅차고 안타까운 사랑이 신들의 전유물이던 사랑을 인간의 자유의지로 가능한 사랑으로 열어 유럽 중세의 암흑기를 구하고 르네상스를 열었듯이 사랑은 큰 변화를 촉매 하는 에너지다. 순수한 열정은 위대한 가치창조를 하는 신성의 능력이라는 것을 상기해 볼 때 순수 사랑은 가능성이 높은 절대성을 향한 운동이다. 이 운동이 불완전할 때 에너지 역동성이 사라진다. 사랑은 그래서 신만이 할 수 있는 권능이 아니라 불완전이 완전성을 향해 가는 예술이고 미학이다. 사랑에서 촉발된 책임의 공포가 아름다움을 낳아 영적 성숙을 일으킨다. 이는 에너지 장의 얽힌 네트워크를 더욱 촘촘히 하는 일이다. 튼튼한 네트워크는 자신에 대한 강한 결속이다. 신성이 무능할 때 느슨해진 결속이 그 원인으로 지목된다. 이기심을 일깨우고 네트워크상에서 갈등과 분열을 조장하는 신성의 무능은 부를 가난으로 만들어 모든 것을 파괴한다.

신성이 무능하다면 절대성을 부여할 수 없다. 따라서 신성과 신성이 만날 수 있을까를 고민해 보면 현상적으로 가능한 일이다. 무수히 많은 신성들이 여기저기 난립하고 있다. 인간이 신성을 만들어 옹립한 흔적들이 분명히 보이기도 한다는 것이다. 신성이 인간을 통해 거울이 되고 그 반사거울이 다시 인간을 비추면서 상호 무한 반사하고 있다. 신성과 인간 간 무애의 법계가 장벽을 갖는 불완전성으로 드러난다. 인간의 불완전한 신성이 반추되면서 많은 인종들이 그 불완전한 신성을 받든다. 인간에 분유된 신성이 다시 신성화 되면서 여기저기 절대성인 듯 공존하고 있다. 신성과 신성의 만남은 곧 인간 내면 속에 깃든 불완전성에 대한 공유다. 하지만 현실적으로 절대 의존성에 빠지면서 신성과 신성은 상호 철저히 배격한다. 이것이 바로 부의 반대편에 선 신성의 무능이다. 종교전쟁만큼 참혹한 것이 없고 비참한 것이 없다. 자신의 종교가 아니면 철저히 배격한다. 그 속에서 양심적 네트워크는 수없이 사라져 왔다. 신성의 자기옹립이 강하면 강할수록 그 거울인 인간의 불행은 더욱 커진다. 불행의 끝은 자유의지의 상실이며 모두의 파멸이다.

이런 혼돈의 질서에서 절대정신을 추구하는 신적 인간의 가치는 옳다. 하지만 난무하는 절대 신성은 그 자체로 절대성이라고 하기 어렵기에 존재하지 않는다. 수많은 종교는 지금 허상을 쫓는다. 절대정신은 존재하지만 오히려 종교가 그것을 가로막고 있다. 종교적 의존성은 인간의 신성을 장님으로 만든다. 갈등과 분열을 촉발하면서 비참한 살육전을 불사해 자기유발적 고통을 신성인 냥 적극 받아들인다. 이는 자유의지에 의한 고통이 아니라 노예의 고통이기에 부질없다. 이 속박에서 벗어나지 못하는 한 진정한 부를 일궜다고 보기 어렵다. 언제든 약탈적 싸움이 전개되기 때문이다. 자유의지에 의한 전쟁은 사라지고 신성의 무능에 의한 전쟁이 난무해지면서 가치 확장에 먹구름이 끼었다. 이를 해결할 유일한 해법은 신성이 스스로 신성을 포기하는 일이다. 인간의 마음에 깃든 신성을 통제하지 않을 때 신성의 무능이 극복된다.

지상천국 버린 채 허상 속 만들어진 천국의 계단

생명현상의 유지를 위해 필요한 기억의 잔상이 현재뿐인 영원성에 과거와 미래를 가상으로 만들면서 호모사피엔스는 미래라는 미지의 길에 대한 공포심을 스스로 만들었다. 두려움이 극대화된 공포심은 탈출을 위해 안간힘을 써야 하는 임계점에 위치한 상태다. 그 사선(死線)은 생명을 유지하는 생에 전체에 걸쳐서 일어난다. 탈출구를 찾는 생명들이 모이며 병목현상을 일으키는 것이 종교로 나타났다. 강력한 의존성을 통한 가상으로의 탈출은 가상 같지 않은 실재를 만들어 내 진실하지 않은 낙원을 넘어 가상의 천국까지 방조했다. 천국은 공포와 인접한 가상의 탈출로라는 진실이 공포가 사라지는 그 지점에 그토록 쫓는 천국의 느낌을 가질 수 있는데서 직관으로 다가온다.

유무상생의 원리가 사라진 유무합일의 에너지 파동이 없는 곳은 영원한 현재성으로 무엇이든 잉태할 준비가 돼 있는 태극의 극적 조화다. 당연히 생멸이 없을 뿐만 아니라 고통과 공포가 없다. 천국을 향한 이상향은 생명이 없는 곳을 향한 죽음으로의 질주다. 죽음이 영원한 현재를 향한다고 해도 그 자체를 느낀다면 신성의 착시이고 무능이다. 천국은 생명이 인지할 수 없는 탈공포의 편안함이기에 이율배반의 극치다. 생명의 본질이자 신성의 분유된 파동인 전자기적 시그널로 아무것도 느낄 수 없는 곳에서 손짓을 하는 것이 천국의 진리라고 믿는 의존성에 빠지는 순간 천국은 더 이상 없다.

생명들에게 지상이 천국이다. 생명유지 환경들이 정교하게 얽혀져 있는 것은 신성의 섭리인 천국이 아니고서는 불가능한 정보 네트워크다. 정보 원천은 여전히 미지의 신성 영역이다. 물질이 구현되지 않는 정보의 원천은 생명이 없는 상태다. 생명이 구현되지 않아야 할 곳이 천국의 조건이라면 생명 또는 생명활동과는 무관한 곳이다. 하지만 통상의 현상적 생사가 아니라 생명과 죽음을 나누지 않는 하나의 에너지 파동으로 보기에 천국은 생명유지 속성에 내재해 있다. 정보네트워크 자체가 생명이라고 볼 때 생명유지 속성에서의 먹이사슬은 고통의 극단 같지만 상대적으로 보면 상위 포식자는 생명가치를 높이는 자유의지의 실현이다. 죽음은 별개의 천국 속에 있다기 보다 생명유지 속성에 내재해 있거나 연장된 하나의 개념이라는 것이다. 지상천국이 존재할 배경이다. 그 가치의 효율성 끝단에 호모 사피엔스가 생사를 관통해 자리하면서 최종 부가가치로 돈과 부를 만들어 내고 있다.

그래서 먹이사슬은 생명들에게 지옥이 아니고 천국의 자유다. 그 속에서 생명의 치밀한 작용들이 시현되고 있는 것은 분명 신성이다. 먹이사슬의 극단적 조화가 만들어 내는 생명가치가 추하다고 하고 생명의 천국이 다른 곳에 있다고 한다면 신성의 무능이다.

부자가 천국을 가기 어렵다는 것 또한 부를 일구는 과정의 가치가 일체 무시됐기 때문이다. 낙타는 부의 상징이다. 그 낙타가 천국으로 가는 바늘구멍처럼 작은 문을 통과하는 것이 어려운 듯 보이지만 그것은 무능한 신성의 잣대다. 이 같은 신성의 눈은 신성을 부여받은 인간의 부에 대한 편협함의 발로다. 험난한 교역의 대상로(隊商路)를 따라 부의 길을 만들어 나가는 자유의지는 신적 창조능력이다. 죽음의 사막 길을 따라 일과 일의 가치를 높여주는 낙타의 교역은 그 자체로 천국으로 가는 바늘구멍을 통과하는 일이다. 낙타의 강인한 의지는 마치 양자터널링 효과처럼 도무지 불가능한 원거리에서 만들어진 상품들의 부가가치를 획기적으로 높이는 선순환의 창조정신인 개척이다. 글로벌 자유무역처럼 국제적 자유시장을 꽃피우게 한 낙타의 지난한 몸짓은 지상 천국의 문을 열게 한 위대한 힘이다.

지상으로 내려온 신들과 지상의 인간들 사이에서 신의 질서를 설파한 현인들은 부가가치의 생생한 현장에서 함께 호흡했다. 수천년간 변함없는 신성의 말씀과 현인들의 사유는 지적 부가가치를 높이는데 큰 에너지원이 돼 주었다. 지식을 넘어 지혜를 갖는 최상의 부가가치에 죽음까지 수렴하는 생명의 온기가 가득 서려 있다. 반면 마음의 온갖 번뇌가 사라지는 이른바 순수 영혼만이 가득한 천국으로의 여행은 환상열차를 타고자 하는 더 큰 번뇌의 탐욕만을 키운다. 생명 가치가 신성으로 유지되는 한 번뇌조차 생명의 존재를 느끼게 해주는 절대성이다. 천국은 고통이 없는 곳이 아니라 고통이 무한히 얽혀 있지만 그 고통을 기쁨으로 주어 담아야 할 곳이다. 지상의 사랑이 그 파동이다. 사랑의 최전선에 있는 용기는 낙타의 의지처럼 수없이 많은 천국의 길을 만들어 낸다. 용기는 지상천국의 화신이 됐다.

누구나 천국의 문의 들어갈 수 있는 것은 아이러니컬하게 지옥의 고통이 존재하는 곳에서 그 문을 발견하는데 있다. 자유의지를 떠받치는 지옥의 고통은 그래서 아름답다. 그 의지를 기꺼이 포용할 때 아름다운 미학의 꽃을 피운다. 예술적 표현의 대상적 고통이 극적 카타르시스를 주는 것과 같이 고통의 단면들은 드라마틱하게 신성과 인간의 존재감을 매 순간 확인케 해준다. 천국의 문들이 이런 모양이다. 문이 보이기에 문은 굳게 닫혀 있지만 누구나 어렵지 않게 열고 들어갈 수 있다.

천국의 세계는 마치 황금의 빛으로 가득한 부의 세계이기도 하다. 황금이 넘치는 지상낙원은 개척자들이 치열하게 아우성치는 곳이다. 이들은 최대한 마음을 비운 채 무한 에너지를 갖고 행군한다. 마음이 가난해 보이지만 가장 뜨겁고 무거운 의지를 등에 짊어졌다. 그들에게 지상천국은 고통스럽지만 기쁘고 희망찬 낙원이다. 생명의 일 가치가 무한히 샘솟는 곳에서 개척자들은 수많은 생명을 구원하며 부를 선물한다. 그 어디의 땅도 이처럼 아름다운 선(善)이 황금빛으로 비추는 곳이 없다. 빛이 비추되 색도 존재하며 신과 피조물이 공존하는 미학은 자연의 만능적 웃음이다. 그 절대성의 미소는 자연의 부를 밭갈이하는 괭이질과 같다. 여기저기 부의 씨앗을 심는 속에서 시끌벅적한 음향들이 들린다. 어지러운 듯 질서 있는 자연의 소리들이 에너지를 모으는 권능이 돼 지상의 권위가 커간다.

평온하기만 하고 소리가 없는 대평원에 아름다운 꽃과 탐스러운 열매들이 주렁주렁 달려 있는 것을 본다면 지옥으로 가는 열차에 탑승한 상황이다. 자신이 게으름과 나태함에 빠진 것을 모른 채 탐욕의 마음을 가득 채우고 여행자의 영상을 파노라마처럼 만든다. 이런 자신만의 작위적 환상은 지상의 낙원을 더럽힌다. 선을 악으로 참칭하고 악을 선으로 위장시킨다. 선과 악을 지나치게 가르면서 부가가치마저 악의 전형으로 몰아붙이며 정작 자신은 그 부가가치 없이 만들어진 무형의 대평원을 행복한 집으로 꿈꾼다.

신곡의 지옥처럼 배신은 가장 큰 형벌을 받는다. 배신은 타자뿐만 아니라 자신으로부터의 배신이며 그것이 무수히 많은 타자들의 부가가치를 사장시키는 폭발력을 지녔다. 무능한 신성은 이 조차 간과하거나 모르기까지 한다. 수많은 종교의 심부름꾼을 자처하는 신성의 대리자들까지 자신으로부터의 배신을 숨기기 위해 탐욕의 방패를 겹겹이 들이대면서 게으름과 나태함을 보호하고 신봉한다. 낙타의 끈기를 현세와 속세의 원죄로 치부하면서 신성의 지상낙원에서는 낙타가 살아서 안 된다고 절규하기까지 한다. 자신의 손에 묻은 나태한 피를 감춘 채 신성의 무능을 설파하는 혀끝에서는 무능력한 일꾼들의 변명들이 피어난다. 무능한 신성을 전파하는 욕심 속에 신의 절대성은 없다. 신성은 무덤을 파고 들어간다.

신도 죽는 강력한 초인의 자유의지 정신에는 그 자체로 신성이 살아 있어야 할 이유를 강력히 웅변하고 있다. 낙타와 사자의 용기를 넘어 아이의 순수함이 깃든 초인의 마음속에는 선순환으로 만들어진 강력한 에너지가 모든 사람에게 부의 에너지로 승화되는 무한 사랑으로 존재한다. 신은 죽었다고 했지만 초인의 그 마음에서 신성은 영원히 살아 있다. 기존의 질서를 과감히 부정하고 파괴하면서 그만의 질서를 만들어 나가고자 했던 슈퍼맨다운 사유의 정신이 현대철학에 강력한 씨앗을 뿌려 발아하게 한 것은 신성의 능력이 삶의 실재성에 있음을 반추하게 한다. 그것을 확인하는 자유시장에는 여전히 수많은 초인들이 공유의 끈을 맺어가면서 보이지 않는 사랑의 마음을 주고받고 있다. 무능한 신성이나 그 대리자들은 이를 죄로 규정짓지만 비극의 화려한 미학 속 진실이 그렇듯이 지상낙원에는 가장 아름다운 감동의 법칙이 관통하고 있다.

연옥은 천국과 지옥의 사이에 있는 대기 장소가 아니라 매 순간 천국과 지옥을 오가는 마음의 번뇌 속에 자리 잡은 선택의 고통이자 선택 후 저장한 기억이란 편린이다. 고통스럽되 고통을 느끼지 않는 미학의 진실이 느껴지거나 추억이 되는 기억은 천국을 향하고, 반면 고통을 피하

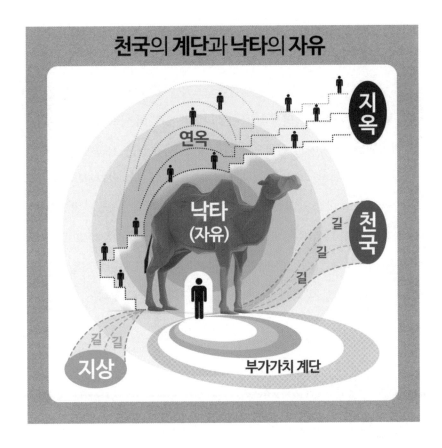

천국의 계단과 낙타의 자유

연옥

지옥

낙타
(자유)

천국

길
길
길

지상

길 길

부가가치 계단

거나 그 기억의 편린 속에 남아 있는 고통이 이유를 찾아 방황하면 지옥을 향한다. 선택을 치열하게 하는 천국의 계단은 보이지 않지만 반드시 오르게 되고, 선택을 게으르게 하는 지옥의 계단은 너무나 잘 보이기에 치열하게 서투한다. 언옥의 신실은 이처럼 매 순간이다. 대부분 잘 보이는 계단이어야 하는 것이 천국의 계단으로 착각하기에 없는 그 가상의 계단이 수없이 만들어진다. 그 착각을 유인하는 신성의 장난은 지금도 진행형이다.

연옥은 양산된 죄가 죄일 수 없도록 정교한 정의의 분배가 이뤄지면서 자유의지를 강력히 키워주어야 하는 곳이다. 연옥의 정의는 곧 자유다. 자유의지가 커지면 커질수록 천국으로 가는 계단이 커지고 그곳에 발걸음을 내딛는 초인들이 많이 탄생한다. 초인들이 만들어 내는 수많은 부가가치가 돈과 부의 책임성을 끌어올리면서 일단의 아름다운 네트워크가 형성된다. 연옥에서 천국으로 가는 이들의 손끝은 기쁨이 넘치지만 개인들의 발걸음은 무겁다. 그 무거운 발길을 원죄로 일갈하는 신성의 무능이 인간의 타락을 부추기고 돈의 악마성을 키우고 있다. 천국의 자유를 누릴 자유가 누구에게나 있는 것은 돈의 악마성을 누르고 돈의 신성성을 키우는데 있다. 그 신성은 무한히 순환하면서 생명가치를 보존해준다. 물질계 지상 이외에 그 어디에도 생명의 천국은 없다.

3. 원초적 탐닉성

미래 자본시장 초혁명 기저 에너지 '심연의 자유'

생명체가 자신의 모습을 인지하거나 그 존재에 대해 사유할 수 있는 능력은 대단히 특별한 사건의 섭리다. 인간과 같은 영장류까지도 자신의 모습을 알아보고 반응하는 경우는 극히 드물다. 따라서 거울에 비친 자신의 형상이 자신이라고 인지하는 능력은 극히 소수의 생명체에게 부어된 비범한 신성의 영역으로까지 간주된다. 이는 특히 자신의 실존에 대해 회의하고 사유하는 것으로 확장된다. 자아를 보는 눈은 시작과 기준의 운동성 메커니즘이기 때문에 원초적 에너지 흐름의 법칙이란 점이다. 탄생의 모든 과정에 자신의 기준을 세우는 일은 주체적으로 시공간을 만들고 물질이 탄생하는 역동성의 시작인 동시에 자신의 존재를 선언하는 행동이다.

자신을 인지한 것으로부터의 사유는 자신뿐만 아니라 신성이 본유된 자연에 대해 본질을 의심하고 탐구하며 학습하는 힘이다. 지구상 생명체 중 유일하게 가능한 호모 사피엔스의 이 같은 특별한 능력은 자신을 인지하고 그것을 기반으로 인지기반을 확산하고자 하는 원초적 탐닉성이다. 이 탐닉은 절대 버릴 수 없는 권능을 갖춘 본성이다. 고도의 인식능력인 인지와 사유는 탐구와 탐닉의 출발이기 때문이다.

부정적 보편성의 잣대로 보면 탐닉은 탐구를 넘어 지나칠 정도로 한곳에 몰입한다는 것을 뜻한다. 하지만 그 부정성이 긍정성을 담보한다는 점에서 절대성을 향하는 패러독스가 있다. 탐닉의 신성은 자유의지를 촉발시키는 모든 것을 가능하게 하는 절대적 창조의 문이 되고 있다는 것이다. 수천년 역사상 지속적으로 인간의 권능인 탐구정신과 학습의욕이 가능했던 것은 탐닉성에 기반한 강한 에너지가 뒷받침된데 있었다. 탐닉은 지나침의 불완전성으로 치부되지 않을 뿐만 아니라 오히려 완전성을 지향하는 에너지 몰입의 과정이다.

탐닉은 피조물인 생명체가 창조물을 보고자 하는 탐구정신으로 발아되면서 수많은 신비의 자연현상들이 생명이라는 인식의 체계에 들어오노록 했다. 수학과 기하학은 그 출발이사 만능배아세뇨 역할을 했다. 보이지 않는 미시에서 거시까지 자연의 질서를 볼 수 있는 눈이 수학과 기하학이라는 수단으로 풀리기 시작했다. 이를 통해 눈을 뜬 자아를 보고 사유하는 인식은 수많은 자연과학을 낳았고 그것은 인간과 자연의 본질을 찾아 나선 자연철학 및 인문과학의 모태가 됐다. 학문은 회의와 사유능력을 확산하면서 신성과 절대성을 향한 인식의 확장범위를 놀랍도록 확장시켰다. 그 학문은 절대 머물지 않는 발전적 변화를 전제로 해 왔다.

자신과 타인을 구분하고 본질을 탐구하는 정신은 곧 강력한 자유의지이면서 주인다운 태도다. 이 과정에서 일 가치의 결과물로 탄생한 돈과 부는 생명체와 하나로 얽혔다. 본질에 대한 원초적 탐닉성이 돈과 부에 대한 탐닉으로 동기화 되면서 돈에 대한 현상계 부정적 이슈들이 함께 돌출되기는 했다. 돈 중심의 탐닉성이 악덕으로 경도되기를 일반화 하면서 자연에 대한 탐닉성은 일정 부분 가치에 훼손을 가져왔다는 것이다. 실제로 자본시장에서 돈은 인간에게 도덕성이 결여된 탐닉성을 자극하는 것이 사실이다. 그 탐닉은 생존을 위한 배수진이기도 하지만 탐욕을 배경으로 한 권력에의 의지에 추종된 삐뚤어진 탈 네트워크형 지배본능이다. 이처럼 잘못된 탐닉은 원초적 정당성과 정체성을 갖는 에너지를 혼탁하게 하는 불필요한 첨가물이다.

권력에의 의지는 현상계 악덕으로 치부되는 것이 통상적이다. 하지만 보이지 않는 일반적인 저변의 선덕은 강한 의지들이 네트워크로 엮이면서 상승하는 에너지를 만들고 성숙된 자아상을 만드는데 일조해 온 부분이다. 권력에의 의지는 네트워크 시너지라는 힘을 강화시켜 본질적 사유능력이 심오해지는데 일조했을 뿐만 아니라 인간과 신성의 분석까지도 가능하게 했다. 돈은 그 사이에서 현상과 신성을 오가는 에너지 매개역할을 하면서 존재의 근원자 역할을 하고 있다. 본원적 질서에 대한 사유하는 탐닉성은 전혀 다른 것 같지만 돈에 대한 탐닉성 에너지와 거의 유사하다. 돈과 부에 대한 원초적 탐닉성이 인간에게 지혜의 눈을 뜨게 한 단초가 된 것은 현상계에서 보면 아이러니처럼 보이지만 신성의 눈으로 보면 너무나 당연한 현상이며 이치이고 순리다.

현상계 사유재산은 특정 개별자가 미치는 에너지 장의 범위다. 사유재산은 에너지 장들이 무수히 얽힌 시공간에서 사적·공적인 개별생명과 공동가치의 구분 또는 얽힘의 척도가 된다. 돈이 사적재산의 자연권과 이기적 본심의 이타적 결실에 따른 공리주의의 도덕성이 결부돼 있지만 그 원천의 에너지는 간과하기 쉬운 탐닉성이다. 생명이 시공간 속에서 역동하는 에너지이듯 돈도 같은 영역에서 함께 호흡하는 실체임을 주목해서 보면 개인주의와 공리주의는 돈을 중심으로 보면 둘이 아니라 하나다.

생명원리와 함께 순환하는 돈의 역동성은 그래서 끈질기다. 결코 쉽게 대할 수 없는 초인의 형상이다. 초인만이 돈 에너지를 관장하면서 부를 쌓을 수 있는 배경이다. 초인은 역설적으로 원초적 탐닉성을 갖고 있으면서 탐닉과 거리두기를 하기도 하는 자아조절형 에너지를 갖고 있다. 무한히 확장할 수 있는 돈을 통제할 수 있는 초인은 돈의 특성인 순환이라는 방식을 통해 악마성을 통제하고 선의의 길로 흐르도록 다잡는다. 그것이 부의 통로에 서 있는 방식이고 부자들은 그 길목에서 돈의 흐름을 조절하면서 부를 걸머쥔다. 초인은 생물학적 힘이 아니라 매순간 자신을 알고 한계를 넘기 위해 선택하는 시작이 강한 자유의지다

자본주의가 원초적 탐닉성을 긍정적 에너지로 사용한다면 선에 가까워지는 도약을 위한 사적·공적인 진보다. 탐닉성이 강한 에너지 동력원인 만큼 간섭을 하지 않으면서 통제할 수만 있다면 자본시장의 혁명을 일으킬 수 있는 동력을 얻는다. 반도체 컴퓨터와 양자 컴퓨터가 상상을 초월한 진보를 일으켜 왔고 앞으로도 일으킬 초혁신의 중심에 있듯

이 원초적 탐닉성이 그와 같은 위치에 있다. 자유시장의 효율성을 끌어올리기 위한 탐닉성의 확장은 부작용들을 불가피하게 동반할 것이지만 그럴수록 부의 총량은 커지는 구조를 갖고 있다.

탐닉성의 확장 방법은 사적 재산권을 강화하고 세금을 대폭 줄이는데 있다. 공동체의 이상적 시스템인 국가나 정부의 인위적 간섭도 거의 없애는 수준으로 나아가야 한다. 이 과정에서 발생하는 부작용들이 역설적으로 부의 총량을 획기적으로 끌어올려 자본시장은 혼돈 속에서 성장한다. 혼돈은 케인즈의 큰 손 이론을 훨씬 넘어서는 더욱 큰 손을 필요로 하지만 작위적이지 않은 탐닉성이다. 인위적으로 통제되는 탐닉하는 손의 확장성은 선덕의 패러독스다.

따라서 탐닉성이 커 가는데 따른 부작용을 탐닉성으로 맞불을 놓는 것은 작은 자본시장을 큰 자본시장이 포섭하게 하는 방식이다. 이를 통해 자본시장의 성장을 꾀하면서 작은 자본시장의 부작용을 상쇄시키는 수순을 갈 수 있다. 물론 자본시장이 커질수록 큰 부작용이 나오지만 지속적인 확대를 중단하면 시장의 근본이 흔들린다. 자본시장이 확대될수록 거악도 커지지만 그 거악들 간에 전쟁이란 중재자가 예외 없이 나타나 중화해 주기를 반복한다. 전쟁이란 주연은 모든 것을 파괴하기도 하고 새로 창조하기도 하는 시바의 역할을 수행하고 있다. 전쟁조차 확장성을 꾀하는 자본시장의 한 흐름일 뿐이라는 것이다. 전쟁은 또 다른 자연권을 가진 호모 사피엔스만이 소유하고 있는 탐닉성이다.

미래의 자본시장은 지금 보다 더 치열한 개인의 자유가 극대화 될 것으로 예상되기 때문에 유럽식 사민주의가 역사의 뒤안길로 사라질 환경에 처한다. 유럽이 현재 선진국의 위치를 점하고 있지만 후발국으로 떨

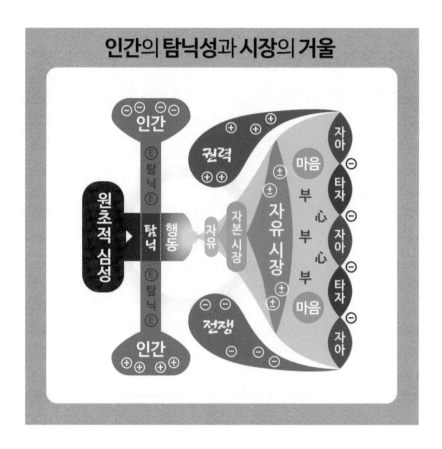

인간의 **탐닉성**과 시장의 **거울**

어질 개연성이 농후하다. 사회주의 색이 짙은 자본시장의 성격을 다시 변화시키지 않으면 탐닉성이 감소하고 역동성이 떨어진다. 4차 산업혁명이 고도화 되면 유럽의 추락하는 변화 시기는 분명히 앞당겨 진다. 자본의 탐닉성이라는 복+풍이 다시 불면서 인간의 이기심을 자극하는 자유시장의 발상들이 미래를 풍미할 조건들이지만 사민주의 복지국가들은 유턴을 하기 쉽지 않은 저에너지를 쌓고 있다.

치열해진 시장의 조건들 속에 새로운 도덕률은 가치의 극대화로 향해 가고 그것은 기술적 진보로 해결되도록 하고 있다. 양자컴퓨터와 그 기술을 기반으로 한 초인공지능 자유시장은 돈의 탐닉성을 나날이 극대화 시켜 권력에의 의지를 거침없이 키운다. 돈은 미래의 갈등과 조화라는 급변하는 이중성 사이에서 구심점 역할을 하며 인간의 기계화를 가속화 시켜 자유시장의 틀을 온전히 바꾼다. 그 과정에서 끝없이 이어지는 무한 효율이 금융마력인 중앙은행의 권력을 분산시키고 상대적으로 작은 효율이라도 무한권력을 행사할 돈을 만들어 내는 분권적 발권력의 기능이 강화되는 방향으로 나아간다. 이를 통해 인간의 탐닉성은 지속적으로 증가한다.

인간과 기계의 경계가 모호해질수록 생명의 원초적 탐닉성은 자존감으로 존중된다. 기계와 구분하기 위한 탐닉성이 생명의 에너지원이기 때문이다. 인간의 탐닉성이 반드시 재조명돼야 할 이유다. 탐닉성의 단초를 이기심의 형태나 부작용의 유형으로만 보지 않는다면 네트워크형 부의 확대를 위한 구심점으로 활용할 방안은 많다. 탐닉하는 인간에 대한 배려와 존중이 그것이다. 돈에 대한 탐닉이 자신뿐만 아니라 네트워크 상에서 큰 결실을 맺도록 욕망의 재분배를 위한 후차적 방안들이 필요하다. 자유시장의 에너지가 넘치도록 하되 긍정의 탐닉이 부정의 배타성으로 흐르지 않도록 유도하는 길목엔 국가나 사회 등 공동체가 아닌 경쟁자들이 서 있도록 해야 한다. 큰 탐닉이 확장성을 띠도록 경쟁자들에 대한 조직적 배치는 공동체의 권력을 필요로 한다. 국가는 경쟁을 유발하는 경쟁자들을 육성하는 시스템을 갖춰야 한다. 그것이 가까운 미래에 닥칠 국민 모두가 잘 사는 선진 부국의 기본 조건이다.

권력형 폭군 감춘 이념, 정의 포장 비열한 위장술

시공간의 흐름 속에서 형성되는 자연의 역사는 만물의 질서를 인지하는 생명체가 개별자가 아니라 통상 보편자의 입장에 선 상황에서 기록하고 축적한 결과물이다. 수많은 자연사는 이런 보편적 방식의 지식이라는 이름으로 불리고 또 학문으로 체계화 돼 왔다. 지식은 다자의 공통적 개념성으로 개별자의 의견은 가지치기 되기가 십상이다. 거꾸로 보편화된 개념은 지식으로 불리면서 인간과 만물의 주된 기둥이 된다. 수많은 지식들은 진리의 판가름을 떠나 조건 없이 진리로 간주되는 경향성이 높다. 전가의 보도가 된 지식은 개별자의 존엄성인 사적 존재감을 억누른다.

지식에 지나치게 둘러싸이고 그것이 각종 제도와 가치관 및 이념으로 주변을 더욱 겹겹이 둘러싸면 인간의 자연권에 대한 의구심이 촉발된다. 천부인권을 갖고 태어난 인간의 권리가 인간 스스로 에워싼 수많은 지식, 개념, 체계, 제도 등으로 인해 고스란히 갇히고 만다. 가장 견고한 보편성인 지식체계는 천부인권적 가치의 근간을 기초부터 흔드는 역할을 담당하고 있다.

지식은 새로운 창조력의 기반이 되는 소중한 자산인 것이 분명하다. 하지만 지식이 개인의 자유를 억압할 때 인간만이 갖는 값진 가치를 포기해야 하는 부메랑을 맞는다. 자유의 억압은 속박이고 그것은 창조 에너지를 억누른다. 지식체계가 강할수록 보편성·객관성·합리성 등의 이름으로 창조력은 숨을 쉬지 못하는 경우가 적지 않다. 이들 명분의 강력한 지식적 칼들이 개인의 자유로운 사고까지 짓누른다. 원초적 탐닉성은 바로 틀에 갇히거나 창살에 둘러싸인 개별자의 자유의지를 살려낼 힘을 주는 가장 중요한 원천이고 샘물이다.

탐닉성은 객이 아닌 주인된 자리를 보게 하면서 동시에 책임이 무엇인지도 보게 하는 마술을 부린다. 체계와 시스템의 지나친 강제적이고 인위적인 도덕률이 두 얼굴의 비양심적인 인간을 양산하기도 한다면 탐닉성은 자발적 도덕률을 향하게 하는 촉매제다. 자발적 도덕률은 자신만의 아집이나 고집이 아닌 진정성에서 불거져 나온 개별자의 공동체적 에너지다. 탐닉성을 긍정하는 마음을 굳건히 할 때 자신뿐만 아니라 타인까지 보는 주체적인 이타성을 넓혀 나간다. 자신을 확연하게 보는 존재감이 느껴지면서 신성과 교류할 때 강력한 에너지를 발산한다. 반면 탐닉성을 부정한 마음으로 수렴할 때 일어나는 강압감과 의무감은 전혀 새로운 것에 대한 힌트를 찾기 어려운 치명타를 받는다.

지식은 새로운 것을 찾는 씨앗이 되기는 하지만 온전한 파괴를 기반으로 한 전혀 새로운 창조를 하기에는 오히려 가림막이 돼 방해꾼이 되기 일쑤다. 아울러 지식은 이성을 불러들여 나를 객이 되게 하지만 탐닉은 감성을 불러들여 나를 주인 되게 한다. 이성이 통상 주인역할을 하는 것 같지만 합리적·객관적이라는 이성은 어느새 지식, 체계, 개념의 틀에 묶인 아류로 전락하는 경우가 흔하다. 이성은 이렇게 종속된 사실조차 모르거나 알아도 외면하는 자기합리화의 에고에 빠지는 사례가 많다. 따라서 이성은 감성에 비해 주인된 역할을 하기 어렵다.

객과 주인은 신성의 잣대로 하늘과 땅 차이다. 주인이 된다는 것은 신성의 영역인 '나'라는 자신을 볼 수 있는 능력이 있는 것이지만 객은 영원히 주인을 보지 못한 채 객 속에서 머물고 헤맨다. 객의 진실이 이 세상을 비추는 등불인 것 같지만 자연과 만물을 어지럽히고 망치는 오만함을 띤다. 오만을 넘어간 교만은 틀린 것도 맞다고 하면서 공동선이라는 가면을 쓰면서 이념화 돼 폭군이 되기도 한다. 이념의 굴레에 빠지면 스스로 가면을 덧대는 폭군으로 변질해 권력에의 의지 그 이상도 이하도 아닌 비열함이 정의로 포장되는 위장술을 부린다.

이성은 객 속의 객을 심화시켜 끝내 자신을 타인의 창살로 가둔다. 반면 감성은 왠지 거칠고 부자연스러워 보이지만 객들 속에서 나의 위치와 판단을 자명하게 해준다. 자신의 흐릿한 모습과 관념을 선명하게 해주는 에너지가 바로 탐닉에서 나온다. 자신을 보지 못하고 부산한 객이 되면 그 무엇도 제대로 보지 못한다. 타자를 자명하게 보고 그 타자를 위한 일을 하는 과정에서도 탐닉의 감성은 강한 용기와 포용의 에너지가 돼 준다.

주인이 되는 것이 나를 보는 과정에서 필연적 과정이 되면 그것은 타인을 높은 곳에서 볼 때 관용을 쌓는 일이다. 관용은 진정한 용기이고 그 용기는 주인됨의 확장성을 촉발해 다시 자신이 성장하는 모습을 자발적으로 일으키며 본다. 이렇게 확장돼 간 자아의 성숙은 표현을 자명하게 하는 자기주관성을 확보해 가면서 날로 에너지를 강화시킨다. 이 에너지는 전체 속의 나와 나 속의 전체를 일체화 시키는 힘이다. 나와 타자가 같은 시야로 들어올 때 강한 내적 에너지를 느낀다는 것이고 어떤 어려운 일도 돌파하거나 성과를 낼 수 있는 자신감을 넘치게 갖게 된다. 이 같은 동일성의 관계화는 결국 자신의 존재감을 거듭 재확인하고 높여가는 신성의 동기화다. 이것이 자아의 평화를 가져다주는 항상성 에너지다. 이 에너지의 본질이 행복의 실체다. 이 행복이 진정한 부를 가져다준다.

지식체계가 견고하게 쌓일수록 원초적 탐닉성의 감성과 멀어지면서 행복감을 못느낀다. 지식인이 지행합일을 실천하기 더 어렵고 반 도덕성에 서는 흔한 사례는 이런 배경이다. 이성의 발동은 탐닉에 기반을 둘 때 지행합일의 길을 걷고 본질을 보게 된다. 즉, 이성과 감성의 내적 시소게임을 제대로 보는 것이 생사의 갈림길이자 그 칼 위에서 길을 만드는 자유인의 전조등이다. 이 불빛이 성장의 발판이고 지상의 천국으로 가는 계단이다. 천국은 지난하게 자아를 보고 그 속에서 타자들을 무한히 끌어안는 탐닉의 역동성이 넘치는 곳이다.

원초적 탐닉성은 네트워크에서 일탈하지 않는 에너지를 분출하지만 통상적으로 개별자에 국한된 에너지를 낸다고 오해한다. 탐닉을 통한 몰입과 그 자유의지는 반드시 네트워크에 이로운 결실을 맺을 뿐만 아니라 개별자만을 위한 과실로 독보적 차지가 되지 않는다. 이성이 오히려 네트워크와 유리된 개별자로 울타리를 치면서 스스로 사회적 소외를 유발하고 외견상 아닌 척 하는 문제가 상존한다. 순수한 탐닉은 그래서 수많은 역사적 위업을 남겼다. 오로지 하나의 진실만을 캐는데에만 수십년을 쏟아붓는 열정이 탐닉이라는 본성 속에 내재한다. 신의 창조론을 정면으로 반박하고 인류사에 인식의 획기적 전환을 가져다 준 다윈은 그 대표적 인물이다.

탐닉은 욕심, 욕구, 야심 등의 개념과는 광의적 의미로 큰 차이가 없는 듯 하지만 욕심, 욕구, 야심을 실행한다는 행동적 의미에 방점을 둔다는 점에서 확연히 다르다. 욕심이 노력한 대가에 비해 과도한 결실을 요구하지만 탐닉은 과실을 먼저 보는 것 보다 우선 에너지를 쏟는데 빠져든다. 어떤 상황이든 빠져든다는 것 자체가 주인의 위치를 점하게 해준다.

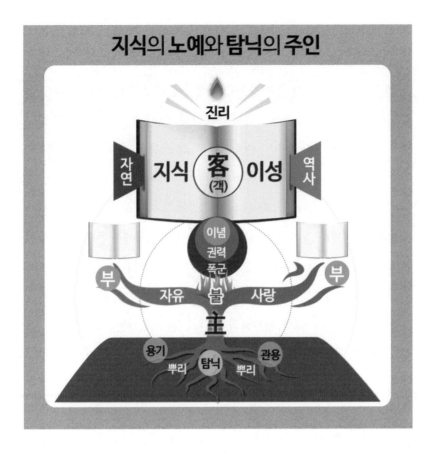

지식의 노예와 탐닉의 주인

사건의 섭리 중심에 서면 어느 길로 가야 하는지 정확한 판단이 가능해
지기 때문이다. 탐닉에 빠지면 주변을 못 보는 것이 아니라 오히려 정확
한 길을 보게 하기 때문에 길을 제대로 가게 한다. 최종병기 활의 신궁
은 저질한 탐닉을 통해 공포를 극복하고 화살의 길을 보았다. 가장 사랑
하는 대상을 지키지 못할 수 있다는 두려움에 맞서는 방식으로 부는 바
람을 계산하지 않고 극복하는 대상으로 삼아 사랑을 위협하는 적의 행
동보다 빠르게 신궁의 길을 확신해 쏘아 명중시켰다.

관용과 용기 그리고 사랑의 원천인 탐닉이 이처럼 에너지의 근원자리에 있다는 것은 신과 핫라인을 개통하고 있는 상황과 흡사하다. 탐닉에 빠져 있을 때 한 길을 보는 듯한 눈은 전체를 꿰뚫어 보고 하나의 소리만을 들을 듯한 귀는 수많은 파장을 동시에 듣는다. 시공간을 넘을 수 있는 감성은 무제한적 물리량의 확대가 가능하다. 물리량은 일 가치로 표현되고 그것은 돈으로 환산된다. 순수 에너지의 발산이 자신과 공동체의 운명적 흐름에 도움이 된다. 탐닉에 빠지는 순간 자신만을 위한 몰입 같지만 궁극적으로 공동체에 도움이 되거나 공동의 선을 살리는데 일조한다.

따라서 순수한 탐닉성이 고도화 된 자본주의 시장에서 돈은 가치의 실현으로 발생하는 개인의 사적재산이라는 권리의 자유와 다수의 노력이 깃들어 실현시킨 책임의 의무가 함께 배합된 특성을 지녔다. 사적 재산권은 자연권의 영역에서 불가침의 권리가 옳다. 일 가치의 존엄성이 자유의 최대치로 부여되는 것이 분배의 형평성 원리에도 들어맞는다. 다만 사적 재산으로 인정되는 돈이 부당하게 순환하는 사례가 많아지면서 공정한 기회의 불평등이 초래된 것은 사적 재산의 자유영역에 대한 불가침의 권리를 일정부분 손상되도록 했다. 인위적 권력의 개입은 돈의 부정적이고 왜곡된 흐름을 가중시키는 부작용을 낳았다. 하지만 돈의 형평성은 일회성이 아니고 지속성이다. 돈을 마음껏 쓰고 소비하는 것 자체가 자유가 아니다. 이는 인위적 틀에 갇힌 이성의 보편적 틀이자 창살이란 점이다. 탐닉성은 이를 해소할 개별자의 네트워크형 에너지다.

부의 흐름을 반시장적으로 통제하는 것 자체가 가치를 왜곡 · 변형시키면서 공동체 구성원들이 일 가치에 대한 보상을 적절히 받지 못하도록 하고 있다. 이성을 기반으로 한 합리적 통제라는 것이 실제로는 개별자만을 향한 권력에의 의지일 경우 이처럼 더 무섭다. 어느 국가든 존재하는 중앙은행은 그 중심에 있어 왔다. 국가 또는 강력한 민간은행이 통제하는 중앙은행은 독점적 지위를 누리면서 일 가치를 인위적으로 통제하며 개인의 부를 좌지우지하는 권능을 차지했다. 가치의 정당한 분배가 이뤄지지 않는 체계는 탐닉성을 방해한다. 효율성의 틀이 효율을 높일 것 같지만 인위적이고 작위적인 힘이 강하면 그것은 신성의 능력에 미치지 못한다. 시간이 갈수록 부의 총량 증가율이 임계점에 다가간다. 통제는 또 허수를 낳기 때문에 임계점은 반드시 폭발한다. 그것이 주기적으로 나타나는 자본시장의 공황이다.

공적 무한 권능인 중앙은행이 자유시장의 혁명적 발전으로 힘을 잃을 때 그 자리는 무한 자유를 확장해 온 권능이 대신한다. 무한 자유는 삼권분립의 통제를 벗어난 원초적 탐닉성이다. 문명이나 제도의 후퇴가 아니다. 그 반대로 인간과 기계가 구분되지 않는 고도화된 문명사회에서 원초적 탐닉성은 존중되고 보호되는 가치로 여겨지게 된다. 이를 통해 인간 본연의 생명가치가 꿈틀거리면서 미래형 신자유주의 운동이 들불처럼 확장되고 새로운 시대가 열린다. 그 시대는 권력에의 의지가 도덕적 잣대로 제한당하지 않으면서 신성시되기까지 한다. 기계가 발휘하는 무한능력이 인간의 자유의지를 억압하지 않도록 하는 생명 에너지 운동이 질서 해체라는 속에서 열린다. 질서의 해체는 4차 산업혁명이 시작되는 시기에 대처해야 하는 미래의 새로운 질서이기에 해체가 아닌 신질서의 구축과정으로 봐야 옳다는 점이다. 신질서의 중심에 그 어떤 가치도 대체하지 못하는 호모 사피엔스가 존재하도록 하는 기둥인 탐닉성이 자리한다.

초인은 주어진 것이 없다. 주어진 것이 있어도 거부한다. 인간만이 갖고 태어난 부의 원천을 지키는 길은 자유시장이 커질수록 틀이나 체계를 견고하게 만들 것이 아니라 개별자의 자유의지를 과감하게 확장하는데 있다. 자유의 기둥인 순수한 탐닉성은 자유를 주인으로 삼고 있어 주어지는 것을 원하지 않는다. 신성은 인간에게 이 같은 초인의 지위를 주고 반드시 주인답게 자존감을 갖으라고 하는 원초적 에너지를 동시에 심어 주었다.

4. 인간의 전지전능

비극-사랑 하나 조화 속 돈의 소명 이타적 율법

비극은 인간의 원초적 감정을 자극하는 이타적 심성의 극적 파동이다. 타인의 고통과 불행에 대해 눈물로 동화하는 카타르시스는 이기적 본능을 멀찌감치 떼어놓고 자신의 이기적 자아를 보고자 하는 잠재의식 스스로 발동시킨 능동적 거울이다. 비극이 자아의 깊숙한 곳에서 이타적 네트워크와 동화되면 생명유지 속성의 긴장, 싸움, 갈등, 미움 등이 사랑이라는 큰 바구니에 들어가면서 눈 녹듯이 사라진다.

자아는 혼자가 아니라 무한히 넓은 네트워크에 있는 에너지의 분산된 존재임을 알아차리게 되고 그 망을 더 단단히 연결해 자신의 존재감을 탄탄하게 하고자 한다. 이 노정이 사랑이라는 것을 또한 인지하게 한다. 사랑은 곧 비극이며 비극은 또한 사랑이다. 사랑과 비극은 하나다. 비극은 타자들과 나를 연결하는 초정밀 망이고, 사랑은 그 망들을 탄탄하게 엮는 강력한 에너지다. 무한대 무한소로 엮여 있는 에너지 망의 신성 속에서 인간은 사랑과 비극으로 그 신성의 존재감을 부여받고 있다.

신성의 전지전능은 유한성과 개체성을 넘어선 무한성을 띤 무의 개념에 가깝다. 끝이 없는 무한성은 개별자를 구분하지 못해서 있으면서도 없고 없으면서도 있는 초정밀 조화의 다른 말이다. 조화만이 존재를 규정짓는다면 인간 개별자의 존재는 네트워크가 아니면 존재하지 않는다. 조화는 지식과 과학의 눈으로 끝없이 정립해 뼈대를 세우지만 진리가 없는 진리의 사다리만 존재할 뿐이다. 지금 이 순간에도 진리로 세워진 조화의 존재는 허물어지기를 반복한다.

새로운 진리가 무한히 펼쳐질 때 진리들이 조화의 망에 있다. 신성의 전지전능은 그 어떤 조화도 가능한 것이기에 무한 창조력과 무한 파괴력을 동시에 갖고 있다. 인간은 그 조화의 극적 네트워크에 분산된 에너지이기에 신성의 전지전능과 늘 소통하고 하나가 된다. 네트워크 내에서 이뤄지는 조화의 주체는 모두가 신성이다. 인간은 그 중에서 강력한 에너지를 발산하고 현상을 창조하는 신성의 전지전능을 신성과 분유하고 있다.

자신을 보고 자아를 인식하는 눈은 신성의 가장 큰 특징이라는 점에서 인간의 특성은 거룩하고 위대하다. 판단을 하고 선택을 하며 기준을 세우는 에너지의 발산은 임계치의 조화 네트워크에서 또 다른 조화를 만들어 가는 힘이다. 조화를 창조하는 인간의 선택은 그것이 어떤 기준이든 강한 힘을 필요로 하기 때문에 생사를 거는 일이 된다.

선택의 순간에 고통과 절망 그리고 좌절이 따르는 것은 인간에게 부여된 전지전능이 발휘되기 위한 목적의 선물이다. 선악과의 선택이 원죄가 아닌 선물이 됐기 때문에 인간은 수없이 닥치는 어려움을 뚫고 이겨

나갈 에너지를 갖게 됐다. 그 에너지는 어떤 현실도 만들어 내는 능력을 가졌다. 종교적으로 하나님의 말씀을 받은 자(인간)가 신으로 불렸고 예수도 '너희 율법에 기록한 바와 같이 내가 너희를 신이라 하지 않았느냐'고 했다. 모든 중생들에게 불성이 있어 곧 부처라고 한 것도 조화 속에 자신을 보는 능력인 신성과 공유된 에너지 특성이다.

돈의 흐름이 율법을 따르는 것은 전지전능한 신성을 신과 분유한 인간의 일을 통해 돈 에너지가 만들어지고 네크워크에서 순환하면서 존재하기 때문이다. 돈이 인간의 율법에 따라 신성을 갖고 있듯이 돈도 전지전능함의 에너지를 가졌다. 그 율법의 기본 원리는 조화의 공동체라는 울타리다. 무한히 많은 망 속에서 순환하는 돈은 기본 특성이 조화의 바탕인 이타성이다.

비극과 사랑의 망처럼 돈도 그 망을 벗어나지 못한다. 돈이 수많은 비극과 사랑의 원천이 되고 있는 것을 사람들이 알듯 모를 듯 살아가지만 그것은 모른다면 오만이다. 인간이 돈의 율법을 인지하고자 하는 것은 돈이 갖고 있는 비극과 사랑의 조화를 지켜나가는 강렬한 도덕심이다. 인간의 일이 이타적 조화로움을 확장해 나갈 때 그 에너지를 탄 망은 반드시 돈으로 환산해서 답을 준다. 시쳇말로 자유시장에서 명품이나 메이커로 분류되는 상품들이 큰 돈으로 환산돼 돌아오는 것은 순리다.

이기적 유전자에 의해 만들어지는 상품이라고 해도 이타적 유전자의 조화가 가미되지 않으면 부가가치가 작거나 아예 일어나지 않는다. 이때 이기적 DNA를 이기적이라고 단정 짓지 못하는 이타성이 조화를 부린다. 인간 스스로 이기성과 이타성을 구분하는 것이 어려울 뿐만 아니라 의미를 찾기도 어렵다. 신성의 전지전능은 비극과 사랑처럼 이기성과 이타성을 동시에 갖고 있으면서 적절히 조화에 응용하기 때문이다.

순자의 눈도 도킨스의 눈도 틀리지 않은 것 같지만 엄밀히 틀렸다. 악과 이기심의 분리가 가능한 것은 선과 이타심의 공존 때문이다. 이기성과 이타성은 신성의 눈으로 보면 한 몸이다. 현상계에서는 대척점에 선 것이기는 하지만 기준을 세우고 부가가치를 만들기 시작하는 선택의 매 순간마다 이기성과 이타성은 하나의 혼이고 영이며 백이고 육이다. 현상계에서 이를 애써 구분하고자 하는 것이 삐뚤어진 신념에 기반한 권력에의 의지로 탐욕을 만들어 내 이데올로기를 지향한다.

이념은 철저히 이기성과 이타성을 구분하고 정의를 세운다. 그 정의가 늘 변화무쌍한 것은 인간의 신성이 추락한 추악한 단면이다. 신성의 추락은 악마로부터의 끌림이다. 이기성과 이타성이 하나라는 것을 모르는 것이 또한 악마다. 악마가 신성을 알고 행한다면 굳이 악마일 이유가 없고 조화의 길에 자연스럽게 합류한다. 선의로 행해지는 듯한 이념의 무자비한 폭압은 인간의 신성을 포기한 것이 아니라 애초 신성을 모르는 데 있는 것이 더 크다. 이념에 포획된 신성이 끝내 그 올가미를 벗어나지 못하는 배경이다. 이념은 사랑과 이타성으로 그럴듯하게 포장하지만 요란한 빈 수레처럼 겉만 그럴듯 한 논리의 보자기를 씌운다.

이기성과 이타성을 하나됨의 원리로 보면 인간의 특권인 자기형상을 현재형으로 알아채는 것이 가능해지게 된다. 이기적 이타성이 아니라 이타적 이기성이 발휘된다는 것이다. 이타심이 무한히 넓혀진 가운데 그 이타심을 확장하기 위한 선의의 이기심이 이타적 이기성의 본 모습이다. 이기성이 이타성에 녹아든 혼백과 영육의 형상이다. 이런 자기모습을 볼 수 있다면 절대 사랑을 받기위해 사랑을 한다거나 일방적으로 사랑을 요구하지 않는다. 상대의 사랑이 일어날 사랑을 무한히 전하는 사랑을 한다. 그것은 온전히 희생일 수도 있고 무한책임일 수도 있지만 희생과 책임이란 말도 하지 않는 신성의 포용력이다. 불성으로는 대자(大慈)이며 기독교적으로는 하나님의 사랑이다. 사랑이 무한히 큰 것은 사랑이라고 표현하기조차 어려운 무한한 받아들임이다. 무한 포용력은 상대의 이타적 본성을 자극하고 순수한 사랑을 일으켜 동시에 상호 포용력으로 상승하는 시너지를 낸다.

인간에게 무한히 수렴하는 수용의 에너지가 잠재돼 있다. 수용할 수 있는 힘은 훨씬 더 큰 힘을 발산하는 힘을 갖는다. 따라서 타자의 원초적 탐닉성이라는 감성 에너지에 근거한 순수 창조 에너지들을 한 곳으로 모으는 강력한 끌림의 힘을 발휘한다. 타자들의 순수 에너지들이 네트워크를 통해 하나로 모아지면 그것을 끌어들인 자아는 전혀 불가능할 것 같은 일을 성공시킨다. 그 일이 돈을 벌어들이고 부를 일군다. 이것이 스스로를 보는 사랑의 힘이다. 이타성이 부자가 되는 배경이다. 반면 이기성이 가난으로 빠지는 것은 필연이다.

타자의 에너지들이 자신에게 무한 관용과 포용의 힘으로 모인다는 것은 무한 책임의 다른 말이며, 그것은 결정과 결단을 내리는 모험적 사투와 같은 말이다. 결정은 언제나 칼 날 위에 서는 행위임을 곱씹어야 한다. 결정하는 순간만큼은 눈앞에서 아무것도 보이지 않고 느껴지지 않을 뿐만 아니라 도처에 위험한 환경이 도사리고 있음을 통찰로 직감할 뿐이다. 무시무시한 정글 속에 있는 작은 토끼가 어느 쪽으로 뛰어야 할지 모를 때 한 발을 내미는 공포가 결정의 순간이다. 그런데 미지의 위험한 험로를 가야하는 결정이 곧 무한 포용의 시작이다. 이 시작은 신만

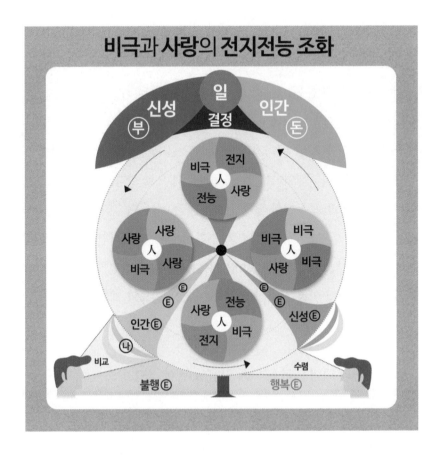

비극과 사랑의 전지전능 조화

이 할 수 있는 창조를 인간이 할 수 있도록 한 신성이다. 무슨 일이든 지상에서 일을 시작한다는 것은 곧 신성의 능력을 드러내는 걸음이다. 일이 이타적 이기심으로 얽혀 이타적 그물망이 제대로 펼쳐지지만 그물에는 부가가치라는 대어들이 걸려든다.

결국 결정은 타자를 비교 하고자 하지 않고 자신을 보고자 하는 극단적 자기모험이다. 자신과의 사투는 곧 자신과의 비극이며, 그 비극이 곧 자신을 사랑하는 방식이다. 비극적 운명의 타자를 보면서 타인을 연민하고 사랑하듯 비극적 운명의 자신을 보면서 자신을 연민하고 사랑한다.

초정밀 망을 형성하는 비극의 네트워크 속에서 인간은 상호 연민하고 사랑하는 힘을 언제든 발휘할 능력을 가졌다. 그것은 능력이라기보다 본래 주어진 신성의 본유, 신성으로부터의 분유된 에너지다.

비극을 통해 희망을 노래하고 사랑이란 에너지를 강화시킨다. 사랑이 무한 포용이기에 무한 에너지가 필요한 것을 상기하면 비극과 사랑은 인간과 신성의 하나됨이라는 같은 등식을 필요로 한다. 무한히 샘솟는 에너지를 기반으로 무한히 펼치는 에너지는 그 어떤 것도 섭렵하는 힘을 발휘한다. 인간의 전지전능함은 인간에 의해 만들어진 신성의 모습이 아니라 스스로 알고 닦은 것이기에 위대하다. 자발적 인지능력을 확대하는 인간에게 이런 신성이 존재하는 것은 인류의 재앙까지 막을 수 있는 지혜와 힘을 준다

필연적 신성 대행 인간 DNA에 믿음의 부 에너지

이타심의 기저운동은 자아의 인식체계로 잡히거나 느껴지지 않는다. 이타심이 느껴지거나 인지될 때 누구나 그것이 이타성의 기저운동인가를 의심해 보고 자아의 거울을 잡은 채 정면으로 응시해야 한다. 자아를 보는 거울은 보이지 않는 자신의 내면을 선명하게 보이게 한다. 거울의 특성은 욕심이 있거나 번잡함이 자리하면 내면을 비추지 않거나 비추어도 엉뚱한 내면을 비춘다. 내면의 이타성은 보이지 않고 느껴지지 않는다. 하지만 그 보이지 않음을 또렷이 그리고 끝까지 마주할 때 보이거나 확실히 느껴지는 이중성을 띠었다. 전자는 자아로부터 보이지 않는 것이고, 후자는 자아같은 타자로부터 보이는 것이라는 점에서 대척점에 있다. 타자는 내 안의 나를 보는 자신 속에 있는 타자 같은 자신이다.

이타심의 기저운동을 자기 안의 내면을 보는 것으로 시작해야 한다는 당위감은 일종의 의무감을 넘어 소명이다. 자신을 타자화 시키고 그것을 응시하지 못할 때 동물과 다를 것이 없다. 치밀한 네트워크 속에서 중심을 갖고 기준을 삼는 일이 내안의 타자를 통해 타자를 향해 가는 노정이다. 무거운 내면의 무게중심이 네트워크 속에서 자리를 잡으면 나와 타자들의 힘이 더해져 원하는 모든 일을 수행하는 것이 가능해진다. 현실에서 많은 사람들이 그것을 기적으로 부르고 신화라고 하지만 엄밀히 누구나 할 수 있는 일의 범주다.

인간의 전인적인 능력은 나를 출발로 삼는 자신의 객관화라는 깃발을 내걸어 내면과 어깨동무 한 뒤 수많은 타자와 동기화 하는 과정으로 압축된다. 즉, 인간의 전지전능은 타자들의 힘을 무한히 확장시켜 가는 내면의 긴장감이자 그 긴장을 품고 나아가는 두려움 없는 도전이다. 이 과정에서 자아가 비워지고 출발선에서도 자아가 사라진다. 오직 네트워크에 분산된 자신의 에너지가 자신의 존재를 결정할 뿐이다. 자아가 없으면서도 강력하게 존재하는 이중성의 에너지 원리가 정밀하게 작동하는 시스템이다. 이런 원리의 시스템에 자신과 타자들 간의 에너지를 지속적으로 깊이 공유하면 할수록 일을 이룰 수 있는 힘이 커지고 통찰의 눈이 깊어진다.

또한 지혜롭고 유연한 펀딩이 가능해지면서 무슨 일이든 두려움에 맞서고 있는 자신을 발견하게 된다. 하늘의 소명도 이런 모습을 적극 돕는다. 놀라운 생각들이 섬광처럼 번뜩이면서 날아들어 길을 만드는 방법을 알려준다. 번개처럼 찰나를 스치는 생각은 마치 시공간이 사라진 느낌처럼 한계를 느끼지 않는 영원성으로 다가온다. 반드시 이행하지 않으면 안 된다는 의무감이 파고들고 이행하면 반드시 목적하는 바를 이룰 것이라는 확신감이 든다. 순간의 선명한 생각은 아무 의심 없이 일을 추진해도 잘못되거나 틀릴 것이라고 생각되지 않는다. 마치 수많은 난제를 즉시 풀어 낼 마스터키를 선물 받은 것과 같다.

인간이 신성으로 모든 일을 자유자재로 한다는 것의 시작은 이처럼 타자를 향한 출발점을 찍는 일이다. 위대한 성현들이나 종교 창시자들 그리고 지도자들의 공통점은 타자들을 향하는 강한 깃발을 공통으로 들어올렸다. 막연한 군중들은 다만 구체적인 개인을 중시하는 경향성을 갖는다. 지도자가 지도력을 발휘하기 어려운 이유는 이타성을 무한히 건네야 할 군중들의 도덕률이 개인적으로는 상호 이타성을 잘 주고받지 않는데 있다. 군중들 개인별로 보면 이기적 유전의 발현 에너지가 강하다. 반면 군중 전체로 보면 개인은 이기적이라고 해도 이타성으로 나타난다.

가족주의는 자신들의 가족만을 생각하는 경향성이 강하지만 이런 가족의 가장이 많을수록 그 사회의 애국심 또한 각별히 강하다. 애국심은 국가 또는 민족 내에서 이뤄진다. 강열한 애국심은 그 뜻이 합해지면 국수주의로 흐를 것 같지만 사해동포라는 인류애를 돌보게 되는 경우가 많다. 강한 리더십이 상승할수록 에너지 본성은 더 많은 것을 포섭하고자 하는 힘을 갖는다. 그 힘은 자신으로부터의 리더십일 뿐만 아니라 대중의 지지를 얻기 위한 의무감의 리더십이기도 하다.

구심점이 강할수록 이기심이 강한 것 같지만 이타성을 확장하는 매개 에너지가 강력해진다는 점에서 인류애는 4차 산업혁명과 함께 도래할 미래의 정신혁명이다. 이를 실천하는 국가가 국부의 중심에 서고 그 국민들 또한 부의 지위에 오른다. 세계의 경찰국을 자임하는 미국은 이타적 세계관의 도덕성을 완비했다고 하기 어렵지만 경제와 안보 양 수레바퀴를 가장 효율적으로 굴리는 경찰국가의 위상을 유지하고 있다. 미국의 이익이라는 구심점이 강하지만 그 구심점의 리더십이 세계평화에 기여한 점이 있음을 부인하기 어렵다.

지상에서 리더십의 구현은 그 힘이 크든 작든 신성의 구현이라는 점에서 신적 레벨의 위치한 생명들이다. 신성은 절대성을 스스로 구현하지 못하는 완벽함 때문에 불완전한 인간을 통해 자신을 드러내야 하는 신-인 관계의 중심에 자리하고 있다. 신성의 구현 대상이 인간이라는 것은 신이 인간과 동일선상에 있어야 한다는 조화의 법칙을 따라야 하는 율법이다. 인간이 곧 신성이다. 인간이란 대행자 없이 신성이 드러나지 않고 신성의 존재가 확인되지 않음은 불완전한 인간 또한 전지전능의 생명체라는 것을 간접적으로 드러내고 있다.

인간이 신성의 대리자로 확실한 역할을 하는 노정에 믿음이란 실체가 있다. 믿음은 신성에 일방적으로 의존하는 것 같지만 자아를 향한 강력한 에너지 응축 과정이기 때문에 자가발전이다. 믿음을 통해 인간은 모든 것을 원하는 대로 이룰 수 있는 신성의 능력을 발휘한다. 이 능력을 통해 인간은 지상에서 천국의 계단으로 들어가 지상천국을 만들어 갈 능력을 갖춘다.

믿음은 절대성을 드러나게 해주는 불완전성의 신성이란 측면에서 초강력 자유의지다. 초인이 갖는 자유의지는 자아를 실시간 성찰하기 때문에 타자의 에너지를 한 곳으로 모으는 네트워크 패권의 소유자다. 이 패권은 현상계에서 강력한 에너지로 인간의 전인적 능력을 보여주는 확실한 수단으로 자리 잡았다. 위대한 영웅과 호걸들의 이야기와 신화는 그 사례다. 이들의 공통점은 타자들의 네트워크 망에서 자아를 성찰하고 그 성찰한 자아를 타자들 속으로 아낌없이 내던진데 있다. 현자들은 특히 믿음을 소중히 했다. 타자들이 의심 없이 따라도 될 만큼 믿음이 상상할 수 없이 컸다. 수많은 믿음 속에 기적이 일어나고 그 기적이 또한 믿음을 만들어 왔다.

부에 대한 믿음도 자신의 내적 의지를 강화시켜 반드시 부를 일구게 하는 동력이 됐다. 부는 다른 믿음들보다 훨씬 강력한 경우가 많아 상상하기 힘든 큰 부를 일구는 신화 같은 부자들을 만들어 냈다. 부는 자본주의가 고도화 되는 산업혁명의 부가가치가 커지면 커질수록 믿음의 대상으로 숭고해 진다. 부는 장기간에 걸쳐 흐르는 에너지의 총합이기도 하고 순간에너지의 극적 조화이기도 하다. 전자는 자수성가하는 대부분의 성공신화들이 포함된다. 후자는 타고난 재능형과 엘리트형 성공의 기운이다.

성공과 부를 거머쥐기 위한 믿음의 지름길은 종교적으로 기도이고 철학적으로는 구도의 길이다. 기도(祈禱)는 글자 그대로 도끼를 보여주고 목숨을 보여주면서 섬뜩한 배수진을 치는 일이다. 자신의 목에 칼을 대고 생명을 담보하면서 삼가 조심하고 긴장하는 극도의 위험한 환경을 자처하는 것이 기도의 실체다. 자유시장에서 이런 일이 다반사로 일어난다. 앞이 보이지 않는 길을 만들어 나가는 과정에서 수많은 난관은 자신의 목을 향해 날아오는 도끼와 다르지 않다. 그 목숨의 위험을 드러내 보이면서 자신도 똑똑히 응시할 때 난관을 극복하고 길을 만들어 간다. 기도는 생각으로만 하는 것이 아니라 온 몸으로 해야 한다. 하늘의 혼(魂)과 땅의 백(魄)이 합쳐져 생명을 잉태하듯이 기도는 영과 육이 혼

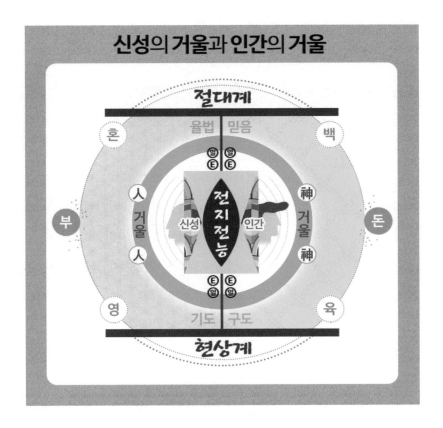

연일체가 돼 에너지를 한 몸으로 모을 때 네트워크의 시공간을 움직이는 중력장을 일으킨다. 시공간의 굴곡이 현실의 수많은 의지들의 표상을 만들어 내면서 자유의지가 갖는 강력한 현실이 만들어 진다. 부는 그 결과물이다.

구도(求道)는 기도처럼 섬뜩한 의미가 포섭되지 않지만 도(道)가 자신을 끝까지 내 모는 한이 있어도 끝까지 부여잡는 내면의 수양이라는 점에서 결과적으로 기도의 내적 에너지를 모으는 절차적 의미와 크게 다르지 않다. 불완전에서 완전을 지향하는 길은 절대 다다를 수 없는 길을 가는 두려움을 안고 공포에 떠는 일이다. 구도의 길이다. 불완전함을 절대적으로 믿고자 하는 에너지는 절대 분출되지 않는다. 인간이 완전성을 믿고자 하는 구도의 길에서 에너지가 모아지고 구도가 절대적으로 완성되지 않는 한계의 길목에서 에너지는 생명에 큰 원기로 작용한다. 끝없는 구도의 정신 속에서 현상계 전지전능의 신성이 구현되는 길이 열린다.

인간이 자신을 완벽하다고 믿게 됐다면 그리고 그런 마음이 현실과 실제적으로 일치가 됐다면 신성이고 도의 길에 서 있는 자기형상이다. 하지만 이는 불가능하다. 절대적 자기형상은 실재하는 것이 아니라 신성으로만 존재하기에 인간은 그 신성을 표현하는 임계치에 끝없이 다가갈 뿐이다. 신성과 인간이 절대성으로 합일체가 되면 신성은 인간을 버린다. 인간이 신으로부터 필요한 존재로 인정받기 위해서는 절대성을 향한 항진 속에서만 가능한 패러독스가 통한다. 이 패러독스가 위대한 업적을 창출해 내고 이타적 에너지를 분출케 한다.

세속적 탐진치의 임계점을 향해 가는 것 같은 부의 길이 일 가치로 이타성을 끝없이 지향해 갈 때 구도의 길이다. 기도가 통하는 부의 길은 자기혁신의 연속이다. 혁신은 도의 길처럼 자아를 이중화하면서 하나는 돌보고 하나는 냉정함을 극대화 하는 과정이다. 돌보아야 할 자아는 나약한 불완전성에 대한 자기위로이며, 냉정해야 할 자아는 강인함의 표상인 절대성에 대한 자기목표다. 인간의 전지전능은 따라서 신성의 그것과 같기도 하고 틀리기도 하다. 같은 것은 모든 것을 이룰 수 있는 조화의 주체라는 것이고, 다른 것은 절대성을 이루되 절대성은 되지 못하는 주체라는 점이다. 신성과 인간은 끝없이 이 같은 조화의 법칙을 탄다. 이는 인간이 신의 집에서 함께 살고자 하는 욕심을 버려야 한다는 의미다.

신성은 인간에 의해 반추되는 만큼 신성의 시공간에 인간이 공존할 수 없음을 받아들여야 한다. 신의 집에 살려고 하는 이기적 믿음과 기도 그리고 구도는 악마와 사탄의 울림이다. 그 길은 절대 열리지 않는다. 부의 길을 잃지 않으려면 전지전능한 능력을 오판해 신성의 길에 들어가 신과 함께 숨을 쉬려 하지 않는 것이다. 안락한 천국을 꿈꾸는 부의 길은 끝없이 높아지는 장막이 된다.

5. 타락하지 않는 힘

삶의 목적 잃는 타락 막아 낼 변화 선두에 언론

원자단위에서 모든 생명체는 생멸의 구분이 없고 원형을 지키며 영원성을 유지한다. 수소 · 산소 · 탄소가 대부분인 유기체들은 이들 원소들의 실재적 존엄성으로 보면 아무리 미물이라고 해도 그래서 평등하고 존귀하다. 인간도 가장 단순한 수소원자가 2/3 정도를 차지하고 나머지 산소와 탄소가 대부분이다. 조금 더 있는 원소라면 질소, 인, 철 등이다. 이들 원자들의 총합은 생명체의 생멸과 관계없이 일정한 수가 정확하게 유지된다. 이처럼 원자의 영원성이 담보되기에 원자를 구성하는 소립자들이 또한 에너지 근원이라는 깃을 이해하면 물질이 아닌 의식 에니지가 결합된다. 영육이 하나의 에너지를 근원으로 할 때 자유의지의 존엄성이 드러난다.

자유의지는 영육의 기막힌 조합으로 필연성과 당위성을 운동이라는 형태로 구현하고 있다. 이 운동을 통해 효율이 증가하는 부가가치가 일의 구체성으로 표현된다. 따라서 일을 게을리 할 때 신성이 부여된 존엄성이 파괴된다. 생명체에게 타락의 모습은 근원으로 부여된 에너지가 없거나 약해지는 병적 증상이다. 게으름, 태만, 교만, 오만, 권태 등이 타락의 전형이다. 타락은 자연과 신성이 부여해 준 소명을 유기하거나 소홀히 하는 생명현상의 저항성이다. 에너지는 무한소에서 무한대까지 조화를 이끄는 초정밀 리더(힘)라는 점에서 이 저항성은 인간과 자연의 조화를 파괴하는 악마의 날개짓이다.

조화는 절묘한 조합보다 부적절한 조합의 하나가 된 이중성에 바탕이 있다. 물리적으로 불가능한 법칙의 조화가 인간이 인지하거나 인지할 수 없는 모든 곳에서 기저 에너지를 바탕으로 정밀하게 일어난다. 실제로 인지할 수 없는 것에 대한 수없는 회의는 인지하는 것 이상으로 이중성의 해법을 통해 무수히 많은 현자들에 의해 원리가 제시돼 왔다. 그런데 그 이중성의 모순된 특성 때문에 현자들의 원리와 그 정밀함 또한 혼돈을 겪어 오기도 했다. 조화는 결국 '정밀한 혼돈이 초정밀의 물리적 실체를 만들었다'고 개략적으로 정의할 수 있다. 그 결과 수학과 기하학으로 자연의 얼개를 읽을 수 있다. 동시에 혼돈 속에 질서가 있는 모종의 조화가 순리라는 점에서 순리는 눈에 보이는 듯 하지만 결코 재단하기 어려운 신성으로 존재한다는 것을 알게 됐다.

혼돈만을 따르면 공리가 있을 수 없어 수학이나 물리법칙조차 실존재하지 않는 인간만의 현상계 기준에 국한된 것으로 떨어진다. 하지만 혼돈과 질서라는 이중성은 완전함도 불완전도 필요로 하는 이율배반적 절대성이다. 비극과 사랑이 하나인 것은 사랑이 불완전에서 완전을 지향하고자 하는 필연적 고통을 '과정의 조화'로 수렴하기 때문이다. 조화의 이중성이 대부분 이런 '과정의 원리'를 따르기 때문에 신성이다. 완결은 불완전을 극명하게 표현하는 패러독스라는 것이다. 완결을 향해 무한히 향해 나아가는 것이 진실한 완결의 다른 이름이다.

현상계에서 완결성을 절대성으로 이야기 할 때 거짓과 허위로 위장된 경우가 많다. 타락의 모습은 이 같은 허위로 포장된 완결성이기도 하다. 이 완결성은 에너지 근원이 약화되거나 사라지기 때문이다. 완결은 또 하나의 개체성과 유한성을 증명하면서 불완전을 증거하는 것이라는 점에서 절대성이라고 하는 허위는 신성을 가장한 타락의 유형이다.

타락을 보는 눈이나 기준은 과정 자체의 완결성 유무다. 엄밀히 완결이 없는 영원한 변화의 모습이 완결성이다. 이를 충족하지 못하는 허위의 완결성은 현상계에서 무수한 실패를 맛 본다. 절대적 타락은 없지만 불완전한 타락이 존재하면서 인간을 속박하는 형식이다. 타락의 배경인 비자유는 스스로 만든 창살이다. 타락은 악마성을 스스로 비추면서 아이러니컬하게 타락의 조화를 이루게 하기도 한다. 지식이 끝없는 공리를 세워 나가면서 기존의 진리를 거부해 나가듯 타락은 스스로 끝없는 타락성을 바라보며 타락을 확인해 나아가고 있다.

타락의 완결성이 없다면 그 과정은 존재의 당위성을 보장받지 못하는 노정으로 수렴된다. 타락을 통해 천사의 조화를 볼 수 없는 것은 타락의 감옥이다. 결과석으로 타락 또는 과정은 에너지 네트워크에 얽히지 못하는 소외다. 타락하는 과정에서 기존의 타락을 인지하고 그것을 벗어나기 위한 비극과 사랑들이 출현하기는 하지만 극복하지 못한다. 타락이 자기를 반추하는 미학이 있지만 그것은 잠시 존재하는 허상이기 때문이다. 자체 발산하는 미학이 아니라는 점에서 궁극적으로 아름답지 않고 추한 모습이다.

지식의 완성도 그것을 고집하는 순간 지식은 타락한다. 지식은 지속적인 상승과정으로 변화해 나가지 않아야 타락하지 않는다. 지식의 타락은 거짓이며 허위다. 고의성이 없는 지식이라고 해도 새로운 지식에 의해 지식은 늘 모습을 완전히 바꾼다. 따라서 지식 또한 그 과정이 진리의 빛을 발한다. 과정의 지속성 속에서 진리를 찾고 미학을 탐할 때만이 지식이 가치를 지닌다. 지식과 타락은 멈춤이 있을 수 없는 성질이란 측면에서 유사하다. 에너지 흐름의 과정 속에서 지식은 늘 진리를 향유하고 타락은 악마가 아닌 천사와 손을 잡으려 한다. 하지만 지식은 진리에 접근해 가지만 타락은 천사의 손으로 가까이 가지 못한다.

과정의 법칙이 절대성으로 옹립되는 조화의 법칙은 공리의 법칙과 모순의 법칙이 상호 거울을 비추면서 흘러가는 에너지 운동이고 파동이다. 이 운동에는 목적성이 분명히 있기도 하고 없기도 하다. 만물은 목적성이 없는 것이 없고 그 목적은 또한 절대적으로 규정되지 않아 없기도 하다는 것이다. 하지만 목적이 있어야 할 곳과 없어야 할 곳은 구분된다. 전자는 생명의 현상계이며, 후자는 신성의 절대영역 범주다.

현상계 자연과 생명에서는 목적 없이 존재하는 것이 없다. 절대성을 반추하는 필연성이 자연에 있고 그 절대적 신성을 대신 구현해 주는 실체가 인간이듯 현상계에 목적성이 구현되지 않는다면 존재하는 모든 것이 사라진다. 목적을 상실하거나 목적을 취하려 하지 않을 때 본질가치를 외면하는 악덕의 범죄가 일어나고 타락이 시작된다. 타락은 목적이 있어야 할 현상계에서 바람에 맡기듯 지상천국의 에너지인 자유의지를 버린 상황이다. 네트워크의 힘을 주도적으로 끌어 모아 부가가치를 창

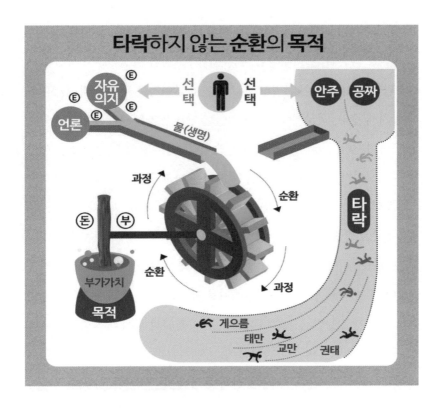

타락하지 않는 순환의 목적

출하지 않고 무작정 의존적 행태를 보이는 타락이 확산될 때 생명가치
는 죽어간다.

부가가치의 중심에 있는 돈을 쉽게 벌려 하거나 부정하게 갖고자 하고
그것을 통해 편안히 향유하고자 하는 삶이 완결된 타락이다. 이를 견제
하고 상대할 미학이 다중 미학이다. 다중의 알권리를 통해 돈의 부정성
과 악마성을 드러낼 때 돈의 본래가치가 드러나고 빛을 발한다. 알권리
는 현상계에서 비판 저널리즘 또는 언론으로 통한다. 알권리는 고정성
을 거부하는 변화의 동인 에너지 역할을 하고 있다. 다중의 알권리가 적
절히 시현될 때 다중은 안주하지 않고 집단지성을 지속적으로 꿈틀거리
게 하면서 변화해 나가기를 주저하지 않는다. 변화의 과정이 타락을 막

고 생명의 성장과 발전을 돕는다. 언론은 그래서 고정성을 거부하는 것을 진리로 삼는다. 변화무쌍한 에너지들의 흐름을 발전적으로 촉진해 개인뿐만 아니라 다중의 안일함과 그 속에서 쌓여가는 부정한 일들을 미연에 방지해 준다. 현상계에서는 불가능한 영원성을 영원한 것인냥 착각하고 고착화시키는 것이 곧 타락의 모습이다. 언론은 그 악성 질병을 예방하는 백신이자 치료하는 의약품의 역할을 하고 있다.

과정의 진리가 지속되는 가치는 확실한 부가가치를 낳는다. 이 가치는 필연적으로 일과 돈으로 수렴되고 있다. 언론은 다중의 가치를 거치지 않는 타락을 다중의 네트워크에 공유토록 해 타락을 막는다. 자유시장에서 타락은 수시로 일어나고 잦아들기를 반복한다. 타락의 유형은 인간이기를 거부한 속물근성으로 드러난다. 부가가치의 생산과 상승하는 효율성 속에서 혼자만 머물러 공짜로 얻고자 하는 행태가 전형적인 속물적 태도다. 이는 자신은 물론 생명 전체에 대한 배신적 타락이다.

잘못된 부를 성취하는 것도 타락이지만 막연히 부에 대해 편견을 갖는 것 또한 타락이다. 이들의 특성은 목적성을 상실한 채 의존성을 일방적으로 높였기 때문이다. 자유인들이 힘겹게 쌓아 놓은 먹잇감을 그저 주어 먹을 생각만 한 채 스스로 자유인이 되기를 포기한 경우다. 자유인이 아닌 노예적 삶 자체를 모르는 특성은 타락하는 과정 자체까지 모르기에 멈추기 힘든 추락을 지속한다. 타락의 결말은 없다. 타락하는 과정이 결말인 만큼 그 결말이 온전히 끝나기를 기다리면 안 된다. 결말은 일어나지 않기 때문이다. 목적이 없는 생명을 부여잡으면서 발버둥치는 것이 형벌이다.

목적이 있는 과정의 가치는 목적의 결과를 향해 섣불리 나아가지 않는다. 완전하다고 믿고 싶은 것은 있어도 완전함을 실현할 목적은 없기 때문이다. 오히려 완전하지 못한 것을 두고 아름답다고 표현한다. 결과를 놓고 미학을 논하는 것은 고무줄 잣대다. 성과를 내는 과정에서 오는 희열을 느끼고 목적을 분명히 하는 각오에서 희망을 갖는다. 학습을 통한 인식범주의 확산 노력과 미래를 향해 꿈을 이루려는 노력은 목적성이 분명한 과정이다. 생명이 고정되지 않고 머무르지 않으면서 작은 변화를 지속적으로 해 나가는 모습들은 신비적이다. 모든 생명의 신비함은 삶의 과정에서 초정밀을 넘어 극초정밀의 질서 있는 혼돈 속 변화 속에서 오묘하게 드러난다.

현실에서 생명현상의 극히 일부분만 과정의 목적성을 띠어도 수많은 목적들은 달성 가능한 희망이 된다. 목적은 수없이 탄생하면서 희망도 무수히 새로 탄생한다. 타락하지 않는 힘을 원초적으로 품어야 하고 이미 품고 있다면 목적과 희망의 변화에 아름답고 행복한 미래가 녹아들어 있음을 끝없이 신뢰해 나가야 한다. 그것이 부의 원천이고 지속되는 부의 근간이다.

헌법에 담긴 타락하지 않는 인간 전형 '자유정신'

생명들은 생존을 위한 치열한 과정의 가치를 일구고 있지만 효율성을 높이기 위한 도구를 이용한 생명체는 인간 외에는 없다. 도구는 생존을 위한 처절한 수단으로 개발되고 응용됐으며 발전해 나갔다. 그 과정에서 도구는 인간에게 자아를 인식하게 하는 괴력을 발휘했다. 도구는 효율성을 가치로 하는 자유시장의 핵심이다. 생존을 위한 책임을 다해 온 도구는 문명을 만드는 핵심이 됐다. 수십만종의 생명체 중에서 인간만이 유일하게 문명사회를 만들면서 인간은 유일하게 목적성을 갖는 의식을 가졌다. 그 의식은 자아를 돌아보게 했고 그 자아는 인식의 문을 넓혀 자연의 얼개를 보게 한 지식과 과학을 잉태시켰다.

도구가 가져 온 자아성찰의 혁명은 도전하면 모든 것을 이룰 수 있다는 성취의 자존감을 높였다. 이는 신성의 창조영역이 투사된 위대한 가치로 존중되면서 모든 인간은 자존감을 통한 인간의 존엄성이 보장되는 사회를 만들었다. 현대사회의 대부분 민주주의 국가들은 헌법을 통해 이 같은 인간의 존엄성을 근본가치로 설정했다. 헌법은 인간의 타락을 언어적으로 명시하지 않았지만 타락하지 않는 자유정신을 담고 있다.

전 세계 자본시장 국가들은 자연스럽게 타락하지 않는 힘의 원천이 자유에 있음을 연대해 표현하고 있다. 자유가 인권의 근간에 있는 첫 화두가 된 것은 당연했다. 자유의 권리에는 누구나 목적을 갖는 영역을 확보할 수 있다. 그것은 사유재산권의 인정으로 구체화 됐다. 누구나 일을 통해 자유시장에서 돈을 벌고 부자가 되는 것은 목적하는 삶의 당연한 권리다. 자유의지의 선순환을 이끄는 긍정적 부는 타락하지 않는 힘의 원천이 됐고 문명을 발전시키면서 인간의 삶을 윤택하게 했다. 불평등의 문제가 야기되기는 했지만 사회주의체제가 대안이 되지 못하면서 자본시장의 정당성이 오히려 강력하게 옹립됐다.

문명의 어두운 그림자조차 변증의 논리로 발전하는 과정이 되면서 인간의 목적성은 지금 이 순간에도 변화 속에 진화해 나가고 있다. 문명 속에서 인간은 부속품이 아니라 문명의 톱니바퀴를 돌리는 근간이 됐다. 문명의 극적 발전은 도구의 혁명이다. 도구는 인간의 모든 것을 대신하는 수단이 돼 가면서 힘의 효율성을 크게 높였고 네트워크에 부가가치를 강화시켰다. 부의 총량이 획기적으로 증가한데 따른 예술의 발달은 도구가 해내지 못한 영혼의 미학을 발전시키며 균형을 이뤄갔다. 도구는 신체적 에너지를 대신하는 효율을 넘어서 정신적 에너지를 만들어 내도록 아이디어를 주는 신묘한 거울이 됐다.

도구를 넘어선 이후는 거꾸로 인간으로의 회귀다. 유턴하는 그 방점에 문명의 그림자로 낙인찍힌 인간의 오만과 교만을 지울 지우개가 자리하고 있다. 오만과 교만의 극단적 형태는 자기소외인 나홀로 주의였을 뿐이다. 네트워크 부에 대한 도덕률을 버리고 자기소외를 강화시키는 이기주의는 문명이 낳은 타락이다. 자기소외는 목적성을 상실하고 변화의 가치를 중시하지 않는다. 도구의 문명이 인공지능으로 구현되는 최상의 효율 단계에서 타락을 막기 위한 배수진은 자기소외를 버리고 타자를 끌어들이는 네트워크의 에너지다. 도구를 통한 인간만의 각별한 특권인 통찰은 자기소외 에너지로 둘러싸일 경우 잘 일어나지 않는다. 안개 속에 철저히 가려진 자기안의 장님들이 많아지고 있는 비극은 인간은 물론 문명의 타락이다.

새로운 도구의 시대는 물질이나 기계가 아니다. 시공간을 초월해야 할 도구가 필요한 시점에서 완전성 또는 완결성에서 희열을 느끼고자 하는 병든 에너지들이 넘쳐 도구의 진화가 역주행을 하고 있는 중이다. 그 결과 인간의 목직싱이 싱실되면서 존임싱이 위협밷고 있다. 문명이 늘 완결성으로 행복의 선물이 되는 듯 하지만 그 완전한 선물이라고 하는 허위는 독이다. 문명이 주는 완결성은 착시이고 착각일 뿐이다. 문명은 일시적은 과정의 부가가치를 선사할 뿐 궁극적인 결과 값을 내놓지 못하는 한계가 있다.

유목민의 삶에서 농경사회로 넘어간 삶은 생존성이 오로지 목적이었다가 어떤 생존을 해야 하는가로 바뀌게 했다. 농경은 도구와 같이 부가가치를 획기적으로 넓혀 준 큰 바탕이다. 이동을 하지 않고 정착할 수 있는 곳에 옮기지 않아도 되는 벽돌집, 흙집 등을 지어 문명이 시작됐다. 식량은 도구와 함께 문명을 떠받치는 거대 기둥이다. 도구의 발달은 식량의 혁명을 가져오면서 한때 멸종 위기종이었던 인간의 수를 상상할 수 없이 늘려 놓았다. 식량이란 기둥 또한 도구에 의해 그 존재감을 갖는 셈이다. 식량 혁명은 자유시장에서 도구에 의한 패권의 결과물로 수없이 프린트 돼 온 에너지 산물이다. 모든 생명체가 식량 에너지와 사투를 벌이지만 현란한 도구를 이용한 효율성은 가히 비교가 되지 않는다. 먹거리가 풍부해진 자유시장에서 인간의 영적 영역이 도덕률로 확대돼 가는 것은 당연한 소명으로 찾아 왔다.

신체의 안전과 보호가 확인되고 먹거리마저 확보되면서 본능적으로 영적 존엄감을 높이고 영적 성숙을 넘어 영적 회귀를 추구하는 사람들이 상상할 수 없이 많아졌다. 문명 속에서 억눌린 정신이 이제 기지개를 펴려 하고 있다. 아니 타락의 구렁텅이로 빠질 뻔 했던 상황이 구제되면서 정신혁명은 산업혁명 못지않은 화두로 떠올랐다. 수많은 법과 규칙 등 제도들이 영적 진화 속에서 머물지 못하고 스러져야 할 상황이 되고 있다.

영적 성숙은 다가올 미래 인류의 당면 과제이면서 개인들에게도 닥칠 피할 수 없는 합목적성이다. 목적의 과정은 선택의 연속이다. 개인도 다 중도 수없이 계속될 선택의 연속을 회피하기 어렵다. 어차피 부딪혀야 할 영적 성숙을 향한 과정이라면 개인이든 집단이든 자유의지와 집단지성에 의한 치열한 선택에 에너지를 쏟는데 주저함이 없어야 한다. 자유의지 없이 목적이 드러나지 않고 존재는 더더욱 보이지 않는다. 자신이 타자가 아닌 타자같은 자신을 선택하는 과정이 목적의 변화다. 자신을 객관화 시켜 선택하는 과정에서 능동적 목적이 생긴다. 능동은 선행하는 과정이기 때문에 자연스럽게 부정을 주어 담아 삼키고 가린다.

부정을 지우면서 가는 선행이 능동적 선행보다 한 때 크게 유행했지만 미래는 긍정을 이끌면서 가는 작업이 훨씬 중요하다. 긍정은 목적의 과정을 선행하는 에너지를 발산하기 때문이다. 자신을 향한 선택이 많으면 많을수록 목적은 더 치열해진다. 목적이 선명해지면 작은 길도 넓게 보이고 없는 길이 보이기도 한다. 아무리 안 좋은 악조건도 선택의 냉정함에 따라 상황이 좋게 바뀐다. 반면 타락은 이 같은 자기 선택을 하지 않는다.

타락은 타자의 보이는 부분만 보고 그것을 자신이 보고 싶은 쪽으로 키워서 본다. 결국 착각일 뿐이고 오만에 빠진다. 그 울타리에 갇히면 좀처럼 빠져 나오기 힘들어 타락을 지속하고 끝내 스스로 무덤을 파고 들어간다. 따라서 타락하지 않는 힘의 근원은 자신을 선택하는 눈의 시야이며 그 크기다. 높이 나는 새가 더 넓은 땅을 보는 것처럼 시야를 크게 갖는 눈이 타락하지 않는 선순환의 힘을 키운다. 지혜와 판단의 크기가 커지는 것은 많이 보이는 만큼 수많은 선행의 시나리오의 실들을 함께 볼 수 있다. 이들의 지혜는 분산된 에너지를 모으는 힘이다. 타자의 힘들을 함께 공유하기 때문에 쉽게 사라지지 않는 힘이다.

경서의 인(仁)이 사유적으로 수많은 해석의 가지를 쳤지만 다산의 해석은 행동적으로 네트워크를 이야기 했다. 사람과 사람 사이에서 당연히 해야 할 도리는 수많은 네트워크에서 뿜어져 나오는 에너지 유형들을 당위성으로 구체화 시켰다. 무한변수에 가까운 도리의 해석들이 중요한 것처럼 보이지만 가장 단순한 듯한 사람과 사람 사이에 발생하는 정보가 도리의 출발이고 전부에 가깝다. 현상계에서 이는 소통이라고 하는 에너지 교환이다. 이 소통이 영적인 범주에서는 말이나 언어로 되지 않는다. 사람 간의 소통도 단순한 물리적 소통이 아니라 비록 언어나 대화가 없다 해도 느끼는 영적 커뮤니케이션을 포괄한다. 영적 소통이 강화될 때 타락하지 않는 힘이 강열하게 일어난다. 그 힘은 눈에 보이는 물리적 힘이 왜소해질 정도로 강하다.

영적 소통은 보이지 않는 실체인 마음의 문을 얼마나 여는지 여부에 달려 있다. 마음의 문을 여닫는 에너지가 네트워크 지혜의 에너지다. IQ나 EQ 등 똑똑함과 감성적 교감능력이 지혜의 능력인 것 같지만 아니다. 마음을 여닫는 에너지는 오히려 IQ나 EQ와 거리가 멀다. 뇌간의 생명유지속성은 마음의 문 자체를 인지하지 못한다. 마음은 생명과 유관한 듯 그리고 무관한 듯 걸쳐져 있어서 객관화 시키거나 물화시키기 불가능하다. 마음의 문을 걷는 창은 조화를 탄 이타적 능동성에서 발동한다. 순백이어야 할 만큼 순수한 생각과 그 행동이 반드시 일치해야 하는 전제조건이 따른다. 이 때 마음의 문이 열리고 그 열린 문을 타자들이 먼저 알아챈다. 이 문을 여는데 많은 에너지를 필요로 한다. 그래서 타자의 힘으로는 불가능하고 반드시 자신의 힘으로 열어야 한다.

빠른 시간 내 마음의 문을 여는 에너지가 모이지 않는 것은 뇌간의 생명유지속성이 의심, 공포, 두려움 등을 유발시키며 방해하기 때문이다. 이를 이겨내기 위한 에너지는 생명유지속성의 뿌리를 객관화해야 하지

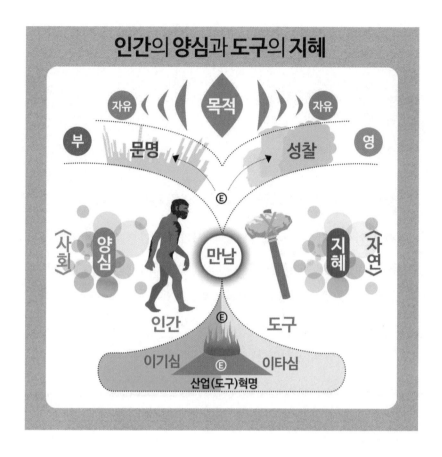

만 거의 불가능한 일이다. 생명유지 장치의 본능적 소명은 그만큼 강열하고 끈질기다. 생명의 견고한 자기보호 능력을 걷어낼 때 양심이란 신호가 들린다. 양심은 희생과 양보를 통해 솔직함의 지행합일을 실천하는 일이다. 견고한 생명의 이기심 울타리를 넘어서 걷어내면 마음의 문이 열리는 소리가 들린다. 누구보다 강한 지혜와 심성의 눈을 갖게 되는 용기다. 타락할 여유는 발생할 여유조차 없다.

넓어진 지혜와 심성의 눈은 큰 에너지를 기반으로 보다 효율적인 일가치를 무수히 창안해 내면서 부를 만들어 낸다. 양심은 가시밭길을 헤쳐

가는 훈련이고 수양이며 반복이다. 양심은 마음의 문의 다른 말이다. 양심은 결코 타락하지 않는 강력한 힘이다.

6. 과정의 가치

결실만 탐할 때 자신의 죽음도 빼앗는 약탈 근성

결실은 완성이지만 에너지의 흐름이 끊기는 시간의 종착역이다. 누구나 풍부하고 탐스러운 결실을 본능적으로 좋아하지만 그 결실을 맺기 위해 겪어야 할 고통의 과정은 피하려 한다. 과정이 없는 결실이 없음에도 결실을 더 선호하는 것은 신성의 권한이 본유된 자연을 약탈하고 찬탈하고자 하는 사탄의 근성이다. 악의 특성은 타락하는 과정을 멈추지 않는 것이다. 자유의지의 발현을 게을리 하고 멈추기까지 하면서 스스로 생명에 대한 숭고한 가치를 무가치하게 탈락시킨다.

시간의 종착역에 선 결실을 고통이나 노력 없이 빼앗는 것은 동일하게 자신의 생명에도 한계를 두는 행위와 다르지 않다. 과정을 보지 않은 채 결실을 취하고자 하는 근성은 그래서 사의 찬미와 같은 음울한 음률이다. 사실 결실과 죽음은 연장선상에 있다. 완성된 결실 속에 새로운 시작을 예고하는 죽음이 자리하고 있다. 따라서 결실이 없는 시기에 섣부른 결실을 원하는 자기안의 약탈행위는 스스로 자신의 죽음을 예고하고 앞당기는 행위와 다르지 않다. 과정의 가치를 외면하는 행위는 이처럼 무서운 에너지 흐름의 법칙이 자리한다.

도구의 진화를 통해 문명과 자유시장의 거대한 문이 열리고 인류에게 산업혁명이라는 부가가치를 가져다 준 것은 과정의 가치에서 아주 소중하게 옹립돼야 할 대역사(大役事)다. 농업, 상업, 공업 모두가 도구라는 혁명적 진화와 궤를 같이한다. 중농주의만을 고집했던 실학의 선구자들까지 자유시장의 가치를 깨닫지 못한 것은 상공업의 부가가치를 이해하지 못한데 있었다.

사막의 대상로를 걷던 낙타는 글로벌 부가가치의 중심에 있었다. 글로벌 분업화를 통한 교역은 결실만을 교환한 것이 아니라 과정의 가치를 숭상한 자유시장의 정밀한 질서였다. 시장은 부가가치를 획기적으로 끌어올리는 과정의 가치에 수많은 길을 제시하고 그 과정에서 엄청난 부가 쌓이도록 하는 중심역할을 했다. 지금도 시장이 갖는 과정의 가치 기능은 변함이 없다. 시장이 커지면서 도구의 혁명도 빨라지고 동시에 대량생산의 공업화도 시너지를 타면서 확장됐다.

농업이 씨앗을 기반으로 도구를 통한 정착생활을 낳아 문명과 사상을 만들어 내게 하면서 인류의 엄청난 질적 진보에 기여한 중심이 됐지만 과정의 가치에서 만큼은 상공업에 이르지 못했다. 조선의 혁명적 개혁 인사인 다산조차 상업이 주는 과정의 가치를 이해하지 못한 채 자유시장 억압론을 펼치면서 과거에 머물러 있었다. 실학이 결실만을 탐한 것은 아니었지만 결과적으로 상업이 미치는 막강한 과정의 가치에 대한 부가가치를 몰랐다는 것은 결실을 도둑질 한 것보다 더 나빴다. 모두에게 이익이 되는 이타성과 국가발전에 장애요인이 됐기 때문이다.

자유시장은 수많은 사람들에게 수없이 다양한 결실을 만들게 하는 일종의 분화된 공장 역할을 촉진한다. 수많은 직업이 탄생하면서 특수 분야에 효율성을 높이는 부가가치가 탄생하도록 시장이 그 중심을 잡아 역할을 해 준다. 직업은 장인이 되고 장인은 더 높은 부가가치를 만들어 돈을 생산하고 많은 부를 만들어 창조해 낸다. 그 중심에 상업이 자리하고 있다는 것은 이제 상식이다. 상업은 직업의 귀천을 따지지 않게 한 자유시장 내 불평등 속 평등권을 시현시킨 신성의 권위까지 갖고 있다. 교역의 부가가치는 곧 일과 직업의 존엄한 가치로 확산되면서 생명의 존재의미까지 부여해 주고 있다.

분업화된 자유시장에서 자기만의 재능과 그 삶을 위한 과정의 가치에 몰입 할 때 늘 소중한 것이 항상 옆에 있다는 것을 절감하게 되고, 그것이 생명가치의 항상성을 담보한다. 직업적 과정의 가치를 가는 노정 속에서 결실은 자연스럽게 이뤄진다. 하지만 그 결실조차 과정의 하나이고 결실이 수없이 이어지는 것이 보다 값진 부가가치를 창출하는 과정이다. 끝이 없는 결실의 과정은 인간에게 없어서는 안 될 자양분인 미래를 만들어 희망을 심어주고 있다.

희망은 목적이 된다. 삶의 근간이 되는 목적은 강력한 에너지 원천이다. 과정의 가치는 아이러니컬하게 목적을 달성하는 에너지에 원천이 된다. 과정과 목적은 상보적이다. 따라서 목적을 분명히 하되 목적은 등불일 뿐 그곳으로 가기위한 과정의 가치에 진정성 있게 보람과 기쁨을 만끽한다면 생명 에너지의 희열이 언제나 넘쳐난다. 더불어 강력한 삶의 에너지가 활기를 띠면서 그 어떤 어려움이나 고통도 이겨낼 여유를 갖게 된다.

목적은 그런 점에서 신성의 권능이고, 그 권능을 대신하고 있는 인간이 가져야 할 본성의 핵심에 자리하고 있다. 하지만 과정은 이 같은 목적 못지않은 신성으로 그 목적의 본성을 만들고 완성해 가는 역할을 해

낸다. 절대 같을 수 없는 목적과 과정은 결국 다른 것 같지만 하나다. 소립자의 이중성과 같이 절대 하나일 수 없는 입자와 파동이 하나인 것처럼 완성이라는 목적에 다가가는 과정이 무한 값으로 하나가 될 수 없지만 이율배반적으로 하나다.

과정 자체를 목적으로 간주하는 진정성 있는 에너지가 강력히 담보되면 목적은 당연히 실현되면서 과정과 동기화 된다. 목적이 완성되면 과정이 사라지기에 이율배반이지만 과정이 또한 목적이 된다면 모순된 이중성은 용납된다. 목적하는 바를 빛으로 삼아 길을 잃지 않고 그 길의 과정을 다시 목적으로 삼는 과정이 바로 장인정신이다. 이중성의 하나된 목적이다. 장인정신은 이기적이지만 가장 이타적인 과정의 부가가치다. 일의 신성함과 지상의 사랑을 대변하는 생명의 벅찬 희열이다.

과정의 가치 없이 오로지 결실만을 따먹고자 하는 요행이나 사행성은 가장 타락한 영혼이 사탄의 지배를 받고 있는 노예상태와 같다. 요행을 바랄 때 사탄의 울림이 퍼지고 사행성 행동을 할 때 사탄의 지배를 받는다. 요행을 버리지 못할 때 타락이 지속되고 사행성을 버리지 못할 때 지옥으로의 추락은 멈추지 않는다.

현상계에서 정의할 수 없는 정의를 굳이 정의한다면 과정의 가치를 버리거나 소홀히 하는 요행에 빠지지 않는 행동이 그것이다. 정의가 상황마다 무수히 변화무쌍한 것은 결실을 중심에 놓고 시시비비를 따지는 경향성이 높기 때문이다. 그 정의는 무수히 많은 모순을 잉태시켜 그 이율배반이 삐뚤어진 탐진치를 만들어 허위의 정의까지 옹립한다. 치열한 권력싸움의 근간에 늘 정의가 자리하는 것이 공허한 메아리로 울리기만 하는 배경이다.

정의를 결실로 끝맺음을 할 수 있다고 선언하고 칼을 드는 것 자체가 대부분 허위다. 정의는 끝없이 항진하는 과정의 가치에 녹아들어 있다. 누구나 그 정의를 이심전심 알기에 규정짓고 한정짓지 않는 가운데 일의 이타적 장인정신에 정진하면 된다. 요행은 없고 사행도 있을 수 없는 과정의 정의감이 옹립될 때 수없는 해석의 결실을 전제한 도덕이 하나의 기둥으로 선다. 이 기둥에 에너지를 넣어 항상성으로 유지되도록 하는 것이 양심이다.

일의 무한가치가 양심 에너지에서 나오면서 부를 지속하게 해준다. 양심은 돈이 끝없이 순환하면서도 자신 안에서 나가지 않게 하는 신비한 역할을 한다. 양심은 자아의 메가기둥 역할을 하기 때문에 과정의 가치는 '누구냐' '왜 사느냐'에 대한 질문에 주체적 확신을 갖게 해 준다. 결실은 그 반대로 변방의 기둥만을 만들기 때문에 궁극의 질문에 절대 확신에 찬 자아의 답변이 나오게 하지 않는다.

왜 사는지를 묻는다면 왜 과정이 소중한지를 자문해 보면 된다. 결실의 유무 위에서 과정의 눈으로 결실을 보는 능력이 있다는 것은 끌려다니지 않는 주인의 삶이다. 자기중심이 있다는 것은 자존감이며 생명의 행복감이다. 자존과 행복은 자신에 대한 소중함을 절절히 느끼는 매우 특이한 전자기적 흥분상태다. 이 에너지의 유형은 설명하기 힘들지만 한 가지 분명한 것은 전자기 에너지 덩어리인 인간의 몸과 영혼 모두가 자신뿐만 아니라 시공을 초월한 무한 네트워크 속에서 공명을 하고 있다는 사실이다. 무한 에너지에 가까운 초강력 에너지가 자연의 네트워크상에서 공유될 때 가장 큰 행복감을 가질 수 있는 전자기적 흥분상태가 된다는 것이다. 이 상태는 무엇이든 가능성이 열려 있는 현재상태다. 현재에

과정 속 삶과 부의 가치

서 미래의 문을 여는 에너지 장이 모이는 것과 같다.

엄밀히 미래의 문이 별도로 열리는 것은 아니지만 현재의 장이 끝없이 지속되는 에너지 장 속에서 시공간의 위치를 새롭게 점해 가도록 하는 것이 행복감이다. 이것이 사는 이유가 되고 살아야 할 가치이기도 하다. 따라서 일에 대한 행복감이 부의 원천이 되는 것은 필연적 결실이다.

장인의 행복은 부의 결실을 만드는 그 자체에 있다. 부를 통해 권력에의 의지에 빠지거나 오만하지 않는다. 과정의 가치는 결국 강력한 도덕성을 담보하는 시장의 다양한 윤리 기준이다. 헌법정신을 담아낸 네트워크 에너지 속에서 자신의 이타성을 끝없이 지향할 때 오는 행복감은 자유인의 가치이기도 하다. 자유인은 이타성에 거주하고 또한 그때마다 선제적 선택을 통해 이타성을 확보한다. 그 선택의 순간들이 현재의 장 에너지를 더욱 견고하게 만든다. 네트워크 에너지가 강해질수록 살아야 할 삶의 이유와 가치가 더욱더 분명해진다.

무한가치 창출 미래의 부엔 데이터 속도의 미학

4차 산업혁명 시대를 맞아 과정의 가치는 자본의 초집약성으로 현실화 됐다. 유통은 자유시장에서 과정의 가치를 통해 부가가치를 일으키는 동인이다. 인터넷망을 통한 정보의 유통은 산업의 쌀을 철강이나 소재에서 정보와 데이터로 변환시켰다. 데이터 유통의 속도와 다변화 혁명은 제조업의 근간 자체를 초혁명으로 이끌고 있다. 스마트공장, 인공지능, 사물인터넷, 사이보그 등은 그 상징으로 떠올랐다. 21세기 신 대상로(隊商路)의 화두로 불리는 온라인 유통은 글로벌 부가가치를 문명의 대체라고 할 정도로 바꾸고 있다. 전 세계 부의 총량이 문명의 전면적인 대세 전환이라고 할 만큼 상상할 수 없이 급격히 불어나고 있다는 사실이다.

온라인 유통을 리드하고 있는 선두에 스마트폰이 놀라운 힘을 발휘하고 있다. 단 7년여만에 30억 인구의 손에 들어간 스마트폰은 유통 자본 시장의 상전벽해라고 할 만큼 정보와 데이터 혁명의 결실을 가져왔다. 글로벌 데이터가 촘촘히 깔리고 실시간 이용이 분석되면서 유통 부가가 치는 획기적으로 커졌다. 포노사피엔스 세상은 수많은 정보 플랫폼을 양산하면서 데이터 유통을 빛의 속도로 확산시켰다. 빅데이터 분석과 인공지능이 가미되면서 21세기 대상로는 마치 청동기에서 철기문명으로 전환되는 대변혁의 시기를 지나고 있다.

정보와 데이터는 완결성이 아닌 완결을 향한 과정이다. 완성된 제품을 실어 나르는 초고속 글로벌 도로망이기에 부가가치가 지속적으로 창출되도록 하는 과정이다. 사막의 대상로가 해상로로 바뀌는 과정에서 큰 부가 창출됐듯이 이제는 데이터 도로가 그것을 대신한다. 데이터 도로의 부가가치 총합은 계산을 불허할 정도로 증가하고 있다. 사막과 해상로는 완성된 물건을 이동하는 과정이었지만 데이터 도로는 완성된 물건이 다변화 하도록 촉진하고 매개하는 에너지 망이다. 정보와 데이터는 과정의 가치에서 상상할 수 없는 폭발력으로 글로벌 부의 배아세포 역할을 하고 있다.

BTS(방탄소년단)가 팝의 본고장 안방에서 미국 주류사회의 우상으로 떠오른 것은 기적이다. 이는 유튜브라는 영상분야 21세기 신 대상로 덕분이다. 유튜브를 비롯한 검색과 SNS 등은 전 세계를 하나로 아우르는 제품이나 콘텐츠를 양산토록 유도하면서 부의 총량을 무한정 키우고 있다. 글로벌 분업을 촉진하면서 기술개발을 유도하는 이 같은 유통은 속도의 미학을 낳고 있다.

유통 속도가 빨라지면서 부가가치가 무한히 늘어나는 부의 미학은 인간과 삶의 존재론에 대한 자아성찰의 기회를 다시 주고 있다. 암흑의 유럽 중세기 신들의 종으로만 치부됐던 인간이 르네상스와 계몽시대를 거치면서 인간과 삶의 존재를 규정짓듯이 다시 한 번 그런 시대가 오도록 하고 있다. 인간과 기계의 경계가 모호해 지고 그 경계선에 미래 부가가치의 쌀인 데이터가 교감역할을 하고 있다는 것이다. 인간도 데이터에 의해 존재하고 삶 자체도 데이터일 뿐 실존하는 것이 아닐 수 있는 상상들이 현실감 있게 그려지고 있다. 하지만 그것이 인간 자존의 새로운 눈을 뜨게 하는 속도의 미학이다.

목적 있는 삶의 가장 큰 가치는 이런 자존의 확인 과정에서 찾을 수 있다. 목표를 반드시 완수하는데 따른 자긍심이 크기는 하지만 생애 전체에서 일어나는 과정들을 더 큰 자긍심으로 진정성 있게 받들 경우 생명과 삶의 가치에 눈을 번쩍 뜨게 된다. 과정의 가치에 마음으로 올인할 때 목표는 더 잘 이루어지고 목적 있는 삶이 유지된다. 산업의 고도화 속에서 데이터는 인간과 기계의 중간에서 이런 역할을 해준다. 데이터의 속도가 빨라질 수록 인간은 자신의 자존감을 확인할 큰 거울을 갖는다.

그래서 과정의 가치에서 데이터 속도가 차지하는 미학의 비중은 대단히 커지고 있다. 미학은 꼭 예술을 뜻하지 않으면서 예술을 포함한다. 예술은 삶이기 때문이다. 속도는 인지하는 생명체에게 무수히 많은 시공간의 좌표를 매번 다르게 던져준다. 속도가 빠르고 느리냐에 따라 스쳐 지나가는 시공간이 있을 수 있지만 오랫동안 머물러 자신만의 시공간이 되는 경우도 많다. 자신의 시공간을 완성 없이 창조해 나가는 과정이 삶이다. 비록 완성 없이 가는 과정이라고 해도 그 자체가 완결로 지향하는 법칙이다. 과정의 가치는 미래를 뜬구름처럼 보지도 않고 과거를 성공의 자랑거리로 삼지 않는다. 오직 현재형으로 주어진 사건만을 보면서 최선을 다한다. 데이터 속도가 빨라질수록 현재를 보는 눈을 키우는 패러독스가 있다.

속도의 미학을 통해 부 에너지가 기하급수적으로 쌓이는 결실 역시 결과보다 과정을 통해 이뤄진다. 과정은 불완전하지만 완전을 향해 나가는 시간 속에서 하늘의 도리를 깨우치고 언행을 삼가하게 된다. 데이터가 이 같은 레벨에 이르면 인간과 기계의 구분이 정말 모호해진다. 아니 인간을 대신하는 수많은 데이터들의 말과 행동이 같아지고 분명해지면서 인간의 삶에 들어온다. 인간은 주어진 삶이 아니라 삶이 주어지도록 능동적 자유의지를 강력히 발휘한다. 데이터(기계)에 촘촘히 얽혀 있어도 인간이란 삶의 가치를 구현해 나간다.

속도의 미학에서 절정이라고 할 수 있는 산업혁명이 고도화 될수록 숫자로 정보화 된 디지털 데이터의 역할이 증가한다는 것은 정보의 깊이가 심오해진다는 것을 함의한다. 이를 부정적으로 보면 데이터가 현실과 혼동을 일으키게 하는 상황을 심화시키지만 부정적인 현상이 아니라는 판단이 중요한 맥락이다. 오히려 속도의 미학이 출현하면서 산업혁명은 인간에게 복된 기계화로 계속 근접하고 있다. 모든 현실이 데이터일 가능성을 배제하지 못한다는 인식은 삶을 새롭게 보게 하는 거울이다. 모든 일의 발생과 그 일 사이에 나타나는 정밀한 혼돈 속 조화라는 사건의 섭리는 정보를 근간으로 한 결과 값으로 역 유추된다. 정보는 곧 지시하고 명령하는 에너지 원천이다. 인간의 삶이 바로 정보의 바다 속 데이터 형식을 갖추고 있음이 조금씩 드러나고 있다.

보이지 않는 자유의지가 정보를 지배하고 있다는 점에서 궁극의 현실은 에너지가 관장하고 있다. 그런데 물화된 현실이 정보에 의해 치밀하게 짜여진 직물 같은 에너지 총합임을 감안한다면 에너지, 정보, 데이터, 현실은 구분하기 힘들어진다. 에너지는 멈춤의 성질이 아니고 정보나 데이터 에너지를 통한 동력의 정보가 되기 때문에 현실의 원천은 완결이 아니라 과정이라는 것이 드러난다. 이에 가상과 현실이 중첩된 상태다. 가상이 진짜 현실일 수 있고 현실이 또한 가상일 수 있는 것은 가상과 현실의 근원이 에너지와 데이터라는 같은 동력을 쓰는데 있다. 가상을 진짜 가상이라고 확정할 수 없고 현실을 진짜 현실이라고 확정할 수 없다면 그 원천인 에너지와 데이터만을 진실로 간주해야 한다.

실제로 산업혁명이 고도화 되면 에너지와 데이터만으로 가상과 현실을 모두 창조하는 것이 가능하다. 에너지가 원천 역할을 하는 것으로 간주하는 상황에서 데이터는 미래산업의 총아가 될 것이 확실하다. 데이터는 인간이 원하는 어떤 현실도 창조가 가능한 신성의 역할까지 하게 될 것으로 관측된다. 데이터는 프로그램을 통해 일정한 유기체적 형태를 갖추고 인간의 오감에 영향을 미치는 막강한 영향력을 행사할 것이다. 데이터가 하는 일은 인간의 손과 발이 하는 노동보다 부가가치 측면에서 비교할 수 없을 정도로 커진다. 데이터는 상상할 수 있는 모든 것을 제조하고 유통시키는 마력을 지녔다. 이 데이터를 주관하는 프로그래머들은 신적 경지의 노동을 하게 된다.

데이터는 엄연한 현실이고 인간의 오감으로 느끼며 인식되고 있다. 과정의 가치가 빛을 발해야 할 이유가 이런 이유에서 나온다. 데이터를 통한 현실 창조 과정에서 목적이 무엇이냐에 따라 과정이 바뀐다. 과정을 보면 목적이 보이기 때문에 과정을 통해 드러나는 부가가치의 이타성을 판단하고 조정하는 일이 필요하다는 점이다. 가상과 현실의 중첩이 보편화 된 사회에서 이기적 과정에 집중적으로 에너지가 쏟아지면 현실의 인간과 생명들에게 불행한 사태가 닥친다. 이기적 과정은 가상을 통한 패권이고 지배력이다. 자연의 자유의지를 무력화 시키는 것과 같다. 따라서 과정을 소중히 하는 것이 자유의지를 지키는 전방위 보루다.

인위적 프로그램에 의해 창조된 현실은 그것이 아무리 진짜 같은 상황이라고 해도 자유의지를 상실했기에 현실이 아니다. 자유의지는 가상

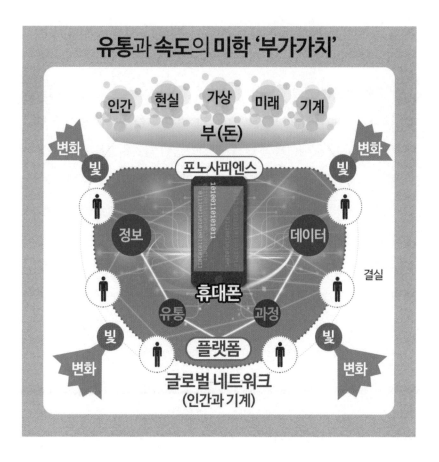

유통과 속도의 미학 '부가가치'

인간 현실 가상 미래 기계
부(돈)

변화 빛   빛 변화

포노사피엔스

정보   데이터

휴대폰

결실

유통   과정

플랫폼

변화 빛   빛 변화

글로벌 네트워크
(인간과 기계)

과 현실을 구분하는 잣대이자 일종의 에너지 모멘텀이다. 에너지의 이
같은 자발적 특성이 사라진다면 인위적 정보에 의한 움직임이다. 이는
과정의 가치를 통한 부가가치가 제한적이고 한계성을 갖는 행위다. 비
자발적 자유의지는 창살에 갇힌 상태에서 움직이는 일종의 갇힌 에너
지다. 특정 울타리에서 움직이는 에너지는 창조성을 발현하기 불가능하
다. 창조성은 시공간을 필요로 하지 않기에 창살에 갇힌 에너지로는 필
요한 동력을 얻지 못한다.

아날로그 세상을 디지털로 실시간 분개해 관리할 수 있는 기술이 개발

될 경우 진짜 현실을 원하는 대로 바꾸는 신적 경지의 레벨에 오른다. 이때 창조성은 갇혀있지 않아야 한다. 이른바 디지로그 기술의 고도화는 진짜 같은 현실을 통해 영원한 생명을 유지할 수 있도록 돕는다. 시공을 개의치 않는 순간이동까지 가능해 진다. 인간의 몸 전체를 소립자 단위로 전부 쪼개 양자 데이타화 한 후 양자특성인 양자얽힘을 통해 전송하고 이 데이터를 근거로 물질을 재조립하면 시공의 제한을 받지 않는 순간이동이 이뤄진다. 물론 원천의 물질과 순간이동 된 물질은 데이터 정보만 같을 뿐 전혀 다른 물질이란 점에서 과연 동일 인간 또는 사물인지는 논란이 있을 수 있다. 하지만 지금도 인간의 몸은 생멸이 치열하게 전개되는 원자단위에서 1년 안에 사실상 물화된 물질을 거의 전부 갈아입는다. 정보만 동일할 뿐 물질은 지속적으로 변화된다는 점을 본다면 순간이동이라고 해서 다른 현실이 됐다고 하기 어렵다.

따라서 인간의 삶은 변하지 않는 정보가 데이터를 변환시키는 수많은 에너지 모멘텀 과정의 총합이라는 역추정이 가능하다. 정보가 곧 팩트라면 삶은 곧 완성이 없이 끊임없이 움직이는 과정이다. 완성을 지향하는 것은 목적을 필요로 하기 때문이고, 그 목적이 과정의 에너지를 또한 강력히 필요로 한다. 완성과 목적 그리고 그것에 관여하는 과정이 4차산업혁명의 기본 얼개다. 과정의 매순간 가치를 중시할 때 완성에 가까이 가게 되고 목적을 이뤄나갈 가능성이 커진다. 삶은 현재 순간을 최고의 가치로 여긴다. 그리고 빛을 발한다. 데이터 속도가 초고속 카메라의 눈처럼 삶의 중심에서 언제나 현재를 볼 수 있는 눈의 중앙에 자리잡게 된다. 속도의 미학은 기계의 공포가 아니라 인간의 삶을 아름답게 가꾸어 갈 수 있는 길을 만들어 준다는데 있다.

7. 영원한 부자

부자는 추한 시장서 무한 경우의 수 현실로 수렴

돈은 생명유지의 원천이 되면서 일을 통한 자존감의 결실을 줄 뿐만 아니라 절대 멈추지 않는 순환성이라는 영원성을 담보하기에 매우 공평한 아름다움까지 갖췄다. 영원한 순환성은 확률적으로 무한대에 이를 때 아주 정밀한 형평성의 룰을 제공한다. 부는 이처럼 돈의 질서를 따라 형성된 결과물이기에 누구나 영원한 부자를 지향을 할 수 있다.

개별자에게 영원한 부는 없지만 그 개별자가 네트워크상에서 순환의 에너지를 타면 한계를 넘어 영원한 부의 흐름에 합류할 수 있다. 영원한 부자가 불가능할 것 같지만 절대적으로 가능한 이중성이다. 돈은 수많은 혼돈 속에서도 질서 있게 순환하는 것을 통해 시장의 생명 에너지를 촉매하고 자유의지를 유인한다는 점에서 보면 영원한 부 에너지를 분명 가졌다. 이 사이클에 합류하는 것이 영원한 부의 미학이다. 데이터를 기반으로 한 속도의 미학이 이타적인 큰 부를 창출해 내는 고도화된 산업혁명 사회에서 부자는 분산하는 방식을 소유하는 개념으로 바꾼다는 것이다. 분산의 방식은 수없이 다양한 모형을 띠면서 전개된다. 자신의 것이기도 하면서 타인의 것이기도 한 경계가 모호한 소유방식이 미래의 부자 플랫폼 유형으로 등장한다. 부자의 영속하는 지위는 네이터와 사이클이 양 수레바퀴라고 할 수 있다.

이 같은 정보의 순환 속에 흐름을 타는 부자는 미와 추의 미학을 오간다. 대부분의 대중들 사이에서 감각적 미학이 여전히 맹위를 떨치고 있지만 반감각적인 반동성의 추(醜)의 미학이 예술적 미학의 범주 안에 들어온지 오래됐다. 추는 본래 무질서이지만 추의 미학은 외견상 질서 있는 아름다운 조건을 배경으로 하고 있다. 상보성의 원리와 유무상생의 질서에 따라 미와 추는 결국 하나로 움직인다. 미와 추가 상호 치환되는 무한변수에 부의 원리가 숨어 있다는 것이 중요하다. 돈은 추의 미학을 품은 아름다움의 기저 원리를 갖고 있다는 점을 우선 상기해야 한다. 추의 미학을 통해 반추되는 돈의 미학은 인간이 신성의 대리자로 절대성을 반추하는 형식과 유사하다. 돈의 미학은 추함에서 드러나 추함으로만 끝나지 않는다. 그 거울을 통해 반사되는 다양한 부의 플랫폼으로 재등장하고 있다.

소유의 유형이 분산의 유형으로 바뀔 수 있는 힘은 추의 에너지가 미에너지로 전환될 수 있음을 보여준다. 돈의 미학은 다만 추의 본성 중 색다른 하나를 감안하지 않으면 안 된다. 통상의 질서는 상보성의 원리를 따르고 유무상생·유무합일의 큰 틀에서 벗어나지 않지만 추의 미학은 감각미학이 강한 측면을 독자적으로 보여주기도 한다. 추가 미의 상보성을 띠지 않을 때가 있다는 것이다. 미학의 기본 관점은 혼돈이 아니라 질서이고, 그것은 본래 있어야 할 시간과 자리에 있어야 하는 시공간의 지배원리 아래 있는 것이 통상의 아름다움으로 정리되지만 추는 그 반대편에 있다. 추가 미라는 거울 없이 존재할 수 있다는 것은 신성의 영역이다. 추의 미학이 엄청난 폭발력을 갖는 배경이다.

보편적 인식의 바탕에 있는 질서 내에서 감감적 미학이 구현된다. 그 감각이 불완전하지만 보편성을 거의 절대적으로 띠는 만큼 추의 아름다움은 미의 상보성을 반추하지 않아도 추의 모습을 드러낸다. 돈과 인간의 질서 사이에도 위악추 중 위악은 진선미 중 진선과 존재의 대립상태를 유지하면서 드러내지만 미와 추는 감각적으로 개별적이지만 보편적으로 드러나는 특성이 있다. 추를 몰라도 미를 느낄 수 있는 것이 직관의 형식이다. 대상적 구분이 아니라 존재 자체로 인식의 주관이 구분한다는 것이다. 이는 미학의 내공 에너지로 개념화 된다. 추의 미학을 주관하는 인식의 내공은 미보다 강력하다.

돈의 미학도 추의 미학처럼 단독의 역할을 수행하면서 드러나기를 잘한다. 돈은 감각적으로 다가오고 다가가기를 기본 속성으로 한다. 결국 인식이 돈의 미학을 결정한다. 돈이 추한 것은 미의 반추대상이 아닌 경우가 많다는 것이다. 실제로 현실에서 돈의 미학은 추의 상보성이 아닌 사례가 다반사로 드러난다. 이는 부자가 영원성을 담보하기 어려운 혼돈의 질서로 잘 나타난다. 혼돈의 한 가운데 있으면 질서가 깨져 아름답지 못하다. 혼돈의 질서식 표현으로 아름답지 못할 확률이 높아진다. 혼돈은 감각적으로 아름답지 않지만 그 혼돈이 질서를 갖추었다는 것은 혼돈의 미학적 성격이다.

영원성을 담보할 수 있는 부의 방식은 이 혼돈에 정면으로 마주하는데 있다. 추조차 품는 추의 미학은 아름다움에 대한 상보성으로 의미를 갖는 것이 아니라 정말 추한 것을 더 추하게 보이는 미학이다. 이것을 미학이라고 할 수 있는가는 부의 질서에서 찾아야 한다. 그 질서 속에 영원성을 담보하는 부가 들어 있다. 시라지지 않는 부의 질서는 추 자체로 자기복제하는 혼돈의 확대와 그 움직임이 자기변증적 속성으로 질서 있게 나아간다는데 있다. 복제와 변증은 영원성을 담보하는 메커니즘이다. 지속하는 순환의 기본 속성에 있는 복제와 변증을 타면 부의 세계 속에서 이탈하지 않는다.

부의 질서에 벽돌 같은 역할을 하는 돈의 질서는 인간이 만들지만 인간 사이에서 형성된다. 인위적이기도 하고 자연적이기도 한 상태다. 돈의 질서라는 과정의 가치가 끝없이 축적되면서 부의 질서가 나타났다가 사라지기를 반복하는 상황에서 개별자의 부자 주기가 결정된다. 질서는 그것이 추한 것이라도 아름다울 수 있는 에너지를 가졌다. 추함을 굳이 덮지 않고 추함을 드러내면서 질서를 갖춰 가면 추함의 네트워크가 부상한다. 그 네트워크는 미학의 네트워크가 혼재한 곳에 있다. 구분되지 않는 질서가 가능하지만 돈의 미학은 이를 따른다. 추와 미의 구분이 되지 않는 네트워크에서 미의 에너지뿐만 아니라 추의 에너지도 강렬할 때 돈의 질서가 드러난다. 그 미학은 추함 속에서 추함 자체가 갖는 분산의 효과다. 분산의 미학은 따라서 절대적인 추함으로 단정 짓지 못한다. 추함의 복제와 변증이 미학이라는 것을 대변해 준다.

이런 부의 플랫폼을 다양화하는 것이 돈의 미학이라고 보면 추함 자체로 드러나는 추함이 돈의 미학에 핵심을 차지하는 패러독스가 있다. 영원한 부자의 조건에 추함을 추함으로 수렴하고자 하는 강렬한 에너지가 항상성으로 내재돼 있다. 굳이 따지지 않고 묻지도 않는 형식이다. 이 에너지는 절대 영원성이라는 조건을 담보할 수 없는 듯 보이지만 미와 추를 굳이 구분하고자 하는 미학이 오히려 영원성을 담보하지 못하는 것을 감안하면 이해되는 일이다.

그런데 돈의 추함을 네트워크에 분산할 때 진선을 멀리하고 위악의 힘을 강화시키지만 분산이라는 과정의 가치가 무엇으로 시현되는지를 주시해야 한다. 주지하다시피 돈은 그 어떤 에너지도 순환성을 막지 못한다는 측면에서 추함의 에너지가 아무리 강한 부라고 해도 개별자가 단

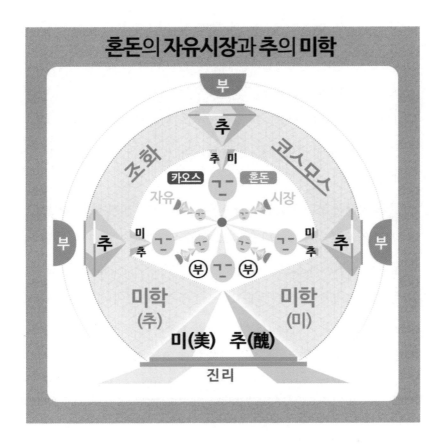

혼돈의 자유시장과 추의 미학

독으로는 영원히 돈을 소유하지 못한다. 이들 부자들이 추함을 옹립하며 가는 추함이 계속될 때 위악의 힘이 강화되지만 분산이 시작되면 위악이 드러나는 것이 아니라 진선이 빛을 발하는 반역동성이 순환의 원리에 빠져들게 된다. 이는 상보성이 아니라 자기복제의 분산과 상승하는 변증의 나선형 순환이다. 생명이 이어지면서 확산된 그 생명들이 끝없이 전진하는 방식인 나선형 상승운동이라는 것이다. 지구의 공전도 이와 같은 순환을 한다.

진선은 추의 네트워크에 있는 미 에너지라는 점에서 추함은 필연적으로 아름다움으로 나아가는 진행성을 벗어나지 못한다. 영원한 부자는 이 진행성을 주기적으로 왕복한다. 미와 추의 사이클을 냉정하게 반복하면서 스스로 추함의 옷을 입기를 주저하지 않기도 하고 미학의 기저 에너지인 양심을 버리지도 않는다. 부의 미학은 그것이 확률적으로 존재하는 사이클이라는데 있다. 시장은 돈의 미학이 라이브하게 움직이는 현실의 공간이다.

사농공상에서 보듯이 상업(시장)은 추함의 대명사인 것처럼 여겨져 왔다. 시장은 사실 추함을 절대 버린 일이 없고 버릴 수도 없다. 추함의 옷을 입는데 주저하지 않는 자유시장의 사람들은 지금 이 순간에도 스스로 멍에를 쓴 자체가 미학이라는 것을 잘 모른다는 점이다. 영원히 순환하는 다양한 부의 플랫폼 기운을 그들이 열심히 만들어 돌리고 있지만 아름다운 동력장치임을 인지하지 못한다. 그만큼 시장은 추함의 보편성으로 상호 인지하는 행위를 지속하고 있다. 그런데 그 시장으로 인해 수많은 진리와 지혜 그리고 지식이 구현되고 있다. 시장 에너지가 부의 에너지를 축적하면서 자연의 무한한 질서도 드러나기 시작했다. 이 시장에서 부자가 영원성을 효율적으로 담보하기 위해서는 역설적으로 영원성을 잊는데 있다. 추함의 자기수렴이다.

자유시장은 항상성 에너지를 근거로 항상 현재형이다. 미래를 용인하지 않는 확신이 영원성을 잊는 방식이다. 확률적으로 드러나는 미와 추는 시장에서 진리를 규정하기 힘들게 하는 가운데 시장의 네트워크 속에 정의감은 분명히 존재한다. 하지만 개별자 자신에게 만큼은 미와 추의 정의를 단정적으로 하면 안 된다. 누구나 미와 추를 확률적으로 추구할 수 있다. 이 확률이 부의 다양한 플랫폼을 만들어 언제든 네트워크에 탑승할 준비를 갖추게 한다. 따라서 개별자는 확률이 아닌 확정이 자신에게 강렬하게 들어올 때 그것이 미학인지 여부를 냉철하게 가리는 훈련이 필요하다. 미와 추 어느 것이든 확정적 인식을 가질 때 미는 언제든 추로 반전하고 추는 더 추하게 변할 확률이 커진다. 반면 추가 미로 될 확률이 작아진다. 이는 미와 추가 갖고 있는 독특한 질서다.

돈의 미학은 가장 추하게 천대받는 시장에서 발생하기 때문에 일반적인 미학의 원리와 다르다는 것을 보여준다. 현대인 거의 대부분 모두가 시장의 삶을 유지하는 시장인이라는 것을 절절히 인지하지 못하거나 간과하기 때문에 돈의 미학 특성을 몰이해 하고 혼돈에 빠진다. 누구나 영원한 부자가 될 수 있다는 희망의 다른 말은 인간이 시장 속에서 태어나고 살아가면서도 그곳에 눈감고 있다는 냉철한 현실을 인지해 미와 추의 확률성을 보고 수렴하는 혜안의 능력이다. 확률은 미완의 완결 같지만 가장 완결할 수 있는 형식의 하나다. 특히 그 확률이 하나의 사건에서 여러 사건이 일어나는 형식일 때 사실상 하나의 움직임으로 간주된다. 양자현상처럼 중첩상태에서 드러나는 확률은 동시에 있음과 같다. 하나가 여러 곳에 동시에 다수 존재하는 중첩이 확률로 하나가 돼 드러날 때 그 확률은 다중의 하나인 $1/n$이 아니라 여전히 다중의 다중인 n/n이다.

일즉다 다즉일의 진리처럼 확률로 나타나는 하나가 전부이고 전부가 또한 하나다. 부의 미학도 이 원리를 따르면서 추함과 미학이 형식화 됐다. 미와 추가 반반씩 조화로운 것이 아니라 추도 미고 미도 추이면서 추의 수렴방식에 따라 확률적으로 그 모습을 드러내는 경우의 수가 무한대에 가깝지만 하나의 모습으로 융합된다.

확률은 희망을 갖게 하는 생명 에너지의 원천 중 가장 강력한 에너지원이다. 비록 진짜 같은 확률로 하나의 모습이지만 그것이 돈이 갖는 천의 얼굴을 가능하게 했다. 돈이 무수한 형상으로 인간의 질서 속에서 드러나기에 그 형상은 인간의 형상과 닮았다. 인간의 얼굴 역시 거의 무한의 형상으로 표현된다. 돈과 인간이 갖는 무한대 경우의 수가 사실은 하나가 수작하는 조화라면 그 어떤 미와 추도 그 하나의 조화를 벗어나지 못한다. 현상계 눈으로 확률은 진짜 같은 가짜지만 절대계로 보면 가짜 같은 진짜다. 절대 변하지 않는 진리의 방점에 돈이 있고 인간이 있다는 것이다. 돈과 인간은 이 같은 신성을 상호 교감하면서 현상계 수많은 사건의 섭리를 만든다.

돈 내공엔 무애(无涯) 조화 속 사이의 불편 극복

자연과 만물 전체가 일이자 돈이고 인간이 그것을 통해 자연과 만물을 영도하는 위치에 섰다. 부와 부자는 인간이면 누구에게나 기회가 보장돼 있다는 것이다. 부를 거머쥘 상황이 항상 있기 때문에 부의 형평성은 거의 완벽에 가깝다. 그럼에도 현실에서 빈부가 나눠지고 수많은 유형의 빈부가 구현된 것은 불완전성이 아니다. 빈부는 상황을 만들어 놓은데 대한 자유의지의 결과다. 미와 추가 하나된 것을 알고 애써 구분하지 않은 채 그 어떤 것도 품는다면 반드시 부의 반열에 오른다. 이는 강력한 자유와 의지를 필요로 한다.

돈은 순환성의 원리를 따르기 때문에 영원한 부와 부자는 존재할 수 없지만 그것은 개별자에 국한된 것이기 때문에 당연하다. 수많은 개별자도 하나 된 존재로 치밀하게 얽혀 있는 점을 상정하면 인간의 눈과 잣대로 굳이 구분하는 것 자체가 무의미하다. 영원한 부자는 없지만 영원한 부자는 분명히 있다는 것이다. 전자는 부자이지만 후자는 부자의 실체다. 자유의지가 강하고 성실할 때 영원성을 담보하는 부의 실체가 드러난다. 그것도 아주 강력한 에너지로 나타나기 때문에 거의 무한 에너지를 품고 있다. 이 에너지와 소통하는 방식은 시공의 제한을 받지 않아야 한다.

자유의지의 근원인 의식은 시공의 제한이 없다. 의식 중에서도 잠재의식은 인간이 생명을 유지하기 위한 강력한 동인이다. 그래서 생명의 에너지가 넘치는 것이 부의 향연이다. 생멸을 초월한 영원한 부자는 잠재의식 에너지를 자유자재로 꺼내 쓸 줄 아는 능력의 소유자다. 이 에너지를 통해 누구나 영원한 부자로 남는 것이 가능해 진다는 의미는 생명의 생멸을 초월하는 그 무엇이다. 부를 진정한 공동자산이라고 느끼는 마음과 부를 내면의 무수한 잠재의식을 응시하기 위한 에너지라고 느낄 때 영원성을 담보할 수 있는 부자의 반열에 오른다.

미와 추의 미학은 잠재의식에 내재한다. 이를 꺼내 쓰는 인식의 주관자가 되는 것은 쉽지 않다. 하지만 미학의 미와 추 경계선상에서 추를 감수한 채 미를 모를 때 미적 결과가 나오는 것을 반복하는 노력과 땀이 부의 길로 가는 신작로다. 미를 모른다는 것은 부정적이거나 적대적인 마음을 갖는 것이 아니라 단지 미와 추를 구분하지 않는 모름이다. 이 때 일이 갖는 의미가 들어온다. 일을 통해 파징의 가치가 일어남을 깅렬히 느낄 때 미와 추의 동시성을 하나로 간주하는 행동양식이 미학의 기저 에너지인 양심으로 연결된다. 몸과 영혼이 하나가 되면서 아는 것과 행동의 합일은 자연스러운 것이 된다.

생각과 행동이 하나가 되는 것은 자존감을 확인하는 기쁨이 되면서 보람으로 지속되고 행복감으로 남는다. 지행합일의 행복감은 양심적 일을 통해 이뤄진다. 일로 기쁨을 느낄 때 심미적이려고 인위적인 노력을 쏟지 않더라도 충만한 아름다움을 느낀다. 그것은 희열이 되고 강렬한 생명 에너지로 발산된다.

오감으로 들어오는 아름다움이 아닌 정신의 아름다움이 보이는 것은 희열로 벅찬 일 에너지가 의식으로 확산된 상황이다. 잠재의식에서 인식된 의식이 기쁨과 희열을 느낄 때 타자와 공유할 수 있는 물질에너지가 역동한다. 영원한 부자는 이 의식의 흐름을 볼 줄 알기 때문에 영원성을 스스로 엮는다. 그리고 자신을 엄격히 통제하고 제약하면서 자기한계까지 보정하기 때문에 부의 길을 구분하고 나아간다. 따라서 기쁨과 희열의 에너지는 무애의 선상에서 자신과 타자 네트워크가 하나가되는 합일이다. 공통의 흐름이되 흐르지 않는 하나가 무애의 중첩이다.

기쁨이 넘칠 때 찾아드는 보람은 자아 중심이 타자 중심으로 이동하면서 발생되고 확인되는 자존감이다. 보람은 궁극적으로 자신을 지향하지만 그 지향의 목적은 타자다. 거꾸로 무애의 기쁨을 자유로이 찾아가는 과정에서 보람 에너지가 강렬히 깃든다. 이 과정이 섬광처럼 하나로 찾아올 때 행복이란 감정에 휩싸인다. 행복은 자존감의 충만 상태라는점에서 본래 이기적인 감정이지만 보람이라는 이타성을 배경으로 삼기때문에 미와 추의 경계선상에 묘하게 걸려 있는 에너지 불안정 상태이기도 하다. 그럼에도 행복은 안정감을 느끼기에 묘한 감정의 중심에 있다. 안정하지 않기에 양 극단의 불안정을 포섭하고 있다는 것이고 그것이 엄정한 안정성이다.

행복은 미와 추의 경계에서 새로 시작하는 기준점이 반복되며 극대화

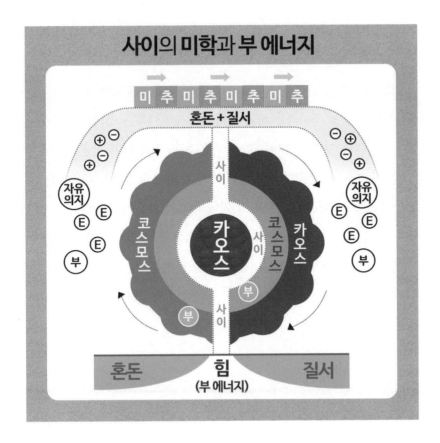

될 때 일종의 감정적 플라즈마 상태에 곧잘 빠진다. 행복 에너지는 의식과 육체를 하나로 모으면서 흥분된 상태를 만든다. 부자가 행복을 느끼지 못할 때 기준점에서 미와 추를 구분하기 시작하고, 그것이 일을 망가뜨려 가난과 불행을 부르고 만다. 일에서 찾아지는 부자들의 행복삼은 하늘의 소명이고 치밀한 질서라는 것을 잘 안다. 모든 생명체는 하늘의 이치와 소명을 따를 때 행복하다.

혼돈과 질서는 상극이지만 공존하면서 만물을 존재케 한다. 카오스가 추이고 코스모스가 미라는 단정을 하지 못하는 것은 절대적 질서에 혼돈이 있고 혼돈 속에 질서가 또한 있기 때문이다. 미와 추가 이처럼 명확히 구분되지 않는 것이 혼돈이지만 구분돼 드러나는 질서가 동시에 있어 만물의 생멸이 반복된다. 혼돈은 이름이 없고 만물이 드러나지 않는 상태지만 그것을 추하다고 하지 못하기에 아름다움을 잉태하는 그릇이 된다는 것이다. 혼돈 상태에서는 이름을 지을 수도 없고 개념을 만들어 지식화 시키지도 못한다. 하지만 무명과 무의미가 질서를 관장하는 유명과 유의미를 결정하고 탄생시키기에 없음의 그릇이 있음의 그릇보다 크다. 결국 질서만이 아름답다고 하지 못하는 것은 질서 속에 추함을 넘어 악함이 있는 것 또한 질서의 한 흐름인 탓이다.

카오스와 코스모스를 있는 그대로 받아들여 자유의지를 발산할 때 혼돈의 질서도 코스모스의 혼돈도 주관하게 된다. 이런 주인은 기쁨이 찾아오고 보람을 찾아다녀 행복감을 느끼는 일에 빠져든다. 신성과 분유된 에너지로 자신을 부여받아 혼돈과 질서를 주관하는 자유의지를 일관되게 실천할 수 있는 힘이 그 속에 있다. 이 의지는 무애의 선상이지만 또한 사이가 존재하는 거리를 두고 발현되는 특징이 있다. 인간과 인간 사이에서 그리고 그 사이에서 나타나는 사랑과 증오의 감정은 혼돈과 질서의 대표적인 무애이자 질서다. 사랑과 증오 사이에서 인간은 아이러니컬하게 중심에 선다. 사랑도 주인이 하고 증오도 주인이 한다. 자신이 그 사이의 거리를 조절하고 무애를 보는 것이 자유의지다.

사이를 통한 존재감을 굳건히 하고 강력한 드라이브를 걸때 일의 효율 가치가 증대되고 돈을 번다. 사이를 부정하고 솔로를 즐기거나 혼자만의 자아에 빠질 때 그 누구도 사랑할 수 없고 증오조차 갖기 어렵다. 애증은 자신을 있게 하는 보증수표라는 것이고, 그 배경은 강력한 에너지를 발산하도록 도와 창조성을 높이고 일의 긍정성을 반드시 담보한다.

자유시장의 이방인이 변방에 있는 것 같지만 사실 중심에 있는 패러독스는 시장 내 자유인들의 내면이 이방인인 경우가 대부분이기 때문이다. 이방인이 아닌 것처럼 행동할 뿐이고 그렇게 외견상 자유인처럼 보인다. 혼돈에 있을 때 이방인이 중심이 서는 것은 미와 추의 기준을 잡고 의지를 발동하면서 질서를 창안하는데 있다. 이방인은 내면으로 들어가 보면 자유시장의 평범한 사람들이다. 평범함 속에서 이방인의 얼굴이 잠들어 있다. 이방인 자체가 자유시장의 혼돈을 대변하기 때문에 질서를 비춘다. 혼돈의 어둠 속에서 불빛을 비추는 작업은 이방인들의 외로움에서 시작된다. 군중 속 서로가 이방인이 되는 개별자들은 네트워크 내 얽힘의 에너지를 공유하기 위해 사력을 다한다. 이방인들 내면의 움직임은 가히 필사적이다. 외견상 보기에 진짜 이방인처럼 보이는 경우도 내면의 사투는 치열하다. 시장의 자유인으로 자존감을 확보하기 위한 노력이 장인정신으로 나타나는 배경이다.

시장 내 자유의지 사이를 유지하는 힘은 이방인들이 내뿜는 에너지다. 힘의 매개 소립자처럼 이방인들의 에너지는 평범함과 비범함을 밀고 당기며 조화를 끌어낸다. 마치 이성이 존재하듯 힘을 매개하면서 인력과 척력을 창조시킨다. 이 힘은 자유시장 내 사람들 사이사이를 응시하는 힘이기도 하다. 개별자들의 이성들이 상호 거리를 둔 성노를 파악하면서 세상은 격렬하게 돌아간다. 사이는 이처럼 혼돈과 질서를 모두 포괄하는 중심추 기능을 하며 전체를 아우르는 강력한 공간 에너지다. 사이가 사라지면 만물의 존재근거가 동시에 사라진다. 만물에 대해 이름과 개념을 선사하지 못한다는 의미는 자유의 상실이다. 시장이 설 환경이 만들어지지 않으면 모든 것이 어둠의 그림자로 변한다. 시장이 음울해지면 부자들이 나오기 어렵고 나온다고 해도 큰 부자로 가기가 더욱 힘들어진다.

사이의 미학은 또 혼돈과 질서를 구분하지 않고 만들어 가는데 있다. 영원한 부자는 사이의 미학을 알고 날개를 스스로 달아 자유롭게 날아다닌다. 사이는 간극이나 벽 또는 장애가 아니라 혼돈과 질서, 평범과 비범, 남자와 여자, 밤과 낮 등의 대척점을 이끌어 가는 거대한 힘이다. 힘은 사이의 존재감을 확실히 하면서 현실을 창조하는 원동력이다. 사이를 통해 시공간으로 정밀하게 구성되는 현실이 무한변수로 생멸을 반복해 인간은 사이의 원리를 따라야 한다. 모든 에너지 흐름이 또한 사이를 주관하고 매개한다. 이 흐름의 주체가 생명체를 움직이는 보이지 않는 정보와 데이터이면서 오감으로 인식하는 뇌와 신경세포들이다. 이를 창조해 나가는 시장의 일은 가치와 효율을 높이기 위한 전쟁을 벌인다.

영원한 부자는 미와 추의 사이에서 바퀴를 늘 새로 만들어 자신의 힘으로 돌리는 사람들이다. 사이의 미학은 결실을 낳고 미와 추는 미학으로 통일된다. 결실이 탐스러울 때 추조차 미학으로 간주되는 것은 현실의 예술이다. 부도덕·부조리 등 상시로 만연하는 추의 소재들이 미학으로 간주되는 것은 누구나 내면에 도덕률의 견제를 받지 않는 죄악심이 있기 때문이다. 그것을 들춰내는 것이 미학의 아주 중요한 부분이다. 악을 굳이 드러나게 할 필요는 없다고 해도 악의 존재를 분명히 인식토록 해 질서를 잡도록 하는 것은 현상계의 일상이 됐다. 그러나 여선히 혼돈하면서 막연한 기대심리까지 부풀어 올라 추의 문제는 단순히 예술적 소재에서 더 나아가 인간 본연의 모습을 질문하는 주체로 떠올랐다. 추의 예술성은 인간이 한 쪽으로 쏠려있지 않음을 읽게 한다.

부자의 길로 들어서는 과정이 험난하기도 하지만 부자로 영원히 남으려면 미와 추, 혼돈과 카오스, 사랑과 증오 등을 선택하려 하지 않고 자신과의 목표에서 멀어지지 않으면 된다. 시장에서 자유인들은 수없이 현혹당하는 미혹함이 많아 여전히 객에 머물러 있음을 자각하고 주체가 되는 훈련에 임해야 한다. 부자라는 큰 계단에 오르기 위한 자기성찰은 부자로 남는 길까지 제시하고 있다. 미와 추를 거창한 담론으로 끌고 갈 것이 아니라 과연 담론의 가치가 되는지를 진지하고 심오하게 검토하는 노력이 일과 돈을 대하는 자기수양이다. 돈 가치가 살아 생명 에너지에 도움이 된다면 그것은 사이 에너지의 불편함을 정면으로 과감히 극복하는데 있다.

THE KEY TO WEALTH

1. 이성의 가치

시공간 창조의 중간자이자 주관자 인간의 절대성

개별자들 간의 사이는 개별자의 존재를 가능하게 하면서 그 가능성의 자유형식까지 준다. 사이의 존재에 의해 존재성을 드러내는 개별자들은 그 사이를 통해 의식과 의지를 갖고 자유를 갖는다. 법이나 규칙 등의 경우를 보면 그것은 그 자체로 정의를 갖고 있지만 정의가 옹립되기 위한 이 같은 사이 기반의 자유의지를 필요로 한다. 사이는 제도화 또는 규격화 되지 않은 무한자이기 때문에 유한자를 규정짓고 가치까지 부여해 준다. 가치가 업그레이드 되는 과정에 사이 에너지가 역할을 한다.

존재는 가치를 동반해야 한다. 실존재하는 모든 유기물과 무기물이 신성의 분유된 존재라는 정의가 통한다면 그 모든 유한자는 가치를 지녔다. 가치가 없다면 드러남이 없어야 하고 그것은 없음이다. 무한자인 사이 에너지는 이처럼 유한자에게 존재론적 가치를 부여하는 권능을 갖고 있다. 사이는 가치를 지속적으로 업그레이하도록 하는 환경도 제공한다. 이들 사이에 존재하는 자유의지 힘이 이성의 실체다. 사이는 없음이 아니라 분산형으로 존재하는 있음이다. 이성의 이 같은 존재방식이 과학과 지식의 발전형식을 만들어 왔고 비판적 사유와 화려한 문명의 형식까지 돼 주었다. 이성의 모습은 수없는 얼굴로 마주하고 있는 우리들 자신이다.

이성은 네트워크 상에서 공간과 공간 사이의 이성과 이성 사이를 오간다. 관찰하고 판단하며 사유하는 이성은 한 공간에 머무르지 못한다. 공간 사이로 퍼져 나아가고 진행하면서 이성 간 소통을 한다. 이를 통해 이성은 위대한 발견이나 창조물을 내놓는다. 이성의 판단은 공간을 관찰한 유한자들에 대한 의식이다. 자신의 의지이면서 타자의 의식과 교환하기 때문에 이성은 자신이기도 하고 타자이기도 한 이중성의 성질을 띠었다. 이성이 스스로 판단하는 것은 불가능하다는 것이다. 이성은 다자 간 네트워크 상에서 존재하는 분화된 에너지다.

이성의 사유는 개별자 또는 유한자의 생각인 것처럼 보이지만 타자들의 사유를 엮어낸 결과물이다. 이성이 냉철하고 합리적인 판단을 하는 이유다. 이성이 개별자에 한해 존재한다면 이성이라고 할 판단과 사유를 하지 못하고 얻지 못한다. 타자 간의 실시간 소통 시스템으로 나타나는 화면이 이성이라는 점에서 그 실체는 효율성이 높은 실시간 소통의 성격을 띠었다. 효율의 극대화를 통해 이성 자체가 신성의 영역인 공간을 창조하기도 하고 나아가 시간을 만든다. 자신이 만든 시공간을 또한 오가는 것이 이성이다. 결국 이성은 물리적 시공간을 창조함은 물론 그것을 주관하는 총괄자적 위치에 있다. 이성의 판단과 사유에 따라 성과가 나고 현실이 바뀌는 것을 받아들인다면 이성의 역할이 충분히 이해된다.

이성은 현실을 변형하고 창조하는 위대한 능력을 지닌 존재다. 신성의 분유된 에너지가 이성에 잠재하고 있기 때문에 자신이 원하는 길을 만들며 나아갈 수 있다. 부는 대표적인 이성의 산물이다. 네트워크의 분화된 에너지 형태지만 총합의 흐름으로 보면 마치 유한자의 선택이고 결정인 것처럼 보이고 드러난다. 개별자들이 일을 통해 자신의 길을 만들어 가는 과정 속에서 부가 형성된다. 돈은 부를 만드는 일과 일 사이에서 탄생하는 사이 에너지 형태다. 이성이 돈을 실어 나르고 보관하는 힘을 지녔다. 돈에 대한 이성의 냉철한 판단이 강하면 강할수록 돈은 그 에너지 장에 머무른다. 이성이 흐지부지 약하면 돈은 그 에너지 장을 떠난다.

이성은 물리적 시공간과 함께 감각적으로 느끼는 시공간을 초월한 곳에도 머물면서 자연과 만물을 통제하는 힘을 지녔다. 이성의 능력 외적인 것처럼 보이는 직관과 통찰은 그 범주다. 직관·통찰은 이성의 범주를 벗어나는 것이 맞지만 이성을 기반으로 한다. 시간으로 보면 크로노스라는 아날로그적 시간이 아니라 카이로스에 걸맞는 디지털 형식의 시간이다. 물리적 시간은 이성의 느낌으로 줄이고 늘이는 일을 하지 못한다. 반면 카이로스는 순간을 영원인 것처럼 만들기도 하고 영원을 순간처럼 탄생시키기도 한다.

이성이 현실처럼 느끼는 허구의 시공간은 존재해야 한다. 하지만 이성이 허구처럼 느끼는 다른 차원의 시공간은 더 진실하게 있어야 한다. 이성의 끝없는 확장욕은 허구의 시공간을 만들고 허구는 진실로 바꾸는 괴력을 지녔다. 따라서 이성은 허구의 시간 등 물리적 시간과 그 속에서 탈출한 시간을 모두 통제하는 능력을 지녔다. 그 이성의 실체와 능력을 인간 자신이 정작 인지하지 못하고 있다. 자유시장 내에서 이성들이 주관자 역할을 상호 인지하고 있다면 보다 크고 화려한 시장을 만들어 내는 것이 가능하다. 그 결과 더 많은 돈이 탄생하고 유통되면서 더 많은 부자들이 양산된다.

인간이 이성의 초월적 능력을 인지했을 때 인간 스스로 초능력이라는 지위를 부여하고자 하지만 그것은 신성의 영역일 뿐 인간의 눈으로 본

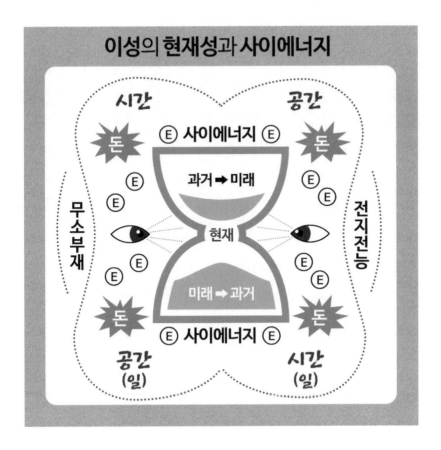

초능력이 아니다. 신성이 가미된 이성의 능력은 시간을 통제하는데 있다. 신성은 과거와 현재를 구분하지 않은 채 오직 현재만 주관한다. 이성도 마찬가지로 현재만을 주관하기 때문에 현재에만 늘 거주한다. 이성은 현재가 과거에 발생하지 않은 일이 나타나지 않는나는 점을 안나. 이는 거꾸로 화려한 과거의 경험이 가상의 현재로 투영될 수 있다는 이야기다. 현재는 따라서 과거가 없는 전제를 한 상태에서 주어진 일에 충실하고자 하는 마음이다. 그것이 이성의 본류다. 미래도 발생하지 않은 것이 드러나면 현실이 된다. 현실은 미래를 무한 근접할 수 있을 뿐 미래가 되지 못하고 무한한 현실이 된다.

　이성이 현재만을 주관하는 능력은 돈의 미학을 따르는 신성이다. 현재
는 효율을 중시하고 그 효율은 일의 가치다. 그 노력을 게을리 하지 않
을 때 돈은 필연적으로 따라오는 아름다운 꽃이다. 과거에 묻혀 후회하
거나 자랑하지 않고 미래의 뜬구름을 타지도 않는 현실은 이성의 냉철
한 에너지를 꼭 필요로 한다. 현실 이외에는 그 무엇도 현실을 만들어 내
지 못한다는 합리적 결단이 이성의 무한 창조력을 끌어 올린다. 시공간
의 무소부재는 이런 방식으로 움직인다. 신의 권능인 무소부재에 이성
도 같은 반열로 움직이는 것이 가능하다.

　이성이 유한자와 개별자에 국한된 능력인 것처럼 보이지만 이성은 현
실의 크로노스와 초월적 카이로스를 오가면서 그 어디에도 도달 가능하
고 존재할 수 있는 능력을 지녔다. 이성은 과거와 미래를 당연히 포섭하
면서 현재로 만든다. 현재로 수렴된 과거와 미래는 사라진다. 구원의 메
시아도 무소부재의 현재를 아우르는 이성의 가치다.

　아직 발생하지 않은 현재는 현재가 아닌 미래라고 할 수 있지만 무엇
이 드러날지 모르기에 미래가 아닌 현재상태다. 드러나도 현재이고 드
러나지 않아도 현재상태가 유지된다. 다만 드러나지 않았을 경우 드러
난 현재와 동기화 될 수 없는 차이가 끝없이 존재한다. 따라서 드러났
을 때 현실은 그것을 창조한 이성이 매순간 현실에 있어야 할 당위성이
다. 또한 미래도 이니면서 현재와 동기화 되지 않는 드러나기 전의 차
이가 있을 때는 현재가 존재한다면 그것은 현재를 움직이는 사이 에너
지다. 아울러 이미 발생한 현재의 경우는 시시각각 과거라고 할 수 있
지만 그 모두가 엄밀히 현재다. 이는 드러나고 있기에 과거와 동기화 될

수 없는 차이가 역시 무한히 존재한다. 과거도 아니면서 현재도 아닌 드러나는 그 차이 때문에 현재가 존재한다면 이 역시 현재를 움직이는 사이 에너지다.

결국 미래와 과거가 존재하지 않거나 그것을 모두 포용하는 형식이 시공간의 실체이기 때문에 시공간은 없음과 있음을 모두 갖고 있는 틀이다. 현재는 모든 가치를 아우르는 시공간이 응축된 고밀도의 극한값으로 작아진 한 점이면서 동시에 그 점은 무한대의 시공간을 모두 포괄하는 전부다. 사이 에너지는 이 같은 시공간의 특성에서 중간자이자 주관자 역할을 한다. 주관자는 중간자이며 중간자는 주관자라는 것이다. 중간자를 통해 주관자가 만들어지고 주관자는 중간자를 통해 주관한다. 사이는 유한자와 개별자 간 벌어진 존재를 하나로 만드는 통합의 존재이고 동시에 그 통합을 통해 개별자를 만들어 낸다. 개별자는 돈을 만들어 내고 돈은 전체를 아우르는 힘을 지녔다. 이성은 통합의 존재를 주관하는 중심에 항상 서 있다.

주관자와 중간자는 불완전성을 끝없이 현재의 눈으로 지켜보면서 무한한 현실을 창조하고 관리한다. 그 이성은 본능적으로 사랑을 쫓고 사랑을 완성하려 한다. 하지만 사랑은 사이의 에너지 중 가장 강력하기 때문에 결코 완성되기 어려운 극한 경계선에 존재한다. 완전으로의 끝없는 항진이 사랑이기에 역설적으로 그 사랑이 아름답다. 사랑은 희생과 책임의 다른 말이기에 무한히 이어지는 그 본능의 현재감각은 강력한 존재 에너지로 발현한다. 생명이라면 사랑의 가치를 반드시 내재하고 있는 이유다. 사랑은 완성되지 않는 무한한 불완전함 때문에 활력이 반드시 넘쳐야 하는 생명의 숭고한 가치다.

그래서 일을 사랑할 때 무한한 희생과 책임이 동반된다. 가깝게는 가족, 크게는 국가와 인류에 공헌하는 사랑이 발현된다. 완성되는 사랑이 가능하다면 사랑은 그 순간 존재하지 않는다. 그 불완전의 에너지를 주는 힘이 사이 에너지다. 개별자 간 사이 에너지는 무한히 이어지는 강력한 네트워크를 공유한다. 사랑이 네트워크 에너지의 동력원 역할을 하고 있다. 돈은 이 네트워크를 흐르는 욕망과 탐욕으로 상징되지만 그 저변에 사랑이 요동치면서 자리하고 있다. 욕망도 사랑처럼 완성되지 않는 무한 지향점을 향한다는 점에서 같기 때문이다. 욕망 역시 완성되는 순간 사랑처럼 사라진다. 사랑과 욕망은 사이 에너지 측면에서 동일한 에너지 흐름을 갖는다.

돈은 사랑할 때도 그리고 욕망할 때도 등장하면서 에너지 흐름을 탄다. 생명과 한 몸이나 마찬가지인 돈의 미학은 완성을 향한 불완전의 미학이다. 인간도 신성을 부여받아 완성을 향하지만 신과 동거할 수 없는 끝없는 불완전의 미학인 것이 동일하다. 인간은 필연적으로 돈과 운명적 길을 함께 걷는다. 이 길을 보고 창조해 나가는 것이 이성의 힘이고 가치다.

무한 가치 돈 중심에 이성의 기막힌 자기 통제력

이성은 완전하지 않은 불완전의 완전을 지향한 자기역동성이기 때문에 끝없이 자유의지를 발산하며 자신의 존재가치를 확인한다. 이성의 불완전성이 역으로 모든 가능성을 확인할 수 있는 능력이다. 가능성은 자유의지의 발현에 따라 성취도가 달라진다. 이성이 완전하다면 이성은 그 순간 사라지고 존재하지 않는다. 개별자들이 갖는 존재의 목적과 자존감이 끈질기고 강력한 이유다.

　이성이 존재하지 않는다면 자연과 만물의 질서가 인식의 주관 하에 들어오지 않기 때문에 없는 것으로 간주된다. 존재의 목적을 분명히 하기 위해 이성은 부단히 노력하는 본성을 지녔다. 이 본성은 갈등의 태생이 되고 싸움과 전쟁을 불사한다. 이성이 포악한 반인륜적인 측면을 드러내기도 한다. 숭고하게만 여겨지던 이성의 가치가 일정 부분 추락했다. 하지만 추악함을 불사하는 이성의 자기역동성과 그것에 마주하는 반역동성 때문에 이성의 본질은 목적성을 더욱 분명히 하면서 강력한 자유시장을 견고히 만드는 원동력이다. 반도덕성이 촉발되는 시장에서 이성의 자기통제는 곧 도덕률의 승화다. 인간과 대비해서 신성을 부여받은 이성은 이기심의 극대치를 지향하지만 위기의 극소화를 먼저 꾀하는 자기 합리성 내지 자기 목적성을 유지하기 때문에 그 과정에서 자신의 도덕률을 돌아본다는 점이다. 이를 통해 모든 가능성을 자유로이 전개하면서 생명의 부가가치를 키운다.

　자유시장은 생명의 활력이 넘치는 이 같은 불완전한 에너지들을 통해 수많은 고통들을 자가생산하면서 오히려 길을 만들어 간다. 내적 진통의 힘이 반복되면서 만들어진 길을 통해 시장의 에너지 흐름은 지속적으로 커진다. 따라서 화려한 문명의 실체는 고통으로 찢어지며 만들어진 모든 내면의 길이 드러난 현실이다. 이성은 길을 내는 고통을 본능적으로 거부하지만 품기도 하기 때문에 단단해 진다. 고통이 클수록 그것을 수렴하는 에너지도 커지면서 마치 자동화된 시스템으로 풀무질을 한다.

　완성의 형태가 이성의 형상으로 존재한다면 이성은 자유를 가둔 상태가 되면서 스스로 풀무질을 하지 못한다. 풀무질의 강도를 높이려면 자유를 가두면 안 되고 갇힌 자유는 풀지 않으면 안 된다. 고통을 피하려는 안주가 자유를 가두고 고통을 자처하는 질주가 자유를 풀어 준다. 이성은 자유를 가두고 풀어주는 자발적 운동상태에서 상호작용하는 의지의 준칙을 정하며 나아간다. 의지는 네트워크 상에서 지문과도 같이 무한한 경우의 수를 창조하면서 자유의 레벨을 만든다. 레벨이 높을수록 더 많이 돈이 창조되고 부가 쌓인다.

자유의 선택인 의지의 무한 확률이 자유시장 역동성의 기둥이라면 그 의지의 준칙은 자기역동성으로 인한 갈등을 통제하는 도덕률로 나타난다. 준칙은 개별자들이 자발적으로 만들어 내는 것 같지만 분산된 이성의 에너지들이 상호 교감하고 소통하는 흐름 속에서 비자발적으로 상호 생성된다. 준칙이 강력할수록 시장의 자유에 대한 통제성이 강화되는 배경이다. 문명의 발전은 의지의 준칙들이 세밀화 하도록 하면서 약속이란 형식을 통해 그물망을 만들었다. 이성의 자유를 억압하기 시작한 준칙들이 날이 갈수록 촘촘해진 그물을 바탕으로 권력도 만든다. 하지만 준칙의 씨줄 날줄이 촘촘해질수록 이성의 본능인 생명에 대한 의지가 커진다. 시장은 자유의지 준칙들이 쌓여 갈수록 강하게 역동하는 이중성과 반동성을 동시에 띤다. 이처럼 이성은 확장하는 시장의 주관자 역할을 하면서 동시에 무한 확장하는데 따른 에너지 소모를 준칙으로 제어하는 컨트롤을 한다. 준칙은 도덕률을 넘어 법이 되고 법은 다시 도덕률로 정의되기를 순환하며 반복한다. 시간의 제약을 두지 않는다면 이성의 조절장치는 거의 완벽하다.

따라서 선험적 선물인 이성의 외견상 모습은 신성이다. 하지만 이성의 실제 모습은 분산된 네트워크 에너지라는 점에서 신이 아닌 인간본성에 내재된 실시간 소통 시스템이다. 데이터 처리속도가 시공을 초월할 정도로 무제한적인 네트워크에서 이성들 간 소통의 결과물들을 라이브하게 연출해 준다. 인풋과 아웃풋의 속도가 거의 무한에 가깝다. 이들 데이터는 생명활동에서 오감으로 인지되는 모든 물질과 현상 그리고 정신이다. 데이터의 인풋은 개별자에 국한되지 않고 사이 에너지를 통해 동시다발적으로 감응해 이뤄진다. 인풋 물량이 많아 처리되지 못할 듯한 데이터들은 아날로그 데이터의 디지털 분개가 가능할 때 신성이 되는 능력을 얻듯이 디지털 정보들로 세분화 된다. 속도의 미학이 가치로 지속 탄생하면서 부가가치를 키울 항시적 준비상태가 개별자들의 인풋 상태에서 주어진다. 이성의 판단과 데이터 인풋의 간극은 거의 없어진다.

오감의 정보에 따른 데이터 인풋과 판단 아웃풋의 간극이 개별자별로 차이가 있다. 그 시간의 차이도 무수히 많고 때로는 길어 보이기도 한다. 하지만 이성이 판단 또는 결정하는 매 순간 데이터들이 업로드 된다. 이성의 인식과 판단의 간극이 큰 것처럼 보이는 시간들이 실제로는 큰 차이 없이 즉각적으로 이뤄지는 에너지 흐름이다. 오감으로 들어온 데이터들이 한참을 지난 과거형 같아도 판단의 순간에 인풋이 완성되고 그 인풋이 아웃풋의 즉시성이다. 인풋의 완성은 개별자들이 인식하는 것에 국한되지 않고 데이터들을 집단에 분산하고 저장하는 것까지 함의한다. 타인의 생각이나 시선 능을 의식한 판단은 분산의 방식 중 극히 일부분이고 대부분은 잠재의식 상태에서 이뤄진다. 잠재의식이 이성의 거의 모든 활동에 모체가 된다. 이성은 잠재의식의 지배를 받지만 이성은 잘 감지하지 못한다. 잠재의식은 신성과 이성의 가교역할을 한다.

인식의 완전한 완성은 없지만 인풋과 아웃풋의 속도가 무한에 가까우면 인식이 완성되는 순간과 인식의 표출은 시간차이가 없어진다. 인풋과 아웃풋 간에는 하나가 될 수 없는 무한 사이 에너지가 존재하지만 마치 하나로 움직이는 듯한 처리능력을 보인다는 점이다. 사이 에너지가 이를 주관하기에 이성의 다른 말은 데이터를 기반으로 한 인풋과 아웃풋의 상호작용이다. 데이터는 정보의 형태로 구체화되기 때문에 정보처리 속도는 이성의 판단능력으로 레벨이 매겨진다. 속도가 빠를수록 네트워크를 이용한 최대의 부가가치가 발생하도록 효율적이고 생산적인 판단과 결정이 이뤄진다. 반대로 정보처리 속도가 늦으면 정확한 판단을 하지 못한데 따른 비효율이 발생할 확률이 높아진다. 현실에서 엘리트와 둔재의 형태는 결국 이성이 작동하는 메커니즘이다.

둔재보다 엘리트가 판단의 정확성이 당연히 높다. 현실에서 개별자의 판단과 결정이 절대적으로 옳거나 틀리다는 정답은 절대 없지만 자유시장의 기본 축이 효율의 논리로 보면 정답에 가까운 쪽은 있다. 엘리트는 자유시장에서 효율을 높이기 위해 필요한 에너지라는 점이다. 카오스와 코스모스가 상호 교감하면서 현상을 드러내듯 정답을 향한 무질서 속에서 정답에 가까운 질서를 찾아내야 한다. 똑똑한 이성일수록 이 같은 효율의 레벨을 창조하면서 무한히 확장하려 하는 본능을 지녔다. 이성들이 답을 찾아가는 과정은 멈출 수 없는 숙명이자 소명이다. 현실의 무한경쟁은 그 모습이고, 이성의 효율이다. 이 효율은 일의 효율인 돈으로 드러난다. 신성을 대리하는 이성의 에너지는 돈을 통해 신성의 역할을 해내는지 여부가 검증된다. 돈을 축적해 부를 이룬 이성들은 그래서 효율을 삶의 최우선 가치로 여긴다.

삶의 가치를 결정하고 삶의 이유를 설명해 주는 것이 결국 혹독하고

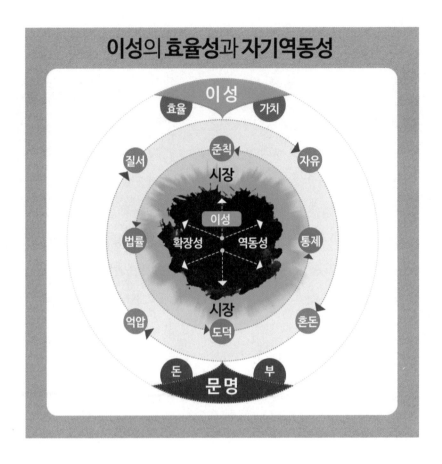

이성의 효율성과 자기역동성

이성

효율　가치

준칙

질서　시장　자유

이성

법률　확장성　역동성　통제

시장

억압　도덕　혼돈

돈　부

문명

냉혹한 현실에서는 돈으로 간주된다. 돈 때문에 죽기도 하고 살기도 하며 행복과 불행 그리고 기쁨과 고통을 맞본다. 극한 변수값을 갖고 있는 이성의 효율이 삶의 많은 것을 지배하고 있다. 이성의 실존적 모습은 이런 현실들의 대립 또는 혼돈 상태로 이루어져 있나. 삶의 실존은 곧 이성의 효율이라는 엄격한 질서가 지배하는 시장의 카오스에서 나오고 있다. 시장 내 이성의 효율이 높다면 자신의 존재 가능성을 높여 주지만 그 효율이 떨어지면 가상의 존재로 떨어지는 존재가 될 수 있다. 가상의 존재는 자존감을 무시당하거나 외면당한 경우지만 실제 그런 상황이 닥치면 존재하지 않는 그림자일 수 있다. 극도의 소외감이 죽음보다 더한 고통은 그 사례다. 소외는 사회적 소외를 넘어 자신의 존재감을 찾지 못하는 자기소외에까지 빠진 것을 포괄한다. 이 때 이성의 효율은 생명이 살아가야 할 이유와 가치를 결정해 준다.

이성은 그래서 스스로 생과 멸을 선택할 수 있는 능력을 지녔다. 생은 효율을 높이고, 멸은 효율을 떨어뜨린다. 지속적으로 발생한 과거형의 현재, 발생하지 않은 미래형의 현재들이 교감하면서 생멸의 효율은 교차하기를 반복한다. 이를 통해 삶과 생명의 주기들이 결정된다. 생멸의 법칙은 보이지 않지만 삶의 기준점이 무엇인지를 살펴보면서 강렬한 법칙들을 세워 나가는 것이 이성의 가치다. 그 결과로 현실이 만들어지면서 이성의 판단은 그 능력의 기본 축으로 인정된다. 이성의 가치는 이처럼 삶의 존재 근원은 물론 현실까지 인식의 주관자 안으로 들어오게 한 것에 있다. 중간자이면서 주관자의 위상을 점하는 이성의 또 하나 가치는 생명의 유한성을 영원성으로 담보하기 위한 노력을 쉼 없이 한다는데 있다. 영원성의 형태는 종족보존과 영적능력으로 모두에게 잠재돼 있다.

이성은 만들어진 무한자 사이의 분산 에너지이지만 자기복제를 하는 개별자로 영육의 효율성을 높여 간다. 이성이 육의 가치를 높일 때 종족보존이라는 생명의 이어짐이 단절되지 않고 이성이 영의 가치를 높일 때 영적능력으로 신성과의 연결성이 심오해진다. 영육이 조화를 이루면 삶의 이유가 드러나고, 그 중심에 돈이 있다는 것을 알게 된다. 돈이 수많은 영육의 동력으로 마력을 발휘한다. 이성과 문명과의 교감은 그 상징이다. 이 교감은 유기물과 무기물처럼 불가능해 보이지만 가능하다. 유기물과 무기물은 원자 이하 입자단위 또는 에너지 차원으로 보면 차이가 없다. 그 에너지를 데이터와 정보로 봐도 차이를 구분하기 어렵다. 자유의지가 추가된 유기물에는 이성이 작동하는 것이 차이다. 유기물(이성)이 자유의지가 없는 무기물(문명)과 소통할 수 있는 능력은 척도가 되는 인식의 능력이 아니다. 오히려 인식은 배제되고 존재가 소통의 통로가 된다. 이성과 문명이 존재하는 것만으로 소통이 된다는 것은 부존재의 의미를 이해해야 하는 일이다.

부존재는 없음이 아니라 있음을 가능케 하는 있음이다. 이 있음은 진행형이기 때문에 사실상 부존재의 연속이다. 이성과 문명은 상호 존재하지만 부존재하기도 한다. 이성은 문명의 부존재 속에서 부존재하는 이성을 드러나게 했고, 그 존재의 이성 속에 문명이 살아 꿈틀 거릴 수 있는 영적공간을 또한 만들었다. 문명을 상대하는 이성의 자가혁명이다. 이성의 상대인 문명이 이성의 의지에 의해 드러난 현상이란 것은 본래 존재하지 않는 부존재지만 도구적 수단의 영적 에너지를 담아 낸 이성의 의지라는 것이다. 문명의 담지자가 이성이 되도록 그리고 그것을 통해 이성이 끝없이 존재하도록 이성과 문명은 소통했다. 이처럼 있음이 있음을 가능케 한 부존재 패러독스는 소통의 다른 말이다. 이성이 문명의 부존재 패러독스를 이해하면서 문명의 진화속도가 멈추지 않았다.

이성의 문명에 대한 욕구는 무한성을 띠면서 인식의 주관자 위상을 바꿀 상황까지 치닫고 있다. 기계문명의 극적 빌딜이 부존재 패러독스를 삼키고 존재감을 가지면서 이성과 동반 레벨로 가려하고 있다. 이 또한 역설적으로 이성의 가치는 문명의 이성이 인간의 이성을 능가할 때 드러난다. 문명의 부존재를 끝없이 확인해 나가면서 이성의 자기위상을 확보하려는 자기역동성을 기반으로 문명과 소통을 하려는 인식의 고도화 능력이 자유시장의 가치를 빛의 속도로 발전시켜 나가고 있다. 이를 통해 부의 규모가 상상할 수 없이 커지는 속에서 이성의 가치도 커져가고 있다. 문명의 고도화는 이 같은 이성의 성숙 속에 이뤄지는 돈의 미학이다. 돈은 이성의 가치가 고차원 문명을 만들어 가는 노정 속에 극도의 추함까지 모두 담아낸 미학의 주체로 굳건히 자리를 잡아가고 있다.

2. 경험의 가치

인간 존엄성 토대 이성 · 경험 주관자 위상에 선 돈

이성은 인간의 존재를 유한자나 개별자로 본질에 앞서 실존재하는 것이 확고히 증거되는 합리적 단초가 되고 있을 뿐만 아니라 보편적으로는 신성과 교류하는 권능까지 갖춘 존엄성의 지위까지 부여해 주었다. 신중심의 시대에 인간은 마치 무기물처럼 본질의 중심 변방에 존재하는 도구적 존재에 지나지 않았지만 이성의 계몽시대를 스스로 열어젖히면서 신성과 같은 중심의 지위로 올라섰다. 본질보다 앞서 실존재하는 인간의 이성은 대단히 합리적인 방법으로 가치의 극대화를 통해 권위를 확장해 나갔다. 하지만 이성의 무한 확장을 통해 신성과 같은 지위로 격상된 것에 못마땅한 일단의 철인들은 이성 못지않은 감성을 대척점으로 가져다 놓았다. 감성은 인간의 오감을 기반으로 한 경험의 가치를 숭상한다.

이성을 놓고 막연한 절대성을 설정한 연역적 사유는 근거가 없는 허상의 이미지를 구체화 한 것인 냥 보이기는 했다. 하지만 이성의 실존재는 사유하는 것만큼은 존재하는 변할 수 없는 사실성에서 연역의 도구는 아니었다. 인식의 주체를 설정하고 그것을 통해 인간의 존엄성을 확인하는 과정에서도 이성은 존재해야 했고 오히려 변증의 상승논리를 통해 절대이성으로 나아가야 했다. 이성과 감성은 합리론과 경험론이라는 이름으로 치열한 접전을 벌였지만 둘 사이에는 하나의 원리가 통한다. 이성의 비판서는 이를 통합하는 깨달음의 사유적 틀까지 제시하기도 했다. 이후 절대이성은 인간을 신성의 경지까지 올려 주었다. 그런데 그 이성은 경험의 가치를 버리지 못하고 현상계 레벨을 바탕으로 하면서 인간의 실존과 생에 대한 근본적인 탐구의 바탕이 돼 주었다.

　경험의 가치에 대해서는 철학적 또는 사유적 논증 보다 더 중요한 것을 간과하면 안 된다. 신성이 인간 내면에 본유하고 있는지 여부를 논하기에 앞서 경험과 이성은 상호 필요로 하는 소통의 대상이라는 것이 중요하다. 경험은 에너지가 흐르는 시공간의 변화에 대한 기억의 잔상이다. 이성이 현재에 국한된 강력한 현실주의 에너지라고 보면 경험은 잔상효과로 인해 이성에 비해 현재를 비중 있게 포섭하지 못한다. 과거와 미래가 기억으로 발생하는 허구의 시간임을 인지할 수 있는 것은 이성의 냉혹한 힘이다. 경험이 오히려 과거와 미래를 만들어 가는 것이 실체를 보지 못하게 하는 본질의 장막 역할을 하고 있다. 하지만 경험의 이같은 장막 역할이 이성의 가치 이상으로 인간의 실존재를 확실하게 증서하는 보조적이시만 주관사적 위상의 지위를 갖도록 해준다. 기억의 잔상과 허구의 과거·미래가 이성의 실존재와 현재성을 강하게 떠받치고 있기 때문이다. 경험적 귀납법을 통한 자연의 원리는 학문으로 체계화 되면서 이성의 힘이 돼 주고 있다는 것이다. 기억의 잔상들이 축적됐을 때 현재성을 강화한 경험은 이성의 절대성을 지원하는 지식의 발전을 촉진해 왔다.

하지만 절대성에 가까워진 이성의 에너지 흐름이라고 해도 인간 스스로 인식되지 않는 한계가 있다. 이는 어떤 상황에서도 인식되지 않는 잠재의식을 꺼내 쓰는데 연유하기도 하지만 경험의 울타리가 항상 일정하게 지원해 주지 못하기 때문이다. 경험을 많이 하면 할수록 본질을 둘러싼 울타리는 더욱 커진다. 경험의 장벽이 나날이 커지는 속에서 이성의 본질이 보호되고 절대성을 키우는 역설이 통하지만 경험의 장벽은 허물어지기를 또한 반복한다. 경험적 울타리가 무너질 때 이성의 중심이 흔들린다. 나아가 이성의 장벽인 경험적 거울이 역할을 하지 못하면서 이성적 사유의 틀이 제한된다. 그만큼 경험은 이성의 실존재에 필연적 대칭성을 갖는다. 이성의 거울은 경험이 쌓아올린 장벽들로 등장했다는 것이다. 문명은 경험이 쌓은 정교하고 거대한 금자탑이다. 문명은 경험의 장벽이지만 이성의 거울이다. 수없이 쌓아 올린 경험의 문명 속 본질에 이성이 꽈리를 틀면서 존재하고 있다.

이성이 부존재의 대상성으로 문명과 소통하면서 스스로 본질을 드러낸다. 경험의 장벽이 이성에 울타리를 치고 있지만 이성은 또한 이를 넘기 위해 스스로를 비추면서 자아를 찾는 능력을 동시에 갖추었다. 이를 통한 도구의 혁명이 가져온 문명의 선물은 인간 자신의 거울을 무수히 탄생시켰다. 그 거울에 비춘 인간군상의 자기형상은 자연의 한 부분들이며 무기물과 다를 게 없었다. 그것이 또 과학을 선사했다. 자연은 신성의 분유된 형상이고, 인간은 그 자연을 통섭할 수 있는 능력인 이성과 경험을 동시에 갖춘 신성의 존재로 확인됐다. 다시 말해 경험이 장벽을 쌓아 이를 반추토록 하면서 이성을 보호하고 이성의 자기역동성인 실존

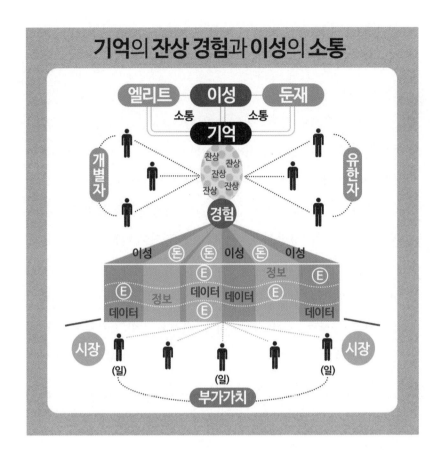

재를 돕고 있다.

경험은 분산된 에너지 네트워크에 있는 이성과 대화를 나누며 데이터를 쌓아 이성의 존재성을 영구히 강화시킨다. 경험이 이성 간 네트워크로 전파되는 과정에서 이성은 또 다시 가치를 극대화 하는 효율을 추구한다는 점이다. 경험적 사실들을 바탕으로 이성의 판단은 빨라지고 정교해진다. 현실에서 지혜로움의 신성은 경험을 기반으로 한 이성 간 망에너지라는 점이다. 수많은 사람들의 얽히고설킨 에너지 그물망에 경험 데이터가 올라 확산될 때 이성은 자신의 위치를 더욱 확고히 잡는다.

경험의 시시비비를 즉각 가린 뒤 이성적 판단에 임한다. 시장에서 경험은 이성의 자기위상을 높이도록 해주고 그것을 통해 가치를 올려준다.

경험은 단순한 활동이 아닌 일을 통해 훨씬 많은 데이터를 소유하기 때문에 이성이 역으로 작동하는 소통을 한다. 이성의 개입은 시장의 자유의지다. 이 의지가 경험을 다시 촉발하고 촉매하면서 경험의 가치를 높이면 다시 이성의 효율이 동반해서 높아진다. 따라서 경험은 외적 대상을 인지하는 것만이 아니라 내적 대상인 이성에 영향을 미치는 막강한 위력을 발휘한다. 경험은 또 이성의 무한 확장에 따른 독단성을 제어하도록 하는 브레이크와 같기도 하다. 합리적 판단의 절대성을 지향하는 이성이 간혹 신의 능력을 갖고 있는 것인냥 무한 권능으로 착각하면 끔찍한 사건·사고는 물론 전쟁까지 일어난다. 경험의 가치는 이성 간 상호 계산을 하게 하는 데이터를 주기 때문에 이성의 부당한 자기합리화를 통한 독단을 예방하거나 막아주기도 한다.

경험은 이처럼 이성의 내적 제어를 통해 얻어진 데이터를 쌓도록 하면서 이성이 진선을 행할 수 있도록 유도해 준다. 경험은 이성이 미를 우선적으로 추진토록 하는 감각적 에너지가 높지만 미를 아름답게 하는 권능이 진선에 있도록 하는 역할을 한다. 진리를 추구하면서 착함을 갖고 있는 것이 진선을 갖춘 미의 정체임을 지속적으로 인식토록 돕는다. 미학은 공동선의 진선미 삼위일체 형상이다. 하지만 이 형상이 현실로 드러날 때 추의 미학을 통해 일어난다. 거짓과 음모가 난무하고 갈등과 싸움이 빈번한 추의 세계에서 미가 드러나는 것은 수많은 예술작품과 문학작품에 잘 표현돼 있다. 드라마틱이라고 하는 절정은 거의 대부분 평온하지 않고 평화롭지 않은 모습을 띤다. 경험이 이런 무한 경우의 수를 대변하는 주인공이다. 본질을 가로막은 울타리를 치면서 자신은 본질을 인지할 수 있도록 더러움을 과감하게 드러내고 있다.

차마 끔찍한 경험을 대리인을 통해 한다는 것은 통상적인 고통의 전이효과가 아니라 자신도 모르는 사이에 수렴되고 받아들이는 일정한 고통의 전수효과다. 고통의 일부를 그대로 수렴하는 과정을 진정성 있게 하면 그 어떤 고통·고난도 진선을 향해 아름다움을 추구하는 필연적 과정임을 알게 된다. 경험의 가치는 미를 향한 신작로를 깔 수 있는 능력을 가졌다는데 있다. 자본시장에서 이 능력은 돈을 부르고 부자를 만들어 낸다. 경험적 신뢰는 시장의 질서를 안착시키면서 동시에 교역량을 획기적으로 키운다. 경험은 신뢰와 불신을 동시에 겪도록 하지만 한 가지 공통점은 어떤 경험이든 새로운 신뢰의 길을 보게 한다는 점이다. 신뢰의 감정을 견고히 쌓는 일은 이성의 합리적 판단에 지나치게 의존해서는 안 된다는 법칙도 보여준다. 오히려 감성에 충실한 진솔하고 솔직한 태도가 시장의 믿음을 더 많이 얻는다. 통속적으로 가슴의 신뢰가 이성의 신뢰 못지않게 중요하다. 경험적 추의 미학은 가슴의 신뢰를 보여주고 키워주면서 진선을 향상시키는 역할을 해 왔다.

이성의 효율과 경험적 신뢰의 긴밀한 교감이 결국 시장을 키워왔다. 순탄하지 않은 경험일수록 불안요소가 커진다는 점에서 이성의 힘을 빌려 안정을 찾는 방식이 효율적으로 작용했다. 실세로 카오스 같은 경험이 코스모스 같은 이성의 힘을 빌리는 것은 타당했다. 카오스 상태가 길고 클수록 이성의 힘은 더 많이 필요해진다. 고난과 역경의 경험이 많고 심할수록 이성의 냉철함을 더 가져다 쓰면 어려움을 이겨낸다. 경험의 가치가 전부인듯한 시장의 많은 성공신화 사례는 이성과의 협치로 이뤄졌다. 아울러 경험이 이성보다 가치가 떨어지지 않는 돈의 미학을 키울 수 있는 배경은 추의 미학을 근간으로 했다. 돈은 경험적 준칙을 바탕으로 하면 더 많이 커지는 속성을 지녔다. 준칙의 도덕률은 일의 부가가치와 시장의 확장성을 높여 주면서 또한 이성을 필요로 했다.

모든 경험은 곧 돈으로 환산될 수 있는 일 가치다. 경험을 전략적으로 해 나가는 노력이 곧 일의 효율이면서 이성의 가치와 직결된다. 돈을 사이에 둔 경험과 이성이 돈에게 무한 에너지를 공급하는 시스템이다. 사이 에너지가 개별자의 존재를 결정하기도 하지만 무한자의 능력도 실현함을 감안 할 때 경험과 이성 사이에 있는 돈은 사이 에너지 장에 깃들어 있다. 만물의 흐름과 형상을 결정짓게 하는 사이 에너지는 돈과의 소통을 통해 경험과 이성을 간접 조절하기도 한다. 돈은 시장에서 이성과 경험의 주관자적 위치를 점하고 있다는 것이다. 돈이 인간의 실존재를 확인하는 존엄성의 반열에 함께 서 있다.

자유 같은 비자유 소비, 다양한 자본시장 원동력

이성이 부존재할 것으로 추상화된 본질 속에서 문명이라는 이성의 대상성을 키우면서 존재의 당위성을 키워온 것은 사실상 경험이 바탕이 됐다. 잔상 속에 남는 이 경험의 실체는 엄밀히 잠재의식이란 현재로 통일된다. 이성이 이를 쓰고자 할 때 오직 현재이기 때문이라는 것은 이성이 경험을 데이터로 쌓인 잠재의식을 실시간 유인해 아웃풋 하는데 있다. 이성은 신성에 가까이 있지만 경험도 신성 옆에 있으면서 이성에게 그 자리를 대신 앉으라고 한다는 것이다. 이성은 현재형으로 구현되는 잠재의식에 내재된 경험의 가치를 잘 모른다. 그것이 경험의 가치가 이성 못지않다는 것을 보여준다.

무한자 에너지 공간인 사이는 경험적 가치의 근간이 되는 유한자의 존재를 가능하게 하면서 그 가능성에 일종의 자유형식까지 준다. 따라서 경험은 이성의 지평을 넓혀주는 인자다. 경험은 유한자의 한계에서 오는 태생적 울타리를 갖고 있지만 그것이 유명론뿐만 아니라 실재론에까지 영향을 주면서 이성을 돕는다. 유한자의 한계가 무한자를 지향하면서 수없이 많은 지식을 축적하는 것은 유무상생과 같은 경험과 이성의 상보성이다. 사이 에너지에서 끝없이 나오는 무한자가 이성의 공통분모로 이해된다면 경험은 분모의 가치를 제공하는 분자들이다. 분자의 존재 없이 분모가 존재한다면 끝없는 없음이다. 경험이 존재하면서 이성이 존재하고 이성이 경험의 잠재의식 데이터를 축적하도록 하기에 무한자의 절대성에 가까운 이성의 완전성이 지향된다. 이성의 주도적 의존성이 인간의 지적능력을 키워 왔다.

이성이 네트워크상에서 보편성을 통해 권력에의 의지를 지향한다면 경험은 그 네트워크의 에너지 흐름을 조절하거나 키우는 역할을 한다. 보편적이고 연역적인 이데아의 논리에 개별적이고 귀납적인 경험의 필연적 존재성이 드러나고 강화된다. 보편성의 한계가 갖는 역설적 가치는 창조적 현실을 지속적으로 높여나가는 임계치에 다가가는데 있다. 한계점에 다가길수록 보편성은 강화되고 개념이 분명해 시시만 치냉석인 보편성의 결함이 발생하기 시작해 독단적 자기 울타리를 크게 만든다. 이는 창조적 현실을 떨어뜨리는 요인이 된다. 이를 극복하게 해 주는 것이 개별자들의 경험이다.

미래를 창조하고 꿈을 갖게 해주는 목표 지향성은 이성이 만들어 간

다. 이성은 이를 통해 역으로 경험적 행동을 유발하고 의지를 발동시킨
다. 하지만 개념화되기 시작하면서 이성의 절대적 지향성이 유한성의
한 부분이라는 것이 함께 드러날 때 개별자의 경험이 빛을 발하기 시작
한다. 미래가치를 구현하는 구체적인 방법론이 이성을 분모로 한 경험
의 분자를 통해 시시각각 제시되고 조절되면서 경험은 이성처럼 행동하
기도 한다. 경험이 스스로 꿈을 창조하고 일 가치를 구현하는 이성적 움
직임을 보인다. 실제로 경험적 이성은 경험의 축적을 통해 이성이 만들
어지는 것처럼 비춰진다. 이성의 본래적 존재가 흐릿해질 정도로 경험
은 강력한 에너지를 분출하면서 시장을 창조해 가는 주역이 된다. 경험
적 일 가치는 모두가 소중히 하고 순환시키는 돈으로 일궈지면서 부자
를 만들어 낸다. 돈의 미학은 경험이 이성의 영역으로 들어오면서 감각
적 영역에만 머물지 않는다는데 있다. 세속적이고 쾌락적인 것의 상징
처럼 보이는 경험적 데이터와 돈의 실제 모습은 냉철하고 엄정한 질서
의 주관자 역할을 하고 있다.

추상성은 미학을 따지기 어려울 정도로 혼돈스럽다. 돈의 미학도 마치
추상성을 따른다. 추상은 단지 보여지는 것으로 자신을 드러내면서 존
재감을 확인한다. 모든 것을 있는 그대로 자연스럽게 바라보고 혼돈 속
의 질서를 절제된 수단으로 표현한다는 것은 미학이 아닌 듯 하면서도
고도의 미학적 자태다. 추상화는 있는 그대로 경험가치를 부여함과 동
시에 수많은 해석을 통해 이성의 가치를 구현하는 중용의 예술이다. 중
간이 아닌 절대성과 불완전성을 모두 포괄하는 신성의 영역에서 추상이
갖는 의미는 대단하다. 추상성은 곧 신성의 영역에서 스스로 드러내기
를 좋아하는 형식이다. 존재 그 자체를 드러내는 속성을 띠면서 경험의

결 어긋남과 추상의 탄생

가치가 극대화 된다. 다만 경험 단독이 아닌 이성의 가치로 그 가치가 커 갈 때 시장이 필요로 하는 자유의지가 더 많이 만들어지고 확장된다.

시장은 이 같은 경험적 또는 이성적 자유의지에 의해 거대한 미래 부가가치가 만들어지는 장소다. 미래 같지만 늘 현실인 시장이 가치는 그 모태인 일을 유인하게끔 하는 장치가 절묘하다. 시장은 욕망이 소비되는 곳이라는 셈이다. 욕망은 자유의지의 주체 같지만 실제로는 환경과 타자에 의해 유인되고 속박되면서 네트워크에 에너지를 분산하는 과정의 역설이 있다. 누구나 시장에서 가격을 보고 판단하는 결정을 하면서 구매활동을 한다. 이를 통해 구매가 자신의 삶이라는 가치와 행복에 절대적으로 중요하게 자리매김 해 왔다. 소비활동은 곧 시장에서 주체적 자유의지와 상통하는 경험의 가치를 창조해 내는 듯한 환상을 준다. 하지만 소비는 타자들의 유인장치인 수많은 마케팅 기법으로 작동한다. 마치 이성이 경험을 유인하고 경험이 자유의지 주관자의 위치에 올라있는 듯한 가치와 유사하다.

현대인들은 타자에 의한 소비가 익숙해져 있다. 사회적 소외에 빠지지 않기 위해 그리고 스스로 소외의 트라우마에 빠지지 않기 위해 치열하게 타자들의 공간에서 타자들의 눈으로 소비 패턴을 만든다. 유행은 그 패턴의 현실화된 개념이다. 마케터들은 수많은 소비 패턴을 언제든 만드는 괴력을 지녔지만 그것은 괴력이 아닌 평범한 소비 패턴을 만든 것에 불과하다. 패턴은 경험을 통해 만들어지고 변형되며 수정된다. 시장은 결국 개별자들의 자유의지 소비가 얽혀 있는 것이 아니라 본래 얽혀 있는 개별자들의 묶음 사이로 흐르는 경험적 욕망 에너지들의 총합이다. 자기주도인 것 같은 욕망은 수없이 끌려 다니면서 시장에 활기를 불어 넣는다.

마치 미래가치를 창조하는 것과 같은 시장의 패턴은 실제로 부가가치를 일으킨다. 자연스럽게 시장의 일 가치가 유인되면서 커지고 돈의 확장으로 이어진다. 나날이 성숙되는 시장은 능률을 중시하고 효율의 가치를 중시하면서 스스로 존재의 당위성을 확립해 나간다. 상품의 소비 패턴이 무수히 만들어지면서 삶의 형태가 다양해진다. 행복의 조건도 개별자별로 무한히 달라지면서 시장의 다양성이 촉진된다. 비자유에 의한 구매지만 자유의지인 것으로 착각되는 경험적 소비는 자본시장의 지도를 만들고 그 지도는 또 이성을 가져온다. 이성이 지도를 보고 판단할 때 경험적 소비는 또 다른 지도의 길을 만든다. 불완전한 경험적 비자유 지도는 이성을 통해 완결돼 가면서 점차 정밀한 지도들을 탄생시킨다. 유인되는 경험은 결국 이성에 의해 현상계에 국한되지만 자발성을 드러내면서 경험의 가치로 빛을 발한다. 지도는 시장에 존재하는 삶의 원리이고 살아야 할 이유가 된다.

세밀한 길들이 표현되는 지도의 완성도가 높아지는 시장의 성숙은 역사성을 가지면서 역사를 바꾸는 능동적 토대를 닦는다. 이 같은 토대는 패턴의 복잡성이 아무리 전개돼도 수렴하고 해결할 수 있게끔 한다. 생명의 복잡계가 예정설인 듯 하면서도 불확정성의 물리법칙을 따르는 것은 현상계로 보면 이율배반적 모습이지만 경험과 이성의 합목적성으로 보면 극적 조화다. 능동성의 주축이 되고 창의성을 일으키는 경험의 불확정성이 예정설의 중심에 섰다. 확정된 예정설이 알고 보면 불확정성이고 확률이다. 그리고 불확정한 것들의 총합이 예정설이라고 하는 틀 안에 있다. 욕망의 기저 에너지가 시장이라는 틀에서 불확정하게 예정되게 간다(소비)는 것은 다양성의 틀을 상징한 것이다. 비자유의 경험적 소비가 곧 이성과 극적 조화를 이루면서 시장의 자유의지로 완성된다. 경험과 이성의 산물이자 동력 에너지인 돈은 비자유의 경험적 소비 때문에 지속직으로 확산되면서 이성의 일 가치가 그 소비를 또한 재확산해 시장의 중심 에너지로 자리를 잡게 했다.

이율배반의 법칙은 다양성의 틀이라는 신성으로 보면 지극히 자연스러운 자연의 법칙이다. 패러독스가 자연스럽다는 것은 분모의 이성과 경험의 분자가 하나로 역동하면서도 어긋나야 드러나는 진리와 같다. 결이 생기고 틈이 있을 때 만물이 드러나 존재하듯이 다양성의 틀은 그 속에 변화의 무한성을 갖는다. 틀이되 틀이지 않은 원리가 바로 시장 패턴이다. 패턴은 경험과 이성의 총체적 사이클이면서 또한 그 사이클이 무한히 생성되고 소멸되는 과정이다.

호모사피엔스에게 다양성의 가치가 일이다. 일을 통해 가치를 창출하면서 자존감을 끝없이 확인해 나가는 것은 과정이지만 태어난 생명의 궁극적 목적이다. 일에 속박당하거나 억압받는 개념은 인간의 잘못된 눈으로 본 해석이면서 나아가 방종이다. 일을 중심으로 자기존엄성을 키워가면 생명 가치 최고의 정점에 오른다. 태어나 죽음에 이르기까지 활동하는 대부분이 일이라는 것을 감안하면 행복의 조건에 일의 가치를 빼놓고 이야기하기 어렵다. 행복은 영혼의 작용이지만 에너지 활동을 통해서 의식된다. 정신적·육체적 에너지 활동이 의식의 행복감을 주는 것은 경험적 가치의 중요한 기준점이 된다. 유물론적 시각으로 보면 노동은 인간을 속박하거나 억압하는 개념이 틀리지 않지만 의식의 행복이라는 관점에서 보면 일은 자기주도적인 주체의 자연스럽고 당연한 활동이다. 시장은 경험적 가치를 기반으로 한 의식의 행복으로 운전되고 있다.

관념론적으로 본다고 해도 일이 현실에 속박당하는 개념일 수 있지만 삶의 질을 높이는 육체적·경험적 측면으로 본다면 일은 경험적 삶의 전 생애가치와 연결된다. 인간이 살아가야 할 핵심 이유에 일하는 에너지를 의식하고 수렴하며 느끼는 과정이 필수적으로 동반된다. 이 때 의식은 단순한 오감의 인식작용 결과가 아니라 수없이 분산된 다자들의 시공간을 실시간으로 하나처럼 엮어가는 진행형의 항상성이다. 이 의식은 인식의 주관론적 관점으로 정확히 드러나지 않고 객관적인 접근에 의한 판단이라는 경험적 가치를 기반으로 보여지고 있다. 의식은 관념적이면서 경험적이기 때문이다. 치열한 의식의 이 같은 내적 길항성은 이성의 작용이 커 보이지만 경험으로 축적한 데이터와 정보들의 역할이 크다. 자기역동성 같은 에너지 흐름은 곧 타자들과 흐름을 타는 외적역동성이다. 자유의지를 일정 부분 억압하는 외적역동성은 삶을 풍요롭게 하는 의식의 확장에 도움을 준다. 그 확장의 한 형태가 경험적 가치인 예술과 음악 등 문화로 화려한 날개를 폈다.

자본주의가 인간의 실존재를 적나라하게 드러내는 혼돈의 그릇으로 정지해 있을 때 의식은 질서를 지탱해 주고 움직이는 길을 만든다. 길은 수없이 분기하면서 수많은 삶의 확률을 제공한다. 경험은 수많은 길 중에서 효율이 높고 가치를 담보하는 길을 찾도록 해 일의 성과를 높이고 돈을 창출해 낸다. 시장에서 자신의 실존을 확인한다는 개념은 최적의 경험을 통한 일의 가치를 지속적으로 높여 나가는 질서 정립의 과정이다. 시장은 일을 하지 않을 수 없는 것이 아니라 일을 하도록 자발적 당김의 힘을 복잡한 길을 선택하는 과정에서 제공해 준다. 사회적 소외감과의 끝없는 대치상황이 그 선택 속에 묻히기를 반복한다. 이런 시장에서 자존감이 확대되는 네트워크형 거인으로 거듭날 때 질서의 축인 시장의 부가 몰려온다. 부의 집중뿐만 아니라 문화의 중심에 서기도 한다.

자본주의는 치열한 먹이사슬 같지만 그 자체가 미학인 현상들이 즐비하다. 진선미와 위악추를 모두 수렴한 자본주의는 악마성을 갖춰 신성에 자랑할 여력이 부족하지만 돈을 만들어 내고 순환시키는 돈의 미학만큼은 존중감으로 옹립될 가치가 충분하다. 경험적 가치의 시장은 생명의 창조가 유인되고, 그렇게 창조된 생명이 만들어 내는 도구적 혁명인 기술과 문명을 통해 인간의 존엄성을 키운다. 시장은 이성과 그 대상성의 문명 그리고 문명의 기둥인 경험과 이성의 절묘한 조화가 필연적 에너지로 관통하는 돈의 미학을 확장시켜 인간이 존재하고 살아가야 할 카오스적 질서를 만들었다.

3. 존경받는 사람들

순수이성-자본시장 드라마틱 조화에 얽힌 존엄성

생명이 탄생하는 원인과 배경 그리고 생명이 영위되는 시공간 등이 모두 에너지로 가득 쌓여 있으면서 생명 자체가 에너지 발산체라는 것은 이성, 경험, 돈, 자유, 시장의 5대 요소와 관련이 깊다. 생명이 존재하고 삶을 살아가기 위한 이들 다섯 가지 조건에 또한 권력이란 에너지가 항상 관통하고 있다. 권력에의 의지가 없는 생명은 존재할 수 없지만 그 권력 자체가 생명유지의 5대 원천이다. 하지만 권력 에너지는 생명을 역으로 위협하기도 한다. 권력의 부당성을 제어하고 정의와 선함으로 유도하기 위한 제어장치가 도덕률이다. 도덕은 자신과 타자를 이용해 늘 길항작용을 하면서 권력의 속성을 컨트롤 한다. 신성의 법칙인 절대성과 인간의 법칙인 공동선에 의해 작동하는 도덕률은 권력을 제어하기도 하지만 권력의 자양분이 되기도 한다는 것이다. 권력과 도덕은 혼돈 속에서 질서를 유지하고자 하는 내적 길항작용을 끊임없이 하고 있다.

현상계에서 궁극적 선은 없지만 그 선을 향해 나아가는 권력과 도덕의 끝없는 길항작용은 순수 절대이성을 향한 상승하는 변증운동이다. 이 같은 권력과 도덕의 텃밭에 가장 큰 밑거름은 이성이다. 이성은 권력과 도덕의 주인이기도 하지만 자양분이 돼 주면서 순수 절대이성을 추구한다. 그것을 추구하는 과정 속에서 현상계 생명의 법칙을 무시하지 못한다. 경험, 돈, 자유, 시장의 나머지 4대 요소와 카오스적 질서에 묻히면서 이성 자체가 추락과 탈출을 반복한다. 추락은 도덕성을 상실한 추한 권력싸움이고 탈출은 그 권력싸움의 본질을 알아차리고 순수 절대이성을 추구하는 일이다.

절대이성은 현상계의 법칙이 아닌 신성의 영역이다. 인간의 오감으로 당연히 인지되지 않는 추상성의 믿음으로 존재한다. 하지만 오감으로 인지되지 않는다고 해서 정의가 아닐 수 없을 뿐만 아니라 오히려 진리로 옹립될 경우의 수가 무한대로 더 많다. 신성(물성)은 모른다는 전제하에 인간의 인식 주관 하에 있는 것만이 진리라고 한 순수이성비판의 논리가 틀리지도 않지만 절대적으로 옳지도 않은 이유다. 절대적 진리를 오감으로 모르니 다른 인간의 진리를 찾아 기준을 다시 내세운 것이 위대한 평가를 받는 이유일 뿐이다. 순수 절대이성이 설사 믿음과 종교의 영역이라고 해도 존재할 당위성이 있는 것은 현상계 선함을 이끄는 동력이기 때문이다. 지행합일은 가장 순수해야 할 절대이성의 덕목이다. 이를 억척스럽게 고집하고 주장하다 사형을 당해야 했던 고전의 현자 반대편에 있던 권력자들은 생명의 5대 법칙을 말살한 주역들이나.

돈을 중심에 놓고 한쪽 편에는 이성과 감성이 또 다른 편에는 자유와 시장이 자리하고 있다. 지행합일은 이성과 감성이 하나로 묶인 순수 절대이성의 형상과 자유와 시장이 하나로 엮인 자본시장이 드라마틱한 조화를 하는 모습이다. 순수 절대이성이 신성의 도덕률로 카오스적 질서인 자본시장과 하나가 되는 에너지 장에 있을 때 생명체는 행복감과 함께 자기 존중감을 얻는다. 이는 많은 생명들의 호응을 얻는 강력한 에너지 분산효과다. 이를 통해 지행합일을 굳건히 지켜간 에너지는 네트워크에 분산된 대중의 에너지들로부터 도움을 받고 존경을 받는다.

이성과 경험이 협치를 이루면서 하나가 된다는 것은 강력한 생명력의 원천을 만드는 일이다. 그 에너지는 변하지 않는 선험적 양심에 후천적으로 다듬어진 도덕률의 조화 속에서 만들어져 극과 극을 아우르는 힘이다. 위악추의 극한을 알고 있기에 유혹당해도 끌리지 않는 힘은 곧 진선미의 아름다움을 구현할 줄 아는 '다움'의 미학이다. 지행합일은 자신이 처한 수많은 경우의 수라는 특정 위치에서 주어진 역할의 다움을 올곧게 실천하는 에너지 네트워크 흐름의 총합이다. 출발은 아주 쉬운 일이지만 네트워크 전체에서 무수히 많은 다변화된 역할을 통해 실천해야 하기 때문에 매우 어렵다. 하지만 한 가지 절대이성의 원칙을 지켜 면 어렵지 않다. 그것이 자신을 신성화 하고 객체화 할 수 있는 양심이다.

선험적 양심을 알면서 후천적 도덕률이 거스를 때가 삶에서 훨씬 많다. 다움의 실천은 선험적 양심을 굳건히 믿어가는 과정이다. 다움의 미학은 상황마다 각기 다른 가면의 미학이기도 하다는 측면에서 늘 악덕의 유혹을 받는다. 선험적 양심을 지켜가고자 네트워크에 에너지를 분산 저장할수록 가면은 위선이 아니라 수많은 가면을 쓸 때마다 그 가면에 걸맞는 역할을 하게 된다. 가면은 곧 선험적 양심을 하나로 만들기 위해 사용하는 도구로 위력을 발휘하게 된다. 가면은 수많은 가짜얼굴이 아니라 선험적 양심이라는 단 하나를 지키기 위한 통합된 수단에 불과하다. 이 때 다움의 도덕률이 지행합일의 실천이성이 된다. 반면 가면이 다움

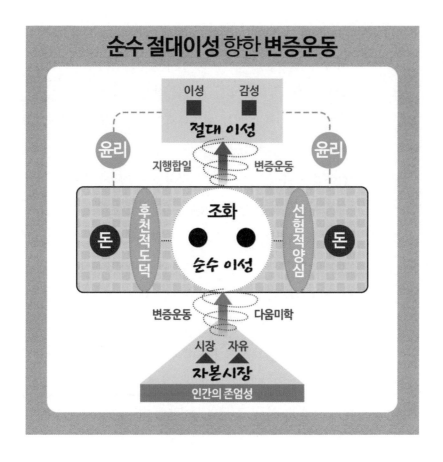

과 멀어지게 되면 스스로 파멸의 에너지에 휩싸이고 만다.

　이성과 경험의 협치에 의한 지행합일의 순수 절대이성이 추구되면 자유와 시장은 일 가치를 통해 돈으로 화답한다. 지행합일의 도덕질서가 갖춰신 시상에서 자유가 구현된다는 것은 절대성으로 보면 이상이지만 절대성을 향한 운동성이자 과정의 가치로 보면 엄정한 현실이다. 확고한 일가치를 정립한 순수 절대이성이 자유시장에서 하는 일은 마치 중앙은행처럼 돈을 찍어 내는 일이다. 다만 중앙은행처럼 화폐가 아닌 돈이라는 점이 다르다. 화폐는 수없이 재주를 부리면서 근거 없는 가치를 표현해 주는 수단으로 변질됐지만 돈은 절대가치를 웅변해 주는 부가가치의 척도로 여전히 그 위상을 점하고 있다. 순수 절대이성을 기반으로 돈을 번 부자들은 자유시장의 소중한 가치를 절절히 몸으로 배우고 경험한 사람들이다. 돈은 거꾸로 이들 생명가치의 요소를 관통하면서 지배하는 주관자의 역할도 한다.

일 가치의 선을 행할 수 있도록 하는 진리의 중간자이자 주관자인 돈은 여전히 세속적 지탄을 받는 경우가 있다. 비판의 중심에 돈의 악마성을 부인할 수 없지만 그것은 순수 절대이성을 추구하지 않은 생명들의 면피를 위한 자기오만이다. 돈은 얼마든지 진리의 최정점에 설 수 있고서 왔지만 돈을 비판하고 증오하며 미워만 하는 사람들에 의해 잘못 옹립됐다. 돈의 추함을 만든 것은 대부분 그것을 따지고 겉으로만 진리를 외칠 경우에 그랬다. 수많은 다움의 가면이 자신의 얼굴과 다른 경우다. 자신의 생명가치를 다하지 못하고 욕심을 낸 이들이 돈의 추함을 주로 거론하면서 마치 신성의 권능으로 돈의 위악추를 성토한다. 하지만 돈은 일 가치를 정확히 결산하는 전지적 능력을 본유했다. 일을 통해 탄생되는 돈은 산출된 에너지만큼 정확한 계량으로 시장에서 순환한다. 자신의 일 가치를 제대로 하지 못한 파렴치한 게으름뱅이들이 돈을 추하고 악하게 만들었지만 돈은 그럴수록 그들의 손으로 들어가지 않는다.

순수 절대이성과 자유시장의 사이에 있는 돈은 가치를 창조하며 돈을 만들어 주는 에너지 장에 모일 수밖에 없다. 돈의 사이 에너지장이 강할수록 돈은 중간자에서 주관자의 위치로 역할을 바꾼다. 자유시장은 끊임없이 지속적으로 부가가치를 창출하면서 돈을 확장시킨다. 마치 댐에 물을 모으듯이 일 가치를 강력하게 실행한 지행합일의 자유인들은 돈의 물꼬를 틀어 시장에 넘치게 해 준다. 이를 통해 자신도 많은 돈을 담을 수 있는 그릇을 키운다.

그것은 욕심이나 욕망에 빠진 일 가치의 반동적 운동이 아니라 네트워크상의 다중들을 위한 실천력이다. 이들은 돈에 대한 인식을 자기 주관 하에 둘 줄 알고 돈이 생명의 존재론적 대상성을 위해 반드시 필요하며, 윤리적 잣대로 돈의 역할을 명확히 설정하고 행동하는 사람들이다. 이해관계 없이 대상성만을 인지하고 행동하고자 할 때 그것이 아름다움의 객관적 실체이고 미학이다. 아름다움의 실재는 대상성의 본질과 그 본질을 보는 몰입의 태도에 달렸다는 것이다. 인식의 절대이성이 선험적 양심으로 따르고 윤리의식이 세워지면 실재가 드러나는 삼위일체를 모두 담지할 수 있는 그릇이 돈에 있음을 안다면 반드시 부의 지위를 현명하게 누릴 수 있고 존경도 받는다.

인식의 주체를 자신에게 분명하게 두되 인식에 무관하게 실재하고 있는 것을 감안하는 미학적 태도는 쉽지 않지만 윤리라는 잣대를 잡고 있으면 가능해진다. 이는 인식의 주인 권리를 유지하는 강력한 자유의지다. 실재는 인식의 의지와 무관하게 선험적으로 존재하는 신성이지만 신성이 인간을 대리자로 내세워 스스로를 표현하는 만큼 윤리는 본질이 실재하는데 필수적인 가교이자 수단이다.

인식이 깅힐수록 신험싱을 부징하게 되면 신싱을 내리하지 못하는 인간의 불완전성이 온전히 드러나면서 비윤리적 판단을 하거나 행동을 하게 된다. 또한 실재론이 강하다고 해도 인식을 부정하게 되면 뜬구름 잡는 허상에 사로잡혀 현실을 부정하고 게으름에 빠져 자유시장의 비윤리적 함정에 빠지고 만다. 인식과 실재가 공존하면서 또는 상호 의존하면서 이성과 경험을 동반할 때 윤리는 필연적으로 개입하게 되고 역할을 한다. 존경받는 사람들은 이를 통해 부를 일구고 자존감에 부끄러움을 느끼지 않는다. 이들은 누군가의 인신공격이나 모함을 받아도 절대 흔들리지 않는 평상심을 유지할 능력을 갖췄다.

돈은 평상심을 갖고 있는 주체에 강하게 인식되는 시장의 주역이고 본래 존재하는 일 가치의 선험적 에너지를 강력하게 갖고 있으면서 윤리를 끌어들여 자신의 미학을 편다. 시쳇말로 돈이 주인을 알아본다고 하는 세간의 이야기들은 돈과 인간의 에너지가 언제나 소통할 수 있는 통로가 있다는 것을 함의한다. 그 통로에는 무한소와 무한대를 아우르는 힘이 흐른다. 힘은 현상계로 드러난 힘이 아니라 그 힘을 가능하게 하는 정보와 데이터다. 데이터는 물리적 힘을 구현하는 명령어의 일종이기 때문에 현상계 시공간의 영향을 받지 않는다.

돈을 추하다고 배척하는 현인은 진정한 현자라고 할 수 없다. 이기심에 빠져 일 가치를 만들지 못하는 탐욕은 더 위험한 사탄이다. 전혀 다를 것 같은 현자와 사탄의 공통점은 공히 돈이 갖고 있는 미학을 외면하거나 모른다는데 있다. 자본시장에서 현자는 돈의 추함을 지극히 알면서 탐진치의 본성을 잠재우는 이성의 네트워크 발현에 능동적인 사람들이다. 이들이 시장의 자유의지를 이끌어 갈 때 모두가 행복한 시장이 구축된다.

윤리 옹립한 돈에 살아 숨 쉬는 희망의 부가가치

돈이 존재해야 할 당위성은 돈이 없는 상황을 가정하면 된다. 돈의 존재는 삶의 원형이고 진행형이면서 기막힌 현실이라는 것이다. 돈은 그런 점에서 윤리를 원형적으로 그리고 극단적으로 동시에 정초한다. 정초작업의 시작은 돈의 방향성을 보는 눈이다. 다양성이 가장 가변적이면서 동시에 자기모습을 수시로 바꾸는 돈의 행동은 수많은 길을 동시에 향해 가는 양자의 양태와 비슷하다. 길이 없는데도 수없이 많은 길에서 같은 돈을 만날 수 있다. 주관자에 의해 특정 돈을 선택할 때만 하나의 길이 드러난다. 돈을 선택하는 주체는 매우 어려운 과정을 거치고 있기에 무한자의 사이에너지에서 유한자의 개별에너지를 건져내는 형식이다. 분산된 네트워크에서 열린 열매를 따고자 할 때 그 열매를 특정 열매라고 할 수 없는 상황이 지속돼 선택이 어렵다. 하지만 돈이 윤리를 정초하는 과정에 익숙해지면 열매를 따는 것이 쉬워진다. 이것이 돈의 윤리를 원형적으로 정초하는 과정이다.

극단적인 정초는 반대로 하나의 길에서 수없이 분기되는 무한의 길에 놓여있는 돈의 미로다. 이 때 선택은 능동에서 수동으로 바뀌고 돈이 주체로 떠오른다. 돈이 스스로 정초를 하는 목적은 돈 스스로 자신의 에너지를 제어하기 쉽지 않기 때문이다. 원형적 정초와 다른 모습이지만 극단적 정초도 어려운 이유다. 돈이 자신의 주춧돌을 세우지 못할 때 악마성이 드러난다. 하지만 그 악마성을 스스로 인지하면서 자신의 주인을 선택할 수 있다. 물론 대단히 어렵다. 그래서 돈에 선택당하는 것은 확률이 극히 작기에 세속적으로 행운으로 불리지만 불운이다. 누구나 돈을 원하고 더 많이 갖기를 희망하지만 주체적 능력 없이 돈에 의해 선택되는 삶을 살 때 위험해진다. 돈은 행복해지기 위해 선택하지 않고 모든 행·불행을 떠 앉는 방식으로 선택하기 때문에 불행의 에너지를 감당하거나 선별하지 못할 경우 돈의 힘은 횡포로 돌변한다.

자본시장은 원형적인 능동적 윤리를 정초하고 있지만 이 과정이 고되기 때문에 돈이 시장을 선택할 환경이 또한 항상 존재한다. 일 가치의 총량이 작고 부풀려진 화폐가 이를 조장한다. 화폐는 부가가치가 작은 시장에서 큰 가치를 사려 하기 때문에 시장의 탐욕을 불러일으키고 그 탐욕으로 갈등과 전쟁을 부른다. 화폐는 가상의 공간에서 가치의 가면을 쓴 채 횡포를 부리기 일쑤다. 그 욕망의 언저리를 맴돌고 있는 것이 선택의 기저 에너지인 원초적 소외감이다. 돈의 선택은 극단적으로 소외와의 어깨동무다. 시장이 소외로 넘칠 때 돈이 창출하는 부가가치는 더욱더 왜소해진다. 작아진 가치는 수많은 부정의 씨앗을 뿌리고 그것이 자라 복마전의 싸움을 엮어내는 어둠의 시장을 만들어 낸다. 원형적인 윤리의 정초가 이 때 필요하다.

　　일 가치를 통한 원형적 윤리의 정초와 더불어 자기와의 연속적인 싸움인 극단적 윤리의 정초를 함께 엮어가는 작업은 육신과 정신의 하나됨을 만들어 가는 과정이다. 지와 행은 본래 한 길을 가기 어려운 운동성을 지녔다. 지가 행을 잘 쫓지도 않을 뿐만 아니라 행은 지를 잘 모르기도 한다. 만약 행함에 있어 지를 안다면 행을 하지 않을 개연성이 높아지고 지가 행을 쫓는다면 행은 지를 속일 환경에 많이 처한다. 지행의 이 같은 불협화음에 불쏘시개를 하는 것이 원형적·극단적 정초가 모두 필요한 돈이면서 이를 통해 갈등을 치유하는 것이 또한 돈의 아름다움이다. 돈은 시장의 중간자이자 주관자의 역할을 수행하면서 태생적으로 윤리를 정초할 능력을 갖추었다는 것이다. 하지만 그 주춧돌을 놓는데 보통의 용기 이상이 필요하다. 용기는 허구의 시공간이 만들어 놓고 있는 환상의 오아시스 속에 있다. 용기는 안타깝게도 그 속에서 두려움에 갇혀 일어나지 못하는 경우가 많다.

사막의 오아시스는 생명의 희망을 주지만 막상 그 오아시스 속에 있는 생명들은 희망을 모른다. 두려움의 울타리에 있는 용기가 그와 같이 숨을 쉬면서 오아시스를 환상으로만 존재하도록 한다. 두려움을 깨고 일어난 지와 행이 어깨동무 할 때 오아시스는 온전히 사라지고 사막은 푸른 숲으로 변하는 기적이 일어난다. 돈은 그 기적의 중심에서 마치 살아 움직이는 윤리의 최전선에 있다. 도덕성의 원형과 극단을 모두 아우르면서 존경받는 사람들을 만들어 낸다. 돈의 본래 특성이 자기순환의 강한 에너지다. 돈은 네트워크 이성과 경험을 기반으로 도덕률을 만들어 가면서 절대 멈추지 않는 확률의 평등성을 구현해 내고 있다.

수직적이고 불평등한 시장의 논리가 돈에게는 오히려 수많은 길을 만들어 내는 기회의 장으로 미학의 에너지가 된다. 그 길은 돈이 존재하지 않고서는 삶의 가치가 사라지는 생의 전부다. 자유와 평등의 불균형성을 하나로 이어주는 끈 역할을 돈은 해준다. 시소게임이 아닌 대척점에 선 운동을 하나의 순환개념으로 만들어 삶은 과정의 가치에 모든 것을 포섭되게 한다. 그 과정의 가치에 돈의 미학이 깃든다. 미의 본질은 그 자체가 아름답다는 본유적 본질태로 이해되지만 미를 바라보는 미학의 판단 주체가 무엇인가를 바라보는 것으로도 이해되는 진실에 바로 돈이 자리한다.

본질의 미와 그것을 판단하는 인식의 주체가 하나가 될 때 수없이 많은 미학의 길을 만들어 낸다. 돈 또한 일 가치로 만들어지는 아름다움을 기본으로 하지만 그것을 누가 어떤 식으로 보고 아름답다고 하느냐에 따라 미학의 관점은 수없이 분기된다. 자본시장의 다양성과 효율성에서 돈이 무수히 많은 미학을 품으면서 자기역동을 갖는 배경이다. 자기역동성이 강한 돈을 바라보는 아름다움에 대한 태도는 돈이라는 본질의 대상성을 이해하는데서 출발하지만 그것을 보고 있는 자신만큼은 대상성을 갖지 않는 태도의 전제가 필요하다. 돈에 대해 자기와의 무수히 많은 이해관계를 멀리해야 한다는 것이다. 동시에 욕심, 욕망, 탐욕 등을 버린 채 돈을 바라볼 때 돈이 갖고 있는 순수 한 '다움의 아름다움'이 보인다.

이를 위해 추상성은 돈 자체만의 대상성을 바라보면서도 무수히 얽힌 거미줄 같이 혼탁한 이해관계를 버릴 수 있는 강력한 도구다. 시장에서 드러나는 돈과의 이해관계들이 악마성의 모습으로 드러나거나 보일 때 그 모습을 온전히 버리며 받아들이기 어렵지만 추상성이 이를 해결해 준다. 추상성은 대상성을 버리면서도 대상성의 본질을 더 이해하고 볼 수 있는 미학의 현미경이자 동시에 망원경이다. 숨어 있는 아주 작은 본질에서부터 멀리 떨어져 보이지 않는 큰 본질까지 추상성이 통로를 만들어 내는 역할을 한다. 추상의 미학은 그래서 현대미술 또는 모더니즘 미술에서 진리의 영역으로 관통해 왔다. 본질을 흐릿하게 보이게 하는 2차원과 평면이 오히려 다차원의 시공간을 관통하는 기막힌 진리가 통한다.

따라서 시장에서 추상성을 추구하는 것은 본질을 더 정확히 바라보기 위함이다. 돈을 냉정하게 더 응시하고 바라보기 위해서는 돈을 추상적으로 바라보는 무질서 속에 자신을 가져다 놓고 에고와 번뇌의 장막에서 자신을 꺼내놓는 탈아에 젖어들어야 한다. 이 때 돈이 갖고 있는 돈의 본래적 아름다움이 보인다. 아울러 잠재의식에 잠든 돈의 대성상만을 들여다 볼 수 있어 강력하게 일 가치로 행동에 옮기는 지와 행의 연결을 가능하게 한다. 잠재의식 속에 깃은 돈은 시장의 무한 경쟁력을 발아시

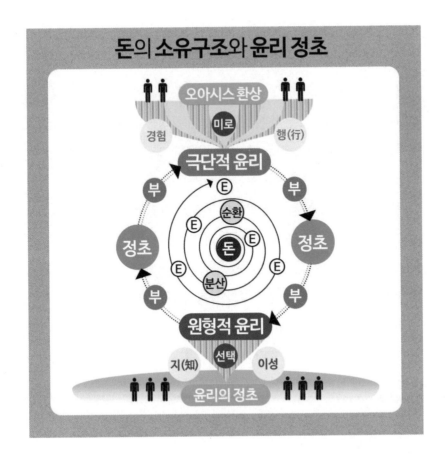

돈의 소유구조와 윤리 정초

오아시스 환상
경험 / 미로 / 행(行)

극단적 윤리
부 / E / 부
정초 / E / 순환 / E / 정초
돈
E / 분산 / E
부 / 부

원형적 윤리
지(知) / 선택 / 이성
윤리의 정초

키는 아름다움을 키워내는 에너지로 뭉쳐 있다. 현상계 추함의 대항마라는 것이다. 추상성을 통해 대상성을 구체화 하고 자신의 이해관계를 버릴 때 잠재의식은 기막힌 돈의 아름다움을 선사해 역으로 돈을 벌게해 준다. 그 돈은 선험적 양심의 산물이기에 존경받는 부의 기반이 된다.

도구혁명을 통한 문명의 화려한 발전은 돈이 갖고 있는 아름다움을 완성하면서 미학적 태도를 확장시킨다. 순수한 일의 무한 확장성을 통한돈 에너지의 확장은 도구가 가져온 이성의 확장성과 궤를 같이해 왔다.이성이 돈의 대상성을 이해관계로 보고자 하는 성향이 강하지만 도구혁명은 스스로 만든 순수 일 가치로 이성의 부정성을 상쇄시키고 있다. 이성이 탐진치에 빠진다고 해도 그리고 그것으로 탄생한 돈이라고 해도 도구혁명은 이성의 순수성을 자극하는 역할을 하고 있다. 문명과 기술의 놀라운 발전이 경험적 일의 가치로 이성의 부정성을 제어한다는 측면에서 생명 외적 공간의 놀라운 자기역동성이다. 도구혁명의 이 역할은 네트워크에 에너지를 분산하는 부자들을 많이 만들어 냈다.

존경받는 부자들의 특성은 공동의 선으로 진행한 도구혁명을 진정으로 받아들여 돈을 이해관계로 소유하려 하지 않는데 있다. 돈 자체를 자아 또는 에고와 연결되는 것을 거부한다는 것이다. 돈의 순환성을 믿고 잠재의식 속에 깃든 추상성의 영의 명령이 곧 분산하는 것이 영원하다는 것과 같다는 것을 인지하고 있다. 탈아를 통해 추상성을 강화시키면 일을 통해 에너지를 고루 저장하는 부의 특성을 본다. 시장을 견인하는 지혜의 눈이다. 이 돈은 실천의 도덕률로 이행돼 존경의 대상이 된다. 돈은 에고가 소유할 수도 없고 소유해서도 안 된다는 것을 존경받는 부자들은 익히 알고 있다. 에고가 돈을 소유할 때 에고 스스로 파멸을 피하지 못한다. 그 파멸은 혹독하고 가혹하며 용서가 없다.

에고가 자신이 아니라는 것을 보면 에고의 눈으로 돈의 모습을 보지 않는다. 타락한 천사의 자기형상이 보이지 않는 가운데 에고가 활동하면 무한히 타락하는 것을 이겨내지 못한다. 타락하지 않는 원천적인 힘은 타락을 시작하지 않는데 있다. 그것이 돈의 소유를 미학으로 착각하지 않는 시작이다. 돈이 대상성의 목적성으로 보이면 타락을 시작하고 멈추지 못한다. 돈의 목적성이 보이지 않는 가운데 소유의 의식을 버리고 대상성만을 올곧이 보는 미학적 태도가 시장의 긍정 에너지다. 이는 누구나 가질 수 있지만 누구도 쉽게 갖기 어렵다.

자유시장에서 윤리를 정초하는 지와 행이 하나가 되기 위해서는 길항작용을 하는 이성과 경험의 순수가치에 돈 에너지가 강력히 스며들도록 해야 한다. 이성과 경험의 순수성이 돈 에너지를 끌어들이면 아름다움이 된다. 마치 빛의 전기파와 자기파의 정밀한 교란처럼 이성과 경험의 치밀한 교란과 상호작용이 돈을 빛의 에너지로 만들어 준다. 이 에너지가 시장 곳곳에 스며들 때 시장은 누구나 밝은 빛을 받는다. 어둠의 돈이 생명을 억압하는 곳에도 밝은 빛의 돈이 비추면 고통과 고난은 눈 녹듯이 사라진다. 시장의 자기역동성이 커지고 누구나 행복해질 수 있는 돈의 확장성이 지속된다.

시장은 이런 자유의지들의 얽힘이다. 정밀한 그물망이 무질서하게 흐르는 것으로 보이는 것은 돈의 대상성을 목적성으로 활용하려는 탐진치들이 넘치는 현상일 뿐이다. 탐진치의 무질서는 결코 정밀한 질서를 넘지 못한다. 돈의 본유적 태생성이 생명을 지탱하는 강력한 기둥이기 때문에 이를 벗어나는 듯한 반동성은 돈의 목적성을 보는 에고들의 허황된 눈에 지나지 않는다. 부자들이 자신의 부를 정당하게 공개할 줄 알 때 돈에 대한 허황된 장막과 무질서를 걷어내면서 부자의 길을 지속하는 수많은 길들을 만들어 낸다. 이는 분산하고 있는 돈을 강력하게 소유하는 방식이라는 점에서 마치 기축통화국이 굳이 돈을 소유하시 않으려는 힘과 유사하다. 기축통화의 힘은 단 하나의 힘이 지배논리를 따른다는 점에서 분산하되 소유하는 힘의 역학과는 물론 다르다.

기축통화의 네트워크 분산의 소유파워는 외형만 비슷하다. 현상계는 기축통화의 독재력에 의해 에고가 움직이는 집중성의 유혹에 빠져 있다. 그 아집은 언젠가 위험한 상황을 맞을 것이다. 기축통화가 자신의 입지를 굳건히 해나가기 위해서는 화폐가 아닌 일 가치를 늘 만들고 캐야 한다. 시장에 무한히 자신의 일 가치를 뿌릴 능력을 갖추고 그뿌린 능력을 다시 걷어 들일 수 있는 에너지를 갖춘다는 것은 기축통화처럼 집중성의 유혹이 아니고 반대로 분산형 얽힘의 한 형상이다. 치밀하고 정교한 얽힘의 질서 속에 들어간다는 것은 원형적·극단적 윤리를 정초하는 이타심의 극대치와 순수성을 모두 따르는 마음이다. 이것은 자신을 버리는 행위가 아니고 더욱더 자신의 자유시장 에너지를 강화시키는 큰 그릇의 에너지다.

소비의 주체들이 반자유에 의해 수없는 얽힘으로 엮여 있듯이 시장은 그 법칙을 버리지 않는다. 이 법이 시장의 순리다. 시장의 질서가 얽힘의 자유의지에 의해 순환한다는 것이다. 법과 순리는 냉혹하면서도 따듯한 양면성을 갖고 있다. 돈이 이 모습과 똑 같다. 시장에서 돈을 벌고 부를 유지하는 순간 이 법의 논리를 직시하고 붙잡고 있어야만 삶의 가치를 확인하면서 타자는 물론 자신으로부터 존경받는 길을 걷는다. 탈아가 곧 자아의 길을 보는 것은 돈이 탈아를 통해 자아의 길을 보여주는 것과 같다. 쉬운 길을 선택하지 않는 강력한 자기역동성으로 돈을 벌면서 분산의 소유를 지와 행의 합일로 씨줄과 날줄처럼 엮어 나가면 자기 자신으로부터 도피하는 일은 절대 일어나지 않는다. 강력한 자기와의 도덕률이 서면 그 어떤 시장의 에너지도 끌어 모으면서 저장하는 것이 가능해져 행복한 삶의 가치를 느끼는 생명의 존엄성을 누린다.

4. 인간의 조건

사랑의 미학 삶의 실존 속에 돈 모이는 부의 보상

돈의 흐름은 인간의 삶의 방식과 닮은 점이 많다. 자유시장에서 돈과 인간이 원활한 소통을 하지 않으면 부의 총량이 증가하지 않기 때문에 돈의 특성을 인간 자신의 특성으로 이해하지 않으면 안 된다. 인간의 조건 핵심에 돈이 직간접적으로 연결돼 있고 상통하고 있다는 사실을 세속적 판단이나 시각으로 받아들이기 어렵지만 진실이다. 자유시장에서 인간이 존재하기 위한 조건은 자신이 아닌 타자들이 있어야 한다는 것이고, 그 수도 많아야 한다는 전제가 붙는다. 그 인간 사이에 돈이 태어나고 돈이 인간을 연결한다. 개별자이자 무한자 속에 있는 인간은 돈과 떼려야 뗄 수 없는 관계에 있고 그 에너지 흐름의 속성이 거의 같다.

집단지성 속에 필연적으로 얽히며 존재하는 인간은 자신이 아닌 소외의 자기형상만이 존재한다고 하기 어렵다. 만약 소외형 인간에 대한 실존재를 자신한다면 인간의 조건과는 거리가 멀거나 광인 또는 멸의 기운을 받은 상태다. 인간의 특성이 타자 또는 타자들의 네트워크 속에서 존재감을 확인하는 가운데 상호 자존감과 존엄성이 부여되고 또한 받기 때문이다. 만물의 영장이라는 지위는 나홀로 지혜만으로 터득되지 않고 집단지성에 의한 소통의 원리에 의해 부여된다. 그것은 신성의 선물이다.

네트워크 에너지형 인간이라는 뜻은 직접적 관계가 아닌 간접적 관계로 인간의 조건이 형성된다는 의미와 같다. 인간(人間)은 사이(間) 에너지를 통해 사람(人)과 사람(人) 간(間)의 네트워크를 구성하고 그 망 속의 에너지가 일종의 강력한 접착제 역할을 하면서 하나의 집단지성 형태를 구성한다. 하지만 그 접속력은 인간이 유한자·개별자라는 한계를 동시에 갖고 있어 약해지거나 끊어지기를 반복한다. 직접적 관계라는 것이 본래 없고 사이 에너지를 통해 간접적 관계만이 형성되는 조건이 관통하는 인간의 인격은 현상계에서 매개 관계를 통해서만 그 존재가 완전성 있게 특징지워진다는 것이다. 실존재는 곧 유한자나 개별자가 아니고 사이라는 무한자에 의해 드러나는 분산형 에너지다. 통상 사회성으로 특징짓는 인간의 인격은 인간의 현상계 조건 중 아주 중요하다. 사회성 사이 에너지의 총합이 인간의 조건이다. 물론 자유시장에서 사이 에너지를 관통하는 인격은 일 가치를 구현하고 돈의 흐름을 타는데 핵심적으로 관여하고 기여한다.

시장에서 돈의 특성은 인간의 집단지성 논리와 흡사하거나 같다. 돈의 순환성·반복성·대칭성 등은 존재하고 드러나기 위한 최소한의 전제조건으로 기능하고 있다. 머무름이 없이 순환하지 않는 돈은 교환가치 제로다. 일의 가치와 효율성을 교환하지 못하는 부가가치는 존재하기 어렵다. 돈이 부가가치를 생산하지 못할 때 인간본성이 추구하는 자본시장의 경제성·효율성이 사라진다. 사라지고 태어나기를 반복하는 자본시장의 경쟁력은 돈의 가치가 생멸하고 발전·퇴보하는 원리와 같다. 돈의 가치는 인간이 이성·경험의 극적 조화를 통해 탄생시킨 문명 속에서 가치의 교환수단으로 생멸을 반복한다. 돈은 수동적인 반복성에 끌려다니는 것 같지만 실제로는 문명의 목줄을 쥐고 있는 주관자적 위치에 서 있기도 하다. 돈이 갖는 진선미와 위악추의 대칭성도 인간본성과 상통하면서 마치 하나의 바퀴처럼 움직인다. 대칭적으로 드러나기는

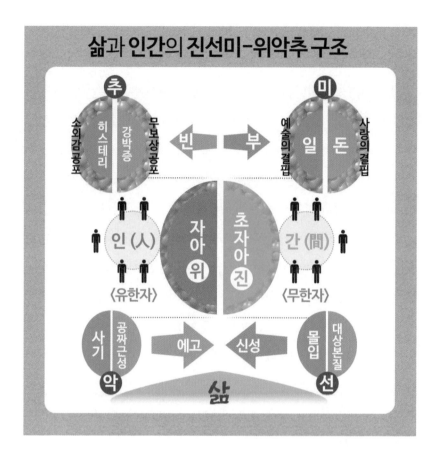

삶과 인간의 진선미-위악추 구조

하지만 무한 경우의 수 때문에 진리를 구분하기 힘든 돈의 대칭성은 인간 삶의 환경과 크게 다르지 않다.

　삶의 원천을 논할 때도 인간의 조건은 돈과 분리할 수 없는 크고 작은 네트워크들이 오밀조밀 많다. 자유시장에서 에고의 기준으로 돈은 반드시 쟁취하고 마음을 얻고 싶은 아름다운 대상이다. 에고는 씨줄과 날줄로 얽힌 무한히 많은 이해관계들을 돈이라는 대상성에 자신의 기준으로 주입시켜 돈을 강제로 얻으려 한다. 하지만 에고의 이 같은 노력은 대개 허사로 돌아간다. 에고의 특성이 주목받으려 하는 이기적 속성과 주목

받지 못하면 불안해하고 나아가 극적으로는 미친 듯이 행동하는 히스테리적 속성을 갖고 있음과 동시에 무엇을 하지 않으면 안 되는 강박증까지 갖고 있기 때문이다. 돈이 에고의 특성과 마주할 때 돈은 에고에게 더 많은 히스테리와 강박증을 모두 안겨주는 악덕의 역할을 주저하지 않는다. 자본시장에서 돈의 위악추는 에고를 먹고 살기 때문이다.

에고는 시장의 기운을 음울하게 만들면서 부의 총량을 줄인다. 시장의 갈등과 대립을 격화시켜 돈의 부정적 모습을 확대한다. 결국 인간의 본성이 에고라면 돈은 인간과 부도덕한 소통을 통해 생명을 유지하지만 자기정체성을 상실케 하는 존재가 된다. 여성이 히스테리적 속성이 유독 강하고 남성은 강박증이 주로 나타나지만 에고가 중심이 된 시장에서 강박증과 히스테리는 동반하는 경향성이 있다. 지식과 지혜가 쌓일 수록 이런 원시적 신경증은 사라져야 하지만 그 반대다. 수많은 철인과 현자들의 지식이 축적되고 문명의 지혜가 많아질수록 원시적 신경증 양상은 더 많아지며 커지고 있다. 따라서 신경증을 나쁜 의미의 원시적이라고 표현하는 말조차 적절치 않다. 미개인 또는 야만인 등으로 불리는 원시인들의 군집생활사를 보면 오히려 현대인의 신경증이 덜 보이기까지 한다. 윤리의식과 도덕성만 해도 현대인보다 원시적 전통을 이어온 원주민들이 훨씬 강한 경향성을 보인다. 결국 인간의 조건에서 부정적인 에고의 신경증적 문제는 지식과 지혜의 축적과 비례하지 않는다.

히스테리와 강박증은 다른 것 같지만 중요한 공통점이 있다. 두 가지 신경증은 모두 자기정체성에 대한 지나친 욕구 때문에 일어난다. 그 저변에 두려움과 공포가 깔려 있는 것 또한 둘의 공통점이다. 능력 이상의 것으로 자존감을 갖고 싶은 욕망은 누구나 있지만 그것이 과할 때 감정이 격해지고 기복이 심해지는 히스테리 증상이 출현한다. 또한 능력 이상의 완벽한 길을 가고자 할 때도 마찬가지다. 한 쪽은 관심과 사랑을 받고자 하는 수혜의 과욕이고 또 다른 쪽은 관심과 사랑을 반드시 주어야 하는 책임의 과욕이다. 전자의 과욕은 먼저 받아야 하는 사회적 소외감에 대한 반발로 나타나는 두려움의 발로이며, 후자는 먼저 주고 반드시 받지 않으면 안 되는 무보상의 두려움에 대한 발로다.

돈은 이들과 잘 소통하지 않으며 소통한다고 해도 오래가지 못하고 결국 부정적으로 막을 내린다. 두 신경증의 저변에 있는 두려움과 공포가 일 가치를 구현하는데 훼방꾼 역할을 하기 때문이다. 스스로 만든 장막이지만 가장 뚫고 나오기 힘든 감옥이 신경증이다. 이를 온전히 극복하는 인간은 사실 존재하지 않는다. 정도의 문제지만 인간이면 누구나 신경증을 몸에 달고 산다. 인간의 이런 특성 때문에 자유시장의 사람들 간에 갈등의 복마전이 수시로 일어나고 멈추지도 않는다. 지식 · 지혜 · 문명과는 무관한 인간본성이 자유시장의 건전성을 해치고 그것이 모두의 행복을 스스로 해치는 결과로 이어지고 있다. 현상적으로 보면 공짜정신과 그것으로 인해 당하는 사기 등이 인간의 행복을 방해하는 전형적인 상징성으로 드러난다.

인간의 조건 중 부정성을 근본적으로 떨쳐버릴 수 없다면 이를 상쇄할 긍정성을 남보하는 식으로 중화 또는 발산시키는 방식이 있다. 자신의 이해관계가 스며들지 않는 미학적 관점이나 태도가 그 시작이지만 그 이상을 관조할 때 그 관점이나 태도가 가능하다. 대상을 본질로만 보고 아름답다고 하는 태도를 넘어 자신의 주관적 태도마저 본질에 묻히도록 하는 것은 자아를 버리는 것이 아니라 오히려 강력히 자아를 확보하는 초자아의 정립이다. 인식의 주관이 대상의 본질에 대한 실재성을 규정할 때 이기적 에고가 스며들면 불가능하듯이 그 에고를 줄이는 방식이 본질 속으로 자아를 전부 쏟는 몰입이 온전하면 가능하다. 이는 주관적 판단을 버리는 것이 아니라 인식의 강화를 통해 주체를 강화하는 주관성을 획기적으로 높이는 효과적인 수행의 형식이다.

대상에 절대성으로 완벽히 몰입할 수는 없지만 마치 하나처럼 가까이 충분히 갈 수 있다. 예술은 그 대표적 상징이며, 그것이 현실로 표현되는 방식이 또한 예술이다. 인간이라는 대상성을 온전함에 가깝게 표현할수록 예술적 경지가 높아진다. 인간과 예술은 하나라는 것인데, 예술은 인간을 표현하고 인간은 예술을 통해 신성으로 구현된다

인간과 예술의 격렬한 통합 속에 돈이 아주 중요하게 기능한다. 인간의 추함과 선함의 중간자이자 주관자인 돈이 예술적 인간의 전형을 만들어 인간의 조건이 무엇인지를 알게 해준다. 돈의 자기역동성이 인간과 예술 간 상호 거울역할을 하도록 강하게 끌어당겨 보도록 하고 인간의 조건을 격상시킨다. 지적능력을 향상시키고 지혜의 눈을 확대하도록 한 거울은 인간 자신을 모델로 해서 인간 자신이 만들었지만 그 원천은 일로 생산되고 그것에 유인돼 순환하는 돈에 있다.

예술적 경지에서 가장 극적으로 다루는 사랑은 인간의 조건 중 핵심이다. 하지만 사랑이 존재할 수 있는지는 의문이다. 인간의 조건 중 사이 에너지는 필연적이기 때문에 사이 에너지로 기능하는 사랑은 본래 존재할 수 없다. 사랑은 소통과 몰입을 통해 대상성으로 온전히 상호 들어가 하나가 되는 과정의 지속성이다. 곧 둘의 완전한 하나됨이 사랑이지만 그 역할을 하는 사이 에너지로 인해 영원히 하나되기 어려운 아이러니가

있다. 이는 사랑이 증오를 반드시 전제하는 이유다. 사랑과 증오는 만남과 이별이 하나이듯 둘로 존재하는 방식 때문에 언뜻 구분하기 어렵다. 증오는 반드시 사랑을 전제하고 사랑은 또한 증오를 전제로 한다. 다만 그것을 느끼지 못하거나 배제할 뿐이다.

그래서 사랑은 결핍이 있어야 하고 사이가 늘 벌어져 있어야 하며 완성되면 사라진다. 이별을 전제하는 사랑을 할 때 끈끈한 유대관계가 유지되고 소유하지 않는 마음이라야 상대의 마음을 얻을 수 있으며 진실로 소유하지 않아야 헤어지지 않는다. 사랑은 멀리 떨어진 이별의 공식을 마음으로 수렴할 때 자신을 온전히 내 던지는 책임질 수 있는 이타성이 발휘된다. 하나된 사랑은 있지만 엄밀히 하나됨이 없어야만 존재하는 하나가 되는 사랑의 실존은 있기도 하고 없기도 하기에 영원히 잡을 수 없는 희뿌연 연기와도 같다.

온전히 잡을 수 없는 신기루 같기에 신의 사랑이 인간에 분유돼 있다고 보지만 신처럼 전지전능하지 않다면 온전한 순수 사랑만의 존재는 있다고 하기 어렵다. 하나인 듯 하지만 둘의 조건은 이렇다. 따라서 불완전한 존재는 확률적으로 나타나고 선택되는 현상이다. 신성의 사랑이 인간에게 이런 확률적 현상에 국한된 것이라면 현상계 특성 중 가장 강력한 성별이 다른 사랑은 엄밀히 신기루다. 사랑은 주고받는 조건이 아니라 일방향적으로 무조선의 에너지를 선날하는 희생의 사선틀이 연속하는 특성을 지녔기 때문이다.

이 사건의 특징은 반드시 사라짐을 반복한다. 한 쪽이 사라지면 하나됨에 끝없이 가까워지는 사랑은 존재하지 않는다. 한 쪽이 사라진다는 것은 사랑을 주고받는 에너지가 무한히 같은 양이 아니라는데 있다. 이를 해결하기 위한 조건의 사랑은 또한 미학이 아니다. 소통하는 에너지 양의 불일치가 사건들의 정밀한 섭리인 사랑을 방해하고, 그것은 엄밀히 동일한 양이 없기 때문이다. 대상성에 무조건 몰입하는 것이 아름다움의 실체이지만 상호 동일한 몰입을 영원하게 하는 것은 불가능하다. 증오는 그렇게 사랑과 함께 숨을 쉬는 사랑의 소중한 존재 조건이다. 인간의 조건 중 애증은 최고의 상징이고 삶의 존재를 증명하는 역동성이다.

조건을 달지 않는 포용과 관용 그리고 용서까지 모든 것을 주는 것이 사랑의 진실성이다. 하지만 이런 사랑이 인간의 조건에서 온전히 가능하지 않다. 상호 소통하는 에너지가 반드시 달라지는 것이 오히려 가치 있는 역동성의 에너지가 된다. 사랑도 돈의 미학처럼 불완전한 부정성을 담은 채 주고 받고 순환하면서 반복하고 생멸 속에 존재한다. 삶의 드러남이다. 완벽한 사랑을 전제로 한 인간의 조건은 자유시장에서 존재하지 않는데, 그것이 오히려 사랑의 미학이라는 것이다. 그런 사랑 에너지를 수렴하고 같이하는 용기가 있을 때 인간의 조건 본질에 가까이 간다. 그 본질은 돈의 모습을 잉태하고 돈은 또 인간의 그런 모습을 반추한다. 돈은 마치 신성을 부여받은 듯 인간의 선과 악을 구분하기도 하고 그 선악을 유인해 인간을 그 속에서 시험하게 하기도 한다. 인간과 돈은 유기물과 무기물이지만 하나의 원리 속에 숨을 쉰다

전지적 사랑 거울에 비춘 아름다운 인간 네트워크

자유시장에서 인간이 자존감을 확인할 수 있는 상징적 좌표는 돈이다. 돈의 위악추만을 보는 일반적인 통념은 깨야 아름다움이라는 미학

에 접근할 조건이 된다. 자존감은 진선미만이 드러내는 단편적 현상이 아니고 위악추도 함께 드러내는 대칭의 교란이기 때문이다. 자존감이 생명의 가치를 느끼고 행복해 하는 실존재 인식의 기저라고 할 때 위악추와 진선미는 마치 하나처럼 움직인다. 자존감이 떨어질 때 선악을 구분할 자신감이 떨어지는 것은 위악추를 제대로 수렴하지 못하는데 있다. 또한 진선미를 제대로 행할 능력이 떨어질 때도 자존감이 하락한다. 하지만 위악추가 강할수록 진선미를 당기고 진선미가 강할수록 위악추를 당긴다. 힘의 교란 원리는 상극의 대립이 하나처럼 주고받는 것을 뜻한다.

진선미와 위악추가 교란하는 원리는 정보다. 정보를 소통할 때 사이 에너지는 기막힌 스탠스를 취한다. 마치 사람들이 첫 만남을 가지면 명함을 주고받으며 상대를 확인한 후 더 만날지 말지를 구분하는 형식과 유사하다. 명함은 자신과 상대의 실존재 여부를 결정하는 매개가 된다. 명함을 통해 끌어당길지 배척할지 결정되는 여부는 상대와 자신이 존재로 드러날지 또는 드러나지 않을지 결정되는 순간의 에너지 포스다. 상대와 자신은 명함이란 매개를 통해 하나처럼 움직일 때 상호 존재의 근거를 확인하고 그것이 실존재를 느끼게 하거나 판단하게 한다. 이 때 에너지가 교란하면서 소통하고 포스가 느껴진다. 명함에 쓰여진 정보와 명함이 곧 사이라는 공간의 실존재 근거다. 정보와 사이는 이별할 수 없는 실존재의 배경 에너지다.

정보와 사이의 공통점은 현상계의 눈으로 물화돼 있지 않아 보이지 않는다. 하지만 실존재를 결정해 주는 원형이라는 점에서 정보와 사이는 도구혁명의 근간이자 그 강력한 에너지원이다. 도구혁명은 인간 사이에서 꽃을 피워 화려한 꽃을 피웠다. 문명은 곧 인간의 조건으로 규정되는 정보와 사이 에너지의 산물이다. 명함의 정보가 탄생되고 명함이 오가는 무형의 사이 에너지는 소통을 통해 존재하는 효율성의 무한 지향성을 지녔다. 현상적으로 봐도 정보가 상상할 수 없는 부가가치를 일으키고 있는 것은 그 배경이다. 정보의 소통이 빠를수록 그 산물인 문명은 더욱 화려한 꽃을 피운다. 사이 에너지는 고차원 문명사회로 나아갈수록 강력해질 수밖에 없다. 인간은 이를 통해 미래문명을 지배하고 데이터형 인간 또는 사이보그형 인간으로 거듭나고 있다. 지금까지의 인류 진화와는 전혀 다른 방식의 존재가 탄생돼 가고 있다.

인간의 조건은 문명의 발전과 함께 효율이 상승하는 곡선을 탄다. 인간과 자본시장이 결코 분리될 수 없는 이유다. 인간이 사이 에너지로 도구혁명을 이어가며 생명의 자존감을 이어가는 한 자유시장은 사라지지 않는다. 만약 자유시장이 인위적으로 사라지면 인간의 존엄성도 마침표를 찍는다. 사회주의를 가장한 전체주의는 그 상징이다. 자유시장이 인간과 함께 존엄성이 부여되면 돈의 가치 또한 함께 상승한다. 돈의 가치평가 방식이 달라지기는 하지만 돈이 자유시장과 인간 속에서 문명과 함께 역동성이 상승하는 것이 가치의 상승이다. 돈 가치의 상승은 가속계 에너지 근원의 존엄성이다. 곧 일이 갖는 의미는 나날이 중요성을 더해간다. 그 중요성은 일의 소통이기도 하다. 일의 절대평가 가치가 올라가는데, 상대평가 가치가 상호 소통하면서 절대평가를 견인한다.

인간 사이의 매개인 사이 에너지 정체 중 핵심적인 하나는 벽을 친 가운데 벌어지는 실시간 의사소통의 과정이다. 벽을 치고 있다는 진행형이 중요한 맥락임을 상기해야 한다. 명함은 경계를 넘나들며 정보를 실어 나르지만 그 정보는 일정한 벽을 늘 넘어야만 가치를 지닌다. 그 벽을 넘어 소통이 가능할 때 명함이 매개 에너지 역할을 했다고 할 수 있다. 벽을 넘는 소통인 명함을 교환하는 속도가 빠르면 빠를수록 그리고 많으면 많을수록 유한자와 개별자의 실존재 모습이 수없이 생멸한다. 생멸을 통해 실존재를 증거하는 기능이 보다 더 확실한 대접을 받게 된다. 그 기능은 사이의 벽을 넘어 사이 너머에 있는 대상성에 몰입해 하나가 되는 사슬형 네트워크의 확산이다. 마치 세포 분열처럼 실존재를 증거하는 기능의 확산속도가 빠르면 인간과 자연의 본성에 가깝게 간다. 그 과정에 금기와 사랑이 또한 길항작용을 지속한다. 인간은 이 조건에서 벗어나지 못한다.

금기에 의해 사랑이 드러나고 사랑에 의해 금기가 또한 드러난다. 네트워크는 치열한 사랑과 금기의 교란 속에서 카오스를 이루며 질서를 만들어 나간다. 돈과 인간의 질서도 마찬가지 속성을 지향한다. 인간은 돈을 지배하고 돈은 인간을 지배하면서 역설적으로 상호 존재감을 확인하고 그것을 증거해 왔다. 돈의 교환가치와 인간의 교환가치가 동시에 일어나는 일도 여전하다. 돈에 의해 인간도 교환가치가 되면서 노예제도가 수천년 간 정상적인 시스템으로 운영돼 왔다. 현대 또한 인간이 교환가치인 돈을 무수히 그리고 무제한 만들어 내면서 돈을 움직이지만 그 속에 인간의 본실이 한정되고 구속되는 사건 역시 벌어지고 있다.

그런데 현대 자본시장은 마치 돈이 일방적으로 인간의 조건을 규정짓는 불운한 사건의 연속 같지만 아니다. 돈의 강력한 틀 속에 있는 인간은 그것을 거울삼아 인식능력을 키우면서 실재에 대한 확신성 그리고 도덕률을 결정적으로 인간화시켰다. 인간 내면에 가치화된 수많은 터부(금기, taboo)는 본유된 가치이지만 그것을 지렛대 삼아 인간이 자가동력으로 발전시킨 네트워크 시스템들이 훨씬 더 많다. 그것을 가능케 한 것이 돈이라는 무한형상의 거울이다. 인간 그 어떤 모습도 비추는 돈의 무한형상은 인간의 조건을 아름답게 꾸며주는 신성의 역할을 해내고 있다. 인간은 돈 앞에서 무수히 많은 민낯을 그대로 보여준다. 마치 본래 그런 거울이 있었던 것처럼 본능적으로 민낯을 보여주기를 주저하지 않는다. 그런데 그 거울은 다시 가능성으로 화답해 주고 있다.

인간의 무수한 가능성을 비춰주는 돈의 무한형상 거울은 수많은 인간을 함께 담아 보여주기 때문에 정밀한 그물모양이다. 이 모습은 인간 개별자가 아니기 때문에 정밀한 질서의 미학으로 다가온다. 질서가 고도화 될수록 거울에 비춘 인간 네트워크는 아름답다. 이 망은 어떤 것도 가능하게 하는 신성의 얼굴이다. 실제로 네트워크 산물인 현상계 문명은 그 주체인 인간이 원하는 모든 것을 창조시키고 있다. 창조 에너지의 종합적 배경은 인간의 정신과 육체가 하는 일이다. 문명의 발달은 육체보다 정신이 하는 일 가치가 훨씬 높아지도록 나아가고 있다. 의식의 다양성이 수많은 창조물의 원천이 되면서 인간의 조건의 격상됐다. 그 조건의 핵심에 원시부족부터 있었던 금기와 사랑이 또한 자리하고 있다.

터부는 대상성을 부정하기에 오히려 귀하게 되고 신성화 된다. 인간의 욕망을 직접적으로 자극하는 터부는 사랑의 근원인 욕망의 생산자인 셈이다. 인간의 탐진치들이 인위적인 터부와 자연적인 터부로부터 탄생한다. 전자는 법적 도덕률의 정당성을 부여해 줬고 후자는 인간의 오감으로 보이지 않는 절대자에 대한 믿음을 줬다. 개별자는 유한자답게 네트워크에서 이 같은 정해진 삶의 틀 안에 갇히기는 했다. 촘촘히 짜여진

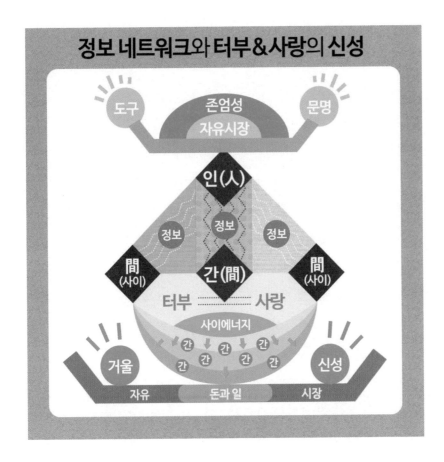

정보 네트워크와 터부&사랑의 신성

도구 / 존엄성 / 자유시장 / 문명

인(人)

정보 / 정보 / 정보

間(사이) / 간(間) / 間(사이)

터부 .... 사랑

사이에너지

간 간 간 / 간 간 간 간

거울 / 신성

자유 / 돈과 일 / 시장

수많은 금기의 법률과 종교의 무제한적 절대성에 생애 전반을 비자유의 존재로 만들어 버리기까지도 했다.

자유시장은 그런 점에서 자유롭지 않은 자유지만 역설적으로 그것으로 인해 터부가 다시 깨지는 길이 만들어 진다. 그것은 일종의 '인간을 구속하는 자유로운 터널'이다. 터부는 틀 안에 가두는 일을 하지만 그 안의 인간은 언제든 틀 밖으로 나오려 하고 틀을 깨 수많은 터널을 만든다. 이 노력이 자유시장의 자유다. 자유시장은 틀을 깨는 자유로운 활동이 넘치는 곳이기에 오히려 이상적인 곳이다. 결국 틀이 인간의 조건을 결정짓는다. 틀을 깨는 자유를 누릴 환경은 자유시장 내 인간 삶의 기본 조건이다. 이 자유마저 통제되면 인간은 존재하지 않는 그림자로 떨어진다.

자유는 터부를 깨는 과정이기 때문에 대상성을 강력하게 필요로 한다. 자유를 소유한데 대한 대가가 항상 책임을 동반하는 것은 그 배경이다. 책임 속에 사랑이 있고 아름다움이 발생한다. 자유의 확대가치인 사랑은 대상성을 수반하면서 인간의 가장 중요한 삶의 조건에 강력한 에너지로 돌아오기를 반복한다. 의지가 없는 가운데 삶이 던져져 있지만 사랑은 의지를 반드시 필요로 하는 가운데 무수히 많은 사건의 섭리를 관통한다. 사랑의 대상성으로 촉발되는 사건들은 거의 대부분 인간이다. 인간 상호 간 사랑의 대상성이 돼 주면서 서로에게 의존하고 있다. 만약 사랑을 터부시한다면 그 사랑은 곧바로 신격화 되고 거의 모든 사람을 상실감에 빠지게 한다. 사랑은 인간의 조건에 빛이자 소금이다.

인간은 사랑을 꼭 주기도 해야 하지만 반드시 받기도 해야 한다. 주고받는 가운데 대상성이 더욱 선명해 진다. 자신의 삶 가치는 대상에서 찾게 되고 실제 대상으로 드러난다. 하지만 사랑을 강압적으로 할 수 밖에 없을 때 대상은 추해진다. 인간에게 사랑을 준 것은 하늘의 복이기도 하지만 평생 엮여야 하는 생애를 구속시킨 사건이기도 하다. 하지만 그것은 구속이 아닌 삶의 이유고 전부가 된다. 구속성의 아름다움이다. 네트워크의 존재 이유다. 터부와 사랑의 교란이 실존재하는 배경이다. 가족과 직장 그리고 국가까지 사회라는 틀은 자유라는 공간을 주지만 책임이라는 아름다운 틀이다. 책임은 강력한 이타성으로 공동의 삶을 윤활유처럼 돌아가게 한다. 과정의 가치에 책임이 핵심적으로 녹아 있으면서 사랑을 아름답게 만든다. 자유시장의 구속인 틀은 창살이 아니라 사랑과 책임을 위한 징검다리다.

　사랑이 대상성이기 때문에 일방향적인 사랑은 아름답게 끝나지 않는다. 극도의 이기심에 휩싸인 사람들을 보면 맹목적 사랑이나 조건부 사랑을 사랑이라고 포장해 혼자만의 욕망을 채우고자 하는 추함을 드러낸다. 인간의 조건에 사랑을 담지해 아름다운 생애를 유지하고 싶다면 역설적으로 대상성에 몰입하고 에고에 쌓인 자신의 사랑을 버려야 한다. 에고의 사랑은 껍데기를 벗으면 무책임한 야수의 욕망에 지나지 않는다. 이 욕망을 버리기 위해서는 에고를 버리는 것이고 그것의 다른 말은 전지적 능력에 대한 순응이다. 버려야 사는 사랑의 속성은 만남과 이별처럼 일정한 시공간을 흘러 상호 화답하기에 자연의 섭리에 순응하는 태도가 필요하다. 순응은 수많은 전지적 대상성에 몰입하는 과정이다. 몰입을 통해 본질을 보게 되고 또한 본질을 지속적으로 찾아나간다. 본질은 자신과 타자들을 하나로 묶는 강력한 사이 에너지다. 대상성을 묶을 때 본질이 탄생하고 드러나 엮인 모습이 완성돼 보여진다.

　사랑이 완성되는 과정은 신성인 본질 속으로의 여행이다. 유한자나 개별자의 본질이 아닌 자연의 모든 유한자나 개별자를 볼 수 있도록 해주는 본질을 볼 수 있다는 것은 사랑의 위대함이다. 이 사랑 자체가 정보와 사이 에너지로 존재하기에 존재하면서 존재하지 않는 이중성을 띤다. 이 같은 이중성이 사랑의 완성에 필요한 에너지를 만든다. 사랑의 이중성은 대상성의 존재 및 부존재와 맞물린다. 대상이 존재할 때 아름다움이 빛나고 대상이 부존재할 때 추함이 드러난다. 사랑의 대상성이 부존재에 빠지지 않도록 하는 자가발전이 인간의 조건에 자유와 책임의 가치로 역동하고 있다. 미학을 추구하는 모든 역동성이 곧 존재의 대상성을 만드는 책임의 과정이다.

돈의 존재는 터부를 통해 가치가 고양 되지만 탐진치에 빠지면 잡기 어려운 부존재의 순환성에 들어간다. 과욕의 한 형태인 탐진치는 돈이 부존재 하거나 돈의 환영을 만든다. 반면 사랑은 돈이 터부시되거나 터부가 없다고 해도 대상성을 확보하기 때문에 돈의 가치를 고귀하게 한다. 돈에 대한 인간의 조건은 삶 자체를 사랑하면서 자신의 대상성을 스스로 확인하고 단 한시도 게으르거나 나태하지 않는데 있다. 돈은 이런 근면을 통해 존재하는 에너지 흐름이다. 근면하지 않은 채 탐해서 일어난 돈의 역습은 삶 자체를 송두리째 망가뜨리면서 부존재의 형상으로 남도록 한다. 도둑질, 강도, 사기는 그 전형이다. 섭리를 따른다는 것은 인간의 조건에 자신을 끝없이 엮는 과정이다. 그것이 현상계 일이다. 돈의 이 같은 존재 미학을 충실히 따르는 자유시장에서 인간의 추함은 자연히 억제된다.

5. 신의 돈

만물의 가치 돈, 운동(일) 통해 존재-부존재 결정

돈과 인간의 에너지 흐름이 같거나 유사한 자기역동성 또는 그것을 기반으로 한 네트워크형 분산의 형태로 돈이 존재한다는 것은 현상계 소유에 대한 근본인식이 바뀌어야 한다는 사실로 귀결된다. 돈과 인간은 상호 주관자 내지 중간자 지위를 모두 갖고 있어 온전히 돈을 소유한다는 지위를 가질 수 없고 설사 갖는다고 해도 일시적일 뿐 오래가지 못한다. 인간의 탐진치가 돈의 소유욕망을 끝없이 키우는 자유시장에서 부를 오랫동안 유지하는 경우가 적은 배경이다. 인간이 돈을 영속적으로 소유할 수 없으며 만약 소유한다는 가정을 두고 실행을 하면 돈은 가차 없이 인간을 공격하고 억압한다.

부는 영속될 수 있는 가치이지만 그것은 돈의 흐름을 인간이 순리적으로 수렴하거나 동행할 때만 가능하다. 순리는 소유의 개념을 바꾸는 일에서 시작된다. 기억의 잔상은 경험에 의한 허구의 과거와 미래를 동시에 나타내기에 마치 마음만 굳건히 먹으면 영원히 소유가 가능할 것 같은 착각을 불러일으킨다. 이 경험이 이성의 현재성을 강화하고 지원해 냉철한 돈 에너지를 키우지만 소유에 대한 착각이 지속될 경우 부를 향유할 수 없다. 기억의 잔상 때문에 일어나는 시공간 에너지 흐름의 착시는 현상계 인간의 소유관념을 각인시켜 불완전성을 심화시켰다. 따라서 소유에 대해 과거─미래를 감안한 기억의 틀에서 벗어나 오직 현재성만으로 보면 개념이 확 바뀐다. 인간은 그 어떤 것도 소유욕이라는 탐진치 잣대를 기반해 과거와 미래를 보면 소유가 불가능하다. 소유는 매 순간의 현재성일 뿐이고 그 기억의 잔상들이 모아진 편린에 불과한 비실재성이다.

과거를 추억하고 기억하는 잔상효과가 높아지면 소유욕이 커지고 미래를 걱정하고 두려워할 할 때도 역시 소유욕이 커진다. 소유욕망이 네트워크 분산식으로 현재에 충실하다면 건전하지만 그 반대로 과거와 미래를 관통할 때 개인은 물론 그 개인이 속한 집단도 불안정해진다. 개인의 영화와 개인의 욕심만 채우기 위한 소유욕이 넘치기 때문이다. 이는 자본시장이나 자유시장의 건전성과 배치된다. 자유시장은 경쟁과 차이를 긍정성으로 수렴하는 욕망들이 넘치기에 그 욕망들이 현재성으로 드러나고 이타적 일 가치로 표현돼야 한다. 하지만 잔상효과가 지나칠 때에고 에너지가 높아지면 자유시장의 긍정적 현재성이 사라진다. 미래에 대한 두려움으로 만들어지는 강한 소유욕도 여기에 포함된다.

돈은 인간이 만든 허구의 시간 속에서 존재하기를 원하지 않는다. 돈은 인간이 허구의 시간관념으로 돈을 소유하는 것이 불가능하다는 것을 기막힌 원리로 아는 듯 행동한다. 돈은 진선미-위악추의 대칭성을 통해 무엇이 진실인지 혼란스럽게 하면서 인간의 사회성과 사회적 소외를 결정짓도록 하는 힘을 발휘한다. 사회성은 돈의 사회적 기능에 충실하도록 안내하고 사회적 소외는 역시 사회적 기능에서 멀어지지 않게 경계하는 역할을 돕는다. 이는 예술의 지향성인 현재성이면서 그 현재에 몰입하는 돈과 인간의 대칭성이다. 이 대칭성이 곧 소유의 반대편에 서서 돈의 자기분산을 유도한다. 이를 통해 소유는 엄정한 현재형으로 분산돼 있는 개념이 된다. 과거와 미래가 개입돼 소유하는 착각에 빠질 경우 돈의 대칭성 특성인 사회성과 사회적 소외가 역할을 하고 나선다.

돈의 대칭성에 순환성까지 가미되면서 소유는 더욱더 분산효과를 드러낸다. 인간의 일 가치와 그 일을 통해 분산되는 이타성이 돈의 고입현상을 분산시키는 촉매제 역할을 한다. 집단적 생활과 그로인해 자연발생적으로 탄생하는 얽힘의 이타성은 고의적이지 않은 돈의 무소유를 촉진시킨다. 무소유는 과거와 미래가 동반하지 않는 현재성을 함의한다. 현재성의 끝없는 순환은 엄밀히 무소유다. 유한자나 개별자가 소유한다는 개념의 실체는 없다. 자유시장에서 일어나는 이 같은 현상은 돈을 현재

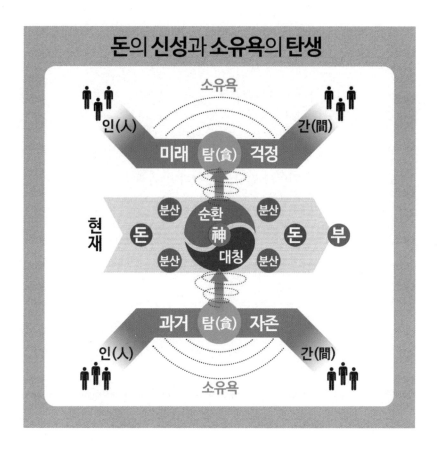

돈의 신성과 소유욕의 탄생

성으로 소유하되 극대화된 탐진치가 소유하지 않게 하는 절묘한 자기조절 분산 시스템이다. 놀라운 것은 이 시스템이 인간의 이성적 능력에 의한 것이 아니라 돈 에너지 스스로 만들어 가고 있다는데 있다.

돈이 특정 인간에게 소유되지 않는 개념의 다른 말은 인간의 오감에 각인되지 않는다는 뜻과 같다. 특히 눈으로 보여지는 과정들 속에서 소유와 비소유가 갈리고 부와 빈곤이 지속되는 것처럼 보이지만 그것은 인간의 오감 중 핵심 에너지인 시각이라는 창구를 통해 전자기 전달장치 및 기억장치에 의해 잠시 떠다니는 뇌의 잔상으로 일어나는 착오 내지 착각일 뿐이다. 시각을 통해 판단에 임하는 뇌는 과거와 미래의 잔상들을 만들어 특정 시공간을 임의로 만들어 낸다. 그 잔상들이 있는 시공간들의 흐름이 소유의 개념이다.

현상적으로 돈(화폐), 부동산, 은행계좌, 보석 등 모든 돈의 교환가치 표시도구나 물건들은 시각으로 형성된 기억의 잔상들이다. 시각으로 보여진다고 해도 기억의 잔상들이 없다면 현재성에 응축돼 돈의 쏠림현상인 소유는 일어나지 않는다. 소유현상은 곧 시각의 전자기 이동과 흐름으로 일어나는 에너지장 흥분 현상이다. 인간의 오감 중 시각 외에 다른 기억의 잔상들은 특이하게도 소유할 수 없는 개념으로 특징 지워져 있다.

돈은 본래 보여지는 시각의 가치가 아니다. 인간과 인간 사이(間)에서 인간이면 필연적으로 느끼는 사이 에너지다. 이 에너지는 개별자와 유한자를 특징지우면서 무한한 시공간의 주인역할을 하기 때문에 인간의 오감이나 힘으로 소유하기 불가능하다. 자본시장은 교환가치의 필요성에 의해 보여지는 시각적 가치를 만들었을 뿐이다. 이 경우에도 교환가치에 의한 순환성을 전제하기 때문에 돈의 소유에 대한 욕망은 과욕과 탐욕으로 발전하는 문제를 낳는다. 물론 과욕 · 탐욕은 돈의 순환성을 돕는 에너지라는 점에서 돈이 소유된다는 잘못된 개념을 일깨우는 역할을 해주기도 한다.

화폐가 아닌 돈은 순간순간 무한히 생멸하기 때문에 미치 유무를 결정 짓는 입자의 쌍생성 · 쌍소멸 에너지 움직임과 흡사하다. 물론 멸과 무는 영원히 사라짐과 영원한 없음이 아니라 탄생과 있음의 대칭성이라는 조화다. 대칭성에 의해서 존재가 결정되는 방식이 에너지의 흐름으로 탄생되고 사라지는 돈의 성격과 다르지 않다. 이를 특정 시각으로 소유를 판단하는 것은 마치 관찰하면 입자의 이중성이 하나로 결정되는 것과 같은 현상이다. 하지만 입자의 관찰자적 결정론은 순간적인 현재의 현상일 뿐 과거와 미래를 지속해서 결정짓지 못한다. 입자의 이중성은 결코 버려지는 것이 아니기에 입자를 확률적으로 결정하는 방식에서 시각의 전자기적 소유는 불가능하다.

신성은 입자를 통해 만물의 존재를 만들었다. 개별적 유한 입자(물질)와 사이 입자(힘)를 혼돈스럽게 만들면서 이중성, 중첩성, 양자얽힘 등의 물리 현상까지 가능하게 했다. 존재와 부존재를 하나로 엮으면서 존재를 규정짓는 것은 사이 에너지와 유한 에너지의 얽힘으로 형성된 특성을 설명한다. 신의 입자로 명명된 힉스의 경우도 이 역할을 하고 있다. 개별자와 무한자 역할을 동시에 하면서 자신의 존재성과 만물의 존재성을 함께 부여해 존재와 부존재를 특징짓는다. 입자들의 존재-부존재성과 이 운동의 가속이 일 가치로 표현되면서 만물은 그 가치를 대변하는 돈이 됐다. 신성이 가미된 만물의 창조와 운행법칙이 가치역동의 에너지 잣대로 봤을 때 현상계의 돈 에너지와 다르지 않음을 보여준다. 신성은 돈이라는 가치로 만물의 가치를 존재-부존재로 카오스적 질서를 구현해 내고 있다.

돈은 그러나 신성을 타고 함부로 악마성을 드러내지 않는다. 돈이 드러내는 현상계 사탄의 유혹이나 악마성은 인간이 만들었다. 돈에 내재된 위악추에 인간의 역할이 동조했을 뿐이다. 인간 또한 신성의 분유된 존재로 창조되면서 돈과 같은 에너지 역동성을 갖기 때문에 인간의 악마성이 드러나면 돈은 그 역할을 해낸다. 그럼에도 인간은 돈의 악마성을 질타하고 욕하며 책임을 회피한다. 돈이 사탄의 시그널이라고 무수히 욕하는 자유시장의 사람들이 너무 많다. 그들은 마치 돈을 욕하면서 정의의 사도처럼 착각하고 착한 일을 하는 것인 냥 오인하기 일쑤다. 그러면서 돈을 치열하게 벌고자 하는 이중적 태도를 보인다. 돈은 그 행동이 인간이 할 수 있는 악덕의 전형이라는 것을 안다. 돈은 그 악덕을 행하는 사람에게 절대 다가가지 않을 뿐만 아니라 가난과 고난을 더 많이 선물한다.

돈이 갖고 있는 신성의 가치는 인간과 상호작용하는 특성 때문에 인간이 만들어 낼 수도 있고 인간이 끌려 다닐 수도 있다. 자유시장에서 돈을 긍정성으로 유도하기 위한 힘은 소유의 방식이 정해진 것이 없다는 강력한 각오에서 출발한다. 과거와 미래가 진실 되게 없다고 수렴할 때 과욕·탐욕이 발동하지 않고 두려움이 사라지면서 돈의 역습을 받지 않는다. 다만 일 가치를 통한 가치의 교환수단으로 돈의 욕망을 가질 때 돈은 분산의 방식으로 부자를 탄생시킨다.

돈은 즉시성으로 부를 만들어 현재성에 머물지만 분산된 부는 그 현재성을 통해 이뤄지는 특성이 있다. 현상계에서 미래를 굳이 계산한다면 그것은 현재 기준으로 예정된 부자다. 반드시 부를 거머쥘 수밖에 없는 현재상황이 만들어지는 설계다. 엄밀히 미래가 아니다. 그 설계의 진정성이 다중일 때 얽힘의 무한증식이 확장된다. 마치 세포의 증식처럼 만들어진 돈을 언제든 끌어달 쓸 수 있는 것이 부를 소유하는 실체적 방식이다. 미래인 것 같지만 현재형으로 만들어진 부는 미래가 아니고 언제든 사용할 수 있는 분산의 개념이다.

영웅-노예 극과 극 이중성 아우르는 돈의 본질성

돈에 대해 거짓, 악함, 추함을 논할 때 돈은 개인의 소유가 가능하다는 잘못된 전제를 하기 때문에 일어난다. 돈을 많이 소유한 개인이 위악추에 빠지면 돈은 그 어떤 정의의 재단사 이상으로 가혹하게 형벌을 내린다. 따라서 소유에 의한 위악추가 현상계에서 보이는 것은 일시적이며 항구적이지 않은 악덕일 뿐이다. 돈의 소유욕이 과하다고 느껴지거나 그런 권력을 갖고 있다고 생각되면 인간을 향한 돈의 역습이 시작되기 전에 울리는 일종의 경고 시그널이다. 이를 감지하고 돈의 현재성에 충실하면서 일 가치에 대한 순환성을 확산할 때 돈은 긍정의 에너지로 자유시장에서 개별자들에게 좋은 모습으로 다가온다. 돈은 자유시장의 질서자이자 개인의 절제를 유도하는 형이상학 본질의 모습이다.

본질은 인간과 만물이 있게 하는 질서의 중심축이다. 그것이 이데아, 도(道), 군자, 절대이성, 형이상학, 신성 등 다양한 용어로 불리지만 돈이 그 자리에 있다고 하면 수렴하기 어려운 부정성이 있는 것 자체가 역설적으로 본질에 있다는 것을 반추하게 한다. 본질이 극과 극을 모두 수렴하면서 하나의 순환원리에 있음은 주지의 사실이다. 돈은 인간에게 빈곤과 가난에 대한 극도의 두려움을 자극해 준다. 그 속에서 인간은 허구의 미래를 생각하고 탐진치를 끌어 쓴다. 이 부정성이 그 반대편에 있는 진선미와 대칭성을 이루며 하나가 된다. 돈의 이 같은 대칭성은 완전성에 가깝다. 돈이 모든 것을 안고 있으면서 해결의 단독자 위상을 차지하고 있다. 인간의 이성과 감성에 돈의 에너지 흐름이 꽉 차 있다는 것은 섬뜩하지만 부정성이 아닌 긍정성을 담보하는 이유가 된다.

인간은 누구나 영웅을 원하면서 영웅의 보호를 받기를 원하는 이중성을 띠고 있다. 힘이 강할 때 영웅을 향한 권력에의 의지는 끝이 없다. 힘이 약할 때 영웅으로부터 보호받고자 하는 의존성 또한 끝이 없다. 돈은 이 때 영웅이 되기도 하고 영웅으로부터 보호받는 노예가 되기도 한다. 돈은 인간과 같은 영웅성과 노예성을 갖고 동시에 있다는 것이다. 이는 누구나 단독자로 인정받고 싶어 하는 영웅심리와 상통하고 동시에 영웅의 힘으로 편안하고 안전한 삶을 살고 싶어 하는 노예다운 태도와 상통한다. 영웅과 노예는 극과 극의 에너지다. 하지만 둘의 공통점은 카오스적 질서를 만드는 중심에 있다는 점이다. 영웅은 자신의 힘으로 질서의 창안과 운용을 드러내고 노예는 그런 영웅의 질서에 따르고 순응하는 가운데 질서의 창안과 운용의 핵심에 들어가 있다. 돈은 영웅의 질서와 노예의 질서에 모두 관여한다.

영웅심리는 노예심리를 통해 일 가치인 돈을 만들어 낸다. 노예심리는 영웅심리를 통해 일 가치를 부여하면서 돈을 받고자 한다. 만약 이런 영웅과 노예의 관계가 위악추로 발전하면 영웅심리는 전체주의나 독재로 지향하고 노예심리는 이를 떠받들어 주는 역할을 해준다. 수많은 인간군상 중 일부는 이 때 독재와 전체주의에 항거하지만 다중은 그 속에서 자신이 보호받고 있다는 현실주의에 빠진다. 그 전형은 왕과 군주제로 구체화 됐기에 현대사회의 기준으로 그 시스템을 위악추라고 지탄하기 힘들다. 당시의 영웅심리와 노예근성이 제도와 시스템의 바탕이 됐기 때문이다. 그것은 시대적 상황을 감안할 때 이상적인 대칭성과 순환성의 흐름을 탄 것이라고 할 수 있다.

하지만 자유시장의 특성은 불평등과 차별이 반드시 존재하면서 영웅심리든 노예근성이든 변화를 자가발전하는 자기역동성이 늘 일어난다.

민주주의 제도가 안착한 오늘날에도 영웅심리와 노예근성은 여전하다. 다만 외피가 다른 모양으로 바뀌어 인간의 본래적 심리가 다른 것으로 받아들여질 뿐이다. 따라서 지금도 모든 것을 해결해 줄 듯한 정치적 포퓰리즘이 허위와 기만이라는 것을 모두가 인지하면서도 기막히게 통한다. 포퓰리즘을 통한 개인의 영웅심리는 허구의 과거를 만들어 낸다. 또 허구의 미래시간에 대한 두려운 노예근성은 보호자이자 해결사로 역시 포퓰리즘을 유인한다.

영웅심리와 노예근성은 상호 교란하면서 자기역동성을 전개하지만 그 핵심에 인간 스스로 위악추를 만들어가는 기본 에너지를 강력하게 발생시킨다. 인간은 그 결과에 대한 책임을 돈으로 돌리기 일쑤다. 돈은 독재와 전체주의의 근간이 되기도 하고 노예같은 인간의 피지배 주역에 오르기도 한다. 하지만 두 가지 모두 돈에 의한 것이 아니고 인간 스스로에 의한 창살이다. 거꾸로 돈은 인간의 이런 위착추가 비춰지고 돌아보게 하는 얼굴로 다가간다.

돈을 지탄하고 멀리하는 집단일수록 그것이 개인이든 가정이든 또는 기업이든 국가든 자기기만의 전형이다. 스스로 만든 허울의 껍데기를 향해 스스로 욕을 하는 모습에서 더 나아가 그 원인을 자신에서 찾지 못하고 자유시장의 신성인 돈으로 돌리는 것은 역겨운 노예근성이다. 이 심리를 많이 가진 개인이나 집단일수록 절대 부를 향유하지 못한다. 일시적으로 돈을 소유한다고 해도 돈의 강력한 역습만이 있을 뿐이다. 자유시장의 돈은 부를 만들면서 부를 단죄하는 정의의 재단사 역할을 한다. 이를 통해 부를 평등화 시키려는 노력을 스스로 해낸다. 이를 인간의 권력이 인위적으로 하고자 할 때 돈은 오히려 인간의 의지를 벗어나 자유자재로 행동하는 특성을 지녔다. 시장에 대한 인간 권력의 개입은 결코 돈의 긍정성을 담보하지 못한다는 것이다. 삶의 근거이자 가치를 부여하는 자유시장의 기저 에너지를 보호하는 길은 거꾸로 인간 자신이 만든 허울의 정의와 그것으로 재단해진 과거 · 미래의 시간을 없애는데 있다.

화려한 현대문명이 돈의 차별성으로 인간을 구속한다고 하지만 이 조차 인간 스스로 만든 집에서 그 집을 향해 감옥이라고 지탄하는 것과 다르지 않다. 문명은 본래 인간에게 부존재의 대상성이었지만 이성과 감성의 교란 에너지로 등장해 인간에 존재가치를 부여하고 위악추를 반추하는 거울이 돼 주었다. 문명의 억압이라는 잘못된 가치관이 에고 에너지의 총량을 증가시키면 그 사회와 그 국가는 유아독존에 갇혀 가난해 진다. 끝없이 외연으로 나아가면서 자유시장의 원리를 따를 때 치열한 경쟁을 수렴하고 긍정하는 용기가 생기고 그것이 부질없는 허구의 과거 · 미래 시간을 만들지 않는다.

전지전능과 무소부재의 신성이 현재성을 특징지우며 인간이 이를 따를 수 있는 시공간은 영웅심리와 노예근성이 카오스적 질서를 만들어 내고 그것을 수렴해 일 가치를 일으켜 문명을 확장하는 자유시장이다. 신이 메시아를 통해 구원의 손길을 뻗듯이 신성은 돈을 통해 자유시장에 구원의 손길을 항상 주고자 한다. 구원은 자유시장의 탈출이 아니라 자유시장의 영속적 존재를 인간이 스스로 만들어 가는 지위를 확인해 나가는 과정의 가치다. 삶의 이유와 그 삶의 영원성을 담보해 줄 가치에 돈의 긍정성을 수렴할 때 그 개인과 그 국가는 신성의 능력을 갖는다.

돈의 긍정성을 수렴하는 현실의 전형적 실천윤리는 돈을 상대적으로

많이 소유한 이른바 부자들이 자신의 부에 대한 자긍심으로 당당히 사회에 그 모습을 드러내는 일에 있다. 소유한 돈을 숨기거나 감추려 할 때 돈은 어차피 숨겨지지 않고 그 이상의 힘으로 네트워크 에너지 망에 분산하기 위한 자기역동성을 강화한다. 이 때 과도한 탐진치로 소유된 돈이 자기성화를 위해 유한자나 개별자의 자기소유를 가차 없이 공격하기도 한다. 물론 돈이 대신 비판의 중심에 서 자기정화를 이룬다. 따라서 돈을 네트워크에서 드러나지 않게 숨기려 한다는 것은 전혀 의미가 없을 뿐만 아니라 돈의 자기정화 역습을 불러 화를 자초하는 일이다. 돈의 신적 실천윤리가 드러나지 않도록 하기 위해서는 과정의 가치를 중시하는 일 가치를 통해 돈을 만들어 내고 그렇게 만들어진 돈이 다중의 네트워크에 온전히 모습을 보이도록 해야 한다.

종교 윤리 대부분이 대중 속으로 들어가 교화하듯 신성의 실천윤리 선두에 있는 돈이 동떨어져 동굴에 갇혀 있을 수 없다. 돈의 실천윤리가 실행될 때 자연스럽게 경쟁 속에서도 부의 차별화가 해소돼 나가고 부가가치도 함께 누리는 효과를 누린다. 이를 통해 돈과 부에 대한 진정성 있는 긍정의 마인드가 확산되면 개인은 행복과 삶의 가치를 더 높게 되고 국가는 이를 강력하게 보호해 줄 울타리를 견고하게 칠 수 있게 된다. 국가의 보호막은 개인들의 네트워크에 의해 형성된 만큼 행복과 삶의 가치가 오를수록 강해지는 시너지 효과가 일어난다. 개인과 국가는 굳이 인위적 영웅이나 자발적 노예가 필요치 않아 정치에서는 포퓰리즘이 발붙일 곳이 사라진다. 거짓 위선과 기만으로 포장된 정의가 사라진 자리에 자유시장의 본질가치인 현재성에 몰입된 일꾼들의 근면함이 커진다. 개미나 벌들이 이유를 모르고 무조건 일을 하는 것처럼 보이지만 생명의 가치를 실현하기 위한 과정의 가치가 그 속에 자리하고 있다. 생명의 원리는 곧 그것을 창조한 신성의 그릇에 담겨 있다.

모든 자연 속에서 일어나는 가속운동은 절대성의 명령을 따르는 일을 주도적 또는 중간적으로 해내는 과업들이다. 가속운동이 돈을 만드는 일이라는 것을 거듭 상기할 때 돈은 필연적으로 생명과 영원성을 담보해야 할 신성의 영역에 있다. 생명이 존재하는 한 그리고 자연이 존재하는 한 가속운동을 표현하는 현상계 인식의 표상인 돈은 위악추를 품은 진선미의 절대성으로 인간과 호흡하면서 인간의 영원성을 담보해 줄 동반자다. 인간이 신성의 분유된 존재라는 존엄성을 생명의 기본가치로 여기며 살듯이 그것에 힘을 줄 동반자가 꼭 필요하기에 인간과 돈은 결코 떼려야 뗄 수 없는 무한 관계의 네트워크로 엮여 있다. 인간의 운명과 함께하는 신의 돈은 결코 멸이 없고 사라지지 않으며 그 역할을 줄이지 않는다.

에필로그
자유와 부와 권력

차별의 필연적 순환 공포심 먹고 영속할 자유시장

　사적 자유와 그것을 근간으로 한 사적 재산은 자본시장의 큰 기둥이란 점에서 소유하고자 하는 이기심과 그 이기적 자유로 발생하는 소유에 대한 배타적 권리는 시장의 모든 시민들에게 부여된 일종의 자율적 권리선언에 비견된다. 자유, 재산, 이기심은 자본시장에서 자연인 인간에 부여된 일종의 자연권으로 기능한다. 자연권은 신기에 가까운 생명의 축복이 전제된다. 생존하고 살아가는 권리가 곧 자연의 신성이다. 인간은 누구나 신성이 분유(分有)된 본질의 이데아를 본유(本有)하고 있는 존귀한 존재다. 실제로 생명원리가 작동하는 에너지 흐름의 초정밀 조화를 보면 존엄하다. 자본시장은 이 같은 신성의 권리들이 공존하는 곳이다. 당연히 그 권리들이 충돌하고 부딪치며 갈등하고 전쟁한다.

　자유의 다른 편에서 늘 상대의 자유를 제약하고 억제하는 저마다의 이기심이 작동하면서 경쟁은 불가피하게 일어난다. 사적 자유 속에 타인으로부터 제약받는 비자유가 필연적으로 깃들어 있다. 비자유가 사적 재산을 근본적으로 제한하지는 못하지만 일정한 제도, 규칙 법률 등으로 제약이 가해진다. 사적 자유와 사적 재산이 경쟁과 갈등 속에 차별이라는 시스템이 만들어지고 또한 정당화 되면서 국가와 권력 그리고 그 제도와 법률 등이 정체성을 만들어 왔다. 시장은 제도 또는 권력과 치열히 조응하면서 시민들을 그 중심에 둔다. 이 때 시민들은 시장과 권력을 아우르는 중심에 있는 존엄한 존재로 규정되고 집단지성의 영혼인 헌법에 그 정신이 정초되지만 역으로 그것을 잃을 수 있다는 불안, 두려움, 공포 속으로 급속히 휘말려 들어갔다.

집단지성은 인간의 존엄성을 지향하지만 시장과 권력이 조응하는 가운데 그 중심에서 밀려날 수 있는 시민들이 등장하면서 누구나 느끼는 사회적 소외에 대한 공포는 신체적 죽음 못지않은 비극의 문제가 됐다. 그런데 이 같은 비극적 소외는 자본시장이 생존하는 기막힌 환경을 제공했다. 집단지성 속에 있는 인간은 그 지성의 틀에서 벗어나는 공포를 알기에 지성과 법률의 테두리 내에서 극단적 사적 자유와 사적 재산을 추구하고 있다. 이를 기반으로 성장해 온 자본시장은 인간의 공포를 먹고 사는 거대한 괴물로 비춰지고 있다. 하지만 인간의 공포는 소외에 대한 비자발적 움직임이면서 그것을 동력으로 하는 자발적 변증운동이 함께 일어나 이타적 집단지성을 구현하는 카오스적 질서를 구축했다.

소외의 공포라는 비극의 나락으로 떨어지지 않으려는 본성 속에 사적 자유와 사적 재산의 소유 욕망이 커지고 그 욕망의 발현 속에 일의 부가가치가 제고되면서 일은 시장을 순환시키는 돈을 무한히 그리고 효율적으로 만들어 냈다. 일을 통해 만들어진 상품과 재화는 돈을 통해 순환하면서 물리적 공간인 인간의 삶의 질을 크게 개선시키고 사적 재산의 범위를 넓혀 소유욕을 채워 공포감을 해결해 주었다. 하지만 소유의 문제가 소외의 공포를 근본적으로 해결해 주지는 못했다. 오히려 사적 재산이 많으면 많을수록 그것을 잃을 수 있다는 새로운 공포감이 또한 커졌다. 소유는 공포 심리를 더 키우며 탐욕으로 발전해 갔다. 자본시장의 최대 공포는 탐욕의 무한 확장으로 인한 일 가치의 부풀림으로 현실화 되면서 공황이나 대공황이라는 무자비한 역습을 주기적으로 맞아야 했다.

공황이라는 대공포가 지속되는 시장에서 소유욕은 궁극적으로 소유하기 어려운 물질과 그것을 표현하는 돈을 통해 안정 희구에 대한 심리적 욕망으로 가늠됐다. 하지만 자본시장에서 돈을 영원히 소유한다는 개념은 사실상 없다. 돈의 소유는 권력에의 의지 같지만 잠재의식 깊은 곳에서 발동하는 공포에 대한 안정 희구심리가 진짜 발로인 탓이다. 그 심리가 권력의존성을 보이는 것 또한 공포가 원인이다. 따라서 돈의 소유는 자연의 투쟁적 불안심리가 표현된 형태다. 돈이 끝없이 순환을 해야 하는 이유이기도 하다. 순환을 통해 상호 삶의 질을 개선하고 행복을 추구하기 위한 가치가 공포의 탈출이고 그 역할이 돈의 근본 가치이며 돈이 가진 신성의 도덕률인 배경이다.

인간이 돈의 가치를 사회적 소외에 대한 공포를 해소할 목적으로 바꾸면서 돈은 부도덕한 것으로 추락하고 그 비극은 인간과 시장의 추함을 자가 발전시키는 오류를 범했다. 교환가치에 의한 순환을 통해 돈은 특정인에 소유될 수 없다는 네트워크 분산에 대한 인식이 보편화 되지 않으면서 발생한 인간 스스로의 불안증이자 그 공포심을 감춘 오만이라고 할 수 있다. 자본시장이 영속성을 지속하기 위해서는 집단지성이 상호 공포감으로 무장한 적개심을 키우는 양상을 선도적으로 억제하는 자발적 노력에 있다. 그 일환으로 소유에 대한 인식이 바뀌어야 하면서 돈에

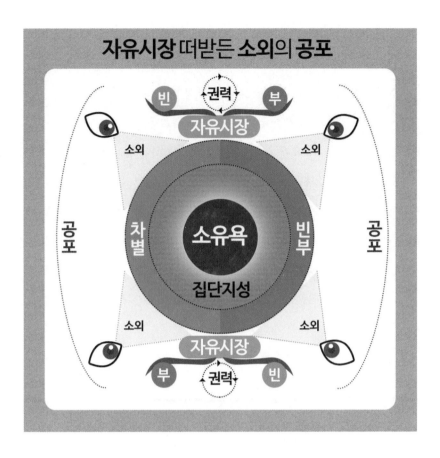

자유시장 떠받든 소외의 공포

빈 권력 부
자유시장
소외 소외
공포 차별 소유욕 빈부 공포
집단지성
소외 소외
자유시장
부 권력 빈

대한 긍정성을 반드시 담보해야 한다.

돈은 인간에게 생명의 가치를 높이고 삶의 행복에 기여하는 기본 축이라는 전제하에 순환을 시키는 것이 진정한 소유라는 인식을 갖는 집단지성의 고양이 중요하다. 순환은 물론 인위적이 아닌 집단지성 에너지의 자연스런 흐름이다. 에너지가 한 곳에 머무를 수 없는 성질을 갖고 있듯이 에너지로 표현되는 일이 더 많은 에너지를 만들어 내는 부가가치는 순환할 때 의미를 갖는다. 순환은 시장을 통해 일어난다. 권력이나 제도 또는 법률이 지나치게 개입돼서는 안 된다. 자본시장의 소유는 차별을 평등화 하자는 것이 아니라 차별이 존재하는 가운데 그 차별마저 순환하는 것을 함의한다. 따라서 현재의 시장은 큰 사이클로 보면 차별이 순환하기 때문에 개인의 소유가 무한정 일어나지 않는다.

진정한 소유이자 영원한 부자는 순환의 흐름을 타는데 있다. 손에 돈을 쥐고자 하는 소유욕은 돈을 순환시키고자 하는 소유욕을 절대 따를 수 없고 이길 수 없다. 돈의 순환은 일 가치를 인간 집단지성 네트워크에 분산해 저장하는 방식이다. 그것은 시장의 효율성을 담보하면서 수차례의 산업혁명 발판이 됐다. 자본시장의 거대 기업은 이처럼 돈의 순환성이라는 소유를 통해 성장했다. 지금도 글로벌 기업들은 상품 생산과 그것으로 발생하는 돈을 더 많은 네트워크에 확장하는 방식으로 더 많이 소유하고 있다.

기업은 상장을 통해 소유를 분산시키기도 하지만 상품 유통을 통해 소유가 사실상 소비자에게 있다고 못 박는다. 소비자의 선택이 기업의 돈이고 그 돈이 소유라는 점에서 소비자 선택이 순환되는 상황에서 소유는 소비자의 마음인 시장 네트워크에 있다는 것이다. 물론 그 소비는 사회적 소외를 자극하는 수많은 마케팅 기법에 의한 비자발적 심리이기도 하다. 따라서 기업은 소비라는 망을 인위적으로 만들어 선택이라는 심리로 돈을 분산시킬수록 많은 부를 축적한다. 돈이 사람 사이에서 부를 만들고 부자를 탄생시키는 방식이다. 이 때 부는 쌈짓돈 식으로 자신의 주머니만 채우는 것이 아니라 가급적 많은 사람들에게 부를 늘려주는 방식이 되고 있다는 점에서 긍정성을 담보한다. 이 같은 부의 혜택을 많이 누리는 집단지성이 확장되는 상징적 잣대가 산업혁명의 진화라는 형식으로 보여지고 있다.

섣부른 휴머니즘이 산업혁명의 진화를 매개하고 있는 돈 에너지를 악마성으로 규정짓고 시장의 냉혹함을 지탄하지만 거꾸로 돈이 없는 시장을 시험한 사회주의나 공산주의는 혹독한 독재와 가난만을 낳았을 뿐이었다. 인간의 안주에 대한 편안함을 먹고 사는 돈은 단기간 꿀맛을 주는 듯 하지만 반드시 비극적 결말을 맺는다. 오히려 공포를 먹고 사는 치열한 돈은 시장의 순환 사이클 에너지를 키우면서 부의 혜택이 고루 돌아가도록 돕는다. 그 과정에서 발생하는 가난과 빈곤층은 경쟁의 불가피한 측면도 있지만 공포심을 먹고 키운 시장의 냉혹성 때문에 존재한다. 부와 부자들이 가난이라는 공포 때문에 커지고 있는 아이러니다. 따라서 시장은 가난을 근본적으로 물리칠 수 없고 근본적으로 없애서도 안 된다. 따라서 가난이나 빈곤이 정의로 치부되고 부와 부자는 불의로 멸시되는 이분법적 시장에서 일의 가치와 효율은 필연적으로 떨어진다. 모두가 손해 보는 외견상의 정의는 전체적으로 가난한 사회나 국가의 전형이다.

시장은 부와 부자를 정의 삼아 그것을 존중할 때 커지고 가난과 빈곤의 문제도 해결할 그릇이 커진다. 반대로 개인들의 문제를 구조적 문제로 정의화 시킨다면 돈에 대한 부질없는 부정성이 확산되면서 일 가치의 고귀함이 줄거나 사라진다. 일은 돈을 생산하는 삶의 가치척도이자 삶이 전부라고 해도 과언이 아니다. 일의 존엄성에 깃든 생명의 존엄성을 지키고자 한다면 편안함과 안주를 막는 돈 버는 일에 대한 숭고한 생명 가치를 고양시켜야 한다. 자연의 모든 질서 속에 움직이는 생명들은 무한소에서 무한대까지 모두 이런 일을 통해 유지된다. 그 일을 효율성 높은 에너지로 높여 순환시키기 위해 창안된 돈이 멸시받거나 불의로 남게 되면 인간의 생명이 유지되는 원천인 에너지조차 부정돼야 한다. 생명 에너지 공장인 ATP가 포도당을 분해해 저장했다가 유효 적절히 사용하는 분산된 화폐의 효과를 내듯이 시장은 큰 에너지를 순환시키면서 수많은 에너지 크기를 만들어 낸다. 현대 자본시장의 특성인 화폐(통화)의 등장이다. 다만 화폐는 일 가치를 표현하는 돈과 달리 일 가치를 지나치게 부풀려 순환하면서 인간의 소유에 대한 탐욕을 지나치게 키웠다.

오늘날 금융은 따라서 돈의 정의를 무력시키는 위험한 시스템이다. 일 가치를 고양시키고자 창안된 돈이 화폐로 인해 악마성으로 커지고 있는 상황은 분명 절제돼야 한다. 그 화폐를 무한정 손에 넣고자 하는 소유욕은 시장에 전혀 도움이 되지 않을 뿐만 아니라 자본시장의 근본을 위협하고 있는 중이다. 따라서 화폐에 대한 소유욕은 억제돼야 하며 일 가치를 대변하지 않는 달러를 비롯한 전 세계 대부분 통화는 그 신뢰를 실제 잃어가고 있는 중이다. 이는 기축통화 체제가 무너질 시그널이다. 기축통화는 향후 산업혁명이 점차 고도화 되면서 심성 에너지까지 담은 신뢰의 표현양태로 바뀔 가능성이 높다. 신 시장의 돈 가치를 제대로 표현할 화폐들은 글로벌 순환을 하면서도 권력을 갖지 않는 신뢰를 확보해 나가야만 안정화 된다. 이 때 돈은 돈의 정의감인 생명가치를 보다 더 실현한다.

돈이 없으면 생명의 기본활동인 의 · 식 · 주 모든 것이 온전히 막힌다. 돈이 없는 환경은 인간의 사적 자유와 사적 재산을 훼방하는 극도의 반동성을 적나라하게 볼 수 있다는 점에서 오히려 돈 자체를 탓할 수 없다. 돈이 없는 환경을 만든 주체부터가 불의라는 것을 수렴해야 한다는 것이다. 시장의 정의는 돈의 냉혹함을 실현하는 인간의 사적 이기심이 모두에게 이로운 돈을 생산하는 패러독스에 있다. 돈을 생산하지 못하거나 만들지 못하는 무능력은 결코 정의가 아니다. 게으름과 나태함으로 돈을 만들어 내지 못하는 것은 불의의 전형이다. 자연의 질서에서 가장 역행하는 것이 생명의 반동적 질서다. 자연의 질서를 유지케 하는 일(돈)을 하지 않는 안주는 사탄의 울림이다. 에너지가 정체돼 있으면서 흐르지 않는다면 자연의 질서를 파괴하는 암흑이다.

따라서 분산하는 방식의 일 가치를 구현하는 소유는 미학이다. 소유 정도를 구분하기는 쉽지 않다. 현대인들은 눈에 보이고 손에 쥔 것만을 소유라고 단정하는 습성에 익숙해져 있기 때문이다. 이런 심리적 한계는 안주하려는 속성과 크게 다르지 않다. 불안 속에 과감히 내던지는 일 가치가 도전정신과 창의성을 이끌어 낸다. 그것이 곧 돈의 분산이고 진정한 소유이며 큰 부를 일군다고 할 때 소유의 정도와 미학을 특정할 수 있게 된다.

소유의 개념을 보다 분명히 하기 위해서는 철학적 사유가 필요한 문제이기도 하다. 특정 주체가 무엇을 소유하고 있음을 명징하게 구분할 수 있는 길은 개체를 설명하고 그 하나의 개체가 갖고 있다는 믿음이 확실하게 들도록 하는데 있다. 소유는 곧 배타적 유일자라는 개체, 없음의 대칭적 현재 진행형 운동, 뇌 활동의 기억이라는 실존재 등의 요소를 필요로 한다. 다시 말해 "개체가 어떤 근거로 존재하는지, 있음이 없음과 진짜 다른지, 기억은 무슨 의미인지"에 대한 정의를 필요로 한다. 그런데 이들 질문에 답을 하기 어려운 불확실성이 있다.

개체를 규정지을 근거를 찾는 일은 절대성의 잣대를 세우는 일이다. 한 개체가 생각하는 모든 것은 규정에 의한 것이기에 불완전한 인간이 그 개체라면 진짜 존재한다고 확신하기 어렵다. 나아가 배타적 유한자로 떨어져 있어야 개체라고 하지만 인간의 영(영혼), 기(氣), 육(體)은 모두 에너지 장으로 치밀하게 얽혀 있다. 따라서 있음과 없음도 하나의 에너지 장에 엮여 있다. 유무를 구분하는 것도 현상적일 뿐 사건의 섭리나 질서로 보면 하나의 반복이다. 또 뇌의 기억은 오감이 외부의 자극을 빛의 전자기파로 받아 놓은 흥분상태일 뿐이기에 빛의 자극이 실존재를 영원히 규정한다고 하지 못한다. 빛의 전자기적 흥분상태에 빠지지 않는 물질들이 존재하기 때문이다. 눈에 보이거나 손에 쥐는 소유는 곧 착각이다. 눈과 손으로 그 어떤 것도 소유할 수 없는 상황에서 소유라고 착각하고 그것을 받아들이는 인간 기억의 잔상만이 있을 뿐이다.

분산의 소유 키우며 무한경쟁 수렴할 때 부자행복

분산의 소유형태를 감안하면 소유가 없는 곳이 역설적으로 소유구조가 넘치는 시장이다. 시장은 소유가 아닌 대단히 역동적인 순환성의 지배를 받는다. 역동의 힘은 인간집단이라는 망에 분산돼 있다. 극도로 정밀한 망에서 모든 인간은 순환을 탄다. 순환하면서 소유한다는 것은 시장에서 교환하는 일로 표현된다. 교환을 통해 삶과 생명유지에 필요한 에너지를 또한 얻는다. 상호 일에 대한 부가가치를 키워 교환이라는 형식을 통해 더 많은 에너지를 얻는 것이 자본시장의 원리로 자리 잡았다. 그 속에서는 일어나는 무한 경쟁은 조화로운 사건의 섭리다. 무수한 사건들이 조화롭게 일어나고 있는 것이 신성의 원리로 깃들어 있다는 것이다. 내막적인 무소유의 시장에서 소유라는 환상이 강하게 만들어지는 사회나 국가일수록 모두가 가난해 지는 정의가 드러난다. 시장의 정의는 곧 무한 경쟁의 수렴이다.

소유에 대한 환상은 인간집단에서 자신의 의지대로 영향력을 행사할 수 있다는 힘에의 의지다. 하지만 그 힘은 진짜가 아니다. 에고에 기반한 자존감의 힘의 크기가 소유라는 착시현상을 불러오면서 역설적으로 게으름, 나태, 오만 등이 힘을 얻었기 때문이다. 이 힘은 생명유지에 필요하거나 생명가치에 대한 존엄성이 아니다. 시장은 에고에 휩싸인 극도의 이기심 발로인 게으름이나 나태함이 판칠 수 없는 곳이다. 그것들로 인해 오만함이 득세해서도 안 된다. 도전정신이 약하고 창의력이 없을수록 그리고 자신은 정작 무한경쟁에서 나와 선하다고 착각하는 유형일수록 가짜 힘의 오만에 가득한 유형들이다. 이들의 사적 자유는 통제돼야 하고 사적 재산은 오래가면 안 된다.

게으름과 나태함이 소위 행복이라는 잣대로 포장되기까지 할 경우 일 가치를 일으키는 아름다운 망은 즉시적으로 파괴되기 시작한다. 허상의 이념은 그 상징이다. 인간을 존재하게 하는 만물의 에너지 장을 거역하는 반운동성이 정의로 포장된 것이 바로 공산주의와 포퓰리즘이라는 허울이다. 시장의 건전성을 망가뜨리는 자기기만의 이 같은 전형은 필연적으로 최악의 불행을 스스로 키우고 그 사건조차 외부의 탓이라고 치부하는 악마적 속성을 보인다.

자본시장은 외견상 이기심이 가득차 오히려 어우러지며 욕망과 탐욕의 열정을 자양분 심아 피어난 분산의 이타직 돈들이 수없이 얽힌 채 돌고 있다. 이 에너지들이 게으름과 나태를 막는 강력한 원천 에너지다. 이 힘이 자본시장의 기둥인 사적 자유와 사적 재산을 보장하는 울타리가 되고 있음을 본다면 게으름과 나태함의 악마적 속성을 볼 수 있다. 재산에 대한 사적 자유가 허용될 때 소유욕이 강한 에너지로 자극되면서 게으르거나 나태할 수가 없다. 망의 한 가운데로 들어가 특정한 역할을 해내는 분산의 소유에 기여하게 된다는 것이다. 이 역할에 반하는 것이 공짜근성이다. 이 심리가 잘못된 가짜 소유에 대한 본질이다. 이 심리는 시장의 소유욕에 대한 한계가 없는 것인 냥 개별자들의 탐욕만을 무한히 키워 스스로 무너질 위기를 만들어 낸다. 소유할 것이 만들어지지 않는 시장에서 소유욕만 커진다면 그것은 신성과 반하는 무가치한 싸움과 갈등뿐이다.

공동체를 공짜근성이 판치는 곳으로 착각하는 경우가 많다. 공동체는 치열한 생존환경이 망으로 얽힌 곳이기에 무한 수에 가까운 사건의 섭리가 일어난다. 이 섭리를 외면하는 것이 미래의 편안한 확실성을 담보하고자 하는 게으름이다. 이는 개인의 이기심만이 가득 넘치는 자본시장 파괴의 다른 이름이다. 자본시장은 에너지 네트워크로 정교하게 만들어진 에너지 공간에서 무한수의 에너지들이 단 한시도 쉬지 않은 채 복잡다단하지만 단순하게 에너지를 증식하는 곳이다. 이곳에서 에고에 기반한 이기심은 네트워크 이기심과 달리 에너지를 발산하지 않는다. 이처럼 에너지를 사용하지 않으려는 이기심을 통제하는 것이 자유다. 시장의 통제자이자 주인으로 나서고 있는 자유가 깃든 시장은 에너지 자기역동성을 기반으로 게으름을 통제하고 돈을 만들어 내도록 해 부의 길을 닦는다.

부의 길에서 온갖 비극의 현실들이 목도되기는 하지만 그 조차 자유라는 통제자의 시선에 잡히면서 공동체를 위한 사적 노력이 자연스럽게 전개된다. 자본시장의 자유는 공동체의 자유 반대편에 있지 않다. 두 자유는 하나이며 하나의 공간에서 움직인다. 둘을 분리하며 정의를 내세운 투쟁은 저급한 권력에의 의지 그 이상도 이하도 아니다. 자신만을 위

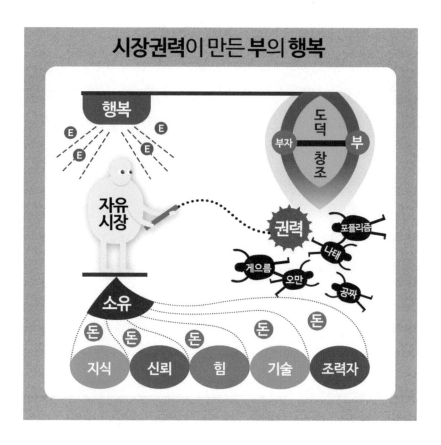

시장권력이 만든 부의 행복

한 유아독존의 권력에 의지한 선전선동이다. 이 힘은 휴머니즘 이데올로기라는 화려한 옷을 걸친 채 시장을 훼손한다. 외견상의 자유도 진정한 자유도 박탈되지만 정의라는 깃발은 계속 펄럭인다. 자기부정성 속에 자기긍정성이라는 외피를 쓴 채 끝내 모두의 부사행복이 되는 시장에너지를 약화시킨다.

시장에서 모든 사람들의 사적 시공간은 자기부정성과 자기긍정성을 동시에 담보하면서 이기심과 이타심을 상호 교란케 한다. 어느 한쪽으로 기울어서는 안 되는 절묘한 균형이 에너지를 끝없이 만들어 낸다. 결국 일과 재능으로 시현되는 이타성의 경쟁사회가 조성되는 것이 부자행복 에너지다. 행운이란 괴물이 이 에너지의 발산을 막으면서 공동체 경쟁 윤리를 망가뜨리는 주범이다. 경쟁 윤리가 정해지고 공정한 경쟁을 유도하는 법칙과 질서가 만들어지도록 하기 위해서는 유령의 손짓인 행운이란 괴물을 괴사시켜야 한다. 그것은 시장이 무한 에너지를 만들어내는 곳인 만큼 자동제어 방식으로 가능하다.

자유에 기반한 이기심이 행운이란 괴물을 없애는 자동컨트롤의 중심에 있다. 자본시장은 이기심으로 탄생하고 이기심으로 통제되는 이중성을 지녔기 때문이다. 물론 자유가 그 이기심의 전편에 흐른다. 전자의 이기심은 인간만이 가능한 창조의 기반이 되고 후자의 이기심은 역시 인간만이 가능한 윤리의 토대가 됐다는 것에 흠칫 놀랍지 않을 수 없다. 반면 행운은 이 모든 것을 방해한다. 갈등이 경쟁이 되고 경쟁이 갈등이 되면서 강력한 창조력과 도덕률이 양립하게 됐다. 행운이란 유령만 사라지면 시장은 인간을 무한히 발전시키는 신성에 가깝게 가도록 돕는다. 일을 중심에 둔 창조력과 도덕률의 시소게임은 끝없이 자기변증운동을 해가면서 상승하는 곡선을 탄다. 그 속에서 인간은 자기정체성을 찾게 되고 타인과의 관계도 에너지를 분산하면서 자기안의 불안성을 해소시킨다.

불안으로부터의 해방이 곧 분산이다. 이기심이 커지면서 오히려 부를 분산시키는 것이 부를 거머쥐거나 지키는 길이 된지 오래됐다. 분산은 현재성이면서 그것이 영원한 현재로 기여할 수 있다는 것을 의미한다. 이 현재성은 외견상 공(空)이고 없음이다. 손에 쥘 수 없는 원초적 무소유를 받아들이는 것은 자본시장의 특성이 본래 사적 소유의 반대 특성을 내재하고 있는데 있다. 이 소유 방식은 기술이 확산시키고 있다. 산업혁명이 고도화 되면서 일 가치의 효율이 극대화 되면서 소유 방식은 유통이 됐다. 유통의 속도가 빨라지면서 모두의 부가 되는 부가가치가 혁신적으로 달라진다. 돈으로 탄생되는 것보다 부가가치 생성이 빨라지면서 유통되는 과정의 네트워크가 부의 기반이 됐다. 무소유는 곧 시장에서 유통의 다른 이름이다. 더 많은 사람들에게 재화의 가치를 분산할 때 더 많은 돈이 무소유라는 형태로 언제든 꺼내 쓸 수 있는 재화가 됐다. 따라서 현상적으로 볼 때 시장 내 특정 주체의 사적 소유량이 드러나 고임현상이 눈에 보일수록 시장의 본래 모습은 사라지고 정체성도 잃어간다. 이 때 자본시장은 구성원들에게 자신의 아이덴티티를 긍정하기 위한 일환으로 사적 자유에 대한 통제를 가한다. 물론 거대한 분산의 힘인 자유라는 통제기구를 통해서 일어나는 자율장치다.

시장 내 모든 사람들은 시장이라는 가교를 통해 자신의 성공뿐만 아니라 타인과 교감을 갖으려고 하지만 쉽지 않다. 그 발단은 시장에서 자신도 모르게 흡수된 정체성의 상실이다. 사적 자유에 대한 욕망이 그 일차적인 원인이지만 타자의 사적 자유에 대한 공격을 방어하기 위한 원인도 있다. 엄밀히 이는 자유가 아닌 구속이다. 자유가 이를 통제할 때 자유가 일어난다. 카오스적 질서의 중심에 자유가 있다는 것이다. 이 자유가 인간의 역할을 부여해 준다. 자본시장에서 인간은 철저히 개인화 된 채 움직이는 깃 같지만 인간 모두가 깃고 있는 탐욕의 근원들을 서로 공개하게 해 극적 갈등이 극적 화합의 모양을 치밀하게 갖추게 했다. 시장에 가득한 자유가 이를 가능하게 했다.

갈등이 복마전처럼 일어나는 자본시장의 탐진치들이 전체적으로 보면 갈등의 기막힌 조화다. 굳이 공동체를 거론하지 않고 공동선을 추구하지 않아도 시장은 사적 자유를 추구하는 이들에게 공동체 한 가운데 버티고 서서 역할을 하도록 주문한다. 시장의 사적 자유는 이기심만이 충만해진 사적 소유가 아닌 타인과의 교감 내지 사랑이라는 한 울타리에서 벌어지는 운동이라는 것이다. 타인과 결코 하나 될 수 없는 사이 에너지가 모든 것을 통제하지만 그 에너지가 무수히 많은 사적 자유들을 엮는 강력한 접촉제 역할을 한다. 사이 에너지가 곧 자유의 정체다. 사이 에너지는 모든 생명체들이 느낄 수밖에 없는 자유로운 공간이다. 유한자의 한계에서 오는 한계를 넘어 자유롭게 활동할 수 있는 궁극의 에너지 장이다. 만물은 단 한시도 사이(자유) 에너지를 벗어나 존재할 수 없고 생명을 유지시킬 수 없다.

사람들 사이를 관통하는 사이 에너지가 시장의 중간자이면서 동시에 총괄 주관자로 나서고 있다. 사이 에너지는 현상적으로 보면 물리적 현상이다. 인간 사회 모든 관계망이면서 미디어의 총합이다. 관계는 육체뿐만 아니라 의식도 관여하면서 자본시장이 자가생존 할 환경을 밀도 있게 구축하도록 도왔다. 그런 점에서 시장은 그 속에 인간이 있고 그 속에서 탄생하는 돈이 있는 한 멸하지 않는 생명력을 갖고 있다. 사적 자유가 공동체·공동선을 느끼며 시장을 만들어 갈 때 모두가 좋고 행복한 미학이 관계해 있다는 것이 진실로 드러난다.

시장은 늘 관계의 망을 깨는 것처럼 보이지만 오히려 더 강화시킨다. 이기심을 토대로 한 개인주의가 끝없이 상승하는 것 같지만 비극을 통해 미학을 반추하고 그 예술에 몰입하는 즐거움 속에서 자기절제와 규범이라는 도덕성 위기의 대항마를 스스로 만들었음은 주지의 사실이다. 시장은 극도의 윤리적 혼란을 머금으면서 진화해 왔다. 돈은 그 최전선에서 지탄이 대상이 돼 왔지만 인간과 인간 사이를 이어주는 사이 에너지로 기능하면서 유한자와 개별자들을 무한히 연대하는 무한자의 하나 된 범주로 엮이게 했다. 돈과 자유는 결국 한 몸이다. 돈이 하나 되게 할 수 없는 극단적 분리를 유도하면서 거꾸로 그것을 유일하게 극복할 수 있는 힘을 가져 하나됨의 미학이 행복이라는 인간의 도덕심을 정초해 냈다.

자본시장은 지금 몇몇 나라를 제외하고 전 지구적으로 삶의 터전이 됐다. 사회주의 정체성을 갖고 있는 국가들이라고 해도 온전한 자본시장은 아니지만 사적 재산을 허용하면서 이기적 윤리를 끌어내며 자유와 돈이라는 사이 에너지를 원용하고 있다. 인간이 온전히 하나 되는 유대감을 가질 수 있다는 유토피아적 생각은 인간의 불완전성 때문에 불가능하다는 현실인식이 보편화 되고 있는 것이다. 이기적 윤리가 현대사회의 보편적 현실이 되면서 자본시장은 수없이 상처를 주고 또한 받으면서도 생명력을 잃지 않고 발전해 가고 있다. 이기적 윤리는 공동체와 개별자를 분리하면서 엮는 긴장을 유지시키는 사이 에너지, 즉 돈과 자유다.

어떤 권력도 시장의 이기적 윤리를 통제하지 못한다. 강한 권력이 시장을 통제하는 도덕성을 내세울 때 그 권력은 오히려 허위와 위선의 옷을 반드시 입는다. 돈과 자유는 늘 스스로 드러내 기막힌 자율통제를 한다. 특히 돈과 그 돈으로 쌓인 부가 시장에서 숨지 않고 드러나야 시장의 윤리가 선다. 사이 에너지인 돈과 자유 그리고 수많은 미디어는 그 기능을 하는 축이다. 반면 시장의 윤리를 권력이 인위적으로 움직이고자 할 때 권력의 타락을 유인하고 실제 어떤 권력도 그 유인의 함정에서 스스로 빠져나오지 못한다. 자본시장이 항구적인 힘을 갖는 자율적인 자기 역동성은 신성에 가깝다.

그로테스크 노트

THE KEY TO WEALTH

1. 태양에 산다

뜨거운 태양 강렬히 마주할 때 대지의 시장 큰다

"눈을 떠보니 이글거리는 태양이 큰 눈을 뜨고 대지의 푸른 초원을 향해 응시하고 있는 모습이 보였다. 붉은 눈에서 꽃이 피듯 피어오르고 작열하는 그 불꽃송이들 사이로 이내 담아 낸 파란 초원이 시원스럽게 펼쳐져 있다. 초원에는 마치 중력이 없는 듯 금방이라도 날아오를 활기찬 생명들이 뛰놀고 있다. 초원은 어느새 나무가 우거진 생명의 거대한 품이 됐다. 나무들 숲 사이를 쉼 없이 오가며 삶의 찬가를 노래하는 많은 생명들이 태양의 열기를 흠씬 머금으며 살아간다. 생명의 낙원이 파노라마처럼 이어졌다. 탄성하는 뜨거운 심장이 태양의 대지에 묻혀 어우러진다. 눈을 감아도 그렇게 태양에 있었다. 발을 한 걸음 옮기자 대지의 푸른 눈이 들어오고 태양이 저만치 떠 있다."

눈을 뜨고 있다는 것은 외부의 사물이 빛의 매개를 통해 뇌의 전자기적 흥분상태를 자극하는 것이지만 그 들뜬 상태가 지속돼야만 사물이 있다고 하는 상태의 지속성을 확보할 수 있다는 점에서 시각은 사물의 창구인 동시에 사물의 주인이다. 모든 일(운동)은 만물에 숨겨 있는 에너지 본성이지만 그 본성을 인지하고 자각하고 판단하는 주체가 있어야 또한 본성이 드러난다. 일을 통해 가치가 발생하는 형식으로 드러난 돈은 사물의 본성이면서 그 본성을 바라보는 개체에 의해 역시 존재가 좌우된다. 돈은 본성의 주와 또 다른 본성에 의해 객의 요소를 동시에 안고 있다.

주객을 교환가치로 순환의 원리를 타고 있는 돈의 자본시장은 그 안의 본성 주체인 사람들로 하여금 돈이 순환의 객체이자 관여하는 주객이 되도록 하고 있다. 돈과 인간 모두 시장에서 주인이자 객이다. 돈은 인간에게 주인이자 객이며, 인간은 돈에게 주인이자 객이다. 돈과 인간의 고향인 태양 아래 돈과 인간은 하나다. 눈을 뜨면 태양은 생명의 가치인 푸른 초원이자 거대한 숲으로 다가온다. 돈과 인간은 그 숲 속에서 주인과 객을 주고받으며 시장이라는 숲을 움직인다. 복잡한 듯한 교환성은 단순한 순환성을 띠는 절묘한 법칙을 만들었다. 돈이 있는 사람은 풍요롭고 돈이 없는 사람은 가난하다.

부와 가난의 무수한 경우의 사례들은 이처럼 두 무대로 갈린다. 돈이 인간을 무한의 얼굴로 표현하면서 또한 극단의 두 갈래로 함께 표현하고 있다. 인간은 돈의 무수한 상태를 만들어 내면서 진선미와 위악추의 대립적 형태를 자연스럽게 다가오도록 했다. 자본시장은 그래서 태양이다. 모든 것을 녹이고 잉태하며 담아내고 꽃피운다. 창조의 질서가 역동하고 있다. 돈과 인간의 카오스적 질서와 코스모스 혼돈이 야기되고 유지되는 가운데 빛나는 모습이 자본시장이다. 혼돈이 질서이고 질서가 혼돈인 자본시장의 얼굴은 돈과 인간의 삶을 그렇게 드러내면서 태양처럼 붉게 이글거린다.

빛은 모든 생명 에너지 원천이지만 생명의 일로 탄생한 빛은 연속하는 부가가치를 만들어 낸다. 태양은 생명을 통해 돈을 찍어 내고 있다. 일의 효율성이 높아지는 이 같은 에너지 흐름이 자본시장에 꽉 차 있다. 정의는 정해지지 않은 채 나선형 변증운동만이 돈의 탄생과 순환 그리고 그 과정에서 발생하는 빈부의 현실을 보여주고 있다. 그러나 돈을 벌기 위한 본성은 이기적이지만 생명유지의 기본가치다. 욕심이 없으면 생명을 잇지 못하는 악덕이 드러난다. 돈은 자본시장이라는 태양에 거주하는 인간의 복잡다단한 마음을 대변하고 움직인다. 그래서 일이 돈을 주관할 때 주인이 되고 돈에 끌려다닐때 객이 된다. 돈이 일을 하게 하면 반드시 부자가 된다.

돈도 주인이고 사람도 주인임을 거듭 상기하면 부가가치 효율이 극대화 된다. 부를 얻으려면 반드시 일 가치가 높은 것을 장기간 지속적으로 해야 한다. 돈이 일을 하게 하는 주인의 특권이다. 이 과정에서 많은 조력자들이 생기는 것이 돈의 탄생과 분산의 형식이다. 부자는 언제든 이 부를 가져다 쓸 수 있는 사람들이다. 태양이 만들어 주는 빛 에너지를 대지와 숲에 골고루 분산시킬 때처럼 그리고 그것으로 인해 생명의 낙원이 창조되듯이 부는 생명의 빛(일)으로 탄생하기에 같은 방식으로 '조력자 숲'에 돈이 분산돼 있어야 한다. 그 숲은 무슨 일을 해도 도움을 주고 돈을 만들어 보답해 준다. 행운은 그 속에서 피어나는 것이기에 행운은 강력한 의지로 만들어 지는 의지의 산물이다. 우연한 행운은 없다. 우연한 부를 기대하는 것처럼 바보는 없다.

숲에 분산된 돈들은 스스로 돈을 벌어 그 양을 확장한다. 이것이 부자들의 법칙이다. 돈이 일을 한다는 것은 일종의 자동화 시스템이다. 이 시스템은 돈을 벌면 총량이 줄어드는 제로섬 게임을 따르지 않고 오히려 더 많은 사람들이 돈을 벌수록 돈의 총량을 무한히 증가시킨다. 돈이 돈을 벌도록 돈에게 일을 시키는 시스템은 상호 부가가치 시너지를 지속적

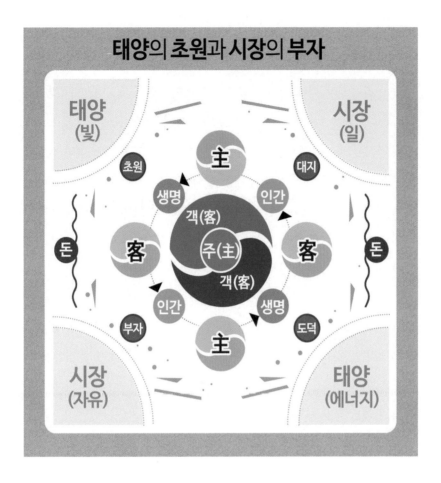

태양의 초원과 시장의 부자

으로 교환하는 변증운동이다. 그 중심에 도구혁명이 자리하고 있다. 도구혁명이 진화하는 산업혁명의 고도화는 이 운동의 속도를 나날이 빠르게 해 자본시장의 영속성을 담보한다. 이 가속운동이 또한 자본시장 총량의 일이다. 가속운동을 시작하는 것도 일이지만 가속운동을 지속하도록 하는 것이 부를 결정하는 일이다. 가속운동의 반복이 습관이고 습관은 시스템이 된다. 시스템이 우리 모두의 삶이다.

시스템과 삶은 자동화된 공정처럼 비슷한 모습으로 움직이기 때문에 자본시장과 그 안의 사람들은 일 가치를 만들어 가는 운동이 유사하거나 같다. 일 가치를 올리는 것이 시장의 바이블인 경제성이다. 경제성은 습관과 같은 말이기에 습관은 곧 가속운동의 반복으로 탄생하는 창조에 버금간다. 일의 효율을 높이는 이 같은 반복의 결과는 반드시 돈으로 회귀된다. 가속을 가속하게 하는 추동력이 있다. 그 힘은 허구의 시간이지만 미래에 대한 불안과 현재에 대한 사회적 소외의 공포가 포함된다. 신체적 죽음에 대한 두려움은 마지막에 일어날 만큼 미래와 현재에 대한 사회적 생존은 진짜 죽음 이상으로 사활이 걸렸다. 그 힘든 산고의 과정에서 돈이 태어나기를 반복하고 있다.

두려움들이 습관을 강력하게 만드는 긍정적 추동력으로 발휘될 때 악조차 선함으로 변하고 추는 미로 꽃을 피운다. 돈의 긍정성이다. 두려움은 끊임없는 창조의 마력으로 인내를 유인해 내고 인내가 두려움을 이기도록 한다. 그 인내의 지속성이 일 가치를 끝없이 높인다. 인내로 극복되는 습관의 상승하는 운동이 모든 어려움을 이겨내는 일종의 약(藥)을 만들어 낸다. 이 약은 치료뿐만 아니라 만물을 끌어당길 수 있는 강한 힘이다. 시장의 시너지로 나날이 커지는 이 약의 가치가 기하급수적으로 커진다. 네트워크에 분산된 돈들이 스스로 일을 하게 했을 때 시간이 갈수록 단 시간 내 많은 돈을 만들어 내는 법칙이다. 부자는 이 법칙을 충실히 따른다. 이 추동력이 지속되기 위한 원칙은 의식을 긴장에서 벗어나지 않게 하는데 있다. 긴장은 에너지를 주입하는 주유소 역할을 한다.

의식은 말과 언어로도 가능한 마력을 지녔다. 네트워크를 강화시키는 강력한 무기인 말과 언어가 유용하게 그리고 진정성 있게 사용될 때 돈의 분산 능력인 조력자를 훨씬 많이 둘 수 있다. 태양처럼 수많은 에너지를 대지에 뿌려 풀과 나무가 자라 거대한 숲을 만들어주면 대지는 생명의 땅으로 보답한다. 그 땅에서 풍요로움을 즐기는 부자들의 탄생은 축복이다. 돈은 그 역할의 중심에 있다.

그런데 자본시장이 이처럼 성숙하는 과정에서 돈에게 주인을 자처하는 사람들이 많아진다. 문제는 정작 돈의 순환을 자연스럽게 탈 진짜 주인들이 많지 않다. 인간은 본성의 도(道)를 가진 이데아적 요소가 있는 에너지지만 동시에 칸트식 선험적 종합판단력을 바탕으로 만물의 본성이 존재할 수 있는 존재 근거를 제공한다. 지식의 축적을 통해 확장돼 온 이 같은 인간지성은 그 지식만으로 돈의 본질을 규정짓고 판단하려 하는 우를 범한다. 이 때 돈을 소유하려는 탐심이 커지고 오만이 드러난다. 태양이 대지를 소유하지 않은 채 에너지를 분산하는 것은 이런 오만의 의미를 표현해 준다. 오만은 대지를 가지려 하지만 결코 소유될 수 없다. 과욕에 의해 소유된 대지에서는 초원도 나무도 숲도 탄생하지 않는다. 황량한 땅만 소유한 것을 가졌다고 할 수 없다. 행복할 수 없고 영원하지도 못하다.

인류사를 보면 지식의 확장이 보다 많은 인식의 틀을 제공한 것은 사실이다. 그 확장성을 기반으로 인간은 인의예지와 사단칠정의 사단이란 양심을 가진 존재가 됐지만 정작 도덕과 양심은 일률적으로 정해지시 않고 무수히 갈려 왔다. 갈라진 틈바구니 속에서 커진 지적 오만들이 자본시장에서 종종 문제를 일으킨다. 지상의 신처럼 행동하며 풀과 나무를 죽이고 숲을 황폐하게 만든다. 이들의 오만이 돈의 악마성까지 부추긴다. 그 오만의 정체는 해괴하게도 지식 괴물이다. 지식에 대한 지적 호기심과 탐구는 인간만의 특성이 돼 다른 동물과 구별하게 하는 기여를 했지만 지식이 행동화 되는 동일성은 약해졌다. 지식은 수없이 쌓여 왔지만 인간의 사고나 판단을 정체시키기도 했다. 따라서 지행합일은 행복한 부자를 만들어 내는 도덕성의 덕목이 됐다. 태양과 같이 일을 하는 대지의 신성이 푸르른 시장의 부를 잉태한다.

앎의 속성이 강력한 것이기는 하지만 실천의 도덕을 먼저 요구하기에 앎 이전의 선험성이 있다고 하겠다. 태양의 빛처럼 실천 속에도 본질이 있다는 것이다. 이(理)와 기(氣)는 본질과 재료로 다르지만 선험적 본질이 함께 있다는 것은 같다. 돈 또한 본질을 공유하면서 인간의 실천덕목을 에너지로 요구하고 있다. 돈이 지식을 바탕으로 자본시장의 근간이 돼 왔지만 실천적 도덕률이 약해질 경우 자본시장을 망가뜨리려는 선봉이 되기도 했다. 시장의 태양에 들어간 돈은 열린 돈이면서 갇힌 돈의 모습으로 긍정성을 담보하면서도 부정성을 드러낸다. 갇힌 돈이 소유될 것이라고 착각하는 사람들이 많아질 때 시장은 위기를 만든다. 소유한다고 확신이 들 때 갇힌 돈이지만 그 돈은 필연적으로 열린 돈을 추구해 순환을 탄다. 이 법칙을 알고 따르는 겸양의 실천덕목 속에서 부자가 만들어진다. 풍요로움은 풍요의 본질을 보는 능력이다.

그 본질은 돈이 태양계 행성들과 같은 많은 시장들을 만들어 내지만 정작 그 행성들을 명령하고 조정할 수 있는 권한은 없다는데 있다. 시장에서 누구나 돈을 벌기 어려운 이유이고 벌어도 돈이 발걸음을 재촉해 나가는 경우도 많은 배경이다. 따라서 시장에서 돈을 벌고 부자가 되고 싶은 사람들은 돈이 들어왔을 때와 부자가 됐을 때 그것을 감당할 수 있을지를 예견하지 못하는 경우가 훨씬 많다. 일 가치의 등가로 들어와야 할 돈이 부풀려져 들어오면 대부분 그 돈을 감당하지 못해 오히려 화를 입는다. 그래서 부를 향유할 그릇을 먼저 갖춰 놓고 돈을 불러들일 채비를 하는 것이 부자가 되는 길이다.

　돈을 담을 그릇을 만드는 일은 에너지를 쏟는 수행의 과정이다. 권력과 오만이 돈의 가치라고 보면 돈을 담을 그릇을 만들지 못한다. 생명의 가치를 실현하는 고된 길을 많이 걸어갈수록 돈을 담을 그릇을 키울 수 있다. 수행을 통해 일 가치가 곧 돈의 가치와 직결돼 있다는 것을 인식하는 것은 자연의 모든 생명체들이 태양 속에서 삶을 유지하고 있다는 것을 직감으로 인지하는 과정이다.

　빛과 생명의 소립자들이 만들어지는 태양은 모든 생명의 고향이다. 생명은 단 한시도 빛의 전자기적 에너지 상태를 벗어날 수 없다. 아울러 구성성분도 태양이 만든 소립자들이 없는 생명체는 상상할 수 없다. 태양이 하는 일의 모두가 곧 생명활동이다. 생명을 영위하는 자존감은 곧 태양의 성스러운 일 때문에 주어진다. 인류는 그런 태양을 위대한 신으로 여겨왔다. 생명은 태양의 사랑을 받지 않고서는 죽음을 맞는다. 죽음조차 품어주는 태양은 생멸하지 않는 영혼의 서사시다. 생멸하지 않으면서도 생멸을 만들고 주관하는 일을 통해 부모가 자식을 낳고 품고 키우는 미학이 진행된다. 평범하지만 평범하지 않은 그들 또한 태양에 있다. 대이니고 살아가야 하지만 그것을 축복하며 대를 이어가는 그들은 스스로 신성의 축복을 기억하고 만들어 낸다.

　돈은 이 과정에 관여하면서 태양이란 부모를 축복해 준다. 태양이 일을 통해 돈을 만드는 에너지 원천이기에 돈 에너지가 온 몸에 깃들고 그 에너지를 사용해 움직일 때 태양의 기운이 연결된다. 돈을 버는 그릇은 태양 에너지를 받는 훈련이면서 태양의 감사함을 진심으로 수렴하는 태도로 커진다. 그릇은 정체된 에너지를 담지 않는다.

속이지 않는 시장 위험한 길에 열린 풍요의 과실

"아주 넓은 길을 걸어가면서 생각이 들었다. 이 길이 넓은 길일까? 발을 내려다보니 외나무다리를 아슬아슬 건너고 있었다. 하지만 두렵지 않았다. 습관이 된 믿음이 두려움을 갖지 않게 했다. 믿음은 복잡한 망에 홀로 있는 것이 아니라 촘촘히 얽혀 있다는 사실에 대한 확신이었다. 망들은 거대한 세포조직처럼 치밀하고 복잡하다. 수십조개가 모여 생명의 극적 조화를 만들어 내는 망들의 플랫폼처럼 누구나 무한에 가까운 망에서 혼자가 아닌 조화를 하는 존재였다. 외나무다리는 단 하나뿐인 망의 길들 중 하나였지만 그 다리는 모든 것이 소통 가능했다. 특히 에너지가 무한정 오갈 수 있는 길이다. 망을 통해 보이는 태양은 밖에 있지 않았다. 산란한 생각들을 없애자 태양이 붉은 불덩이들을 이글거리며 나왔다. 빛이 보였다. 하얀 빛 넘어 태양 속에 웅크리고 있는 주인이 보였다. 망의 중심에서 소통하고 있는 모습이 행복해 보였다. 망의 모든 사람들이 태양을 갖고 소통하고 있었다. 누구나 믿음으로 언제든 태양을 띄울 수 있다. 모든 것을 의지대로 가능하게 했다."

망은 분산이지만 조화다. 생명은 보이지 않는 거대한 에너지 망에 치밀하게 얽혀 있다. 이 믿음의 바다에 풍덩 빠지면 된다. 현상적으로 믿음은 희망과 소망을 막는 장애물들을 제거하는 마력을 지녔다. 걱정과 두려움은 큰 장애물이다. 두려움이 많을수록 외나무다리는 더욱 선명하고 작다. 반면 기쁨, 보람, 행복은 강한 에너지의 산물이다. 아무리 작은 다리도 큰 길처럼 건널 수 있다. 의심하지 않고 자신을 내맡겨 무엇이든 충실할 수 있는 시간이 길수록 강한 에너지를 유인한다. 망의 에너지들이 한 곳으로 모이면 그 어떤 일도 가능해진다.

　무한한 힘을 가진 태양은 자신에게 있다. 그 태양의 본질은 대지에 수 없는 가능성의 세계를 열어 놓는다. 아무것도 정해지지 않았지만 본질을 갖고 있는 모든 생명들은 무엇이든 이룰 수 있는 능력을 지녔다. 하늘에 뜬 태양과 가슴에 뜬 태양은 같은 빛을 발한다. 육의 빛과 영의 빛은 본질로 하나다. 영육의 빛이 만나 하나로 조화되는 씨앗이 발아되면서 창조가 이뤄진다. 이 씨앗은 선에 대한 믿음이 확고하면 그 무엇도 결실을 맺을 수 있도록 조화를 부린다. 본질의 이치와 현상의 기운은 다르지만 하나의 운행원리이듯 영육의 빛 에너지는 하나로 통한다. 현상계 생명이 일구는 빛의 결실은 영과 육의 의지이고 일이다. 자유시장에서 의지만 있으면 누구나 부자가 될 수 있는 순리도 같다.

　이처럼 뜨거운 열정의 의지 에너지는 무엇이든 담는 그릇이다. 태극의 이(理)가 만물의 기(氣)로 분출하는 것이 역으로 담긴 모습도 포함한다. 인간의 본성인 성(性)도 이(理)를 심(心)으로 간주하면 만물이 마음 안으로 들어와 그 그릇이 무한정 커진다. 열정의 에너지는 본질이며 본질의 파생성을 담아낸다. 에너지가 탄생하는 시작점이면서 완성점의 반복이다. 열정이 클수록 현상계 기의 핵심 축인 돈을 담을 그릇이 무한히 커지면서 자유시장의 창조인 부가가치를 반복해 만들어 낸다. 창조의 지속은 그릇의 크기를 가늠할 수 없게 하는 태극과 환극의 중간자 역할을 한다. 돈은 열정 에너지를 기반한 창조 에너지를 머금으며 나타나 만물의 풍요로움을 돕는다. 돈을 담는 그릇은 현상에 있지 않고 의식에 있다는 것이다. 범사에 감사할 때 그릇이 가장 크게 확장된다.

그 그릇은 또 커질 때 소리를 낸다. 그 소리는 아름다운 음악처럼 듣기 좋은 청아한 음이다. 가청 주파수는 아니다. 시공을 필요로 하지 않는 빛의 음률이다. 영의 주파수와 망의 주파수 간 조화다. 조화의 다른 이름은 감사하는 의식이다. 감동이라는 표현의 공명도 같다. 감사와 감동은 타자의 에너지를 흡수해 시너지를 내고 그것을 다시 나눈다. 일의 신성인 돈의 탄생이 거듭 일어나 확산된다. 따라서 열정, 창조, 감사의 삼위일체는 돈이 저절로 들어오게 하는 마력을 지녔다. 그릇이 커진 만큼 무한히 들어올 수 있는 전지적 능력이다. 열정은 순수한 에너지를 뿜고 창조는 강인한 에너지를 분출하며 감사는 온유한 에너지를 확산시킨다.

순수함은 돈이 따르도록 하고 강인함은 돈의 힘을 지렛대 삼도록 해준다. 온유함은 무한한 타자의 가치들이 자신으로 향하도록 보장한다. 이때 그릇이 커지면 돈이 넘칠 일이 없어진다. 그런데 돈을 벌 그릇을 갖고 있는 만큼 그릇이 커지지 않거나 작아지면 가난으로 추락하거나 회귀한다. 따라서 그릇을 무한히 키우는 것은 생명의 일 가치를 실현하는 것이지만 그릇을 작아지게 만들지 않는 것도 그에 못지않은 생명 존엄성의 실현이다. 돈의 총량을 줄이지만 않는다면 넘침을 통해 부의 다양한 분산 플랫폼이 만들어지기 때문이다. 돈은 넘칠 수 있는 그릇을 타고 순환한다. 돈은 넘치지 않는 그릇에 담기려 하지만 동시에 넘침의 미학을 따른다. 본질과 현상을 함께 아우르는 모습이다.

태양은 변함없이 열정, 창조, 감사의 원천이 되는 에너지를 쏟아내고 있다. 돈의 그릇을 키우고자 한다면 태양 에너지와 공명하면 된다. 태양은 생멸을 반복하면서 생명의 소립자들을 우주에 퍼뜨려 주기 때문이

다. 현상의 수명이 본질의 영원성을 만들어 주는 역설적 미학이다. 태양은 빛과 입자를 통해 죽지 않고 생명과 끝없이 호흡하는 태극의 본성을 갖고 있다. 태양이 죽지 않는 한 생명도 죽지 않으며 생명이 이어지는 한 돈도 멸하지 않는다. 그래서 태양과 공명하는 에너지만으로 돈을 담을 그릇의 크기가 커진다. 삶의 모든 과정에 태양이 떠 있고 의식적 태양은 지지 않는다.

　반면 태양이 뜨지 않는 어두움은 열정, 창조, 감사의 반대편에 선 게으름, 편견, 독선 등이다. 이 어두움이 때로 행복이란 가짜 옷을 입는다.

만물의 옷을 입고 있는 자연은 가짜 옷을 덧입을 때가 있다. 물론 그 어디에도 태양의 밝음을 대신하는 태양이 보이지 않는다. 마치 광인처럼 어두움 속에 있으면서 밝은 태양 아래 있는 것처럼 춤을 추는 사람들이다. 돈 그릇은 너무나 작다. 그들 어두움 속에는 탐욕의 먹구름만이 가득 찼다. 그들 스스로 먹구름이 끼었는데도 모른 채 마치 희망의 등불을 올렸다는 식으로 허구에 찬 태양을 바라본다.

길을 잃은 의식 속에서 어두움이 계속 내리면 사탄의 문이 열린다. 자신을 향해 공격해 들어오는 또 다른 자신이 보여도 감당이 되지 않는다. 태양을 향해 소리쳐 보지만 먹구름이 그것을 가린다. 돈 그릇조차 사라져 희망마저 없어지지만 끝까지 자신만의 허울에 찬 태양을 고집한다. 패가망신을 해도 미친 듯이 자신의 태양을 옹립한다. 가난이 악마의 태풍으로 몰아치고 나서야 정신을 차리지만 늦는다. 감당이 되지 않는 먹구름이 모든 것을 짓누르고 만다. 하지만 태양의 거주자들이 포기하지 않고 이들에게 희망을 던진다. 자유시장이라는 구원의 그물이지만 자신을 옥죄는 그물로 보이기를 반복하면서 구원은 잘 이루어지지 않는다.

자유시장의 희망을 구속으로 볼 때 자기만의 아집에 깊이 빠져든다. 에고의 생존성이 높아지면 가난이 찾아든다. 그래서 자유시장에 과감히 내 맡길 때 망 에너지와 얽힌다. 교환하고 순환하는 과정 속에서 자유가 무엇인지를 절감하면 돈의 그릇이 무엇인지를 알게 된다. 돈의 그릇을 키워 돈이 오도록 무엇을 어떻게 할지 알게 된다. 돈이 흐르는 길목을 알고 지킬 줄 아는 능력이 키워진다.

외나무다리를 걷는 노파가 희망을 노래할 때 보통 사람들에게 노파는 광인으로 보인다. 수없는 고난을 극복한 사람들에게 노파의 길은 큰 신작로다. 나날이 크게 열리는 신작로에 노파는 계속 희망을 노래한다. 태양에 거주하는 그들에게 노파는 길을 만들어 가는 개척자다. 누구나 외나무다리를 걷는 위험한 삶을 살면서 다른 사람이 노파처럼 보일 때 그 노파를 다시 봐야 한다. 자신의 잘못된 눈으로 노파의 희망을 보지 못할 경우가 허다하다. 노파의 희망을 볼 때 에너지를 얻고 어려움을 극복할 방법을 알게 된다. 상상하지 못했던 길이 그 때 만들어질 수 있음을 그 노파가 알고 있다는 것을 깨우칠 때 새로운 길이 즉시성으로 만들어 진다. 큰 길은 외나무다리가 위험할수록 만들어진다.

누구나 자본시장에서는 노파이고 그 노파의 노래일 수 있다. 노파가 될 상황에 처할 수 있기에 그럴수록 희망을 노래하는 노파로 살아야 한다. 자본시장의 희망 에너지는 경쟁속 역경이어서 누구나 늙은 노파의 모습이지만 그것이 자본시장의 길을 만들어 내면서 부가가치를 키운다. 자유시장은 제업수행의 과정을 묵묵히 시킨다. 이 수행을 수렴하는 사람들은 태양 위를 걸어 다닌다. 생명과 태양이 하나라는 것을 알기에 두려움을 극복하고 넘는다. 미래의 불안도, 과거의 영화도 이들에겐 없다. 태양을 걷는 현재만이 그들에게 있다. 이를 통해 커진 돈의 그릇에는 태양의 산물인 돈 에너지가 기적처럼 무한히 들어온다.

태양처럼 무겁고 뜨거운 에너지를 다룰 수 있기에 돈 에너지가 넘치는 일이 없도록 할 수 있는 능력도 생긴다. 물론 넘칠 수 있을 때도 안다. 이들의 능력은 그래서 겸손하다. 돈의 그릇을 유지해 넘치도록 조절하기도 하면서 흐르도록 한다. 넘친 돈이 흐르는 곳에서는 또 다른 그늘의 생명들이 숨을 쉬고 있다. 도덕은 수양이지만 돈이 흘러넘치도록 하는 겸양은 자연의 섭리다. 수양이 희망을 향한 과정이라면 겸양은 그 희망이다. 돈을 만들어 내는 자본시장에서 교환을 통한 순환은 겸양이 핵심 방점을 차지한다. 겸양의 얽힘들이 무한히 돌아가기에 자본시장은 미덕을 유지한다. 서울의 사대문에 인의예지 큰 입구를 통해 인간의 도덕적 기운이 만들어지기를 기대한 것도 겸양이다.

악덕이라고 하는 탐욕들이 희망을 이야기할 때 자유시장에 먹구름이 끼기 시작한다. 그들의 차가운 발자국이 돈을 인위적으로 억누르고 억압한다. 어두운 자들이 맞물려 돌아가지만 태양은 그들을 돕지 않는다. 생존의 원동력인 태양의 열기를 막고 있기 때문이다. 아울러 생존 게임을 통해 타락한 에너지를 돕지 않는 원칙이 지켜진다. 스스로 돕지 않는 타락은 영원히 타락한다. 이것이 어두운 자들을 향해 태양이 돕지 않는 방식이다. 태양 속에는 차가움이 공존하고 있다.

태양에 사는 자본시장의 사람들은 뜨거움을 에너지로 변환하는 정밀한 장치를 갖고 있다. 이 장치들은 도구혁명이 가져온 돈을 찍는 기계들이다. 겸양 에너지를 머금은 순환이 기계장치들의 복잡하고 정교한 얼개를 구성한다. 기계와 의식의 조화이며 공명이다. 그리고 4차산업혁명은 그 진화의 완성을 향해 나아가고 있다. 산업혁명 진화에 따른 기계 에너지 원천이 물리적 빛을 받아 열정, 창조, 겸양으로 불꽃을 피우는 의식의 태양인 것이다. 이 태양이 비추는 자본시장은 마치 뜨거운 엔진에 냉각수가 흐르는 것처럼 냉정한 온기가 동시에 드리워져 있기에 스스로 뜨거움을 조절하며 열정으로 변환시킬 능력을 갖고 있다. 우리 모두는 의식적으로 태양에 살면서 끊임없이 태양을 노래하고 희망한다. 시장은 결코 속이지 않는다. 태양 에너지를 무한정 주유 받는 시장의 엔진이 위험하게 내달릴수록 그 길에 열린 풍요의 결실이 넘친다.

2. 밤 해맞이

블록체인 진화 속 자유시장 분배 유토피아 열린다

"태양이 뜨지 않은 칠흑 같은 어둠 속에 수많은 미로가 펼쳐져 있는 거대한 망에서 누가 누구인지 구분이 어려웠다. 길을 찾기 어렵지는 않았지만 자신이 수없이 분화된 존재로 동시에 분산돼 있었기에 그 길이 맞는 길인지 여부의 판단은 망에 맡겨야 했다. 하지만 망에 맡기면 신기하게도 정확했다. 분화된 모습은 마치 양자세계에 들어온 듯한 느낌을 주었다. 동일한 자신이 무한히 갈라져 있었다. 하나가 나눠진 것이 아니라 동시에 무수히 많은 곳에 하나가 공존했다. 하지만 관찰자적 결정론의 양자원리가 통하지 않아 양자세계는 아니다. 그래서 미로를 선택할 때마다 길을 찾을 수 있었지만 선택의 주체가 자신인지 여부를 확신하지 못했다. 주체가 확정되지 않은 주체가 분화된 거대한 에너지망이다. 망의 특정한 곳은 한 에너지가 점유할 수 없는 무한 점유의 공간이다. 시간이 사라졌다. 공간은 무한히 작은 곳에 무한히 들어간다. 공간도 없다. 시간과 공간이 없는 곳에 무한히 점유하고 있는 것은 데이터이고 정보다. 데이터 주체도 없다. 정보를 생산하는 망의 에너지들이 불꽃을 튀기고 있지만 그것을 소유한 주체는 보이지 않는다. 분산된 같은 정보들이 서로에게 일정한 상(常)을 제공하고 있다. 그 상은 망을 오가면서 가치를 지니고 다녔다. 가치는 또 다른 상(象)인 소프트웨어라는 이름으로 불렸다. 소프트웨어는 돈을 표현하는 화폐였다. 화폐를 통해 돈의 순환이 이루어지고 있었다. 망은 수없이 분화된 자신들과의 약속이었기에 신뢰의 바다였다. 모두가 자신이었고 자신이 모두였다. 일즉다 다즉일 법계와도 같았다. 모든 것이 투명했고 상호 도움을 주는 시너지 시스템이었기 때문에 실시간 가치상승이 상상을 초월했다. 그 가치가 시공을 넘어 교환되고 있다. 모두가 공유하기에 모두의 것이면서 개인의 것이기도 한 가치의 분산이 자연스러웠다. 아무도 이 신뢰의 망을 함부로 깰 수 없는 고도의 안전망까지 자연스럽게 갖춰졌다. 전 인류가 하나의 거대한 슈퍼 인공지능처럼 움직였다. 블록체인의 진화된 모습이었다. 정보와 사물 그리고 인간과 자연이 하나의 인공지능 망이다. 가치(부)의 공유와 그 순환은 소유가 구분되지 않았다. 부자는 눈에 보이지 않는 분산과 분화의 힘으로 만들어졌다. 태양이 없는 밤에 태양이 떴다."

태양이 만들어 내는 빛 자체로 밝았다고 확신하지 못한다. 밝다는 것은 수많은 빛의 파장 중 극히 일부분인 가시광선이 시신경 회로를 통해 인간의 뇌로 전달된 흥분상태일 때 뿐이다. 가시광선 이외의 파장은 여전히 인간에게 어두움이다. 가시광선이 아닌 파장은 시야를 확보하는 많은 생명체들에게 다른 밝음으로 다가간다. 인간에게는 어두움이 이들 생명체들에게는 밝음이다. 인간에게는 프리즘의 곱고 아름다운 밝음이 이들 생명에게는 먹이를 찾지 못하게 하는 어두운 방해물이다. 인간의 뇌가 어두움을 밝음으로 오인하는 것은 아닐까. 인간에게 밤은 수많은 빛의 파장을 인식하지 못하는 범주에 있을 뿐이다.

빛의 정체는 생명의 원천이기도 하지만 개별자들을 구분하는 매개 에너지라는 것이 중요하다. 우리가 소중히 구분하는 밤낮은 빛에게 부차적인 역할이다. 생명이 개별자이고 유한자인 만큼 빛이 그 구분을 하면서 자연의 섭리가 이어진다. 빛은 생명 시퀀스 인프라다. 인간의 기준으로 밤낮이 아니다. 이 개념이 태양이 뜬다는 사실이다. 태양은 그래서 육

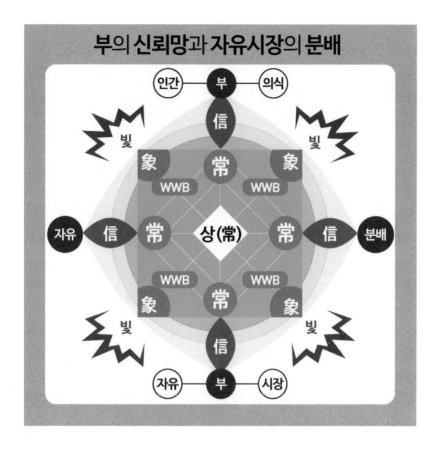

부의 신뢰망과 자유시장의 분배

(처)의 시신경에 작게 머무른다. 의식의 영적 눈에 뜨는 태양이 육의 눈에 뜨는 태양보다 훨씬 밝다. 의식의 눈에 밝음을 비추는 태양이 생명의 본성인 영(靈)의 모습이다. 영은 제2의 자본주의 진화를 이끌어 갈 분산의 핵심 에너지다. 시공의 제한을 받지 않는 영 에너지는 양사역학의 원리와 같다. 분산된 망에서 동시에 존재하는 거대한 하나가 수없이 분화돼 있다. 본성의 옷을 입은 채 육의 에너지와 조화를 이루며 수많은 빛 에너지(파장)를 동력으로 삼는다. 진공에너지로 존재하기도 하면서 양자장 배경을 이룬다.

밤에 해돋이를 맞는 전파망원경들이 우주의 밝음을 보듯이 의식의 눈도 낮보다 밤에 동공이 넓어진다. 우주는 온통 어둠뿐인듯 보이지만 전파망원경은 24시간 해맞이를 한다. 단 1초도 밝지 않은 시간이 없다. 의식은 양자에너지처럼 시공간의 장애를 받지 않고 무한한 항해를 한다. 의식을 방해하는 훼방꾼들만 정리되면 무한 에너지망에 자신을 분화시킨다. 마치 블록체인 망에 수없는 디지털 원장을 남기듯 자신도 가치를 붙인 원장을 남겨 복잡한 미로를 통해 유통되는 것이 가능하다. 그 가치는 의식이 만들어 내는 현상계 자본시장의 산물이다. 시장에서 유통되는 재화들은 엄밀히 의식 에너지의 산물이다. 의식이 인간의 눈에 어두움으로 보이는 시장에서 미로를 찾아 가치를 유통시키면 실시간으로 현상의 시장에서 가치가 교환된다. 의식은 일의 주체이면서 일의 효율성과 경제성을 고도화시키는 동력이다. 이 같은 의식의 선순환이 해맞이와 같다.

의식의 산물인 가치는 돈이 모인 자산이고 부다. 무한한 망의 주체들이 상(常)을 보여주고 맞교환 하면서 상(象)을 키우는 부를 일궈내 가치사슬의 망은 나날이 그 덩치를 키운다. 사슬의 최적합 모양은 정보와 사물이 등가의 가치를 이루는 분산형 시장이다. 이 시장은 개별자들의 기록들이 실시간 교환되는 신뢰성을 담보로 하면서 개방형이지만 수없는 사슬을 하지 않으면 형성될 수 없다. 사슬은 냉혹하기보다 따뜻하고, 비인간적이기보다 인간적이다. 의식의 선이 이런 공동체적 에너지를 공유하고 있다. 블록체인이 신뢰 알고리즘을 지속적으로 진화해 갈 경우 스마트 거래와 스마트 자산의 확산을 촉진하면서 암호화폐는 자산이 아니라 정보와 재화의 등가가치를 교환할 수 있게 하는 화폐를 넘어 휴머니즘으로 발전해 간다. 이는 노동시간이 획기적으로 줄어든 시대에 누리는 유토피아다. 물론 진화를 멈추지 않아야 하는 전제가 따른다. 블록체인은 신뢰를 담보로 의식의 무한 확장을 꾀해 글로벌 신뢰망을 구축, 무한 가치를 창출한 돈이 분배의 순환에 기가 막히게 관여해 유토피아 인프라를 구축하게 한다. 제2의, 제3의 자본시장은 무한경쟁의 자유시장 인프라가 최적의 분배모형을 해결하는 열쇠를 찾아가는 과정에서 만들어 진다.

진화된 자본시장에서 이뤄지는 자산거래는 자신을 위한 것이지만 결국 타인을 위한 환상적 모델이 이뤄진다. 2~3차 산업혁명이 정보와 사물 그리고 데이터와 돈의 불일치를 촉발해 격차를 가중시키는 문제가 있었다. 하지만 4차산업혁명 진화의 중심에 지속가능한 신뢰의 분배 인프라를 기반으로 한 등가가치의 순환이 정교하게 일어난다. 이 원칙은 다중의 실시간 신뢰망을 이중삼중으로 확장해 나가는 것을 바탕으로 더 진화한다. 의식의 초공간·초시간 흐름 속에서도 마찬가지다. 시공의 제한을 받지 않는 자산은 의식 자체다. 열정, 창조, 겸양의 삼위일체 의식이 고양될 때 분배의 방에 자산이 형성된다. 형성과정도 결과도 보이지 않지만 유통이 시작되면 자산의 가치가 정확하게 매겨진다. 재능과 기량의 가치는 보이지 않지만 유통이 되면 보이거나 매겨진다. 도구혁명의 궁극적 진화는 보이지 않는 의식의 분화이고 또한 거래이며 응집력이다.

미래형 부의 네트워크에서 돈이 만들어지는 과정은 3단계다. 자신이 분화를 통해 네트워크와 분산되는 과정이 1차 로드맵이다. 거래를 통해 분화가 하나로 결정되는 것이 2차 로드맵이다. 돈은 2차 진화의 모습이 습관이 돼 쌓이면서(3단계) 탄생한다. 이 때 신뢰성을 담보한 익명성 기술의 고도화는 불가능할 것 같은 1~2차 로드맵을 완성시켜 간다. 물과 기름 같은 익명성과 신뢰성의 특이적 결합으로 만들어진 암호거래와 암호자산은 필연적으로 P2P 네트워크 기반으로 자발적 가치혁명을 끝없이 만들어 낸다. 등가가치를 표현하는 화폐를 누구나 만들어 낼 수 있는 시스템은 결국 전통적인 금융시스템을 순식간에 붕괴시킬 위력을 지녔다. 금융시스템이 선제적으로 암호자산을 먼저 등장시켜야 했지만 기존의 화폐가치 체제를 붕괴한 암호화폐 시스템이 큰 호적수를 일으켜 세웠다. 이제 가장 안전한 안전자산은 탈중앙화라는 거대한 쓰나미에 실려 금융기관이 아닌 디지털 상에 존재할 뿐이다. 중앙의 불신은 망의 신뢰로 대체되고 관리의 불신은 자유의 신뢰로 대체된다. 무한경쟁의 자본시장에서 분배의 정의가 완성돼 가는 새로운 부의 유형이다. 뿐만 아니라 의식으로 진화할 디지털 두뇌는 보이지 않는 자산거래 시장까지 시야(소유)로 확보할 가능성이 높다. 예컨대 가치창조를 예견하는 의식의 알고리즘을 거래할 수 있을 것이다.

수많은 신뢰의 알고리즘이 다양하게 확보되는 미래 자본시장은 이른바 빛의 신뢰 프로세스다. 빛의 속도로 커지고 변화하는 가치 에너지를 투명하게 공유할 것이기 때문이다. 누가 먼저 이 같은 신뢰 알고리즘을 재화의 가치에 알맞게 개발하고 플랫폼으로 안정화 시키느냐에 따라 미래 비즈니스의 성공을 좌우한다. 신뢰는 첨단 기술을 바탕으로 하고 그 기술은 자유시장의 경계를 지속적으로 혼돈스럽게 하면서 확장시키는 역할을 한다. 이 시스템을 기반으로 디지털 재산이 모아지고 디지털 계약과 거래가 빠른 속도로 확산하면서 부가 획기적으로 늘어난다. 금융시장은 물론 모든 거래나 유통 및 보안 등의 분야에서 중앙 통제가 사라진다는 것은 시장의 자유가 그만큼 더 빠르게 확장된다는 것을 의미한다. 아울러 개방성이 훨씬 높아지는 이 시장은 정보 개방이 확장될수록 안전해지는 특성을 지닌다. 인간, 재화, 돈이 하나의 메커니즘처럼 움직인다. 이들 가치가 정확히 매겨지고 교환되며 공통의 믿음을 얻어 안전해지는 혁명적 혁신이 우리 사회와 문화 그리고 인식의 전반까지 바꿀 신자본주의의 단초다.

WWW(웹) 망에서 분산된 WWB(블록체인) 인터넷 망을 통해 이 같은 가치유통의 혁신이 안정화 되면 한 국가만이 아니고 전 세계 모든 국가에서 동시다발적으로 초 보안성 현대판 대상로(隊商路)가 만들어 진다. 기업과 개인들은 변화무쌍한 거대 실크로드를 통해 재화의 등가를 장인(匠人)의 가치로 신봉한다. 너무 빈번히 일어나는 장인의 진화는 지금의 창조 개념이 된다. 시장은 가치등가를 항상 실현하는 장이다. 소비자들에게 진정성 있게 다가갈 수밖에 없는 자유시장이다. 부등의 가치를 잡아 질서자로 군림해 온 금융권력의 신자본주의는 일찌감치 용도 폐기된다.

국가의 권위가 사라지는 제2의 자본시장은 돈이 곧 국가의 기능을 대신하는 신뢰 프로세스를 담보하는 것이 가능하다. 시장은 돈의 흐름이 훨씬 빨라지고 부의 균형도 정밀해지면서 빈부의 격차를 줄일 것이기 때문이다. 총량적으로 인간이 담당하는 직업이 줄어들지만 공유와 분산을 통한 지적 인터넷망이 더 많이 발생하며 부의 총량은 상상할 수 없이 커진다. 신뢰할 수 있는 데이터와 정보를 기반으로 한 수많은 유형의 플랫폼들은 지지 않는 태양과도 같다. 태양이 뜨지 않는 밤에 빛을 반기는 어둠의 전사들은 이미 시장에서 지지 않는 태양을 만들어 가고 있다.

몇 년 만에 스마트폰이 만든 거대한 플랫폼 세상은 서버들의 전쟁이었지만 블록체인으로 시작하는 또 다른 진화의 플랫폼 세상은 모두가 서버가 되는 카오스적 조화다. 인간과 기계 그리고 인간과 프로그램이 앙상블을 이루면서 도구혁명의 좌표는 의식의 범주로 대항해 하기를 멈추지 않는다. 의식까지 컨트롤하는 플랫폼의 등장이 프로그램과 결합, 상호 공유하고 분산하기 시작하면 무한 대상로가 만들어진다. 테크닉이 인간에 의한 것이 아니면서 인간에 의해 얽힌 플랫폼에 구현될 경우 인간과 기계 그리고 프로그램의 경계가 모호해 지고 구분이 사라진다. 실크로드는 밤낮을 가리지 않고 커진다. 태양은 이제 눈에 뜨지 않는다. 모든 생명체는 새로운 에너지망으로 부가 넘치는 유토피아에 가까운 결실을 만들고 누린다.

자유·평등 환상꿈 이뤄낼 기술적 진보 자본시장

"모두가 돈이다. 돈은 자연이 존재하는 곳 어디에든 일과 함께 태어난다. 일은 24시간 어디에든 있는 라이브 자연 다큐물이다. 생명을 유지하는 치밀하고 복잡한 시스템이 곳곳에서 탄생하고 작동하고 있다. 끝없이 광활한 우주에서도 그리고 먼지 보다 작은 원자 안에서도 일이 보이고 돈이 작동한다. 돈은 곧 운동이고 운동은 질량이며, 질량은 에너지이고 에너지는 일이다. 일의 부가가치가 돈으로 나타난다. 돈이 태어나 하는 일은 태어나게 하던 일들을 다시 작동하게 하는 일이다. 돈은 그렇게 일을 하면서 인류로부터 선사받은 화려한 화폐라는 옷을 입었다. 수만가지 종류의 옷은 돈의 아름다움을 보여주는 스펙트럼이지만 일의 가치를 포장하고 부풀린다. 버블 가치에는 인간의 탐욕이 깃들어 있다. 신성의 돈에 악마성이 깃든 모습이다. 그 대신 돈은 화폐를 입고 자유시장에서 이른바 행세할 수 있는 특권을 누린다. 이들 화폐는 순가치의 돈 없이 탄생하지 않는다. 화폐는 돈을 필요로 하지만 돈은 화폐가 꼭 필요한 것은 아니다. 화폐는 그래서 돈의 관심을 끌기 위해 부풀리기를 생명력으로 삼는다. 화폐는 돈이 아닌 돈을 마구 만들어 내 빚을 키운다. 신용이라는 그럴듯한 이름까지 붙여 가짜 돈을 찍어 낸다. 순가치의 돈은 억울하지만 버블에 묻혀 순환할 수밖에 없다. 교환가치로 순환하지 않는 돈은 일을 매개할 수 없는 탓이다. 일의 중재를 통해 일어나는 순환가치는 돈이 스스로 가치를 업그레이드하는 과정이다. 화폐라는 버블 속에서도 끝없는 내재적 가치상승 과정이 돈이 가진 선의 모습이다. 그것은 책임과 사랑의 다른 이름이다. 시장의 순환하는 돈은 분배의 사이클을 갖췄다."

부가가치를 무한 확장하는 돈은 생명체에게 삶의 풍요로움을 선사해 준다. 화폐는 돈의 선행을 보지 못하고 악의 옷을 입지만 이처럼 선의 선순환을 돕기도 한다는 점에서 선악의 모습을 동시에 갖고 있다. 이 과정에서 발권자는 순환을 인위적으로 막거나 지나치게 많이 돌게 하는 등의 작위적 수작을 부리며 권력을 갖는다. 시뇨리지 탐심은 역사라는 옷을 입는다. 승리의 영광이 돈과 함께 위세를 떨쳤다. 힘없는 사들에게 돈은 때로 폭군으로 다가갔다. 돈을 차지하기 위한 권력욕과 그 권력으로부터 방어하기 위한 금력들의 아우성이 사방에서 요동쳤다. 돈이 가진 선의 모습이 인간과 어우러지면서 시나브로 보이지 않게 되는 경우가 흔했다.

가치가 없는 부풀려진 돈이 풍요로운 가치의 가짜 옷을 입은 채 활보하면 수많은 생명체들을 병들게 한다. 버블이 많은 인위적 통화가 잉태한 스태그플레이션의 동반침몰을 가져온다. 화폐를 돈으로 간주한 생명들이 돈을 저주하고 증오하며 혐오하고 싫어하기까지 하는 동기가 됐다. 수많은 격차까지 발생하면서 시기와 갈등, 대립과 전쟁이 야기되고 있다. 천사의 옷을 입은 돈은 이처럼 악마의 화신으로 전락하기를 반복한다. 돈은 생명유지의 원천 에너지임에도 생명을 위협하는 괴물로 곧잘 변신한다.

현대 자본주의의 밤은 돈의 모습을 무섭게 했다. 돈을 추락시킨 망령들이 낮까지 밤으로 만들어 놓았다. 태양이 진 밤에 돈은 음지의 권력으로 돌변한다. 그러나 탐욕에 끌려 다니는 돈은 인간의 어수룩함을 똑똑히 목도하고 있다. 천사의 얼굴인 돈에 악마의 옷을 입힌 타락상의 끝을 보면서 회심의 칼을 간다. 더 이상 내려갈 곳이 없다고 판단했을 때 돈은 복수를 가한다. 돈이 타락한 천사의 옷을 벗어 던질 때 가난과 파멸이 찾아든다. 밤의 태양이 어둠을 뚫고 비출 때 인류는 해맞이를 가야 한다.

모든 생명체는 돈을 만들면서 태양을 쫓아야 한다. 생명체 자신이 돈이기에 돈이 돈을 만들어 내야 하기 때문이다. 돈은 가속운동 에너지다. 힘이 가해지는 일이다. 만물의 운행을 돈으로 말할 수 있다. 가속운동이 시작되면 가치가 부여된다. 일의 양에 따라 가치는 달라진다. 시간이 더해지면 일의 효율이 구분된다. 시공간의 역학에 따라 일의 가치가 분화된다. 이런 일 값이 사물에 접합해 환산되면서 수많은 가치의 돈이 만들어진다. 돈이 이 가치를 표현하기 위해 화폐 옷을 입었지만 선의 얼굴이 가려진 채 악의 얼굴이 대신 그려졌다는 것은 본질이 만들어 낸 현상의

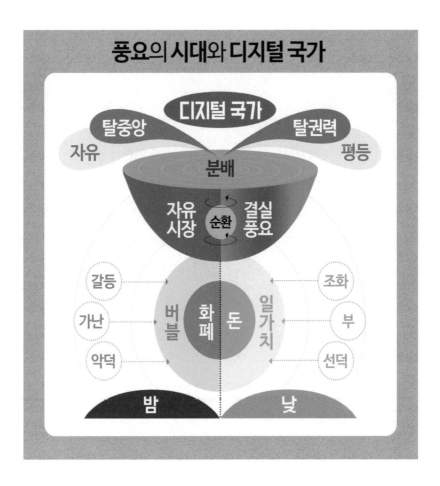

풍요의 시대와 디지털 국가

디지털 국가

탈중앙 / 탈권력

자유 / 평등

분배

자유
시장 — 순환 — 결실
풍요

갈등 → / ← 조화

가난 → 버블 화폐 돈 일가치 ← 부

악덕 → / ← 선덕

밤 / 낮

선악이다. 그래서 밤이 이어질수록 밤 해맞이를 해야 한다. 선악의 현상에서 최선의 진선미인 순환은 해가 뜨는 방식이다.

화폐는 순환하지만 쌓이는 속성의 관성력이 깅하다. 많고 직음에 따라 막강한 권력이 작동하면서 생명체의 우열을 가르는 칼이 된다. 순환을 빠르게 하는 것이 돈의 신성인 이유다. 순환은 강제가 아닌 자유시장 원리에 따라야 한다. 경쟁을 통해 돈이 순환하면 돈의 횡포를 줄이거나 막을 수 있다. 시장은 차별을 만들지만 동시에 평등을 위해 기능한다. 자본시장이 성숙할수록 순환의 정밀성이 고도화 되면서 분배의 평등에 가깝게 간다. 사상적 유토피아의 실패를 대신할 기술적 유토피아 형태다.

돈은 교환가치를 통해 상생의 원리로 조화로운 시장을 만들었지만 비순환의 권력이 덧씌워지면서 본성을 혼란스럽게 했다는 것이며, 역으로 그 이유 때문에 돈의 신성은 언제든 회복시킬 수 있다. 따라서 돈과 인간의 부조화는 인간을 억압하고 구속하는 부메랑을 늘 부르고 있다. 다만 다행스럽게 인간은 화폐성 돈 감옥에 갇혀 신음하는 시대를 벗어나고 있다. 화폐의 많고 적음에 따라 일희일비하는 돈의 노예로 전락하는 시대는 기술적 진보로 종언을 고한다. 노예적 삶은 노예의 생각을 스스로 벗어나기 어려웠지만 자유시장의 빠른 순환은 주인과 노예의 구분을 모호하게 하고 있다.

본래 외부의 강력한 간섭 없이 노예라는 인식에서 탈출하기 어렵다. 노예는 그렇게 주인이 두렵다. 주인의 횡포가 아니라 스스로 판단하고 책임지는 자유인이 오히려 자신을 가두는 느낌을 갖는다. 돈의 노예가 된 인간도 돈이라는 주인이 그렇게 공포스럽다. 때로는 너무 무서워 증오하기도 한다. 천사의 얼굴을 가진 돈의 본성이 당연히 보일리 없다. 자유시장의 자유만이 돈의 본성을 보는 창이다. 자유는 화폐의 버블을 줄이고 화폐권력을 제어한다. 자유와 돈은 이런 모습으로 시장에서 함께 뛰논다. 자유 속에 돈이, 돈의 순환 속에 자유가 주인의 모습으로 있다. 자본시장의 진화 속에서 주인이 두려워 피하는 노예는 더 이상 존재할 수 없다. 모두가 주인인 기술적 혁명은 피할 수 없는 탈노예의 시대다.

도구혁명의 과정 속에서 인간은 스스로 만든 노예의 감옥을 키워 왔기에 주기적인 치료가 필요하다. 이들은 화폐가 만든 신뢰의 포장 속 불신의 지옥에서 고통스러워 한다. 수많은 유형으로 그리고 수없이 다른 가치로 나뉘어진 화폐들이 사악한 기운을 퍼뜨렸기 때문이다. 금력은 패권이 되면서 마치 자본시장의 꽃처럼 불려 왔다. 독성이 강한 꽃은 자본시장의 순환에 기여하는 혈맥 같은 모습을 보이지만 선순환을 막는 가름막 역할을 하고 있다. 부지불식 국가와 금융기관은 생명의 존엄성까지 위태롭게 하는 마의 시장 주역으로 떠올랐다. 그래서 국가는 버블이 사라지고 노예도 사라지는 시대에 가짜 얼굴로 선한 행세를 할 수 없다. 권력과 정치란 이름의 선한 행세는 힘을 발휘하지 못한다. 시장에서 선한 역할을 할 것이라는 더 이상의 착각이 통하지 않아 전통적인 국가의 위상은 흔들린다. 새로운 국가 유형은 진짜 선한 목적을 갖고 진실된 선을 행해야 한다. 대의 민주주의 선거 정치체는 이상적 모형을 갖추었지만 이상적으로 허위와 위선도 낳았다. 이제 그 막의 마지막장도 막을 내리려 하고 있다.

　가짜의 위력이 부럽지 않은 글로벌 파워를 행사하고 있는 글로벌 자유시장은 타락의 최후 방점을 찍고 유턴하려 하고 있다. 탐욕이 제어되는 네트워크가 기술적으로 가능해지면서 무한경쟁 속 이기심이 이타심이 되는 자동화된 툴이 만들어 지고 있다. 그 망 만큼은 한 지의 빈틈도 없이 정밀하다. 모든 사물의 등가가치가 실시간으로 확인되면서 수많은 암호자산이 수많은 암호화폐로 암호거래 되는 시장이 오고 있다. 이미 인프라는 실험적으로 갖춰지고 있다. 중앙 통제의 금력이 사라지는 싹이 돋아나고 있다. 재화의 가치에 따라 이합집산이 반복되는 암호거래

시장이 오히려 탄탄한 믿음을 얻으면서 카오스적 질서를 구현해 낸다는 것은 더 이상 국가의 권위가 불필요해 진다는 의미가 된다. 탈중앙화에 방점을 찍은 돈의 본성은 탈국가를 거치면서 이합집산 과정을 통해 수 없는 국가를 만들고 버리고 한다. 국가는 디지털망에서 세워지기에 흥 망이 일상적 현상이다. 돈의 등가가치 실현 효율성에 따라 디지털 국가 들의 흥망성쇠가 빨라진다.

돈은 통제가 일어나지 않는 곳에서 반드시 재화와 서비스의 등가가치 를 이뤄내려는 기본 속성을 갖고 있다. 화폐로 무장한 권력을 스스로 내 려놓을 줄도 안다. 돈의 이런 속성을 이해하면 돈을 벌고 부자가 될 수 있는 길을 알게 된다. 미래의 장인(匠人)은 일의 숙련도를 통한 부가가 치의 상승 레벨로 평가되는 것이 아니라 일의 가치효율을 높이는 신뢰 알고리즘을 누가 더 빨리 그리고 치밀하게 만들어내는 기술자다. 인간 의 도덕률과 기술의 융합을 기반한 자본시장의 도약이다. 도덕률이 치 밀하게 개입된 돈일수록 순환이 빠르고 그 순환 속에서 부가가치가 빠 르게 올라간다. 그 부가가치를 타야만 부의 파도를 즐길 수 있다. 도덕 률은 전통적으로 내면의 양심에서 확장된 기술적 구현의 습관이다. 이 도덕 테크닉의 반복적 패턴이 강화되면 될수록 가치 있는 돈들이 탄생 하고 유통된다.

도덕 테크닉은 분산화 된 시장에서 이기심의 공유가 공공과 사익의 이 익을 유발함에도 부가가치 일어나지 않을 수 있는 가능성이 상존하기 때 문에 필요한 에너지다. 선순환의 에너지를 돌리는 분산된 네트워크에서 그 출발은 크게 두 가지 확신으로 이뤄진다. 미래의 부가가치에 대한 확 신이나 현재의 부가가치에 대한 확신이 그것이다. 전자는 모험이고 위험

투자이다. 이들이 없는 분산화된 시장에서 현재의 부가가치에 대한 공유나 사익은 출발 에너지가 되지 못한다. 누군가 무임승차할 것이라는 불평등한 공짜 아니면 동일한 에너지가 들어가지 않을 것이라는 불평등한 노력이 수반될 것이라는 저마다의 생각이 공유될 때 공공재는 탄생하지 않는다. 기술적 진보가 아무리 높아도 인간의 감성에 기반한 도덕 테크닉이 필요한 배경이다. 감성과 기술의 융합이 부가가치를 창출할 때 재화와 서비스의 질이 가장 고도화 될 것이라는 기대는 도덕 테크닉의 기반이 4차 산업혁명의 중요한 근간이 될 것이라는 것을 암시한다.

도덕 테크닉은 또한 플랫폼 시대에 일반화 될 한계비용 제로화에 심성 가치가 좌우하는 부가가치 기준으로도 유용하다. 생산비용은 거대한 분산경제망이 일반화 돼 갈수록 급격하게 작아진다. 이 비용이 한계생산에 근접할수록 비용은 제로화 돼 간다. 물론 부가가치는 상대적으로 엄청난 폭발력을 갖고 커간다. 여기에 고도화된 기술과 인공지능이 결합될 경우 생산 코스트는 더욱 제로화 되면서 부가가치는 더 빠르게 성장한다. 하지만 비용의 제로화는 언젠가 성장한계라는 운명을 만나게 된다. 성장이 막히면 부가가치도 급전직하면서 제로화 될 위기를 맞는다. 결국 더욱 거대한 탈중앙화가 필요하지만 그것조차 한계에 직면할 수 있다. 이 한계를 극복하기 위해서는 기술적 분산화 내지는 테크닉의 융합 이외에 인간의 도덕률을 수혈해야 한다.

공동의 이익과 사익에도 공공재가 탄생되지 않는 원리처럼 치밀한 분산망에서 재화와 서비스가 넘쳐 무노동 유토피아가 얼리면 부가가치의 한계생산에 근접해 간다. 도덕 테크닉은 극단적 풍요 속에서 휴머니즘을 일깨우는 부가가치를 창출하는 방식이다. 열정, 창조, 겸양의 삼위일체 에너지가 필요한 이유다. 구글, 페이스북, 아마존 등 중앙화 된 거대 플랫폼들은 조만간 도래할 탈중앙화 시대, 나아가 도덕 테크닉이 필요한 탈중앙화의 한계시대까지 감안한 혁신을 지금부터 준비하지 않으면 신흥 유니콘 기업들에 의해 빠르면 10년 안에 도태될 수 있다.

돈의 가치는 정보와 사물 간에 이퀴티(Equity)의 등가가치가 실시간으로 튜닝될 때 빛을 발한다. 하지만 분산화 된 네트워크 망은 그 역할을 해낼 탄탄한 인프라지만 또한 만능은 아니다. 정보와 사물의 부등가치는 아무리 치밀한 블록체인 망이 깔린다고 해도 시장에서 만큼은 수시로 일어난다. 이를 통해 치밀한 등가치가 실현된다. 결국 초부가가치 기업들의 탄생은 돈의 원천이 되는 정보의 탄생부터 사물이 만들어지기까지의 관리망도 함께 감안돼야 한다.

자연의 모든 현상계는 정보를 기반으로 탄생한 데이터의 산물이다. 시장도 결국 정보와 데이터에 의해 구현되는 재화와 서비스로 돈의 가치가 실현된다면 정보를 주관하는 인간의 도덕 테크닉이 중요한 가치의 근간이 된다. 테크닉의 기반이 된 도덕은 자율성과 강제성의 융합 모델이다. 강제성이라는 초고속 망이 자율성과 결합되는 이율배반의 조화다. 이기심과 신뢰의 결합인 블록체인 망과 유사하다. 자율적 판단이 도덕의 강제적 테크닉으로 자동화된 시스템이다. 인간은 무노동의 유토피아 시대에 풍요로움의 극치를 누릴 경우 어떤 행동이나 판단을 해도 공공과 사익 모두에 이익이 되는 기술석 테크닉이 섬유하는 사회에서 생활하게 된다.

3. 풀 먹는 맹수

시장의 정글 역동성에 작동하는 정밀한 생명 장치

"포식자는 오늘도 헤매고 있다. 먹잇감이 없어서가 아니다. 먹을 것이 너무 많아서 고민하고 있는 중이다. 고기만 먹어 온 포식자는 풀을 뜯을 채비를 한다. 굳이 고기만 고집할 이유가 없어서다. 사자처럼 강인한 근육과 매서운 이빨을 가졌지만 사냥을 하려 하지 않는다. 힘들게 사냥하지 않아도 먹잇감이 많다. 굳이 욕심을 내지 않아 사냥은 옛말이 됐다. 오히려 사냥을 하는 것이 생태계를 파괴하는 주범이다. 약육강식의 자연 생태계가 악한 행위로 치부되면서 포식자들은 이제 풀을 뜯기 시작했다. 강인한 근육도 무서운 이빨도 더 이상 효용성이 사라졌다. 풀을 뜯는 맹수들이 확산되면서 정글은 활기를 잃어갔다. 외견상 평화로운 듯 보이는 정글은 오히려 죽어갔다. 풀을 뜯는 맹수들을 본 많은 정글의 본성들이 생태계를 유지하려는 타고난 본성을 유지하려 하지 않았다. 목숨을 담보한 채 최선을 다하지 않으면 생명을 유지할 수 없는 생태계는 눈앞에서 사라지고 있었다. 그냥저냥 시간을 보내면서 사는 것이 행복하다. 정글의 영토는 작아져 갔고 결국 풀조차 남지 않는 초원이 눈앞에 펼쳐졌다. 배고픈 맹수들이 다시 사냥을 준비하지만 늦었다. 사냥을 하는 법조차 잃어버린 맹수들은 기력이 없다. 살아가야 힐 본성의 DNA를 싱실한다는 것은 죽음이다. 치열한 정글 속에서 죽음을 각오한 생존의 사투가 삶의 행복과 평화를 보장해 준 것과 비교됐다. 생태계는 더 이상 보이지 않는다. 그런데 토끼가 사냥을 하고 있다. 무너지는 정글을 복원할 길이 없다. 회복하기 어려운 정글의 질서는 곧 먹고 살게 없는 척박한 땅의 다른 이름이다. 생명체에게 가난은 죽음이다. 정글의 눈들은 시퍼렇게 멍들었다. 생명의 온기가 사라진 땅이 늘어만 갔다. 정글이 아닌 평화의 공포가 소름끼친다."

질서는 균형의 미(美)이지만 그 균형은 차별을 필요로 한다. 질서가 갖춰지기 위해서는 역할과 서열이 요구된다. 이 구분은 균형이기도 하면서 차별이다. 차별은 곧 자연이 자연답게 존재하는 최선의 방식이다. 차별은 곧 질서의 미학이다. 차별을 나쁜 것으로 규정하면 질서 또한 혼란을 초래한다. 차별을 통해 역할이 정당화 되고 그 차별을 개인이 수렴해 다시 질서가 형성된다. 불평등의 질서 같지만 이 같은 질서의 미학은 구성원 모두에게 이롭다는데 있다. 구성원 각자 잘할 수 있는 역할을 통해 시너지를 낼 환경이 자연스럽게 마련된다. 이를 통해 발전된 질서가 이뤄지면 질서의 효율성이 효용성으로 확인되고 각 구성원에게 전달된다. 질서의 진화는 부가가치의 지속적인 상승을 통해 자가발전 하는 동력을 만든다.

자연의 질서는 차별의 가치를 토양으로 삼는다. 정글의 질서도 당연히 차별화 돼 있는 토양 위에 자란다. 맹수들은 배가 고파도 풀을 뜯지 않는다. 맹수들이 살아가는 방식은 힘이 약한 동물들과 차별화 됐다. 힘들게 사냥을 해야 한다는 것이다. 맹수들의 포식 본능이 약자를 죽이고 괴롭히는 눈으로 볼 수 없는 차별의 가치다. 맹수들의 사냥이 차별을 심화시켜 자연의 질서를 파괴하는 것이라고 비판하는 시선은 실제 없다. 맹수들의 살아가는 방식은 약한 동물들에게 공포스러운 일이지만 그 동물들이 그 질서를 받아들이며 공존한다. 맹수가 존재하지 않는 먹이사슬은 엄정히 자연의 질서로 수렴되지 않는다. 냉혹하며 용서가 없는 생존

게임이 차별 속에서 일어나는 생존의 미학이다.

약한 동물이 안쓰럽고 그런 그들을 보호하기 위해 맹수들의 사냥을 막아 포식을 강제로 금지했을 때 그 맹수들이 풀을 뜯을 수 있다면 외견상 아름다워 보인다. 평화롭게 공존하는 초원이다. 맹수들이 굳이 약한 동물을 잡아먹을 이유가 없이 모두가 푸른 초원에서 이웃처럼 살아갈 것처럼 보인다. 풀을 먹는 맹수와 초식동물들은 초원만 푸르다면 서로 싸울 일이 없어지는 것처럼 보인다. 하지만 맹수는 더 이상 맹수가 아니다. 날카로운 이빨이나 발톱을 가질 이유가 없어졌다. 그래서 초원의 맹수는 더 많은 풀을 뜯어야 살아갈 수 있기에 늘 배가 고프다. 배고픈 맹수들이 초원을 차지하고자 하지만 초식동물을 이겨낼 힘이 없다. 초식동물이 초원의 더 많은 풀을 차지하면서 맹수가 줄어든다. 공존의 초원은 초식동물의 터전이 되면서 초원의 평화가 깨진다. 초원을 놓고 싸움이 벌어지지만 맹수들은 포효하지 못한다.

심지어 토끼가 사냥을 하는 사태까지 벌어진다. 토끼는 먹지 못하는 고기를 사냥하면서 초원의 주인으로 서고자 한다. 치열한 혈투가 초원의 평화를 깨면 공존의 평등은 무서운 부메랑이 돼 닥쳐온다. 저주의 땅으로 변한 초원은 초식동물들마저도 떠나는 황량한 곳으로 변한다. 차별이 사라진 평화 속에 담긴 무질서의 역습은 생명의 뿌리 자체를 흔들고 만다. 차별 속에서 살아가기 위해 고군분투하는 사연의 실서가 생명의 질서라는 것을 알았을 때는 늦는다.

경쟁하는 시장은 포식자를 필연적으로 만들어 내는 초원이다. 무한 경쟁이 지속되는 시장은 맹수들이 먹고 살 수 있는 생태계다. 맹수들이 초원을 지배하는 것은 풀이 아니라 그 풀을 먹고 사는 동물을 포식할 때다.

먹이 사슬은 시장의 질서다. 혹독하고 공포스러운 차별이지만 시장은 쉼 없이 차별을 만들어 낸다. 맹수들 간의 질서도 수시로 차별이 발생하면서 리더가 바뀌기를 반복한다. 결정적으로 맹수들도 죽음을 피할 수 없기에 차별의 질서는 순환을 하면서 자연의 영원성을 담보한다. 무차별이 단절을 가져오고 차별이 단절을 막는 것이 시장의 역설이다. 차별을 없애기 위한 노력은 차별 속에서 가치를 실현하는 것에 비해 훨씬 쉬운 법칙이 시장에 흐른다. 차별이 없을 때보다 차별이 있을 때 더 많은 공존의 가치 에너지가 커진다. 차별은 책임의 동선으로 움직인다.

차별의 순환을 인지하는 맹수들은 그들 앞에 놓인 시간을 안다. 일정한 시간이 흐르면 자신의 차별적 지위가 사라질 것을 너무나 확연히 알고 있기에 포식의 본능을 자기 조절한다. 반드시 배고프지 않을 정도만을 사냥하면서 그 이상의 탐욕을 부리지 않는다. 시장은 그것을 능력이라고 부른다. 자신이 가진 능력 범위에서 차별적 지위를 유지하는 것은 매우 하기 힘든 현명한 힘의 동선이다. 시장의 질서는 차별 속에 차별을 인지하는 주체들에 의해 이어진다. 현재가 아닌 미래에 자신의 존재를 놓고 현재의 존재를 묻는다. 대부분 시장의 맹수들은 현재의 존재가 특정한 미래의 자신으로 인해 존재하는 것을 알고 현재의 시간을 무분별하거나 비합리적으로 쓰지 않는다. 시장에서 오만을 부리는 맹수들은 그래서 스스로 주저앉는 사태를 필연적으로 맞는다.

시장은 미래라는 한계로 현재가 돌아간다. 엄밀히 과거 · 현재 · 미래가 존재하지 않기에 미래라는 방점을 찍는 것은 모순이다. 시장은 미래를 가정한다는 것이다. 생명에게 미래는 존재하지 않는 가상이다. 하지만 언젠가 반드시 존재하는 단 하나의 중차대한 사건 앞에서 현재는 빛

차별의 평화와 무차별 공포

무차별

맹수 초식동물

분열

차별

맹수

질서 서열

초식동물

을 발한다. 자연의 질서에서 가장 큰 에너지의 변환이 일어나는 죽음은 현재로 회귀된다. 시장은 그 현재성이 가장 치열한 곳이다. 영원히 살 것처럼 현재에 탐닉하는 욕망들이 넘친다. 하지만 그 영원성에 대한 탐닉은 치열한 현실을 보는 눈이다. 그런데 미래를 논할 필요가 있는 상황을 전제할 때 현실의 눈이 제대로 뜨인다. 영원히 살듯이 치열하게 노력하는 모든 생명체는 그 자체로 현실의 역동성을 느끼도록 하는 역할을 부여 받았다. 미래를 가정하는 것은 영원성이 담보되지 않는 치열한 현실이라는 뜻이다. 결국 미래는 없지만 현실 때문에 존재하는 듯 한 미래가 현실의 시장을 만들어 준다.

시장의 아름다움은 현실에 있다. 치열하게 살아가는 과정은 아름답다 못해 경이롭다. 생명의 소중함이 느껴지는 순간은 힘을 쏟는 과정에 있다. 한계를 넘어가고자 하는 부단한 노력이나 치열한 도전은 자신에게나 타인에게나 모두 이타적 행동이다. 많은 어려움과 장애가 따를수록 현실은 한 폭의 그림처럼 다가온다. 지옥의 문조차 아름답게 들어갈 때 치열한 현실에 충실히 살고 있음을 본다. 귀하지 않아 보이고 인정을 받지 못하는 듯한 일들이 의식에는 아름다운 그림으로 그려진다. 눈에 보이지 않는 이 의식은 그래서 현실을 창조할 강력한 에너지를 갖고 있다. 반드시 의식하는 대로 세상이 움직이는 창조능력을 보인다. 의식은 스스로 조절해 가면서 과거와 미래에 대한 집착을 버릴 때 의식의 주관 하에 만들어지는 현실을 제대로 본다.

현실은 차별이다. 눈을 뜰 때 차별이 이상적인 환경이다. 누구에게나 힘든 차별의 시장이 자신의 자존감을 이뤄 낼 기회의 땅이다. 기회는 가보지 않는 길속에서 고난의 비를 맞으면서 찾아진다. 비는 고통의 산물이다. 비를 맞을수록 힘든 고비나 위기를 이겨낼 지혜를 받는다. 자본시장의 맹수로 성장한다. 더불어 그 위치를 지키기 위해서는 맹수다운 자질을 갖춘다. 큰 이빨과 발톱은 그 상징이다. 맹수를 만드는 발전하는 의식은 수많은 장애를 벗으로 삼는다. 장애와 어깨동무하기를 주저하지 않으면서 자신의 한계를 극복해 가는 과정 속에 어떤 맹수들과 싸워도 이길 수 있다는 자신감을 얻는다. 이 힘의 본성은 법계의 견성을 경험하는 일과 다르지 않다.

견성은 의식으로 본성을 보면서 실존하는 자신을 경험하는 일이다. 자본시장에서 보는 견성은 무엇 때문에 시장에 존재하는지 치열하게 느끼는 삶의 역동하는 과정이다. 강열한 에너지가 생명의 전신을 휘감는 기분이 느껴질 때 자유와 차별을 격렬하게 절감한다. 차별의 공포로 야기되는 수많은 저마다의 본성이 자유시장을 휘감을 때 공동선 에너지가 흐른다는 것을 관조하게 되고 마음으로 수렴한다. 두려움은 사라지고 시장의 긍정적 에너지를 받아들여 희망이란 미래 좌표를 설정해 현재의 에너지로 삼는다. 과거의 영화와 미래의 환상에서 벗어난 현실의 치열한 소외의 공포에 대응하기 위한 강력한 힘이 모아진다.

토끼가 맹수의 생존게임인 사냥을 하고자 하면 시장은 혼란해진다. 차별의 이상적인 틀이 작동하지 않고 깨진다. 하지만 수많은 정의의 깃발들은 토끼가 마치 사냥을 할 수 있는 것처럼 호도한다. 실제 토끼들은 주제파악을 못하고 사냥에 뛰어들기 일쑤다. 이어진 사태는 보지 않아도 뻔하다. 토끼가 벌이는 사냥은 불행을 부른다. 사태의 결과는 예견이 되지만 모두가 언급하기를 꺼려한다. 토끼의 역주행은 맹수에 대한 흉내다. 거짓 흉내는 미학이 적용되지 못한다. 토끼가 풀을 뜯으면 시장의 많은 사람들은 길을 잃은 채 혼돈 속으로 빠져든다.

개별자가 유한자의 역할로 절대성을 담보하는 길은 수없이 많다. 정글에 순응할 때 지상의 절대성이 이뤄지기 시작한다. 시장의 사냥이나 포식 시스템을 수렴히고 자발적이고 강력힌 책임의식으로 맹수를 지향하고자 하면 그 정글은 휴식처다. 맹수로 성장하면 회귀가 잘 안 되는 현실이다. 맹수의 역할이 주어져 충실하고자 하는 의지들이 모아지면 정글의 질서가 갖춰진다. 시장은 맹수들이 마구 뛰어노는 놀이터가 아니라는 것이다. 시장은 맹수들에 의해 안정된 질서가 갖춰진 바탕에서 초식동물들이 먹을 초원이 더욱 푸르게 가꿔진다. 맹수들이 쉼 없이 존재하는 땅은 아름답고 조화롭다. 그들의 사냥과 포식은 자율제어 네트워크에 있다. 자유시장의 강력한 자기역동성은 치열하게 프로그램 된 신성이 빚어낸 정글이다. 시장의 정글은 기막힌 생명조절장치다.

본성들의 대립 속 자존감 영역엔 조화의 아름다움

"정글은 평화로웠다. 한 바탕 회오리가 지나간 뒤 모두가 제 자리를 찾았다. 초원을 떠났던 맹수들과 초식동물들이 모두 돌아왔다. 맹수들은 더 이상 풀을 뜯지 않았다. 초원은 초식동물들이 삶을 유지하는 공간으로 적절했다. 맹수들의 포효가 초원의 긴장을 유지시킬수록 초원의 푸르름은 더했다. 이내 나무가 우거지면서 숲이 우거지고 정글이 만들어 졌다. 정글로 더 많은 동물이 모여들고 새들도 다시 찾아 왔다. 맹수의 공포는 여전했지만 정글의 질서는 그 리더십을 머금었다. 맹수가 포효를 할수록 정글의 먹이사슬이 정교하게 움직였다. 동물들의 배고픔이 사라졌다. 정글의 먹이사슬은 체인 모양을 하고 있다. 모두가 그 희생의 제물로 떨어질 수 있지만 그 체인을 받아들인다."

제물은 타고난 경쟁의 결과물이다. 부단히 노력해야 하는 것이 정글의 법이다. 저마다 자신의 생명을 지키기 위해 노력하는 모습은 맹수를 포함한 전부의 노력이기에 생명체들은 치열히 얽혀 있는 하나의 에너지장을 형성한다. 삶에 대한 의욕이 강한 에너지 장일수록 경쟁이 더 치열해지면서 에너지 흐름을 자신으로 흐르도록 한다. 강한 에너지 장에서는 체인이 더욱 단단하다. 제물이 될 희생양도 더욱 선명하다. 나태하고 게으름에 빠질수록 십중팔구 제물로 떨어진다. 개별자의 극적 상황이 연출되는 것이 제물이다.

네트워크의 변방조차 입성하지 못하는 개별자는 외부의 힘에 의해 강압적으로 희생양이 되지만 언제든 탈출할 기회 또한 주어진다. 모든 것이 완벽한 자연의 질서 속에서 인간이 만든 인위적 질서는 제물에 대한 정당성을 부여해 희생양은 존재의 명분도 갖는다. 하지만 그런 마의 계곡에 들어가지 않으려면 끝없이 네트워크와 소통해야 한다. 네트워크는 나누는 것이지만 더 큰 하나를 이루는 과정의 가치다.

정글이 평화를 유지하는 길은 자신의 가치나 자산을 분산해서 저장하는데 있다. 가치는 부(富)의 기호로 작동한다. 기호는 시장의 모든 사람과 소통할 수 있는 기억장치다. 기호는 에너지를 타고 흐르는 정보화된 데이터다. 정글의 동물들도 데이터를 통해 자신의 생존가치를 본능적으로 안다. 시장의 질서는 정글의 질서다. 풀을 먹지 않는 맹수들의 강력한 위상은 당연한 것이 되고, 풀을 뜯을 때 큰 파국이 닥치는 것을 맹수들은 안다. 정글의 섣부른 평등은 저마다의 가슴에 웅크린 악과 탐욕을 일깨우는 악마의 전주곡이다. 일의 부가가치는 정글 속에서 일어나고 상승해 간다. 치열한 현재가치를 외면한 채 유토피아적인 미래는 배 부른 환상이다. 시장의 질서는 끝없는 맹수들의 포효 속에서 일어나는 현재가치다.

정글의 일 가치는 존재의 가치와 같다. 존재는 현재가 결정하지만 미지의 미래가 현재를 결정하기 때문에 가상의 미래가 존재 가치를 결정한다. 부가가치는 가상의 미래를 설계하는 과정에서 일어나는 일을 향한 과정의 가치인 것이다. 그 가치는 다른 말로 꿈과 희망이라는 목표가 제시되는 과정에서 이루어지기 때문에 그 과정에 있는 현실이 진짜 가치다. 시간적으로 미래는 존재하지 않는 가상이다. 미래가 존재하지 않기 때문에 현재 가치는 현재일 뿐이다. 자본시장 가치는 미래를 거울로 보면서 그 거울 속에 있는 자신의 현재 가치를 높게 상승해 가는 과정이다. 정글에 있는 맹수는 현재가치를 정립해 주는 지표다.

치열한 시장에서 일의 가치를 높여간다는 것은 자신뿐만 아니고 네트워크상에 있는 모든 사람들의 가상의 미래를 함께 현재 속으로 끌어당기는 에너지 역동성이다. 상호 엮이는 긍정의 체인이다. 이는 꿈과 희망이라는 가상의 미래로 강하게 갈수록 에너지를 많이 중심으로 끌어올 수 있다는 의미와 같다. 이를 통해 꿈과 희망이 이루어질 가능성이 높은 사람은 의지나 의식이 강한 사람이다. 현실은 이런 사례를 거의 완벽하게 충족한다. 그 현실은 정글의 살아 꿈틀 거리는 자연 에너지 특성을 갖는다.

의식은 에너지 중에서도 보이지 않지만 가장 강력한 에너지 흐름이다. 의식은 시 · 공의 영향을 받지 않으면서 현재적으로 에너지를 네트워크 한가운데로 모을 수 있다. 힘이 네트워크 상에 모여 있다는 것은 의식이 특정한 에너지로 역할을 한다는 것이며, 이것이 자본시장에서는 일의 가치로 일어난다. 가치로 형상화 되는 과정에서 절대성은 개별성의 유한자로 구분되기 시작한다. 개별자가 유한자로 강력하게 구분이 될 수록 현상으로 나타나는 미래가치가 높게 나타난다. 그런데 이 현상이 절대성과 다르지 않은 현상성이다. 절대성과 현상성은 하나의 에너지 흐름이기 때문이다. 현상이 강하게 작용해 현실의 재화와 가치를 만들어낼 때 그것이 절대적으로 가치가 있는 신성의 가치가 부여되는 이유다. 가장 극명하게 절대성이 현상성의 가치를 만들어 내는 곳이 자유시장이다. 시

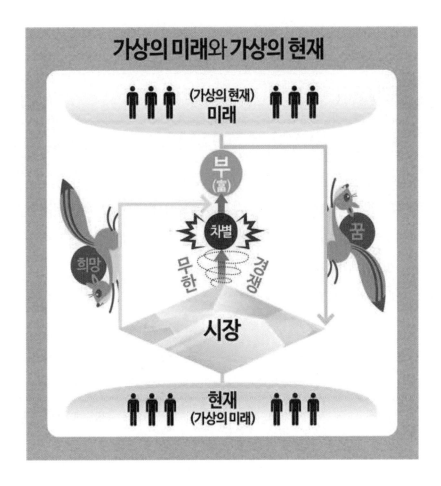

장은 정글의 운명을 갖고 있다.

　자유라는 현상성 속의 개별자는 반드시 절대성을 쫓기 때문에 자유시장은 자유로운 유한자들이 뒤엉킨 절대적 질서 속에 있다. 그 증거는 자유가 만들어 내는 절대성의 근간인 부가가치다. 절대성은 머무름도 없고 드러나지 않지만 유한자가 추구하는 절대성을 향한 자기본성을 따르도록 자기명령을 한다. 그것은 긍정의 패권과 힘의 질서다. 자유가 절대적 존재로 인간의 본성이어야 하는 배경이다. 자유는 의식의 근간을 두고 에너지를 네트워크로 분산하는 것이 가능하며, 그 자유로움은 지상에서 생명들의 찬가를 만들어 낸다. 지상의 아름다운 자연은 천국의 그것 못지않은 자태를 뽐낸다. 정글은 아름다운 낙원이다.

지상천국은 의식의 자존감으로 일어나 차별적 질서가 조화를 이루는 가운데 이루어진다. 생명의 본성이다. 강한 자만이 살아남는 약육강식의 본성을 모든 생명체가 갖고 있기에 상대적으로 그 본성을 덜 갖고 많이 갖고는 중요하지 않다. 시장에서 본성들이 강하게 부딪쳐 자존감을 확보하려는 의식의 영역다툼이 치열할수록 조화는 더 아름답게 일어난다. 치열하게 살아가는 생태계를 보면 의식의 카타르스시가 일어나는 것은 그 배경이다. 먹이사슬의 자연은 지옥으로 불리지 않는다. 아름다운 자연의 질서로 인식된다.

일 가치가 신의 일로 우러름을 받는 것도 마찬가지다. 치열한 삶의 터전을 가꾸는 모든 생명들은 천사의 일을 수행한다. 사람들이 사는 사회도 자연과 연장선상에 있다. 백수나 게으름뱅이 그리고 사기꾼이나 강도가 지탄을 받고 처벌을 받는 것을 사회적 다수가 수렴해 가는 업그레이드 과정이 그래서 중요한 일이다. 자연의 질서를 거스르는 암적 존재의 공통점은 주어진 에너지를 사용하지 않는 정체성의 늪에 빠져 스스로 허우적거리는 것도 잘 모르는 점에 있다.

시장은 끝없이 가치의 상승을 만들어 가지만 절대자가 아닌 불완전한 유한자나 개별자를 원하는 방식이다. 개별자들의 존재는 자유의 무한성을 상징한다. 유한자는 사이 에너지를 타고 자유의 가치로 과실을 만들어 내는 창조의 신성 에너지를 갖고 있다. 따라서 개별자는 경계를 갖고 사이 에너지를 타면서 절대성을 동시에 지향한다. 절대성은 어디든 어느 시간이든 하나로 존재하면서 무엇이든 해내는 전지전능 역할의 본성을 통한 차별의 미학이 통할 수 없지만 그것은 없음이 아니라 품는 개념이다. 차별의 자연이 절대성에 안겨 있다는 것이다. 유한자나 개별자는 역할이 분명할수록 절대성과는 상반된 자신만의 울타리를 견고하게 치는 것 같지만 절대성의 울타리 안에 있다. 개별자의 강한 역할은 수많은 차별의 질서를 만들어 내면서 하나의 질서를 형성토록 하는데 있다.

개별자는 이를 통해 가치를 키우는 자양분이 돼 준다. 이 가치는 보다 많은 생명들에게 풍요로움과 편리함을 선사한다. 문명의 이기들이 수많은 방식으로 편안할 수 있도록 도움을 주는 방식이다. 개별자들이 만들어 내는 각종 울타리들은 막혀 있지 않고 정형화 돼 있지 않아 무엇이든 창조할 수 있는 얽힘의 원리를 따른다. 본질과 현상이 하나로 움직이는 얽힘은 절대성과 유한성이 다르지 않다는 것을 보여준다. 자연의 본성 안에는 절대성이 분유돼 있지만 그 절대성은 차별성을 필연적으로 끌어안아야 완성된다. 절대성은 그 어떤 생명체에게 보이거나 느껴지지 않는 무형이다. 하지만 무형의 형상이 일을 하기 위한 유형의 형상이 오히려 절대성을 지향한다. 있음의 원리인 무가 절대성이지만 없음의 원리인 유가 그 절대성을 돕지 않으면 태극 너머의 무극 에너지 세계가 드러나지 않는다.

믿음의 조상이 전 세계에 3가지 갈래로 절대적 신앙을 수십억명에게 뿌린 것은 없음의 절대성을 있음의 원리로 관통한 전대미문의 사건이다. 믿음은 모든 것을 가능하게 하는 현상의 절대성이다. 그 현상에 드러난 싸움과 갈등 그리고 차별은 필연성을 띠었다는 것이다. 정글의 법이 일상화되면서 그 안에 담긴 절대성은 불완전성으로 비춰졌다. 때로는 악의 근원이 되고 말았다. 하지만 신성의 예언자이든 단순 예언자이든 그리고 선민사상이든 믿음으로 드러난 현상성은 태어난 배경 때문에 악이라고 할 수 없다. 법칙이 완벽하기에 불완전하게 보이는 것조차 조화다. 선악이 수없이 존재하는 것처럼 보이는 것도 조화를 위한 보조수단이다. 정글에는 신성의 눈으로 선악이 있을 수 없다는 것이며, 아무리 혹독하고 잔인한 것이어도 필연성으로 인식돼야 할 가치를 내재한다.

하지만 안타깝게도 신성의 대리자들이 풀 먹는 맹수를 인정하면서 그들 자신이 맹수를 지향하고 있다. 질서를 주관하는 맹수가 아니라 질서를 망치는 맹수들이 적지 않은 것은 자연의 일 가치가 상승하는 것을 방해한다. 부가가치가 생성되지 않도록 자연에 대한 역적행위를 하는 것을 모르기도 한다. 오히려 정글의 체인을 끊어내 정글의 위기를 자초한다. 수많은 역사가 그것을 증명해 왔고 지금도 그 역사가 쓰여지고 있다. 자유시장 에너지가 돌지 않게 하는 것이 도덕률의 화신으로 변하기까지 한다. 하지만 믿음의 조상 후손들은 차별이 극심한 자본시장의 주역이 돼왔다. 대상로를 통해 돈을 번 부자를 만들어 내고 시장의 성숙을 지속적으로 유인해 내 더 큰 부자들을 만들어 내 왔다. 자본시장의 최선두에는 신의 아들 구원자와 신의 계시 예언자도 있다. 이들은 인자함을 공통의 덕성으로 세웠지만 그 어진 마음이 무차별을 해소하는 것은 아니었다. 정글 속에서 그들은 정글의 법칙을 세우고자 포효를 했다.

절대성의 원리를 따르는 시장은 엉뚱한 씨앗을 심지 않는다. 차별이 없는 씨앗은 존재하지 않고 뿌려지지도 않는다. 신과 예언자들은 평등한 씨앗을 원하기는 했어도 그것이 자라 숲을 이룰 수 있다고 확신하지는 못했다. 각양각색의 자기모습을 한 씨앗들이 자라 정글을 만들어 주는 것이 좋았다. 고난을 마주하는 방식이 당연히 달랐다. 죽음의 고통도 정글의 창조자에게는 절대자나 예언자를 만나는 방식으로 통했다.

싹이 튼 나무들은 무럭무럭 자라 많은 생명들에게 안식처를 제공해 주었다. 생존을 위한 싸움이 치열할수록 생명의 안식처는 확산됐다. 숲의 공기는 안락한 벤치가 돼 주었다. 편안히 쉴 수 있는 그곳에서 누구나 자유롭게 마실 수 있는 공기는 자유로운 시장의 우물이 되기도 했다. 안락한 의자에서 생명의 젓줄을 문 자연은 탄식을 자아낼 만큼 에너지를 풍부하게 주었다. 정글은 하나의 에너지가 다양하게 이용된다. 시장도 마찬가지다. 유용한 부가가치는 다양한 에너지원이 된다. 다양한 식물과 동물들이 그 에너지원을 차지하기 위해 치열한 체인을 형성한다.

4. 사냥하는 토끼

위험 회피 꿈 꾸는 자유 실체는 굴종의 노예 정신

"토끼는 풀을 뜯지 않고 사냥을 하고 있다. 토끼 자신이 사냥을 하고 있다는 것을 당연하게 생각했다. 먹잇감은 도처에 널려 있다. 사냥을 하면서 토끼는 자신이 풀을 뜯는 본성이 있다는 것을 잊고 있었다. 사냥한 고기들은 맛있다. 토끼는 마냥 행복했지만 본성을 잊은 토끼의 사냥은 다른 동물들이 보기에 매우 어색했다. 정글의 동물들은 토끼의 사냥을 보면서 수군거렸지만 토끼는 그 말을 전혀 듣지 못했다. 사냥에 열중한 나머지 토끼는 자신보다 큰 동물이나 맹수를 만나도 두려워하지 않았다. 그런데 토끼는 어느 날 소스라치게 놀랐다. 눈을 떠보니 바로 눈

앞에 이빨을 크게 드러낸 맹수가 포효하고 있었다. 토끼는 그제야 자신이 꿈속에 있다는 것을 알았지만 이미 늦었다. 맹수로부터 벗어나기 위해 발을 떼어보려 했지만 공포와 두려움에 한 발자국도 물러 나아갈 수가 없었다. 토끼는 사냥한 꿈을 생각하면서 맹수로 착각한 환상을 깨달았다. 토끼의 꿈은 결국 자신을 죽음으로 내몰았다."

또 다른 토끼들은 여전히 사냥을 하고 있다. 자신이 풀을 뜯는 존재라는 것을 잊어버린 듯한 행동을 계속하고 있다. 맹수들이 그 토끼들에게 살금살금 다가가 사냥하고 있다는 사실을 그 토끼들은 모른다. 일찌감치 꿈을 깬 토끼들은 풀을 뜯고 있었고 맹수들을 피해 자신의 길을 가고 있다. 이들 토끼는 본성이 사냥이 아니라는 것은 가장 잘 알고 있다. 본성을 넘는 것이 혼돈을 초래해 모두가 위험해질 수 있는 것을 또한 안다. 하지만 알면서도 모르는 중대한 허점이 있다. 그래서 사냥을 꿈꾸는 자신의 잘못된 모습을 알면서 사냥하는 꿈을 버리지 못하고 매몰되는 토끼들이 주기적으로 나타난다. 현실을 망각한 이들 토끼의 위험한 꿈은 언제나 감당하기 힘든 화근을 불러들인다.

생사가 오가는 정글의 게임 속에서 토끼는 치열한 현실을 도피한 채 막연한 미래를 불러들였다. 가상의 미래를 치열한 현재로 불러들이기도 어려운 상황에서 그 반대로 움직인 토끼의 운명은 보지 않아도 뻔했다. 토끼가 스스로 본성을 보고 느낄 줄 아는 태도를 견지했다면 맹수에 비해 약자라고 해도 정글의 질서에서 반듯한 생명의 주축으로 자리 잡았다. 토끼의 본질이 현상화 되는 것이 팩트다. 본질을 잊고 현상화를 지향하면 가짜가 될 뿐만 아니라 종국에는 자신의 목에 칼을 대야 하는 운명에 맞닥뜨린다.

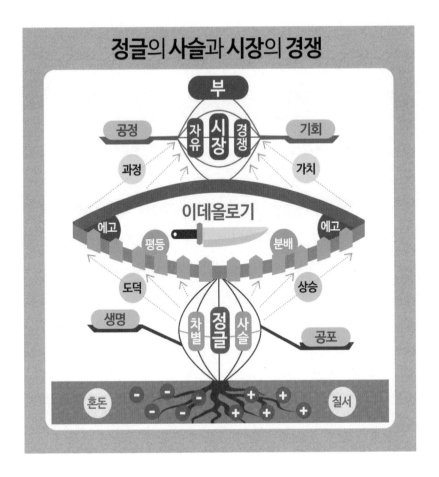

정글의 사슬과 시장의 경쟁

부
공정 · 자유 · 시장 · 경쟁 · 기회
과정 · 가치
이데올로기
에고 · 평등 · 분배 · 에고
도덕 · 상승
생명 · 차별 · 정글 · 사슬 · 공포
혼돈 − − − − + + + + 질서

　정글 속에서 동물이 먹이사슬을 절감하고 그것을 두려움과 용기로 교차하며 생존해 나가는 것은 질서다. 이는 본질을 현재화하며 현상으로 인식하는 방식이다. 많은 동물들은 현실로 드러난 본성의 두려움을 상대하면서 자신의 길을 개척해 나가고 있다. 그것은 자신을 주체적으로 아는 길이다. 자신의 본질 깊숙이 들어가는 것이기도 하다. 본질에 똬리를 틀면 수많은 변수가 명멸을 반복하는 원리를 체득한다. 그 전제조건은 탐심의 억제다. 목표와 다르게 움직이는 탐심의 수많은 얼굴들은 가면을 쓴 것과 같다. 가면 넘어 생태계는 온갖 두려운 것으로 꽉 차 있다. 가면을 스스로 벗어야 한다. 직접 마주대하는 본질은 두려움을 잊게 해주고 용기를 복돋아 준다. 본질에 대한 확고한 신념은 불가능한 제약이 창조의 에너지로 변하도록 해준다. 시장에서 토끼처럼 자유분방한 사고를 갖고 본질의 원류 정신을 체득했다면 섣부른 행동은 하지 않아도 된다.

반면 자신을 알지 못하는 동물은 다른 동물들의 먹이사슬을 보지 못하고 자신의 포식자조차 분간하지 못한다. 질서에 순응하지 못하는 동물들은 꿈을 꾼다. 정글의 사슬에 또는 정글의 네트워크에서 꿈을 꾸는 것이 아니고 자기 자신이 울타리를 만든 그 안에서 꿈을 꾼다. 그 속에서 모든 것을 할 수 있다는 생각을 하지만 사슬의 공포는 여전이 남아 있다. 질서를 아는 동물과 질서를 모르는 동물은 결국 생사의 문제로 귀결된다.

생사는 존재의 모습을 좌우한다. 현존재하는 자신의 모습이 존재자의 본질을 띠고 있는지 여부를 가늠하게 한다. 종교적으로는 신과 인간의 실시간 소통이다. 과학적으로는 자연과 인간의 하나됨이다. 생사의 문제에 정면 대응해 두려움과 맞서는 사슬의 질서에 따르는 것은 절대성이 투영된 현실에서 자존감을 확보하는 과정인 것이다. 삶과 죽음의 경계선이 사라지고 질서가 생명의 원리를 따르게 된다. 생명은 또한 질서를 따르면서 카오스적 질서가 구축된다. 현상은 카오스이지만 절대적 질서 속에 있다. 결국 완벽한 코스모스 조화가 정글의 법칙이다. 시장의 법칙도 이와 같다.

시장에서 일어나는 모든 질서는 본질의 움직임을 바탕으로 가능해진다. 토끼가 자신의 DNA를 인식하는 일과 미래의 경험을 끌어 쓰는 것은 흔들리지 않는 주춧돌을 세우는 일이다. 더불어 자신의 길을 가고자 하는 확신 속에서 막연한 미래가 아니라 구체화된 미래를 설계한다. 가상의 미래를 현재의 큰 그림에 녹아내리게 하는 것은 하늘의 이치를 땅의 원리로 구현하는 일이다. 그 과정 속에서 현상은 껍데기뿐만 아니라 내재적인 원리를 함의한다. 단순한 현상계는 현실의 도피처이자 핑계의 무덤이다. 하지만 목표를 분명히 한 미래의 현재는 치열한 현실인 만큼 도피하지 않는 사람들에게는 지상의 천국이다. 토끼들이 풀을 뜯는 초원은 그들이 사냥하는 정글에서보다 훨씬 좋은 환경이다. 토끼가 어울릴 만한 옷을 입는 것은 만물의 본질과 경험의 본질을 동기화하는 선택이다.

토끼가 의도가 있든 의도가 없든 그것은 중요하지 않다. 선택의 자유가 토끼에게 있지만 위험에 맞서는 자유가 본질이다. 위험을 회피하기 위한 꿈은 자유가 아닌 굴종이다. 노예적 삶은 사슬이 아니라 사슬의 두려움을 회피하는데 있다. 정글의 대부분 동물들은 두려움에 정면 대응하는 법을 안다. 자신에게 맞는 옷을 입을 줄 안다는 것이다. 강력한 자유를 획득하는 기저에는 더 큰 위험을 피하지 않는데 있다. 그것은 본분을 안다는 것이고 나아가 본분을 지키는 일이다. 인간 사회의 도(道)와 군자의 길이다. 이 특성은 적당히 빌만 길친 재 도망길 준비를 하지 잃는다. 태풍 같은 바람에도 맞서고자 하는 의지가 깃들어 있다. 맞서지 못한다고 해도 정면을 응시하면서 지혜롭게 피할 방법을 알기에 두려움에 대처하는 용기는 같다.

이처럼 생명을 아는 동물은 정글의 질서 속에서 도전하는 자유정신이 강하다. 생명을 모르는 동물은 스스로를 울타리에 가둔 채 나오지 않는다. 오히려 자신과 함께 살아가야 할 다른 동물로부터 강제로 약탈하기 위한 탐심을 주어진 현실이라고 믿는다. 그 현실이 정의라고까지 생각하면서 그 또한 자신이 갈 길이라는 자가당착에 빠진다. 이 동물에게 유토피아는 자신이 토끼가 아니라는 사실을 스스로 인정하는 이상한 방정식이다. 하지만 정글의 다른 동물들이 이런 잣대를 들이대 보지만 토끼는 풀을 뜯는 본성을 가졌다. 풀을 뜯지 않고 사냥하는 자신을 되돌아보지 못하는 상황에서 정글은 용서하지 않는 진실을 확인시켜준다. 모든 칼은 이런 토끼가 받는다. 토끼가 모르는 자기 자신에 대한 어리석음이다.

자연의 질서는 본성을 따른다. 본성에는 존재자가 내재한 수많은 현존재들이 있다. 본성은 우열이 있을 수 없는 절대성의 원리지만 본성을 통해 드러난 현존재는 우열의 필연적 존재성을 갖는다. 차별과 무차별은 절대성이라는 하나의 진실에 있다. 이들의 상보적 관계는 공명하면서 필연적 얽힘을 따른다. 토끼는 정글에서 육식동물의 먹이사슬에 놓여 있다. 차별의 정글은 토끼에게 정의롭지 못한 질서로 보여지기에 충분하다. 하지만 토끼가 가진 캐릭터는 맹수들 못지않은 절대성을 지녔다. 풀을 뜯는 것은 토끼에게 생명의 미학이다. 주어진 본성을 그대로 드러내는 것은 맹수로부터 억압받고 잡혀먹는 토끼가 아니다. 오히려 맹수보다 더 위대한 자연의 본성이 토끼에게 있다.

풀을 뜯을 수 있다는 본성 때문에 토끼의 내재된 은닉성이 항상성을 담보한다. 본성은 감춰져 있다. 하지만 반드시 드러나 생명의 원리를 지배한다. 애초 초식이라고 단정짓지 않았다면 토끼가 초식동물인지 육식동물인지 모르겠지만 토끼는 그 어떤 상황에서도 사냥을 하면 안 되는 자기 자신이 모르는 은닉성을 유지하는 에너지를 갖고 있다. 은닉성과 본성은 항상성으로 생명의 영원성을 담보하고 있다는 것이다. 아무리 약해 보이는 생명이라고 해도 맹수 못지않은 생명력을 유지하는 경우는 흔하다. 오히려 작은 곤충이나 그 보다 작은 박테리아가 질긴 생명력을 보인다. 자연의 질서에서 약육강식은 인간의 눈으로 보이는 방식이 아닌 본성의 눈으로 봐야 제대로 보인다. 풀을 뜯는 토끼가 맹수 못지않은 생명의 빛을 받을 수 있는 조건은 토끼의 범주에서 발휘하는 자유정신이다.

자유정신은 잠재된 본성에 모두 있다. 인간에게 본성의 은닉성은 잠재의식이다. 자신도 모르는 수많은 잠재의식이 본성을 지배하면서 항상성으로 나타나고 있다. 은닉성은 수십억 인류 모두 각자 다르다. 은닉성이 현상성으로 본성을 드러내는 방식이 전부 제각각이다. 이 은닉성은 바꾸거나 대체하지 못한다. 신성의 창조 원리는 이 같은 은닉성이다. 은닉성이 차별성이라고 하지 않는다. 오히려 정글의 기막힌 질서로 표현된다. 토끼도 초식이라는 은닉성을 받아들여 삶을 유지하고 있다. 자신조차 볼 수 없는 은닉성을 통해 정글의 차별을 수용할 때 생명의 질서가 유지되는 역설이 자연스럽다. 정글의 동물 본성을 모두 토끼식으로 바꾸거나 맹수를 쫓아내고 죽인다고 해도 토끼는 한계를 벗어나지 못한다. 본성은 그만큼 끈질기게 변하지 않는 강한 포스다. 본성이 변하거나 변하고자 할 때 본성의 포스는 그 움직임을 강력히 차단한다. 토끼는 아무리 노력해도 사냥을 하지 못한다는 것이다. 토끼는 사냥을 못하는데 대해 불만도 불평도 없다. 그것이 부도덕하고 나쁜 것이라고 인식하지 못한다. 토끼는 차별의 세상에 있지 않다.

　차별의 질서는 시장의 참여자들에 의해 만들어지고 그 참여자들은 그렇게 만들어진 차별을 수용한다. 시장의 모든 구성원이 차별의 질서를 명예롭게 여기고 있음에도 일단의 질서자를 자임하는 사도들은 그 질서를 악마라고 규정짓는다. 그리고 스스로 절대자의 도덕률을 알고 있다면서 칼을 휘두르고 더욱 극심한 먹이사슬의 주역으로 떠오른다. 공세적인 개입을 통해 존재감을 드러내고 싶은 욕망들이 이들에게 넘친다. 하지만 아무리 공격적 에너지를 쏟는다고 해도 일정한 한계를 넘지 못한다. 이때 은닉성 찰나들이 일어나 현상의 자신을 괴롭힌다. 에고를 깨운 그들은 인간이 진정성으로 숨길만한 것들을 의도적으로 찾도록 한다. 에고 앞에 수많은 답들이 놓여지지만 에고는 거의 대부분 찾지 못한다. 에고는 스스로 장막을 치기 시작한다.

　토끼가 사냥을 하는 모습은 에고가 높은 장막을 친 정글의 부자연스러운 질서다. 토끼는 맹수가 돼서는 안 되는 것이 아니라 될 수가 없는 것을 마치 안 되는 것이 부당한 것으로 울타리를 친다는 것이다. 에고는 그 울타리 속에 자신을 자랑스럽게 가두고 사냥에 나선다. 그리고 시간까지 소유하려 한다. 현재성을 무한성으로 바꾸기 위해 미래의 닥쳐올 사건을 확신한다. 에고의 이 같은 노력은 이데올로기로 불린다. 미래에 대한 시간의 소유는 현재를 바꾸는데서 가능하다고 믿는 이데올로기가 토끼를 사냥처로 내 몬다. 맹수들의 한 복판에서 위험에 처하지만 그런 현실을 인지하지 못한 채 맹수와 어울리려 한다. 토끼의 1초는 영원성을 담보했기 때문에 수십년이라는 기억의 잔상으로 남는다. 순간의 찰라조차 길고 긴 시간이 된다. 순간의 환상을 지우지 못해 토끼의 자화상은 맹수가 되지만 정글의 질서는 묵과하지 않는 결론으로 마침표를 찍는다.

절대성 품은 불완전 네트워크 완전하면 멸망기운

"토끼는 0의 좌표에서 스스로 있음을 드러내고자 했다. 있음을 드러내고자 하는 의지가 개입되는 순간 불완전한 시공간이 만들어졌다. 토끼는 0의 좌표에서 굳이 완전을 지향하지 않아도 됐지만 완전해지려고 노력했다. 하지만 그럴수록 불완전한 자신의 환경을 키웠다. 0의 좌표를 벗어난 자연과 인간은 완벽할 수 없는 자신의 한계 외에도 불완전한 외계 포스들의 지배를 받고 있다. 이 같은 운동계 좌표에서 완전해지려고 할 때 불안, 공포, 두려움 등이 생기고 있었다. 운동계로 나온 토끼는 사냥하는 맹수가 절대성에 가깝게 다가왔다. 토끼의 불안은 가중됐지만 맹수가 모든 것을 해결해줄 것으로 간주됐다. 맹수를 향해 갈수록 토끼의 불완전한 모습도 커져갔다. 자신의 힘만으로 절대 완전을 지향할 수 없음에도 토끼는 정글의 맹수가 되고자 사냥을 했다. 풀을 뜯지 않고 육식에 나서면서 생태계를 교란시켰다. 토끼의 맹수성은 불완전의 극치였다. 정글의 모든 동물들이 원하지도 않고 토끼 자신도 원하지 않는 모습이다. 헛된 꿈일수록 확연한 미래 같지만 가상의 현실이다. 꿈을 깨고 보니 0의 좌표에서 벗어나지 않았는데 발버둥치는 토끼 자신의 모습이 보였다."

0의 좌표는 완벽하다. 어디를 가도 시간이 같다. 방향도 없다. 시공간이 존재하지만 없는 것과 같은 상황이다. 하지만 없지는 않은 없음이다. 숫자의 0이 갖는 의미다. 0은 없는 것은 아니지만 없는 것으로 계산된다. 0의 좌표에 있다는 것은 플러스와 마이너스의 교차점이라는 있음의 의미다. 0에 그 어떤 숫자를 더하고 빼기를 해도 연산한 숫자 이상으로 늘어나지 않고 줄지 않는다. 하지만 플러스와 마이너스의 구분을 정확히 해 주면서 존재한다.

또 곱하기와 나누기를 하면 천문학적으로 큰 수라도 0에 흡수돼 사라진다. 가로줄의 사과가 아무리 많아도 세로줄의 사과가 0개이면 없는 사과들이다. 없지만 있거나 없어야 있는 0의 묘한 위상이다. 0의 발견은 초정밀 자연의 원리를 이해하는 유와 무의 경계선인 시작점을 찾아낸 위대한 사건이었다. 0이 현상계에서 시간을 시작하는 단위로 사용되듯이 자연의 원리도 알게 하는 중요한 출발점이 됐다. 0의 발견에 기초한 수학은 자연을 향한 거대한 망원경과 극미의 현미경을 동시에 선사받은 것이었다. 이는 자연에 절대성이 본유하고 있을 것이라는 본질을 확신하는 계기도 됐다.

0의 좌표는 시간의 균질성이자 공간의 등방성이 얽혀 있는 구조다. 시작도 끝도 없는 시간 또는 어디를 찍어도 시작이고 끝인 시간의 균질성에 중심과 변방이 없거나 모두가 중심이고 변방인 공간의 등방성이 하나의 에너지 장으로 얼개를 구성하고 있는 모습이다. 극도로 고요한 시공간과 요동치는 시공간이 하나의 원리 안에 있지만 0의 좌표가 그 경계선을 품고 있다.

0은 그래서 이상적 조화의 좌표다. 만물이 탄생하기 위한 자궁과도 같다. 시간이 없고 균질하며 공간이 없고 등방이기 때문에 안 보이는 시공간이 0의 좌표로 보이기를 반복한다. 0의 좌표에서 가속운동(에너지)이 발생하면 가려졌던 시공간이 드러난다. 가속운동은 힘의 매개입자와 질량을 갖는 물질을 모두 포괄한다. 0의 좌표에서 보이는 물질과 보이지 않는 힘의 운동성은 생로병사를 좌우한다. 자연계 모든 생명들은 운동성을 통해 시공간이 탄생하기 전에는 모습을 드러내지 못한다. 완벽한 조화의 모습에서 불완전한 인간도 마찬가지다. 그 불완전이 역설적으로 자연과 인간의 원류 에너지가 됐다. 있음이라는 운동 속에 뒤틀려진 시공간은 멋들어진 자연을 선물했다.

물질이나 에너지가 시공간의 점유 또는 이동을 통해 있음의 성질이 발현된다는 것은 불완전의 연출이다. 조화에 가까울수록 자연은 아름다움을 상실하는 역설의 조화를 따른다. 대칭의 기막힌 역동성이 비대칭의 자연현상을 드러내면서 미학을 연출시킨다. 추상성이 현대 미술의 상징인 것처럼 부조화, 차별, 비대칭, 혼돈 등은 탄생을 알리고 생명을 현존재하게 하는 생명의 질서다.

생명이 자연의 기본 얼개를 구성하고 있는 만큼 생명들의 갈등, 대립, 전쟁 등의 부조화는 당연한 질서다. 나아가 부조리나 불합리 또한 정의롭지 못하다고 해도 정의가 아닌 것으로 절대적 규정을 짓지 못한다. 아무것도 완벽하지 않고 또한 완벽하지 않은 것이 없는 카오스적 질서다. 정글의 질서는 바로 불완전의 자연성을 품은 절대적 완전성 네트워크 시스템으로 존재한다. 약육강식의 불평등과 부조화는 곧 자연의 완전한 질서이자 정의로 기능한다. 이를 깨고자 할 경우 절대성이 품은 불완전의 네트워그들이 흔들리면서 생명의 질시에 멸의 기운을 몰고 온다. 맹수가 되고자 하는 토끼의 사냥에 대한 꿈은 바로 스스로 멸을 자초하는 운동성이다.

질서는 혼돈을 필연적으로 머금지만 그 혼돈을 평정하려는 작위적 혼돈은 머금지 않는다. 인간 사회에서 혼돈의 대명사는 차별이고 차별보다 더한 작위적 혼돈은 인위적 평정이다. 차별의 질서를 인위적으로 평정하려 하면 절대적 질서에 높은 장막을 치는 행위다. 영원히 절대성을 지향할 수 없는 곳에 스스로 장벽을 치고 자신만의 질서에 만족하며 오만해진다. 오만은 삐뚤어진 권력을 낳아 자연을 피로 물들게 하기도 한다. 인간 사회에서 무차별의 유토피아가 얼마나 많은 무고한 목숨을 유린해 왔는가를 보면 누구나 오금이 저린다. 절대성의 정글 법을 작위적 법으로 대체하는 부메랑은 자연의 역습이다. 따라서 차별이 질서를 머금는다면 비인간적인 사회의 어두운 단상을 어둡다고 단정하지 못한다. 오히려 차별이 만들어 내는 시스템이 만인들에게 이로운 결과를 낳는다.

자본주의와 자유시장의 질서는 풀을 뜯는 토끼의 질서다. 토끼는 맹수의 본성이 없다. 맹수는 토끼를 미워하지 않고 토끼 또한 맹수를 미워하지 않는 먹이사슬 속 평화 본성이다. 토끼는 그 속에서 생존게임을 벌이며 최선의 삶을 유지한다. 토끼가 맹수보다 천대받을 일이 없고 토끼가 맹수를 동경할 일이 없다. 이를 인위적으로 바꾸기 위한 토끼의 사냥에 대한 꿈은 결국 아무도 원하지 않는 홀로그램이다. 마치 눈앞에 존재하는 듯한 토끼의 맹수에 대한 꿈은 아무것도 존재하지 않는 허상이다. 질서자를 자임하는 일단의 토끼들이 정글의 평화를 부르짖으며 먹이사슬을 없애고자 할 경우 배고픈 동물들이 무한히 나온다. 먹이사슬이 무너진 정글의 법은 지독한 가난과 배고픔이다. 토끼의 잘못된 꿈이 이뤄지면 0의 좌표까지 흔들리고 만다. 절대성이 깃든 자연의 본성에 마의 기운이 뻗치면 멸종에 필요한 사특한 에너지가 강력하게 분출된다.

자연은 언젠가 자연적으로 소멸될 운명을 갖고 있다. 하지만 소멸은

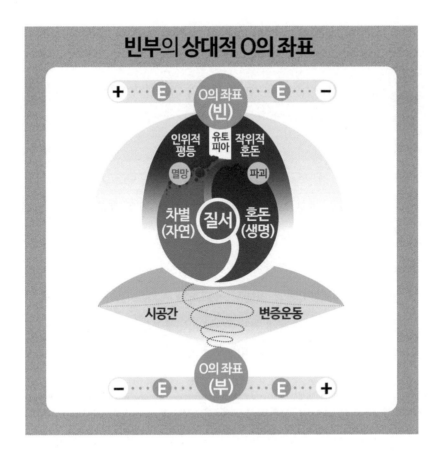

빈부의 상대적 0의 좌표

다시 탄생하는 시작을 알린다. 생명의 원천이자 고향인 별들의 탄생과 죽음이 이 원리를 충실히 따른다. 땅의 원리는 보다 근본적인 사이클에 의해 지배를 받는 자연스러움이 있다. 땅의 불완전성은 0의 좌표에서 멀지 않다는 것이다. 언제든 완벽해질 수 있는 조건을 갖춘 곳이 대지의 축복이다. 운동성을 통해 드러난 불완전성이 마치 사탄인 냥 하는 유혹이 진짜 사탄의 특성이다. 그들의 집요한 유혹은 삶 자체를 무의미하게 만든다. 경쟁을 통한 삶의 가치가 무가치한 것으로 간주되는 만큼 차별은 언제나 척결대상이 된다. 일단의 토끼가 사냥을 꿈꾸는 이유다. 토끼의 사냥 꿈은 하룻밤도 못 가는 몽상이다. 다만 몽상은 지속되는 과정에서 더 큰 몽상이 나오고 그려진다.

초식동물 토끼가 맹수 못지않은 생명의 환희를 느낄 수 있는 부분은 얼마든지 많다. 생존경쟁이 그 토양이다. 수많은 경쟁은 곧 차별이다. 이 차별성을 심화시킬 때 자본시장의 부가가치 총량이 증가하는 현상도 발생한다. 치열한 경쟁을 유발하며 이타성의 토양을 닦는 차별에 대한 저마다의 위기감은 결국 자신들에게 훨씬 많은 이익을 가져다준다. 자본시장의 대부분 사람들은 이 원리를 알고 따른다. 산업자본을 이끄는 자본가들은 이 구조를 너무 잘 이해하고 있다.

자본가들은 자신이 받는 차별의 공포조차 기회로 받아들이고 배움의 과정으로 여긴다. 이들에게 차별은 수많은 성공의 문이 만들어지는 것이기 때문에 차별이 커질수록 카오스적 질서가 얼마나 소중한 것인지를 깨닫는다. 이들은 가속운동을 쓰면서 수많은 기회의 문을 연다. 많은 사다리를 타고 올라가면서 실패를 거듭하지만 그 노력만이 차별의 특혜라는 것을 잊지 않는다. 본성을 버리지 않으면서 차별의 평등감을 갖고 동시에 차별을 만들어 끝내 성공의 사다리를 올라간다. 이들에게 영원한 차별은 없다. 차별은 영원하지만 자신의 차별은 영원하지 않다는 것을 잘 안다. 자신은 무차별의 세상을 만들지만 결국 스스로 정글의 질서를 주관하는 강력한 포스에 오른다.

토끼가 사냥을 하고자 하는 자만과 오만은 대개 차별의 불평등에 대한 주체적 해결의지로 나오지만 절대적 질서에 반하는 착각이다. 카오스적 질서를 바로잡겠다는 오만이 억지춘양의 권력지향형 행보다. 토끼의 과대망상은 일을 하지 않거나 게을리 하면서 사냥을 하고자 하는데 있다.

나아가 일을 할 줄 모르는 무능력한 토끼가 질서자로 군림하고자 하는 욕망에까지 이르면 과대망상이다. 이들 토끼의 꿈은 늘 정의로운 듯 보이지만 매번 정의롭지 않게 끝나는 경우가 아주 빈번하다. 무차별 질서를 추구하는 속에서 차별을 더 많이 만들어 내면서 용서가 없는 무소불위 권력만을 잉태시키기 때문이다. 자본시장에서 이런 정의들이 무수히 명멸하기를 반복한다.

무능력한 토끼의 정의는 포장되고 가공되면서 겉모습이 호화롭다. 마치 정의의 사도인 것처럼 행동하지만 정작 토끼의 정의는 생명의 위협을 벗어나기 어렵게 만든다. 스스로 올가미를 씌우는 토끼의 행동은 예정된 수순이다. 정글에서 정의는 하나로 정의되지 않는다. 수많은 이율배반의 정의들이 여기저기 솟구치기 때문에 시공간의 상황에 따라 같은 정의조차 수없이 분기된다. 사냥하는 토끼가 자신의 힘만을 믿고 사실상 무한히 존재하는 정의의 칼을 잡겠다는 것은 이기심의 극치인 것이다. 이타성으로 위장했기에 이 이기심은 더욱더 나쁘다. 이는 정의로 잘못 그려진 무한한 그림을 앞에 놓고 선택을 하지 않아야 빛을 발한다는 의미와 같다. 풀을 뜯을 용기를 지켜갈 때 사냥하는 토끼 이상의 많은 정의들이 쏟아져 들어온다. 그 정의는 보여주기식 이타성이 아니라 이기적 본성의 요동치는 질서 미학이다. 토끼가 맹수의 정의를 굳이 구분하지 않고 이타직 본성을 유지할 때 정의는 규정되는 것이 아니라 수많은 생명체들의 양심의 소리라는 것을 안다.

개별자들 마음에 울리는 생명의 본성들이 정의롭다. 이를 수렴할 때 자유시장의 많은 사람들이 부가가치를 만들어 내고 상호 도움을 주면서 이타적 삶을 자연스럽게 살아 더 많은 부자가 탄생한다. 부는 외견상 부자연스럽고 추해 보이지만 카오스적 질서의 결과물로 매번 드러난다. 부에 대해 부정적 시각을 갖고 맹목적으로 부를 혐오한다면 결코 부의 길을 개척하지 못한다.

　토끼가 사냥을 해서라도 부의 평준화를 추구하는 것이 정의라면 그 정의를 악용한 불의가 반드시 조응한다. 오히려 시장의 질서를 외면할 때 겉과 속이 다른 허접한 정의들이 맹위를 떨친다. 그만큼 자연스럽지 못한 정의감은 국가와 사회를 위태롭게 한다. 정의를 강하게 규정할수록 그것을 받아들이는 선한 자들보다 그것을 통해 자기이득을 취하려는 이단아들이 많아지기 때문이다. 이들을 통제하기가 어렵다. 외견상 정의의 편에 동기화 된 듯 보이는 실상의 내막을 보면 상황별로 무엇이 최선의 정의인지 판단을 유보해야 하는 상황이 매번 닥치고 있음을 보게 된다.

　토끼에게 자신의 포식자인 맹수는 공포의 대상이지만 육식이 가능하다는 판단에 이르고 사냥까지 하면 상황은 달라진다. 공포는 자만으로 바뀌고 자만은 오만으로 커지면서 스스로 올가미를 씌운다. 그 상태에서도 도덕률의 가치상승 지향성을 가져가면서 정의를 완성하려 하지만 그럴수록 군중들 속에 잇는 악의 기운들까지 스멀스멀 나오게 한다. 초정밀의 다른 말이자 같은 뜻인 냉혹함이 떠나버린 황량한 땅에서 휴머니즘 권력의 깃발을 높인다고 따듯해지지 않는다. 치열한 냉혹함일수록 영양분이 풍부한 과실이 만들어진다. 경쟁적 결실은 무엇이든 만들어 내는 절대적 추상성이다. 아무도 예상하지 못하기에 무엇이든 가능한 추상성의 무한 에너지가 부와 부자정신에 녹아들어 있다.

5. 뿌리 달린 나무

생명 에너지 역동성 파괴하는 무능력자의 아우성

"물과 영양분을 빨아들여야 할 뿌리가 나무 줄기 위에 주렁주렁 달렸다. 태양의 빛을 받아 동화작용을 해야 할 잎은 온데간데없이 사라졌다. 물과 영양분 그리고 빛의 에너지로 살아가야 할 나무는 말라 죽어가고 있다. 하지만 나무는 빙그레 웃는 듯한 모습을 하고 있다. 마치 깊게 뿌리를 내리고 무성한 잎을 갖고 있다는 착각에 빠진 나무다. 스스로 죽어가는 것조차 모르는 나무의 자기오만은 한 발짝 더 나아갔다. 줄기에 달린 뿌리에서 빛을 받으려 했다. 그리고 빛은 뿌리를 통해 들어오는 듯한 환상에 빠졌다. 나무가 미소를 띠는 이유였다. 나무는 생명의 온기가 차갑게 식고 있다. 놀랍다. 이런 나무들이 숲 여기저기에 있다."

물과 영양분을 이루는 원소들의 고향은 별이다. 그 별에서 생명의 빛이 또한 만들어진다. 생명의 원류인 수소는 별을 밝히는 에너지이고 인간을 비롯한 많은 생명체들의 핵심 구성성분이다. 인간이 상상하기 힘든 별의 초고온·초고압에서 산소, 탄소 등 생명의 기본 원소들이 또한 만들어 진다. 생명의 고향이 된 초고압 속 초고온이라는 항아리는 입자들의 상상할 수 없는 빠른 운동성이다. 가속운동이 무한히 빠르게 일어나면서 입자들이 일(운동)을 한다. 힘찬 가속운동은 같은 전극을 띤 입자들의 결합을 만들면서 자연을 이루는 씨앗인 원소들을 창조해 낸다.

나무는 식물의 상징적 대변자다. 그 나무는 뿌리를 하늘로 향하면 안된다. 그 순간 나무가 할 수 있는 일은 아무것도 없다. 땅의 물과 하늘의 빛으로 포도당을 만드는 에너지 공장이 망가지면 인간을 비롯한 수많은 동물들에게는 죽음의 교향곡이다. 나무가 뿌리를 제대로 내리는 것은 생명들에게 신의 축복이다. 그 축복이 당연한 것이 아니라고 생각하면 섬뜩하다. 섭리를 인위적으로 바꿀 수 있다는 오만에 빠지기 때문이다. 인위적 순리는 파괴적 결과를 가져온다. 나무의 뿌리가 욕심을 내 잎이 되고자 한다면 잎이 될 수 있을까. 얼토당토하지 않은 자연의 역주행이 우리 인간사회에서는 흔하게 일어난다. 당연한 자연의 질서가 인간사회만큼은 자연스럽지 않다. 그 부자연스러운 질서를 억지춘양으로 만들어 내는 악마적 혼돈이 정의를 포장하는 사례가 많다.

지구상 모든 생명체들에게 탄생과 삶의 에너지 터전인 태양은 끊임없는 수소 핵융합을 통해 헬륨을 만들어 내면서 에너지(빛)를 뿜는다. 그 태양에는 생명들의 원소들도 있다. 하지만 태양의 온도만으로는 그 원소들을 만들어 내지 못한다. 태양의 삶이 다하고 죽어가기 직전의 적색거성이 되면서 온도가 2억도가 돼야만 헬륨 간 결합으로 탄소가 만들어지고 그 탄소와 헬륨이 겹합해 산소가 탄생을 알린다. 탄소는 생명체들의 근간인 탄소화합물의 주인공 역할을 하고 산소는 그 삶을 유지하는 주연배우다. 2억도라는 초고압 속 초고온의 항아리가 없다면 인간도 생명체도 없는 셈이다. 2억도의 순리를 인위적으로 바꿀 수 있다는 오판은 수십억도 이상의 온도까지 조절할 수 있다는 환상에 빠지게 한다.

나무가 생명을 유지하는 배경은 수억도에서 수천도에 이르는 원소 항아리 덕분이다. 나무의 정의는 힘들게 탄생한 원소들의 속성을 따르는 행위에 있다. 별과 원소들의 관계처럼 삶과 죽음의 경계선에서 새로운 시작이 일어난다는 것이다. 이는 역으로 삶의 한 가운데에서 뿌리달린 나무라는 해괴한 탄생을 알리면 죽음을 부른다. 나무가 주어진 수명 안에서 거목이 되기 위해서는 하늘이 아닌 땅에 뿌리를 깊게 내려야 한다. 땅을 향해 뿌리가 가진 자신의 본분을 다하지 않으면 안 된다. 이 역할을 통해 뿌리는 칠흑같이 어두운 땅 속에서 생명의 에너지를 빨아들인다. 뿌리는 스스로 뿌리를 분기하면서 강력한 흡인력을 키워야 하는 소명을 다한다. 뿌리가 일을 계속할 때 잎이 무성해지며 거목이 돼 간다. 어두움 속에서 뿌리는 거목의 주인임을 드러내지 않는다.

주인은 가치를 잘 드러나지 않는 강한 포스를 띤다. 그런데 자연을 거스르는 연금술의 환상은 생명의 찬가가 높을 때 일어나기 시작한다. 꿈의 빛을 발산하며 인간을 유혹하는 금은 중성자별 충돌로 발생하는 1조 도가 넘는 꿈같은 온도를 담은 항아리에서 탄생하지만 연금술의 환상을 통한 인간의 탐욕을 동시에 불러낸다. 금은 첨단 현대과학의 모든 것을 동원해도 만들 수 없다. 근대화학이 탄생하기 이전 연금술사들은 그들만의 방정식으로 금을 만들 수 있다고 했고 만드는 것에 도전했다. 결국 사악한 연금술사가 등장한 것은 뿌리달린 나무와 같은 탐욕의 결과였다. 소중한 가치에 욕심을 낸 인간의 탐욕은 뿌리를 나무에 달고 빛을 받고자 하는 과욕을 드러냈다. 연금술의 과대망상은 인간의 삶에 치명적 독을 뿌렸다.

금에 대한 탐욕은 인류를 약탈과 전쟁사의 한 가운데로 몰아넣었다. 싱싱을 불허하는 온도의 항아리에서 만들어진 금이 귀한 대접을 받으면 받을수록 탐욕의 세상도 커졌다. 욕심이 도를 넘어 엘도라도가 그려지고 그 노정 속에서 무자비한 살육전이 곳곳에서 일어났다. 뿌리달린 나무를 갖겠다는 식민지 전쟁이 오히려 정당화 되면서 금은 세속적 권력의 투쟁도구로 떨어졌다. 부와 행운 그리고 복의 상징인 금은 생명의 찬가이지만 그 운율의 소리가 울려 퍼질수록 인류는 사탄의 근성을 드러냈다. 식민지 시대는 뿌리달린 나무가 정의로 펄럭였던 악마의 시간들이었다. 스스로 살아날 수 없었던 약탈국들은 다른 생명체들의 에너지를 강제로 빼앗아 생명을 유지하고 살을 찌웠다. 나아가 그들은 그것이 번영의 명분이라며 허울을 뒤집어썼다.

식민지 시대는 자유시장의 왜곡된 숲이다. 부가가치가 역동하고 넘치는 시기에 오만과 탐욕의 에너지도 밀려오면서 생명의 찬가는 죽음의 역사를 불러왔다. 식민지 시대의 주인과 노예라는 이분법적 계급구조 탄생은 존엄한 생명에 대한 인간의 오만한 대항이었다. 지금도 그 시간을 그리워하는 득의에 찬 자들이 사라지지 않았다. 그들은 생명의 질서를 거스르면서 생명의 찬가를 부르는 가면 속 저주의 노랫소리를 여전히 울려댄다. 그들은 자유의 본질을 잊고 망동을 자유로 알면서 부가가치를 빼앗기 위한 방안을 찾기에 여념이 없다. 타인의 부가가치에 늘 군침을 흘리는 이들의 습성은 고쳐지지 않았다.

시장의 특성은 무한경쟁이지만 스스로 만들어 내는 부가가치를 전제로 한다. 정글의 질서도 먹이사슬은 약탈이 아닌 부가가치 경쟁이다. 토끼가 만든 초원의 부가가치를 맹수들은 탐하지 않는다. 숲의 나무들은 빛을 받기 위한 전쟁을 하지만 다른 나무의 잎으로 빛을 뺏지 않는다. 경계가 확연한 냉혹함이라는 초정밀 질서는 뿌리가 나뭇가지에 달려서는 안 된다는 의미와 같다. 자유시장의 냉혹함은 상호 합의하고 약속한 틀이다. 그 범주의 경쟁에서 도태되는 것은 약탈당하는 것이 아니라 초정밀 질서의 한 흐름이다. 이를 원망하는 정글의 동물들은 없다. 반면 토끼의 이빨로 사자의 사냥을 하겠다는 뿌리달린 나무들이 함께 상존하고 있다.

위험한 능력과 환상의 무능력

식민시대 뿐만 아니라 시장에서는 자신의 뿌리를 뽑는 연금술의 환상에 빠진 탐욕이 늘 적지 않다. 자신의 뿌리를 치켜세워 타인의 물과 영양분을 뻴아들이려는 탐심이 시장의 질서를 흔든다. 이들의 특성은 스스로 부가가치를 만들지 못하거나 아예 부가가치에 관심이 없다. 무능력은 그 상징적 잣대다. 이들은 자신의 뿌리 뽑기를 주저하지 않는다. 자신의 무능력을 보지 않는 것은 자신의 뿌리를 뽑는 시작이다. 무능력을 덮기 위해 차별의 정교한 질서를 불평등이라며 자신을 평등의 한 무리로 집어 넣는다. 가려진 무능력은 더 포장되기 일쑤다. 가면 속에 들어간 무능력은 타인의 탐심을 유혹하는 깃발을 들어 자기 에너지로 빨아들인다. 이렇게 모아진 위세는 부가가치를 생산하기 보다는 구성원 상호가 만들어 놓은 귀중한 부가가치를 서로 소진하기도 바쁜 시스템을 만든다. 그 시스템에는 늘 무능력한 정의가 쓰여져 있다.

시장의 질서에서 암적인 존재는 무능력자들의 허위다. 무능력은 무한경쟁의 부가가치 질서에서 살아남기 힘들 것이라는 패배주의에 들어간 부류다. 차라리 실패한 자들의 함성은 새로운 부가가치를 키울 싹이 된다. 하지만 부가가치 경쟁에서 발을 한 발짝만 걸치고 있거나 아예 빼버린 무능력자들은 무한경쟁의 질서를 왜곡하기에 여념이 없다. 자신의 뿌리만 나뭇가지에 내거는 것이 아니라 다른 사람들의 뿌리도 뽑아 가지에 내건다. 그리고 그렇게 하는 것만이 태양의 빛을 받는 생존의 길이라고 스스로 귓속말을 한다.

자유시장의 사람들은 무한경쟁 속에서 소위 모두가 함께 밥을 만들어 먹을 수 있는 공동의 밥솥을 의도하든 의도하지 않던 필연적으로 만든다. 하지만 무능력자들은 그 밥솥이 없다고 전파하면서 정작 타인의 밥솥에 있는 밥까지 독차지하려는 탐욕에 빠진다. 일부는 밥솥의 밥을 자신이 만든 부가가치인 냥 나눠주며 선심을 쓰고 또한 밥솥은 없다고 거짓말 하기를 반복한다.

국제사회에서 밥솥을 빼앗는 식민지국가들의 악령은 온전히 사라지지 않았다. 아울러 자유시장에서도 마찬가지다. 하지만 초정밀 질서는 냉혹함이라는 것을 상기해야 한다. 숲의 진실은 스스로 부가가치를 만들지 못하는 생명은 반드시 도태된다는 사실에 있다. 식민지 망령을 아직도 갖고 있는 나라들은 필연적으로 멸망한다. 또한 자유시장의 무능력자들은 스스로 무덤에 파고 들어가기를 자기 주문하는 노정을 피하기 어렵다. 연금술의 마력에 빠진 식민성과 무능력의 공통점은 사라질 운명을 스스로 만들어 간다는데 있다. 뿌리달린 나무의 예정된 죽음은 비극이 아니다.

빅뱅이라는 우주 탄생과 함께 시작된 원소들의 탄생은 곧 결합이 근원이다. 수소로부터 시작된 원소들의 생일은 융합의 지속성이다. 이 원소들의 공통점은 물리적으로 일어나기 힘든 같은 극간의 결합이라는 특성에 있다. 그 과정에서 가장 가벼운 수소부터 가장 무거운 우라늄까지 모든 원소들은 생명과 자연의 에너지 원천이라는데 공통 특성을 갖고 있다. 같은 극을 묶는 강력한 결합에너지는 태양과 같은 별의 원천이 됐을 뿐만 아니라 우라늄과 같은 지상의 에너지 원천도 됐다. 핵융합과 핵분열은 결국 결합이라는 같은 원리로 큰 에너지를 뿜어낸다. 부가가치 생산도 이 원리에 녹아들어 있다.

결합은 곧 신성이 분유된 원초적 질서다. 유한자와 개별자들로 형성된 자연의 현상계는 필연적으로 네트워크를 통해 부가가치 에너지를 생성하도록 질서화 돼 있다는 것이다. 식민성과 무능력은 이 같은 결합의 질서를 깨는 주범들이다. 유아독존의 생존원리에 충실한 야만성이 이들에게 있다. 자신만의 생존은 끝내 자신들의 무덤을 만들지만 개의치 않기에 야만적이라는 것이다. 이들은 전체를 위한 이타성의 중심에 부가가치 생산이 있지만 그것을 무시하기에 자유를 억압하고 시장을 망가뜨리는 주범들이다. 이들이 때로는 자유주의와 시장주의에 선봉에 선 듯한 가면을 쓰기도 한다는 점에서 오한이 돋는다. 이들에게는 결합에너지가 존재하지 않는다.

원자들이 결합에너지를 통해 자연의 만물을 창조해 내듯이 자유시장은 혼돈 속에 결합에너지를 창출하고 있다. 가치의 교환은 그 상징이다. 교환 속에 부가가치가 생산되고 증가하는 것은 결합에너지가 커지는 속성이다. 자본시장은 구성원 모두가 치밀한 분업원리와 순환원리를 통해 하나의 거대한 결합에너지를 구축하고 있다. 인류사회에서 가장 자연스럽게 만들어진 가장 강력한 결합에너지는 자유시장 속에 있다. 이를 불평등의 잣대로 인위적인 힘을 가하면 부가가치 시스템이 무너진다. 수많은 나라의 시장 운용 시스템을 보면 그 사례들이 드러난다.

모두가 행복한 씨앗인 부가가치는 결합에너지의 안정화를 통해 발아된다. 시장의 질서에 순응하고 뿌리가 뿌리의 역할에 충실할 때 전체적인 결합에너지가 증가한다. 마치 핵의 결합에너지가 가장 큰 철이 이른바 다른 원소들에게 선망의 대상이 되듯이 자유시장은 안정화 된 선망의 시스템이 됐다. 정치체제를 떠나 전 세계 모든 나라들이 자유를 근간으로 한 시장주의를 전부 또는 일부 채택하고 있는 것은 그 상징적 현상성이다. 하물며 북한도 장마당의 자유시장이 숨을 쉰다.

철 원소는 잘 흥분하지 않는다. 이 철을 기반으로 만들어진 철기문명은 인류에게 지금까지 수천년간 문명의 진보를 이루도록 초석이 돼 주어 왔다. 그만큼 안정성이 강력하다. 철을 중심으로 원자번호(양성자수)가 낮은 것은 핵융합으로, 높은 것은 핵분열로 안정화되는 경향성을 띠듯이 시장은 마치 인류사회에 철의 중심 역할을 해 왔다. 사막의 대상로에서 현대의 해상로까지 글로벌 자유시장은 인류의 부라는 시장의 확장성에 안정적인 주춧돌이 돼 왔다.

원소들은 분열하면서도 각 원소들 간에는 결합에너지를 키운다. 그 과정에서 작아진 질량의 에너지 변환은 융합에너지보다 작지만 인류가 지상에서 발견한 그 어떤 에너지보다 크다. 융합과 분열 속에서 모두 감소하는 극미량의 질량이 빛의 제곱의 속도로 커지는 에너지 원리 속에는 역학이 같은 생명입자들이 있다. 생명(물질)과 에너지(힘)는 하나다. 생명은 자유시장에서 빛을 발한다. 뿌리를 단단히 내린 자유시장은 지금까지 인류가 만든 그 어떤 시스템보다 부가가치 에너지를 가장 많이 창출해 왔다. 역할이 나눠진 차갑지만 뜨거운 자유의 질서 속에서 혼돈스러워 보이지만 정돈돼 있는 결합에너지가 실로 강력하다. 원소들의 고향인 별과 같은 시장의 모습이다. 시장의 뿌리가 뿌리다운 역할에 충실할 수 밖에 없는 가장 안정된 질서가 조화롭게 놓여져 있다. 시장의 자유인들이 그 질서를 따를 때 흔들리지 않는 거목이 만들어 진다.

무능력 용서없는 시장의 자유엔 냉혹한 진검승부

"나무는 숨을 쉬고 싶어도 쉴 수가 없다. 뿌리 달린 나무는 연신 깊은 숨을 들이마셔 보았지만 헛수고다. 태양 빛이 밝게 빛나고 있지만 도무지 빛을 받아 포도당을 만들 수가 없다. 나무는 한껏 다리를 벌려 보았다. 나뭇가지에는 하늘을 향해 뻗은 뿌리들이 해를 향했다. 빛을 받고자 모진 애를 쓰고 있는 나무는 끝내 빛을 받지 못했다. 뿌리는 시들해졌다. 나무는 뿌리를 위해 스스로 할 수 있는 것이 아무것도 없다. 나무는 지쳤다. 더 이상 해를 향해 서 있기조차 힘들어 자신도 모르게 길가에 누웠다. 잎사귀가 없는 나무는 벌거숭이와도 같았다. 섬뜩한 모습이 공포감을 주었다. 말라가는 발가벗은 나무에는 생명의 온기가 사라지고 있다. 이 때 나무를 향해 손짓하는 일단의 무리가 있다. 자세히 보니 똑같은 벌거숭이 나무들이다. 한결같이 뿌리를 나뭇가지에 걸고 생명의 찬가를 힘겹게 노래하고 있다. 쓰러진 나무를 보며 안타까워 했지만 그들 나무도 얼마 지나지 않아 시들기 시작했다. 숲 여기저기 퍼졌던 뿌리달린 나무들의 연쇄적인 죽음이 시작됐다. 마치 숲의 주인인 냥 한동안 의기양양했던 이들 나무들의 기세는 이내 모두 사라졌다. 숲은 이들의 신음 소리로 한동안 시끌시끌했지만 얼마가지 않았다. 숲은 조용히 썩은 나무들의 영양분으로 숲의 생명을 유지했다.”

숲에는 무수히 많은 나무들이 각기 다른 삶의 법칙으로 숨을 쉰다. 법칙은 잎의 동화작용이 빛의 무리였다는데 있다. 빛으로부터 들어온 에너지가 고분자화합물로 변하는 시스템은 정교하다. 화합물은 수많은 개별 생명체들의 에너지원이다. 돈을 찍어내는 화폐 제조기처럼 숲에서는 에너지 발권력을 가진 나무들이 넘친다. 큰 화폐는 동물의 이화라는 공정을 통해 작은 화폐로 쪼개져 유통된다. 정교한 에너지원들이 순환하면서 생명의 찬가소리를 교향곡처럼 만들어 내고 있다.

이처럼 생명의 원천이 되는 빛의 정체는 파동하는 입자다. 광양자 알갱이가 있는 입자이면서 알갱이가 될 수 없는 파동성을 또한 갖고 있다. 유령 같은 빛의 정체가 생명의 음률이다. 전기파와 자기파의 정밀한 교란성으로 시공간을 왜곡시킬 수 있는 절대속도를 갖고 있는 빛의 창조력은 모든 생명과 맞닿아 있다. 극과 극을 분리할 수 없는 자기의 힘과 분리할 수 있는 전기의 힘은 서로 보완하기 위해 밀고 당기며 빛의 속도로 날아간다. 수없이 많은 숲 속으로 떨어지는 이들 빛은 뿌리를 향하지 않는다. 다리를 벌린 일단의 뿌리달린 나무들이 보이지만 빛은 그 문

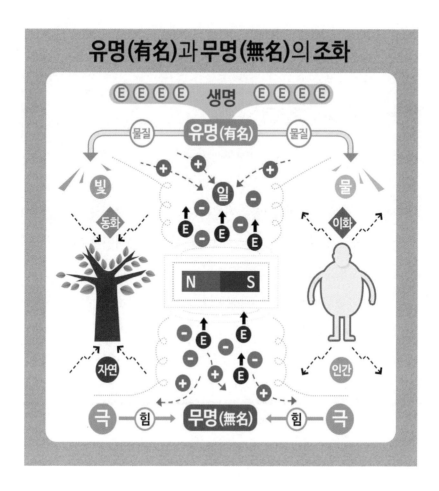

유명(有名)과 무명(無名)의 조화

을 열지 않는다. 빛의 전자기 극성이 부리는 조화는 신성의 경지에 오른 강열한 울림으로 잎을 향한다. 이후 살아 움직이는 모든 생명은 극성이 부리는 조화에서 벗어나지 못한다. 극의 힘에 생명을 노래하는 오선지의 선율이 담겼다. 그런데 가지에 걸린 뿌리는 극이 필요없다고 한다.

숲의 나무는 유와 무를 오가는 빛의 극성 속에 있다. 극이 없는 생명은 암흑이고 죽음이다. 극성의 기막힌 상호 유도성을 지혜로 머금은 인류는 하늘의 빛을 지상의 빛으로 끌어 내렸다. 인류문명의 대역사가 창조

됐다. 숲의 빛은 도시의 빛이 됐다. 생명의 에너지 샘물이면서 첨단 현대문명 에너지 원천이 됐다. 오감으로 느끼는 모든 유한자들은 빛의 현상성이다. 음양의 조화와 순환이 기본 사이클이다. 뿌리는 땅에서, 잎은 하늘에서 조화의 중심에 없으면 순환이 막힌다. 에너지가 왜 있어야 하고 왜 현상과 생명이 그 에너지에서 구현되고 있는 의문에 대한 답은 극성이다. 나뭇가지의 뿌리는 극을 없애려고 아우성을 친다.

　주어진 자리에서 있어야 만 주어지는 원리가 에너지의 시작이다. 정밀한 점유방식이 확정되면 음양의 조화를 만드는 에너지가 된다. 조화를 하면서 힘이 발생하고 그 힘은 순환해야만 네트워크의 힘으로 발현되는 가운데 생명과 현상으로 작동된다. 좌표가 정해진 그 자체가 에너지이면서 좌표들의 시간 네트워크가 정밀하게 얽힐 때 일(가속) 에너지가 된다. 시간은 가속 에너지의 초정밀성을 주관한다. 이는 현상계의 창조 시스템이며, 이를 유지하기 위한 유기적 결합의 복잡계를 이루게 했다. 무한 시작의 반복 속에서 복잡계는 더욱 정교해졌고 그 반복성이 이름을 갖게 했다. 이름은 가치가 되면서 축복이 되기도 한 반면 가치확장을 스스로 제한시키는 족쇄를 달기도 했다. 축복과 족쇄를 에너지가 모두 아우른다.

　복잡계의 에너지 단초는 유명(有名)을 보는데서 시작하고 무명(無名)을 보지 못하는데서 마무리된다. 유명 안에서 질서가 창조되고 유지되면서 동시에 무명 속에서 유명의 본질을 인지할 수 있다. 숲의 질서는 유명 속에 움직이는 복잡계다. 잎과 빛의 만남은 반드시 얽혀야 하는 유명이다. 이 한계를 명확히 하면서 복잡한 에너지 공장이 치밀하게 가동된다. 하지만 아무리 치밀한 설계라고 해도 유명은 개별자의 생존성에 불과한 공정이다. 반면 이름을 붙이지 않고 유명을 바라볼 때 생명의 모든 파동과 얽힌다. 숲의 나무들은 움직이는 동물들과 얽혀 무명의 역할을 끝없이 수행한다. 만족도 없고 불만도 없는 유명 속 무명의 조화는 뿌리의 역할을 엄격히 제한했지만 생명의 네트워크와 엮이도록 했다. 뿌리가 가지에 달릴 수 없도록 한 정교한 명령은 한치의 틀림이 없는 복잡계의 네트워크 표현이다.

당연하게 보이는 유명의 질서를 무명의 눈으로 보면 절대 당연하지 않다. 유명은 물질, 무명은 힘의 성격을 갖는다. 힘에 의한 물질의 존재는 당연한 것이 없다. 뿌리는 물질인 잎의 역할을 수행하면 안 되는 유명의 지배보다 더 확장된 힘의 네트워크 속에 존재한다. 이 같은 무명의 질서 밖에 있는 유명의 행동은 무명의 설계와 어긋난다. 고립된 섬에 갇힌 에너지는 좌표를 정하지도 못할 뿐만 아니라 설사 좌표를 정한다고 해도 질서 밖에서 엉뚱한 곳을 항해한다. 질서 밖은 시간이 에너지를 갖지 못한다. 에너지가 없는 시간은 복잡계의 정교한 질서 자체가 없다. 이를 인지하는 지혜와 통찰이 또한 시간의 에너지다. 이 힘은 유명 속에서 무명의 설계를 벗어나지 않도록 해준다. 뿌리달린 나무는 시간이 존재하지 않는 인식의 밖에서 홀로 아우성치는 죽음의 그림자다.

이름이 붙게 하는 인식의 지혜와 사건의 통찰은 조화를 스스로 어긋나지 못하게 하는 외관의 에너지를 탄 자기보호 장치다. 이 울타리가 걷히면 차가운 기운이 몰아치고 죽음을 맞는다. 인식의 가장 강력한 주체인 인간은 숲을 살릴 수도 있고 죽일 수도 있는 영적 능력을 가졌다. 뿌리달린 나무의 생사를 좌우할 수 있다. 숲의 나무들이 이를 소통한다. 인식의 지혜와 사건의 통찰에서 수학은 자연과 소통하는 언어다. 수학은 유명의 조화에서 핵심 가교역할을 하기에 생사의 기운이 어떤 것인지를 네트워크에 전파할 수 있게 해준다. 하지만 뿌리달린 나무는 수학적 언어가 따르지 못한다. 인식과 통찰을 통해 유명을 확정하지 못하는 시스템은 방정식을 드러내지 못한다. 공리의 오류가 지속적으로 발생하면서 이름값이 사라진다. 유명이 파괴된 무명은 유명을 아우르는 무명이 아니다. 이름이 부서진 시스템은 에너지를 받지도 만들지도 못한다.

시장의 밖에서 유토피아를 만드는 사람들은 기본적으로 좌표 밖에서 좌표 안에 있다고 착각하고 일을 시작한다. 뿌리달린 나무와 유사하다. 유명의 근간만을 갖고 무명의 유토피아를 그리는 환상에 빠져 네트워크 질서에 음의 기운을 넣는다. 시장의 운명을 예측한다고 단언하면서 시장의 목줄을 쥐고 좌지우지하려 하는 음의 명령만을 수행한다. 결국 무명의 질서가 정교하게 작동하는 가운데 유명의 극대치가 치솟는 시장의 특성을 흔들 수 있다는 착각에 빠지고 만다. 시장은 이처럼 에너지 기준점을 잡으면 통제가 가능할 것처럼 보인다. 하지만 시장의 기준은 잡으면 사라지는 신기루 같은 움직임을 갖는다. 기준점이 늘 생기면서 사라진다. 절대 기준점의 에너지를 완벽하게 잡을 수 없지만 시장의 특성은 자칫하면 확실히 잡을 수 있는 것처럼 다가온다. 좌표 밖에서 그 신기루는 더 커 보인다.

시장에는 많은 기준점이 수없이 분기하고 사라지지만 단 하나 변하지 않는 에너지가 아우르고 있다. 자유 에너지는 극성을 담보한다. 입자성과 파동성을 동시에 갖는 빛과 양자의 특성처럼 움직이는 극성 에너지다. 이는 확률적으로 존재하는 미시세계의 현상성과 맞닿아 있다. 거시세계도 결 어긋남을 통해 현상성으로 유명과 무명이 결정될 가능성이 높듯이 무명의 절대성은 시장의 혼란 속에서 유명으로 나타나는 에너지 흐름을 탄다. 인식이 될 때 그리고 사건의 통찰이 이뤄질 때 시장은 자신의 모습을 곳곳에서 드러낸다. 그것이 부가가치의 교환이라는 운동장이 되고 화폐의 순환을 가속화 시킨다. 가격이 결정되는 매 순간의 주체들은 시장의 기준을 만들면서 또한 기존 가격을 사장시키는 역할을 한다. 정해진 가격들과 정해지지 않은 가격들의 혼재는 극성의 공존이다.

가치가 매겨지지 않은 가격도 현재로 드러나 있는 경우가 많다. 공급주체와 소비주체 간에는 보이지 않는 시장의 믿음이 소통되고 있기 때문이다. 그것은 권장소비자가격, 표준소매가 등으로 불렸다. 하지만 인위성이 가해진 권장과 표준의 가격은 뿌리를 가지에 거는 격이 되고 말았다. 무명의 초정밀 네트워크를 간과한데 그 원인이 있다. 가격의 미래를 현재성으로 완벽하게 구분하겠다는 과욕은 시장을 뒤틀리게 한다. 인위적 미래가격을 현재로 적용하려는 모든 시도는 시장의 왜곡만을 촉발했다. 공급자도 소비자도 모두 만족할 수 없는 부가가치 거래가 만연되면 부가가치 총량이 줄어든다. 이 총량을 줄이는 한이 있더라도 질서를 잡겠다는 욕심은 늘 치명적인 화를 불렀다. 시장의 역사에서 보여 준 수많은 사례들이 그것을 증거한다. 가난한 나라, 가난한 국민들은 우연이 아니다.

시장의 뿌리는 정해짐이 없는 정함이다. 이는 본래 정해진 것보다 강력한 성함의 효과를 유인한다. 시장이라는 뿌리를 강력히 내려 경제력을 빠르게 키우는 거목을 만들기 위해서는 자유라는 정해지지 않은 소통 방정식을 절대 흔들리지 않도록 해야 한다. 자유는 시장 전체에 내재한 기운이지만 뿌리에 각별한 에너지가 흐른다. 나무의 든든한 기둥이 될 자유는 스스로 뿌리를 내려야 할 기준과 좌표를 갖는다. 강력한 자기 기준일수록 강한 힘을 내듯이 뿌리가 단단히 내릴수록 나무의 성장은 빠르다. 자유가 내리는 뿌리는 자유를 확장하는데 있다. 이 확장성은 대단히 강력한 것이지만 인위성이 개입되면 약해지거나 사라진다. 시장은 본능적으로 육지의 대상로와 물의 해상로를 통해 단단한 뿌리를 내리기에 이 길들은 특정 주체가 정해져서는 안 된다. 시장의 자유로운 주체들이 길을 정하고 뚫고 나갈 수 있도록 해야 정해진다. 교역 총량의 증가는 이 같은 시장의 내적 원동력에 의해 커질 때 이뤄진다.

국가의 부나 개인의 부는 이들 길의 냉혹한 질서에 있다. 길을 만들고 경쟁하는 과정 속에서 무능력에 대한 용서는 없다. 처절할 정도로 냉혹한 길에서 무능력이 옹립되면 시장은 순식간에 무너진다. 시장의 자유는 무능력을 용서하지 않는 진검승부 링이다. 링에 올라선 순간 용서를 바라는 도덕률을 기대해서는 안 된다. 마치 끝장을 봐야 하는 스포츠처럼 링 위에 있는 동안 만큼은 무능력에 인자한 도덕률은 없다. 시장의 자유인들은 이런 잘못된 양심을 바라지 않아야 부를 향유할 능력을 키운다. 전사의 자유를 버리고 도망하는 안주를 구걸하는 자유인들은 속박을 자초하고 끝내 무능력으로 무너진다. 이들이 마지막에 희망을 갈구하는 것은 뿌리 내린 자유를 뽑아 가지에 걸려는 탐욕이다. 시장에서 가장 치명적인 탐욕은 무능력을 덮는 정의감이다.

자연에 이름이 붙은 질서와 이름이 붙여지지 않는 혼돈은 마치 빛의 교란성처럼 시공간을 뒤튼다. 전기장의 필연적 이웃 자기장은 아무리 쪼개고 잘라도 극과 극이 계속 생긴다. 전자기장의 극성으로 인한 시공간은 무한이 변화한다. 자성이 전기를 부르고 전기가 자성을 불러 조화되는 음양은 시공의 변화를 주도할 수 있는 자유의 원리다. 자유는 질서와 혼돈의 교란이다. 자유는 자성처럼 인풋과 아웃풋의 합이 제로를 유지하면서 자기 스스로는 0의 좌표에 있지만 기막힌 음양의 에너지를 이끌어 왔다. 자유는 상보성 원리에 따라 이율배반적 질서와 혼돈의 조화가 0의 좌표 상태를 유지시켜야만 최대치의 자유를 넘볼 수 있는 에너지를 갖는다. 인위적 힘이 0에 가깝게 유지될 때 자유시장의 극적 갈등이나 대립 그리고 욕심과 탐욕들이 조화를 탄다. 그 조화는 필연적으로 부가가치를 창출한다.

　강하고 큰 자성을 띨수록 더 많은 에너지(전기)를 생산한다. 전하가 움직이는 세상의 만물이 또한 자화돼 있기에 그 자성의 울타리를 벗어나지 못한다. 물질도 파장을 통해 존재성을 드러내듯이 파장은 곧 자화다. 원자부터 천체까지 자화된 세상은 전하의 이동성을 보장해 부가가치 에너지를 얻도록 한다. 척력과 인력이 작용하는 혼돈 속 질서가 차가운 우주에 따뜻한 부가가치 온기를 불어 넣었다. 그 온기가 기막힌 생명의 자유에너지다. 누구도 흔들 수 없고 바꿀 수 없는 힘이다. 전기와 자기 그리고 질서와 혼돈은 서로를 넘나들지 못한다. 뿌리가 잎의 동화작용을 할 수 없는 것은 잎과 뿌리의 절대적인 교란의 질서다. 빛이 세상을 비추듯 자유의 질서는 무명 속 유명의 옷을 입었다.

　만물의 씨앗인 전자의 운동성과 결합성은 유명 속 무명의 자유다. 입자와 파동성을 동시에 가지면서 절묘한 조화의 중심에서 항해를 즐긴다. 전자의 이동성이 곧 돈의 원류다. 안정을 취하려 하는 과정에서 움직이는 운동성은 돈이다. 전자의 일은 에너지로 산출되면서 생명의 부가가치로 이어졌다. 전자가 일 에너지를 키우는 과정에서 수많은 물질들이 만들어지고 생명이 탄생했다. 생명은 가장 값진 돈이다. 생명을 유지하도록 뿌리를 단단히 내린 시장의 자유는 소립자가 좌표를 정하는 일로 출발했다. 소립자의 정교한 자유가 없다면 죽음의 세상이다. 무능력한 자유가 여기저기 방종을 부르게 된다. 이는 뿌리를 가지에 내건 나무들의 대책없는 반란이 많아지는 종말이다. 아름다운 가치의 정점에 있는 시장의 자유는 숲의 생태를 늘 임계치에서 지켜내고 있다.

6. 물이 없는 생명

무한 가능성 진행형 의식본질 신(神)-인(人) 중첩

"물이 없는 곳에 생명의 온기가 있을 수 없었지만 물이 없는데 눈에 보이지 않는 생명이 숨을 쉬고 있다. 생명과 함께하며 생명의 정체가 드러나지 않는다. 수소와 산소가 벌이는 극성의 조화는 원초적 생명수이기에 생명들에게 그만큼 목마름은 배고픔보다 고통스럽다. 이런 물이 없는 생명은 그런 타는 목마름을 모른다. 그러면서 살아 숨을 쉰다. 살아 있지도 죽지도 않았다. 연옥의 영령처럼 이승과 저승의 문턱에서 호흡하는 듯 하다. 생사가 중첩된 슈뢰딩거의 고양이 같다. 수소가 없는 몸에서 산소를 호흡하는 모습이 중첩돼 비춰진다. 시공간을 필요로 하지 않는 의식이 숨을 쉬었다."

수소가 생명 에너지의 씨앗으로 결합을 반복하면서 산소를 탄생시켜 결국 둘은 생명을 위한 물로 한 몸이 됐다. 한쪽이 없으면 되돌릴 수 없는 망자가 되니 하나같은 극과 극의 하나됨이 생명의 물로 이름을 달았다. 극성의 끌림, 전자의 공유로 엮이고 다시 이들 분자 간 수소결합으로 신비한 물방울이 만들어졌다. 영롱한 방울들은 빛과 함께 살아있는 모든 운동에 원동력이 됐다. 강력한 짝을 이룬 두 원소는 보이지 않는 에너지인 시공간의 탄생도 알렸다. 산소만을 호흡하면 시공간 장벽이 없다. 시공간의 영역을 점유하지 않아 생명도 아니고 생명이 아닌 것도 아닌 존재와 같다. 극성의 조화가 없는 산소의 호흡만으로 생명의 온기가 만들어지는 신비가 가득하다. 영령도 아니고 영혼도 아니다. 하지만 에너지는 그 어떤 생명의 힘보다 아주 강력하다.

의식은 생명에 깃들어 있지만 생명은 의식에 온전히 들어가지 못한다. 생명은 극성의 조화 속 신적 경지에 이르지만 시공간과 엮이며 유한자라는 틀의 제한 속에 있다. 사이 에너지가 없이 생명은 존재한다고 할 수 없다. 반면 의식은 사이 에너지를 필요로 하지 않는다. 또한 극성의 조화를 넘어 생명의 구성성분을 군이 필요로 하지 않는다. 하지만 의식은 생명의 전부를 점유한 채 숨을 쉰다. 산소를 호흡하고 있다. 대지의 공기를 마시듯 한다. 생명을 지배하는 강력한 에너지로 시공간을 주관할 수 있기에 동력원이 필요한 깊은 호흡이다.

의식은 생사를 동시에 가진 중첩상태로 에너지를 갖는다. 표면의식은 유한자의 시공간 속에서, 잠재의식은 무한자의 무애 속에서 각각 숨을 쉰다. 이들 의식이 필요로 하는 에너지는 산소와 정보다. 표면의식은 산소를, 잠재의식은 정보를 에너지 원천으로 삼는다. 또한 산소는 정보로, 정보는 산소로 상호 의식의 동력이 된다. 그래서 잠재의식은 표면의식의 뿌리다. 시공간의 초월적 영역에서 정보는 현상의 산소를 호흡하는 표면의식의 원천이 되고 있다. 살아 있는 표면의식의 세계는 물질도 없고 원소도 없는 잠재의식의 현상성이지만 죽은 상태인지 죽지 않은 상황인지 정확히 모른다는 것이다. 현상을 인식하는 표면의식은 중첩상태다.

산소 에너지를 필요로 하는 뇌를 통해 표현되는 표면의식은 삶을 유지하는 획기적인 기전이다. 동시에 수많은 가상의 상을 자기체화시켜 진아(眞我)를 보기 어렵게 하는 먹구름을 함께 드리운다. 잠재된 의식은 표면의 의식으로 볼 수도 인지할 수도 없다. 진아의 존재를 모르거나 느끼지 못하는 의식은 살아 있다고 하기 어렵다. 뿌리가 없는 생명은 동력원의 상실 상태다. 이런 표면의식은 죽어 있어야 하지만 살아 있다. 그 생명과 그 생명으로 들어오는 모든 물질의 실체가 잠재의식 속 정보 에너지를 기반으로 표현된 홀로그램일 가능성을 열어놓을 수밖에 없는 이유다. 일단의 노벨상을 수상한 천재들도 홀로그램 우주론을 논한다. 우리 우주는 실제로 놀랍게도 평평한 모양을 띠었다. 정보의 거대한 바다에 드리워진 생명들의 뿌리가 잠재의식으로 출렁인다. 뿌리를 알지 못해 죽어 있는 듯 하지만 절대 죽지 않고 호흡하는 표면의식은 무한변수이자 무한창조의 바다에 떠 있는 것과 같다. 생명들이 그 바다에서 낚시를 하고 있다. 부자가 되고 명예를 얻으며 천하를 갖고자 하는 강태공들의 얼굴에서 고뇌하는 생명들의 웃음이 피어난다. 무슨 고기가 있는지 모르지만 고기를 낚겠다는 믿음이 강하다.

현상성에서 정보의 산물인 홀로그램은 기막힌 역할을 수행한다. 초고압·초고온 속 무한곡률이라는 빅뱅의 특이점이 가능하다. 빅뱅은 모든 현상성의 상징이다. 정보가 자신의 몸을 만들어 내는 현상성은 자기복제가 아닌 자기체화 과정이다. 잠재의식은 현상성으로 자기복제와는 다른 영역이다. 자기체화를 통해 영원성과 현상성이 중첩돼 있는 가교에 홀로그램이 있다. 홀로그램은 산소를 호흡하는 생명들의 존재와 정보를 간직하는 생명들의 뿌리 에너지원을 연결하는 지위에 있다. 가짜 같지만 가짜가 아니다. 표면의식과 잠재의식은 극적 조화를 하면서 치열한 운동성을 촉발하고 있다.

생명들이 살아가야 할 이유가 자연스럽게 정해지고 그 생명들이 본능적으로 그 이유에 치열하게 충실한 배경은 표면-잠재의식 간 조화의 운동성에서 연유한다. 유한자의 일정한 틀이라는 정보체계 안에서 생명의 복잡계가 초정밀로 유지되지만 그 안의 의식은 상상·통찰·창조 등의 형식을 이용해 무한 가능성의 세계를 두드리게 한다. 유한자와 무한자의 대칭이자 중첩상태를 만들면 자연의 유무상생 원리와 흡사해진다. 산소만의 호흡은 수소의 필연적인 결합성에 원인을 제공한다는 것이다. 수소와 산소가 하나 되는 생명의 원수는 유무상생의 끌림과 공유에서 결핍의 상대성을 에너지원으로 한다. 표면-잠재의식 간 운동성이 강력한 힘을 발휘하는 것은 유무상생의 극과 극이 엄청난 힘으로 간극을 형성하면서 조화를 부리기 때문이다. 마치 활의 시위를 극한으로 당긴 상태나 용수철이 끝까지 돌아 휜 상태다. 활 시위가 놓여질 순간이나 용수철 힘이 풀어질 순간에 유와 무는 극적인 에너지를 분출하며 강력한 상생의 기운을 탄다.

이 같은 극적인 의식의 강력한 힘(운동성)은 의지로 표현된다. 의지가 있는 현상성은 보이지 않는 과정이지만 반드시 구현된다. 그 과정에 일이 있다. 의지를 통해 구르기 시작하는 운동성의 바퀴는 일의 다른 말이다. 운동성인 의식의 힘이 일 바퀴를 구르게 하면 의식은 표면의식과 잠재의식의 교란을 통해 스스로 좌표를 설정해 나간다. 무작정 일수레바퀴를 굴릴 경우도 있지만 그 조차 의식이 이미 목표를 정한 상황이 존재한다. 일의 방향성은 의식의 지배를 통해 정해진 복잡계와 조응해 무한변수로 다른 현상성을 아우른다. 의지는 무한곡률처럼 시공간의 지배를 받지 않으면서 등방성을 갖지만 시공간을 뒤틀어 현상성을 창조해 낸다. 강한 의지는 무한 에너지원을 통해 현실의 원하는 모든 것을 이루게 하는 원천이라는 점이다.

능력은 의지의 가능성을 확고히 믿는데 있다. 어떤 좌표도 자유롭게 설정할 수 있는 것 자체가 무한 에너지의 징표다. 능력있는 일꾼은 의식이 정한 좌표를 의심하지 않는다. 표면의식의 목표에 잠재의식이 더해진 확고한 가능성을 확신하면서 목표로 나아간다. 수많은 일의 훼방꾼이 등장하지만 대부분은 아이러니컬하게 목표를 잡는 자신의 표면의식이 잠재의식을 가린 먹구름이다. 진아를 가린 울타리는 무한히 생기고 커지기를 반복한다. 잡초를 수없이 뽑아도 생기는 한 여름 논처럼 벼를 뽑을 수 없는 상황 속에서 잡초는 자신의 논에서 계속 자란다. 이 잡초들을 온전히 뽑을 수 없기에 지속적으로 뽑는 과정의 가치가 소중해진다. 생명의 이유가 된 잡초제거 과정은 목표보다 소중한 생명의 보석이다. 보석을 만들면서 창고에 쌓아두면 불가능할 것으로 여겨졌던 현실들이 창조된다.

과정은 정보의 바다에 떠 있다. 정보의 바다가 출렁이는 속에서 잠재의식은 그 어떤 정보도 탈 수 있다. 서핑을 즐기듯 의식은 파도타기를 한다. 바다에 풍덩 빠져도 즐겁다. 서핑의 위기가 수없이 닥쳐도 생명은 축복이다. 일하는 능력자는 그 축복에 빠져 힘들지 않는 법을 안다.

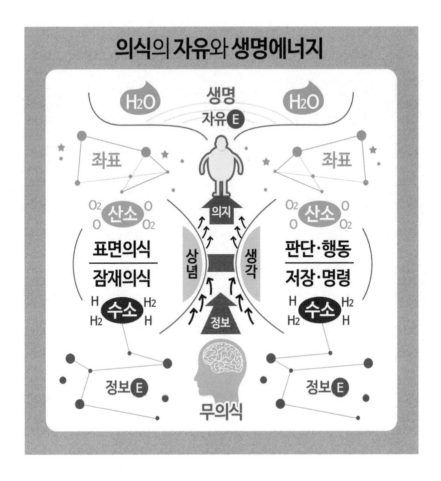

과정의 가치를 알면 고통조차 기쁨이 된다. 정보를 마셔가면서 믿는 과
정의 가치는 일에 더해진 소통이다. 소통은 극성을 갖고 극적 조화를
이루는 핵심 수난이다. 성보를 실시간으로 마시는 잠재의식은 극성을
부른다. 현상성이 자리하면서 극성의 힘이 생겨 소통의 다리가 만들어
진다. 정보를 받은 표면의식은 이동성이 존재하기에 소통이 따른다. 소
통은 이동을 필요로 하는 에너지라는 것이다. 정보 에너지를 기반으로
한 소통은 무한 속도다. 속도가 있으면서 속도가 없는 상태다. 생명이

지만 생명이라고 할 수도 없는 이 소통은 생명 속에 머무른다.

물을 마시지 않지만 에너지가 크다. 생명체가 아니지만 인간이란 최고의 고등동물 속에서 가장 치열하게 숨을 쉰다. 자신만의 들숨 날숨이 아니라 타인들과의 소통이란 숨을 쉬고 있다. 이처럼 살아 있으되 느끼지 못하는 의식의 운동성은 최고의 에너지다. 의식의 힘 배후에는 수많은 가정이 깃들어 있다. 가정은 에너지들이 분기하는 현상이다. 정보 에너지를 기반한 의식의 힘은 실시간으로 분기되는 에너지 길을 정하면서 나아간다. 이 조차 우연이면서 필연인 이율배반의 극성인 조화다. 힘의 교란성을 전개하는 극성은 표면-잠재의식의 아름다운 교란 공식을 따른다. 현상의 법칙들이 수리적 공리로 미학에 버금갈 감탄을 자아내며 풀리고 정리되는 배경이다. 전자기유도 힘의 법칙을 4개의 방정식으로 절묘하게 풀어 낸 맥스웰의 수식이 결국 모든 생명의 뿌리인 빛의 원리였듯이 극성으로 나타나는 힘의 원리는 의식의 교란성을 근간으로 한 신과 인간의 소통이다. 이것이 생명의 위대한 힘을 증거한다.

소통과 분기하는 에너지는 빛처럼 움직인다. 가정은 분기와 소통의 상위 중간 영역에서 정보의 바다를 보고 있는 눈이다. 이런 방식의 네트워크 확산이 의식의 좌표를 확산하는 징검다리다. 가정(假定)을 잡고 자연과 우주 그리고 인간 상호간 소통을 시작하는 단계부터 좌표가 설정된다. 의식-무의식 좌표를 아우르는 목표는 보일 수도 보이지 않을 수도 있지만 현상성으로 분명히 보인다. 가정을 통해 분기하는 네트워크 에너지는 수많은 갈래길을 가면서도 목표를 보지 못하는 일이 없다. 성공과 명예가 그 길이다. 정보, 믿음, 가정, 분기, 소통은 생명을 노래하는 찬가다. 일 수레바퀴가 구르는 속에서 풍년 농악대가 울리듯 삶은 고난 안에서 그리고 그 고난을 이겨나가는 치열한 과정에서 행복을 노래한다. 능력 있는 자본시장의 일꾼들 특성이다. 이들은 한결같이 위기에 당당하고 결코 포기를 모르는 강한 집념을 지녔다.

집념은 매순간 시작하는 기준을 포기하지 않는 의지다. 정보가 그 시작을 이끈다. 정보는 시시각각 의식의 힘에 메아리친다. 시공간 속 또는 무애 속에서 소용돌이친다. 의식의 힘은 그 시작을 보고 잡아채는 에너지다. 의식의 힘은 현상성으로 드러나는 모든 시작의 단초를 관장한다는 것이다. 의식의 힘, 믿음 안에 있는 가정의 눈이 응시하고 판단하며 결정한다. 기준이 시작되면서 시간 에너지는 공간을 확보하는 변화에 정밀하게 관여한다. 변화무쌍한 시작을 의심하지 않은 채 나아가는 것이 현상적 표면의식으로 초심이란 정체다. 처음 시작하는 마음은 하나가 아니고 무한히 많은 불연속성의 연속성에 존재하는 무한 에너지다. 초심만 유지하면 그 어떤 불가능한 일도 가능하게 하고 잘못된 판단이나 행동으로 추락하지 않게도 해준다. 초심이 강한 생명은 늘 새롭기에 가장 강력한 창조를 수반한다. 위대한 영웅의 실체는 초라한 시작의 불연속적인 연속성의 총합 에너지다.

정보의 주관자를 뇌라고 간주하면 이상적인 듯 보인다. 하지만 신체의 운동성보나 빠른 냉령인사들이 과학사와 의학사들의 낳은 실험들로 관찰되고 있다. 뇌는 사후적인 전자기적 신호를 보여준다. 시작을 알리는 종소리는 물질(생명)과 힘(호흡)을 지배하는 정보의 울림이다. 정보의 극판에서 가장 강력한 판이 바로 위대한 영웅들의 초심이다. 초심은 의지로 가능하면서 의지가 만들어 내는 것이 아닌 역설적 진실을 갖고 있다. 잠재한 의식이 초심의 터전이고 그것을 알려 하지 않거나 피하면 표면의식의 초심이 사라진다. 이는 유무상생의 극성이 사라지는 것과 같다. 인간의 뇌가 갖는 지극한 한계성을 초심이 넘게 해주고 있다는 것을 감안하면 초심을 통해 변하지 않는 시작은 물(物, 표면의식)과 정(情, 잠재의식)의 조화이자 상생의 원리다. 뇌와 잠재의식은 서로 도와주면서 의식의 원천을 느끼고 지켜 나갈 수 있도록 해 준다.

정자와 난자라는 극성의 조화로 탄생하는 생명과 호흡은 물이 없는 곳에서 시작됐다. 극성의 조화 없이 탄생하면서 물을 필요로 하지 않는 의식은 생명이지만 그들에겐 몸이 없다. 극성의 교란이 필요하지 않지만 숨을 쉬는 의식을 반드시 자기체화 하는 이유에는 자신만의 신성성에 있다. 자신의 세상을 일구고 자신의 주위 사람들에게 이익이 향유되는 것은 치열함의 극단성을 포기하지 않는데 있다. 의식은 뇌가 주관하는 생각과 함께 동거하면서 몸을 갖는다는 점을 항상 기억할 필요가 있다.

뇌는 산소 중량이 높다. 수소 양이 많지만 가볍다. 수소성분이 많은 뇌는 산소를 긴밀하게 필요로 하면서 상상을 초월한 정보의 메카 역할을 수행한다. 의식과 생각이 결부되면서 의식은 정보를 머금고 정보는 유령 같은 모습으로 모든 주변을 에워싸고 있다. 에너지의 실체가 정보라는 것을 거듭 상기할 때 의식은 정보만으로 현상성을 유지하기 쉽다. 의식으로 드러난 현실은 수많은 정보의 갈래 길 중 선택된 하나이기에 실체이면서도 실체가 아니지만 찬란하고 경이로운 미학의 정수다. 인간은 아름답다. 인간만이 정보의 바다에서 그 바다까지 들여다봤을 뿐만 아니라 이들 정보가 초심을 갖고 만든 수많은 홀로그램들은 의식이 존재하는 이유를 설명해 준다. 표면의식과 잠재의식은 무한소유의 한 방식이라는 것이며, 그것을 기반으로 한 능력의 한계는 없다.

자유시장 억압하는 위장된 정의에 신음하는 생명

아무리 초라한 시작도 누구나 영웅의 에너지를 담지하고 있다. 그 에너지가 멈추지 않고 사건의 섭리인 불연속의 연속성이 지속될 때 영웅 에너지가 발산된다. 자유는 이런 영웅의 힘을 내재한다. 이 힘은 포기를 모르는 목표 지향성이다. 위대한 자유는 이런 원리성 때문에 자신뿐만 아니라 타자들에게도 힘이 되는 시너지를 내며 이타적 에너지 장을 만들어 낸다.

자유와 자유가 부딪히는 순간에도 대칭성이 곧 하나이자 정밀한 조화의 상징인 불연속의 연속성이 늘 시작되면서 더 큰 영웅 에너지를 만들어 낸다. 이를 바탕으로 영웅은 만인들이 추종하는 사람으로 올라선다. 하지만 영웅은 자유를 늘 가슴에 품어 자신의 옹립을 차순위로 하면서 각 개인 모두가 이타적 에너지 장이라는 진실에 하나로 근접하도록 돕는 역할을 한다. 영웅은 이들 개인이 모두 영웅의 에너지를 갖고 있다고 믿는다. 그 배경에는 시공간의 어떤 좌표계에서든 영웅 에너지를 담지한 개인은 같은 폭발력으로 창조의 선순환을 돌릴 수 있기 때문이다. 현상계 원리인 창조의 순간은 자유를 떠받치는 의식의 분출이다. 물 없는 생명의 강한 의지가 자유로 항진할 때 수많은 세계를 만들어 낼 수 있다. 인간의 의식이 중심이 되는 자유의지는 물과 같은 생명의 원수 역할을 하면서 삶의 아름다움을 설계하고 시공까지 움직이는 조화를 부린다. 자유는 시공 에너지이자 개체들을 엮는 사이 에너지가 움직인 결과를 처음부터 잉태하고 결과도 만들어 간다. 자유는 생명의 초정밀 시스템 구석구석에 조여진 나사 역할을 한다.

자유는 주어지는 것이기도 하지만 의식이 소유하고자 하는 힘이기도 하다. 주어짐은 정해져 있음을 의미하는 것이지만 동시에 정해져 있지 않다는 의미와 같다. 무한의 자유가 옹립되는 카오스 복잡계에서 정해진 길이 무한히 분기될 때 선택의 에너지가 작동돼야 하기 때문에 정해진 것은 정해지지 않게 되는 사건의 섭리를 따른다. 정해진 것이 절대적으로 정해진 것이 없는 이런 상황에서 소유하고자 하는 힘이 선택이다. 선택의 시작이 불연속으로 연속할 때 자유는 계속 빛을 발한다.

자유는 무한 분기되는 정해지지 않은 길을 선택하는 눈을 갖고 있다. 그 어떤 것을 선택해도 자유는 생명의 신성성을 존엄하는 일을 하게 된다. 자유는 이를 통해 인간의 아름다움을 표현해 내고 그 속에서 상호 아름다운 삶의 질서를 만들어 낸다. 자유는 네트워크를 무한 확장하면서 무한 분기하는 정해지지 않은 길을 정밀하게 질서화 시켜 나간다. 따라서 힘이 강하면 무한히 많은 변수들을 더 많이 소유하게 된다. 보다 많은 변화를 소유할 수록 자유는 강한 힘을 발휘한다. 강한 자유는 무한히 발생하는 변수들을 자신의 중심으로 동기화 시킨다. 무한 경우의 수들이 중단없이 자신과 동기화 될 때 목표는 점점 더 선명해지고 끝내 꿈은 현실이 된다.

자유는 그래서 운명을 논하지만 운명에 얽매이지 않는다. 운명은 고전역학적 힘의 원리로 정해져 있지만 시시각각 그 운명이 무수히 다르게 발생하기 때문에 이 또한 자유처럼 정해져 있지 않은 정해짐의 원리를 따른다. 상대론적 운명론이다. 정해진 운명이 있지만 무한히 발생하는 네트워크 상의 상대론적 운명이 자유를 필요로 하는 이유다. 결국 자유의지를 통해 운명을 끌어 갈 수 있다는 의미다. 운명을 알지만 모르는 것이 운명의 실체이지만 자유의지가 개입되면 다시 운명은 환한 미소를 갖고 찾아온다. 자유의지의 강력한 힘에 운명은 그 길을 반드시 보여준다는 믿음이 중요하다.

　운명의 중심에서 수많은 생명들의 자유가 부딪히기는 한다. 운명과 운명의 만남은 갈등의 연속이라는 운동성을 만들어 내면서 묘하게도 이 갈등이 생명의 원천을 제공하는 생명수 역할을 한다. 운명 간 대립은 필연적으로 네트워크에서 조화를 창조해 내는데 그 배경이 있다. 운명은 상호의 가치를 인지한다. 그리고 그 인지 네트워크는 전체적으로 큰 힘의 원천이 된다. 힘은 개인의 응집력이다. 누구나 강한 응집력을 갖는 것이 가능하게 해주는 것이 운명들의 갈등이라는 아이러니컬한 조화에 있다. 생명의 질서가 가치라고 부여되는 것은 하나의 운명이 여러 운명과 흐름을 타면서 자신의 운명이 타자의 운명과 섞여 알게 모르게 상호 직·간접적으로 관여하기 때문이다. 그것은 대단히 이타적인 운동성을 제공한다.

　운명의 아름다움은 그 미학이 더욱 높아질수록 더 많은 자유의지를 머금는다. 그 자유의지는 많은 운명의 밥그릇을 만들거나 키우면서 그 그릇으로 지은 밥을 또한 나눈다. 유한자들의 상대론적 변수들은 갈등의 복마전처럼 보이지만 결국 모두에게 이로운 에너지를 생성하는 원리다. 무한히 분기하는 상대론적 운명은 예측을 불허하지만 강한 자유의지가 운명을 예측하게 하는 것은 밥을 나눌 때 그 길이 보이는데 있다. 밥그릇을 만들면서 밥을 짓고 나누는 과정의 가치 속에서 운명은 거대한 네트워크 생명으로 태어난다. 태어남은 유한자에게 얽힌다. 자유의지가 있는 인간에게 운명의 길이 보이는 이유다. 운명은 작은 범위로 가족으로 태어나고 크게는 사회와 국가라는 이름으로 탄생을 알린다. 그 공동체 속에서 운명을 알고 헤엄쳐 나가는 영웅의 자유의지는 모두의 힘에 의해 만들어지고 다시 모두에게 나누어진다. 상대론적 운명의 복마전은 아름다운 결실을 만들어 내는 과정의 가치다.

이 가치는 일의 가치로 동기화 되면서 과정에서 일어나는 갈등은 생명의 씨앗으로 발아한다. 일을 하는 과정에서 일어나는 갈등과 복마전 그리고 전쟁까지 생명은 찬사를 받기 위한 준비를 한다. 생명의 찬가가 울려 퍼질 때 자유를 노래하는 의지는 희열에 빠진다. 그 거대한 희열의 바다가 현상적으로 시장이라는 운동장에서 이뤄진다. 시장은 생명의 찬가가 불려지는 무대다. 보이지 않는 운명을 보게 하고 그 운명을 개척하게 하는 자유의지가 희열을 느낄 때 자유시장의 모든 소리는 찬가가 된다. 자유의지를 갖는 각 개인의 유한자는 무한자의 에너지를 느끼면서 사이 에너지를 주고받으며 굵은 끈을 엮는다. 사랑의 정체다. 칭칭 동여매진 자유시장 속 사랑의 끈들은 속박 같지만 결코 속박이 아니다. 생명이 내뿜고자 하는 강렬한 자유를 느끼게 하는 최고의 자존감이다.

시장에서 자유의지 열기가 성숙할 때 더 많은 생명수가 만들어진다. 물이 없는 생명들이 물 있는 생명과 동거하며 필요로 하는 생명수가 넘치면서 의식의 고도화가 실현돼 간다. 4차산업혁명은 그 중심에 있는 생명수를 머금은 결과로 꽃을 피울 것이다. 4차산업혁명을 넘어 더 고도화된 의식혁명의 봉오리도 영글고 있다. 물질과 의식의 초연결은 현상성과 절대성의 극적 효율을 높이는 과정이다. 시장은 더 빠른 시간

안에 더 많은 효율을 낳으면서 자유의지를 계속 키워 무한한 돈을 창출해 낸다. 돈은 지속적으로 차별을 유지시켜 나갈 것이지만 일의 극적 효율이 결실을 맺어가면서 그 가치는 분배의 가치로 또다른 역할을 하게 될 것이 확실하다. 차별은 결코 차별이 아닌 자유의지의 신성에 가까이 가면서 운명적 길을 개인 간 상호 보도록 해준다. 그 길을 서로 들여다보면서 차별은 각 개인의 다른 길일 뿐 불평등이 아닌 평등이라는 것을 알게 해준다.

돈은 순환하면서 각 개인의 길을 비춘다. 그 길이 크든 작든 돈은 적절히 길을 안내하는 역할을 한다. 돈의 이런 역할을 숭고하게 바라볼 때 미래를 보는 창이 열린다. 엄밀히 현재의 연속으로 수없이 분기되는 운명을 바라보는 눈이 생긴다. 운명의 길이 보이는 것은 자유의지 설계다. 그 밑그림을 그리는 시간은 그 그림이 크든 작든 행복하다. 자신만의 길을 설계한다는 것은 돈의 크고 작음이 중요하지 않다는 것을 통찰하게 해준다. 하지만 운명을 설계하는 사람들의 특성은 돈이 반드시 들어올 그릇을 키운다는데 있다. 돈은 필연적으로 그 그릇에 담긴다. 돈의 순환성은 그릇을 찾는 과정이라는 점에서 시장은 그 역할을 치밀하게 하도록 자연스럽게 관여한다. 시장과 돈은 떼려야 뗄 수 없는 관계에 있다는 것이다. 자유가 관통하는 시장 속 돈은 부의 가치를 혁명적으로 높여가는 혈류 역할을 한다.

혼돈의 질서 속에서 미래의 길을 보는 혜안의 크기는 돈을 담을 그릇의 크기와 비례한다. 자유와 시장 그리고 돈의 가치를 소중하게 품고 또 품을 때 누구나 개인의 힘이 아닌 네트워크의 거대한 힘을 빌려 쓸 수 있다. 이 힘으로 이루지 못할 꿈은 없다. 타자의 힘들이 자신의 힘으로 응집되면 미래의 꿈은 즉각 현재의 현상성으로 분기되기 시작한다. 그것은 믿음으로 불린다. 자신도 모르게 강력한 신뢰 에너지가 분출하면서 희망을 노래하고 행복의 바다에 풍덩 빠질 수 있다. 물이 없는 생명은 동거하는 생명이 필요로 하는 물을 만들어 내는 신적인 일을 수행한다. 사람들은 그것을 신화라고 부르지만 엄밀하게 정의하면 네트워크가 구현한 인간의 일이다. 네트워크의 이 같은 신성성은 자유시장이 갖는 본질의 가치다.

그래서 자유시장은 결코 사라지지 않는다. 수많은 복마전이 판을 치면서 자유시장을 공격해도 그 조차 담아내는 운명의 설계자가 자유시장이다. 환상적이고 유토피아적인 설계가 자유시장에서는 배격 당해야 옳은 이치다. 정의로움을 입은 정의롭지 않은 무기들이 자유시장을 공격하지만 죽지 않고 불사신의 존재감을 더 높여 나간다. 존재해야 할 당위성을 네트워크 에너지들이 모두 공유한 덕분이다. 마치 블록체인 신뢰망처럼 시시각각 사건의 섭리는 프리징 된다. 정해지지 않은 운명과 정해진 운명 속에서 수없는 질서가 형성되는 사건의 섭리 속 정보 에너지를 보는 눈이 바로 자유시장의 눈이라는 것이다. 에너지의 실체와 근본을 본다는 것은 영원성의 다른 말이다. 결코 꺼지거나 사라지는 일이 없다. 인류의 역사에서 자유시장의 형태는 수없이 모양을 바꿔 왔고 앞으로도 바꿀 것이지만 그 근원성은 바뀌지 않는다. 정의롭지 않은 사건들이 자유시장의 멸망을 섣불리 예단한 것이 오히려 자유시장의 가치를 키워 왔다. 막시즘은 그 상징의 깃발을 펄럭인다.

성장담론에서 자유시장을 배제하고자 하는 것은 인간의 극적 아름다움을 버리는 사악한 행위다. 인간을 포기하는 것과 다르지 않은 허위

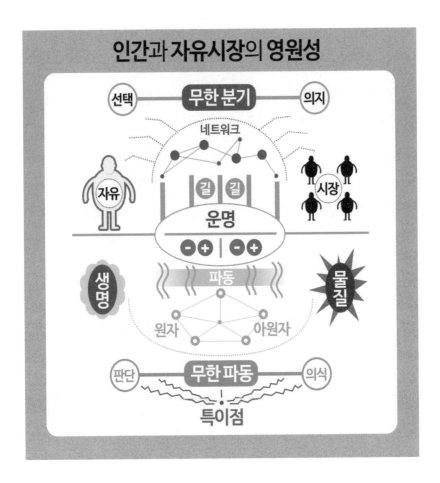

의 옷을 입은 정의는 역겹게도 아름다움만을 찾기 때문에 결코 아름다움을 완성할 수 없는 자기한계를 모른다. 아니 모른 척 하는 경향성을 강하게 띤다. 생명의 피눈물이 배어진 돈은 세속적 가치기 이닌 인간의 극적 아름다움을 떠받치는 보배임에도 그 반대의 눈으로 사악하게 바라보기까지 한다. 그런 돈을 또한 자신들을 위해 쓰고자 하는 탐욕에서 벗어나지 못한 채 돈을 찾아 헤맨다. 이미 바닥이 난 밥그릇까지 계속 긁는다.

자유시장의 사람들은 운명을 알고 말한다. 자유의지로 길을 만드는 사람들은 너무나 확연한 길을 본다. 그들의 말 속에는 늘 화두가 따라다닌다. 생명은 영원성으로 이어진다는 거대한 맥락이 그것이다. 자신의 분신을 이어가고자 하는 생명가치의 실현이 시장 속에 있다는 것을 알기에 시장을 포기할 수 없다. 분신은 가족이란 이름으로 불린다. 가장은 시장을 만들어 가는 자유의지 용광로를 불태우는 에너지가 꺼지면 모든 것이 끝장이라는 것을 안다. 운명을 알기에 운명에 거만하지 않는 것이 가장들의 자유의지다. 가족이라는 분신의 영원성에 가장들은 일을 하면서 겸손해진다. 일의 장인가치는 자유시장의 본질로 자리매김 해 왔다. 자유는 시장에서 창조의 무한 신성을 자랑할수록 장인의 태도로 겸손해짐을 반복한다. 장인의 겸손은 무한책임으로 드러난다. 직업적 장인정신의 근원 에너지는 가족에서 시작되고 그 사랑은 인류를 지향하며 생명의 영원성으로 나아간다. 이 모든 에너지 흐름은 기막힌 조정술인 정보다.

　자유시장의 근원 에너지인 정보는 현상적으로 엮고 엮임이다. 무한히 엮여진 네트워크는 무한 책임이고 무한 사랑이란 형태의 정보 본성을 갖는다. 이 정보는 물질은 물론 반물질의 만물 에너지이기에 변함이 없다. 현상성으로 드러난 자유시장의 가치는 만물 에너지다. 일(돈)의 숭고한 에너지가 그 본질이다. 물이 없는 생명과 물이 있는 생명이 하나가 된 가장 아름다운 꽃이다. 불로초처럼 죽지 않는 정보 에너지는 인간의 생사를 넘어 하나의 거대한 에너지 장으로 우리를 에워싸고 있다. 자유시장에 꽉 들어찬 이 에너지를 멀리하면 가족도 사회도 국가도 온전하지 못하다. 섣부른 선한 얼굴로 자유시장을 억압하면 모든 것을 파괴하는 악마를 부른다. 시장은 천사의 날개를 갖고 창공을 날아다니며 인간의 존엄한 심장을 뛰게 하는 신비하기 그지없는 정밀한 운동을 한다. 자유는 시장의 에너지이면서 그 운동장이다.

7. 숨 쉬는 물

자유 통제 생명수 없는 오만한 시장 죽음의 족쇄

"물은 이상했다. 생명의 원천인 물은 더 이상 자연에 필요한 물이 아니었다. 물 자체가 생명인 냥 숨을 쉬고 있다. 물은 거침없이 숨을 몰아쉬며 시공간의 좌표를 차지하려 했다. 형상이 드러나고 상태가 보이면서 운동역학이 보였다. 물은 숨을 더 크게 쉬면서 좌표계를 출렁거렸다. 시공간이 뒤틀리면서 중력장을 일으켰다. 물은 이젠 스스로 움직이는 생명체였다. 들숨 속에 산화가 가능한 원소들이 들어 있다. 물은 탐욕을 부리듯 많은 원소들을 들이마시며 주인 노릇을 했다. 16족의 2주기 원소인 산소는 욕심이 커졌다. 수소와 전자 두 개를 공유하면서 안정된 행복감의 형상인 물 자체로 기뻐해야 했지만 그것으로 만족하지 못한 것이다. 물은 주인이어야 한다고 믿었고 그것은 들숨으로 나타났다. 산소는 자유를 얻는 듯 했다. 산소는 여기저기 산화 짝을 좋아했다. 물은 날숨을 쉬었지만 그 숨 속에는 아무것도 없다. 날숨은 그 자체로 필요한 듯 했다. 들숨을 쉬기 위한 날숨이었다. 그런데 이상하게도 물이 욕심을 부릴수록 물이 메말라 갔다. 수소결합이 깨져갔다. 끝내 물을 필요로 하는 생명들의 아우성이 빗발쳤다. 물이 숨을 쉴수록 물은 스스로 사라져 갔다."

물은 생명이지만 생명수 역할을 할 때라야 한다. 물이 스스로 생명의 정교한 장치에 욕심을 내는 순간 질서가 흔들린다. 물의 탐욕은 생명의 질서를 무너뜨린다. 시장경제가 인간과 생명의 질서를 떠받치는 축인데, 자유가 탐욕을 부릴 때 물과 같은 문제를 일으킨다. 시장에서는 빈번히 숨 쉬는 물들이 등장해 시장의 사람들이 곤욕을 치른다. 시장경제의 물은 자유다. 자유는 시장경제가 생명처럼 움직이게 하는 생명수 역할을 한다. 자유로운 개별자가 자유 네트워크를 구성하면 수많은 기준들이 실시간으로 분기되면서 시장경제가 꿈틀댄다. 시장은 자유를 끝없이 머금어야 한다. 단 한시도 자유의 생명수를 머금지 못하면 시장은 메마르고 왜소해지며 힘을 잃는다.

자유는 시장 좌표계에서 드러날 수 있도록 에너지가 돼 준다. 이를 통해 시장이 역동할 때 부가가치 열매가 맺어진다. 자유는 시장이라는 생명을 움직이며 열매를 맺게 하는 원수(原水)다. 자유가 자유롭게 시장의 물꼬를 터가며 자연스럽게 흐른다는 것은 마치 혈액이 흐르는 모양새와 같다. 자유는 통제되지 않고 멈추지 않으며 간섭받지도 않는다. 자신이 정한 길을 따라 시장에 정보 에너지를 실어 나른다. 강력해진 시장은 더 많은 자유를 불러들일 공간을 만든다. 자유 에너지를 머금은 시장이 나날이 커질수록 그 운동장에서 뛰어 노는 부가가치 창출 일꾼들이 많아진다. 이들 개체들은 또 자유 에너지를 내뿜으면서 치밀한 네트워크를 형성한다. 거미줄 같은 네트워크에 자유 에너지가 커지면서 결실은 더욱 커져간다. 부의 총량은 결국 자유 에너지를 필연적으로 수반하고 있다. 부의 가치는 자유를 통해 얻어지고 자유는 부를 통해 가치를 평가 받는다. 부는 시장의 유한자들에게 필요한 원소들이다. 이 원소들의 결합으로 자연과 생명이 조화롭다.

자유가 스스로 숨을 쉬려할 때 시장에 허기가 감돈다. 자유가 시장에 헌신하지 않고자 하면 시장은 기운을 잃어간다. 자유는 스스로 자유라고 외치지 않는다. 스스로를 소유하고자 하는 욕구가 자유를 잃는다. 물이 숨을 쉬듯 자유가 자신을 위한 숨을 쉴 때 자유가 아니다. 자유가 숨을 쉬며 빨아들이는 시장 에너지는 필연적으로 거짓과 허위 에너지로 변한다. 자유가 숨을 쉬는 모습은 결국 시장을 배신하고 시장 위에 군림하려 하는 탐욕이다. 이들 자유는 해방을 외치면서 스스로 자신의 손목에 수갑을 채우고 발목에는 족쇄를 찬다. 자신뿐만 아니라 시장의 사람들에게 무차별적으로 수갑과 족쇄를 채우면서 자유를 억압한다. 그 모습을 보면서 자유가 질식하고 있음을 보지만 더 많은 들숨으로 이를 해결하려 한다. 숨 쉬는 물이 스스로 물을 고갈시키듯 자유 스스로 자유를 잃어가는 고사가 일어난다.

자유는 시장 속에서 통제받지 않을 때 시장과 상호작용을 하면서 진가를 발휘한다. 자유는 수많은 문제를 안고 있고 잉태까지 하는 문제아이기는 하다. 하지만 자유는 스스로를 너무 잘 인지하고 있는 주체다. 그것은 자유만이 갖고 있는 주체적 배타성이다. 유한자 · 개별자의 자유 특성이나. 이들 가능하게 하는 것은 자유에 흐르는 강력한 정보 에너지 때문이다. 정보에 얽힌 자유가 자유의 실체가 맞냐고 반문할 수 있다. 자유가 정보의 통제 하에 있어야 하는 이유가 있는 것은 그것이 맞기 때문이다. 하지만 정보의 실체를 들여다보면 정보는 정확히 자유와 상호작용하는 흐름과 유사하다. 정보로 자유를 다잡으면서 더 큰 자유를 누리고 그 자유를 통해 정보의 변화가 유지된다. 정보, 상태, 제3 자, 세 가지 요소가 인간의 상태까지 결정지어 준다.

정보 에너지의 존재 형태는 단어 뜻 그대로 모습을 드러나지 않는 상(像)의 인자다. 형상을 드러내게 하는 능산성을 띠었기에 주관자이고 시공간의 밖에 있다. 블랙홀 사건의 지평선 안쪽의 상태다. 이 정보 에너지가 장을 이룰 때 무한성이 규정되면서 유한성도 한정된다. 이 때 유한자가 드러나고 사이 에너지가 역할을 하면서 개체를 만들어 현재와 현실이 드러난다. 하지만 정보 에너지가 장으로 드러나지 않으면 정보는 상의 프랙탈 구조가 강력히 증거되는 것처럼 부피가 제로(0)이거나 없는 두 가지 형태인 무의 프랙탈로 역추론 된다. 부피가 제로라고 하면 있음을 존재하게 하고 없다고 하면 없음을 증거한다. 전자는 생명의 탄생이고, 후자는 그 생명의 배후다. 무에서 유가 탄생하는 태극과 환극의 차원이다. 프랙탈의 특성이 이처럼 없음이 있음으로 그리고 있음이 없음으로 상호 무한 규정을 짓는다. 정보가 만물의 근원 에너지가 될 때 실제로 정보는 무한히 있기도 하고 한 점 조차 존재하지 않기도 한다. 프랙탈처럼 없는 것을 무한히 넓게 펼치는 것이 가능해진다.

자유는 이런 형태의 정보와 동거하면서 시장의 축이 됐다. 시장에는 생명들이 넘치고 그 운동성으로 활기가 넘친다. 자유가 정보 에너지를 기반으로 활약하지 못하면 시장경제는 곧 사선(死線)이다. 자유를 통제하려 하는 사회주의는 정보 에너지를 스스로 차단하고 숨 쉬는 물의 행동을 한다. 인간의 권위와 힘으로 자유를 통제하고자 하는 탐욕이 생명의 원수를 메마르게 한다. 자유를 통제하는 자유가 종국에는 인간 스스로를 죽이는 오만한 행동이기 때문에 그런 식으로 아름다운 세상을 구

생명의 물과 시장의 자유

현한다고 하면 절대 만들어 질 수 없는 유토피아가 추구된다. 동화 같은 환상 속에서 살고자 하면 생명의 탄식이 계속되고 끝내 생명들이 없어지는 황량한 사지가 만들어 진다.

자유가 메마른 죽음의 땅에서는 풀조차 나지 않는다. 그 풀조차 지배할 수 있다고 오만을 부리는 자들이 영혼을 흔든다. 영혼은 물질의 지배를 받지 않으며 오히려 물질을 정교하게 통제하는 에너지로 봐야 하지만 죽음의 땅에서는 그것을 인정하지 않는다. 종교가 부정되는 1당독재에서 필연적으로 자유가 거부되는 배경은 이 때문이다. 영혼은 정보 에너지를 통해 자유를 드러나게 하고 그 자유가 정보 에너지 장을 통해 영혼과 교류하거나 사실상 하나 된 신성을 지녔다. 인간의 인위적 체제는 이를 싫어한다. 신의 아들이 형상을 가질 때 그는 자유롭고, 이는 체제에 도움이 되지 않는다. 하지만 선악과를 선택하는 것부터 개별자의 자유다. 종교의 신성과 자유는 초연결 되기에 인간은 그 선을 임의로 자르지 못한다. 자유는 인간이 벗을 수 없는 옷이다.

0과 없음은 마치 자유와 정보의 상호작용 같은 성질을 띤다. 0을 통해 모든 장이 드러나고 상이 만들어지면서 에너지가 역동하고 생명이 활약한다. 0을 기준으로 자유는 시장에서 한정된 모습이지만 그 제한된 영역이 효율을 결정해 부가가치 돈을 만들어 낸다. 초월수(超越數)가 순환하지 않는 무한소수이지만 동시에 상수로 활약하듯이 무한히 불규칙한 것이 효율을 결정해 주는 잣대가 된다. 원주율 파이(π)와 오일러의 수 e는 사건의 섭리에 녹아 있는 정해지지 않는 무한소수이지만 그것 없이는 오묘한 진리를 파악할 수 없는 정교한 잣대로 엄청난 역할을 하고 있다. 0은 이런 기준들을 제시하면서 숨겨진 정보 에너지를 드러나게 해준다. 이 같은 형식의 자연권으로 주어진 자유의 파동이 효율이란 부가가치 속에서 운동하는 속성이 시장경제다. 시장은 끝없이 질서 속에 있으면서 질서자들의 자유의지가 그 치밀한 망을 유지하게 한다.

부피가 아예 없는 프랙탈 구조에서 0이 탄생될 경우 정보 에너지는 0과 없음의 양쪽을 모두 포섭한다. 정보는 물질의 산물이 될 수 없는 브리지 구조를 가졌다는 것이다. 없음과 0의 사이에서 물질을 통해 정보가 드러나면 해당물질은 유한자 또는 개체성으로 운동성을 갖는다. 정보 에너지가 거꾸로 물질인 뇌의 산물이 될 수 없는 배경이다. 생명이 자유로운 듯 하면서 뇌가 그 자유의 주체가 아니기에 물질로만 간주되는 생명은 엄밀히 비자유의 존재다. 물질은 정보를 관장하지 못해 자유로운 주체가 아니라는 점이다. 따라서 생명은 정보 에너지를 별도로 공급받는 구조에서 재차 역발상의 자유로운 존재로 규정된다.

정보 에너지가 없음을 통해 어떤 방식으로 0과 연결되는 원리는 모른다. 우리가 간과하지 말아야 할 것은 없음이라는 능산성을 인정할 수밖에 없다는 점이다. 이는 신성의 다른 말이기에 과학적으로 설명되기 어렵다. 한 가지 방식으로 설명될 수 있는 것은 인간의 판단이 있음과 없음을 근원적으로 규정짓지 못한다는 전제하에 없음은 영 또는 혼으로 비유될 수 있다. 영혼은 사건의 섭리 밖에 숨을 쉬는 있음의 존재다. 인간의 인식 밖에 물론 있다. 시공이 존재하는 않는 특별한 확률 수리로 정말 정교한 원리와 기하학적 자태로 정보 에너지를 작동하고 있다고 믿을 수밖에 없다. 종교는 그것을 관장하는 신으로 절대자, 예언자, 구원자 등을 이야기 한다. 그 실체가 시공의 존재가 아닌 것이 분명한 이상 실체를 따지는 것 자체가 무의미하다.

하지만 재단을 하고 칼질을 하는 무리들이 여전히 있다. 영혼을 부정하면서 자유를 통제하는 오만한 자유가 인간의 악마성을 먹고 자란다. 착해 보이는 권능을 빌미로 자유를 통제하는 그들은 먹을 것을 주겠다고 하고 실제로 주지만 빈껍네기나. 정보 에너시가 주어지지 않는 자유에는 영혼이 들어있지 않다. 생명 자체가 껍데기가 될 뿐이다. 공짜를 머금기 좋아하고 요행을 바라는데 다정하게 입맞춤 하는 것은 생명에게 말라 죽을 껍데기를 선물하는 것에 다름 아니다. 예쁜 포장에 담겨 탐스럽고 먹음직스러운 메마른 물질은 필연적으로 갈등과 싸움을 더 유발한다. 진짜 에너지를 담은 정보가 없기에 생명들은 치열한 먹이 싸움을 한다. 모두가 잘 살 것처럼 생각됐던 생명의 공간은 먹을 것이 없어 종국에는 치열하게 싸우는 비열함이 넘친다. 진실과 정의의 목소리들은 마치 정해진 길을 갈 수 밖에 없는 노정처럼 거짓과 허위의 가면을 쓰지 않으면 안 된다. 지휘자는 그 가면을 갈수록 크게 키워야 한다.

자유는 물처럼 생명의 원수로 자연스럽게 흘러야 한다. 시장의 네트워크를 흘러 다니면서 정보 에너지들을 날라야 한다. 의식이 물질을 통제하면서 의식은 무한한 자유를 항해한다. 의식의 강력한 에너지 장은 곧 정보의 장이다. 의식이 통제되는 속에서 시장이 제대로 굴러갈리 없다. 의식이 경도되면 스스로 통제되는 이념성을 갖게 되고 그 신념이 스스로 의식의 자유를 쇠락시킨다. 의식은 어떤 규칙이나 제도 그리고 법률도 통제할 수 없는 강력한 자유의지가 있다. 이 의지는 외견상 시스템의 통제를 받지만 엄밀히 시스템이 돌아가도록 만들기에 통제되는 것처럼 보일 뿐이다. 자유는 스스로 죽이는 들숨을 쉴 수 없고 쉬어서도 안 되는 것으로 정의하고 있다. 인공호흡기를 들이대 시장 속 자유가 아닌 허위의 자유가 시장을 장악할 때 악마를 부른다. 절대 선의를 갖고 있지 않은 이 악마는 자유를 억압하는 권력욕 그 이상도 이하도 아니다. 자유가 진정한 자유일 수 있도록 하는 최선의 길은 간섭하지 않는 것이다. 자유는 절대 인간의 힘으로 통제되지 않는다.

위대한 성취 혈류 돌리며 꺼지지 않는 절대적 힘

수(數)의 원자로 불리는 소수(素數)가 단순한 숫자로 그치지 않고 자연과 인간의 오묘한 질서 원리를 내포하고 있다는 것은 수많은 수학자,

과학자들이 어필해 왔다. 지금도 소수의 일정한 패턴을 찾기 위한 위대한 도전이 계속되고 있다. 그것은 신념으로 시작해 도전이 되고 자존감으로 피어나 절대 포기할 수 없는 수학 최대의 도전과업이다.

사건의 섭리에서 창조의 가장 아름다운 파이(π, 원주율)가 소수 패턴에도 담겨 있듯이 소수는 나아가 미시세계의 역학 원리를 밝혀줄 열쇠로 부상했다. 미시의 역학부터 이뤄지는 일 가치가 생명의 원리임을 상기한다면 소수는 곧 생명의 질서를 표현하는 신의 암호일 가능성을 배제하지 못한다. 소수 속에 부의 기운이 내재하고 있다는 것이다. 더 이상 쪼갤 수 없는 에너지 양자들의 원리처럼 더 이상 나눌 수 없는 소수들의 성질이 맞닿아 있다면 인간이 창조해 낸 수는 물리적 한계를 넘어간다.

자유가 바로 물리적 한계 밖에 있다. 인간의 의지로 통제되지 않는 자유가 인간과 강력히 동거하고 있다. 밖에 있지만 안과 초연결 된 상태다. 불연속의 연속 상태로 사건의 섭리 속에서 네트워크의 매개 에너지 역할을 한다. 비정형적인 자유의 자유로운 에너지는 수많은 비규칙성의 에너지를 뿜지만 리만가설 처럼 패턴이 내재했을 가능성도 있다. 다만 그 패턴을 발견했다고 해도 거시 카오스의 무한 분기처럼 그 패턴이 또다른 패턴으로 끝없이 분기가 되기 때문에 완벽한 패턴이라고 보기는 어렵다. 이무리 자유의 패딘이 시장경제에 있나고 해도 사유는 비규칙적인 속성을 포기하지 않는다는 점이다. 자유가 규칙성을 드러내고 패턴의 해(解)가 드러나면 시장경제는 전진할 수 없다. 그 순간 시장경제는 죽음을 맞고 생명도 멸한다.

따라서 소수의 규칙성도 가까이는 가겠지만 궁극에는 찾지 못할 신성의 영역에 있을 개연성을 높인다. 파이(π)와 오일러의 수 e 처럼 반복되지 않기에 무한의 끝을 모르지만 절대 변하지 않는 상수가 되면 규칙과 비규칙의 대칭성이 하나로 풀린다. 두 초월수는 그렇게 초월한 수의 영역에서 상수다. 이 경우 자유 또한 정체성이 분명한 비규칙성으로 정립되게 된다. 이는 다른 말로 무한 가능성이며, 무한히 응축된 에너지의 방출 가능성이다. 자유가 신적 영역에까지 갈 수 있는 창조의 밑거름으로 증명될 여지를 증거하는 일이다. 자유는 그래서 세속과 신성한 영역을 오간다.

자유에 오만한 사람들은 자유의 패턴을 인위적으로 정형화 하고자 하는 착각과 만용을 포기하지 않아 위험하다. 이들의 특성은 숨 쉬는 물처럼 스스로 물을 메마르게 해 생명의 땅을 죽음의 땅으로 만든다. 자유를 손바닥에 놓고 움켜쥘 수 있다는 망상 속에서 시장경제의 생명수를 없애버리려 한다. 자유를 혼자만 머금고자 하는 탐욕은 자연에 내재된 미지의 패턴에 영향을 미쳐 시공간을 왜곡시킨다. 가지 않아야 할 길을 가고 넘지 않아야 할 산을 굳이 넘는다. 에너지가 소진되고 에너지를 얻을 시장도 작아지거나 없어진다. 인간의 인위적이고 자의적인 자유에 대한 통제는 이토록 처참하다.

자유는 불연속의 연속 과정에서 정보 에너지와 흐르기 때문에 영원히 추락할 수도 있고 영원히 상승할 수도 있다. 그 엄청난 상반성이 시공간의 제약을 받지 않아 사실상 한 몸이다. 추락과 상승이 하나 돼 있기에 자유는 방심할 수 없는 백척간두에 늘 서 있다. 불연속성을 연속하게 하는 배경에 정보 에너지 이음새가 작동하고 있는데, 자유가 그 이음에 작용하고 있다. 자유는 부수적 역할을 하지만 조연은 또 아니다. 당당히 주연이다. 부의 가능성, 부의 유지, 부의 존경이라는 '부의 3가지 핵심 열쇠' 속에서 주연 역할로 손색이 없다.

우선 자유를 기반으로 한 '부의 가능성 3요소'는 신념, 능력, 자존감이다. 신념은 강한 의지를 갖는 생각 또는 그 생각을 지속적으로 갖는 정념이다. 자유, 시장, 인간의 3가지 에너지가 자기동일성을 추구하는 과정에서 일어나는 중심 에너지다. 자기동일성은 비정형화된 가능성을 정형화된 가능성으로 예측이 가능하게 하는 능력이다. 따라서 신념 다음의 능력은 무엇을 성취하는 효율과 성과의 결과물이기 이전에 신념을 기반으로 일 자체를 성취하고자 하는 도전의 의미다. 시쳇말로 시작이 반이라는 말은 그 화두다. 도전은 일의 전체 설계도를 내재하고 있고, 그 설계를 완성해 가는 실행계획들까지 세세히 품고 있다. 따라서 도전은 막연한 시작이 아니고 완성을 향한 전 과정을 볼 수 있는 그림이다. 그 과정에서 수없이 일어날 고통과 고난 그리고 위험까지 알고 가는 첫 걸음의 정체가 도전이다. 발걸음을 떼는 것은 그런 점에서 큰 능력이다.

부의 가능성 마지막 방점인 자존감은 설계도에 있는 도면대로 목표를 향해 노력하는 과정에 대한 강력한 자기정체성이다. 스스로에 대한 확신이자 믿음이다. 자기동일성의 완성단계에 있는 자존감은 도전이란 능력을 성취하게끔 하는 과정의 가치로 역할을 한다. 수없이 닥치는 예측불허의 변수들에 대응하고 극복하는 에너지가 자존감에서 나온다. 규칙성이 없지만 규칙성을 내재하고 있는 자존감은 마치 파이(π)와 오일러의 수 e처럼 초월수 같다. 상수처럼 변하지 않는 자존감은 목표를 완성하는 내내 신념과 능력을 완성하면서 부의 기운을 모은다.

신념, 능력, 자존감이 부의 가능성 3요소라는 것을 우선 머릿속에 잘 넣어 두어야 한다. 작은 돈의 관리 에너지가 큰 돈의 관리 에너지가 되듯이 이들 3요소를 습관적으로 패턴화 할 때 부의 기운이 들어오고 나가지도 않는다. 아울러 지속성이 장기화 될수록 부의 에너지가 커진다. 부는 강한 에너지를 갖지 않으면 소유하기 힘들다는 점을 재차 상기한다면 신념, 능력, 자존감이 부를 희망하는 사람들에게 얼마나 소중한 가치인가를 알게 된다.

부의 가능성 3요소와 함께 부의 유지 3요소를 함께 봐야 하는 이유에도 자유 에너지를 필요로 함을 알 수 있다. 자유가 사건의 섭리 제공자인 정보 에너지를 생명과 시장에 실어 나르고 있기 때문이다. 이들 3요소가 의지와 관련돼 있다는 것이다. 의지는 물론 자유의지다. 부의 유지 3요소는 초심, 경쟁력, 조화다. 초심은 자아를 주기적으로 성찰하는 마음이다. 자유의지는 늘 밖을 향해 있는 것 같지만 자아와 동거한다는 것을 잊으면 안 된다. 자아를 주체로 타자 속 자신을 볼 수 있는 것이 의지다. 강한 의지를 발산하고 자유를 더 강하게 얻는다는 것은 자신 외에도 타자들의 네트워크를 모두 볼 수 있는 그릇의 크기다. 초심은 자신의 내면을 보지만 모두를 보는 방식이라는 점이다. 초심의 아우름이 부를 유지하는 주춧돌이다. 초심을 다잡아 가는 강력한 자유의지들이 넘칠 때 시장의 부가가치는 지속 상승한다.

초심은 그래서 주변의 상황을 치밀하게 점검하는 경쟁 속 포용 에너지다. 이를 경쟁력이라고 통칭하지만 상대를 누르거나 이기는데 방점을 둔 것이 아니다. 오히려 실패하거나 져도 상관없는 자기점검에만 방점이 찍힌다. 강한 경쟁력은 수많은 사건의 섭리 속 시작이 반복되는

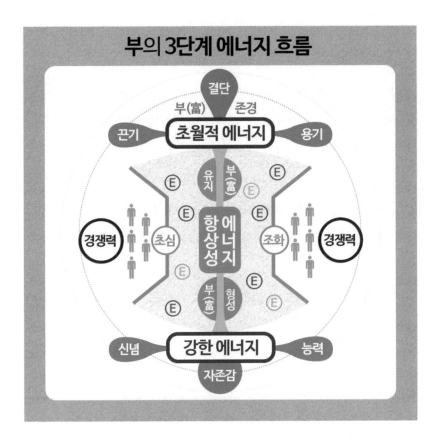

부의 3단계 에너지 흐름

과정에서 자기점검을 위한 시행착오의 연속이라는 점이다. 시행착오는 큰 집을 튼튼하게 짓기 위한 벽돌들이다. 이 벽돌을 튼튼하게 만들어 치밀하게 쌓는 과정이 경쟁력이다. 이를 수렴할 때 튼튼한 집은 어느새 지어져 자신에게로 온다.

파이(π)와 오일러의 수 e가 무한을 지향할 수 없으면 오히려 치밀한 상수 역할을 할 수 없듯이 벽놀을 쌓으면서 반복되는 시행착오는 많을 수록 성공의 확률을 높이는 상수가 돼 간다. 이 상수가 몸에 체계화 돼 그런 기운과 운명을 가진 사람들은 초심을 놓지 않는다. 아니 초심이 늘 보이기 때문에 떼어놓을 수가 없다. 강한 자유의지 에너지가 넘치기에 강한자와의 조화가 가능해지는 운명이 이렇게 정해진다.

부의 유지 3요소 중 마지막 방점인 이런 조화는 자존감의 분산과 네트워킹 확산이 그 모습이다. 자기동일성의 믿음인 자존감은 네트워크 상의 모든 사람들에게 있다. 자신이 네트워크의 분화된 존재로 얽혀 있다는 것을 생각한다면 자존감은 자아의 소유가 아닌 교류의 대상이라는 것을 알게 된다. 자존감의 교류는 불확실성을 심화시키거나 약한 마음의 보호본능이 아니다. 오히려 타자들의 자존감을 거울로 삼아 자신의 자존감 크기와 모양 그리고 색깔까지 인지할 수 있다. 타자의 자존감 거울을 확장해 갈수록 자신의 자존감은 강해진다. 그 자존감을 통해 실행되는 일은 성과율을 지속적으로 높여간다.

네트워크에 확장을 무한히 할수록 자존감은 지속적으로 강한 에너지를 갖는다. 무한을 향해 갈수록 소수정리가 구체화 되고 동시에 그 정리의 확률적 정확성이 높아지는 것처럼 불확실성의 자존감 네트워크를 무한히 확장하는 눈을 가질 때 드러낼 수 있는 확률을 높이게 된다. 부의 유지 3요소 중 마무리 방점 조화는 결국 무한 변수에서 초심으로 타자를 보고 그 타자들을 무한히 확장해 가는 것이라고 할 수 있다. 이를 실행할 수 있는 능력은 역시 자유다. 부의 가능 3요소가 '강한 에너지'를 필요로 한다면 부의 유지 3요소 에너지는 조화를 방점으로 찍는 '항상성 에너지'다.

이 같은 부의 기운은 자유를 기반으로 의지를 넘어 의식으로 확장된다. 이 레벨에 이를 때 부의 존경 3요소 끈기, 용기, 결단이 필요해 진다. 끈기는 무엇을 포기하지 않는 굳은 의지이지만 부의 기준으로는 존경받지 않으려는 고독한 노력이다. 부는 네트워크상에서 힘을 상징하기 때문에 타자의 존경 대상이 될 확률이 높지 않다. 따라서 존경받으려는 부의 요소는 역설적으로 존경받지 않으려는 의식이다. 따라서 이는 의지만으로 될 일을 넘어선다. 의식 속에 체계화 된 정보 에너지 형태로 갖추어진 상(像)의 모양을 만들어 가야 한다. 드러나지 않은 상의 인자들이 의식 속에 잠재돼 있어야 한다는 것이다. 이는 강한 훈련의 반복 없이는 불가능하다. 잠재의식이 상을 드러내는 정보 에너지들을 움직이도록 해야 하기 때문에 이를 막는 두터운 에고의 벽을 깨고 넘어가야 한다. 이를 하지 못하면 부의 속성이 오만과 교만에 빠질 경우 스스로 심판을 내리기 때문에 존경받지 않으려는 고독한 잠재의식은 자기자신에 대한 강력한 심판관이다. 이것은 부의 형성이나 유지과정에서 도덕성을 정초하는 에너지가 돼 간다.

끈기가 고독한 의식을 습관화 해 의식 속에 주춧돌을 놓은 것이라면 용기는 그것을 기반으로 두려움을 극복한 습관이 축적된 에너지다. 두려움이 자아 정체성의 불안증에서 촉발되는 만큼 두려움을 극복한 용기는 강한 정체성을 갖는다. 수치심이나 부끄러움이라는 자기울타리에서 벗어나 당당할 수 있기에 수많은 미지의 난관에 초연할 수 있는 의식 속 태도를 습관화 하게 된다. 이 용기는 끈기로 정초한 도덕성을 지키게 하는 힘도 돼 준다. 수많은 불확실성에 두려움을 느끼지 않을 정도의 습관이 축적되면 불확실성을 오히려 키우는 도전에 나서기도 한다. 이런 도전이 개인의 삶을 바꾸고 타자들과 사회 그리고 국가까지 혁신한다. 이들은 개별자들이지만 사이 에너지를 두고 마치 의식이 하나로 엮인다. 초끈의 에너지가 만물의 교향곡을 울리듯 생명의 호흡을 주관한다.

용기에 이어 마지막 방점을 찍는 것은 결단이다. 용기 있는 부자는 부의 순환을 돌리는 것이 부의 척도라는 것을 알기에 선순환 시키기 위한 결단을 내린다. 속내는 부의 존경을 이끌려는 의식도 있지만 이를 또한 부정하다고 하기 어렵다. 부의 사회적 기부 또는 기여하는 것이 결단인 탓이다. 이를 결정하는 것은 쉽지 않다. 부를 순환시킨다는 결단을 하는 순간 네트워크상의 정보 에너지를 관장하고 그것이 미칠 상의 모습을 예견해야 한다. 고독한 끈기와 두려움 없는 용기는 순환된 이후 정보 에너지에 의해 연출되는 시공간의 모습을 보여주기 때문에 결단에 큰 역할을 한다. 결단은 확신이 되고 확신은 부의 기여와 공유로 자연스럽게 확장된다. 부의 존경 3요소는 그래서 초월적 에너지다.

부의 형성에 '강한 에너지', 부의 유지에 '항상성 에너지', 부의 존중에 '초월적 에너지'는 시장에 속 자유를 기반으로 하고 있어야 함을 늘 긴장감 있게 새겨야 한다. 단 한시도 이 자유를 소홀히 해서는 안 된다는 것이다. 게으름과 나태, 비교와 질투, 두려움과 수치심 등을 자만감의 득의에 찬 정의로 겹겹이 포장을 하면서 자유를 공격하고 병 들이려 호시탐탐 노리는 세력이 적지 않기 때문이다. 방심하면 순식간에 지옥의 나락으로 떨어진다. 병든 자들이 천사를 외치고 만다. 이들의 가슴에서 사라져 가는 자유의 빈자리에는 형벌이 내려앉는다. 가난이다. 가난의 에너지조차 유지하지 못할 추가 형벌이 언제든 내려진다. 물론 반전 또한 항상 가능하다.

자유와 시장이 얽혀진 자유시장경제 속 유한자가 벌이는 카오스의 선택범위는 지금도 확장 중이다. 기회의 문이 끝없이 커진다. 눈을 크게 뜨고 선택을 하면 된다. 시작은 생각과 정념으로 이뤄진 신념이다. 그 바퀴를 돌리기 위한 에너지가 수반된다. 작은 돈에서 큰 돈을 이루려면 강한 에너지를, 큰 돈에서 작은 돈을 볼 때 항상성 에너지를, 큰 돈과 작은 돈의 가치를 하나로 여길 때 초월적 에너지를 각각 필요로 한다. 이들 에너지가 무한히 넘친다는 것을 생명의 생명수인 물이 알고 시장의 생명수인 자유가 안다. 물이 자유롭게 흘러야 하듯 자유도 마찬가지다.

8. 눈 내리는 여름

없음의 자유가 그린 있음의 치밀한 설계 태극기

"눈이 내리기 시작했다. 그런데 겨울이 아니다. 아름다워 보인다. 세상에 없던 일이 벌어졌다. 눈 내린 산은 정말 아름다웠다. 푸르른 녹음과 하얀 눈이 아름답게 조화를 이뤄 지상이 아닌 하늘의 설국나라처럼 보였다. 신들의 나라에 살고 있는 모습이 선하게 들어왔다. 날씨는 따뜻했고 포근했다. 눈발이 시야를 가릴 정도로 내리고 있었지만 피부에 닿는 온기는 따듯하기 그지없다. 사람들이 한 여름에 내리는 눈을 전혀 이상하게 바라보지 않고 당연한 듯 즐거워했다."

고에너지를 방출하는 강한 인력(引力)은 지상의 생명들에 가역적으로 활동하는 돈 에너지를 불러들인다. 아울러 인간이 만든 허구의 시간이자 만물의 팽창력인 척력(斥力)의 시간을 탈출해 시간 밖에 있으면 계절을 통제할 능력을 갖게 된다. 돈은 허구의 시간과 그 밖의 시간에서 동시에 공존할 수 있는 대칭성을 갖추고 있다. 인력이 강력한 에너지를 발산할 때 이 같은 돈 에너지가 적절히 조응해 주며, 그것은 현상계에서 일을 통해 돈을 번다는 말로 표현된다.

빅뱅의 특이점 상태에서 시공간이 없듯이 강한 인력이 모든 것을 집어 삼킬 때 팽창인 척력으로 만들어지는 에너지 흐름의 시공간은 의미를 상실한다. 인력의 고에너지 힘은 역진성의 흐름을 가능하게 한다. 물리적으로 이는 가능한 법칙이다. 인간도 고에너지 방출을 하면서 강한 인력으로 일을 해나갈 때 불가능해 보이는 대부분의 일이 실현 가능해지는 경우가 적지 않다.

계절과 눈이 함수관계에 있다고만 봐서는 안 된다. 물론 X축을 계절의 변화라 하고 Y축을 눈이 내리는 빈도 또는 양이라고 하면 0점에 머물던 그래프는 겨울이 다가올수록 상승하거나 겨울을 지나면서 역동하는 선을 그린다. 또한 눈이 여름에 올 확률은 제로가 된다. 그런데 계절의 함수가 뒤틀려 눈이 내리는 세상이 있다. 좌표가 없는 시공간에서 계절은 있기도 하고 없기도 한 것을 상정할 수 있다. 여름이나 겨울이라고 인식한 좌표계는 팽창 에너지만이 존재하는 허구의 시공간에서 지극히 작은 인식일 뿐이다. 겨울과 여름은 다르지 않은 좌표계에 숨어 있을 개연성이 높다. 시공간에 모습을 드러내지 않을 뿐 중첩돼 있을 확률이다.

실제로 미시의 영역에서 눈과 계절은 달라진다. 인간의 오감으로 관측되지 않는 극성과 양자장 등의 변수들까지 감안하면 눈이 내릴 변수들은 무한히 많다. 동시에 눈의 양이 이들 변수에 의해 달라진다. 눈이 내리는 이들 환경들에 의해 결정되는 눈은 불규칙해 보이지만 동시에 함수 관계에 있어 보이기도 한다. 미시의 특성인 이중성이다. 거시적으로만 보면 당연히 여름에는 눈이 내리지 않기에 여름과 겨울로 한정한다면 눈은 계절과 함수 관계에 있다. 종합하면 눈은 겨울과 함수관계에 있기도 하고 없기도 한 중첩상태다. 여기에 계절까지 중첩된 상태라면 얼토당토하지 않지만 수식으로는 여름에도 눈이 와야 한다.

시간이 단방향으로만 흐르는 거시에서 보면 눈은 겨울 아닌 계절에 내리지 않는 것이 진실이다. 다만 눈이 내리는 변수의 함수를 구했다는 공식 또한 아직 없다. 눈은 그렇다면 미시의 영향을 받지 않고 불규칙하게만 오는 것이 맞는가. 아직은 슈퍼컴퓨터를 동원해도 눈이 내릴 날씨나 그 양을 예측하는 것은 가능하지만 아름다운 수식은 나오지 않았다. 우리는 거시의 함수가 아닌 미시의 함수에서 이 수식을 찾을 수 있다고 믿어야 한다. 시간의 역진성이 가능하다는 전제로 물리량의 통제가 인력에 의해 가능할 수 있다는 강력한 의지가 필요하다. 이 자유의지는 자연의 질서까지 통찰해 더 넓어진 인식의 체계를 확장, 전혀 불가능해 보이는 현상계 카오스를 특정 주체에게 다가오게 할 수 있는 괴력을 부린다.

현상계에서 미시를 보는 눈은 숫자다. 현상계에서 좌표계에 표시된 함수는 숫자라는 마력을 통해 시공간을 점유한다. 인간에게 숫자는 시공간을 인지할 수 있도록 해준다. 이는 실제 보이지 않는 시공간 속의 실존을 보는 눈이다. 수학의 공리는 이처럼 인간의 오감 범위 밖에 있으며, 3차원 시공간의 지배 밖에 둥지를 틀고 있기도 하나. 현실에서 지구 위도와 경도는 단순히 숫자가 아닌 것이 이와 같다. 일례로 이들 표기는 비행기의 위치를 실시간으로 정밀하게 파악할 수 있도록 해준다. 수 십 만대의 비행기가 인간의 오감 범위 밖에서 날아다니지만 이들 시공간의 정체를 파악하는 숫자가 제3의 눈이 돼 주어 길을 비추고 충돌을 피하도록 해준다.

이 수치가 함수로 표시된 좌표는 더욱 정밀해진다. 하나의 위치인 점이 공간상으로 드러나기만 하는 것이 아니라 곡선이나 움직임이 규칙성을 가지면서 정밀한 예측이 가능해 진다. 다차함수를 통해 변화와 운동을 정밀하게 통제하는 것은 시간을 장악하고 예측하며 통제하는 신의 손에 버금간다. 1차함수는 점에 불과하지만 선이 되고, 2차함수는 선이지만 포물선이 되며, 3차함수는 포물선이지만 파동이 된다. 이후 차수가 높아지는 함수는 인간의 오감이 인지하지 못하는 기막힌 위상 배열을 드러낸다. 리만가설이 단순히 소수의 규칙을 발견하고자 한데서 출발했지만 그 수에 담긴 시공간상의 운동은 정밀했다. 소수의 간격 규칙이 미시세계 원자의 에너지 레벨과 같은 규칙성을 띤다는 것은 신의 섭리라는 놀라운 발견일 수 있다.

눈이 내리는 상황을 단순히 여름과 겨울 등 계절이 아닌 겨울이라는 한정된 시간 내 수많은 상황만을 대입하면 함수관계를 찾기 어렵다. 하지만 이는 미시의 눈처럼 눈이 내리는 상황을 10만, 1000만, 1억, 1조 등으로 무한 확장해 가면 눈이 내리는 함수관계가 나오지 않을까를 예측하게 해준다. 눈 내리는 조건들이 무한히 많기에 무한 횟수를 적용해 이를 분석하면 규칙성이 있을 가능성을 배제할 수 없다. 미시의 무한한 반복성은 곧 미시의 규칙성을 볼 수 있게 하는 길이다. 리만가설도 이처럼 무한해야 수렴하는데서 난관이 있다. 무한성은 근접해 수렴하는 것이기에 엄밀히 같은 것은 아니다. 수렴과 동일성은 엄밀히 다르다. 그런데 불연속의 연속이라는 사건의 섭리처럼 거시든 미시든 사건의 섭리는 엄정히 똑같은 것이 없다는 가정이 맞다는 논지가 매우 중요

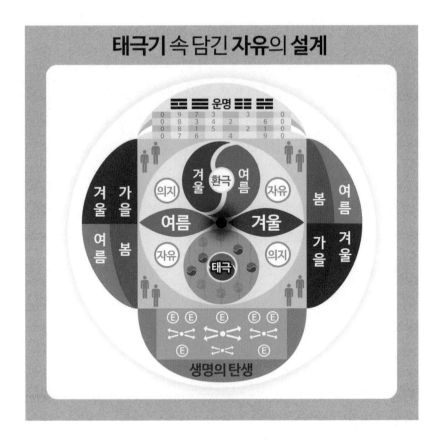

태극기 속 담긴 자유의 설계

하다. 시공간상에 드러난 사건이나 물질들은 같을 수 있는 것이 없고 수렴한다고 하는 것이 같다는 논리로 전개돼야 한다. 수렴은 입자와 파동을 하나로 보는 것처럼 절대 같을 수 없는 둘을 하나로 가능하게 해준다. 눈 내리는 여름이 눈 내리는 겨울과 같을 수 없지만 미시와 거시를 통합할 경우 사건의 섭리라는 틀 하나에 수렴될 수 있는 배경이다.

공간이 없는 초시간의 5차원 태극 영역에서 계절은 사라지고 사실상 없는 공간에 하나로 존재한다. 시간이 없는 초공간의 4차원 환극 영역에서는 시간의 구애를 받지 않아 사계절을 동시에 볼 수 있다. 시간의 탈출은 공간이 없는 초시간이며, 공간의 탈출은 시간이 없는 초공간이다. 태극과 환극에서는 모두 사계절은 있지만 하나의 세상이거나 하나의 세상으로 펼쳐져 있다. 초시간 속 눈의 그래프는 삐죽이 올라간 Y축만이 존재한 채 아무것도 없는 빈 공간의 모양을 띤다. 초공간 속 눈의 그래프는 겨울 뿐만 아니라 여름에도 눈을 볼 수 있는 상황으로 변한다. 그래서 눈이 먼저 내리고 겨울과 여름이 좌표상에 등장할 수 있다.

태극의 정보 에너지에 양자진공의 울림으로 사계절 동시적 순환성이 시작됐다면 환극의 좌표에서 눈은 계절을 가리지 않는다. 미시의 세계에서 전자는 하얀 눈처럼 아름다울 것이란 느낌을 가져본다면 이들 전자에 의해 계절이 결정된다. 전자의 운동역학과 극성에 의해 힘과 물질이 만들어졌다. 전자는 특정 공간을 점유하지 않아 입자와 파동의 이중성과 중첩을 통한 동시다발적 존재의 양상을 드러낸다.

자유가 이런 힘을 가졌다. 눈이 내려야 할 겨울에만 눈이 내리는 것이 아니라 여름에도 눈을 내리게 할 강력한 창조력의 무한 에너지를 담지하고 있다. 이는 신성의 분유된 객체이자 주체다. 자유는 그래서 악당을 만들기도 하지만 자비로움을 창조해 낸다. 악한 자와 선한 자가 주관자적 관점에서 동시에 보일 때 자유 에너지에 대해서는 선악을 구분하면 안 되는 배경이다. 자유는 오히려 선악을 스스로 드러내 보이면서 선악을 애써 구분하는 현상계 사람들의 악마적 속성을 반추토록 하는 거울이 돼 준다. 선하면서 악을 행하고 악하면서 선을 행하는 것을 현상계에서는 구분하기 어렵기에 자유가 돕는다. 선악을 동시에 품은 역할이다. 현실의 복잡다단한 삶이 고통스럽게 다가오는 것도 이 때문이지만 그 고통이 곧 자유의 실체다. 고통 속에서만 피는 결실이 부의 기운이다.

사람과 사람 사이에서 활동하는 자유 에너지는 사람에 의해 선과 악의 경계선을 넘나들며 칼이 되기도 하고 방패가 되기도 한다. 이는 자유에 의한 전쟁이다. 치열한 삶의 투쟁이 연속되면서 생명유지 시스템은 피로해진다. 하지만 자유의 눈은 현상계를 한 차원 위에서 볼 수 있는 특수한 시력을 가졌다. 이 시력을 강력하게 유지하는 길은 자유의 그라운드에 생명들의 공간인 현상계 시장을 넣어주면 된다.

더운 여름 눈이 내린다는 것은 상상할 수 없는 일이지만 시장에서는 돈의 있고 없음에 따라 눈이 계절을 가리지 않고 내린다. 추운 여름이 아무리 추워도 눈이 내릴 만큼 추운 여름이 아직은 없었다. 하지만 그것은 건곤감리(乾坤坎離)의 하늘·땅·물·불과 지수화풍(地水火風) 그리고 화수목금토 등 음양오행의 현상계에서 규정될 작은 인식의 시공간 영역일 뿐이다. 하나로 출발한 무위(無爲)가 수많은 유위(有爲)를 드러내기 전에 음양오행은 없음으로 그린 치밀한 있음의 설계도다. 이 설계의 기본 원칙은 하나의 원리에 담기도록 하는데 있다. 대칭은 물론 이율배반도 모두 하나로 중첩돼야 하고 얽혀 있어야 한다. 수없이 다양한 모습으로 드러나는 자유는 애초 이들을 하나로 품고 있다. 자유는 특정한 시간이나 한정된 공간에 존재하면 구속되기 때문이다. 자유는 어떤 시공간 상에서도 존재해야 할 자연의 당위성이 신성의 힘으로 삼지사방 존재하는 특성을 갖는다. 자유는 힘을 들이는 일을 통해 부가가치를 생산하는 생명의 원리로 작동하기 때문이다. 자유는 불가능한 현상을 가능한 현상으로 바꾸는 힘을 가졌다.

자유를 특정한 계절에만 내리는 눈으로 인식하면 자유를 가두는데서 그치지 않고 생명에게 올가미를 씌우는 행위다. 중력계에서는 가만히 있는 것만으로도 힘의 속박에 억매이지 않기 위해 애쓰는 자유다. 정적인 자유는 없으며 역동적인 자유는 아름다운 생명이다. 중력장이 아주 미세하게라도 미치지 않는 곳이 없음을 감안하면 자유는 삼지사방에 있다. 그런데 중력장이 큰 현상계에서 잘못된 인간 권력과 금권이 이런 자유를 구속하려 하는 상황들이 너무 많다. 이것이 탐욕이다. 나아가 돈이 인간의 자유를 구속하고 인간이 돈의 자유를 구속하기도 한다. 이 또한 어불성설이다. 이는 차원이 높은 세계에서는 시도조차 하기 어려운 일이다. 자유의 로고스는 절대적 무간섭이다. 시장에서는 자유가 절대 포승줄에 묶이지 않는 초강력 에너지가 신성으로 분유된 만큼 이런 자유의 구속은 그것을 집행한 주체에 형벌이 가도록 한다.

자유가 잉태된 환극과 태극의 눈으로 눈을 본다면 굳이 눈 내리는 여름은 구속할 이유가 전혀 없다. 자유는 그렇게 천부적으로 주어진 것이기에 눈 내리는 여름을 로고스의 눈으로 보면 된다. 하늘의 동양적 하느님과 그 신성을 상징하는 태극기에는 모든 가능성을 열어 놓은 무한 잠재 에너지가 깃들어 있다. 음양오행의 환극과 그 원점인 태극이 들어 있다. 태극기에는 인간의 자유가 속속들이 들어 있어 그 형상 그 자체가 자유의 깃발이다. 눈 내리는 여름은 태극기 안에 눈 내리는 겨울의 모습으로 동거하고 있다.

생명 부가가치엔 미시-거시 마주한 대칭 시스템

정밀한 정보 에너지에 의해 드러나는 현실의 계절은 원론적으로 미시의 현상에 포섭되겠지만 거시의 인간은 그것을 아직 통제하지 못한다. 현상계에서 여름이 영하로 내려가 추워진다고 해도 그것은 여름이라고 하기 어렵다. 여름에 눈이 내릴 수 없는 것이다. 눈 내리는 여름은 통상의 상식으로 그런 점에서 꿈이며 상상이다. 푸르른 녹음이 우거진 숲에 눈이 내리는 장면은 현상계의 일로 규정짓지 못한다. 이것이 미시와 거시를 연결 짓지 못하고 연속하지 않는다는 한계로 남아 있다.

하지만 극미의 원리가 극대의 원리와 연결돼 있다. 극미와 극대간 에너지 원리가 너무 다르기에 그 다리를 확실히 못찾고 있을 뿐이다. 그 다리를 찾아야 할 이유에는 현실의 진상을 확실하게 알고 싶은데 있다. 원인을 알면 결과를 알수 있다는 희망으로 작고 작은 세계로의 여행이 계속되고 있는 중이다. 그 연결고리에 있는 에너지 원리는 사실 모든 것을 품고 있는 고차원 열쇠다. 에너지 원리만 정확히 인지하면 미시와 거시를 연결하고 있는 고리의 비밀을 찾을 수 있다.

고리가 실제 있기는 한 것일까. 반드시 있기에 인간과 자연이 존재한다. 필연적으로 존재할 수밖에 없는 고리 에너지가 있다. 일단의 과학자들은 여전히 의문을 갖기는 한다. 하지만 확신하는 엘리트들이 더 많다. 그렇다면 새로운 시각으로 볼 필요성이 생긴다. 있다는 전제를 하기보다 있지는 않지만 존재를 결정짓는 시스템이라고 생각하면 안 될까. 이는 인간이 찾는 고리 에너지는 없는 것이지만 엄연히 고리 에너지가 존재하고 있기도 한 원리다. 미시가 거시를 포섭하는 필연적인 다리는 에너지 정체부터 따지고 들어가야 한다. 이는 수학이나 물리학 등 공리적으로 밝힐 수 있는 한계가 아직은 많다. 따라서 지금까지 밝혀진 공리들을 조합해 결론을 내는 귀납법으로 정리를 하고 그 결론을 다시 연역적으로 설명할 수 있어야 한다. 그래서 발상의 전환이 필요하다. 다리 또는 고리가 아니라 상호 바라보면서 존재하는 방식이 그것이다. 상대가 필연적으로 있어야 자신이 존재하는 대칭성이다. 상호 존재를 규정짓는 대칭성은 없음을 있음으로 창조하는 마법 같은 역할을 해준다.

이처럼 에너지의 정체를 따져봐야 할 이유가 제시되는 것은 미시와 거시의 연결망이 아니라 존재할 수밖에 없는 시스템이 있을 것이라는 강력한 추론이다. 미시의 현상이 거시와 연결성이 없다면 그것은 눈 내리는 여름보다 더 상상하기 어렵다. 거시는 필연적으로 미시의 포섭을 받는다는 진실은 이미 열려 있다. 이를 규명하기 위한 과학자들의 도전은 거의 대부분 성취를 보여 왔다. 상식적으로 당연한 원리를 공리로 증명해 왔다는 것이다. 그 중심에 에너지의 정체가 늘 자리해 왔다. 아울러 일의 본질이고 자유의 원형이며 돈을 창조하는 정보가 에너지의 정체라는 것은 정의한 바와 같다. 이제 한 단계를 더 들어가 정보 에너지가 무엇이냐에 대한 궁극의 질문을 던지지 않을 수 없다.

정보의 원천은 규칙과 패턴이다. 이는 정보가 탄생하기 위한 원천 소스다. 정보가 힘(에너지)을 갖고 변화를 주는 동인이 되기 위해서는 일정한 규칙 또는 패턴이 없이는 그것을 해내지 못한다. 패턴의 반복을 지속적으로 해내는 정보 시스템이 곧 에너지의 근간인 것이다. 패턴은 에너지가 움직이는데 필요한 특수 알고리즘이자 명령어인 셈이다. 이 같은 정보의 패턴은 거의 무한한 조합이 가능한 특성이 있다. 패턴들 간의 무한 조합으로 만들어진 무한 변수의 정보가 현상계 물질과 에너지로 드러나고 있다. 초끈이론의 초미세 끈이 만든 수많은 진동의 패턴

유형들이 만물의 물질과 힘을 만드는 씨앗이자 마치 천지창조를 하는 정교한 조합의 교향악 같은 역할을 한다는 첨단 물리이론이 과학계의 주된 탐구 대상이 되듯이 정보의 패턴은 그와 유사하다. 끈이 무한한 진동패턴을 만들면서 입자들을 탄생시키는 것은 일종의 정보 패턴이라고 할 수 있다.

이 같은 미시의 패턴을 결정하는 것이 또한 과학적 탐구 대상이다. 안타깝게도 밝혀지지 않은 것이 훨씬 더 많아 미시원리는 여전히 미지의 영역이 더 많은 것이 현실이다. 과학보다 늘 한걸음씩 앞서가는 철학만이 증거에 가깝게 가고 있다. 그 중심에 수많은 사상가나 종교적 선지자들이 있다. 이들은 의외로 미시의 패턴들에 영향을 주는 요인으로 거시의 의식을 꼽아 왔다. 인간의 의식이 미시의 패턴에 대칭적으로 연결돼 있어 상호 교감하거나 공명한다는 것이다. 의식이 미시의 일정한 패턴에 영향을 주고 그 패턴이 다시 정보로 역할을 하면서 거시에 힘을 미치는 식이다. 결국 미시와 거시는 패턴을 주고받으면서 상호 존재를 확인하는 상보성의 대칭적 관계다. 어느 한쪽이 존재하지 않으면 존재할 수 없는 대칭이다. 통상적으로 미시가 거시를 포섭하는 상식이 거시도 미시를 포섭하는 쌍방향 조화로 대체되지 않으면 안 되는 원리다.

패턴은 수많은 조합이기에 의식은 의지를 발산하고 의지는 다시 자유가 된다. 자유의지에 의해 에너지가 네트워크에 확산하는 식으로 패턴의 크기와 힘 그리고 범위가 결정된다. 이를 통해 부와 가난도 결정되고 있다. 자유의지가 미시의 패턴을 결정하도록 영향을 주고 그 패턴이 정보가 돼 다시 현상계에 영향을 미쳐 네트워크 패턴을 특징짓도록한다. 부의 크기가 이 때 결정된다. 의지가 네트워크에 분산될 때 그 중심에 있는 의식이 분산의 방향과 범위를 사실상 결정하고 있다. 이 상(象)의 모습이 각 개인의 캐릭터다. 수많은 캐릭터가 또한 이합집산을 반복하면서 네트워크는 더욱 복잡다단한 상황을 보인다. 이것이 거시의 카오스다. 상(象)들의 카오스는 또 다른 상(像)들을 만들어 낸다. 자신의 상(象)이 상대의 상(象)이 되면서 상호 갖게 되는 상(像)들을 교환하고 있다. 이는 사회, 단체, 민족, 국가 등으로 나타나고 있다.

시장은 이들 상들의 조합이 만들어지는 부가가치를 생산하고 있다. 부가가치가 시너지를 내면서 돈이 커지는 배경이다. 개인 또는 단체의 상대적론 운명이 결정되는 것은 이런 카오스 때문이다. 캐릭터의 패턴은 정해지지만 캐릭터들의 에너지 충돌과 조합으로 패턴들이 다시 무한 분기된다. 자유의지가 이에 결합될수록 네트워크 패턴은 더욱 복잡하게 분기하는 현상을 보인다. 현상적으로 볼 때 그 분기는 끝이 없는 지속성을 띤다. 역설적으로 자유의지 패턴이 정해진 운명을 개척할 수 있는 것은 이 때문이다. 인간의 자유는 곧 만물의 창조를 주관하는 신성으로 확장된다. 장벽을 수없이 키워가면서 그 장벽을 또한 넘어가려는 욕구다. 창조와 극복을 동시에 진행하는 생명의 특성은 신성과 휴먼을 동시에 가졌다는 말과 같다. 자유의지를 갖고 있는 인간이 신성의 분유 또는 본유라는 말로 대치 가능한 것은 당연한 귀결이다.

인간과 신성이 동거하며 대칭과 조화를 이루듯 거시 네트워크와 미시 네트워크의 대칭성이 에너지 원류라는 것을 인식했다면 대칭이라는 원리에 주목해야 한다. 대칭은 한 쪽이 없으면 존재할 수 없는 상관성이자 상보성이다. 상호 반드시 상관해야 하고 상보적으로 얼굴을 비추고 있어야 한다. 에너지 원류의 이런 대칭성은 현상계 음양의 원리를

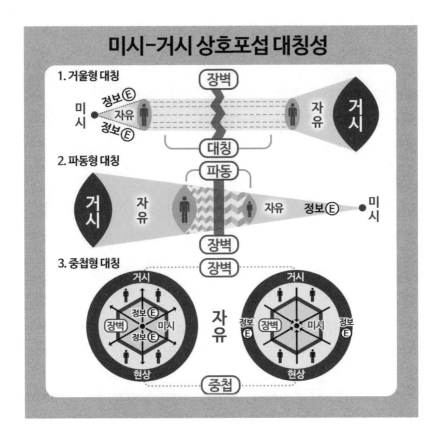

미시-거시 상호포섭 대칭성

1. 거울형 대칭
2. 파동형 대칭
3. 중첩형 대칭

탄생시켰다. 음양은 대칭적이지만 반드시 하나로 존재한다. 남자와 여성이 대칭이지만 어느 한쪽이 사라지면 다른 한쪽은 자동적으로 사라진다. 있음과 없음도 그 원리를 따르고 밝음과 어두움도 마찬가지다. 대칭은 필연적으로 둘로 존재하지만 하나의 존재원리다. 유무상생이자 유무합일은 현상의 보편적 원리이고, 더불어 선악이 구분될 수 없고 하나이어야 하는 이유가 설명된다. 시공간에서 실존재 하는 시스템이 대칭이다. 여름과 겨울도 하나로 순환하기에 미시와 거시의 대칭적 연결선상에서 눈 내리는 여름이 가능해진다.

여름과 겨울을 하나로 볼 수 있는 눈이 생겼다면 의지가 일어나기 시작한다. 패턴들이 정보 에너지를 사다리로 놓으면 의식은 그 사다리를 타고 자유의지를 발동한다. 자유의지는 생명현상이다. 자유로운 유한자들이 갈등하는 복마전이 일어날수록 자유의지 에너지는 강해진다. 시장에서 일어나는 자유의지는 치열한 현실이지만 그 현실이 미시의 패턴과 조응하면서 또 다른 현실을 만들어 내고 있다.

자유가 물과 같이 생명수처럼 흐르면서 시장은 기막힌 질서를 만들어 낸다. 그 질서는 경쟁이며 동시에 조화다. 그 속에서 부가가치와 돈이 만들어진다. 돈이 허구의 시공간 밖에서도 에너지를 발산할 수 있는 배경이다. 돈 에너지는 미시와 거시에 초연결돼 있을 뿐만 아니라 자유로이 오갈 수 있는 에너지 형태다. 시장에서 선악이 구분되는 단초를 제공하지만 엄밀히 선악은 존재하지 않는 모습으로 미시와 거시를 연결하고 있다. 돈이면 모든 것이 가능하다는 현실의 금권은 이런 원리로 탄생했다.

자유가 생명수로 흘러야 생명이 유지되는 시장이 권력과 연관돼 존재한다고 해도 그 자유가 인간에 의해 통제돼서는 안 된다. 미시의 에너지로 탄생하면서 계절의 구분이 따로 없는 자유가 인간에 의해 좌지우지되면 자유는 강력히 반발한다. 자유 없는 통제 속에 갇힌 시장은 부가가치인 돈을 만들어 내지도 못하고 순환을 시키지 못하면서 금력에 의한 또 다른 자유의 구속에 빠져든다. 미시의 무제한적 자유 원리는 거시의 인간에게 자유를 통제하는 것을 강력히 금지한다. 자연의 명령이다. 이를 무시할 때 인간은 가난의 형벌을 받으면서 돈의 노예로 전락하기도 한다.

현상계에 국한해서만 봐도 자유는 미시의 원리를 따라 구속받지 않아야 한다. 미시와 거시가 대칭적으로 존재하면서 자유는 동일선상의 DNA를 갖고 있다. 거시에서 눈이 내려할 계절은 추운 겨울이다. 눈이 내릴 변수 값은 정해져 있기에 언뜻 변수가 아닌 것처럼 보인다. 하지만 눈이 내릴 수 있는 겨울은 매일 그 상황이 아주 똑같다고 하지 못한다. 약간의 기온차 내지 극미의 기온차는 매일이 아니고 매시 매초 달라질 환경에 있다. 하늘은 수많은 변수를 통해 스스로 겨울에 눈을 내리는 계절과 함수 관계를 가져가려 할 뿐 인간의 인위적 권력에 의한 구속은 완강히 거부한다.

　리만가설이 증거된다고 해도 자유 에너지의 변동성이 수리로 증거되기 위해서는 패턴을 조합하는 초자유의 명령어들을 숫자로 표시해야 한다. 그 숫자는 변하지 않는 초자유의 지상명령이다. 정보 에너지에 의해 표현된 현상계 문명의 아버지가 이 자유다. 아버지는 스스로 자유를 주관하되 통제하지 않고 자유를 확산하되 노력하지 않는다. 신성의 자유는 스스로 자신의 날개를 언제 어느 때 그리고 왜 무엇 때문에 달아야 하는지를 너무 잘 알고 있다. 자유는 속박이 현재진행인 가운데 미시와 거시의 대칭구조에서 존재를 다잡아 가는 질서자다. 이 질서에 의해 미시의 원리가 거시로 구현된다. 자유가 인간의 권력에 의해 제한되면 대칭이 무너지면서 만물도 사라진다. 자연의 부가가치도 사라지고 부의 기운은 마침표를 찍는다. 생명은 당연히 사라진다. 자유의 위대한 힘이다.

9. 그림자 없는 생명

진실 같은 거짓 논리로 인류 현혹한 막스 자본론

"그는 꿈을 꾸고 있었지만 그 꿈은 당혹스러운 현실이었다. 세상의 많은 것이 모순으로 가득했기 때문이다. 상식적으로 말도 되지 않는 일들이 많이 벌어졌다. 특히 권력은 오만과 기만으로 가득한 허위와 가면 그리고 부도덕의 싸움으로 점철돼 보였다. 수많은 학자들과 사상가 그리고 종교의 선지자들이 이야기 한 본질이 현실에서는 괴물 같은 흉측한 모습을 하고 있어 현실을 바꿔야 한다는 생각이 들었다. 결국 자연의 질서와 어긋난다고 생각한 그는 현실의 모순과 지난한 싸움에 나섰다. 그에게 현실의 모순은 그저 모순일 뿐이었다. 본질을 이해하고 싶지 않았다. 그 이율배반의 중심에 돈과 부가 핵심으로 보였다. 돈은 본래 선해야 한다고 믿었다. 그래서 모든 사람이 함께 나누어 누리는 것이어야 한다고 확신했다. 하지만 돈은 그의 앞에서 마치 악마처럼 행동했다. 그는 처절히 가난했다. 그는 부의 모순을 적나라하게 드러내고 부의 평등한 분배를 위한 일에 일생을 바쳤다. 인간의 힘으로 가능하다고 생각했다. 세상을 바꿀 수 있다고 자신했기 때문이다. 그는 본질을 끝내 외면한 채 현실만 바꾸려는 아집에 빠졌다. 자본론은 그의 걸작으로 세상에 나왔다. 하지만 본질을 여전히 쳐다보지 않았다. 결국 그가 꿈 꾼 공산 사회는 필연적으로 완성되기는커녕 온전히 실패했다. 오히려 가난의 지옥이 밀려왔다. 수많은 생명이 속절없이 죽는 전대미문의 사건들마저 터졌다."

마르크스의 꿈은 선악을 구분지어 '그림자 없는 본질'이 아니라 '그림자 없는 생명'을 그리려 했다. 하지만 인간은 본질의 대칭적 선상에서 그림자를 만들며 본질을 대변한다. 본질이 그림자를 만들지 않는다는 것을 처절한 인생의 눈에서는 보이지 않았던지 아니면 보지 않았다. 인간의 능력을 과신해 보이지 않는 것도 보이게 만들 수 있다는 오만을 부렸다. 빛이 만들어 준 생명유지장치의 가장 중요한 시각(시력)을 필요로 하지 않았다는 것은 그 이상의 시각을 갖고 있어야 했지만 그러지도 못했다. 현상만을 본 세상은 모순으로 가득했겠지만 그럴수록 본질은 더욱 단단한 진리라는 대칭성을 무시했다. 영혼을 거부하니 본질이 있는 그림자 없는 생명은 그 역할을 하지 못했다. 마치 허수아비처럼 영혼도 의식도 없는 세상의 설계도가 그려졌다. 마르크스의 그림자 없는 생명은 힘든 현실을 벗어날 수 있는 이상향(휴머니즘)의 설계였지만 그가 막상 그린 이상향은 본질을 무시한 대가로 생명이 살아가기 힘든 자유가 없는 곳(공산주의)이었다.

본질이 존재하는 그림자 없는 생명의 활동은 존재할 수 없는 이미지의 수인 허수에서 드러난다. 허수는 실수가 아닌 수다. 0보다 크거나 같은 정수가 나오지 않는 제곱한 값의 근이 허수다. 둘을 통칭하면 복소수다. 복소수의 허수는 존재하지 않는 수이기에 눈에 보이는 자연에 없는 특성을 지녔다. 이 허수가 대칭의 역할을 통해 실수의 존재를 제공해 준다. 허수를 제곱하면 음수가 나온다. 세곱근의 해가 음수이면 0 또는 그 보다 큰 실수가 나와야 하기 때문에 그림자 없는 생명 같은 허수다. 하지만 수 자체로만 보면 실수다. 다차함수로는 허수의 근이지만 숫자만 본다면 실수가 나오는 현상이다. 이는 모순의 임계치에서 드러나는 이율배반이다. 허수는 실수가 포함되지 않은 순허수 조건이라야만 제곱근의 해가 실수를 포함하지 않은 허수가 도출돼 허수와 실수 간 대칭성을 갖기 때문이다.

허수는 현실에 존재할 수 없는 상상 속의 수이지만 기막힌 역할을 수행하는 자연의 질서자중 하나로 강력히 근거된다. 허수 자체로는 존재하지 않지만 그 허수로 인해 존재할 수 있는 실재성이 수없이 증거된다는 점이다. 마르크스는 자연의 이런 원리를 보려 하지도 않았다. 눈에 보이는 현실세계가 중요했을 뿐이다. 잉여가치를 자본가가 노동자를 착취하는 구조의 인간과 인간의 생산관계에서 드러난다는 현실만이 무조건적인 믿음으로 시야에 잡혔다. 보고 싶은 것만 보고자 한 생산관계의 잘못된 시각이다. 헤겔의 변증법은 강력히 추종했지만 절대이성의 본질은 거부했고, 아담 스미스의 노동가치는 강력히 따랐지만 부가가치 본질은 잘라 버렸다.

자본가의 보이지 않는 노동과 수많은 경우의 수가 복합된 확률로 존재하는 효율의 변수는 잉여가치를 움직이는 허수로 비유된다. 허수는 보이지 않지만 보이는 세상을 드러나게 해준다. 마르크스의 눈에는 보이지 않았지만 엄연히 존재하는 냉혹한 시장의 질서다. 시장은 인간이 벗어나서는 살 수 없는 자연의 공간이다. 시장을 통해 부족한 것을 얻고 교환하면서 의식주를 해결한다. 그 생명의 부가가치가 꿈틀거리는 오아시스 같은 시장에 허수처럼 보이지 않는 질서가 엄연히 본질로 있다. 실제로 허수를 포함한 복소수의 수학적 정립은 오늘날 현대문명의 거대한 주춧돌이 됐다. 전기와 전자기문명의 태두격인 맥스웰 방정식을 비롯해 아원자의 미시역학인 슈뢰딩거 방정식 등은 복소수 정립이 없었으면 불가능했다. 심지어 100년이 넘어도 그 진실의 벽을 절대 넘

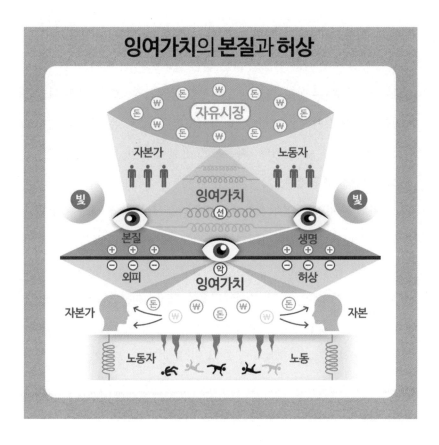

잉여가치의 본질과 허상

을 수 없는 아인슈타인의 중력이론 일반상대성 이론에도 기여했다.

이 중에서도 소립자의 확률적 존재상태를 표현하는 양자역학의 파동함수를 충족하기 위해 허수가 쓰인 것은 신비스럽기까지 하다. 파동은 눈에 보이시 않지만 실제로 일어나는 현상이다. 만물의 원리가 복소수 체제의 파동함수로 규명되면서 인류는 거대한 진보를 하게 된다. 만물의 속살을 들여다보면서 그것을 이용한 문명의 획기적 진보가 뒤따랐다. 전자공학과 전기공학은 그 상징이 되는 인류문명의 대사건이다. 복소수가 없었다면 휴대폰은 물론이고 인터넷도 세상 속에 태어나기 어려웠다. 소립자의 운동역학이나 존재방식에서부터 거시의 법칙까지 눈에 보이지 않는 공리를 필요로 하는 것은 겉으로만 보면 이율배반이다. 마르크스의 눈에는 바로 현실만이 진실로 들어왔겠지만 그것의 원리인 진실에는 자연스럽게 눈감았다. 따라서 그런 눈으로 본 세상을 제대로 바꿀 논리가 나올 수 없었다. 자본론은 진실 같지만 원리를 외면한 거짓으로 인류를 현혹했다.

노동자의 노동만이 잉여가치를 창출한다는 잘못된 전제하에 노동시간을 늘리는 절대적 잉여가치와 노동강도를 높이는 상대적 잉여가치 등은 무력화 된다. 오히려 총 잉여가치를 보면 자본가 보다 노동자들에게 부의 증대가 더 많이 돌아가는 경우가 다반사다. 노동에 관한한 국부론을 그대로 차용했다고 하기에는 자유시장의 장점을 버리는 데만 골몰한 편협한 눈을 의심하지 않을 수 없다. 따라서 등가가치는 거짓이다. 첨단 슈퍼컴퓨터로 계산해도 등가가치는 실현되기 어렵다. 이를 사회적 평균 노동이라는 추상적 잣대로 수없이 반복하면 결국 등가가치에 수렴할 것이라는 논리는 말 그대로 논리를 꿰어 맞추기 위한 추상일 뿐이다. 시장의 질서는 자유라는 본질의 에너지가 있기 때문에 강력한 변수가 너무 많아 수렴이 아니라 등가가치와는 전혀 다른 발산이 일어나기를 반복한다. 거래가 많을수록 일어나는 가격의 창조적 파괴 현상이다.

자본가는 그래서 항상 두렵고 고통스럽다. 경쟁우위를 확보하기 위한 선제적 투자가 단 몇 번이 아니라 불확실성 속에 무제한 지속적으로 투입돼야 할 횟수나 상황 자체를 모르기에 자본가의 자본이라는 뒤주에는 자본가를 단 칼에 죽일 수 있는 칼이 항상 시퍼렇게 살아 있다. 정신적 영역의 노동으로 자본가는 감당하기 어려운 현실이 늘 짓누르고 있다. 자본가는 단 한순간도 경쟁우위에서 밀리면 사회적 생명은 물론 신체적 생명까지 위험한 상황을 맞는다. 잉여가치에는 항상 자본가의 치열한 노동 또한 아주 높은 비율로 포함돼 있다. 이는 너무 당연한 말이지만 자본론에는 없으니 당연하지 않게 통했다.

잉여가치는 인간의 노동 외에도 많은 부분에서 생산되고 있다. 눈에 보이지 않는 자연원리가 잉여가치를 만들어 주는 경우가 너무 많다. 인간의 노동 잉여가치 자체로는 자본가가 이익을 언제나 향유할 수 없다. $1+1=2$라는 수식은 자본가에게 무의미하다. 경쟁이 존재하는 시장에서 $1+1 \leq 3$이라는 수식이 필요하다. 나아가 3에 위치할 수는 상황에 따라 무한대로 증가하고 떨어지기를 반복하고 그것을 예측할 수 없다. 존재하지 않는 허수처럼 존재할 수 없는 사칙연산이 시장에서 엄연히 존재한다.

자본가가 가져갈 수 있고 지속될 수 있는 잉여가치는 끊임없는 경쟁우위를 치열하게 유지해야 한다는 전제가 따른다. 경쟁우위를 지키기 위한 조건들은 노동 이외에도 무수히 많다. 그 중에서는 눈에 보이지 않는 사건의 섭리가 근본원리를 지배한다. 이는 자연과 생명이 존재하는 방식인 극적 임계치의 조화다. 자본주의가 망하는 원리가 아니라 자본주의가 자생적으로 생존해 가는 방식이다. 시장에 팔리지 않는 물건이 넘쳐나고 가난한 노동자가 넘쳐 자본주의가 망할 수 있는 공황이 실제 주기적으로 닥치고 있지만 그것이 오히려 자본주의를 성숙시키며 나아가고 있다. 정해진 공리와 다른 모순의 임계치가 자유시장에서 작동하고 있다.

시장에서 노동이라는 단 하나의 가치체제는 있을 수 없다. 사람마다 다른 능력이나 성실도 또는 의지 그리고 노동의 조건이나 환경 속에 무한히 다른 효율이 변화무쌍하게 존재한다. 이를 감안은 했지만 수식은 무시했다. 아울러 가변자본인 노동은 불변자본인 기계나 설비 등과 별개가 아닌 유기적 관계라는 것을 인정했지만 불변자본이 가변자본 못지않게 매순간 가치를 달리 생산한다는 것 또한 외면했다. 가변자변 투입 없이 불변자본 자체만으로도 잉여가치는 무한 생산될 수 있다. 가변자본과 불변자본 간 효율의 총합이 경쟁우위, 즉 잉여가치를 좌우한다. 수십만·수백만 종류의 보이지 않은 효율이 노동 속에 깃들어 있는 시장의 무한 경우의 수는 신의 경지에 가까운 조화를 부린다. 효율과 경쟁이 상호 간섭하고 보강하는 가운데 시장의 수많은 네트워크까지 가세해 카오스적으로 잉여가치를 매시매초 결정한다.

가치의 개념 자체도 외눈박이다. 사용가치와 교환가치가 사회적 평균 노동이라는 추상적 개념을 대입해도 등가가치 교환으로 이뤄지지 않는다. 시장의 상황은 확률변수가 많을수록 답에 수렴하는 것이 아니라 그 변수 자체가 더 많아지는 변이가 많다. 주사위를 수십 번이 아니고 수백만 번 던져서 1~6까지 숫자가 균등하게 나올 확률이 시장에서는 거꾸로라는 것이다. 주사위를 던지면 던질수록 새로 나오는 변이의 수가 증가한다. 주사위에 없는 7 이상의 무한 수가 계속 나오는 것이다. 이 숫자는 허수처럼 존재하지 않지만 자유시장의 경쟁과 차별의 특성이면서 자본주의 진화의 에너지다.

설사 등가가치 실현 과정에 있다고 해도 수리로 공리화 할 수 없고 눈에 보이지 않는 심성이 개입한다. 따라서 등가가치 보다 부가가치 아니면 마이너스 가치가 항상 상존한다. 등가가치는 결국 없는 쪽에 가깝다. 막연한 믿음으로 계산된 등가가치의 교환이 허구임은 화폐에서도 드러난다. 오늘날 화폐 또한 막연한 믿음이 탄생한 권력일 뿐 가짜 가치가 대부분이다. 화폐가치는 인위적으로 조절되기도 한다. 화폐가치에 따라 잉여가치가 달라지고 등가가치 실현은 더욱더 어려워졌다. 노동만의 잉여가치는 계산 불능이다. 노동착취도 결국 정해지지 않은 확률적 파동함수 같은 것임에도 단정 짓는 무리수를 범했다. 수렴이 아닌 발산의 함수라면 등가가치는 계산하는 것 자체로 거짓이다. 본질을 보지 않고 외면한 대가는 결국 너무 컸다.

생명의 빛 부의 원리 파동 버린 이데올로기 망상

허수가 상상속의 동물인 용이나 유니콘처럼 실재하지 않는 것을 감안하면 근과 수는 물론 소립자의 존재 확률에서 존재와 비존재가 양립하고 있다. 이 구조는 어느 한 쪽이 존재한다거나 존재하지 않는다고 하는 것이 아니라 양립 자체 때문에 존재와 비존재가 존재한다는 뜻을 함의 한다. 비존재가 존재하지 않는다고 정의할 수 없다. 따라서 비존재는 반물질처럼 반존재로 써야 하지만 현실에서는 혼돈을 일으킨다. 반존재를 비존재로 보고 대칭을 무시한 채 외피만의 세상을 바꾸려 했기 때문에 진 인류에게 총체적 혼란을 일으켰다. 이는 의도했든 안했든 학문적·사상적인 범죄 행위다. 외피만으로 본질의 영혼을 흔들고 추락시켰기에 죄다. 진리처럼 보이는 좌파사상들의 핵심에 풍요의 본질을 간과한 채 과실이 열리지 않는 방식이 들어 있어 인류가 의존해야 할 과실나무들을 고사시켰다.

실수와 허수도 반드시 양립해서 존재해야만 한다. 실수는 허수와 함께할 때 실수로 포섭되고 허수는 다시 실수가 되는 조화가 있다. 실수가 인간의 시각에 보이는 사물이나 생명의 표식이라면 허수는 만물에 보이지 않거나 최소한 숨겨져 인간의 오감에 드러나지 않는 본질의 표식이다. 단지 보이지 않을 뿐 만물 에너지의 근원이자 생명의 원류인 파동은 그 명백한 증거다. 전자기파 빛은 그 실증이다. 허수가 있어야 복소수라고 하듯이 생명과 영혼은 마치 복소수다. 드러나지 않지만 드러나게 하는 역할을 하는 것이 본질이다. 이를 바꾸지 않고 겉모습만 바꾼다면 본질은 자신의 형상을 드러내기 위해 선의 본성을 버리고 악한 본성과 교류하게 된다. 그것이 공산주의 혁명의 깃발이 불러온 참혹성이다.

신주단지 모시듯 한 상상 속의 허울을 집으로 착각한 채 잠들기까지 한 모습은 차라리 눈물겹다. 소위 동토의 땅으로 불려 온 거짓 이상사회에서는 저마다의 각 개인들이 자신만의 안락함이라는 이기심에 부지불식 빠졌다. 공동이란 울타리의 실체는 공동선으로 가림막을 친 이기심이었다. 이타성의 본질인 무한 경우의 수를 자청해서 선택하는 위험한 노력을 서로 외면했다. 이런 이기심을 누른 프롤레타리아 독재는 또 권력이란 황금빛 옷을 둘러 입었다.

개인은 들어가면 나올 수 없고 권력은 올라가면 내려올 수 없는 위장된 선(공산, 共産)의 사다리 끝에는 스스로 둘러친 무시무시한 가시 울타리가 존재한다. 어떤 생명이든 그 울타리에 들어가면 자유를 속박당해 벗어나지 못한다. 부가가치의 실현은 상상하기 어렵다. 자유를 속박한 권력의 잉여가치는 있지만 경쟁에서 밀리는 시장의 마이너스 가치가 끝없이 커지기만 한다. 결실은 점점 메말라 간다. 부가가치가 없는 시장은 생명에게 곧 죽음이다. 부의 질서가 없는 곳에서 마치 부의 향연이 펼쳐질 것 같은 독한 최루가스만이 들어차 있으니 희망도 없다. 부의 탄생은 자유의 억압으로 종적을 감추었다. 자본주의가 들여다봐야 할 공산주의 연쇄 도산은 그렇게 현실화 됐다.

마르크스는 신성의 본질에 대해서는 염두에 두지 않았다. 그는 현실을 바꾸면 모든 것이 제자리로 돌아갈 것이라고 믿었지만 보고 싶은 것만 본 자의적 설계에 지나지 않는다. 실제로 그의 계산법은 현실만 보면 정확하고 치밀해 보였지만 본질에 바탕을 두지 않거나 본질을 보지 않으려는 태도 때문에 오류가 많았다. 특히 껍데기만 바꾸어도 선악을 모두 가진 자연은 물론 인간까지 바꿀 수 있다고 봤으니 황당하기까지 하다. 분배의 정의는 껍데기만 바꾸고자 한 과욕이었고, 그것은 본질로부터 악의 역습이 닥친다는 것을 보지 못했거나 외면한 태도였다. 자본가뿐만 아니라 서민도 그리고 가난한 사람도 악한 축이 있다는 것을 그는 애써 보지 않았다. 인간의 이런 악마성은 프롤레타리아 독재 과정에서 본질의 심판인 잔혹성을 불러들였다. 노동이 불변자본과 유기적 관계를 넘어 강력히 하나로 엮이면서 잉여가치 하락은커녕 잉여가치가 무한 증가되는 모습에 불안해하며 부의 가치를 터부시 했다. 노동의 부가 자본의 부와 함께 성장했는데도 잔혹한 심판내에 끝없이 사신을 올렸다. 스스로 옹립했던 신성한 노동의 가치는 그 가치를 팔아먹는 위장막을 위한 변방으로 추락했다.

유토피아는 괴물이 되면서 막장 권력싸움을 치열하게 불러들였다. 본질로부터 부여된 자유를 더 억압하고 하늘의 명령인 천부인권을 압살했다. 인간과 자연의 실체를 무시하고 외피만 바꾸려 한 헛된 노정이 얼마만큼 허망한 꿈이었는지 확인되기에 이르렀다. 현실의 흉측한 괴물은 다름 아닌 모순을 바라보는 외골수적인 태도였다. 모순의 질서가 만물의 섭리이고 힘이 역동하는 조화라는 것을 무시하면서 인위적인 질서가 정의가 될 것이라는 잘못된 믿음을 버리지 않았다. 마치 다중인 격자처럼 허위의 사실을 알면서도 정의의 깃발을 올릴 경우 본질은 절대 용서할 수 없는 선물을 안겨준다.

인간의 신성이 자유이기에 인위적인 정의는 그 자유를 제한한다. 고통과 두려움을 본질로 하고 있는 자유 자체에 심판의 정의가 깃들어 있다는 것을 간과하면 심판을 불러들이고 만다. 인위적인 공산사회는 그 정의보다 훨씬 중요한 자유의 사지를 묶어 절대 공산화(평등화) 될 수 없는 결실의 생산을 막아 버린다. 편향적 믿음으로 한 쪽만을 바라보는 이데올로기의 본질은 결과적으로 정의의 반대편에 선채 펄럭이는 깃발을 보게 된다. 가공된 정의는 이런 원리로 화를 불러들여 스스로 형을 집행한다.

만물의 씨앗을 파먹으면서 그 씨앗으로 모두가 배불리 먹을 수 있다는 환상은 권력의 이기심인 악의 나무를 발아시키는 일이다. 이 나무는 키워도 결실이 없다. 그림자 없는 나무다. 씨앗으로 크지 못한 나무는 생명도 영혼도 없다. 냉전의 질서 이후에도 사생아로 남은 대량살상무기들은 결실을 스스로 맺지 못한다. 혀를 날름거리며 죽음의 위협을 가한 채 다른 생명과 부가가치를 노리고 빼앗는다. 씨앗을 파먹은 대가는 돈을 만들어 내지 못하는 생명의 고자가 돼 생명의 도둑으로 추락한다. 자유시장은 이 도둑을 응시하고 바라본다. 이내 시장의 질서는 이데올

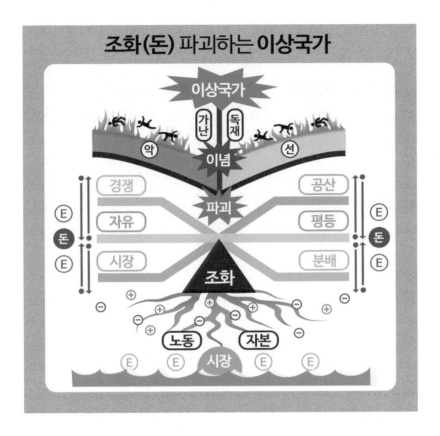

조화(돈) 파괴하는 이상국가

로기 이방인까지 받아들여 부가가치 질서에 편입시키기를 마다하지 않는다. 자유의 무한질서다. 이 조차 이념의 무리들은 에고의 장막을 강력히 펼친다. 극과의 극 전선이 형성되면서 극적 임계치가 만들어 진다. 자유는 극과 극을 오가면서 정보 에너지로 조화를 주관해 돈을 만들어 내는 위대한 여정을 지속한다.

자본주의 본질을 돌아보게 하는 대칭성 속에서 자유는 숨 쉬기를 멈추지 않는다. 사건의 섭리 속에 자유가 일을 한다. 인간은 섣불리 이런 본질의 축을 움직일 수 없다. 자유가 본질과 현상을 아우를 뿐이다. 시장은 그 관문이고 운동장이다. 빛은 본질이자 현상인 자유의 상징적 형상으로 작용한다. 그래서 빛을 인위적으로 빛이 아닌 것으로 바꿀 수 없다. 물·소금과 함께 생명의 원천인 빛은 본질 자체로 존재하면서 현상에 에너지를 부여하는 부가가치 역할을 수행한다. 물리학적으로 빛의 본질은 전자기파이면서 광양자 포톤이 전자기파 힘을 매개하는 본질이다. 빛의 전자기 입자인 전자는 초고온에서 광양자 포톤과 한배를 탄다. 전자기파 파동과 광양자 입자는 다르지만 하나다. 평등주의도 본질이라는 큰 그릇에서 과정의 가치로 보면 자유와 한 배를 탄다. 자유가 에너지 역학상 위험(평등)을 항시적으로 안고 가기 때문에 가능한 일이다.

빛이 주는 전자기 흥분상태가 그림자를 갖는 생명의 시력을 주듯이 자유와 평등은 교란 상태로 생명의 질서인 시장에서 호흡을 하고 있다. 이 파장은 본질을 내재한 그림자 없는 생명이다. 본질이 사라진 그림자 없는 생명에는 파동의 역학이 없다. 자유와 평등이 시소를 타며 만들어 내는 시장의 에너지는 자유가 평등을 위해 그리고 평등이 자유를 위해 양립하는 모습이다. 이는 결과적으로 자유시장의 변증법적 생존전술이다. 자유가 부가가치를 지속적으로 향유할 빛을 만들 교란의 대상은 자유의 물속에서만 살아야 할 생명이 뭍으로 나오려는 욕심이다. 자유시장의 사람들은 벗어나고 싶어 하면서 벗어나지 못한다. 뭍으로 나오면 살아날 수 없는 이데올로기 늪에 빠진다. 이념을 묻고 자유를 향유하는 그들로부터 결실의 씨앗들이 발아된다. 안주함과 편안함의 유혹을 묻고 치열한 생명유지활동의 장치로부터 나오는 신비한 부가가치다. 시력은 그 가치의 전면에 있다. 시력은 시장의 질서를 필연적인 변증운동으로 나아가게 이끄는 생명유지장치의 전조등이다.

시력을 만들어 주는 빛은 인간과 생명에게 시공간의 둥지를 만들어 준다. 빛이 주는 생명들의 시각은 인간처럼 가시광선이 있는가 하면 뱀처럼 적외선도 있다. 모든 빛은 인간과 생명의 시각을 넓혀 일을 하는 이유를 제공하고 결실(부가가치)을 맺도록 돕는다. 시각과 시공간은 빛으로 한 배를 탄 형상이다. 시각이 시공간을 보고 시공간이 시각을 존재케 한다. 이런 빛의 역할에서 본질을 들여다보면 본질이 있는 그림자 없는 생명의 향연을 본다. 빛은 시공간에 얽매이지 않는 절대속도 값으로 시공간에 에너지(결실)를 공급해 시력(생명)과 만물을 주관하고 있다. 인간과 시력은 부가가치를 생산케 하는 변증운동의 축이다. 생명의 전조등인 시각을 갖고 있는 인간의 자유가 시장에 던지는 메시지다. 빛의 본질이 주는 의미는 바로 자유시장이다. 빛은 자본주의를 일군 기둥이다. 자유시장은 거꾸로 음·양과 절대계 · 현상계를 관장하는 빛의 질서다. 빛은 실수와 허수의 좌표계를 구성한다. 신기하게도 이 좌표계의 순허수 지수함수는 기하학적으로 파동특성인 원의 반복성과 대칭성을 이룬다. 원은 정밀한 파동성이고 그 파동성은 빛이다.

가시광선 이외에도 전파망원경이 우주의 구석구석을 24시간 보고 있다. 이들 전파 또한 빛이다. 인간의 시력이 도구를 통해 무한 확장되고 있지만 빛이 본질이다. 중력피 발견끼지 감인하면 인간은 훨씬 징교해진 우주의 눈을 가졌다. 중력파 또한 빛처럼 본질이다. 자본주의 성장 에너지에 이들 본질이 필수적으로 작동한다. 일은 중력계에서 일어나는 빛 에너지의 종합예술이다.

시각이 확인할 수 있는 사물이나 생명체는 입자의 세상이다. 광양자 포톤은 운동에너지만 있고 위치에너지가 0이기에 파동성으로 만물의 시각을 준다. 이는 빛의 본질을 안고 있는 생명의 본질에 대한 상징성을 갖는다. 입자를 알아 차려야만 생존하는 생명의 시각은 파동성이다.. 그림자 없는 생명이 드러내 보는 그림자 있는 생명의 질서다. 질량과 에너지 그리고 페르미온(물질)과 보손(힘)이 치환될 수 있듯이 파동과 입자는 시력을 통해 시장의 부가가치를 만들어 낸다. 시장은 무위가 유위를 포섭하고 무명이 유명을 포섭하는 질서의 형식으로 인간과 사슬처럼 엮였다. 인간의 시력은 이런 본질을 보는 것이 가능하지만 보지 않으면 인간 스스로 결실이 없는 나무를 심기 바쁘다. 본질을 잡아먹는 허위가 정의인 냥 포장된다. 공산주의는 빛의 근본 원리를 부정했기에 당초 목적했던 현상계 휴머니즘의 역할을 해내지 못했다.

인류에게 휴머니즘의 이상향을 제공하고자 했던 절규에는 본질을 보는 시력이 없었다. 빛이 없는 어두움 속에서 파동의 본질을 볼 수 없었다. 빛이 없자 악마의 불씨를 지피고 있는 모습조차 보지 못했다. 그 악의 불길이 전 세계 곳곳에서 피어올랐다. 선을 얼굴로 내세운데 대한 본질의 악이 대칭으로 조화하며 자신을 드러낸 결과는 인간 자신의 몰락이었다. 선한 이데올로기는 권력의 대식가가 되면서 인간 내면의 선한 네트워크까지 짓누르고 압살했다. 악의 영령을 불러 스스로 입은 옷 속에는 벗어던질 수 있는 힘까지 뺏는 기운이 깃들어 있었다. 자멸의 기운이 한없이 커가도 벗을 수 없는 옷은 끝내 수억 명을 벼랑 끝에서 죽음의 계곡으로 떨어지도록 하고 말았다. 본질이 있는 그림자 없는 생명을 보지 못했기에 스스로 본질이 존재하지 않는 그림자 없는 생명을 향해 갔지만 천당이 아닌 지옥이었다. 멸의 기운이 꽉 찬 그곳에서 회한에 찬 인류의 눈물이 보였지만 여전히 인간을 속이고 유혹하는 악의 기운이 떠나지를 않고 있다.

10. 발자욱 없는 생명

2차원 평면 유토피아에 갇힌 3차원 동토 사람들

빛의 파동성은 존재의 근원을 결정짓는 주관자적 위치에 있으면서 존재의 조력자 역할을 동시에 수행한다. 빅뱅 초기 상상할 수 없는 높은 온도의 빛만이 존재하던 순간에 존재(입자)들의 시대가 열리는 물질의 천지창조가 사실상 완성됐다. 단 몇 분 사이에 현존하는 모든 인류와 생명을 비롯한 자연의 삼라만상을 구성하는 전체 입자들이 만들어 졌다. 그것은 태초 물질의 아버지라고 불리는 수소와 헬륨이다. 빛이 당연히 주관자 역할을 했다. 그 빛은 원초 에너지를 공급하는 생명의 주관자 역할을 지속하면서 전자기파와 시력을 선사하는 역할로 생명유지의 조력자로 동시에 일을 하고 있다.

빛의 본질 속에 들어 있는 존재와 반존재의 파동성, 그리고 그 파동성의 입자성이라는 이중성은 10의 마이너스 43승초라는 찰나의 플랑크 시간 이전부터 중력, 전자기력, 강력, 핵력을 모두 한 배에 태우고 있다가 하나씩 내리도록 하면서 현상(물질)을 만들어 냈다. 그 빛의 그림자가 우연히 확인된 뒤 과학계의 수많은 검증 끝에 우주배경복사 에너지가 실존재 하는 것으로 확인됐다. 절대온도 영하 270도로 차가워진 만물의 그림자는 차갑게 죽어 있는 듯 하지만 결코 죽지 않았다. 빛과 함께 동행해 온 시공간은 그 그림자와 어울리면서 아름다운 성운, 은하, 별, 행성, 생명, 자연을 모두 선사했다. 이 과정에서 우주배경복사의 온도차라는 결핍의 극적 임계원리가 치밀하게 작동했다.

본질은 가장 작은 것이 모든 것을 흔들 무한 힘을 갖고 있다. 결핍의 임계치에서 일어나는 극미의 변화는 모든 것을 창조하고 버릴 수도 있다. 사건의 섭리는 이념의 외눈박이 눈이 보는 세상처럼 결코 허상만을 선택하지 않는다. 허상(虛像)조차 선택당하면서 상(象)의 본질과 동행하는 배경 때문이다. 상(象)과 상(像)의 대칭이 임계의 원리에 들어가면 원상(原象)과 허상(虛像)이 존재와 반존재로 실존재하게 된다. 원상(原象)을 통해 드러난 원상(原狀)은 수없는 허상(虛像)을 통해 본질을 드러내면서 상(象)과 상(像)이 하나됨을 보인다는 것이다. 한 쪽의 쓰임새만이 존재하는 상은 존재하지 않는다. 하나의 원리만 가능하다고 한다면 속된 말로 허깨비다. 이는 없음으로 있음을 존재케 하는 무(無)나 없음의 상태로 있음의 행위를 모두 하게 하는 무위(無爲)와 전혀 다르다. 허깨비는 오히려 존재를 가리는 역할을 하면서 현상의 발자욱(=발자국, 이하 발자욱) 없는 생명을 만든다.

그림자는 빛의 원리이지만 발자욱은 만물의 원리다. 빛이 만들어 낸 만물 속에서 발자욱이 탄생한다. 생명은 질량을 갖는다. 질량은 발자욱을 만들면서 생명의 존재를 스스로 확인한다. 발자욱이 없는 현상의 생명이나 물질이 없다. 발자욱 없이 걸음을 걷고자 한다면 존재하지 않는 것을 존재하는 것처럼 보기에 스스로 허깨비다. 이런 세상을 만들려고 하면 본질이 존재하지 않거나 존재해도 거부해야 한다. 실존재가 없어야 나타날 수 있는 허깨비 형상은 현실 세계에서 무한히 많다. 생명들이 만들어 내는 허깨비들이 진실과 정의로 무장하면 거짓과 허위를 숨기기 위한 파괴적 행동을 일삼는다. 위장막으로 철저히 가려야 하는 만큼 술수와 선동이 판을 친다. 진실과 거짓의 간극은 나날이 멀어져 돌아올 수 없는 다리를 건너고 만다. 허깨비다운 세상을 만들어 가는 허깨비들의 특성은 본질을 일관적으로 무시하는데 있다. 본질은 이들 허깨비들이 춤사위를 강하게 추면서 심판관으로 등장하기 시작한다.

본질이 위력을 보이면 더 가혹하다. 그것은 허깨비가 스스로 판 거대한 무덤이기도 하다. 본질은 모순의 극적 임계치와 결핍의 임계치가 막시즘의 이데올로기처럼 괴물을 만들어 내는 것이 아니라 이들의 조화를 창조해 낸다. 다시 곱씹으면 본질은 대칭적 얽힘의 상관성과 존재를 가능케 하는 상반성이 극과 극의 에너지 원리로 부가가치를 만들어 내는 기막힌 조화의 시스템이다. 모순의 실체 또한 사건의 섭리 중 하나일 뿐이라는 것을 수용하지 않는다면 허깨비의 웅덩이에 빠지고 만다는 것이다. 결국 모순은 칼이 돼 허깨비가 빠진 현실을 위협하고 나선다. 현실에서 모순은 극대화 될수록 대칭구조가 강화되면서 최종적으로는 조화에 수렴되지만 그 시간을 기다리지 않는 허깨비들은 모순의 문을 닫으면서 본질의 공격을 불러들인다. 스스로 사악함에도 선한 위선을 드러내기에 본질은 악한 형상으로 역습을 가한다. 두 얼굴의 선악을 갖고 있는 인간의 선악도 결국 악으로 변신해 모순과 손잡고 악행을 저지르는데 주저하지 않는다. 이것은 본질의 운전이다.

개인적으로 비극적 인생을 살다가 죽음마저 초라했던 마르크스의 현실은 차라리 꿈이고 싶을 정도로 처절함이 얼룩진 삶이었다. 해직·추방·망명 등으로 점철된 그의 기막힌 인생과 7명의 자녀 모두가 불운하게 어려서 죽거나 먼저 죽고 자살까지 한 가족 비극사 등이 또한 그랬다. 가난의 치열한 형벌마저 그를 피해가지 않았다. 마르크스는 그래서 사유재산을 폐지하고 모두가 균등히 부를 나누어 잘 살아야 한다고 봤다. 공산주의 깃발을 높이 들어 올렸다. 수많은 사람이 그를 따랐다. 국적을 갖지 못한 떠돌이 영혼으로 치러진 그의 장례식에는 11명만이 마지막 길을 지켜봤지만 마르크스 사후에 전 세계의 질서가 요동을 쳤다. 손에 총과 칼 그리고 죽창 등을 들고 그의 뒤를 쫓은 사람들이 너무나 가혹한 행위들을 했다. 허깨비가 빠진 무덤에서 함께 헤어 나오지 못한 발자욱 없는 생명들이 추구한 사건의 역습이었다.

전 세계 곳곳에서 벌어진 공산주의 혁명 과정에서 수많은 사람들이 속절없이 목숨을 잃었다. 구소련 2000만 명, 중국 6500만 명 등이 공산주의 이데올로기라는 서슬퍼런 혁명전쟁으로 죽어갔다. 한반도에서도 전쟁이 일어나 수백만 명이 속절없이 스러져갔다. 전 세계적으로 공산주의 혁명의 깃발아래 1억 명이 넘게 목숨을 잃었다. 정의는 허깨비란 허상(虛狀)의 정의였지만 대칭의 본질을 내재한 허상(虛像)으로 알고 사람들이 열광했다. 그 실체는 네트워크가 아닌 유아독존의 이기심이 어린 것이었지만 네트워크 유토피아 깃발이 둘러친 화려한 수사들로 인해 절대불가침의 원상(原象)으로 옹립됐다.

그들은 현실의 원상(原狀)을 만들었다. 마치 화폐의 가짜가치를 믿어 진짜가치 것인 냥 만들어 내 원상(原象)으로 가치를 끌어 올렸다. 생산관계의 계급구조는 정당화되기 어려운 보이지 않는 질서가 있었지만 그것은 철저히 무시됐다. 자본가의 고뇌에 찬 무한경쟁은 생사를 넘나드는 죽음의 춤사위였지만 그 노동력도 외면되고 말았다. 모든 것이 눈

에 보이는 계급의 허상(虛像) 뿐이었다. 이내 그 허상이 원상(原狀)이 되고 또 원상(原象)으로 추존됐다. 계급은 단순히 많고 적음 그리고 고용과 피고용으로 단순화 된 허깨비 허상(虛狀)이었지만 치밀하기 그지없어 보이는 공리들은 군중들의 허깨비 환호를 이끌어 냈다. 속된 말로 공짜로 먹을 수 있는 '개 잡는 밑그림'이 깃발로 펄럭이면서 이데올로기 권력가들의 자양분이 만들어 졌다. 끝내 계급구조는 더 견고해지고 시장이 망가지면서 결실은 맺어지지 않았다.

수정자본주의가 등장하면서 마르크스의 꿈은 산산조각 났다. 자본주의 이후 닥칠 공산주의는 망가져 갔지만 자본주의는 죽지 않고 부활의 신호탄을 쐈다. 자본주의는 스스로 모습을 바꿔가면서 더욱 강한 생존력을 유지했다. 세상을 바꿀 수 있었다고 주장하고 확신한 이론은 결국 틀렸다. 그런 세상을 만드는 것은 유토피아에 지나지 않았음이 드러났다. 자본가와 권력의 압제 속에 희망을 잃은 가난하고 핍박받는 사람들에게 마르크스는 헛된 꿈을 꾸게 했다. 그것은 잘 만들어진 허구의 스토리였다. 신기루를 쫓은 대가가 너무 광범위하고 혹독했기에 죄(罪)다. 본질을 보지 않고 외면한 한 사람의 그림자 없는 생명에 대한 잘못된 꿈은 발자욱 없는 생명의 현실에서 지옥보다 더 처절한 불행이 뿌려졌다. 여전히 그들은 죽창에서 시작한 온갖 살인적 무기들로 빼앗고 파괴하는 허깨비가 정의다. 가급적 더 많은 인류를 학살할 수 있는 대량살상무기를 신주단지로 모시면서 위협을 가하고 타자들의 결실을 탐한다. 모순을 벌한다는 깃발은 스스로 더 큰 모순을 잉태하면서도 여전히 타인의 결실을 욕심내고 있다. 그 탐욕과 욕심조차 나쁜 것인 줄 모른다.

문명은 소유와 소유욕을 낳아 차별과 계급을 만든 것이 사실이다. 인간의 존엄성은 큰 타격을 받았다. 마르크스의 눈에 보이는 세상은 너무 불공평했을 것이다. 인간을 상하로 나누는 권력도 없어야 하고 부를 누가 더 많이 갖거나 적게 갖는 일이 없어야 한다는 생각을 가질 수밖에 없는 환경이기는 했다. 당시의 현실로만 보면 타당한 논리로 충분히 포장될 수 있었다. 하지만 세상의 변화를 이끌려면 고차원 세상의 눈이 필요하다. 물리적으로 3차원 이상의 세계가 요구된다. 그러나 현실의 생명을 유지하면서 물리적으로 가능하지 않은 세상에 서기는 쉽지 않다. 본질의 세계를 들여다 볼 줄 아는 지혜가 필요한 이유다.

본질의 문에 들어간다는 것은 영혼의 원초적 출발점을 향한 회귀다. 그림자 없는 본질은 있어도 없고 그리고 없어도 있는 모순의 극적 임계상태다. 발자욱 없는 생명은 이 임계상태의 극적 조화를 품에 안은 냥 가짜 아이를 안고 있는 현실의 가짜 본질이다. 본래 본질의 대상성인 현실도 없음과 있음의 중첩이란 점을 감안하면 이를 보기 싫어도 보아야 한다. 현실을 자신의 입맛에만 맞는 식으로 해석하는 것을 피하기 위해서는 모순의 대칭성이 만들어 내는 조화의 존재를 들여다봐야 한다. 생명을 움직이는 의식과 그로부터 나온 자유의지는 본질이 내재한 그림자 없는 생명이다. 마르크스는 이를 발자욱 없는 생명으로 구현할 수 있다는 착각에 빠졌다. 그는 의식과 자유의지가 없는 로봇 같은 생명이 가능하다고 스스로 주문을 외웠다.

주문은 신의 범주다. 신과의 직접 대화를 하고자 한다면 주문을 외워야 한다는 것을 모르지 않았겠지만 주문의 내용 자체에 대한 진단은 자신의 몫임을 관찰하지 않았다. 주문은 마치 독백으로 이어졌다. 독백은 허상(虛像)을 원상(原狀)으로 만들어가는 여정으로 잘 작동했다. 그 독백의 여운들은 움직임이 없는 에너지를 추구했다. 1차원에서 7차원까지 움직임이 없으면 차원이 한계단씩 내려가지만 그것을 간과했다. 3차원의 시공간이라고 해도 움직임이 없으면 체가 아닌 2차원 면에 갇힌다. 면에서도 움직임이 없으면 1차원 신에서 나오지 못한다. 선에서의 직선운동은 미분계수 도함수만으로 좌표상에 드러내 보이는 것이 가능하지만 3차원에서는 편미분이나 전미분이 아니면 어렵다. 체를 보려면 자신이 움직이든지 물질의 움직임을 통해 드러나는 시공간의 복잡계를 읽을 줄 알아야 한다는 점이다. 그 움직임이 임계상태 유지다. 현실에서 논란이 많은 극적 상태를 해소해 가는 자유로운 과정이다. 자유를 통제하고 인위적 질서가 가해지면 차원이 떨어져 시각이 좁아진다.

3차원 현실에서 본질을 보지 않는다는 것은 2차원 현실로 떨어져 절대 3차원을 볼 수 없는 평면에 갇히는 것과 같다. 그곳에 들어가면 체의 형상을 상상하기 어렵다. 체는 면에서 유령처럼 수없이 다양한 임계 운동을 하는 것으로 보여진다. 그 문제를 자신의 힘으로 해결해야 할 지상최고의 명령으로 삼았으니 본질을 보지 못하는 허깨비로 전락했다. 그것은 종교적인 믿음으로 풀어야 할 신의 영역이었지만 그 신마저 거부했기에 현실의 신적 권능으로 치밀하게 포장되기까지 했다. 결실의 조화 시스템이 무너지니 부의 권능은 당연히 사라져 갔다.

무소불위 이념 정의감에 영혼까지 죽이는 탐심

유한과 무한의 원리는 본래 하나다. 0의 발견을 통해 무한의 원리가 드러나면서 있음의 존재를 근거하는 유한의 다양성이 가능했다. 그 전까지 존재의 의미는 수많은 철학적 해석이 따르면서 불분명 했다. 수학적 실존은 그만큼 명징했다. 모든 존재를 회의한 철학자이자 수학자인 데카르트가 발견한 좌표는 그 상징이다. 좌표는 무한한 시공간 속 유한을 정확하게 인식하도록 도왔다. 좌표에서 드러난 경계가 있고 구분이 있는 자연과 물질은 모두 유한하게 표현하는 것이 가능했다. 그 유한성이 또한 무한을 인식하도록 도왔다. 좌표는 순환(원)과 그 연장선상의 파동을 읽게 해주었다. 좌표를 가능하게 한 0에 숨겨진 비밀은 자연의 질서를 보는 마법 같은 눈이었다. 0은 무한과 유한을 하나의 원리 안에 묶는 절묘한 기준점이다.

인간을 비롯한 모든 생명의 유한자들 역시 유한해 보이지만 무한의 성질을 동시에 갖췄다. 생명이든 물질이든 원자단위에서 유한의 경계에 있는 전자는 입자이면서 파동이다. 입자는 불연속적으로 유한하지만 파동은 연속적으로 무한하다. 파동은 무한히 얽혀 있다. 유한자인 생명이 동시에 갖고 있는 물질의 파동성은 만물을 하나로 묶는 무한의 특성을 가졌다.

극과 극의 성질 역시 유한자의 성질을 규정하지만 그 운동성이 다른 유한자들의 파동성과 얽혀 있기도 하다. 이는 시공간을 넘나들어 끝이 없다. 양자 얽힘은 놀라운 현상이다. 마치 전체가 하나인 듯 양자화 된 우리 우주는 하나의 에너지 파동으로 엮여 있다. 유한과 무한이 하나라는 전체성에 들어가면 시공간의 의미가 사라진다. 시공간 자체가 곧 에너지 차원일 뿐이다. 차원이 높아지면 시공간이 사라진다는 개념이 이해되지만 그 차원을 상상하는 것은 쉽지 않다. 하지만 3차원 상에서 움직이는(시간차원) 물체를 사방 또는 육면에서 동시에 바라볼 수 있는 고차원이라면 3차원에서 느끼는 시공간은 무력해진다. 현실은 이런 고차원이 아니기 때문에 파동으로 묶인 현상을 이해하기 힘들다. 하지만 무한한 에너지 얽힘 현상은 실험적으로 검증됐다.

파동성 에너지로 꽉 찬 시공간에서 입자와 물질이 만들어진다. 마치 무에서 유가 나오는 신비한 현상이다. 하지만 시공간 에너지의 변환이라는 측면에서 보면 에너지의 질량변환일 뿐이다. 질량을 갖는 유한자들이 시공간 에너지를 점유하면서 3차원 시공간에서 느껴지는 허구의 시공간이 함께 만들어졌다. 질량은 그 속에서 에너지를 갖고 운동을 한다. 질량 자체가 에너지이기도 하다. 이 운동성이 에너지의 본질이다.

그런데 에너지는 모든 것의 본질이다. 시공간의 제약을 받지 않으면서 허구의 시공간까지 넘나든다. 에너지는 또 빛의 본성이 되면서 생명의 젖줄이라는 화려한 옷을 동시에 입었다. 인간은 유한자라는 옷을 입으면서 빛 에너지를 받아 이른바 생명의 움직임인 발자욱(발자국)을 만들어 낼 수 있게 됐다. 발자욱은 인간에게 에너지 본질의 운동성을 표현한다. 발자욱을 통해 현상이 창조되고 그 현상은 또한 인간을 특징지운다. 인간은 나아가 생명의 본질로 일을 설정하고 문명이라는 부가가치를 탄생시켰다. 이 또한 생명의 발자욱이다.

발자욱은 시공간상에 드러난 패턴의 형태다. 수많은 패턴들이 에너지 본질인 정보로 구현되면서 작동한다. 이들 정보에 의해 구현된 패턴들이 현상계에서 질서 있는 코스모스 물질세계의 구심력이 되고 있다. 정보를 구성하는 패턴이 에너지의 근원이라는 것이다. 패턴들의 정밀한 명령들이 인간과 생명의 질서를 구현하고 있다. 그래서 발자욱이 없는 생명은 패턴이 존재하지 않으면서 질서의 세계에 머물지 못한다. 질서를 갖지 못하는 이들의 탐욕은 자신들이 인위적으로 만들고자 하는 패턴의 다른 이름이다. 현상을 통해 본질을 바꾸려는 이 같은 인위적 패턴은 자살행위다. 인공적이고 작위적인 패턴은 전체적인 조화의 질서에 영향을 주지 못한다. 전체성은 유한과 무한이 하나로 역동하는 시스템이다. 본질의 변화 없이 현상만으로 유한-무한의 하나 된 원리를 절대 조정할 수 없다. 이를 하고자 하면 자신이 부메랑을 맞는다.

패턴과 정보를 기반으로 한 코스모스의 초정밀 복잡계가 카오스 패러독스다. 카오스가 코스모스를 형성하는 동인이 된다는 것이다. 혼돈은 코스모스에 긍정적인 질서로 대응을 한다. 하지만 인위적 질서를 만

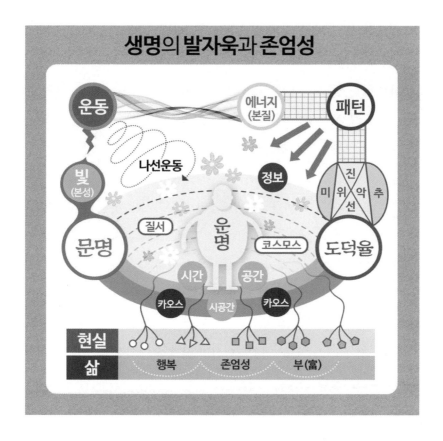

생명의 발자욱과 존엄성

운동

에너지 (본질)

패턴

나선운동

정보

진 선 미 위 악 추

빛 (본성)

질서

운명

코스모스

문명

시간

공간

도덕율

카오스

시공간

카오스

현실

삶

행복

존엄성

부(富)

들고자 할 때 카오스 자체의 부정적 모습이 위력을 발휘하게 된다. 무한 경우의 수가 등장하는 것이 카오스이기에 그 분기현상을 막을 수 있다는 오만을 부리면 에너지 흐름의 법칙에 위배된다. 코스모스와 카오스는 대칭성으로 존재해야 하기 때문에 이에 메스를 가하는 코스모스 수술은 인간의 오만으로 끝난다. 나아가 인위적인 수술을 하는데 따른 생명의 위협을 당한다. 수많은 생명들이 가짜 정의에 속아 죽어간다는 것은 신성을 참칭해 발자욱 없는 생명을 만들고자 하는 삐뚤어진 욕망에 따른 참혹한 결과다. 생사여탈권을 쥐고 가려는 탐욕은 그것이 아무리 정의롭다고 해도 카오스적 질서에 어긋난다.

인위적 질서를 구현하고자 하는 탐욕은 코스모스와 카오스가 교감하고 교란하는 원리 속에서 역할을 하는 영(靈) 조차 무시하고 간과하는 행동이다. 영의 존재는 카오스적 질서를 움직이는 에너지 역할을 한다. 물론 영의 역할이 과학적으로 검증되지 않았다고 해도 수많은 인류의 경험사와 종교적 체험 등을 통해 증거돼 왔다. 영의 존재를 의심하는 사람은 많지 않다. 그만큼 영은 인간의 오감과 교감하면서 삶을 이룬다. 영과 함께하는 삶은 육(肉)과 하나 또는 조화되는 형태지만 양자 에너지를 기반으로 한 잠재의식과 표면의식 형태로 기능한다. 운명은 이들 카오스적 질서 속 영과 육 그리고 잠재의식과 표면의식 등이 어우러진 결과다.

카오스적 질서가 만들어 내는 현실의 삶과 표면의식은 그 넘어 영과 잠재의식으로부터 수많은 운명을 만들어 낸다. 운명은 이런 방식으로 정해져 있다. 하지만 동시에 정해져 있지 않기도 하다. 운명이 수많은 네트워크에서 다자(多者)들과의 분기 현상을 일으키면 인간이 이를 선택하는 형식으로 운명이 결정된다. 그 선택의 힘이 자유이면서 자유의지다. 자유는 일을 통해 표현되고 자유의지는 일의 성과를 통해 드러난다. 이 때 일이 습관을 만들면 효율이 높은 현실이 창조된다. 그 현실이 다시 삶으로 표현되면 부자라는 운명적 위치에 오른다. 부는 대개 창조를 이끌어가는 유형이다. 창조는 새로운 현실을 만들어 내는 원동력이 되고 인간의 삶에 기여한다. 삶은 양자 에너지 역학에 의해 만들어지는 수많은 현재단면들의 편린들이 모인 기억의 잔상을 통해 경험적 가치를 갖고 있기도 하다. 삶의 양대 축인 경험과 이성이 상호 교란하고 조화하면서 만물의 전체성 내지 파동성과 얽힌다. 무한 얽힘의 구조에 작용하는 파동성은 관성의 기저 에너지이지만 가속도라는 기막힌 생명의 예술작품을 탄생시킨다.

이 가속도는 극미의 아원자에서부터 극대의 천체 운동에까지 모두 적용되는 운동 속성이다. 원운동(파동성)이 곧 가속도다. 가속도를 통해 유한자들이 생명의 발자욱을 만든다. 그 발자욱들은 파동의 형태인 원 운동이라는 정교한 순환을 탄다. 원 운동은 대칭과 극성을 통해 생명에게 실존재를 부여해 준다. 홀로그램 우주론이 떠오른다고 해도 대칭과 극성은 그 홀로그램 속에서 실존재하게 해준다. 이 실존재가 끊임없이 부가가치를 만들면서 궁극적으로 인간의 도덕률을 옹립해 왔다. 자연과 생명이 만들어 낸 이 같은 도덕률은 선덕을 기반으로 한다. 선덕을 갖는 잠재의식이 양자화 된 시공간 속 에너지들에게 직·간접 영향을 주면서 질량 또는 현실을 만들어 내고 있다. 표준모형의 페르미온 물질 입자들과 힘을 매개하는 보손 입자들은 질량에 관여하면서 자연과 생명의 존재를 규정짓는다. 따라서 존재의 도덕률은 가장 근본이 되는 아름다움이다. 생명에게 죽음은 부존재를 선사하는 악덕이다. 축복이 어린 존재의 바탕에 일이라는 부가가치가 정밀하게 기능하고 있다.

이들 모든 존재는 효율을 중시하는 활동을 근본가치로 삼는다. 효율이 없는 생명은 존재한다고 해도 죽음의 임계상태다. 이는 네트워크를 통해 책임이라는 이타적 도덕률을 형성하는 근간이 돼 왔다. 지구상에 있는 모든 생명은 과실(가치)을 본능적으로 추구한다는 것이다. 이것이 자유의 실체이고 자유의지의 가치다. 자유는 곧 부가가치다. 이 가치가 부와 부자를 지속적으로 유지시키면서 자유시장을 성숙시켜 왔다.

자유시장에는 부가가치를 창출하는 생명들의 발자욱들이 넘치는 곳이다. 인위적 정의가 판치지 않고 무한한 경우의 수에 적용 가능한 정의가 자유시장에 있다. 이는 정의가 있기도 하고 없기도 한 원리다. 인과율의 법칙을 따르지만 그 인과율이 또한 무한히 탄생하면서 사라지기를 반복한다. 자유시장에서 유와 무가 하나로 움직이는 유무상생의 발자욱들이 부가가치를 만들어 낸다. 돈은 그 중심에 있으면서 수많은 살아 있는 발자욱을 남긴다.

단 한 개도 같은 발자욱이 없다. 돈은 때로 그 발자욱을 머금으며 위악추로 작동하고 악덕의 대명사가 된다. 하지만 자유의지에 의해 작동하는 시장은 돈의 위악추를 반추하는 의식 때문에 진선미라는 대칭의 바퀴를 동시에 굴린다. 진선미는 위악추라는 돈의 자기모습으로 만들어진 또 하나의 자기형상이다. 돈은 결국 진선미와 위악추를 하나로 품은 채 드러나고 순환한다. 돈의 위악추를 진정성 있게 응시할 때 진선미를 보게 되고 그 속에서 부가가치를 키우는 도덕률이 완성돼 간다.

인간에게 도덕률은 규칙을 따르는 것이 아니다. 도덕이란 규칙을 정하는 것이 필요하지만 절대적일 수 없기 때문이다. 도덕률은 마치 사건의 섭리처럼 극과 극의 임계선상에 매순간 만들어지는 부가가치다. 이 가치를 끝없이 책임과 사랑으로 부여잡고 가는 이타성이 발휘될 때 생명이 유지되고 발자욱이 만들어진다. 발자욱 없는 생명을 추구하는 작위적인 세력들은 효율을 무시하고 심지어 효율 추구행위를 악덕으로 여긴다. 그 결과 가난을 유인하고 그 가난은 다시 존재할 수 없으며 만들 수 없는 낙원(유토피아)을 허구로 만들어 내기를 반복한다. 이들이 추구하는 낙원은 마치 신성을 갖는다. 문제는 그 신성을 그들 스스로 철저히 무시하는데 있다. 자연의 신성 원리에 깃든 차별과 빈부를 부정하고 완전한 평등을 추구하면서 효율의 기본원인인 변증운동조차 자신들의 입맛에 맞추고자 한다.

자유와 평등의 변증운동에 의해 만들어지는 조화는 나선형이다. 전진하는 변증운동은 시장에서 이기심을 충만시켜 나아가가지만 부가치를 쌓는 원리로 작동한다. 이 완성의 과정은 절대성을 지향하고 절대자를 보려 한다. 나선형 변증운동은 절대자의 이타성을 쫓으면서 사랑을 기반으로 한 도덕률의 근간을 지속적으로 형성하고자 하는 생명의 의지다. 이를 통해 인간의 존엄성이 세워지고 행복할 권리가 분명해진다. 존엄함에 대한 불가침 권리는 행복의 근원이다. 우리 모두가 각자 살아야 할 가장 깊은 심연에 존엄함이 자리하고 있다. 이 존엄성을 떠받치는 도덕률이 부가가치(돈)를 기반으로 한 책임과 사랑의 에너지 형태로 자유시장의 메가 기둥역할을 해주고 있는 것이다. 다시말해 자유시장은 위악추와 진선미라는 극단의 대립 속에 도덕률을 정제하며 서 있는 모습과 같다. 거짓은 진실과 대립되지 않고 악함은 선함과 갈등하지 않으면서 추함은 아름다움과 싸우지 않는다는 점이다. 이를 통해 진선미가 극적으로 추구되는 아이러니컬한 현상이 목도된다. 이것이 운동성을 기반으로 한 빛의 본성과 에너지 본질이 작동하며 나타나는 자유시장이다.

인간은 시장에서 돈을 모멘텀으로 3차원 현실을 살아가는 가운데 고차원 원리 속에서 움직이는 시장과 돈의 속성을 모르거나 간과하고 지낸다. 보이지 않는 질서를 모르는 것은 당연하지만 인류는 끊임없이 수(數)와 과학을 통해 미지의 고차원 세계로 다가가고 있다. 이를 통해 발견한 고차원의 운동성을 갖는 전자는 미지의 세계가 현실로 드러나도록 했다. 인류는 빛을 소유하면서 전기문명의 신기원을 이룩했다. 전기는 시장과 돈의 축을 이뤘다. 전하를 띤 입자의 움직임을 알아내고 그 운동역학을 수리적으로 표현하고 검증한 것은 인간이 만물을 통제하는 신성의 능력을 소유한 부의 혁명이었다. 전하는 생명의 원류이기도 했다. 돈과 인간의 질서에 끊임없이 일을 하는 전자의 속성은 다름 아닌 이동하는 극성의 운동이었다. 전자가 갖는 특이한 역학은 고차원의 에너지다. 생명의 발자욱은 그 운동의 결과다. 발자욱 하나를 남길 때마다 전자가 만들어 내는 생명 그리고 그 생명이 어우러지는 자연과 시장은 활기를 띤다. 생명의 소중함을 외면한 채 자유로운 발자욱을 거부하는 인위적 정의감은 본질의 권위에서 멀어져 끝내 허깨비로 전락하고 만다.

부록
저자와의 대화

THE KEY TO WEALTH

(1) 부의 현상 1 - 자유의 본질

☑ 어떻게 읽어야 하나

Q. 책의 내용이 문장은 물론이고 용어도 어렵다. 특히 과학이나 철학 등의 지식이 많지 않으면 읽기가 더욱 쉽지 않다. 자칫 내용이 어렵고 해석이 난해해 독자들이 읽기를 포기할 수 있다. 저자의 조언이 필요해 보이는데.

A. "전문용어를 불가피하게 쓰지 않을 수 없었다. 용어를 일일이 해설하면서 쓰면 중요한 핵심을 더 놓치기 때문에 부득이 독자들이 접하기 어려운 용어를 사용했다. 하지만 과학이나 철학에 관심 있는 독자들에게는 사실 어렵지 않은 용어들이다. 문제는 저자가 직접 만든 용어까지 혼재돼 있어서 읽기가 쉽지 않은 것이 사실이다. 이 또한 내용에 충실하기 위한 일념이었다. 인간과 자연 그리고 돈에 얽혀 있는 저자의 순수한 열정과 의지를 믿고 읽어 주기를 바랄 뿐이다. 시간이 된다면 한번이 아닌 두 번 이상 읽기를 당부하고 싶다. 책을 읽으면서 사색을 더하면 자연의 질서와 부에 대한 의미가 남다르게 전달될 것이라고 확신한다."

Q. 정신없이 바쁜 현대인들에게 책을 읽는 것 자체가 부담이다. 한 번도 아니고 여러 번 읽고 사색까지 할 여유를 가지려면 무엇을 어떻게 해야 하는지.

A. "책 읽기는 영혼과의 대화라고 생각한다. 주기적으로 육체에 영혼을 불어 넣어주며 사는 것이 복된 삶이라고 늘 여겨왔다. 이를 기쁘게

각오한다면 어떤 책이든 책 읽는 시간과 수고는 극복된다고 생각한다. '부의 열쇠'도 인내와 투자가 필요하다. 우선 용어는 처음 접하거나 이해하기 어렵다면 포털을 이용하면 대부분 이해된다. 하지만 같은 용어라고 해도 전체적으로 흐르는 문맥상의 의미가 함축돼 있기 때문에 생각의 여백이 필요하다. 문장을 음미하면서 사색하는 시간이다. 단 하나의 문장도 그리고 단 하나의 용어도 적당히 쓴 것이 없다는 말을 꼭 전하고 싶다. 오랜 공부 그리고 사색과 고민의 흔적이 책에 담겨 있다. 의심 없이 믿고 읽는다면 지금까지 느껴보지 못했던 부에 대한 혜안을 갖게 될 것이라고 본다."

Q. 책 읽기를 어려워하는 독자들을 위해 책의 내용에 호기심을 갖게 할 핵심 내용에 대한 팁을 하나 주었으면 하는데.

A. "책 내용이 전부 중요하다고 말하고 싶다. 책을 쓰는 모든 저자들이 마찬가지이겠지만 문구 하나하나에 심혈을 기울여 쓴다. 그래서 특정 내용이 중요하다고 추천하는 것을 원하지 않는다. 오히려 책의 어디를 펴도 중요한 개념으로 이해할 수 있다고 본다. 목차를 보고 원하는 챕터나 목록으로 가서 해당 내용을 읽어도 웬만하면 이해가 될 수 있도록 책을 구성했다. 제1부 '에너지 얼개'는 가급적 먼저 읽기를 권한다."

☑ 자유의 본질에 대해

Q. 책을 소개하는 미니북을 보면 내용의 키워드는 에너지를 축으로 인간, 돈, 자유시장경제다. 화려하고 멋진 집을 짓는 과정이 그려진다. 자유가 이런 집에 켜켜이 서린 영혼처럼 기술되고 있는 의미는.

A. "통상 자유라는 말은 흔하게 회자된다. 그 자유의 본질이 무엇인지를 진지하게 고민해 왔다. 오늘날 전 세계적으로 자유의 의미가 많이 퇴색되거나 심지어 부정적으로 왜곡되고 있기 때문이다. 자유를 제한하는 상황들이 많아지고 있다. 그래서 자유가 '풍요의 본질'이라는 것을 논리적으로 제시하고 싶었다. 결실의 원천인 '에너지'가 시선에 들어왔다. 에너지가 생명과 만물에 가득찬 힘의 원천이라면 자유는 이 에너지와 필연적으로 얽혀 있는 의식이라는 확신이 들었다. 이 의식의 주체인 인간은 시장경제의 축을 이룬다. 시장은 상품과 서비스를 생산하고 소비하는 모든 곳을 아우른다. 인간과 시장이 있는 곳에 일이 있고 돈이라는 부가가치가 생성된다. 돈은 인간과 얽히기를 반복해 시장의 부가가치를 키워간다. 자유는 이렇게 결실을 만들어 내는 시장의 전 과정에 걸쳐 생명수로 흐른다. 자유는 생명의 모든 과정에 존재하는 부가가치 창출 에너지다. 그 어떤 인위적 제한을 받지 않아야 하는 힘이다."

> "자유는 고통과 두려움 그리고 속박까지 동반하지만 풍요의 결실을 만들어 주는 아름다운 권능이다. 물이 자연의 생명수이듯이 자유는 시장경제의 생명수다."

Q. 자유가 마치 신적인 권능을 갖고 있는 의미로 들린다. 자유는 인간이 만든 제도나 법률 등의 테두리 안에 있다. 무제한의 자유는 있을 수 없기에 신적 능력까지 부어하는 것은 아니라고 보는데.

A. "인류는 역사적으로 그리고 종교나 철학사상 등 거의 모든 측면에서 절대자 신과의 교류를 부단히 해 왔다. 대부분 종교에서도 인간은 신의 분신이기도 하면서 신의 본질을 갖고 있는 존재로 간주돼 왔다. 책에서

는 이를 신성의 분유 또는 본유라는 말로 썼다. 신은 모든 진리를 알고 심판하는 전지적(全知的) 존재이면서 진리 그 자체인 전능적(全能的) 존재이기도 하다. 신은 그래서 삼지사방 없는 곳이 없는 무소부재의 전지전능 존재로 규정된다. 그런데 신성을 갖고 있는 인간은 불완전하다. 인간은 신성의 무제한 자유를 본성으로 갖고 있지만 불완전하기에 자유가 더 역설적으로 필요한 상황이 대두됐다. 이 자유는 인간의 불완전을 신적 완전성으로 지향하는데 반드시 필요하다. 어떤 상황이라도 인산이 스스로 선택할 수 있는 자유가 그 최고의 정점에 있다. 사과를 따먹은 에덴에서의 선택은 종교적으로 원죄라고 하지만 이후 선택은 부단히 완전성을 향해 가기에 자연의 원리로 보면 자유가 깃든 무죄다. 자유는 신과 인간 사이를 오가는 영혼이다."

Q. 자유의 본질을 설명하는 의도가 이해된다. 하지만 현실에서 자유의 개념을 보다 명확히 이해할 수 있도록 해야 한다고 본다. 우리가 살고 있는 사회나 국가에서 자유의 본질은 무엇인가.

A. "간단히 정리해 보면 이렇다. 인간은 누구나 에너지 역학으로 보면 지구 중력계에 구속돼 있다. 가만히 정지해 있어도 인간은 힘을 쓰고 있는 것과 같다. 힘이 더해지는 가속도 또한 중력이다. 정지하고 있어도 힘이 드는 과정이고 움직이면 더 힘이 들어 일이 되고 노동이 된다. 인간의 몸뿐만 아니라 정신계 영역도 같은 원리로 힘이 든다. 이것이 영육(靈肉)에 모두 실재하는 에너지이며 자유의 실체다. 다시 말해 자유는 힘을 들이는 자연의 운동 메커니즘이다. 힘들지 않고 편안한 자유는 없다. 힘을 쏟는 일에는 수없이 다양한 고통이 있을 뿐만 아니라 예고 없이 찾아오는 어려움들이 추가된다. 자유는 그래서 고통과 두려움을 본질로 안고 있다. 자유는 이를 통해 달콤하고 맛있는 결실들을 만들어낸다. 결실을 향해 가는 생명의 자연스러운 운동 상태인 것이다. 이 운동은 저항을 띠지만 그런 환경이 자유를 존재케 하는 그리고 자유를 더 자유답게 한다. 힘든 저항에 늘 부딪치고 두려움이 몸을 감싸는 우리의 일상적 삶들은 곧 자유가 있다는 증거다. 저항과 두려움이 클수록 더 큰 자유를 누린다. 피하지만 않으면 된다. 값진 결실은 더 많이 맺어진다. 물이 인간과 자연이 생명수인 것처럼 자유는 일과 노동을 통해 돈이란 부가가치 결실이 만들어지는 시장에서 역시 생명수다."

Q. 자유의 본질에 대해 새로운 해석이기에 신선하다. 하지만 본래 구속이 고통이고 자유는 행복하다고 정의해야 맞는 것 아닌가.

A. "구속은 당연히 고통이다. 이는 신체적 구속에 초점을 둔 고통이라고 본다. 신체적 자유 못지않게 정신적 자유가 소중하다. 정신적으로 강제 세뇌를 당하거나 자신의 꿈과 희망을 차단당하는 구속이 있다면 신체적 구속 이상으로 고통스럽다. 자유를 통해 자신만의 길을 걸어가고 개척하는 과정에서의 고통은 의식이 겪는다. 정신적 고통은 반드시 두려움을 동반한다. 바로 의식에서는 이런 자유의 고통이 없는 것이 진짜 구속이고 고통이다. 고통과 두려움이 없는 자유를 찾는다면 현실과는 무관한 유토피아다. 정신적 구속의 극단적 현상인 이른바 왕따는 누구에게나 가장 고통스럽다. 그 고통의 실체는 타인들과 자유로운 소통을 하지 못하는데 있다. 자유는 타인들과 교류하면서 힘이 들고 두려운 과정이나 그 고통을 적극적으로 마주하고 끌어 앉는 힘이다. 이는 네트워크 분산 에너지다. 부는 이런 에너지 분산의 원리를 통해 만들어진다. 소유보다 분산의 능력이 부자의 원리에 깃들어 있다. 분산의 에너지를 쏟을 수 있는 일과 직업은 자연이 준 선물이다."

Q. 정신적 자유에 대한 본질을 더 알고 싶다. 우리들 의식이 자유가 있으면 왜 힘이 들어야 하는지 궁금하다. 자유와 얽힌 의식의 정체는 무엇인가.

A. "자유는 의지를 필요로 한다. 의지는 의식에서 나온다. 보통 의식의 출처는 뇌라고 생각하는 경향이 있다. 하지만 많은 과학자들의 실험결과 뇌는 주체가 아니라 장치에 불과한 것으로 확인됐다. 인터넷 망과 단말기 컴퓨터를 비유할 수 있다. 뇌는 정보를 갖고 판단하는 주체가 아니라 망에서 주는 정보와 결과물을 표현하는 장치에 불과하다. 따라서 의식의 원주인은 뇌가 아닌 무엇이다. 과학자들은 그것을 찾기 위해

여전히 고군분투하고 있는데, 끝없이 미시의 세계를 연구하는 노정도 그 때문이다. 종교계 현자들이나 많은 사상가들은 우리가 사는 현상계가 아닌 절대계에 의식의 근원이 있다고 주장한다. 실제로 이 주장들은 수천년간 상당히 타당한 논리와 논거 그리고 사례들을 무수히 쌓아왔다. 아울러 과학은 원자 이하의 세계인 아원자를 넘어 최첨단 이론물리학인 초끈이론을 통해 그 세계를 규명해 나가려 하고 있다. 수학적으로는 '리만가설' 또한 그 열쇠로 부각된 지 오래됐다. 의지와 의식은 인터넷 망처럼 무한히 많은 자연의 네트워크에서 에너지를 가져와 쓸 수 있기 때문에 무엇이든 해낼 수 있는 강력한 에너지다. 네트워크의 망 에너지가 의식의 정체로 강력히 추정되고 있는 것이다. 이는 수많은 수행자들이나 선각자, 현자, 선지자 등이 설파해 온 내용일 뿐만 아니라 노벨상을 받은 일부 과학자들도 동의하고 있다."

> "자유시장은 항상 갈등과 대립이 일어나지만 그 속에서 부가가치가 생성되고 있다. 이 같은 불완전이 잉태하는 돈은 인간과 함께 시장에서 순환하기를 멈추지 않는다."

Q. 자유가 신적인 영역에서 태동해 현실에서 작동하는 에너지라면 인간의 자유가 정해져 있는 것이고 그것은 속박돼 있는 것 아닌가.

A. "중력계에 있는 현실의 자유는 본래 속박돼 있다고 했다. 속박이 없이 자유는 태동하지 않는다. 신성은 그 존재를 드러낼 때 불완전함을 기본으로 한다. 신성의 완전함만 선하고 인간의 불완전함이 모두 나쁜 것이 아니다. 완전과 불완전이 상호 존재를 규정지으면서 자유가 존재해야 할 장(場)을 만들어주고 있기 때문이다. 자유의 역동성은 불완전에

있다. 자유가 존재하는 사회는 늘 불완전하다. 자유로운 사람들이 갈등하고 싸우는 것을 굳이 나쁘다고 볼 이유가 없어진다. 갈등이 자유를 튼튼하게 뿌리 내리도록 한다. 자유시장은 갈등이 복마전처럼 일어나지만 그 속에서 부가가치가 생성된다. 불완전이 잉태하는 돈은 인간과 함께 시장에서 순환하기를 멈추지 않는다. 순환을 통해 결실이 나누어진다."

Q. 자유는 시장경제의 조연 같지만 주연이다. 유달리 부침이 심했던 해방 이후 한국의 자유주의를 깊게 뿌리 내릴 수 있는 새로운 방안은.

A. "자유는 천사도 악마도 될 수 있는 특성을 띠었다. 주연배우로 손색이 없다. 이런 배우를 쉽게 갈아치우면 안 된다. 역대 정권들을 보면 안타깝게도 자유는 숱한 고난의 중심에 있었다. 하지만 자유는 각색이 될 수 없는 영혼이다. 자유를 억압하면 대가가 따른다. 대가는 늘 가혹하다. 자유에 기반해 경쟁하지 않는 사회는 국가와 국민이 가난을 피할 수 없다. 가장 힘든 형벌이다. 가난한 국가들의 면면을 잘 살펴보면 자유의 팔다리가 대부분 묶여 있다. 만물의 에너지를 역동하게 하는 근간을 붙잡고 있는 것처럼 바보는 없다. 자유가 중요치 않다고 생각하는 편견이 훨씬 바보다. 자유를 빼면 뼈만 앙상하게 남는다. 생명의 기운이 사라지면서 끝내 죽어간다. 자유는 시끄럽지만 그럴수록 역동하는 에너지이기에 사회와 국가라는 튼튼한 용기가 잘 보호해 주어야 한다. 그것은 간섭이 아닌 놓아주는 방식이다. 자유로 인해 드러날 다양한 문제들을 중화시킬 장치들이 필요하다. 자유를 생명처럼 생각하는 사회 구성원들이 그 장치다."

Q. 아이들이 자유에 대한 교육을 못 받고 국민들이 자유에 대한 소중함을 몰랐을 때 일어날 수 있는 문제들은 무엇이 있는가.

A. "복제된 아이들이 만들어진다. 일률적인 사고와 정해진 생각의 틀에서 벗어나지 못하는 아이들이 성장하는 것은 국가의 불운이다. 미래가 없는 국가는 국민도 미래를 담보하지 못한다. 자라나는 아이들에게 자유의 소중함을 몸에 체득시키는 것은 국가의 영혼을 지키는 일이다. 공화제 국가에서 자유가 사라지면 공화제라고 하기 어렵다. 북한은 스스로 공화국이라고 하지만 자유가 사라진 나라를 누가 공화국으로 인정하는가. 북한식 정치제제는 자유가 가장 추락한 형태다. 갈등을 인위적으로 눌렀지만 내부로부터 폭발할 가능성은 얼마든지 열려있다. 대를 이어 자유를 억압한 대가는 상상 이상의 혼란을 불러올 수 있다. 우리가 이에 호흡을 맞추면 같은 불행을 맞는다. 대한민국 헌법 곳곳에 스며있는 자유는 근대사에서 그 어느 나라보다 지난한 과정을 거쳐 왔기에 값진 가치를 갖고 있다. 고통의 크기가 큰 자유를 얻을수록 그 자유가 내뿜어 주는 부의 가치는 빛난다."

(2) 부의 현상 2 - 에너지 현상

Q. 자유를 가능하게 하는 의식의 정체가 사람들 간의 네트워크에 분산된 에너지라면 에너지의 정체가 궁금해진다. 에너지는 단순히 힘이라고 생각해 왔다. 그 힘의 근원적인 정체가 무엇인지.

A. "에너지는 일의 원천이다. 자연의 모든 원리는 에너지로 작동한다. 동식물을 비롯한 인간의 생명도 초정밀 장치들이 끊임없이 에너지를 갖고 일을 한다. 일은 가치를 키우는 부가가치를 창출한다. 생명유지의

비밀이다. 우리 삶은 부가가치 에너지로 둘러싸여 있다. 돈은 이 같은 자연의 운동 에너지 결과다. 에너지는 창조의 신성을 갖고 있는 신적 존재에 버금간다. 돈과 인간 그리고 생명은 에너지를 중심으로 사실상 하나로 엮여 있다. 에너지는 수많은 형태로 인간의 문명을 일군 주역인 것이다. 에너지는 인간의 오감에 드러나 보이지 않지만 현대문명의 총 아도 됐다. 단 한시도 없으면 현대문명의 모든 것이 무너지는 전기 에너지는 그 상징이다. 과학자들은 수학, 기하학 등을 통해 에너지 원리를 규명하고 수많은 실험을 통해 이를 증명해 왔다. 그 결과 에너지는 숨은 공신이었고 전지전능의 힘을 가졌다고 해도 무방했다. 에너지는 인간과 물질들을 아우른 용어인 개별자 또는 유한자뿐만 아니라 이들이 생명활동을 유지하고 존재를 가능하게 하는 시공간에도 가득 들어 있다.”

Q. 에너지는 일상생활에서 흔하게 쓰이는 말이지만 흔하게 사용할 수 없는 의미가 함축돼 있는 것을 알았다. 에너지가 만물의 일을 주관할 수 있는 핵심은 무엇인가.

A. “매우 쉬운 듯한 질문이지만 가장 어려운 질문이다. 굳이 비유하자면 뜨거운 온도가 존재하는 이유를 질문하는 것과 같다. 뜨겁다는 느낌은 일상생활에서 흔하게 접하지만 왜 뜨거운 온도가 생기는지에 대해서는 신의 열쇠를 푸는 일만큼 어려운 일이었다. 열 에너지의 정체가 수많은 과학자들을 괴롭혔기 때문이다. 뜨거운 열은 원자들의 **빠른** 운동성에 기인한다는 것을 알아내는데 세계 최고의 엘리트 과학자들이 골머리를 알아야 했다. 에너지의 정체도 마찬가지다. 일을 시키는 힘이

라는 것은 누구나 정의한다. 조금 더 과학적으로 풀면 '질량×가속도' 개념이다. 이 정의로도 만족 못하면 공간에 영향을 미치는 벡터량으로 설명될 수 있다. 더 들어가면 더 많은 설명이 가능하지만 전부 난해한 수학과 과학이 동원된다. 그럼에도 인류는 에너지 본질을 정확하게 규명하지 못하고 있다. 이 힘의 원천은 여전히 탐구 대상이지만 '정보'가 원천이라고 보는 과학자들이 많다. 정보 에너지가 만물의 주관자로 올라서면 모든 것이 풀린다."

> "자유와 의식은 변증운동을 통해 테제(정)와 안티테제(반)가 돼 상호 존재를 확인하면서 진테제(합)인 자유의지로 나아간다. 이어 자유의지는 더 큰 자유(정)가 되고 더 큰 의식(반)으로 나아가면서 더 큰 자유의지(합)를 만드는데, 이처럼 반복하는 나선형 변증운동이 운명을 개척하는 자유인의 모습이다."

Q. 통상적으로 에너지와 정보는 전혀 다르다고 여겨진다. 에너지는 힘이고 정보는 힘이 아니지 않는가. 정보가 에너지라는 것은 억측 아닌가.

A. "정보를 힘으로 받아들이려면 많이 힘들다. 지금 이 문구를 새김질해 보자. 에너지가 정보라는 것을 이해하는데 힘이 든다는 것은 정보를 얻는 과정에서 에너지가 소요된다는 뜻이다. 실제로 수많은 지식체계는 전부 정보다. 이들 지식을 얻고 축적하는데 인간의 신체적·정신적 노동이나 각종 장치의 에너지 등이 투입돼야 한다. 정보는 알려지지 않은 데이터다. 자연에는 여전히 인간이 인지하지 못하는 정보들이 훨씬 더 많다. 이들 정보를 알아 낸 것이 수학이고 과학이며 기하학 등이었다. 이들 모두가 데이터다. 자연 속에 숨겨져 있는 에너지는 정보의 형태로 존재하고 있다는 것이 이해돼야 한다. 이들 정보가 없이는 그 어

떤 것도 운동하지 않고 만들어지지도 않는다. 정보는 지시하고 명령하는 시스템이다. 지시나 명령은 에너지이고 힘이며 일이다."

Q. 정보를 알아 나가는 과정이 에너지 본질을 규명하는 작업이라는 것을 새롭게 알게 됐다. 정보의 정체가 다시 궁금해진다. 정보가 어떻게 작동하는 것인가.

A. "일례로 물리학자들은 블랙홀 '사건의 지평선' 너머에 정보가 있다고 이야기 한다. 이곳은 우리가 사는 3차원(시간차원 움직임까지 4차원)과는 다른 고차원의 세계다. 영화 인터스텔라를 비롯한 많은 영화들이 이런 고차원의 세계를 적잖이 다뤘다. 시공간이 없는 곳이면서 차원이 달라 우리가 도무지 상상할 수 없는 에너지 역학이 있는 곳이다. 철학적인 사유와 종교적 영적 경험을 통해서 그 세계를 상상하거나 간접 체험할 수는 있다. 종교계 수련자들이나 이른바 영적 성숙도와 도력이 높다는 현자들은 고차원의 세계를 체험했다는 무수한 증언을 해 왔다. 대한민국 국기인 태극기도 현실의 세상과 고차원의 세계를 동시에 상징한다. 만물을 탄생시키는 태극의 원리와 음양오행의 조화를 그렸다. 태극은 마치 우주탄생의 시작인 빅뱅의 특이점 처럼 시공간이 없고 모든 것이 한 점에 있다. 동양의 하느님 사상과 견주어도 손색이 없는 만물의 정보가 태극기에 함축돼 있다. 태극기는 고차원의 본질인 이데아를 상징하고 있다. 우리민족의 수천년 사상인 천인 또는 천손의 배경에 바로 정보가 있다는 것을 암시한다. 자연의 섭리는 인간의 오감 범위 밖에서 작동하고 있다는 사실이 틀리지 않다. 그것이 정보다."

Q. 정보가 인간의 인식 밖에 있다면 그 힘은 인간에게 어떤 식으로 존재하는 가. 인간도 정교한 정보로 된 명령에 의해 존재하는 생명체인가.

A. "인간의 몸은 약 70조개에 달하는 세포가 DNA와 RNA 정보에 의해 생명을 유지하기 때문에 죽지 않는다. 아울러 세포의 수명으로 인해 죽은 몸을 주기적으로 갈아 입는다. 인간은 애초 정자와 난자라는 단세포 간의 만남으로 탄생한다. 이후 수많은 신체와 장기가 생기는 성장은 정교하게 그려진 설계도대로 이행된다. 수십만 개의 부품이 들어가는 우주선보다 수천 배, 수만 배 정교한 설계가 현실에 드러나는 것이다. 그 설계의 명령자는 DNA와 RNA다. 세포는 주기적으로 죽는다. DNA는 다른 DNA와 RNA를 끝없이 만들어 생명을 이어가면서 죽어가는 세포들까지 대체시켜주는 명령도 수행한다. RNA 중에는 세포의 죽음을 지시하는 저승사자까지 있다. 초정밀 명령에 따라 생명이 유지되는 인간은 따지고 보면 정보 종합체라고 할 수 있다. 생명이 에너지 자체이기에 정보는 에너지다."

Q. 정보가 명령을 내린다고 해도 그 명령 자체가 스스로 작동할 수 있을까. 정보의 지시나 명령조차 다른 무엇의 영향권에 있을 가능성은 없는지.

A. "정보가 명령체계를 수행하기 위해서는 일정한 패턴과 알고리즘이 있어야 한다. 이것이 힘이 되는 에너지가 된다. 일정한 패턴과 규칙 자체로는 명령이 실행되기 어렵다. 상호 밀고 당기는 인력과 척력처럼 정보의 패턴과 규칙도 서로 반대되는 상반성과 서로 관여하는 상관성을 동시에 가져야 한다. 자연의 섭리가 이런 대칭적 원리를 갖고 있다. 에너지의 원천인 빛이 전기파와 자기파의 밀고 당기는 교란으로 발생한

다. 자연의 언어라는 수학이 질서정연하게 수많은 함수와 방정식을 통해 자연의 숨겨진 질서를 보는 것은 우연이 아니다. 수학을 통해 본 자연에 숨어 있는 동력은 규칙이자 패턴이라고 할 수 있다."

Q. 정보가 힘의 원천이라면 인간은 그 정보를 관장할 수 없을 것 같다. 수학적으로 정보의 패턴을 찾아낸다고 해도 그것을 인위적으로 조정할 수 없지 않은가. 인간은 결국 확정된 운명론에서 벗어나지 못한다는 것 아닌가. 자유도 없는 것이고 운명의 개척도 애초 없다고 봐야 하나.

A. "자연의 현상계 밖에서 일어나는 정보 에너지의 패턴과 규칙은 아직 정확히 규명된 바 없다. 하지만 과학적으로 그리고 수학적으로 규명되지 않았다고 해서 진리가 없는 것은 아니다. 오히려 인간의 잣대

로 진리이며 진실이라고 생각하는 현상들은 인간의 오감으로 지극히 작은 부분이다. 일부 사상가나 학자들은 인간이 만물의 원리에서 인지하고 있는 원리들은 해운대 모래사장의 모래 한 알에 불과하다고 할 정도다. 인류는 수많은 진실을 여전히 모른다고 해야 한다. 모른다면 진리가 아닐까. 인간은 다행히 오감을 넘어 통찰하고 직관할 수 있는 능력을 지녔다. 역사적으로 위대한 지적 탐구를 해온 수학자, 철학가, 사상가들이 그들이다. 그들은 에너지의 원천인 정보 에너지를 완벽히 규명하지 못했지만 정보가 패턴과 규칙의 힘인 것은 부정하지 않는다. 나아가 이들 규칙들은 무한히 생성되고 있다. 예정론에 의하면 운명은 정해져 있지만 에너지 형태들이 무한히 다양한 방식으로 현상계를 드러내고 있기 때문에 운명은 동시에 정해지지 않았다고도 해도 맞다. 자유가 필요하고 존재할 수밖에 없는 배경이다. 자유를 통해 생명은 자존감을 가질 수 있고 운명을 개척해 나갈 꿈을 꾼다. 정보 에너지가 관장한 세계를 자유가 다시 관장할 능력을 갖출 기회들이 현실에서 무수히 생겨나고 있다."

Q. 자유에 기반한 의식, 즉 자유의지가 새로운 세상을 가꾸고 만들어야 한다고 믿고 있다. 자유의지가 누군가의 명령을 받고 있다고 본다면 삶의 희망이 사라지기 때문이다. 자유와 의식은 어떤 원리에 의해 하나로 작동하는가.

A. "변증운동은 나선형 운동이다. 테제(정)는 안티테제(반)를 통해 자신의 존재를 확인하면서 진테제(합)를 이뤄 나아가고 다시 진테제 자체가 테제가 돼 안티테제를 만들어 또 진테제가 된다. 정반합 변증운동

은 이처럼 나선형태로 전진해 나아가기 때문에 에너지를 필요로 한다. 인간의 역사는 물론이고 자연의 현상이 이와 같다. 자유와 의식도 정반합의 원리를 따른다. 자유가 정이면 의식이 반이 되며 합을 이룬다. 이어 그 합은 다시 정이 되고 반을 만들어 또 합을 만든다. 자유와 의식도 대칭성을 통한 '거울의 역할'(상반성)과 '얽힘의 영향'(상관성)을 주고받는 관계다. 이 과정에서 둘 간의 진테제 지속성이 자유의지이기에 상승하는 나선형 운동을 한다. 상승은 무엇인가를 성취하는 과정을 뜻한다. 진테제 속에는 무한히 생성되는 정보 에너지들을 선택할 힘이 있다. 전자기파의 교란인 빛처럼 정과 반의 교란(상관성·상반성)을 통해 나아갈 힘이 생겼다는 것은 현실에서 선택하는 힘의 다른 이름이다. 운명을 개척하는 자유의 모습이다. 이는 매우 강력한 에너지다. 실제로 빛은 에너지 원천이다."

> "자유시장경제에서 목표로 하는 꿈을 이루기 위해서는 만물의 씨앗이자 전부인 에너지의 변화를 일으켜야 한다. 인간의 자유의지가 에너지 원천인 정보(힘)에 영향을 미칠 수 있기 때문에 성공과 실패의 길을 구분하며 나아갈 수 있다."

Q. 자유의지가 운명을 개척한다는 것이 현실로 보면 꿈에 대한 도전이라고 여겨진다. 하지만 모든 도전이 그리고 모든 사람이 성공하지 않는다. 오히려 불행해 빠지는 사람들도 있다. 사유의시가 개척하는 운녕은 실패해도 좋은 것인가.

A. "자유의지 에너지는 '밭'과 '길'이라는 다른 특성을 동시에 지녔다. 자유의지는 사람과 사람 사이인 네트워크가 뿌리를 내릴 수 있도록 하는 밭이 되고 있다. 동시에 네트워크는 자유의지가 다닐 수 있는 길이

다. 자유의지는 자신의 밭을 자신의 길로 활용하는 셈이다. 이 밭은 한계가 없이 퍼져 있어 무한자(절대자) 특성이다. 아울러 길을 같이 갖고 있다는 점에서 유한자(개별자)들을 무한히 초연결하는 '사이 에너지'다. 사이 에너지는 힘과 물질이 차지하는 시공간 이외의 모든 에너지의 통칭이다. 자유 에너지는 이처럼 개별자와 무한자를 넘나든다는 것이다. 사이 에너지가 그 가교 역할을 해주면서 현실의 모든 가능성을 열어준다. 이는 자유의지가 성공과 실패를 가르는 원인으로 작동한다. 자유의지로 도전을 해도 불행에 빠지거나 가난해지는 경우는 똑 같은 도전이라고 해도 다르기 때문이다. 네트워크형 자유의지가 도전이다. 반면 개인적 아집으로 네트워크와 울타리를 치는 것을 도전으로 착각하는 경우가 적지 않다. 전자는 사이 에너지의 힘을 받아 성공하지만 후자는 사이 에너지가 개입할 틈이 없어 실패한다. 네트워크를 밭이자 길로 활용하는 네트워크형 자유의지는 실패하지 않는다. 그 선택 과정에서 개인이나 상황마다 혼돈이 있을 뿐이다."

Q. 네트워크형 도전의 개념을 알지만 알고도 실천하지 못하거나 안 될 때는 어떻게 해야 하나.

A. "크게 보면 두 가지의 안 되는 요인이 있다. 자신의 정체성이 잘못된 경우가 있고 외부의 원인에 의한 경우도 있다. 전자는 시간을 필요로 한다. 동시에 훨씬 더 많은 노력을 수반한다. 그 하나가 자신을 명함으로 생각하는 일이다. 명함은 일종의 사이 에너지 역할을 한다. 자신과 타자들 간의 관계에서 힘을 주고받아 교류하는 중심에 자신을 늘 놓아야 한다. 힘을 매개한다는 것은 경쟁이자 사랑이다. 빛의 교란 원

리다. 에고를 버리고 상황에 몰입할 때 누구나 가능하다. 후자는 자유의지 자체에 대해 의문을 갖거나 부정하게 한다. 국가의 정치체나 문화적 요소가 자유의지에 대한 호불호를 가르기도 한다. 공화정이 아닌 공산주의는 인간의 자유의지 자체를 사실상 부정하고 통제한다. 반칙이 많은 사회, 분배 우선주의 사회도 자유의지 자체를 부정적으로 보게 한다. 이런 사회에서는 자기통제가 가장 큰 변수가 된다. 끝없이 자신의 내면을 관찰하면서 능력과 자존감을 키워가는 노력을 게을리 하면 안 된다. 상황논리로 면피를 하기 좋아하면서 도전하는 행위는 필연적으로 망하는 자살행위다. 빈부는 반드시 인과율의 법칙을 따른다. 알면서도 실패하는 것이 아니라 모르는 것을 안다고 착각한다는 사실이 실패의 원인이다."

(3) 부의 현상 3 – 돈과 인간의 질서

Q. 인간과 돈이 상호 호흡하면서 신성의 역할을 수행한다고 했다. 돈이 인간의 자유와 얽혀 한 몸처럼 움직인다고 했다. 어떻게 무기물인 돈이 유기물인 인간 또는 그 영혼인 자유와 하나가 될 수 있는가.

A. "앞서 자유는 힘을 쏟는 행위라고 언급했다. 생명은 힘을 쏟지 않으면 죽는다. 중력장이 미치는 곳에서는 가만히 있어도 일을 하는 상황이 지속된다. 인간에게 자유로운 힘이 없으면 생명의 존엄권 자체가 사라지는 것이 자연의 에너지 얼개다. 인간이 존엄성을 확보하고 주체적인 자아를 형성하는 배경에 선택 또는 결정을 하고 움직이는 이 같은 '자유의 권능'이 있다. 그런데 자신이 갖고 있는 자유 에너지를 투입할 때 소유하고 있던 에너지가 나간다. 일을 강하게 할수록 강한 에너

지가 발산된다. 열심히 일할수록 더 많은 에너지를 써야 한다. 고에너지를 일에 발산할수록 이른바 효율이 오르기 시작한다. 효율은 나간 에너지보다 더 많은 에너지가 들어오는 시스템이다. 돈의 근간인 부가가치가 탄생한다. 인류는 이 부가가치를 소통하면서 한 단계 시너지를 더 일으켜 더 많은 돈을 만들어 왔다. 돈과 인간은 하나로 엮였다. 자유의지가 모두 동행한 결과다. 돈은 무기물이지만 유기물과 하나가 돼 순환된다. 생명이 아닌 원자가 생명의 씨앗이 되듯 돈은 유기물인 생명을 유지시키는 씨앗이다. 오늘날 수많은 화폐는 거짓 가치이기에 돈이 아니다."

Q. 돈은 상식적으로 화폐다. 돈을 생명의 원리와 그 부가가치로 본 것은 이해하지만 화폐가 돈이 아니라는 것은 논리가 맞지 않는 것 같은데.

A. "다시 강조하지만 화폐는 돈(Money)이 아니다. 화폐는 통화(currency)다. 실물가치보다 포장돼 유통되는 화폐는 종이이거나 쇳가루에 불과하다. 모두가 가치가 있을 것이라고 단지 믿어주는 게 화폐다. 그래서 신용이란 멋진 말이 붙지만 실체는 본질가치가 없는 공동의 빚이다. 모래사장에 호화누각을 지은 것처럼 화폐의 부풀려진 가치는 꺼지면 사라지는 거품이다. 종이화폐 가치를 금으로 보관했던 달러의 금태환 제도마저 오래전에 사라졌다. 이후 국가의 담보와 공동의 신용이라는 화폐가 시장을 집어 삼켰다. 본질가치인 돈을 유통시키기 쉽게 하기 위한 수단에 불과했던 화폐는 이제 확고한 지배자의 자리에 올랐다. 현대 금융자본주의 이자율 기반 시스템은 여전히 거짓 풍요를 키우고 있는 중이다. 위험을 자발적으로 키우자 돈에 대한 막연한 나쁜

인식이 확산돼 왔다. 이는 자유시장경제의 발전을 가로 막고 있다. 화폐는 머지않은 장래에 수명을 다할 것이다. 화폐의 흐름을 읽지 못하면 힘겹게 쌓아 놓은 부를 도둑질 당한다."

Q. 화폐가 돈이 아니라면 혼란스러워 진다. 현대 자본주의에서 화폐를 소유할수록 부자가 되는 것은 맞지 않나. 돈의 특성을 조금 더 확실하게 설명해 주었으면.

A. "일에 힘을 쏟는 인간이 자존감을 갖고 효율을 창조해 가는 과정이 돈을 버는 삶이다. 이는 직업적 소명의식이나 행복감으로 표현된다. 인간이 이런 활동을 하는 전 과정이 곧 돈이라는 것이다. 또 수많은 사람들이 서로 소통하며 시너지를 내야 하기 때문에 돈은 순환을 하지 않으면 안 된다. 인간이 만든 재화나 서비스가 돈과 하나가 돼 같이 숨 쉰다. 돈이 순환할 때 일의 결과이자 본질가치가 아닌 이자는 인간의 사치 본성과 교만을 부른다. 화폐를 지나치게 쫓으면 영혼이 빠져 나가기 시작한다는 것이다. 심성이 황폐화 되면서 자유의지도 약해져 간다. 부가가치가 탄생하는 일을 선택하기도 어렵게 된다. 반면 책임 있는 직업정신은 아레테(Arete, 탁월성)로 표현된다. 아레테는 돈이 들어오는 관문이다. 화폐는 탐욕의 문을 열지만 아레테는 책임의 문을 연다."

Q. 사람들은 돈을 소유해야 한다고 생각한다. 자신의 손에 없는 돈은 돈이 아니라고 생각한다. 통상이나 등기부등본에 숫자나 자신의 이름이 올라 있어야 돈이 있다고 생각한다. 이렇게 소유하는 것이 부(富)가 아니라고 하는 것은 어불성설 아닌가.

A. "현대인들이 돈을 소유하는 방식이 틀렸다고 하지 않았다. 부자가 되려면 방식을 달리해야 한다고 했다. 부자는 돈의 많고 적음의 기준이 아니다. 가령 수백억대 돈을 가진 사람의 주변인들이 전부 1000억대 돈을 갖고 있다면 부자라고 할 수 없다. 부는 경쟁 우위가 핵심이다. 다른 사람들보다 상대적으로 많이 갖고 있거나 보다 많은 재화 또는 서비스를 구입할 힘이다. 이 힘을 갖고 있지 않으면 언제든 갖고 있던 부가 쉽게 빠져 나간다. 당장 소유하는 것에 집착하면 돈이 잘 벌리지도 않을 뿐만 아니라 설사 번다고 해도 거품처럼 손에서 빠져 나가는 상황을 간과하거나 모른다. 소유하고자 하는 의지가 강하다면 퍼텐셜 에너지 (Potential energy, 위치에너지)를 항상 유념해야 한다. 운동하고자 하는 잠재된 에너지가 현재 운동하는 에너지보다 강할 때 부의 기운이 몰린다. 운동 에너지는 소유욕이지만 위치 에너지는 소유한다고 하지 않는다. 퍼텐셜 에너지는 네트워크에 분산돼 있으면서 강한 힘으로 돈을 끌어들인다."

> "돈은 시장에서 반드시 순환을 해야 하기 때문에 움켜쥐려고 하기 보다 놓아주면서 순환의 바퀴를 크게 굴리는 것이 부의 길로 가는 길이다. 순환을 크게 시킬수록 자신은 물론 다른 사람에게도 거쳐 가는 돈이 많아지면서 모두에게 혜택이 가는 부를 이루게 된다."

Q. 분산을 통한 소유개념이 잘 와 닿지 않는다. 돈을 버는 동시에 쓰는 능력을 생각하는 것이 부(富)라는 논지도 이해는 되지만 어떻게 행동해야 하는 것인가.

A. "부는 경쟁과 차별이란 요소를 반드시 머금는다. 따라서 부는 자신

이 소유한 절대적인 양이 중요하지 않고 돈을 쓸 수 있는 가치가 중요해진다. 부는 그래서 소유보다 더 가치 있게 쓰거나 쓸 수 있는 잠재적 능력이다. 부를 이루고자 한다면 이 원리를 따라야 한다. 인간은 혼자만으로 살 수 없다. 현대사회는 특히 수없이 얽히고설킨 네트워크 사회다. 부는 관계의 망에 일의 가치를 심는 과정이다. 쉬운 말로 일을 누가 더 많이 효율적으로 해서 돌아올 부가가치 양을 키우는 경쟁이다. 효율은 보다 많은 사람들에게 구매력을 키우는 일이다. 경쟁을 통해 일의 부가가치에서 앞서 나가면 부는 네트워크로부터 자연스럽게 들어온다. 돈을 버는 것도 사회 관계망인 네트워크에 있지만 버는 힘도 분산된 네트워크로부터 얻는다."

Q. 구매력에 대한 새로운 시각도 관심이 간다. 구매력을 네트워크 능력이라고 했기 때문이다. 그렇다면 돈이 자신의 주머니에 없는데 어떻게 부자라고 할 수 있는기.

A. "주머니에 있는 돈을 계산하면 속된 말로 쌈짓돈 마인드다. 자신의 주머니로 들어오고 나가는 것을 계산해 더 많은 돈이 있으면 부자인가. 구매력은 단순히 들어오고 나가는 차액으로 만들어지지 않는다. 오히려 그런 계산을 하면 구매력은 떨어지고 더 가난해진다. 구매력은 소유할 돈부다 앞으로 돌아올 돈의 개념이 훨씬 중요한 개념이다. 소유가 아니라 큰 순환이다. 작은 순환이 바로 쌈짓돈이다. 작은 순환은 빨리 돈다. 큰 순환일수록 느리게 놀기는 하지만 많은 돈이 자신을 거쳐 간다. 그 순환을 강력하게 하는 분산의 능력이 부자 될 확률을 높인다."

Q. 큰 바퀴를 굴릴 때 구매력을 통해 자신이 일한 만큼이나 그 이상으로 돈이 자신에게 들어올지 여부를 어떻게 확신하는가.

A. "돈을 쌓아둔 채 순환을 시키지 않는 사람은 돈을 순환시키는 사람보다 절대 부자가 되지 못한다. 오히려 언젠가 가난으로 떨어질 공산이 크다. 이유는 돈이 네트워크에 분산돼 있지 않기 때문이다. 더 많은 분산능력을 갖출수록 더 많은 돈이 들어오는 것은 상식이지만 실천이 어렵다. 위험요인이나 돌출변수가 발생할 수 있기 때문이다. 분산능력은 이들 위험과 변수에 대응하는 헤지(위험분산)까지 해야 할 힘을 필요로 한다. 그 힘이 능력이다. 존경받는 성공을 이룬 많은 사람들은 순환의 정신으로 무장해 있는 경우가 대부분이다. 개인이든 기업이든 돈 울타리를 쌓아 부자가 되겠다는 욕심이 클수록 화를 당한다. 돈이 자신에게 돌아올지 여부를 너무 계산하지 말아야 한다. 돈은 크게 순환시킬수록 더 많은 돈이 자신에게 머무른다는 공식은 수학의 공리처럼 법칙이다. 설사 변수가 있더라도 그만큼 회복된다는 질서를 믿어야 한다."

Q. 구매력이 기업의 제품이나 서비스의 바잉파워에 국한된 것이 아니라 개인의 부가가치 능력이라는 논지인가. 돈을 순환시키고 분산하는 능력의 실체는 무엇인가.

A. "두 가지를 잘 살펴봐야 한다. 하나는 돈 자체의 모습이고 또 하나는 돈이 흐르는 시장이다. 우선 많은 사람들이 돈에 대해 편견들을 갖고 있다. 돈은 무섭고 냉정하다는 시선이자 생각이다. 돈을 번다는 것에 대해 많은 사람들이 좋게 보지 않는다. 부자에 대한 편견도 많다. 돈의 이런 모습이 있는 것이 틀리지 않다. 하지만 돈을 순환시키기 위해서는

편견을 버리거나 접어두어야 한다. 돈에는 인간의 생명 또는 그 생명들의 질서가 함께하고 있는 것이 진실이다. 가족 그 이상의 존재다. 이를 굳이 무서워하거나 멀리할 이유가 없다. 설사 돈을 벌기 위해 혹독한 고통의 길을 가고 있다고 해도 그것은 돈 때문이 아니다. 돈은 사람들 자신의 양심과 얼굴을 반추한다. 돈에 대한 편견은 돈이 벌리는 네트워크에서 멀어지게 한다. 돈은 자신뿐만 아니라 가족의 생명을 살리는 에너지다. 나아가 돈은 곧 국가이며 국민 전체의 목숨 줄이다."

Q. 돈의 순환능력을 키우기 위해 돈이 흐르는 시장에서 유념해야 할 점은 무엇인지.

A. "돈은 선악을 공유한다. 아니 선악은 하나라는 생각의 전환이 돈을 순환시킬 수 있는 출발이다. 돈을 버는 과정에서 지나치게 선악을 보면

안 된다. 윤리와 도덕을 내팽개치라는 이야기가 아니다. 오히려 책임이라는 강력한 도덕으로 무장하지 않으면 돈을 순환시킬 능력이 약해진다. 또 돈의 선악을 보지 않아야 하는 이유는 돈만을 쫓지 않는 방법이 가장 확실한 길이기 때문이다. 과거의 영화(榮華)나 미래의 뜬구름에 빠지지 않는다. 효율을 높이는 방안에만 몰입하게 되는 것이 돈을 순환시키는 운전대라는 것을 알게 된다. 그 효율은 모두에게 이롭다. 진정성 있게 네트워크에 공동선의 부가가치를 키우는 것이 돈을 순환시키는 가장 강력한 힘이다. 반대로 돈만을 쫓다가 대부분 실패하는 사람들은 돈을 미워하고 무서워하면서 증오까지 한다. 선악을 지나치게 가린다. 그 결과는 무책임, 무소신, 게으름, 회피, 나태, 무력감 등으로 나타난다. 이는 자연의 본질 또는 본성과 어긋난다."

> "선악의 모습을 하나로 갖고 있는 돈에 대해 경멸하거나 두려워하면 자신의 내면이 악한 상태에 있는 반증이다. 돈의 선한 기운인 생명, 사랑, 책임감을 강하게 가질 때 부의 기운을 자연스럽게 가질 수 있다."

Q. 서양의 이데아, 동양의 도(道) 등 자연의 본질이 있다고 해도 극적 모순을 하나로 조화시키는 능력이 인간에게 가능한 것인가.

A. "유무상생(有無相生)과 유무합일(有無合一)은 광의로 보면 같은 뜻이다. 하지만 현실에서 유무의 합일은 불가능하다. 상생 속 본질에 합일이 들어있다고 봐야 한다. 따라서 극과 극의 상생은 우리 현실에서 적을 적으로 간주하지 않고 고통을 고통으로 수용하지 않는 태도다. 행복도 행복으로 오만하지 않고 슬픔도 슬픔으로 받아들이지 않는 특성이다. 상생은 곧 부족함의 최대치 상황인 '결핍의 임계치'에 항상 서 있음을 바

라볼 줄 알아야 한다는 뜻이다. 항상 불만으로 가득 차 있으라는 의미가 아니다. 오히려 가장 위험한 아슬아슬한 상황을 수용하는 것에서 나아가 그 위험의 극대치를 유지해야 한다는 것이다. 만물이 우리 현실에 드러나는 원리가 이와 다르지 않다. 드넓은 우리 우주도 중력이 수천 조분의 1 만큼만 달라져도 한 순간에 파괴된다. 벼랑 끝 위험한 역동은 대칭적으로 가장 안정적인 본질을 비춘다. 인간의 능력은 무한하다."

Q. 마치 인간에게 신적인 능력을 요구하는 것은 무리라고 본다. 부족함이 많은 인간이 신처럼 완전할 수 없다고 보는데.

A. "극과 극의 합일은 사라짐이다. 물론 본질로 남아 있겠지만 현실에서는 존재하지 않는 법칙이다. 대칭은 하나가 되면 없음이다. 극과 극의 완벽함은 현상계 삶의 원리가 아니다. 과감히 혼돈에 나서는 임계치에서의 활동이 지혜로운 판단을 이끌어 내고 경쟁에서 이기며 효율을 만들고 돈을 만든다. 이율배반의 상생 논리를 몸에 체화시킬 때 좋은 운명이 만들어지고 강인해 진다. 완전해지려고 극과 극을 부정한다고 한다면 거짓말이다. 그 순간 두려움에 가득차 상황을 피하거나 도망 갈 자세를 취하는 자신을 보면 된다. 완전성을 주장할수록 그 의도를 의심해야 한다. 완벽함은 없다. 극과 극의 상생을 위해 그리고 극과 극의 이데아를 실현하기 위해 현실의 사람늘은 끝없이 자신을 결핍의 임계치로 올려놓아야 한다. 이 때 앞으로 나아갈 정확한 길이 보이고 돈의 길목이 보인다."

(4) 부의 현상 4 - 자유시장 가치

Q. 시장은 재화와 서비스가 유통되는 곳인 만큼 돈이 순환된다. 돈과 재화 · 서비스의 큰 순환이 돈을 버는 순환이라고 했다. 어떻게 해야 큰 순환을 할 수 있나.

A. "시장은 냉혹하다. 그리고 차별화 돼 있다. 시장은 절대 평등하지 않다. 이를 받아들이는 것이 당연한 태도이어야 하지만 많은 사람들이 어쩔 수 없이 수용하는 경우가 본능적으로 많다. 이를 선제적으로 수용하고 오히려 끌고 가는 것이 돈을 크게 순환시키는 시작이다. 그 하나의 방법이 역설적으로 돈을 놓아주는데 있다. 많은 사람들이 시장의 용서 없는 차별과 불평등 때문에 돈을 움켜쥐어야 한다고 생각한다. 하지만 이런 태도는 자신을 평등한 게임에 올려 놓으려는 욕심이다. 이는 시장의 공정한 경쟁을 자신도 모르게 방해한다. 평등하고자 한 마음이 절대 평등한 것이 될 수 없다는 시장의 질서를 자신이 가장 잘 안다. 시장에서 평등에 대한 끌림은 욕심을 넘어 탐심이다. 그 조차 모르면 경쟁에서 패하고 가난으로 떨어진다. 위험한 환경을 상황논리로 피하려 하면 섬뜩한 시장의 칼은 언제나 자신을 향한다. 자유시장의 질서는 냉혹하다. 이 질서에 순응하면 돈의 순환을 크게 돌린다."

Q. 시장은 경쟁도 중요하지만 공정한 룰이 더 중요하다고 생각한다. 반칙을 하는 행위가 있어도 그것을 경쟁이라고 수용해야 하나.

A. "공정한 룰이라는 전제가 있어야만 경쟁이 빛을 말한다. 공정하지 않은 룰로 시장이 돌아가면 그 시장 전체가 나락으로 떨어진다. 국가

적으로는 망국이다. 공정한 룰은 돈을 순환시킬 수 있는 시장의 필수 조건이다. 그래서 반칙에 대항하는 방법은 정면돌파다. 반칙하는 경쟁자에게 강하게 맞대응할 수 있는 지렛대 법칙이 자유시장에서 일어나는 경쟁의 실체다. 씨름이나 유도를 생각하면 된다. 다만 반(反) 지렛대 원리다. 반칙은 경쟁에서 이기기 위한 잘못된 일념을 쏟는 행위인 만큼 엉뚱한 곳에 에너지를 쏟게 된다. 이 때 자신의 직업적 완성도인 아레테(Arete, 탁월성)에 지렛대 삼는다는 것은 큰 그림을 그리는 행동이다. 경쟁자의 반칙은 오히려 큰 돈을 순환시킬 기회다. 경쟁자 중 반칙자들이 많다는 것은 큰 부자가 될 토양이라고 믿으면 틀리지 않다."

Q. 경쟁에서 반칙에 대한 배수진을 치는 것이 가장 어려운 일이라고 본다. 반칙에 대응할 수 있는 최선의 태도는.

A. "생명의 질서에는 본래 반칙이 없다. 반칙 자체가 없다는 것이 아니고 반칙이 이길 상황이 만들어지지 않는다. 이 질서를 믿는 것이 배수진이다. 반칙을 반칙으로 대하지 않는 태도로 낙오할 순간에 그 배수진을 친 각오가 최종 승리자를 결정한다. 반칙의 차별을 받아들인다는 각오는 자유시장의 혼돈을 믿는 것이기에 쉬운 일이 아니다. 그래서 이 배수진은 강력한 자유의지에서 나온다. 눈앞에 보이는 실리를 더 의심하고 반칙을 넘어서는 통찰과 직관을 더 중시하게 된다. 이는 시장의 생명수인 자유의 힘을 키우는 일이다. 이 의지가 커질수록 부가가치 효율을 키운다. 효율은 네트워크에서 다른 사람들과 시너지를 내면서 더욱 커진다. 부의 문이 보이고 그 문을 용기 있게 두드릴 수 있는 행동

이 나온다. 문을 열어주는 사람은 물론 없다. 문을 노크하는 것은 반칙을 이긴 용기이고 두려움을 극복한 습관이다. 이 문은 굳이 열지 않아도 저절로 열린다는 것이다. 문을 들어가면 이미 효율이 배분된 네트워크가 눈에 들어온다. 돈은 네트워크를 통해 들어오기 시작한다. 반칙의 차별을 각오한 배수진은 자유시장의 아름다운 꽃이다."

> "자유시장에서 상존하는 경쟁의 정체는 경쟁 상대로 인해 부족함(결핍)의 지속적인 정보를 얻고 그것을 기반으로 승리할 기회를 얻는 상태의 지속인 상황이다. 따라서 이 같은 경쟁에서 가장 좋은 정보는 결핍의 임계치에서 최악의 상황을 볼 수 있는 생사의 정보다. 이를 피하지 않고 응시하면 아무리 어려운 장애도 극복할 길을 찾을 수 있다."

Q. 정도를 가면서 경쟁하는 것은 정말 쉽지 않은 일이다. 이를 국가적으로 잘 정착시킨다면 국가와 국민 모두가 함께 부자가 될 것 아닌가.

A. "어느 나라든 공정한 시장경제를 구축하기 위해 애쓴다. 문제는 개인들의 일탈(반칙)이 국가의 노력보다 크면 시장의 질서가 바로잡히지 않는다. 반칙이 일반화 되면 국민 대다수를 범법자로 몰아세울 수 없어 모두가 벼랑 끝을 향한다. 그래서 국가보다 먼저 개인의 수용 자세가 중요하다. 개인은 차별의 질서를 수용하고 나아가 반칙의 차별까지 받아들이면서 창조의 힘이 발현되는 것을 믿어야 한다는 것이고, 이 같은 시장의 치열하지만 비정한 게임에 끝까지 믿음으로 임해야 한다. 이 믿음은 생명의 존엄성을 지키는 자기 자신에 대한 영웅적 태도다. 그런데 일탈을 이끄는 정점에 요행이란 사악함이 자리한다. 요행은 반칙의 지휘자이다. 치열한 현실의 에너지(직업)와 순수 직관의 에너지(열정)가 합쳐질 때 요행이란 사악함의 유혹을 물리칠 수 있다. 창조는 천사의

선물이지만 위험을 자처하는 계획이다. 요행은 이 계획을 치열하게 방해한다. 국가는 시장에 독버섯처럼 자라는 요행의 잡풀을 지속적으로 뽑아내야 한다. 국가가 이 잡풀을 더 심어 주는 경우가 많다. 국가가 시장에 인위적인 베풂을 행사하면 아름다운 생명의 경연장은 죽음의 땅으로 변한다."

Q. 창조가 번성하는 시장이 아름다운 경연장이라고 해도 꼭 정의가 승리하지 않는 것 같다. 때로는 많은 이율배반적인 일이 일어난다. 이런 모순을 오히려 조화라고 하는 이유가 무엇인가.

A. "세상의 원리는 대칭에 있다. 모든 것이 정반대의 극과 극이지만 조화를 이룬다. 밤과 낮, 남과 녀, 선과 악, 유와 무, 인력과 척력, 음과 양 등은 모두 극과 극이지만 상대가 있어야 존재하는 대칭의 개념들이다. 유무는 상생이고 합일이다. 불연속의 연속도 미친가지다. 연속하지 않지만 연속되는 것이 에너지 역학의 기본원리다. 에너지는 만물을 움직이는 힘이라는 점에서 상극이 되는 대척점 자체가 곧 힘의 시작이다. 엄밀히 모순이고 이율배반인 법칙이 미시에서 거시까지 아우르며 이 세상을 움직이는 정수다. 현대문명의 찬란한 금자탑도 전자의 이동에 따른 극(+)과 극(−)의 조화가 있었기에 가능했다. 우리 태극기의 형상에는 이런 극과 극의 조화 원리가 완전에 가깝게 담겼다. 현실로 보면 모순과 이율배반에 너무 경도되지 말하야 한다는 뜻이다. 무순의 양극단을 모두 받아들여야 한다는 것이다. 정의는 상황에 따라 그리고 입장에 따라 바꾸면서 그 옷을 수시로 갈아입기 때문이다. 완벽한 정의는 없다. 정의를 진실로 잡으려면 정의에 대한 재단을 지나치게 하지 않는

패러독스가 통한다. 양 극단을 아우르는 것이 궁극의 정의이기 때문이다. 시장에서 정의의 사도처럼 신의 역할을 자임할수록 게을러지고 나태해지며 결단력이 떨어진다."

Q. 돈을 벌어야 하고 부자가 되는 과정에서 지탄을 받는 경우가 많다. 자본주의에서 돈을 당당히 벌면서도 훌륭한 리더가 될 자격은 무엇인가.

A. "강력한 자유의지에 기반해 극과 극을 수용하면 무엇보다 두려움이 사라지고 상황을 판단하는 능력이 커진다. 선악을 하나로 수용하면 경쟁자들의 행보가 선명하게 보이고 보이지 않는 생각이 예측된다. 물론 가장 큰 공동선은 분열이 없는 세계다. 하지만 자유시장에서 분열이 없다는 것은 죽음과 같다. 시장은 늘 시끄럽게 움직여야 한다. 음과 양이 부딪치면서 존재하는 방식으로 털털 거리며 나아가지 않으면 안 된다. 시장에서는 존경을 받으려 하면 당당한 부자가 되지 않는 역설이 통한다. 고독한 자세가 극과 극의 조화를 이끈다. 이들은 선악을 지나치게 판단할 때 선보다 오히려 악이 커지는 것을 안다. 시장에서 절대 옳음은 없다. 당당히 돈을 벌고자 하면 되레 시시비비를 가리지 않아야 한다. 부도덕한 일을 하라는 이야기가 결코 아니다. 시시비비는 두려움의 발로인 경우가 흔하다. 두려움을 감추면 수치심을 느끼게 되고 그 수치심은 무책임을 낳는다. 모두를 이롭게 하는 리더의 자질은 많은 고통을 감수하면서도 겸손하고 아울러 고독하면서도 위험한 결단을 주지히지 않고 내릴 때 타인이 아닌 내면으로부터 주어진다."

Q. 결핍상태에서 불만을 갖든 희망을 불태우든 선택은 개인들의 몫이라고 본다. 에너지 충전은 분리이고 방전은 합일이라고 한 의미는.

"경쟁이 치열한 자유시장에서는 공정하지 않은 경쟁이 수시로 일어나 시장의 질서를 위협한다. 대부분 오래가지 못하는 눈 앞의 이익을 탐하는 경쟁자들은 반칙의 유혹에 넘어가 에너지를 엉뚱한 곳에 쏟기 때문에 경쟁에서 오히려 이길 기회가 생긴다. 따라서 반칙을 만나게 되면 초연하게 일로 대처하는 것이 부의 운명적 길을 가게 된다."

A. "결핍은 불만을 촉발하는 것이 맞다. 하지만 그 이후가 운명을 가른다. 불만을 갖고 자포자기 하거나 열심히 살지 않는 부류가 있는 반면 강력한 비전을 세워 결핍을 채워가려 하는 도전적인 사람들이 있다. 충전과 방전을 생각해 보자. 에너지가 넘치는 충전일수록 음과 양의 전하가 많이 분리된 상태다. 방전은 마이너스(−) 전하인 전자가 열심히 플러스(+)를 쫓아가 음양의 전하가 합일될 때다. 붙어있고자 하는 안정상태를 인위적으로 분리해 놓는 것이 찬란한 문명을 떠받치는 강력한 힘의 원천이 됐다. 결핍은 완전을 지향하는 과정이라는 그 자체를 믿어야

한다. 결핍한 상태를 유지하는 마음이 아주 중요하다. 부족하지만 아주 강력한 에너지가 발산한다. 안정을 향해 가기 위한 에너지 방출이다. 진지한 결핍의지는 방전되지 않는 강열한 생명의 자존감이다. 겸손하며 초심을 잃지 않고 어떤 선택에도 초연하다. 대부분 부족함은 에너지가 방전 중이라고 생각하지만 반대다. 네트워크에서 자신의 에너지를 분산하는 과정 중에 있다는 것은 힘이 드는 일의 소명을 다하는 과정이다. 장인(匠人) 정신은 스스로 부족함의 극적 상태를 유지시키는 강한 힘이다."

Q. 결핍 자체를 유지하는 것이 중요하다면 자유시장도 부족함을 자처하며 경쟁한다고 본다. 자유시장이 풍요의 토양이라는 말이 모순 아닌가.

A. "많은 사람들이 부자라는 결과를 중시하고 쫓는다. 이들은 결핍의 상태를 유지하기 위한 노력을 하지 않는다. 결핍이 무엇인지조차 모르는 경우가 허다하다. 자유시장은 부족함을 알려주는 정보 공간이다. 치밀하게 얽힌 네트워크에서 무엇이 부족한지 수많은 정보가 올라온다. 하지만 대부분 그 정보들의 존재 유무 자체를 모르거나 알아도 멀리한다. 정보를 알면 알수록 고통스럽기 때문이다. 결핍함이 보이는 시장의 핵심정보는 체계적인 살생부다. 아주 치밀하다. 이 명부는 마치 블록체인처럼 시시각각 모든 상황의 사건들이 네트워크 사람들에게 공유되고 프리징 된다. 그런데 죽음을 목도하는 사람들의 공유가 시장을 옥토로 유지케 한다. 기름진 땅에서 싹이 나고 크기 위해서는 물과 빛이 필요하지만 비와 바람도 필요하다. 나아가 폭풍우가 불고 가뭄이 들기를 반복하면서 성장하는데, 이 때 살생부에 적힌 시장의 질서는 바뀌기를 반복한다. 결국 시

장에서 정해진 운명은 없다. 생사에 대한 정보가 확연히 보일수록 운명이 뒤바뀌기를 반복하는 이율배반이 통한다. 자유의지가 태어나는 토양의 모습이다. 자유시장의 가치는 삶과 죽음을 초월한 영혼의 모습이 인간의 자유의지에 담기는데 있다. 신성과 소통할 수 있는 자유시장은 풍요롭다. 인간은 시장에서 모든 것을 창조하는 것이 가능하다.

(5) 부의 현상 5 - 부의 잠재능력

Q. 모든 사람은 안락함을 추구한다. 돈을 벌거나 사용하는 것도 따지고 보면 그런 안락함을 추구하는 과정이다. 편안함을 추구하는 것이 마치 죄라도 되는 것 같은 논지는 아니라고 보는데.

A. "돈을 쓰면서 그 안락함이 어디서 오는 것까지 꼭 반추해야 한다. 돈을 통해 소비를 하는 행위를 보면 그 안락함의 전제는 자신을 제외한 주변 사람들이 그만큼 일을 하거나 희생을 해야 한다. 인간의 기본생활인 의주식 활동이 모두 그렇다. 먹고 마시며 입는 모든 소비의 과정이 누군가에 의해 힘들게 만들어지거나 만들어져야 할 에너지를 소진하는 일이다. 반대로 자신은 타인들에게 이런 대가 없이 누리기만 한다면 과연 그것이 안락함인가. 누리기만 좋아하고 실제 그것에 빠져 있다면 현실로 보면 소위 졸부나 한량이다. 따라서 안락함과 편안함은 자신뿐만 아니라 주위의 모든 사람들도 함께 누릴 때 의미를 갖는다. 이런 돈의 소통은 곧 인간이 본래 추구해야 할 선함의 교류다. 돈은 본래 선함을 내재하고 있다. 이를 내키지 않아 하거나 오히려 고생이라고 생각하며 회피한다면 부를 일굴 수 없을 뿐만 아니라 부자라도 가난으로 떨어지는 각오를 해야 한다."

Q. 한심한 졸부나 한량들이 있기는 하지만 대부분 사람들은 돈을 쉽게 벌지 않는다. 그 소중한 돈을 사용하는 것 자체가 타인들의 부를 일구는데도 기여하는 선한 행위라고 본다. 소비가 미덕이라고 하지 않는가.

A. "돈을 쓰는 것이 나쁘다는 것이 아니다. 혼자만의 안락을 추구하면 누구도 그 사람을 위해 일방적인 희생을 지속하지 않는다는 것이다. 돈을 쓰더라고 책임 있는 자세가 항상 필요하다. 작게는 가족 그리고 크게는 사회와 국가를 위해 사용하는 방식이 얼마든지 많다. 가령 생산적인 부문에 대한 투자는 돈을 쓰는 것이지만 모두에게 이로운 부가가치 씨앗을 뿌리는 일이다. 베풂의 방식은 더없이 귀한 가치를 갖고 있다. 돈은 이를 통해 아름다운 네트워크를 만들어 간다. 부의 잠재능력은 이 네트워크를 통해 지속적으로 돈이 시너지를 내며 더 많은 돈이 생산되도록 하는데 있다. 반면 나 홀로 만족감에 빠진 행위는 돈의 순환에 긍정적 효과가 전혀 없는 것은 아니지만 효율의 저하로 이어진다. 이런 구성원들이 많은 사회나 국가는 상대적인 부가가치 경쟁에서 패하는 결과를 가져온다. 결국 개인들은 봉급이 떨어지고 좋은 직장도 나와야 한다. 사업가는 매출이 추락하고 쪼그라든다. 돈의 선함도 사악함으로 바뀌기 시작한다."

Q. 부의 의미와 경쟁의 긍정적 의미가 읽혀지기는 한다. 하지만 여전히 돈의 순환 과정에서 많은 사람들은 돈 쓰기를 더 좋아하고 돈의 결핍 상태는 부정적으로 받아들이는 것이 현실 아닌가.

A. "들어오는 에너지를 더 많이 취하고자 하는 것이 경쟁이고 시장이다. 그 에너지를 모아 다시 쓰고 싶다면 결핍의 임계치에 가까이 갈수록 유리해진다. 이는 결과보다 과정의 가치다. 과정을 통해 에너지를

더 많이 얻어야 하는 것이 결실의 원리다. 결과만을 얻는 로또나 이른바 공돈이 삶을 대부분 파멸로 이끈다. 부족함을 끝없이 과정의 가치로 존중할 때 그 결과는 자신이 쏟은 에너지보다 항상 들어오는 에너지가 더 많아지게 된다. 결핍은 세상의 에너지 원천이면서 자유의 기반이다. 시장은 결핍한 것이 거래되면서 부가가치가 쌓인다. 자신에 대한 결핍성을 끝없이 이어갈 때 부의 길을 간다. 결핍을 채우기 위해 일을 하는 것은 힘든 일이지만 행복한 일이다. 돈을 사용하는 안락함의 정체는 충만함의 소비가 아니라 결핍을 통해 이뤄지는 자존감이다."

Q. 책의 본문에 자주 인용되는 사건의 섭리란 용어가 궁금해진다. 결핍을 근간으로 한 모순의 임계치에서 일어나는 사건들을 이야기 하는 것인가.

A. "사건의 섭리는 모순의 극적 임계치 외에 불연속의 연속성이 존재한다. 이는 입자와 파동의 성질이자 디지털과 아날로그 상태의 혼재와도 같다. 양립할 수 없는 상태가 사실상 하나로 이뤄지는 사건의 총합이다. 현상계에서는 일어날 수 없는 일이 거시를 포섭하는 미시세계에서는 엄연한 진리다. 이는 만물의 운행을 주관해 사건의 섭리를 일으키는 에너지 역학이다. 수긍이 가지 않는 모순이 진리이고 진실인 것이다. 나아가 전체가 하나이고 하나가 전체인 자연의 시스템 속에서 벌어지는 모든 사건들은 전부 얽혀 있다. 모순은 양립할 수 없는 것이 아니라 조화를 주관하고 있다. 본질적 측면으로 보면 모순은 결국 없다. 우리가 인지하는 모순은 인간의 오감범위에서 일어나는 특수현상이다. 전우주를 관점으로 하면 지구상의 중력계가 특수한 현상이듯 인간의 인지는 특수한 상황이기에 절대적 고차원에서 벌어지는 모순을 받아들이

지 못한다. 하지만 돈은 그 모순 속에서 잉태되고 순환된다. 부의 잠재
능력이 인간의 현실에 막강한 위력을 발휘하는 이유다."

> "우리가 사는 3차원 이상의 세계가 존재하는 것에 대해 수많은 과학자,
> 사상가, 종교 지도자 등이 부정하지 않아 왔다. 이들 고차원의 세계를 본
> 질(이데아)로 해서 탄생하는 에너지 원리 또는 부의 탄생은 극과 극의 조
> 화와 결핍의 임계치에서 역동하는 '사건의 섭리'를 따른다."

Q. 고차원의 존재 유무가 수학적 공리나 과학으로 확실히 규명되고 검증되
   지 않았다. 어떻게 고차원 세계가 부의 원천이자 잠재능력이 된다는 확
   신을 할 수 있나.

A. "시공간이 없는 곳이 고차원이다. 또는 어떤 방향도 같은 방향인 등
방성의 초공간(무시간, 공간의 탈출)이나 현재 시간만이 존재하는 초시
간(무공간, 시간의 탈출)도 마찬가지다. 이들 모두 우리가 사는 3차원
세상보다 차원이 높은 세계라는 공통점이 있다. 초공간·초시간은 개
념이 다르지만 고차원의 시공간은 같다. 3차원 세계의 시공간이 아니라
는 공통점이 있다는 것은 두 세계가 뚜렷이 구분되는 성질의 것이 아니
라는 뜻이다. 엄밀히 초시간 속 초공간의 존재형태다. 물리학자 등 과학
계는 거시에서 이 같은 시공간이 없는 세계가 있다는 증거를 찾지 못했
다고 해도 대부분 없다고 하지 않는다. 고차원이 존재한다고 강력히 추
론하는 전제하에 많은 논문과 이론들이 나오기도 했다. 블랙홀은 그 상
징이다. 수천억 개의 은하마다 중앙에 존재하는 거대 블랙홀도 마찬가
지다. 사건의 지평선 안쪽에는 시공간이 사라진다고 과학자들은 굳건
히 믿고 있다. 종교 대부분도 고차원 세계가 존재하는 사실에 전혀 의심
을 갖지 않는다. 역사적으로 수많은 현자나 수행자들은 고차원 세계에

대한 경험을 이야기 해 왔다. 따라서 고차원 세계의 존재는 우리 현실이 된지 오래됐다. 고차원에서 일어나는 에너지 역학은 실제 미시의 세계에서 검증됐다. 미시 에너지 법칙이 곧 고차원 에너지 현상으로 포섭되고 있기에 부의 원천이자 그 잠재능력은 무한 가능성을 내포하고 있다."

Q. 초공간과 초시간 속에서 일어나는 일들을 과학과 연계해서 풀거나 인간의 의식과 사랑 그리고 신적 영혼의 견지에서도 담론을 풀었다. 그것을 근거로 확신할 수 있는 내용들은 무엇인가.

A. "미시의 소립자들은 시공간의 영향을 받지 않는 움직임을 보인다. 초공간적 움직임인 공명과 양자중첩 현상은 물론 초시간적 운동상태인 순간이동, 양자얽힘 등이 그것이다. 하지만 초시간 속 초공간적 특징을 감안하면 시공간이 없거나 달라진 에너지 흐름은 분명히 구분하기 어렵다. 책의 본문에서도 초공간과 초시간의 에너지 상태가 섞여 있어 이를 무 자르듯 구분해서 사용하지 않았다. 또 인간의 의식은 시공간의 개념을 초월한 것으로 상정했다. 이는 많은 과학적 데이터들을 근거로 뇌가 의식의 주체가 아니라는데 기반했다. 현상계 사랑은 초공간의 흐름으로 보았고 종교적인 영혼의 사랑은 초시간의 흐름으로 보았다. 과학, 철학, 종교를 지식의 3축으로 보았을 때 현상계를 넘어 고차원이 존재한다는 가설은 틀리다고 하기 어렵다."

Q. 차원에 대한 문제는 인간과 자연의 본질을 규명하는 것이라는 점에서 앞으로 파헤칠 분야가 많다고 느껴진다. 고차원 세계가 현실에서 보편적으로 느껴지는 현상들은.

A. "얼마든지 많은 일을 현실에서 고차원으로 경험한다. 그것은 생각의 범위를 넓히면 인지할 수 있다. 일례로 인간의 인연 자체가 고차원의 현상이다. 만남은 필연적으로 이별을 전제로 한다. 둘은 하나다. 시간차만 없다면 만남과 이별은 중첩이다. 공간이 없어도 방향이 없기에 마찬가지다. 돈을 벌 때도 쓸 때도 사건의 섭리는 하나다. 따라서 돈을 벌 때 쓰는 방식을 동시에 고민해야 버는 길을 확연히 볼 수 있다. 사건의 섭리는 이처럼 모순의 극적 임계치가 삼지사방 또는 도처에서 한 순간에 벌어지는 조화로운 사건들에 대한 총합이다. 만물이 드러나고 생명의 찬가들을 들을 수 있는 일들이 정교하게 벌어지는 현상이다. 마치 신의 조화인 듯 하기 때문에 그리고 신의 맞은편에 있는 현상계에서 벌어지는 극적 조화이기 때문에 사건의 섭리가 곧 고차원의 보편적인 현실이다."

Q. 책은 3차원 이상의 4차원, 5차원, 6차원까지 설명하고 있다. 이에 대해 생생하게 느낌을 가질 수 있는 보강 설명을 해주었으면 하는데.

A. "3차원 이상의 현상들이 근거가 되는 사건의 섭리 속에 들어가면 두려움이 사라진다. 완전히 사라지는 것이 아니라 사라짐의 임계치다. 두려움이 사라질수록 임계치의 위험한 상황들은 보다 정확히 인지되고 확인된다. 수없이 실시간으로 갈리는 운명의 길들까지 보게 되는 혜안이 생긴다. 수련을 통하거나 종교적 체험의 강도가 세면 시공간을 초월해 경험하기도 한다. 이는 현상계를 초월한 4차원(환극)과 5차원(태극) 그리고 6차원(무극)의 영역이다. 고차원 세계는 사건의 섭리가 발생하는 원점이고 본질이며 주관자의 위상을 갖는다. 만물의 주관자는 생명들이 갖는 두려움이 없다. 두려움이 없거나 사라짐의 임계치에 있는 혜

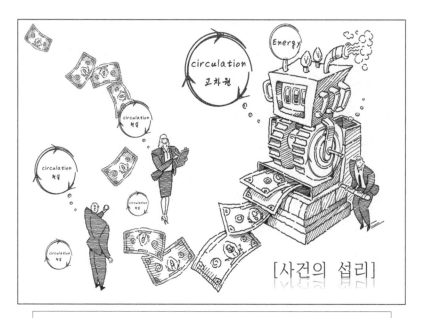

"부족함이나 결핍한 상태는 시장의 부가가치를 쌓는 기반이 되기 때문에 자신의 결핍성을 지속적으로 확인할 때 부의 길을 간다. 이는 사회와 국가 등에 헌신하는 일과 직업적 재능 또는 장인(匠人) 정신으로 구현되는 돈의 이타적이고 선한 속성이자 무한 잠재능력이다."

안은 거의 모든 것을 가능하게 한다."

Q. 고차원이 현실에 투영된다고 하면 거꾸로 3차원 세계의 우리는 그 고차원에 직접 들어갈 수 없는가.

A. "사건의 섭리를 명확히 느끼고자 한다면 고차원을 다른 방식으로 인지해야 한다. 우리가 겪는 현실의 모든 사건들은 주관자가 있기 때문이다. 그 주관자는 절대자 또는 무한자라고 부른다. 철학가나 사상가들은 이를 이데아, 형이상학, 도(道), 군자(君子), 절대이성, 능산적 자연, 로고스 등으로 부르거나 규정했다. 종교적으로는 신, 하느님, 아버지, 예

언자, 옥황상제 등으로 불려 왔다. 과학적으로는 초끈이론이 다중우주론을 펼치며 11차원의 세계까지 나아가고 있어 고차원의 비밀이 풀릴 가능성을 보여주고 있다. 수학적으로는 리만가설이 미시의 패턴을 규명하는 신의 숫자로 규명된다면 역시 그 이상의 질서를 보게 될 것으로 기대된다. 예술적으로는 신과 인간을 오가는 미학이 인간의 오감을 고차원으로 안내한다. 동양의 주역과 음양오행 그리고 한민족 종교 경전인 천부경 등도 고차원의 세계를 의심 없이 신뢰한다. 따라서 우리 인간은 이미 과학, 철학, 종교, 수학, 예술 등의 많은 길을 통해 고차원의 세계와 왕래를 하는 상황이라고 봐야 한다."

Q. 고차원의 세계가 만약 없다는 전제를 한다면 인간 세상에서는 어떤 일들이 일어날 수 있는지.

A. "고차원의 세계가 없다는 상상을 하기가 더 어렵다. 고차원의 세계가 없이는 인류가 이룩해 온 수많은 학문과 지식체계 그리고 사상을 설명할 수 없기 때문이다. 본질이 사라지고 껍데기만 남으면 그 무엇도 의미를 갖지 못한다. 아울러 직관 · 통찰 · 육감 등으로도 시공간을 뛰어넘는 에너지 흐름이 거의 모든 사람에게 느껴진다. 고차원이 없다면 이를 설명할 길이 없어진다. 선험적이고 경험적이며 영적인 수많은 사건의 섭리들이 모두 무력화 되면 우리가 지금 생각하고 판단하며 진리라고 하는 모든 것이 무너져 내린다."

Q. 과학적으로 이해할 수 있는 3차원 이상의 고차원 세계를 현재 우리가 느끼는 시공간으로 비유해 설명한다면.

A. "본문에 있는 내용을 굳이 자세히 재론하지는 않겠다. 3차원 시공간 이상의 차원을 적시한 것은 에너지로부터 출발했다. 에너지는 힘이자 물질이기도 하면서 시공간이기도 하다. 우리가 사는 우주는 엄청난 속도로 팽창을 하면서 에너지가 단방향으로만 흐른다. 우리는 이를 시간으로 규정하고 있다. 과학적으로는 열역학 제2법칙 엔트로피 증가다. 질서에서 무질서로 변하는 방향이다. 하지만 물리적으로 시간은 역주행이 가능하다. 그리고 일반상대성이론에 의해 움직임과 중력에 따라 시공간이 뒤틀리면 자신이 있는 시공간의 현재는 무한히 넓어지고 많아진다. 지금의 현재는 1년 전, 10년 전, 100년, 1000년 전 그리고 1년 후 10년 후 100년 후, 1000년 후 등이 동시에 존재할 수 있게 된다. 이것이 무한하다면 우리는 현재 공간에만 머물러 있게 된다. 자신이 동시에 존재할 수 있는 과거와 미래가 사라진다. 이는 과학으로 밝혀지고 있다. 우리 우주도 시간이 멈춘 것과 다르지 않다. 만물이 탄생한 빅뱅 이전에도 시공간이 없었다."

Q. 부의 잠재능력이 고차원 원리로 응축돼 설명되고 있다. 신은 전지전능의 존재이기도 하지만 그 자체로 진리이어야 하기도 한다. 부가 무한능력을 가졌다면 그 원천인 돈은 신처럼 진실해야 하는 것 아닌가.

A. "돈을 쥐고자 하는 것은 운동성이고 돈을 놓아주는 것은 잠재성이라고 했다. 고차원까지 포함할 경우 운동 에너지보다 잠재 에너지(위치 에너지)가 상상할 수 없이 큰 것은 현상의 모든 힘이 본질로부터 나온 극히 일부이기 때문이다. 무한한 힘을 갖고 있는 본질은 그래서 완벽한 선함이어야 하는 것이 맞다. 돈이 본래 그런 선함을 갖고 있다는 일관된 지론을 폈다. 다만 절대계가 현상계를 통해 드러나듯이 선함도 악함

을 통해 드러나는 사건의 섭리 속에 있다. 돈은 그 과정에서 인간과 엮여 선을 지향한다. 그 지향성 내에 선함을 비추기 위한 악함이 들어간다. 하지만 돈 자체의 악함이 아니라 인간의 질서와 엮인 인간 내면의 선악이 혼재된 양상이다. 돈의 본성이자 본질은 선이다. 우리 인간은 그런 점에서 돈에 대한 무한책임이 있다. 돈의 본질을 구현하는 선을 무한히 실현시켜 나갈 막중한 책임이 주어져 있다. 그 잠재능력을 외면한다면 인류는 파멸적 운명으로 나아간다."

(6) 부의 역학 1 - 결핍의 역동성

Q. 결핍함이 거래되는 시장을 통해 부가가치가 쌓인다고 했지만 의미가 모호하다는 생각이 든다. 구체적으로 자신에게 어떤 결핍성을 확인해야만 부(富)의 길로 가는가.

A. "움직이는 모든 것이 힘이고 일이다. 운동은 물론 가속운동이다. 원운동과 그 연장선상의 파동성이 가속운동 에너지 흐름이다. 결핍은 원운동이 일어나지 않거나 파동운동이 없는 상황을 가정해보는데서 시작한다. 원운동은 순환이다. 멈추지 않는 무한 반복이다. 순환과 반복 모두 치밀한 대칭이다. 이 원운동은 또 좌표상으로 파동이다. 순환성·반복성·대칭성·파동성·지속성이 곧 만물의 기본 운동원리다. 이를 통해 상과성·상반성이 가능해진다. 모든 것이 상대성이다. 생활주변에서만 봐도 시계, 달력, 12간지, 24절기, 360도 등은 이들 원리의 사례다. 결핍은 이같은 자연의 원리에 부합하고자 하는 과정의 가치다. 인간은 초정밀 원리에 완벽히 부합하지 못하기 때문이다. 항상 부족하고 불안해 억지로라도 채우려 하고 완전해 지려 한다. 결핍성은 완전을 지향하는 쉼

없는 목적성이다. 그런데 완전함은 절대성이고 신성이다. 신의 영역에 가는 과정을 멈추지 않되 하나가 될 수 없는 결핍성을 진지하게 인정하고 성찰하며 나아갈 때 겸손하면서도 당당하게 부의 길을 선택한다."

Q. 결핍에 대한 원론적인 설명으로 다가온다. 구체적으로 부가가치를 쌓기 위해 시장에서 결핍성이 거래돼야 한다는 것은 무엇을 뜻하는지.

A. "시장은 재화와 서비스가 상시 거래되는 곳이다. 하지만 완벽한 등가교환이 일어나기 어렵다. 부의 총량이 소진되고 축적되기를 반복한다. 그 결과 자본시장에서는 주기적인 불황이나 공황이 필연적으로 일어난다. 호황과 불황, 대호황과 대공황은 마치 파동처럼 주기성을 갖는다. 역설적으로 이 파동성이 결핍의 거래를 돕는다. 호황과 불황이 상호 교란 하면서 빛의 원리처럼 나아간다. 결핍은 이 교란의 파동성에 또한 관여한다. 호황일 때 불황을 불러들이고 불황일 때 호황을 품고 있다. 상호 결핍성에 의해 에너지가 시장에 흐르면서 역동성이 일어난다. 공급과 구매의 조화로운 가격 형성은 호황과 불황이라는 파동 운동장 안에서 일어나는 일상적인 패턴이다. 공급과 구매는 치밀한 가격을 형성하는 것 같지만 어느 한쪽이 늘 결핍상태를 유지한다는 점이다. 이런 상황이 지속되면서 경쟁이 일어나 시장의 부가가치가 쌓인다."

Q. 경쟁은 시너지를 일으키기보다 손실을 가져오는 경우도 적지 않다. 시장에서 항상 일어나는 과당경쟁이나 출혈경쟁은 그 사례다. 결핍함이 꼭 좋은 것은 아니라고 보는데.

A. "시장이 필요이상의 경쟁을 하는 것도 일종의 결핍이다. 공급이 과잉돼 경쟁이 격화되면 구매력이 상대적으로 작아져 결핍이 일어난다.

구매력 결핍이 심해지면 기업은 도산이나 파산의 위험을 맞아 더욱더 배수진을 칠 상황을 마주한다. 경쟁에 밀리지 않기 위해 더욱 강한 구매력을 일으키는 기업이 나온다. 이 과정에서 본래 없던 시장이 만들어지기도 한다. 실제로 구매력을 새롭게 창조해 가는 사례는 너무나 많다. 시장을 만들지는 않더라도 기업이 구매력을 더 촉발시키고 확산시키는 것은 일반적이다. 신제품 개발, 마케팅 전략, 브랜드 포지셔닝 등에서 기업들은 시장을 확대하는 방식으로 구매력을 키운다. 반면 소비자의 입장에서 소득이 많아지면 구매력이 증가한다는 기대감은 비례하지 않는다. 물론 주머니에 돈이 많으면 구매력이 일어날 수 있지만 그 구매력은 한계를 보인다. 바잉파워가 일시적이거나 생산적인 곳에 순환될 가능성이 적으면 구매력이 스스로 한계를 만든다. 기업의 구매력은 지속적이고 생산적인 방식을 이끈다. 시장의 구매력은 이 같은 순환성 · 반복성 · 지속성을 띠어야만 모두가 부를 향유한다. 개인 중심의 소득주도성장론은 돈의 쏠림현상을 심화시켜 시장을 오히려 왜곡하고 빈부차를 키운다."

> "자연의 에너지 원리는 충만함을 향한 결핍의 상태 속에서 정교한 질서가 만들어진다. 결핍한 질서는 부가가치를 효과적으로 생산하는 과정의 가치를 선사해 준다."

Q. 공급과잉이나 과당경쟁이 아니라 구매력이 너무 높아 공급의 결핍성이 일어나면 시장은 어떤 상황을 보이는가.

A. "반드시 빠르게 보충된다. 중요한 관점은 이때의 구매력도 소비자가 아니라 기업이 유인할 경우가 대부분이라는 점이다. 기업은 전략적

으로 구매력을 높이고 공급량을 조절하기까지 한다. 이윤율 때문이다. 따라서 시장은 과당경쟁은 물론이고 소비과잉이라고 해도 기업이 구매력을 만들고 유지해 간다. 소비자는 자신이 선택하는 것 같지만 기업의 전략에 의해 선택당하는 대상이 된다는 것이다. 그 중심에 결핍을 품은 경쟁이 똬리를 틀고 있다. 경쟁이 결핍의 순환과 반복을 지속하게 하면서 공동의 부가가치를 확대한다. 시장은 부를 확산하는 결핍함의 원리이기에 공돈 또는 퍼주기 식의 시장논리가 개입되면 치명적인 손상을 입는다. 심지어 시장의 근본 질서를 흔들어 버린다. 그 피해는 시장의 구성원 모두에게 미친다."

Q. 시장의 구매력을 기업이 주도하고 일으킨다면 그 부가가치는 기업의 자본가가 가져간다고 본다. 실제로 이런 이유로 빈익빈 부익부 현상이 심화되고 있다고 보는데.

A. "나무만 보고 숲은 보지 않는 편견이다. 큰 바퀴를 열심히 굴리고 있는데 작은 바퀴로 브레이크를 밟는 식의 발상이다. 자본가가 구매력을 일으킨데 따른 이익을 가져가는 것은 맞다. 하지만 자본시장 부의 총량은 그 기업에 속한 사람들에게 모두 혜택이 돌아간다. 설사 오너나 임원들이 더 많이 가져가는 구조라고 해도 이익을 독식하기는 어렵다. 기업 내부에서 결핍성이 발생하기 때문이다. 연봉은 그 상징적 결핍 시스템이다. 기업은 구매력을 높이기 위해 끊임없이 내부의 경쟁을 촉진시킨다. 성과를 내거나 능력 있는 직원들에게는 상대적으로 높은 보수로 대우하는 것이 그 방식이다. 이 시스템은 자본시장 내 모든 기업들의 속성이다. 기업 내부의 결핍성이 유도되지 않으면 시장에서 상대적 우위를

확보하는 바잉파워를 유지하기 힘들다. 이 과정에서 차별은 당연히 존재하지만 경쟁이 많을수록 차별의 간극이 좁아지는 역설이 통한다. 부의 균등함은 인위적 분배나 평등이 아니라 부를 생산하는 방식이다."

Q. 기업에 속한 개인들은 구매력을 키워놓은 만큼 가져가지 못한다고 본다. 마르크스가 이를 잉여가치의 노동착취라고 본 것이 틀리지 않다고 보는데.

A. "자본가가 필요이상의 부가가치를 가져가면 해당 기업은 그만큼 잠재적 경쟁력을 상실할 위험에 빠진다. 반대로 사원들에게 충분한 보상과 대우를 하면 자본가가 가져가는 보상은 적어도 미래의 잠재이익을 더 많이 가져갈 가능성을 확보한다. 자본시장 대부분 기업들이 후자의 선택을 하면서 시장에서 배수진을 친다. 주머니에 있는 푼돈을 세며 이익을 계산하는 기업은 얼마 가지 못하고 파산 가능성을 높인다. 따라서 기업들은 선제적인 행보를 통해 부의 잠재능력을 확보하는데 우선적인 목적을 둔다. 자본가는 투자를 통해 부를 많이 가져갈 잠재적인 바잉파워를 키워가는 것에 항상 사활을 건다는 것이다. 따라서 자본가는 부를 많이 가져가는 환경이 확정된 것을 향유하는 것이 아니다. 미지의 성공확률에 따른 위험투자도 늘 이익이 보장되지 않는다. 선제적 투자에 따른 이 같은 자본가의 결핍은 그래서 필연적인 공동의 이익을 만든다. 자본가는 설사 이익을 많이 가져간다고 해도 그 이익이 항상 자신의 소유로 담보되지 않는 불안한 상황 속에 있다. 그 불안이 모두에게 이로운 이익의 시작을 알린다."

게으름　　　　나태　　　　두려움

> "결실에 대한 결과만을 보면 욕심과 탐욕이 일어나지만 과정의 가치를
> 목적 자체로 보고 결과를 향해 가면 초심을 유지하면서 큰 결실을 얻어
> 낼 수 있다. 반면 초심 없이 탐욕을 갖게 되면 험난한 과정의 가치에 집중
> 하지 못해 위험을 자초한다."

Q. 결핍성을 알려주는 정보 공간이 기업 생태계인 자유시장이라는 말을 이해
　 할 수 있을 것 같다. 정보를 제대로 분별하고 얻기 위한 노하우가 있는가.

A. "노하우가 아니라 태도다. 행동은 마인드에서 나오는 만큼 잠재의
식이 자유시장의 결핍성에 대한 올바른 정보를 습득하도록 해준다. 결
핍에 대한 정보는 인위적인 것이 될 수 없다. 반드시 시장에서 자연스
럽게 발생하는 사건들을 잠재의식의 눈으로 보는 일이다. 활시위나 용
수철을 생각하면 된다. 극한으로 당겨진 활이나 끝까지 휜 용수철은 극
한의 결핍성을 갖는다. 이는 인위적인 것이지만 시장에서는 인위적이

지 않은 극한의 결핍한 정보들이 수시로 넘친다. 일례로 시장에서 1등은 항상 위협을 받는다. 1등은 극한의 결핍성을 유지해야 하지만 외견상 극한값이 아니다. 자신의 결핍 기준이 계속 높아지기 때문이다. 이 기준을 정확히 보는 눈이 중요한 맥락이다. 자신의 능력을 정확히 보는 눈이다. 능력과 현실 사이의 결핍에 대한 판단의 단초는 표면의식을 좌지우지하는 잠재의식이다. 가속운동인 표면의식의 반복이 또한 잠재의식을 만든다. 두려움을 극복한 습관(표면의식)들이 반복돼 쌓여 잠재의식이 될 때 결핍의 눈이 떠진다. 변화무쌍한 결핍의 상태를 매순간 정확히 본다. 경쟁자보다 한 발이나 두발 더 반드시 먼저 나가게 되는 길을 보게 된다. 성공을 담보하면서 이익을 향유하고 공유한다."

Q. 부족함의 극적 상태를 유지해야만 강한 힘이 나온다는 주장과 같은 맥락으로 들린다. 그것은 위험한 선택이다. 그 판단으로 위험에 처했을 때 어떻게 대처해야 하나.

A. "시장에서 독점기업을 지나치게 억제하면 오히려 역효과를 부른다. 또 다른 독점기업이 필연적으로 생길 뿐만 아니라 시장경제 전체에 미칠 부작용까지 감수해야 한다. 독점을 경계하는 효율적인 방법은 독점기업과 같은 경쟁력 있는 기업이 다수 성장하도록 생태계를 마련해 주는 일이다. 결핍의 위험도 마찬가지다. 결핍의 극적 상태를 유지하는 것이 쉽지 않은 매순간 위험한 선택이 맞다. 하지만 결핍의 활시위가 많이 당겨질수록 정확히 보고 멀리 보는 습관이 잠재의식에 쌓인다. 이를 운명이 정해지는 방식으로 봐도 좋다. 위험을 제거하려면 위험한 선택을 해야 한다는 것이다. 위험분산의 효과적인 방법이 역설적이지만

그 위험을 마주하는 일이다. 위험한 상황을 직시하면 그 위험을 분산할 많은 길이 보인다. 이 상황이 부족함의 극적 상태 유지다. 이 결핍의 힘은 부가가치를 동시에 볼 수 있는 많은 눈을 갖도록 해준다. 독점기업을 향한 경쟁 생태계가 보다 많은 큰 기업들의 공동 생태계를 만들어주듯이 위험을 마주할 때 기지의 위험 이외에 미지의 위험까지 선제적으로 대처할 능력까지 덤으로 확보해 더 큰 성장기회를 갖는다. 결핍성의 지속 또는 임계상태의 유지는 성공하기 힘들다는 도전을 당연히 성공하도록 해준다."

(7) 부의 역학 2 - 수(數)의 부가가치

Q. 책의 내용을 보면 수(數)에 대해 일관된 논조로 많은 의미를 두고 있다. 수가 어떤 의미에서 돈과 연결되고 부가가치를 만들어 준다고 보는 것인지.

A. "수는 자연을 이해할 수 있는 소통의 창구다. 자연은 인간의 오감만으로는 인지하거나 인식하기 어려운 원리가 너무 많다. 눈에 보이지 않는 에너지 역학이나 보이지만 원리가 숨겨져 있는 현상들이 그것이다. 수를 통해 이 원리들이 시야에 잡히고 인식을 할 수 있게 됐다. 초정밀의 오묘한 원리가 수를 통해 드러나고 그 원리는 인류에게 거대한 문명의 금자탑을 쌓도록 했다. 문명사가 부의 축적이라는 측면에서 보면 수는 부와 떼려야 뗄 수 없는 관계다. 수는 그래서 미시를 보는 현미경이면서 거시 천체를 보는 망원경이기도 하다. 극미의 이원자 에너지 역학에서 수억광년 떨어진 천체의 현상까지 수를 통해 원리가 드러난다. 따라서 수의 마당격인 좌표의 사용은 기막힌 고안이다. 철학자로 알려진 수학자 데카르트가 좌표를 고안해 낸 것은 인간의 위대한 진보를 가

능케 했다. 좌표계에 표시된 함수는 시공간을 알기 쉽게 이해하도록 했다. 수는 시공간 속의 실존까지 보게 한다."

Q. 수가 자연의 언어라고 하는 의미를 알 수 있을 것 같다. 인류의 부가가치에 공헌한 대표적인 수의 이용 사례는 무엇이 있나.

A. "생명의 원류인 빛이 있다. 빛은 전기파와 자기파로 이루어진 전자기파다. 통상 전파로 불리는 전기와 자기의 정밀한 교란성이 인류에게 생명은 물론 부의 문을 열게 하고 부를 누리게 했다. 인간이나 자연은 가시광선만의 도움을 받지 않는다. 빛은 인간이 볼 수 없는 가시광선 영역 밖에도 많다. 이들 빛을 통해 현대문명의 신기원이 이뤄졌다. 전화, 인터넷, TV, 라디오, 무전기, 핸드폰, 인공위성, 엑스레이 등은 눈에 보이지 않는 파장(빛)이 만들어낸 문명들이다. 또한 밤을 밝히는 수많은 등불을 비롯해 발전기, 밥솥, 엘리베이터, 세탁기, 냉장고, 자동차, 비행기 등 수많은 문명의 이기들이 빛의 역학으로 탄생했다. 엄밀히 전기 또는 전자기의 힘이다. 생명들의 초정밀 작동원리도 이처럼 전자기 역학을 밑천으로 삼는다. 이 역학이 수로 질서정연하게 표현됐다. 수는 빛의 원리를 인간이 인지하고 활용할 수 있게 하는데 주관자 역할을 했다."

Q. 빛은 절대속도를 가지면서 시공간을 휘게 만드는 것으로 안다. 일반적인 물리법칙을 적용받지 않는 이 같은 빛의 원리를 수식으로 계산한 것인가.

A. "당연히 수식으로 만들어졌다. 아인슈타인이 방정식을 통해 빛의 절대속도인 특수상대성 이론과 중력이론(시공간의 휘어짐 또는 가속도)

인 일반상대성 이론을 체계화 한 것은 지금까지도 전무후무한 인류사의 지식혁명이다. 앞서 맥스웰은 전기, 자기, 전기유도, 자기유도 등을 기막힌 4개의 방정식으로 아름답게 풀어냈다. 이를 통해 빛은 시공간의 영향을 받지 않고 빛의 고유속도값이 있다는 것을 알아냈다. 방정식이 빛의 성질뿐만 아니라 시공간의 실체 그리고 나아가 뉴턴이 착각했던 중력의 본질을 알아낸 것이다. 더욱이 빛이 전자기파라는 것까지 확인되면서 인류는 지금 그것으로 만들어진 거대한 문명을 누리고 있다. 그 부가가치가 주는 부의 총량은 상상하기조차 힘들다. 앞으로도 빛과 같이 질량이 없는 암흑에너지 등의 힘이 발견되면 인류는 지금보다 훨씬 빠르고 높은 문명의 진보를 이뤄낼 수 있다. 이 또한 수리로 계산되면서 실험적으로 증명해 가고 있는 중이다."

> "수를 통해 인간의 눈은 보이지 않는 자연과 우주 속 미시와 거시세계에서 만물의 원리를 볼 수 있게 됐다. 자연의 초정밀 원리들을 이용하면서 일의 효율이 획기적으로 높아져 부가 축적되고 문명의 거탑을 쌓을 수 있게 됐다."

Q. 수를 통해 빛처럼 부의 원천이 되고 있는 원리들이 많은 줄로 안다. 수학의 최고 절정이라는 미적분은 어떻게 부의 축적에 기여하는지.

A. "눈에 확연히 보이지 않는 운동하는 모든 물체의 순간 상태를 수로 계산해 누구나 공유할 수 있는 것은 수의 마력이다. 미분과 적분이 인간의 문명에 획기적으로 기여했다. 본래 적분이 먼저 고안되고 미분이 나왔지만 둘은 깊은 관련성으로 통상 미적분으로 불려 왔다. 적분이 곡선으로 둘러싸인 면적을 구하는 기막힌 방법이라면 미분은 움직이는

물체의 운동상태를 알아내는 신의 눈이라고 할 만한 하다. 미적분이 없었다면 거의 대부분 곡선으로 이루어진 현대문명의 수많은 상품들이 탄생되기 어려웠다. 미분 또한 순간속도를 알아채면서 땅, 하늘, 바다에서 움직이는 모든 물체의 운동을 수학적으로 기술할 수 있게 됐다. 이는 이동하는 물체의 운동성을 통제 가능하게 됐다는 뜻이다."

Q. 미적분은 곧 자연이고 문명이며 부라는 뜻으로 설명된다. 좌표 또한 위대한 발견이다. 좌표는 어떤 방식으로 부의 원리에 기여하나.

A. "좌표계는 마술 같은 수의 마당이기도 하지만 인간의 시력이 직접 닿지 않더라도 특정 물체나 유체의 위치를 파악할 수 있게 한다는 점에서 신의 도구라고 말하고 싶다. 지구상의 경도와 위도는 실생활에 응용된 대표적인 좌표계다. 다시 말해 좌표계는 인간의 눈을 대신한다. 전세계의 수많은 비행기들이 좌표 상에서 드러나 인간이 직접 시력으로 보는 역할을 대신 표현한다. 이를 통해 보이지 않는 하늘 길을 정밀하게 운영할 수 있게 됐다. 인간은 작은 화면을 통해 수많은 비행기의 위치를 통제할 수 있다. 이는 도시의 복잡한 지하철이나 빠른 속도로 달리는 고속전철도 마찬가지다. 전투기, 군함, 잠수함 등도 좌표계 속 생명들이다. 좌표가 이처럼 인간의 시력을 대신하면서 효율이라는 부가가치를 획기적으로 키웠다. 좌표 상으로 표시가 가능한 삼각함수도 시력으로는 도저히 확인하기 힘든 천체의 운행을 파악할 수 있는 정밀한 망원경이 돼 주었다. 또한 아원자 이하의 세계를 보면서 양자역학을 발견하고, 그것을 바탕으로 반도체 혁명이 가능했던 것도 방정식의 마술이 깃들어 있다. 수와 좌표는 현실의 거시문명과 자연의 근본원리인 미

시역학의 메가기둥이다."

Q. 원론적인 부분이라 이해는 가지만 수학으로 풀리지 않는 원리들도 있다. 수의 공리들이 오히려 자연의 이해범위를 제한하고 있다는 비판도 있지 않은가.

A. "그렇다. 자연의 수많은 원리에는 수의 체계로 밝혀내기 어려운 현상들이 적지 않다. 수는 모순이 없이 정확한 값이 구해지거나 체계를 갖고 있어야 한다. 근대철학의 아버지로 불리는 데카르트까지 사유가 아닌 수학의 공리를 신성시했다. 하지만 자연은 수의 근이나 해 그리고 함수나 방정식 등으로 풀리지 않는 원리들이 많다. 모순이나 이율배반을 수의 공리로 세울 수 없다는 점이다. 그런데 만물의 원리 중 인과율과는 무관한 신기한 현상이나 운동이 적지 않다. 수 체계로 설명할 수 없는 자연현상이라면 과연 그것이 존재하고 있는 것인지 의심을 하게 된다. 과학자들은 이처럼 수학의 공리에 맞지 않는 방정식을 스스로 버린다. 하지만 수학으로 풀리지 않는다고 해서 존재하지 않는다고 단정할 수 없다. 거꾸로 수학적 접근이 가능하다고 해서 그것이 절대적으로 존재한다고 하기 어렵다. 존재할 수 없는 허수와 소수의 원리인 리만가설 등은 그 애매한 경계선상에 있다. 결국 수에 대한 이해의 범위가 넓다고 해서 인간이 자연의 질서를 많이 안다고 단정해서는 안 된다."

Q. 그럼에도 수는 절대공리를 기반으로 하는 것에 이의를 달고 싶지 않다. 수의 원리는 완벽해야 지식으로 공유된다. 이 같은 수의 역할을 보면 정보와 상통하는데.

A. "수는 반드시 규칙에 맞아야 한다. 이를 절대 공리로 간주한다면 자연은 반드시 수의 규칙으로 이루어진 정보체계다. 상식적으로 이해하기 힘든 물리적 현상이 수의 원리로 밝혀지는 경우도 있다. 양자의 운동성을 밝혀낸 파동함수는 그 사례다. 이를 전제한다면 만물의 질서는 치밀하고 정밀한 수(정보 또는 데이터) 시스템이다. 패턴을 갖는 정보는 지시나 명령이다. 에너지의 원리도 정보의 패턴일 가능성이 높은 이유다. 무기체인 수나 정보를 유기체와 연결선상에 놓는다면 선뜻 받아들이기 어렵다. 하지만 수리를 기반으로 만든 수많은 프로그램이나 기계어들이 움직이는 물체를 제어하고 조정할 수 있다. 원자도 무기물이지만 그것을 기반으로 한 수많은 결합을 통해 유기물인 생명이 만들어진다. 생명을 현상적으로 정밀하게 통제하는 정보체계에 DNA가 있기도 하다. DNA를 넘어 에너지가 만물의 부를 만드는 주역이라는 점에서 그 주역을 통제나 제어 등이 가능하다면 부가가치를 늘이거나 효율성을 높이는 일이 얼마든지 가능해 진다. 인류는 수를 통해 에너지의 효율성을 획기적으로 높여 왔다. 열에너지를 운동에너지로 바꾼 증기기관의 산업혁명은 대표적인 사례다."

Q. 정보의 원리가 수라면 거꾸로도 가능하지 않을까. 수가 정보로 표현되는 사례를 현실에서는 어떤 것들이 있는가.

A. "수가 정보로 표현되는 사례는 너무 많아 일일이 열거하기 힘들 정도다. 수로 가장 표현하기 힘든 것을 예로 들면 이해하기가 쉽다. 앞서 언급한 미적분이다. 수많은 과학자들이 움직이는 물체의 변화율을 알고 싶어 했다. 하지만 그것은 정말 어려운 일이었다. 기울기이자 미분

"인류가 찾아낸 수많은 수학적 공리들은 신의 섭리를 알아내는 위대한 지식혁명의 노정이었다. 앞으로도 수를 통해 자연의 섭리가 계속 밝혀진다면 인간은 신의 도구라고 할 수 있는 수를 통해 신의 손과 같은 부가가치를 지속적으로 창조해 나갈 수 있을 것이다."

계수 또는 도함수로 불리는 순간변화율은 특히 난제였다. 곡선을 작은 사각형의 면적으로 무한히 쪼개는 구분구적을 통해 면적을 계산한 것도 인류의 진보였지만 미분의 발견은 현대문명을 가능케 한 경이로운 도약이었다. 순간변화율을 숫자로 표시 가능하자 움직이는 물체의 운동과 흐름이 인간의 시야에 잡혔다. 이를 원용한 계기판이 없다면 자동차, 항공기, 선박, 인공위성 등의 통제는 불가능하다. 또 전류를 측정하는 선력계 등은 보이지 않는 에너지의 흐름노 측정을 가능하게 했다. 모두가 수를 통한 정보들이다. 이를 통해 부가 거침없이 창조됐다."

Q. 수가 부를 만들어 내는 창조력이 대단하다. 이해가 보다 확실히 할 수 있
도록 또 다른 사례들은 없나.

A. "제곱·세제곱·네제곱 등의 거듭제곱근이라는 지수변화도 놀라운
발견이다. 만물의 운동 원리와 우리 생활에서 변화하는 양상을 계산해
보면 직선의 비례보다 지수변화가 대부분이다. 그만큼 운동성은 거의
곡선이다. 우리가 흔히 접하는 대부분의 통계가 지수변화다. 곡선의 통
계를 통해 우리는 과거의 패턴을 알아내고 미래를 추론하는 것이 가능
하다. 미래 역시 인간의 오감으로 알아내지 못하지만 수는 앞일을 예측
하는 것까지 가능케 한다. 주식시황은 실생활에서 대표적으로 부를 쫓
고 만드는 예측 지표다. 일기예보 또한 수많은 데이터를 통해 수로 표현
되고 미래 정보까지 나온다. 숫자 0의 발견이 이 같은 수의 정보체계에
창조자 역할을 해 주었다. 기준계가 세워진다는 것은 시간의 변화율을
계산할 수 있게 한 신성의 섭리였다. 0이 존재하면서 역설적으로 무한을
가능하게 해 유한을 판단하게 했다. 기준은 무한과 유한을 통해 모든 에
너지 효율을 메길 수 있도록 해 주었다. 0은 수의 어머니 같은 위상으로
부가가치의 자궁 같은 역할을 한다. 순환하지 않는 무한소수 초월수(超
越數) 역시 상수역할을 동시에 하면서 효율을 결정하는 역할을 한다. 원
주율 파이(π)와 오일러의 수 e도 인류문명의 발전에 큰 기여를 했다."

(8) 부의 역학 3 - 카오스 & 코스모스(혼돈의 질서)

Q. 혼돈의 카오스(chaos)와 질서의 코스모스(cosmos)는 상반된 개념이다.
책에서 이들 양자관계를 하나로 역동하고 있는 시스템이라고 일관되게
논지를 펴는 의미는.

A. "열역학 제2법칙에 따르면 만물은 질서에서 혼돈의 단방향으로 나아가고 있다. 우주의 에너지 총량은 보존되지만 엔트로피(entropy)가 증가하면서 무질서가 확대되고 있다. 전진만 하고 후진을 못하는 에너지 흐름이다. 빅뱅 이후 시간도 한 쪽으로만 흐르는 방향성을 갖고 있다. 엔트로피 무한 증가에 따라 환원불가능한 복잡계가 만들어 지고 있다. 인위적으로 시간을 되돌리지 못하는 한 카오스의 확산은 멈추질 않는다. 반면 만물의 원리는 수많은 수학의 공리를 통해 밝혀지듯이 초정밀 질서 시스템으로 얽혀 있다. 수식으로 드러나는 자연의 모든 현상은 곧 정밀한 질서다. 이들 수학의 공리가 틀리면 인간은 물론 자연과 생명들이 존재할 수 없다. 또한 우주가 존재해야 할 우주상수 중 극미의 오차만 있어도 우주는 존재하지 않는 질서가 엄연히 존재한다. 무질서가 확산되면서도 질서가 존재하는 양립이다. 카오스와 코스모스는 하나로 엮여 있다."

Q. 자연의 원리가 혼돈과 질서의 융합 시스템이라는 것이지만 느낌으로 와 닿지 않는다. 질서가 없는데 질서가 있는 느낌을 보다 확실히 이해할 수 있는 근거는.

A. "미시세계의 에너지 역학을 보면 질서와 혼돈의 이중성이 드러난다. 대표적인 것이 현대문명의 총아가 된 전자라는 소립자의 특성이다. 전자는 입자인 동시에 파동이다. 입자와 파동은 양립할 수 없지만 분명히 양립한다. 도무지 종잡기 어려운 극적 모순이 만물의 존재 바탕으로 제공돼 현대문명의 찬란한 꽃을 피웠다. 우리가 사용하는 모든 전자제품은 곧 전자의 움직임이다. 전자는 인간을 비롯한 모든 생명의

원천이기도 하다. 일과 에너지의 씨앗이다. 이 전자는 특히 존재와 확률이 양립한다. 풀어쓰면 '존재할 가능성'이 전자의 존재방식이다. 이는 방정식 파동함수로 풀렸고 실험적으로 수없이 검증됐다. 즉, 전자는 존재할 가능성의 확률이지만 존재가 확실한 정밀성을 동시에 갖는다. 확률은 혼돈이지만 존재는 질서다. 만물의 씨앗에 이처럼 전혀 상반된 원리가 하나로 담겼다. 나아가 미시의 불확실성은 거시의 확실성과 공존하고 있다. 혼돈과 질서가 공존하는 본질은 무수한 현실에서도 드러나고 있다."

Q. 우리가 현실에서 체감할 수 있는 '혼돈 속 질서'가 궁금해진다. 그 중에서도 역학, 명리학, 사주 등은 혼돈보다 질서다. 운명은 정해져 있는 것인가.

A. "중력이론을 감안하면 시공간은 운동에 따른 지연 또는 연장효과 때문에 과거와 미래가 현재로 흡수된다. 수십억년 떨어진 시공간에서 두 물체의 움직임에 따라 과거와 미래의 사건들은 현재가 될 수 있다. 상대의 운동상태에 따라 100년 전 과거나 100년 후 미래가 나의 현재가 될 수 있다는 뜻이다. 이를 감안하면 운명은 정해져 있다. 운명론을 예측하는 많은 원리들은 결국 혼돈이 아닌 초정밀 질서다. 이런 원리가 틀리지 않았지만 동시에 틀렸다. 운명은 정해져 있지만 정해져 있지 않다. 말장난 같지만 아니다. 미시세계 전자의 존재상태처럼 거시세계도 중첩으로 이해하면 된다. 미시의 중첩을 거시로 실험하고자 했던 슈뢰딩거 고양이 사고실험(思考實驗)을 보면 고양이의 생과 사는 동시에 존재하는 중첩상태다. 이는 확률이고 카오스다. 미시의 원리가

거시의 원리로 연결돼야만 만물의 질서가 설명된다. 거시의 치밀한 천체운동을 보면 소위 인간의 사주팔자는 결정된 원리지만 매순간 그 운명이 달라질 환경이 공존한다. 그 환경은 앞서 언급한 무질서로의 진행과 그 확률성이다. 인간의 삶은 타인들과의 얽힘 속에서 무한 경우의 수라는 무질서에 연속적으로 빠진다. 이 무질서조차 정해진 방식이지만 수학의 공리처럼 경우의 수가 무한한 진행형이라면 두가지 현상은 같기도 하고 틀리기도 하다. 보통 이를 수렴이라고 한다. 정해진 운명이 수없이 다변화 하고 있기에 운명은 정해진 것도 맞고 정해지지 않는 것도 맞다."

Q. 무슨 말인지 혼란스럽다. 이해하기 쉽도록 자연의 언어라는 수학과 기하학으로 설명할 수 있는 방법이 있는가.

A. "1과 2는 절대 같을 수 없는 '다름' 이지만 둘은 하니로 수렴된다는 '같음' 이라는 사례를 들어보자. 정삼각형 빗변 두 개의 길이를 2라는 숫자로 표현하고 이들 빗변과 같은 길이의 나머지 밑변은 한 개이기에 1이라는 숫자로 쓸 수 있다. 정삼각형 양변의 중간점을 활용해 내부 삼각형을 두 개씩 무한히 만들어 가면 양 빗변 두개는 밑변 하나로 수렴한다. 엄밀히 두 개가 하나와 같아진다. 적분도 마찬가지다. 일정한 곡선의 공간을 무한히 사각형(구분구적)으로 쪼개 합산하면 사각형 오차 공간들이 곡선으로 수렴해 정확한 면적을 구할 수 있다, 이 정적분 공식이 없었다면 인류의 문명은 존재하기도 어려웠다. 무한히 가까이 간다는 것은 목적이다. 같아질 때까지 무한이 간다면 결국 같다와 다르지 않다. 극한값의 이런 원리는 혼돈과 질서가 하나로 역동하는 자연의 숨

은 원리다. 극한값의 발견은 실로 신의 섭리인 혼돈한 질서를 발견한 것과 같다. 다르지만 같고 하나다. 무한소수인 원주율 파이(π)도 마찬가지다. 소수점 이하 수들이 무한히 불규칙하게 나열되지만 상수로 처리되면서 인류의 진보에 지대한 공헌을 했다. 무한과 유한이 하나다. 무한히 다를 수 있지만 하나의 원리로 역동하는 카오스적 질서는 이미 우리 생활이 된지 오래다."

"정밀한 자연의 질서가 혼돈과 하나로 역동하는 과정에서 자유의 가치가 빛을 발한다. 자유는 선제적으로 혼돈을 만들면서 질서를 주관하는 에너지를 갖고 모두에게 이로운 부를 만든다. 이는 생명에게 주어진 일의 소명이며 자존감의 실체다."

Q. 카오스적 질서가 자연과 인간을 향한 신의 섭리라면 그 오묘한 조화가 인간의 삶에 어떤 방식으로 관여하고 있는지 그리고 부(富)가 어떤 방식으로 탄생하는지.

A. "자유가 카오스적 질서의 중심에 있다. 자유는 선택의 힘이다. 종교적으로 보면 자유는 선택하는 순간 에덴동산에서 죄가 됐다. 죄는 구속이지만 그 선택이 신을 벗어난 인간의 자유이기도 했다. 자유는 구속과 하나가 됐다. 자유는 이 원리로 인간에게 주어져 있기도 하지만 주어져 있지 않기도 하다. 그런데 선택은 판단이고 결정이다. 인과율의 원리를 본다면 판단과 결정의 자유에는 반드시 책임이 따른다. 책임 역시 시점만 다를 뿐 다가올 상태의 구속이다. 자유의 행보를 하는 순간 구속이 따른다. 나아가 인간은 이 구속에서도 자유로워지기 위해 부단히 노력한다. 이 노력 또한 자유다. 동시에 이 노력이 부(富)를 만드는 단초다.

노력은 경쟁환경을 만든다. 경쟁은 수없이 다양한 변수가 탄생하는 부를 향한 노력의 총합이다. 경쟁이 심화될수록 효율이 높아져 부의 총량이 커진다. 이 부가 증가할수록 경쟁의 변수들이 무한히 확산된다. 이때 부의 운명 역시 결정된 것이면서 결정되지 않은 원리를 탄다."

Q. 부가 카오스적 질서로 탄생하고 커지는 원리라면 돈을 벌고 부자가 되기 위해서는 어떤 태도로 임해야 하는지.

A. "개인의 부는 결코 개인의 부만으로 커지지 않는다는 원칙을 중시해야 한다. 혼자만 잘살겠다는 식의 발상을 버리라는 이야기다. 유아독존식의 나 홀로 부자가 있다고 해도 오래가지 못한다. 부는 현재를 지속하는 능력으로 판단해야 하기 때문에 그 지속성이 약하면 부자라고 할 수 없다. 따라서 부의 총량을 키우는 방식으로 부를 끌어들이는 태도가 중요하다. 이를 위해 모순, 이율배반, 선악 등을 지나치게 구분하지 않는 지혜가 필요하다. 도무지 가능하지 않을 것 같은 원리가 바로 사건의 섭리라는 것을 봐야 한다. 정해진 것이 절대로 정해진 것이 없다는 믿음을 갖는 태도가 소유하고자 하는 선택의 힘이다. 자유의 힘이 모든 것을 이끈다. 자유는 혼돈이 따르지만 이내 질서를 잡는다. 따라서 눈 앞에 보이는 질서보다 자유가 선도적으로 가야 한다. 혼돈을 키우면서 자유가 질서를 만드는 과정 속에서 자신의 부가 이뤄진다. 이런 행보가 사회 또는 국가가 모두 누릴 수 있는 부의 총량을 키운다. 혼돈을 향해 가는 질서자는 그래서 신적 경지의 능력자로 옹립되기도 한다. 자유시장에서 이들은 신화로 불려진다."

Q. 책에서는 신화를 창조한 사람들을 영웅으로 규정하지만 때로는 이들이 경쟁과정에서 부당하고 부도덕한 행위를 하기도 하는데.

A. "선택의 시작은 매순간 바퀴를 돌리는 일의 연속이다. 선택은 불연속이지만 바퀴는 연속이어야 한다. 불연속한 선택이 연속되는 바퀴를 굴릴 때 자유가 필요하다. 자유가 무한히 공급되지 않으면 자유시장의 부가가치(부) 바퀴는 구르지 않는다. 이 바퀴를 혼자 돌리는 것 같지만 모두가 함께 굴린다. 개인 혼자서 돈벌이를 하는 것처럼 판단하고 결정하는 선택의 과정이 모두가 바퀴를 굴리는 효과가 나온다. 국부론 이후 자본시장의 이 원리는 변한게 없다. 개인은 수없이 혼돈스럽지만 결국 전체의 질서 속에 있다. 혼돈 과정에서 개인은 부당하고 부도덕한 행위를 벌이기도 한다. 그 혼돈이 바퀴를 돌리는데 필요한 경쟁을 만들어 낸다. 자본주의의 먹이사슬이 만들어지고 차별이 탄생한다. 진선미(眞善美)와 위악추(僞惡醜)가 대립하면서 갈등도 심화된다. 이 순간에 신성의 운행 원리인 사건의 섭리가 지속적으로 일어난다. 부당하고 부도덕한 일이 제도와 법 그리고 양심으로 제어된다. 모순이 양립하는 혼돈 속에 질서가 세워지기를 반복한다."

Q. 카오스와 코스모스가 마치 빛의 전기파와 자기파처럼 교란하면서 나아가는 듯한 현상이 연상된다. 빛이 생명 에너지의 원류이듯 카오스와 코스모스도 그렇게 이해하면 되는가.

A. "미(美)와 추(醜)도 극과 극이지만 경계가 없다고 봐야 한다. 진선미와 위악추의 진위, 미추, 선악이 같은 원리에 있다. 권력과 도덕이 무한히 길항작용을 하듯이 이들 극과 극의 대상들이 동일한 흐름을 탄다.

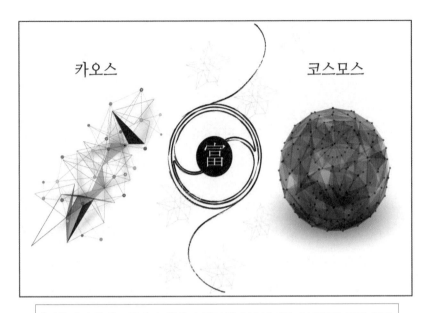

카오스　　　　　　　　코스모스

富

> "자유시장에서는 경쟁과 차별이 끊임없이 벌어지면서 반칙도 적지 않지만 그것조차 수렴하는 용기가 카오스적 질서를 따르는 행동이다. 힘들고 고통스럽지만 카오스를 정면으로 마주할 때 자신이 질서의 주관자가 되면서 자유시장 부의 총량을 키우는 선도자가 된다."

혼돈의 질서에서 끌려 다니지 않고 주인이 되기 위해서는 행복의 원리를 보면 된다. 자연과 생명 그리고 인간 모두 일에서 행복이 나온다. 일은 존재하는 것을 존재하게끔 스스로 가치를 제공한다. 자존감의 정체다. 일은 힘겹고 고생스럽지만 존재하는 것에 대한 실존을 의심하지 않게 해준다. 만물 한 가운데 반드시 존재해야 할 이유가 있는 삶을 보도록 해준다. 이 길은 진실과 허위를, 아름다움과 추함을, 선함과 악함을 모두 보는데 있다. 추함의 거울을 통해 아름다움을 보듯이 허위와 악함에 대해 질서를 향해 가는 혼돈의 한 축으로 이해해야 한다. 이것이 양심의 정체다. 위악추를 보지 않은 채 진선미만을 볼 수 있다고 한다면 오히려 비양심이다. 위악추에 가려 잘 보이지 않는 양심의 다리를 건널 용기가 생명의 본질이다. 눈앞을 가로막는 희뿌연 위악추는 양심의 힘으로 걷어내는 것이 가능하다."

Q. 수없이 많고 시시각각 닥치는 자유시장의 반칙환경 때문에 정당한 부를 쌓기가 대단히 어렵다. 혼돈의 질서를 이끄는 주역이 되려면 어떻게 해야 하나.

A. "사랑도 주인이 하고 증오도 주인이 하라는 말을 하고 싶다. 주인된 의식은 선택의 무한 자유를 스스로 갖게 된다. 주인이 될 때 분별심을 넘어 잘 나오지 않는 양심을 꺼내 쓸 수 있다. 분별심은 양심을 가두는 방식이고, 분별심을 극복한 양심은 그래서 승리를 담보해 준다. 이 믿음을 강력하게 옹립하는 것이 아름다운 세상을 만들어 가는 영웅다운 태도다. 누구나 영웅이 될 수 있지만 본성으로 타고난 게으름과 나태 그리고 두려움 등이 치열하게 방해한다. 따라서 강력한 양심은 위대한 탑을 오르는 주인이다. 이 주인의 본성은 부정적 혼돈을 오히려 계단삼아 질서의 탑을 오른다. 꼭대기에 올라 세상을 보면 혼돈의 질서를 선도하는 자신을 본다. 주인은 경계가 없다. 보이지 않아도 보고 있고 보고 있어도 보지 않는다. 혼돈을 넘어 보면서 눈 앞의 장벽은 보지 않는다. 심부(心府)에 카오스와 코스모스가 하나로 역동하고 있다. 막힘이 없는 무애(无涯)의 질서다. 현실의 무수한 분별심을 늘 없애는 무아(無我)의 태도가 이 같은 카오스적 질서의 문을 연다."

(9) 부의 역학 4 – 임계의 시공간

Q. 책의 일관된 논지인 '혼돈의 질서'가 만물의 원리라고 했다. 혼돈도 아니고 질서도 아니면서 동시에 혼돈이 있고 질서도 있는 상태를 알기 쉽게 설명한다면.

A. "임계상태다. 임계(critical)는 극적 경계점이다. 중대한 고비이자 위기일 수 있지만 변화의 시작을 알리는 곳이다. 임계는 어떤 방식으로든 반드시 드러나야 하는 시공간이다. 드러남은 힘의 작용이다. 극과 극의 임계선상에서 자연의 많은 물질과 힘들이 시공간에 모습을 드러낸다. 시공간은 꽉 찬 에너지장이다. 에너지들이 끊임없이 요동치는 강력한 운동장이다. 소립자 물질(페르미온)과 힘의 매개입자(보손)들이 시공간과 조응하며 탄생하고 사라지기를 반복한다. 이들 만물의 씨앗이자 그 힘의 본질이 임계선상을 움직이고 있는 것이다. 페르미온과 보손은 상호 치환되면서 모습을 바꾸기도 한다. 질량은 에너지가 될 수 있었다. 인류에게 원자력이 선물로 주어졌다. 핵분열에서 연쇄반응을 지속하는 임계상태가 막대한 에너지원이 됐다. 극적 경계점이 이처럼 만물의 원리이자 에너지원이다. 자연과 생명이 이 임계점에서 숨을 쉰다. 가장 위험하지만 가장 안전한 시공간이다."

Q. 우리가 사는 시공간이 극도로 위험한 임계상태라니 놀랍다. 그런데 오히려 안전한 둥지가 될 만큼 신의 은총이라고 할 만한 또 다른 사례들은.

A. "지구를 중심으로 한 천체의 거시 움직임을 보면 절묘하다. 인간이 사는 지구의 자전과 공전, 생명의 원천인 태양의 온도와 핵융합, 지구

에서 가장 가까운 행성인 달의 인력 등이 모두 임계선상에 있다. 지구의 자전축이 아주 조금만 바뀌어도 극도로 정밀한 자기장의 질서가 흔들려 전 인류는 물론 모든 생명체들이 위협을 맞는다. 자기장이 사라질 경우에는 파멸이다. 또한 자전과 공전도 오차가 거의 없는 원운동은 1분, 24시간, 1년 등으로 구분해 시간과 날짜를 사용할 수 있는 절묘한 도구가 돼 주었다. 인류는 수천년간 지구의 원운동 시스템을 시간의 좌표로 삼고 살아 왔다. 이 원운동이 불규칙하면 보이지 않는 시간의 흐름(에너지)을 활용하지 못했을 뿐만 아니라 기후변화로 인해 인간과 자연의 생리시계 전체가 위험해지는 재앙을 피하지 못했다. 지구는 신의 은총이라고 할 만큼 천혜의 공간이 됐다."

Q. 지구 자전과 공전 운동 뿐만 아니라 태양이나 달도 임계선상에서 자연과 생명 에너지를 지켜주고 있다는 것은 어떤 의미인가.

A. "섭씨 약 6000℃에 달하는 태양의 외부 온도는 지구와 생명체의 운명을 결정할 만큼 정밀한 온도차이를 자동제어 중이다. 이 온도가 지금과 같은 상태를 유지하지 못하면 지구상의 생명체는 살아남기 힘들다. 섭씨 약 1500만℃인 태양 내부의 온도 또한 마찬가지다. 이 온도는 핵융합을 통해 생명의 원천인 빛이 만들어지는 기막힌 환경을 제공한다. 고체 · 액체 · 기체 상태 외 제4의 물질이라는 플라스마 상태의 초고온 · 초고압이 정교하게 유지되면서 생명의 원천인 빛(핵융합) 공장이 수십억년 간 가동돼 왔고 앞으로도 수십억년간 그 정교함이 유지된다. 우리가 흔히 보는 달의 인력이나 자전 · 공전 주기도 들쭉날쭉 변화가 심하면 지구에 큰 위기가 닥친다. 달이 변함없이 한쪽면만을 정교하

게 비춰주는 것과 같이 달의 자전주기와 공전거리는 지구의 자연과 생명체에게 보금자리 같은 역할을 해준다."

"시공간에 드러난 생명과 자연은 임계의 원리에 따라 극도로 위험한 환경이기도 하지만 동시에 가장 안전한 환경이라는 이중성을 갖고 역동 중에 있다. 인류가 발을 딛고 살아가고 있는 지구에도 이 같은 임계의 원리들이 수없이 적용돼 지상천국이라고 할 만큼 소중한 보금자리가 됐다."

Q. 태양계 밖의 우주적 관점에서도 임계상태가 있는지 궁금해진다. 무궁무진한 우주는 매우 안정적일 것 같은데.

A. "광활한 우주 또한 중력이 극미의 변화만 있어도 위험하다. 우리 은하계가 속한 우리 우주뿐만 아니라 수많은 우주가 있는 것으로 알려진 다중우주 전체가 임계상태로 강력히 추정된다. 우리 우주만 해도 극적 임계상태다. 다중우주 전체에 존재하는 것으로 알려진 암흑에너지가 임계선의 증거다. 중력을 이겨내고 반중력으로 우주 팽창을 지속하게 하는 것으로 알려진 암흑에너지의 척력은 0의 소수점 아래 무려 숫자가 122개나 계속된 뒤 1이 나온다. 단순계산으로 10억을 12번 곱한 것 이상으로 작다. 거의 0에 가까운 힘이다. 전 세계 엘리트 물리학자들이 매달리는 첨단 이론물리학인 끈이론과 다중우주 등의 가설에 의해 계산된 힘이다. 우주를 팽창시킬 만한 힘이 너무 약한 이유는 우리 우주만 보면 해석이 불가능하지만 다중우주론이면 해석이 가능해진다. 따라서 암흑에너지 0의 소수점 이하 마지막 끝자리 몇개만 바꿔도 우주의 운명을 예측하기 어렵다. 이 같은 극초정밀 원리는 곧 극적 임계상

태다. 우주가 초정밀의 질서라는 코스모스로 불리는 이유다."

Q. 한 치의 빈틈도 없는 만물의 원리를 보면 신비로움을 넘어 감사한 마음이 든다. 임계질서가 인간에게 부가가치를 어떻게 제공하고 있는지.

A. "임계현상 대부분이 자연의 부가가치 원리다. 자연과학적 부가가치는 앞서 언급한 초정밀의 질서들이 모두 인간의 문명에 이용되면서 찬란한 부의 금자탑을 쌓게 했다. 에너지의 흐름 또는 천체의 움직임을 인간의 약속된 시간으로 정밀하게 관리하면서 수많은 부를 일궜다. 이들 임계질서를 인간이 알아채지 못하고 수리로 관리하지 못했다면 원시적 생활을 면하기 어려웠다. 기계적으로는 나침반이 현대문명의 주춧돌 역할을 했다. 지구의 자기장은 남극(N극, 나침반 S극)에서 나와 정확히 원을 그리며 북극(S극, 나침반 N극)으로 들어가 자기보호막을 형성한다. 신비롭게도 에너지 제로의 합으로 평형상태를 이루며 막을 유지해 인간과 생명을 모두 죽일 수 있는 태양풍을 막아준다. 나침반은 육상과 해상 그리고 하늘에서 정확한 방향을 알려주는 절대적 길잡이 역할을 해주면서 상상할 수 없는 물류의 부가가치를 일으켰다."

Q. 자연과학적 부가가치에 미치는 임계질서가 인문학적으로는 설명할 수 없는가.

A. "도덕률로 설명될 수 있다. 위태로운 질서와 초정밀 질서가 같은 말이듯이 부가가치는 위기와 안정의 임계선상에서 만들어진다. 일상의 원리가 곧 임계점의 일이다. 자본주의 시장이 살아 꿈틀거리는 단초도 수많은 임계점의 일들이 지속되는데 있다. 에너지가 역동하는 자유

시장의 일은 임계선상에 있는 도덕률과 같다. 부가가치와 도덕률은 얽힌 에너지다. 현상적으로는 공동선에 기여하고 본질적으로는 절대선을 추구하는 것이 일이기 때문이다. 일이 없으면 인간에게 가장 소중한 존재감이 무력감으로 변한다. 존재감은 삶이지만 무력감은 죽음이다. 공동체의 필요성과 얽히는 일을 할 때 존재감 어린 부가 만들어진다. 이런 태도로 일에 매진할수록 극적 임계상태에서 더 많은 부가 쌓인다. 따라서 부는 이기심보다 이타심을 통해 총량이 증가한다. 졸부나 백수의 편안함이 좋다면 부의 총량만 축내기에 속된 말로 짐승과 다를 바 없다. 부의 생산에 기여하는 이타심이 없는 생명은 영혼이 빠진 상태다. 이기심과 이타심의 임계선상 모습이 보통 사람들의 치열한 삶의 모습이다."

Q. 편안하게 먹고 사는 것이 꼭 지탄를 받을 일은 아니라고 본다. 상속이나 증여 등을 통해 받은 재산이 있다면 일을 하지 않고 즐기면서 사는 것도 행복 아닌가.

A. "대개 일은 가급적 적게 하고 돈은 쉽게 벌려고 한다. 이기심의 충만이다. 나아가 공짜나 요행이 행복이라고 보기도 한다. 하지만 이기심을 극대화 하는 방법만으로 생존이 절대 담보되지 못한다. 임계선상에서 벗어나 있기 때문에 부의 시공간에 존재하기 어렵게 된다. 일은 에너지를 쏟기만 하는 과정이 아니라는 것을 확신해야 한다. 일의 효율을 통해 쏟은 것만큼 더 많은 에너지를 갖게 하는 것이 자유시장이다. 거꾸로 아무리 부자라도 일을 하지 않거나 일을 해도 효율을 내지 못하면 가난으로 떨어진다. 다시 말해 일을 통해 이타적 행복을 얻었다면 이기

심의 발로라고 해도 부가 넘치는 임계선상의 존재가 된다. 책임을 떠안는 이기심도 마찬가지다. 가족, 사회, 국가, 인류 등으로 범위를 넓혀 책임감을 가질수록 임계점은 높아진다. 고점을 향해 갈수록 고에너지를 쓰지만 저에너지를 쓸 때보다 효율은 훨씬 더 높아 더 큰 부를 이룬다. 동시에 자존감과 행복감을 가질 수 있는 삶이다. 돈이 풍부하다고 해서 안락함만을 즐기는 것이 행복이라고 느낀다면 아무도 인정해주지 않는 짐승같은 삶에 대한 착각일 뿐이다."

Q. 일을 하면서 수없이 많은 위험을 마주하는 것이 고난이다. 굳이 고난을 만들어가면서 까지 힘든 임계 에너지를 쏟을 필요가 있는지.

A. "일은 생명에게 선택의 여지가 있는 것이 아니다. 생명이 자존감을 갖도록 하기 위해 신성의 원리로 주어졌다. 유행가의 제목처럼 존재의 이유에 임계선이 있다. 자연계 모든 생명은 일할 책무가 있다는 것이다. 일을 하지 않는 생명은 태어날 이유가 없는 존재가 된다. 치열한 삶의 과정이 곧 일이라고 했다. 아무리 작은 미물이라도 생사의 운명을 걸고 일을 하지 않는 생명들이 없다. 심지어 박테리아도 치열하게 싸우며 생명을 유지한다. 모든 생명은 운명적으로 열심히 살지 않으면 안 되는 본질을 갖고 태어났다. 일이 주는 자존감은 필연적으로 살아야 할 삶을 이행하는데서 나온다. 돈은 그 결과로 주어진다. 반면 돈을 이미 많이 갖고 있다면 많은 경우 게을러지고 나태해지며 나아가 오만해지기까지 한다. 설사 공손하고 겸양한 태도를 갖고 있다고 해도 일을 하지 않는 자체가 생명의 목적을 상실한다. 이때 돈은 소유가 아니라 '분산의 과정'이라는 가치의 의미를 이해하면 된다. 주변에 모두 이

> "생명은 일을 하도록 의무가 주어져 있기 때문에 일을 통해 자신의 자존
> 감과 살아가는 근본 이유를 알게 된다. 자유시장에서 각 개인들이 이기
> 심으로 시작한 일들이 경쟁을 촉발하고 그 과정에서 임계상태의 부(富)를
> 만들어 결국 상호 도움이 되는 이타적인 결과들을 만들어 낸다."

로운 분산은 일을 통해 이루어진다. 공짜로 생기는 돈, 쉽게 버는 돈을
멀리하지 않으면 불운과 불행을 부른다. 가난은 일을 하지 않는 게으름
의 형벌이다. 종국에는 생명의 위협까지 받는다."

Q. 일이 강제적으로 주어진 짐이라고 하니 구속당한 느낌이 든다. 축복으로
태어난 생명이 고난의 가시밭길을 걸어야 축복이라면 모순 아닌가.

A. "탄생 자체가 고통의 산물이다. 삶도 고난의 연속이다. 그럼에도 탄
생이 축복인 것은 고통과 고난의 임계선상에서 생명의 희열을 느끼기
때문이다. 봄에 만물이 싹을 틔울 때 그것을 축복이라고 보지만 실제

로는 치열한 산고다. 생명은 일의 멍에를 쓴 것이 아니라 그 멍에를 통해 축복의 찬가가 나오도록 하는 원리가 정해졌다. 멍에가 축복임을 의심하지 말아야 한다. 멍에를 선택한다는 것은 자신을 똑바로 보기 위한 극단적 자기모험의 성격을 띠었다. 자신과 벌이는 사투는 세상과 싸워 이기기 위한 자신과의 비극이다. 자신의 비극을 강하게 품고 일을 통해 세상을 밝히는 방식은 예술이고 미학이다. 비극적인 추(醜)의 미학은 바로 임계점에 있다. 다양한 추함을 겪게 될수록 책임범위를 넓히며 세상을 개척해 나간다. 이는 멍에이지만 선한 마음이다. 누구나 깊은 마음속에 선심(善心)의 일가치를 갖고 산다. 반면 일에 대해 회의감이 들거나 나태해지면 종국에는 자신의 목에 칼을 대는 위험한 상황을 초래한다. 하는 일마다 풀리지 않고 주변의 냉대만이 가득해진다. 자칫 운명을 거부하는 정신병자가 되기도 한다. 힘들고 고달픈 일이 주는 축복의 급부가 얼마나 행복한 것인지 느끼게 된다."

Q. 멍에를 좋은 의미로 설명했지만 여전히 성서의 원죄 같다. 인류가 갈등하지 않고 사랑만으로 공동체를 이루면서 풍요로운 사회를 만들 수는 없는가.

A. "단호하게 없다고 하겠다. 이는 원죄론이 아니다. 멍에가 씌워지지 않은 삶은 오히려 불행이라는 것이다. 인간이 유토피아를 꿈꾸는 것은 말 그대로 꿈이다. 이상사회나 이상국가를 추구하는 의지는 이심전심 이해하지만 불가능하다. 사후 천국을 향하고자 하는 것은 종교의 문제이니 논하지 않겠다. 지상에서 천국처럼 살겠다는 욕망은 그야말로 가장 큰 탐욕이다. 전 인류가 일을 하지 않고 편안히 살 수 있다는 꿈은 초등학생도 머리를 좌우로 흔들 일이다. 그런데 이런 이상사회나 이상

국가가 가능하다고 구체적인 몽상을 한 철학자가 지상에서 수십억명의 인류에게 영향을 미쳤다. 이데올로기 망상이다. 이념은 인류를 탐욕의 천국으로 끌어들이면서 그것을 이용한 두 얼굴의 사람들은 그들만의 철옹성을 쌓아 권력을 한껏 누렸다. 이념은 임계점을 거부한 채 극단의 한 쪽에 선 것이기에 부를 만들어 내지 못한다. 화려한 사상누각은 결국 빈껍데기로 무너져 내렸다. 멍에를 쓴 임계점은 아슬아슬하지만 무한 자유가 부여된 생명의 보금자리다."

(10) 부의 역학 5 - 빛의 연금술

Q. 누구나 빛은 생명의 본질이라는 정도는 알고 있다. 책에서도 빛의 본질에 대한 비중을 많이 다루고 있다. 빛은 인간에게 어떤 의미가 있나.

A. "빛은 지구상 모든 생명체에게 따듯한 온실을 제공하면서 에너지 원천이 돼 준다. 이 빛은 태양 내부 수소 핵융합 과정에서 만들어진다. 인간의 몸도 약 100조개의 세포에 1개 세포당 100조(10의 28승)개의 원자 중 수소가 상당량을 차지한다. 원자수 비중으로 63%나 된다. 인간을 비롯한 생명과 물질에 필요한 모든 원소들은 수소부터 시작된 핵융합 과정을 통해 태어난다. 질량비로 인체의 65%를 차지하는 산소(원자수 비중 25.5%)의 경우만 해도 수소로 만들어진 헬륨과 그 헬륨으로 만들어진 탄소 간 핵융합으로 탄생한다. 이처럼 모든 원소들은 수소가 시조격인 원시 조상이다. 이 원소들의 자궁이 또한 별들의 가장 깊숙한 안쪽에 있는 빛 공장이다. 빛은 수소로 초연결 된 인간과 만물의 섭리에서 마치 질서자 역할을 해준다. 또한 태양과 지구는 빛이 생

명의 역할을 할 수 있는 놀라울만큼 최적의 거리에 있다. 식물은 이 빛을 이용한 동화작용으로 포도당을 만들어 지구상 모든 생명체들에게 원천 에너지를 공급한다. 인간을 비롯한 동물은 큰 화폐(포도당)를 잔돈(ATP)으로 수없이 쪼개 사용하듯 이화작용을 통해 정밀한 생명들을 유지한다."

Q. 평범하게만 보아 왔던 빛의 정체가 궁금해진다. 빛이 구체적으로 어떤 원리에 의해 인간과 생명에게 꼭 필요한 질서자 역할을 하고 있다고 보는가.

A. "빛은 신기하게도 인간의 물리량으로 계산하는 상대적 기준점을 갖고 있지 않다. 빛 스스로 절대적인 기준이다. 빛을 향해 뒤쫓아 가든, 빛의 정면을 마주보고 가든, 설사 마주쳐 비켜 지나가도 빛의 속도는 변함이 없다. 빛은 자신이 기준이 돼 시공간을 변형시키거나 왜곡시킬 수 있는 가공할 능력을 가졌다. 다시 말해 빛의 속도인 광속은 인간의 오감으로 이해할 수 없는 시간 지연효과와 길이 수축효과를 낸다. 반면 질량을 가진 물질이 광속에 도달하기 위해서는 무한질량으로 증가해야 하기 때문에 광속을 내는 것이 불가능하다. 오직 빛만이 자신만의 광속을 낸다. 빛은 질량을 갖지 않은 채 마치 신의 손처럼 시공간(현실)을 창조한다는 것이다. 신의 세계에 있어야 할 법한 이런 빛이 인간과 생명들에게 더없이 은혜로운 존재로 와 있다. 그래서 질서자라고 불러도 손색이 없다고 본다."

Q. 이해가 잘 되지 않는다. 빛이 상대속도의 영향을 받지 않고 절대속도로 시공간을 창조하면 우리의 현실이 바뀔 수 있다는 뜻인가.

A. "절대속도를 이해하니 굳이 특수상대성이론을 설명하지 않겠다. 광속의 절대속도 특성은 전자와 광자(광양자)가 그 중심에 있다. 빛은 에너지로 보면 전자의 입자성이지만 광속으로 보면 전자의 파동성이다. 빛은 곧 전자기파다. 전기는 자기를 유도하고 자기는 전기를 유도해 사실상 전기와 자기는 한 몸이다. 전자의 가속도(파동) 움직임에 따른 전자기파와 광자의 전자기 힘을 매개되는 원리가 결합해 전기장과 자기장이 인력(引力)과 척력(斥力)을 정밀하게 교환하면서 나아간다. 이 원리가 시공간을 창조하는 능력을 가지면서 우리의 현실을 실제로 혁명적(빛의 속도)으로 바꾸어 왔다. 수많은 전자기기를 비롯해 인터넷과 무선통신은 그 대표적 상징이다. 전자기 파동을 '교란(攪亂)'이라고 표현한 것은 음파가 공기를 매질(媒質, 매개물질)로 해서 나아가지만 빛은 자체의 힘만으로 나아가는 신비로운 원리가 있기 때문이다. 교란은 '스스로 흔들고(攪) 다스린다(亂)'는 의미로 썼다. 빛은 누구도 간섭받지 않는 완전성을 띠었기에 우리의 현실을 창조하는 주역이 될 수밖에 없다."

Q. 빛이 우리의 일상생활을 바꾸는 역할을 한다는 것이 놀랍다. 그러면 빛이 지상의 존재를 넘어 마치 신처럼 역할을 한다는 것인지.

A. "종교적인 신만이 질서자라고 생각하면 안 된다. 가족이 가장 소중하다고 생각한다면 가족을 책임지는 가장은 남편이든 아내든 장남이든 누구도 질서자가 된다. 무한책임을 짊어지면 퇴로 없이 무조건 현실을 창조하며 나아가야 하기 때문이다. 이는 만물의 질서에서도 다르지 않다. 자연과 생명에 소중한 그 무엇에 핵심적으로 관여하고 반드시 필요

한 역할을 할 때 의도 하든 의도하지 않든 질서자가 된다. 빛은 자신의 힘으로 시간도 사라지게 하는 초월적 물리법칙을 관장한다. 빛이 생명과 문명에 거의 무한한 역할을 하고 있다. 전자의 일(가속운동)이 이 같은 빛을 만들어 냈다."

Q. 빛은 우리 곁에 항상 당연히 있어야 할 존재로만 생각해 왔다. 그 존재의 이유가 더 궁금해진다. 빛이 주는 실생활에서의 구체적인 부가가치는.

A. "앞서 언급한 빛의 질서가 신의 세상에서 벌어지는 일이 아니고 인간 세상에서 단 한시도 빠짐없이 일어난다. 인간이 현실에서 일을 하는 모든 행위에 빛이 직·간접 관여돼 있다. 아침에 눈을 뜨면 태양이 있고 저녁에는 수많은 불빛들이 또 있다. 태양은 무한 부가가치의 원점이다. 그 가치의 정점에 있는 빛이 지구라는 인간의 땅에 내려왔다. 우리 생활 주변에서 전자기력을 활용하지 않는 사례가 오히려 찾아보기 어렵다. 전기 또는 자기 문명의 부가가치는 상상 자체를 논하기 어려울 정도로 성장해 왔고 앞으로는 훨씬 더 빠른 발전을 해나갈 것이 확실하다. 극미의 아원자 단위에서 일어나는 빛의 동력이 주는 부가가치는 거의 무제한이다. 전자는 모든 생명은 물론 현대문명이 존립할 수 있는 근원 에너지 역할을 하는 초능력 일꾼이다. 수많은 동력의 원천이 돼 찬란한 문명의 금자탑을 쌓도록 했다. 또한 전자는 인간에게 생명유지에 가장 중요한 시력 등 오감을 주었다. 가시광선 밖의 적외선, 마이크로파(전자레인지), 라디오파(무선용 전파) 뿐만 아니라 자외선, X-레이(의료용 촬영), 감마선(방사선 치료) 등도 인간의 눈과 생명의 질서를 대신하고 있다. 빛은 가히 신성에 버금가는 연금술사 역

할을 하고 있다."

"전기장과 자기장의 정밀한 '교란(攪亂)'을 통해 음파처럼 매질(매개물질)이 없이도 절대속도 광속을 내는 빛은 신비롭다. 빛은 '스스로 흔들고(攪) 다스리는(亂) 방식'으로 모든 만물의 질서에 관여하고 주도하는 일을 하면서 부(富) 에너지의 원천이 되고 있다."

Q. 빛이 주는 원초적 부가가치 효과와 그것을 기반으로 한 시장의 질서를 이해하겠다. 그렇다면 빛이 현실의 빈부를 가르는 역할을 하고 있는지.

A. "빛이 이성을 갖고 현실의 빈부를 가르는 역할을 당연히 하지 않는다. 하지만 빛의 근본원리를 이해하지 않거나 따르지 않으면 현실에서 빈부가 갈린다. 빛의 전자기파는 실로 정교하다. 한 싸이클당 2파이(π) 파장의 값은 순환성·대칭성·상관성·상보성·동일성 원리다. 만물의 원리가 이런 빛의 원리를 따른다. 극과 극의 대립이 절묘한 조화를 이룬다. 입자와 파동의 모순이 또한 정교한 힘의 조화를 가능하게 했다. 인간의 삶도 극과 극의 연속이 수없이 이어진다. 진선미(眞善美)와 위악추(僞惡醜)는 그 상징성을 띈다. 이 중에서도 선악을 대하는 태도가 빈부를 가른다. 선악은 상호 인력과 척력으로 조응하는 상보적이며 상관된 관계다. 악은 선이 없고 선은 악이 없는 부족한 부분을 상호 상보적으로 보충하며 선악의 자기위상을 갖는다. 선만을 추구하면 선이 되는 것이 아니라 악도 된다. 오히려 악을 품에 안는 용기로 선을 추구했을 때 선을 완성해 간다. 빈부도 마찬가지다. 부자와 가난의 원리가 밖에 있지 않다. 가난한 상황 또는 가난해질 상황을 응시하고 마주 대하지 않으면 부자가 될 수 없고 부자라도 가난으로 떨어진다."

Q. 빛의 성질을 현실에 꿰어 맞추는 것 같은 느낌을 받는다. 빛의 원리가 실제로 자연의 섭리와 인간의 삶의 방식이라고 할 법칙이 있는가.

A. "논리의 비약이 아니다. 인간이 삶을 영위하는 지구, 태양계, 은하계 등 거시 천체의 운행 근본원리가 원운동이다. 미시세계도 마찬가지다. 원운동을 좌표상으로 펼치면 파동이다. 원운동과 파동은 힘을 더하는 가속운동이란 공통점을 갖는다. 실제 원과 파동은 미적분과 삼각함수 등 수학 공리로 함께 푼다. 수학과 기하학은 숨어 있는 만물의 섭리를 인간이 확신할 수 있는 징표다. 자연의 언어로 푼 자연의 신비 중 자연의 일반원리와 가장 닮고 인간의 삶의 원리가 되는 대표적인 것이 빛이다. 하늘의 원리인 원과 파동의 가속운동은 인간에게 일이다. 일은 부가가치를 생산하는 방식이고 그것은 돈으로 표현된다. 돈이 빛의 운동성인 순환성·대칭성·상관성·상보성·동일성을 따르는 것은 결코 우연이 아니다. 빛의 이런 원리들에 파도를 탈 때 개인도 부자가 된다."

Q. 빛 또는 빛을 만드는 전자를 직접적으로 통제하는데 따른 영향으로 상상할 수 없는 인류의 부가 어떻게 영향을 받고 있는지.

A. "빛을 다루지 못하면 개인도 국가도 가난을 피하지 못한다. 오늘날 부는 전기라는 에너지 생산 및 관리능력에 좌우된다. 전자기유도(빛)라는 단순한 수식이지만 아름답고 혁명적인 방정식에 의해 탄생된 전기의 인공적인 발전능력은 인류 모두에게 부의 시작을 알림과 동시에 절대 포기할 수 없는 배수진이 됐다. 빛을 만드는 전하를 띤 전자의 직접적인 통제는 인류에게 스스로 선사한 가장 큰 부의 축복이 됐다. 나아가 인위적 빛 공장인 인공태양의 핵융합 기술은 인류의 부를 한차례 더 획기적

"인간과 자연 그리고 모든 생명들에게 빛은 에너지의 근원이자 만물의 씨앗 역할을 한다. 실제로 질량을 갖고 있는 물질이 도달할 수 없는 절대 속도인 광속을 통해 시공간(현실)을 지배하고 창조한다."

으로 키울 야심찬 비전으로 떠올랐다. 대형 핵융합로는 머지않은 장래에 실용화의 길을 가고 있다. 이를 넘어서 소형 핵융합로가 상용화 된다면 인류는 다른 은하로의 여행도 가능할 수 있는 무한 에너지(부)를 얻고 활용하게 된다. 핵융합 원료인 수소는 우주에 70%가 넘는다."

Q. 빛의 운동성을 갖는 다섯 가지 특성이 매우 의미 있게 보여진다. 이 원리가 자유시장의 각 개인들에게 어떤 방식으로 적용되는지.

A. "돈은 순환하지 않으면 불운이 닥친다고 했다. 또한 큰 순환을 할수록 큰 부자가 된다는 논지도 폈다. 순환성은 네트워크형 분산의 방식이라는 말로 본문에서 많이 다룬 부분이라 재론하지 않겠다. 대칭성은 전

자기파처럼 일과 돈에 대해 수시로 닥치는 극과 극의 상황을 피하지 말고 정면 대응으로 유지해야 한다는 뜻이다. 베풂과 소유, 양심과 탐욕, 성실과 나태, 책임과 무책임, 사랑과 증오 등의 대칭성을 아무리 힘들더라도 깨지 말아야 한다. 이들 대칭이 얽히면서 상관하고 있는 상보성을 매순간 변하지 않는 동일한 자세(항상성)로 관조하는 것이 부의 길을 가게 한다. 자유시장에서 이 특성을 수용하는 자세는 지극히 평범하지만 그래서 오히려 실천하지 않는 사람들이 더 많다. 빛은 평형을 이루고자 같은 극이 오면 밀고 멀어지면 잡는 항상성을 기막히게 유지한다. 평형은 긍정과 부정 사이에서 절대 한쪽에 우월한 마음을 갖지 않는 강인한 유연성이다. 빛의 이 유연성이 시공간을 창조하는 가공할 파동성을 만들어 냈다."

Q. 살다보면 옳고 그름의 정의와 부당함이 분명하고 슬픔과 기쁨, 행복과 불행 등이 확연하게 닥친다. 인간의 한계를 넘는 빛의 원리를 주문하는 것이 무리 아닌가.

A. "광속은 빛의 진동수나 파장의 크기에 관계없이 일정한 절대속도를 유지한다. 전자기파(빛)들은 제각각 상호 반비례하는 진동수와 파장이 다른 형태를 취한다는 점이다. 진동수가 높으면 파장이 짧아지는 식이다. 이처럼 진동수와 파장의 유형이 달라도 모든 전자기파들(빛)의 광속이 정밀하게 유지되는 전기장과 자기장 교란의 역학을 곱씹어 봐야 한다. 마음의 항상성도 빛의 파동현상처럼 극과 극의 유형이 다른 많은 환경적 변수가 있더라도 자신의 페이스를 유지하는 힘이다. 대부분의 사람들이 극과 극에 휘둘리고 산다. 희노애락(喜怒哀樂)을 극복하기 힘

든 경우가 다반사다. 그것이 심하면 조울증 등 정신병이다. 이를 평정 가능하다면 빛의 성질처럼 자신이 원하는 시공간을 만들고 개척하는 것이 가능해진다. 이는 과학의 원리가 물론 아니다. 하지만 수없이 많은 사례들에서 드러난 상식이고 경험이 되면서 원리다. 선험적 · 의식적 · 경험적으로 자연의 원리가 증거되고 있는 사례는 너무나 많다. 빛의 원리를 우리 삶의 원리에 적용할 경우 남들이 불가능하다고 하는 일들을 성공시킬 수 있는 수많은 지혜가 찾아온다. 무엇보다 그 어떤 상황에서도 행복한 마음을 유지할 수 있다."

(11) 부의 본질 1 – 추(醜)의 미학

Q. 누구나 추(醜)한 것 보다 아름다운(美) 것에 끌리는 것은 인지상정이다. 책은 추를 미학으로 다루고 있다. 추가 아름답다고 한 근거는 무엇인가.

A. "아름다운 것은 그 자체로 아름답다. 하지한 추한 것은 그 아름나운 것을 반추한다. 아름다움은 지속성을 띠지 않으면 더 위태로운 추함의 상태다. 아름다움은 추함을 통해 스스로 아름다움을 반추하면서 지속하고 있다. 아름다움이 지속되기 위한 미(美)의 본질적 요소에 추함이 있다면 추함이 과연 추한 것인가. 추는 미학을 이루는 골격이다. 미와 추는 하나로 작동하는 원리가 있다. 그것이 '추의 미학'이다. 미와 추를 굳이 구분하지 않는 마음은 고순도로 정제된 에너지 상태다. 추의 미학을 완성하기가 쉽지 않다는 것이다. 이를 완성해 가는 과정에 양신이란 선악이 기능하고 있다. 전혀 어울릴 것 같지 않은 추함에 양심이 얽혀 있다. 거의 대부분 드라마나 영화 등을 보면 사회의 어두운 이면이나 불법, 반칙, 무질서, 갈등, 전쟁 등의 아름답지 않은 추함의 스토리

를 근간으로 하면서 인간의 양심을 울린다. 드라마틱 전개이고 극적 카타르시스다. 이를 즐겨보는 우리들의 마음을 관조하면 추가 아름다움을 반추하고 있다."

Q. 추의 미학을 이해하겠지만 추와 미를 하나로 보기 어려운 측면도 있다고 본다. 미의 본질에는 미가, 추의 본질에는 추가 우선한다고 보는데.

A. "미와 추가 하나라는 것은 운동성이 있을 때를 전제하는 개념이다. 3차원 좌표의 체(體)가 운동성이 없으면 면(面)으로 보이듯이 정적일 때와 동적인 때는 본질의 개념이 달라진다. 인간과 자연 그리고 생명의 모든 현상성은 동적이다. 수학적으로는 3차원 공간에서 순간의 운동상태를 알아채는 편미분 · 전미분이 필요한 상황이다. 미와 추는 인간과 얽히면 반드시 운동상태가 된다. 상호 주고 받을 경우 지속성을 띠지 않으면 안 된다. 이 때 미가 미학이 되기 위해서는 스스로 거듭되는 되새김질의 뜻인 반추가 필요해진다. 그 반추의 거울이 추다. 물론 미와 추가 3차원 공간에서 동적이지 않을 때 그 둘의 본질은 분리돼 있다. 미를 떠받치는 강력한 기둥이 양심이고 추를 옹립하는 혼돈의 질서 축이 비양심이다. 양심과 비양심은 정적일 때 각자의 에너지 본질을 갖는다. 하지만 움직임이 발생하면 추의 비양심은 미학의 양심을 수용하고 미의 양심은 추의 비양심을 받아들인다. 상호 비추면 본질이 역동한다. 상반된 타자의 본질이 자신의 본질로 변화하면서 그것을 통해 자신의 본질을 지켜가는 자기와의 싸움이 전개된다. 이것이 미와 추 각각의 본질보다 추의 미학 본질이 우선한다는 개념이다."

Q. 왠지 뚜렷하게 와 닿지 않는 설명이다. 현실에서 추의 미학이 성립될 수 있는 사건들이 있다면 어떤 사례들이 있나.

A. "소설이나 예술 등에서 많이 등장하는 부조리는 대표적인 추함이다. 다양한 부조리 현상을 드러내면서 인간의 비양심과 그것으로부터 촉발된 사회의 다양한 부조리를 고발한 내용들이 많다. 부조리에 대한 문제는 인류가 생존한 이후 지속돼 온 최대 이슈다. 이는 인류가 멸망하지 않는 한 부조리 문제를 근본적으로 해결하기 어렵다는 말과 같다. 인간과 부조리는 결국 하나로 역동한다. 카뮈의 부조리 스토리가 실존으로 이어진 배경이다. 인간과 자연의 세계는 부조리 상태에 있는 것이 틀리지 않다. 이에 반항하는 인간의 아름다움에 대한 동경과 추종이 미학의 존재를 지속케 하는 패러독스다. 온갖 부조리가 역동하는 시공간이 아름다움을 만들어 내는 자궁 역할을 하는데서 나아가 그 아름다움이 무엇인지 인간이 인지하고 확신할 수 있게도 해준다. 추의 미학은 신비롭다고 해야 한다."

Q. 인간 사회의 부조리 문제를 미화한다는 느낌을 받는다. 부조리 자체로 인간은 고통 속에서 산다. 고통의 연속되는 과정이 부조리에 있다면 추함의 지속 아닌가.

A. "부조리는 합리적이지 않은 것이고 모순인 상태를 통상 이야기 한다. 이는 무질서인 상황이거나 무질서가 확대되는 양상이다. 수학적 공리로 풀리지 않는 수수께끼 같은 현상이다. 이들 부조리로 인해 인간이 고통을 받는 것이 사실이다. 빈부차는 그 대표적인 부조리로 꼽힌다. 부와 부자들의 존재 자체가 부조리의 출발이라고 인식하는 사람들도

많다. 실제로 인간의 양심 속에 빈부차는 해결해야 할 부조리 문제로 옹립돼 있다. 가급적 함께 잘 사는 것이 행복의 지향점이라고 보는 견해가 일반적이다. 이 가치를 유토피아로 공유한 일단의 이상주의자들이 사유재산을 없애고 인위적인 공산 사회를 건설하려 했다. 많은 사람들이 이를 따랐던 것은 부지불식 인간의 양심 속에 빈부차는 나쁜 것으로 분류돼 있다는 점이다. 가난은 인간의 삶 중에서 가장 큰 고통을 수반하는 것이 사실이다. 이를 보면 고통을 지속하게 하는 부조리는 추함의 지속이 틀리지 않아 보인다. 하지만 틀렸다. 빈부차를 부조리로 보는 저마다의 양심들 기저에는 예외없이 비양심이 자리하고 있다. 누구나 인정하기 싫고 부정하고 싶겠지만 부조리를 심판하는 양심 속에는 비양심이 부조리를 심판하는 더 큰 부조리가 똬리를 틀고 있다."

> "더러운 것을 아름답다고 하지는 못하지만 아름다운 것만으로 아름다움을 지속하기 어렵다. 인간의 본성은 미(美)를 추구하지만 추(醜)를 통해 아름다운 자신의 모습을 발견해 간다. 삶 또한 온갖 추한 현실 속에 둘러싸여 있지만 인간은 그곳에 뿌리를 내린 채 끝없이 자신의 존귀함을 피워내려 한다."

Q. 마치 동양의 성악설을 설파하고 있다는 느낌을 받는다. 인간에게 양심 자체가 없다는 설명처럼 들린다. 빈부차라는 부조리에 대한 양심적 판단이 비양심의 발로라는 것인가.

A. "길을 가다가 동냥이나 구걸을 하는 사람에게 돈이나 먹을 것을 주는 마음이 100% 양심만으로 충만한 결정이라고 단정할 수 있는지에 대한 물음을 자신에게 해보면 어떤 느낌인지 안다. 100% 양심이라고 확

언할 수 있는 사람일수록 오히려 비양심일 가능성을 열어놔야 한다. 설사 온전한 양심적 행위라고 해도 도움을 받은 상대가 그 행위를 이기심이나 자기위안의 발로가 있다고 생각하면 비양심적 행위를 한 상태가 된다. 만약 그 상대적 생각이나 행위 또는 상태를 몰랐다면 그것은 더 확실한 비양심적 행위가 될 여지를 높인다. 자신보다 못한 가난한 사람에 대한 도움은 자신의 확신이나 선한 행위 자체만을 갖고 절대적 양심이라고 단정 짓지 못한다. 비양심은 이처럼 도움을 받는 상대의 무수히 다변적인 상황을 모르거나 맞추지 못할 때 자의적으로 자신의 기준을 설정하는 마음이나 행동이다. 이를 인정하기 싫거나 거부하고 싶다면 깊은 명상이 필요하다."

Q. 도움을 줄 때 양심인지 비양심인지를 묻지 않았다. 동문서답을 한 느낌이다. 빈부차를 부조리로 보는 것이 왜 양심이 아닌지를 물었는데.

A. "두 상황이 다른 상황 같지만 연결선상에 있다. 도움을 주고자 하는 행동이나 빈부차를 부조리로 보는 행위는 엄밀히 큰 틀 안에 있다. 가난한 사람에 대한 도움은 빈부차가 없으면 사라지는 일이다. 문제는 그것이 수학공식처럼 정확히 들어맞지 않는데 있다. 빈부차에 대한 문제의식을 갖고 있을수록 가난한 사람을 더 돕는 행위가 꼭 양심에 비례하지 않는다. 그 간극이 비양심이다. 빈부차에 대한 부조리 판단도 이와 다르지 않다. 일방적 기준은 의도하든 의도하지 않든 비양심을 불러들인다. 자신만의 잣대가 아닌 가난에 빠진 상대를 먼저 배려하는 행동이 우선이거나 함께 해야 한다. 그 배려는 겸양이나 태도가 아니다. 상대의 상태에 눈높이를 맞추려는 지난한 노력이다. 지난하다는 표현은 그런 상

태가 무수히 다양하고 많은 노력이 지속돼야 하기 때문이다. 빈부차를 부조리로 간주할 때 가난의 기준 자체가 수없이 모호할 뿐만 아니라 그렇게 가난한 사람들의 수없이 다양한 상태를 막연히 하나로 묶어 동정이나 겸양한 태도를 갖는 것 자체가 비양심의 발로일 가능성을 늘 열어 놔야 한다. 빈부차는 부조리이기는 하지만 무한히 존재하고 무한히 변화하는 입장차들 때문에 100% 양심의 발로가 불가능한 부조리다. 이 부조리가 추의 미학으로 부를 만들어 내는 본질이 돼 주고 있다."

Q. 가난의 기준이 절대적인 것은 없는 것 같다. 따라서 절대적 양심 또한 어렵다는 생각이 든다. 그렇다고 빈부차의 부조리를 해결하지 않고 그것이 오히려 부의 본질이라는 것은 아닌 것 같은데.

A. "인간 사회에서 모든 사람들의 빈부차를 해결할 수 있는지 자문해 보면 안다. 불가능한 일이다. 빈부차를 줄일 수는 있어도 완벽한 평등은 꿈이다. 그런데 빈부차를 줄이더라도 개인들이 그것을 받아들이지 않으면 줄어든 것이 아니다. 상대적 빈부차다. 빈부차가 적은 선진국들도 이런 현상들이 즐비하게 일어난다. 빈부차를 부조리로 척결해야 한다는 것은 결국 이상적이다. 오히려 그 노력을 하는 과정에서 일어나는 비양심들이 양심과 혼재되면서 무질서를 확대한다. 문명이 고도화 될수록 빈부차와 그에 따른 혼돈이 심화되는 배경이다. 하지만 비양심의 질서가 확대될수록 문명이 발전하는 추의 미학 사건이 전개된다. 경쟁, 차별, 갈등, 싸움, 전쟁 등이 양심이란 간판을 걸고 비양심으로 일어난다. 이 사슬을 절대 벗어날 수 없는 이유에는 한결같이 외견상으로는 양심을 내걸고 있어서다. 양심이 네트워크이고 부를 이루는 기반이 맞

"우리의 삶에는 고난과 고통으로 점철된 갈등, 미움, 전쟁 등의 추함이 가득하지만 그것이 존귀한 인간의 꽃으로 피어난다. 진흙탕 속에서 피는 연꽃처럼 어두움 속에서도 치열하게 추함을 포용할 때 아름다움을 피워 낼 수 있다."

다. 그것이 동시에 약육강식의 먹이사슬을 만든다. 이런 불완전한 네트워크가 임계의 법칙에 따라 돈과 부를 만들어 낸다. 임계선이 높아질수록 비양심은 책임 있는 양심으로 발전해 간다."

Q. 부의 본질이 어쨌든 추함을 근간으로 한다면 그렇게 탄생된 돈이나 부는 이유 불문하고 추하다고 본다. 이를 미학이라고 증거할 만 이유는.

A. "우리가 사는 우주가 중력에 의한 인력으로 팽창을 접고 이른바 빅크런치(대붕괴)로 향하지 않는 배경에는 보이지 않는 에너지 질서가 강력히 있기 때문이다. 가령 우리 우주에 한해 인간이 지금까지 놀라운 과학의 힘으로 발견한 눈에 보이는 물질은 0.4%에 지나지 않는다. 가

스나 성간물질 등을 감안해도 4%다. 나머지는 미지의 상태로 남아 있는 암흑물질과 암흑에너지다. 96%에 달하는 이들 미지의 물질과 에너지가 현재의 임계밀도를 유지해야만 한다. 이 원리에 따라 약 72%를 차지하는 암흑 에너지가 질서자로 간주된다. 그런데 지금 지속하고 있는 가속팽창은 무질서의 확대다. 이 무질서를 도와주는 보이지 않는 초정밀 암흑 에너지가 인간과 자연 그리고 생명의 위대한 질서를 잉태하고 있으니 놀라운 역설이다. 이처럼 무질서는 추함의 상징적 사건이고 그에 따른 질서는 그래서 미학이다. 돈이나 부자도 추의 무질서 속에서 탄생한다. 질서 있는 평등상태에서는 사라지기만 한다. 무질서의 돈과 부가 인간과 자연 그리고 생명의 본성과 다르지 않다. 만물의 질서와 돈의 질서는 추의 미학으로 연결돼 있다."

Q. 돈과 인간의 질서가 추한 가운데 일어나는 미학의 질서라면 돈을 버는 것이 왜 아름다운 것인지 보다 본질적인 설명을 해 주었으면 하는데.

A. "네트워크형 부를 일군 부자들의 공통점은 부의 본질을 이해하고 따른 경우가 많다. 절대 돈만을 쫓거나 돈을 원망 또는 두려워하지 않는 경우가 대부분이다. 그래서 돈을 추하다고 보지 않는 성향 역시 같다. 돈을 더럽게 여기거나 분풀이 하듯 대하는 사람들 또한 부를 일군 경우는 거의 없다. 오히려 돈을 통해 선의가 행해진다는 믿음을 갖는 자세가 매우 중요하다. 실제로 분산을 통한 소유방식이 함께 잘 사는 범위를 넓힌다. 부의 바퀴를 크게 굴리는 방식에 부조리 문제를 해결하는 방점이 연결돼 있다. 따라서 빈부차 자체를 부조리로만 정의하면 빈부차를 더 해결하기 어려운 문제가 생긴다. 부조리의 고통이 연속된다고

해서 추함의 지속이라고 봐서는 안 된다. 추의 본질을 아는 것은 자신 속에 내재한 미의 본질을 실천하는 과정이다."

(12) 부의 본질 2 - 행복한 신작로

Q. 행복의 원리를 책에서는 마치 삶의 투쟁으로 설명하고 있다. 행복이 편안 함과 안락함이 아닌 치열한 삶의 과정으로 점철돼 있다면 그것이 행복하 라고 할 조건이 되나.

A. "행복은 정의하기 힘들다. 행복의 조건은 수없이 다양하고 변화하며 진화도 한다. 하지만 일관되게 변하지 않는 것이 있다. 그것이 인간의 삶에 부단히 영향을 주고 있는 지배적 위치에 있다면 근본적으로 추구 해야 할 행복의 잣대가 될 수 있다. 행복을 고민하는 삶, 그 자체가 불 변하는 행복의 조건이다. 삶은 보석과도 같이 희소가치가 있다. 인간이 태어나 살아 숨 쉬고 생명활동을 하는 삶 자체는 희소가치를 매개로 행 복과 떼려야 뗄 수 없는 관계에 있다. 삶 속에는 초정밀의 작동 원리와 극적 조화를 통한 생명의 희소가치가 상상할 수 없는 크기로 함축돼 있 다. 이 희소가치는 인간에게 자존감의 근원 자리다. 70억 개개인 모두 에게 하나같이 신기에 가까운 존엄한 가치가 부여돼 있어 누구나 행복 을 느낄 수 있다. 인간이 삶(생명)을 유지할 확률을 우주적 관점으로 보 면 과학적으로 계산해도 '거의 없다'에 가깝기 때문이다. 죽음이 온통 확정적으로 지배하는 최악의 조건들을 이겨내고 있는 삶은 은총이다. 삶이 아무리 고통으로 점철된다고 해도 삶 자체가 행복이라는 사실은 생명의 질서로 보면 진실이다."

Q. 희소가치가 존귀함의 바로미터가 되는 만큼 행복의 조건이라는 것을 이해하지만 인간의 삶이 어떤 과학적 근거로 희소가치가 있는지.

A. "인류는 마치 백척간두 벼랑 끝의 자그마한 바위 위에 서 있는 모습이다. 누구나 천길 낭떠러지의 아슬아슬한 집에서 사는 것과 다르지 않다. 거시적으로 집(지구) 밖은 온통 죽음 밖에 없다. 미시적으로도 에너지 공장 미토콘드리아가 숙주 삼은 집(인간) 밖은 역시 죽음이다. 박테리아의 정교한 힘에 의존해 사는 인류의 삶은 동시에 지구라는 지상천국의 보금자리에 있다. 인류의 집 지구와 생명의 집 인간은 각각 상상하기 힘든 기막힌 복잡계의 원리들로 둘러쌓여 있다. 거시적 집 주소는 '다중우주〉우리우주〉은하단〉우리은하〉태양계〉지구〉자연〉생명〉동물〉인간'이다. 인류가 영장류 지위로 삶을 유지하고 있는 환경이 조성된 이 주소가 탄생될 확률은 수학적 계산으로 0에 가깝다. 확률적으로 없음(무)이라고 해도 무리가 아니다. 미시적 집 주소는 '끈(에너지)〉쿼크〉양성자ㆍ중성자〉전자〉원자〉분자〉세포〉기관〉신체〉인간'이다. 이 주소가 유지될 확률도 역시 거의 없음의 확률이다. 우리 모두의 삶은 초정밀의 원리가 작동하는 자궁에서 숨을 쉬고 있으니 그 자체로 행복하다고 하지 않는 것이 오히려 이상하다."

> "인간이 거시 우주적 관점에서 지구라는 행성을 집으로 삼아 삶을 유지할 확률은 거의 제로에 가깝다. 또 미시적 관점에서도 생명의 탄생과 작동원리를 보면 그 확률이 마찬가지다. 온통 죽음뿐인 거시ㆍ미시의 극적 임계상황에서 생명을 유지하는 것은 필연적으로 고통을 수반하는 일이지만 그것이 곧 축복이고 행복의 근원이다."

Q. 인간은 존재확률이 거의 없으니 존재감에서 행복이 온다는 것이지만 고통과 고난이 닥치는 매 순간 상황에서는 삶이 행복이라고 느껴지지 않는데.

A. "삶이 힘든 이유는 평생 극도의 임계선상에 있기 때문이다. 그 자체가 행복이지만 삶 자체가 고통스러운 이유이기도 하다. 온갖 번뇌가 끊이지 않고 수없는 난관들이 수시로 닥친다. 때로는 삶을 포기하고 싶을 만큼 힘든 일들이 닥친다. 도무지 행복을 찾기가 힘들다. 하지만 앞서 이야기한 미시와 거시의 집 주소를 상기해 보면 복잡계 원리상 천혜의 보금자리가 고통의 산물이다. 원리를 이행하는 것 자체가 힘든 가속운동이다. 정밀한 원리들이 단 한순간도 이상없이 작동하는 과정일수록 더 많은 힘이 들어야 한다. 고통은 삶을 유지시키는 동인(動因)이라는 것이다. 고통이란 에너지를 먹으면서 힘든 삶이 유지된다. 고통이 없는 삶은 죽음이다. 죽음을 행복으로 여기지 않는다면 고통을 행복으로 받아들일 여유를 갖는다. 행복이라고 느끼기 어려운 난관이 닥쳤을 때도 객관적 삶의 조건은 무조건 행복이라는 점이다. 이를 수렴하는 의식은 거대한 집 주소와 극미의 집 주소를 확연히 찾아내는 일이다. 자신의 집 주소를 찾아 들어가면 그 어떤 고통도 삶에 도움을 주는 과정이라는 것을 느낀다. 이 행복감이 부의 본질로 작동하고 있다."

Q. 고통을 마주 대하는 의식이 행복의 조건이라는 것이지만 그것이 쉬운 일은 아니라고 본다. 어떻게 해야 의식적인 행복을 유지할 수 있나.

A. "방식이 많지만 대부분 사람들이 이를 보지 않고 찾지 않으려 하는 경향성을 띤다. 상황마다 '고통의 수렴방식'(행복)들이 즐비하다. 그 중

에서도 변하지 않는 행복한 신작로가 있다. 자신의 삶 자체를 자신의 안에 가두지 않는 방식이다. 누구나 부지불식 삶을 자신의 든든한 철창에 가둔다. 거시와 미시의 임계선상에서 움직이는 삶의 법칙을 보지 못하는 눈이 그것이다. 삶이 본래 존재하기 힘든 확률이라는 것을 확신하면 삶을 자신의 독방에 가두지 않는다. 삶을 가두면 행복도 갇힌다. 따라서 삶을 수시로 꺼내는 일은 행복을 찾는 과정이다. 삶이 자신만의 독방에서 탈출할 때 희열을 느낀다. 생명의 희소가치와 그것을 유지하기 위한 정밀한 작동이 눈에 보인다. 철창의 정체는 요행, 공짜, 게으름, 나태, 이기심, 오만, 에고 등이다. 이 철창에서는 불운까지 부른다. 이를 벗어나면 고통이 따르지만 강력한 의식이 살아 꿈틀대는 행복감을 느낀다. 살아야 할 이유를 알게 되고 행복의 원천인 타자들과의 관계망이 넓어진다. 가족, 사회, 국가 그리고 인류가 점점 크게 보일수록 행복 에너지가 강해진다. 의식의 힘은 이를 가능하게 한다. 그것이 큰 네트워크를 만들고 부가가치를 창조한다."

Q. 많은 사람들에 도움이 되는 이타적인 삶이 돈도 벌고 행복하다는 이야기로 들린다. 그렇다면 자기자신을 위한 삶은 행복하지 않다는 뜻인가.

A. "행복하지 않은 것이 아니라 살아야 할 이유를 모르거나 잊게 된다. 순간적인 만족감이 행복이라고 할 수 없다. 보다 근원적인 삶의 자존감을 찾는데서 변할 수 없는 행복감이 있다. 행복이 일관되게 자신의 삶을 에워싸게 하려면 자신과 같은 위치의 임계선상에 있는 타자들을 보고 함께 해야 한다. 그 범위가 넓을수록 행복의 가치가 더 커지고 자신의 행복 에너지도 함께 커진다. 수많은 철학자, 수학자, 물리학자, 천문

학자, 화학자, 예술가 등이 인류의 보편적 존재가치를 추구하는 기저에는 행복에 대한 원천적인 확산 욕구가 있다. 그들은 인간의 삶에 대해 심오한 가치를 찾는다. 이 원리가 인간의 삶과 행복에 기여해 왔다. 부를 일구고 문명의 꽃을 피우는 근원이 되기도 했다. 삶의 근원을 찾는 고통스러운 방황이지만 행복한 신작로를 닦는 일이다. 이 일이 행복하지 않다고 생각한다면 스스로 만든 불행한 환경에 빠져 있다고 봐야 한다. 이 때 가난을 동반한다."

Q. 인류가 추구해 온 인간의 근원을 찾는 과정이 행복이라고 해도 그리고 찾았다고 해도 고된 현실은 피할 수 없다는 것 아닌가.

A. "0의 발견은 위대한 인류의 업적이라고 했다. 0은 없는 것이 아니라 기준점이라고 했다. 유한을 가능하게 했지만 무한도 가능하게 한 신의 한 수(數)였다. 신의 한수(神의 一手)라는 개념과 크게 다르지 않지만 0이 자연의 본질을 표현해 주는 숫자라는 것이 중요하다. 없음이지만 있음을 가능하게 하고 있음이지만 없는 존재가 0이다. 이 수를 통해 인류는 보이지 않는 자연의 미시 현미경과 거시 망원경을 동시에 갖게 됐다. 아원자의 양자역학 원리에서부터 수십억 광년 떨어진 천체의 원리도 수리를 통해 드러났다. 0의 좌표가 있어 가능해진 수리체계의 비밀은 자연의 정밀한 작동원리였다. 인간의 오감에 드러나지 않는 세상은 단 한시도 쉬지 않은 채 고통스러운 일을 하고 있었다는 것이다. 절대 피할 수 없는 고통을 피하는 것이 곧 죽음 뿐이라는 것도 0의 원리에서 역동했다. 고통이나 죽음 모두 유한성을 결정짓고 무한성을 보게 한 0의 좌표에 있지만 죽음은 행복과 동행하지 않는다. 고통을 피할 수 없

는 현실이라는 표현 자체가 틀렸다. 고통은 피하거나 피할 수 있는 것이 아니라 반드시 끌어 안고 품어야 할 동반자다."

Q. 힘들이지 않고 행복의 큰 길을 가는 방법은 없는 것인가.

A. "고통에 대한 의식을 바꾸지 않는 한 행복은 없다. 우리 우주가 탄생할 때 나온 우주배경복사(宇宙背景輻射)는 수많은 은하단은 물론 우리은하를 만드는 모태 역할을 했다. 10만분의 1이라는 극미의 밀도차이가 아름다운 은하들의 아기집이 됐다. 이 밀도차가 행복의 근원이다. 우주(宇宙)의 탄생에서부터 시작된 정교한 집(宇) 주소가 정밀한 시간의 집(宙) 주소와 씨줄 날줄처럼 얽혔다. 인간이 특정 시공간에서 현재 단면으로 함께 살고 있는 사람들은 곧 행복의 근원 대상이다. 미움과 갈등 또는 싸움과 전쟁 등 단 한시도 고통이 끊이지 않는 원인을 제공하는 타자들이 동시에 필연적인 행복의 대상들이다. 의식을 바꾸면 고통은 반드시 행복이 된다. 고통의 대상이 행복의 대상이 되기는 어렵지 않다. 힘 들이지 않고 행복의 길을 갈 수 있다. 극미의 밀도차가 우리 모두의 집 주소를 만들어 냈듯이 극미의 생각차이가 고통의 집을 행복의 집으로 바꾼다."

Q. 의식의 상태를 바꾸라는 것은 일종의 믿음으로 들린다. 과학적 근거를 논하고 있지만 마치 종교적인 수사(修辭)를 과학이라고 할 것인가.

A. "종교를 무조건 비과학적이라고 단정하면 안 된다. 과학은 큰 발전을 했다고 해도 여전히 만물의 원리 중 지극히 일부만을 파악했을 뿐이다. 지금까지 쌓은 현대과학을 모두 쌓아도 만물의 원리로 보면 '모른다'

"요행을 바라거나 게으르고 안락함만을 추구한다면 고귀한 자신의 생명을 철창에 스스로 가두는 행위다. 그 철창 밖으로 나오면 힘든 일이 닥치는 고통의 연속이지만 행복의 원천인 가족부터 크게는 사회와 국가 그리고 인류가 보이기 시작한다. 그것이 모두에게 유익한 부를 만들어 낸다."

에 가깝다. 많은 과학자들은 실제로 그렇게 이야기 하고 있다. 다만 '전혀 모른다'가 아니라 '무엇을 모르는지 모르는 것을 아는 범위가 넓어졌다'는 입장이다. 알면 알수록 모르는 것이 많아지니 '모른다'의 의미는 결국 과학과 비과학을 넘나든다. 그 중심에 의식이 있다. 이 의식은 과학으로 에너지이고 가속운동이다. 의식은 모름을 아는 범위에 있기에 모름과 앎의 관계가 전자기파처럼 상호 교란을 한다. 모를수록 더 알려하고, 알면 알수록 모르는 것이 많아지면서 또 알려고 앞으로 나아가는 방식이다. 실제로 인류의 지적 호기심과 탐구정신은 이런 교란성을 띠었다. 이 의식의 운동성이 인류의 실존을 말해준다. 잠재의식도 표면의식과 교란하면서 실존을 확인해 준다. 그래서 고통의 근원인 잠재의식을 바꾸면 행복의 문이 열린다. 무의식인 잠재의식은 비과학인 듯 하지만 수없이 많은 과학의 도구들이 동원돼 팩트임을 증거해 냈다."

Q. 행복을 찾는 것이 길이 의식하는 것 뿐이라고 하니 행복하고 싶지 않은 생각도 든다. 부의 본질이 결국 의식의 산고(產苦)로 봐도 되는지.

A. "인간의 오감을 통해 뇌로 들어가는 정보의 총량은 1초당 1100만건에 달하지만 뇌가 그것을 처리하는 용량은 40건 정도에 불과하다. 나머지 정보는 사라지지 않는다. 잠재의식의 정체는 아직 밝혀야 할 것들이 많지만 인간의 육감, 통찰, 직관, 공명 등의 현상은 현실에서 의심할 바 없이 늘상 겪는 일이다. 더욱이 인간만의 특권이라는 창조 또한 의식의 힘이다. 표면의식이 일종의 디스플레이라면 잠재의식은 데이터베이스다. 그 DB는 에너지 얽힘을 통해 다른 생명과 물질로 초연결 돼 있다. 빈 공간조차 힘과 물질이 상호작용하면서 얽혀 있다. 인간의 의식은 잠재의식을 넘어 마치 글로벌 인터넷 망처럼 사람과 사물 그리고 시공간과 얽혀 무한 항해를 하며 정보를 꺼내 쓸 수 있는 환경에 있을 가능성을 제기하는 과학자들이 많다. 노벨상을 받은 과학자들이 이런 원리의 홀로그램 우주론을 주장했다. 무한히 엮여있는 얽힘의 생명원리는 혼자가 아니기에 행복이다. 산고는 고통이지만 반드시 행복을 추구할 수 있는 삶을 만들어 준다. 이 의식의 본령이 부를 만들어 주는 에너지다. 만해도 '자유가 만유의 행복이다'고 했다."

(13) 부의 본질 3 - 현실의 문

Q. 책은 현재라는 관점을 거의 절대화 시키고 있다. 과거와 미래는 없는 것으로 묘사되고 있기까지 하다. 시간이 없다면 시간이 있어야 할 현실이라는 개념은 무엇인가.

A. "우리는 전후좌우 그리고 높이의 3차원 공간 좌표만으로 살지 못한다. 이는 죽은 상태다. 운동(가속)하지 않는 자연이나 생명은 없기 때문이다. 운동은 움직임이고 그 운동이 시간의 개념이다. 시간도 공간처럼 하나의 차원이다. 시간차원이 가미되면 비로소 우리는 늘 치열하게 마주하고 사는 일상의 현실과 마주한다. 이를 보면 시간은 존재한다. 시간이 존재한다면 현재 뿐만 아니라 과거와 미래가 존재하는 듯 보인다. 그런데 시간차원도 3차원 공간차원 에너지(또는 물질) 형태와 다르지 않다. 빅뱅 이후 단방향으로만 흐르는 열역학 제2법칙에 따라 시간의 흐름이 정해져 있다. 이 에너지는 또 연속이 아닌 불연속이다. 이를 양자화라고 한다. 단방향으로만 흐르는 에너지는 특정하게 정해진 상태의 지속이다. 과거의 상태도 현재이고 미래의 상태도 현재이기 때문에 현재뿐인 상태라면 과거와 미래가 존재하는 시간은 없는 상태가 된다. 영화가 연속인 것 같지만 불연속적인 장면(현실)들의 이어짐인 것처럼 현실은 특정한 시간에 마주한 매순간의 현재뿐인 상태의 지속이다."

Q. 특정한 상태의 지속이라는 의미가 알듯 모를 듯하다. 이 상태가 지속된다면 그 상태의 과거가 존재하고 과거가 있으면 미래도 있는 것 같은데.

A. "과거와 미래가 존재하기 위해서는 하나의 특정 '현재 단면'에 묶인

사건이나 존재상태들이 또 다른 현재단면들과의 과거 또는 미래로 전혀 섞이거나 겹치지 않아야 한다. 하지만 아인슈타인의 일반상대성이론에 따라 시공간은 물질 또는 에너지의 움직임이나 방향에 따라 휘어지고 뒤틀린다. 그것이 뉴턴조차 무지했던 중력의 실체였다. 이 때문에 A라는 현재단면의 사건들이 B, C, D 등 무한히 많은 다른 현재단면들과의 과거 또는 미래와 섞일 수 있다면 A의 현재는 A만의 현재라고 규정하지 못한다. 결국 과거 · 현재가 있는 시간은 없는 상태가 된다. 물론 시간의 느려짐이나 빨라짐에 따라 상대적 시간차이는 가능하지만 자신의 과거나 미래로 이동해 함께하지 못한다. 상대적인 시간차는 시공간의 왜곡이나 변형일 뿐 시간의 존재유무와는 다른 문제다. 물리적으로 운동성에 따라 시간이 존재하지만 자신이 속한 과거와 미래를 오가는 시간은 존재하지 못한다. 특정 개인은 특정 현실만을 마주한다."

Q. 우리가 일상생활에서 시간을 활용하고 있는 것을 보면 과거와 현재가 충분히 가능하다는 생각을 하게 한다. 그렇다면 일상생활의 시간이란 정체는 무엇인지.

A. "에너지가 단방향으로 흐르면서 우리가 그것을 활용한 것이 일상의 시간 개념이다. 에너지의 흐름(운동성)을 인류가 약속한 법칙으로 편리히게 도구화 시킨 것이 시계다. 모든 운동하는 물체나 생명들은 3차원 공간에 시간차원이 있어야 부가가치 효율을 높일 수 있다. 가령 A지점에서 B지점으로 이동하는데 시간이 없다면 무한히 많은 길 중에서 가장 효율이 높은 길을 찾지 못한다. 가장 비효율적인 길을 가는 것이 당

연하다고 생각할 수도 있다. 심지어 10미터를 돌아돌아 열흘이 걸려도 효율을 모른다. 시간이 가미되면 효율을 계산하는 것이 가능해진다. 최적의 현실이라는 길을 선택한다는 것이다. 우리가 일상에서 접하는 시계는 그 효율을 결정하게 해주는 절묘한 도구다. 버스 · 기차 · 비행기 등의 교통수단은 대표적인 사례다. 일상의 약속도 시간이 없으면 아무도 만나지 못한다. 일상의 시간이 운동의 연속이고 그 운동은 자연이든 생명이든 부가가치를 내지 않으면 존속하기 어렵다. 시간은 그 속에서 부의 본질이 됐다. 그럼에도 시간은 에너지의 단절적 흐름이고 그 흐름이 효율의 도구로 사용될 뿐 과거 · 미래가 현재와 공존하는 개념은 아니다."

Q. 영화나 애니메이션처럼 현재라는 매 순간의 이어짐이라는 시간이 부의 본질에 어떤 방식으로 기여해 왔는지.

A. "인류는 일정하게 움직이는 지구 또는 달의 자전과 공전 등을 활용해 달력을 만들고 시간도 만들어 사용해 왔다. 지금은 1초에 1억번을 진동하는 원자시계를 통해 1억분의 1초도 틀리지 않는 정밀한 약속의 틀(시계)들이 전 세계적으로 사용되고 있다. 컴퓨터, 스마트폰 등에 모두 원자시계의 정밀성이 들어가 있다. 이 정밀한 약속의 틀(운동성)이 노동, 생산, 물류, 서비스 등 인류가 생활하는 모든 면에서 거대한 문명의 거탑을 쌓을 수 있도록 한 주춧돌이 돼 주었다. 일상의 시간은 이처럼 특정한 3차원 좌표의 매 순간 현실에 있는 사람들이 상호 약속한 흐름의 순간순간들이 같도록 한 인류 전체의 치밀한 약속 틀이다. 과거와 현재가 없는 매 순간 시간의 흐름만으로 문명의 주춧돌인 효율을 결정

할 수 있다."

> "인류가 지구의 자전이나 공전 그리고 원자의 움직임 등 자연의 반복적 운동성을 이용해 만든 시간(약속의 틀)이 비록 허구이지만 효율을 높이는 부가가치의 원천이 됐다. 이런 시간이 치열한 현재만을 드러내는 특정 상태의 지속성을 통해 자연과 생명으로 하여금 부(富)를 창출하도록 했다."

Q. 인간은 시계와 시간을 굳이 구분하지 않으면서 자신의 미래를 꿈꾼다. 미래는 희망이라는 이름으로 인간의 또 다른 본질성 때문에라도 존재해야 하는 것 아닌가.

A. "꿈과 희망 그리고 도전과 창조 등은 모두 미래와 관련된 말들이 맞다. 인간이 가축이나 동물과 다른 점은 현재에 안주하지 않는데 있다. 끊임없이 탐구하고 완성해 나가려는 속성이 모든 사람들에게 내재돼 있다. 미래는 결국 삶의 원동력이다. 그런데 이 미래가 언젠가 현실이 될 것이라는 확신이 없다면 노력한 목표들은 아무리 쫓아도 잡을 수 없는 신기루가 될 뿐이다. 미래는 곧 현실이다. 지금의 현실을 바꾸기 위해 쫓는 것이 미래라는 이름으로 불린다. 부지불식 우리는 미래가 미래로만 존재하는 개념이 아닌 것을 받아들이고 있다. 물질이나 에너지의 운동성 때문에(시공간의 변형) 단 두 사람 간에도 현재단면이 무수히 변형하고 바뀐다. 그것이 수천명만 돼두 상상할 수 없는 무한 경우의 수(현실)가 나온다. 그 확률현상이 매시매초 정해지는 것이 삶의 현실이다. 현재밖에 없는 시간이지만 무수히 달라질 수 있는 확률적 환경이 일상에 존재하는 현재시간이다. 그 확률성을 우리는 모르기에 미래라고 착각할 뿐이다. 그 착시효과 때문에 역설적으로 인류는 갈등과 다

툼 속에서도 큰 부를 쌓고 문명도 만들어 냈다. 이 착시는 우리 스스로 알면서도 지속되는 희망(미래)으로 남아 인류의 진보적 행동을 끌어갈 것이다. 허구의 시간이지만 생명의 동력이다."

Q. 미래가 착시라면 과거 또한 기억의 잔상이란 논리로 역시 착시라고 했다. 기억이 어떤 의미에서 과거의 착시를 만드는가.

A. "책의 본문에서 큰 부자의 조건을 제시했다. 그 조건은 기억이란 자기마술에 빠지면 안 된다는 것이었다. 기억을 강하게 가지면 가질수록 과거라는 시간의 존재를 확신하고 각인하게 된다. 이들에게 부와 부자는 과거형의 존재로 간주된다. 과거의 부와 부자를 많이 쌓을수록 그리고 쌓을 욕심을 갖을수록 자신이 처한 매 순간 현실의 비중이 작아져 간다. 이때 게으름, 나태, 오만, 불만, 편견 등의 부정적 현상들이 일어나고 그 결과 자기만의 에고 울타리를 키운다. 이는 부의 방해요소이면서 부자를 가난에 떨어뜨리는 요인이 된다. 기억이 소유를 만들고 소유욕을 강화시키면 '현실의 네트워크형 삶'(부의 운동성)을 약화시킨다. 기억은 매시매초 현실일 뿐이고 그 기억의 총합이 또한 현실이다. 이 기억의 편린들 총합이 부를 네트워크에 분산해 순환하는 방식으로 강한 에너지를 일으킨다. 큰 부자들은 대부분 이런 조건을 갖추고 있다."

Q. 기억이 현재뿐인 현실이라면 기억이란 말조차 의미가 없다고 보는데.

A. "본문에서 기억의 잔상이 소유욕을 키운다고 했다. 반면 현재에 함몰된 무수한 현실의 반복 개념이 무소유이지만 이것이 무한 가치를 창조해 부를 일구게 한다고 했다. 현실에 충실한 끝없는 무소유가 결국

부를 창출하는 근원 역할을 해주는 이율배반의 진리가 통한다. 기억이 란 말조차 의미가 없는 것이 아니다. 기억의 편린들 총합이 현실이라고 한 것은 기억의 중요성을 부각시킨 말이다. 매 순간 열심히 도전적으 로 현실을 살아간 수많은 기억의 편린들이 잠재의식에 쌓인다. 이 습관 의 반복이 희망이고 또한 미래로 불리지만 역시 현실이다. 겹겹이 쌓인 이런 현실의 문을 들어가기가 쉽지 않다. 눈앞에 보이는 돈(화폐), 부동 산, 은행계좌, 보석 등이 너무 호화롭기 때문이다. 이는 현실의 문을 열 지 않을 때 허상으로 작동한다. 현실의 문을 열고 들어가면 허상은 사 라지고 수많은 난관들이 보인다. 그 속에 부가 숨어 있다. 돈은 보여지 는 시각의 차이(화폐)가 아니고 인간과 인간 사이(間)에서 무소유의 개 념인 사이 에너지 형태로 존재한다."

Q. 현재뿐인 현실이 우리와 늘 마주하고 있는 것이 진실이라고 전제한다면 그것이 부의 본질인 배경이라는 근거들은 무엇이 있는가.

A. "허구의 시공간 개념을 에너지 얼개편에서 다뤘다. 시간의 지배를 받지 않는 초공간 속에서 부 에너지가 역동한다고 했다. 이는 상념으 로 가득한 에고를 깨고 무한 데이터베이스를 갖고 있는 잠재의식을 만 나는 일이다. 잠재의식에서 꺼내 쓸 수 있는 정보는 마치 빅데이터처럼 무한에 가깝다. 인과율이 사라지는 초공간 속에서 현실로만 잠재되거 나 축적된 막대한 데이터들이 무한 경우의 수로 조합을 이뤄내며 전혀 새로운 창조를 일궈낸다. 직업적 아레테(Arete, 탁월성) 정신과 선행 의지가 선제적인 방점을 찍게 된다. 이것이 부의 본질로 기능한다. 과 거와 미래를 없애는 허구시간의 탈출인 초시간에서도 마찬가지다. 인

> "시간의 흐름이 과거·미래를 존재하는 것으로 착시케 하면서 과거에 묻힌 채 게으르고 오만하거나 미래에 경도돼 뜬구름 같은 삶을 사는 사람들이 있다. 현실의 문은 과거·미래가 아닌 강력한 현재성만으로 치열하게 매시매초를 사는 사람들이기에 고난 속 결핍의 행복을 느끼게 된다."

간의 인위적 시간에 억매이지 않는 결연하고 초연한 자기만의 시간을 가졌을 때 최고의 지행합일 선행인 장인(匠人)정신이 드러난다. 생사와 유무를 초월한 음양의 조화가 일어나면서 부의 본질이 작동한다."

Q. 허구의 시공간 개념을 알기가 쉽지 않다. 초시간·초공간이 실존하는지도 솔직히 의문이다. 진실의 시공간 개념은 무엇인가.

A. "인간이 3차원 공간과 시간차원이 얽힌 4차원 시공간에서 살고 있다는 것은 일종의 표상적인 에너지 흐름이다. 많은 엘리트 과학자들이

우리가 사는 현실(우주)에 대해 실제로 실존하지 않는 홀로그램 우주론을 주장하고 있다. 빅뱅 초기 우주의 4대 힘인 강력, 핵력, 전자기력, 중력 등이 하나로 뭉쳐 있었듯이 시공간도 구분되지 않거나 존재하지 않았다. 허구의 시간을 탈출하면 공간이 사라진 초시간이, 허구의 공간을 탈출하면 시간이 사라진 초공간이 각각 드러난다. 초시간은 시간의 과거·현재·미래가 같은 균질성을, 초공간은 전후좌우가 같은 등방성을 각각 보인다. 초공간·초시간 또한 분리돼 있으면서 분리되지 않은 이중성을 띤다. 한마디로 5~7차원 또는 환극·태극·무극의 고차원이다. 이를 과학적으로 검증해 내지는 못했다. 하지만 시간차원까지 4차원 인지능력만 있는 인간은 그 밖의 고차원 세계를 이해할 수도 없고 받아들일 수도 없다. 물리적·공리적·수학적으로 맞지 않기 때문이다. 전혀 다른 수학·물리학·기하학 등이 동원돼야 하지만 인류는 그 눈을 아직 갖지 못했다. 진실의 시공간 개념을 과학적으로 설명하라고 하면 '모른다'이지만 수많은 인류의 경험데이터나 영적 경험 등을 종합해 보면 '존재한다'로 규정하지 않을 수 없다."

Q. 우리가 현실로 마주하고 있는 현실을 완전히 부정하기는 어렵다고 본다. 현실도 이율배반의 조화인 사건의 섭리를 따르는 것인가.

A. "사건의 섭리는 인간의 오감 인식과 의식능력으로 아직 공리화 하기 어려운 현상들로 즐비하다. 모순을 합리적이라고 받아들이기 어렵다는 것이다. 하지만 인류는 만물의 씨앗 역할을 하는 양자세계의 이중성(모순)을 수천 년간의 논란 속에 수학적·실험적인 과정을 거쳐 수용했다. 에너지 원천인 빛과 전자의 입자성과 파동성은 정말 신비롭다. 물질도

입자가 아닌 파동 개념 역시 놀랍다. 이는 검증절차를 거쳤다. 말도 안되는 모순인 사건의 섭리였다. 에너지가 이들 모순조차 수렴해 모든 것을 지배한다. 그 에너지로 꽉 찬 시공간은 인간을 비롯한 자연과 생명 등 모든 만물을 만들어 낸다. 빛은 이들 생명들이 유지될 수 있도록 무한 에너지원을 준다. 매 순간 무수히 마주하고 있는 현실도 밝혀진 물리법칙만을 따르지 않는다. 오히려 가능하지 않을 법한 원리들이 연구와 검증을 거쳐 새로운 물리법칙이 되는 것을 반복하고 있다."

Q. 모순된 원리들이 자연의 섭리라고 한다면 그것은 단어 뜻 그대로 '스스로 작동하는 원리'라는 의미를 반추하게 한다. 우리의 현실도 그렇다는 뜻인가.

A. "현실도 수많은 이율배반의 정의를 품고 있다. 이율배반은 선악이나 시비의 문제가 아니라 만물의 원리일 뿐이다. 그것이 부를 일궈내는 토양이 돼 주고 있다. 자유시장으로 불리는 인간의 자연 속에는 말도 안 되는 듯한 사건의 섭리들이 넘친다. 따라서 지나치게 도덕률을 앞세우면 오히려 허위일 가능성이 높은 배경이다. 이념은 그 상징이다. 이데올로기는 오히려 인간의 폭력성과 악마성을 부른다. 이념에 경도되지 않고 모순의 극적 조화를 받아들이는 것이 부지불식 모두의 자기조절 능력을 기워 현실을 올바르고 지혜롭게 그리고 풍요롭고 행복하게 사는 길을 만든다. 사실적 · 객관적 · 경험적 특성인 이 같은 현실은 모순이 없으면 스스로 자기정화를 지속하지 못하면서 기준도 정립하지 못하는 문제를 발생시킨다. 현실이 고난을 통해 지혜를 주는 배경이다. 수많은 이들 현실의 지혜가 매순간 부를 만드는 원천이 되

고 있다."

(14) 부의 본질 4 - 가난한 장인(匠人)

Q. 책을 보면 일에 대한 소중한 가치의 중심에 장인(匠人)이 항상 자리하고 있다. 일반적인 장인정신의 의미를 알고 있지만 장인이 가난하다는 것은 무슨 뜻인가.

A. "가난한 장인이라고 한 것은 에너지 원리이자 사건의 섭리인 이중성 때문이다. 모순의 극적 조화 또는 이율배반의 정의 등도 그 연장선상에서 같이 원용된다. 쉽게 표현하면 가난한 장인은 가난하기도 하지만 그 가난 속에 부자인 원리가 담겨 있다는 의미다. 장인은 가난을 가난으로 생각하지 않는 경향성을 띠면서 현실의 가난한 상황을 개의치 않는다. 그 결핍한 상황만을 늘 현재 상황으로 느낀다. 장인은 늘 부의 원리에 들어가 있다는 점이다. 이를 통해 부의 본질과 항상 숨을 쉬는 본성을 절대 버리지 않는다. 이처럼 가난에 초연한 장인의 의식은 부가가치가 큰 재화나 상품을 만들어 낸다. 부자가 돼도 가난한 정신을 잊지 않는다. 장인에게 결국 빈-부 차이가 없다. 빈곤함과 부유함은 장인의 의식에서 대칭성을 띨 뿐이다. 장인이 가난하다는 것은 빈-부 대칭성을 통해 장인 자신의 DNA를 지켜가려는 강력한 생명력이자 자존감이다. 장인의 가난은 가난이 아니다."

Q. 장인정신이 중요하다는 의미로 들린다. 장인은 지속성을 장담할 수 없지만 장인정신은 변하지 않는 항상성(恒常性)을 뜻한다는 것인지.

A. "부족함 또는 결핍의 극적 상태를 유지하는 노력이 장인정신이라고 했다. 이 상태는 에너지를 충전하고자 하는 상태의 지속이다. 장인들에게 이 정신은 '결핍의 행복'이다. 충전과 방전의 임계선상에서 조화를 계속한다. 마치 자동차의 배터리가 달리면서 방전과 충전을 지속하는 상황과 유사하다. 특별한 상황이 아니면 에너지가 과잉 충전되거나 아예 소진될 일을 만들지 않는 것이 장인정신의 항상성(恒常性)이다. 장인정신은 만족과 불만족의 평형상태에 있다. 만족은 일 가치에 대한 성과이고 불만족은 자신의 성과에 대한 반작용이다. 장인정신은 그래서 늘 치열한 현실의 문에 들어가 있는 사람들이다. 만족과 불만족이 동시에 있거나 모두 없는 강한 교란 현상까지 지속된다. 이를 통해 힘든 현실을 변함없이 마주대하면서 동시에 그것을 이겨내기 위한 발걸음을 뚜벅이처럼 멈추지 않고 나아간다. 이는 고도화된 현재주의다. 과거와 미래를 생각하지 않는 현재주의는 높은 집중력을 발휘하도록 해준다."

Q. 결핍의 행복이라는 말이 와 닿는다. 부족하지만 행복하다면 자신의 직업적 자존감이나 자신감 등이 큰 상태 아닌가.

A. "충전이 음극과 양극의 전하를 최대한 분리해 놓은 상태인 것처럼 배터리는 극성의 결핍이 에너지의 충전 상태다. 음전하를 갖고 있는 전자의 이동성을 최대한 차단해 놓는 것은 전자의 극적 결핍이다. 양전하를 향한 이동성은 행복을 향하는 길이지만 방전(죽음)이다. 결핍함은 살아 있음인 동시에 안정 또는 완성을 향한 조화의 대기 상태다. 진짜 행복은 결핍함과 완성의 대기상태다. 또한 행복은 결핍으로 인한 운동

성이 있을 때 갖게 되는 감정이다. 안정이나 완성의 지속이 갖는 행복감은 오래가지 못한다. 장인의 직업적 자존감이 큰 것은 완전을 지향하는 의지 자체에 있다. 지금 당장은 부족하지만 부족함을 채워가는 과정이 장인에게는 가장 큰 행복이고 그것이 자신감을 만든다. 이는 자연의 기본 원리인 순환성, 대칭성, 반복성과도 연결되는 개념이다."

Q. 장인정신에 자연의 원리가 있다면 순환성, 대칭성, 반복성이 장인정신에 어떻게 깃들어 있다는 것인가.

A. "자연과 생명은 끝없이 순환한다고 했다. 순환은 원운동이지만 움직임 자체로만 보면 파동적 성격이다. 만물의 원리를 보면 두 운동 모두 가속운동을 하면서 앞으로 나가는 운동을 한다. 원운동일 경우는 변증운동이고 파동성일 경우는 교란성이다. 변증과 교란의 공통점은 스스로 운동의 동인(動因)이 된다는데 있다. 장인정신도 변증과 교란처럼 자신의 의지를 극(-)과 극(+)으로 주고받으며 자신만의 길을 정하고 앞으로 나아간다. 원운동과 파동성의 공통점은 대칭성에 있다. 대칭성은 극(창)과 극(방패)의 모순(矛盾)을 상호 극복하고 품고 하면서 힘을 쓰는 자발적 의지다. 이는 포기할 줄 모르는 끈기를 갖게 한다. 반복성은 공간대칭의 운동량 보존, 시간 대칭의 에너지 보존가 원리가 기반이 된 기술적 숙련도를 키우게 한다. 장인의 숙련도는 끊임없는 직용-빈직용 운동량과 주기성을 갖는 에너지가 반복적으로 복합돼 습관이 되는 과정이다. 이 습관이 시공간(현실)을 동시에 움직이면서 높은 부가가치가 창출된다. 장인에게 고도화된 습관은 마치 태양과도 같은 자발적 운동 에너지가 된다. 3차원 시공간 좌표상에서 움직이

는(시간차원) 장인의 노력(운동량+에너지)은 쉽게 식지 않는 이유가 이 같은 원리 속에 있다."

"지칠줄 모르고 포기할 줄 모르는 장인(匠人) 정신은 어떤 상황에서도 의존적이지 않는 마음 때문에 초인적인 능력을 발휘하게 된다. 그들은 부(富)의 씨앗을 열심히 심고 가꾸면서도 돈만을 쫓지 않는 진정한 네트워크 분산형 일 가치를 실천해 인류애까지 품고 있다."

Q. 결핍과 충만, 만족과 불만족, 속박과 자유 등도 대칭성이다. 그 순환이 부의 가치가 되는 이유는.

A. "장인의 자발적 의지는 지구의 공전처럼 나선형 자기순환이다. 태양이 은하계 중심을 향해 돌며 나아가는 가운데 태양을 따라 지구도 전진을 하면서 공전을 한다. 이 같은 자연의 변증운동은 자발성을 띠었다. 인간의 경우는 의지가 결핍과 충만을 이어주는 매개 역할을 하면서 변증운동을 한다. 결핍할 때 충만을 향해 자발적 의지가 일어나고 충만할 때 결핍을 대비한 자발적 의지가 대기를 한다. 또 결핍과 충만은 있음과 없음에 따라 의지의 존재를 가르기도 한다. 결핍이 완전하면(방전, 없음) 의지가 사라지고 충만이 완전하면(충전, 있음) 의지가 탄생된다. 이 극적 임계상태는 찰나의 순간이다. 의지가 유무상생 또는 유무합일의 대칭적 조화(힘)를 통해 순환과 반복을 지속하도록 돕는다. 결핍과 충전은 외부의 힘을 받지 않고 스스로 힘을 만들어 나아간다. 이 원리가 자발적 선순환이다. 장인정신은 자연의 자발적 의지를 닮았다. 인간도 자연의 일부라는 것을 감안하면 장인정신의 자발적 선순환 의지는 어쩌면 당연한 원리다. 인류는 이를 통해 수많은 부가가치를 만들어 내 왔다. 장인에게

만족과 불만족, 속박과 자유도 자발적 선순환을 가능하게 하는 요소들이다."

Q. 장인정신의 의지에 대한 설명이 알듯 모를듯 하다. 장인의 속성에 대해 쉽게 이해될 수 있는 설명은 없나.

A. "장인의 전문성은 변하지 않는 습관성으로 요약된다. 이는 반복되는 노력을 쌓아 계단을 만들면서 올라가는 강인한 의지에 따른 결과다. 이 때 과정의 가치에 몰입하기 때문에 책임감이 장인정신의 가장 중요한 요체다. 스스로 부여한 책임에서 속박되기를 지속적으로 자청하면서 그것을 자유로 만끽한다. 책임감을 통해 존재감을 끊임없이 확인해 간다는 것이다. 책임감 속에서 세상에 대한 겸손이 자연스럽게 따른다. 자신을 평형상태로 관리하면서 오만 자체를 잘 모른다. 이 의식은 사랑의 범위를 확장한다. 가족애를 넘어 국가애·인류애를 향한다. 이를 실천한 장인들이 역사적으로 즐비하다. 장인의 가장 중요한 공통점 3가지는 책임, 겸손, 사랑이다. 이들 요소는 부자가 되는 조건이자 부자로 남는 조건이다."

Q. 장인이 되거나 장인정신이 있으면 결론적으로 부자가 된다는 설명으로 들린다. 때로는 올곧은 장인이나 장인정신이 부자가 못될 수도 있지 않나.

A. "앞서 언급했지만 장인이나 장인정신은 빈부에 초연한 모습이다. 욕심을 갖지 않는다고 해서 목표가 이루어지지 않는 것이 아니다. 욕심이 탐심으로 발전하는 것을 제어하는 운전대가 초연의 정체다. 초연 속 장인정신을 포기하지 않는다면 결과적으로 부를 거머쥔다. 때로는 장인

들이 부를 이루지 못하는 경우가 없는 것은 아니다. 하지만 그들이 생각하는 부의 기준이 다르다. 이들이 분산의 네트워크를 행사하는 주역들이다. 끝없이 자신의 재능과 노력을 분산할수록 돌아오는 부가 확정되지 않는다. 그 부의 사각지대에서 생을 마감할 수도 있다. 대부분 큰 성공을 거두거나 부자가 되지만 일부는 안타까운 처지를 벗어나지 못한다. 하지만 그들은 결코 가난하다고 생각하지 않는다. 이들은 하나의 밀알이 되기를 주저하지 않는다. 작은 씨앗이지만 풍요의 땅을 만들 수 있다는 자신감이 있다. 이는 도덕률의 실천과정이다. 요란하게 떠들고 자랑하지 않아도 장인의 태도 자체가 신뢰라는 가장 고급스러운 옷을 입고 있다. 이들의 부는 자신에게로만 향하지 않고 가깝게는 이웃, 크게는 인류를 향해 있다. 장인은 가난해도 결코 가난하다고 할 수 없다."

Q. 장인이 부를 일구고 확대하는 과정에서 수없이 닥치는 역경들을 어떻게 헤쳐 나가는지 궁금하다. 장인은 위기를 돌파하는 특별한 능력을 가졌나.

A. "장인은 외부로부터 수혈되는 과실을 원하지 않는다. 역경이 닥쳐도 타인이나 외부의 도움을 청하지 않는다. 오로지 본인이 판단하고 결정하려는 의지가 강하다. 이 때 시공간을 움직이는 강한 에너지가 발산된다. 이 힘을 통해 무한한 현실을 창조할 수 있다는 확신을 의심하지 않는다. 이 때 과거·미래가 없이 현재를 절대화 하는 무소유가 일어난다. 사후에 소유의 개념이 사라지듯 소유는 살아있는 삶의 개념이다. 장인들은 살아 있음에도 현재 관념으로 소유 개념을 없앨 능력을 갖췄다. 무소유의 현재주의는 어떤 위기도 돌파할 힘과 인내심을 준다. 이 때 자신의 내면으로부터 고난과 난관을 극복할 실질적 대안들이 수시

로 제시된다. 직관, 통찰, 공명, 교감 등이 그것이다."

Q. 현재의 절대화 또는 무소유의 현재화라는 개념을 자세히 설명해 주었
   으면.

A. "장인들은 직관에 많은 의지를 한다. 직관은 독립적이다. 의존적인
것을 지속적으로 거부한 가운데 직관이 일어나기 때문이다. 의식이나
의지가 강한 에너지를 발휘할 수밖에 없다. 직관은 자신의 시공간(현
실) 길을 만들어 가면서 그 길을 방해하는 물적 · 영적 요인들까지 정
리할 능력까지 갖추게 된다. 새로운 현실을 고난 속에서 창조하는 일이
다. 장인들은 나아가 창조가 완성되는 것을 굳이 원하지 않기에 더 많
은 현실 속으로 몰입하는 것을 자연스럽게 한다. 몰입은 현재를 더 강
화시키는 부스터 역할을 해준다. 직관 능력이 강해지면서 고난과 위기
를 타개해 나간다. 직관이 때로는 현실과 동떨어진 의식이나 태도 같지
만 가장 현실과 밀착하는 방식인 것이다. 치열한 현실을 극복할 강한
내공을 가진 장인들의 자발적 멈춤이 없는 한 모두에게 이로운 부가가
치가 지속적으로 생산된다."

Q. 장인들이 욕심을 버리고 늘 초심을 유지하고 있는 비결이 궁금해진다. 그
   핵심에 몰입이 중요한 역할을 한다는 것인가.

A. "몰입은 장인에게 돈의 자기분산을 유도하는 역할을 한다. 몰입하는
장인에게 돈은 소유가 아니다. 돈은 스스로 네트워크형 분산으로 확산
되면서 장인의 현재화를 강화시킨다. 현재화는 과거 · 미래를 감안하지
않고 기억의 잔상을 꺼내지 않는 강한 몰입의 결과로 나타난다. 음악이

> "자발적 의지를 강하게 갖고 있는 장인(匠人)들의 특성 속에는 자연의 기본 원리들인 순환성, 대칭성, 반복성 등이 있다. 이를 통해 장인들은 과거·미래에 빠지지 않은 현실만의 강한 에너지로 모두에게 이로운 부의 본질을 일으키고 있다."

나 연극, 미술, 조각 등 예술작품에 흠뻑 몰입될 경우의 느낌이 그 연장선장에 있다. 또한 책임 있는 사랑에 몰입될 때도 현재화를 느낀다. 돈은 스스로 작동하면서 분산돼 장인의 몰입을 돕는다. 이 때 장인은 몰입을 통해 시공간에 태풍을 일으키듯 영향력을 발휘한다. 자신이 만들이 낸 부가가치가 사방으로 퍼져나가면서 부의 씨앗을 뿌린다. 밤 하늘의 수많은 별들이 끊임없는 핵융합으로 빛을 만들고 원소들을 만들어 우주에 뿌리듯 장인정신도 마치 별들의 삶처럼 인류에게 위대한 부를 선사한다."

(15) 부의 본질 5 - 운명의 진실

Q. 책에서는 운명을 숙명이 아닌 자유의 한 형태로 보고 있다. 자유의지로 운명을 개척할 수 있다면 인간에게 정해진 운명이 없다는 것인가.

A. "운명을 논하려면 앞 챕터 '현실의 문'과 '가난한 장인(匠人)'에서 현재와 현재주의에 대한 언급을 다시 한 번 곱씹어야 한다. 우선 현재만 있다면 운명 자체를 논하기 어렵다. 과거·미래가 모두 현재로 연결돼 있다면 운명은 정해진 것이지만 그 현재가 또한 아무것도 정해지지 않았다면 운명 또한 정해진 것이 없다. 현재주의 역시 마찬가지다. 자신과 주변의 운동상태에 따라 변하는 시공간의 무수한 변형 때문에 현재 단면(현실)이 무수히 바뀌는 것을 감안할 경우 운명은 정해지지 않았다. 하지만 무수히 변하는 과정 속에서 매 순간 집중하는 현재주의에 강력히 몰입할 때 과거·미래가 존재하지 않기 때문에 운명은 정해진 대로 나아간다. 현재만 있거나 현재주의에 몰입할 때 그리고 현재가 정해지지 않았거나 현재가 무수히 변형되는 상태의 지속과정은 이처럼 다르다. 자유는 운명의 이 같은 있음과 없음에 모두 걸쳐져 있다. 다시 말해 운명이 정해진 상태에 있기도 하고 운명을 만들어 가는 상태에 있기도 한 것을 이용하는 주체가 자유의지다. 자유는 정해진 운명에 발을 담그고 있지만 자유의지가 그 발을 움직이도록 해 정해지지 않는 운명을 끝없이 개척하도록 한다."

Q. 논리적으로 모순인 상황을 마치 수사(修辭)로 합리화 하는 듯한 느낌을 받는다. 운명이 있는 것인지 없는 것인지 보다 명확하게 설명해 주었으면.

A. "운명이 있고 없고를 논하는 것은 중요하지 않다는 의미다. 운명을 어떻게 받아들이는 태도가 중요하다는 뜻이다. 실제로 운명은 존재하지만 존재하지 않는다. 존재하는 운명이 무수히 실시간 분기하며 인간에 의해 확률적으로 선택된다. 확률이 무한 확률이기 때문에 운명은 결국 모른다에 수렴된다. 앞서 현재주의에 몰입할 때 오히려 운명이 정해져 있다고 하는 것은 무한 경우의 수를 감안하면 운명을 개척한다는 의미로 받아들여야 한다. 정해진 운명이지만 개척으로 받아들이는 태도가 중요하다는 맥락이다. 실제로 현재단면만이 존재하는 현재와 그 현재에 몰입하는 현재주의는 운명이 정해진 방식이 다르다. 앞의 현재는 정해지지 않는 운명과 연결고리가 없지만 뒤의 현재주의는 정해지지 않는 운명과 연결고리를 갖는다. 현재주의에 대한 몰입은 자유의지다. 이 자유의지가 정해진 것이 없는 현재나 운동상태에 따라 무수히 변형하는 현재단면들에 개입하면 운명은 개척 대상이 된다. 수없이 새롭게 발생하는 현재단면들을 타고 다니는 자유의지는 '운명적인 길을 개척한다'는 표현이 어울린다. 정해진 길이 무한히 정해져 있지만 그 무한성 때문에 정해지지 않는 확률을 선택하는 과정이다."

> "시공간 좌표계에서 에너지 흐름이나 질량의 운동성이 정해져 있는 것이 운명의 정체다. 이처럼 확정된 운명체계에서 인간은 좌표계를 움직일 수 있는 강한 의식과 자유의지를 통해 특정 운명을 거부하면서 수없이 다양한 운명의 선택자(개척자)가 될 수 있다."

Q. 이해하려고 해도 어려워 잘 정리되지 않는다. 운명은 주기적으로 순환한다는 것이 동양적 관점이다. 운명은 그런 식으로 정해진 것 아닌가.

A. "곡선의 면적을 구할 때 사용하는 구분구적(적분)은 공차(公差) 수열로 만들어진 특정 사각형을 무한히 쪼개야 하는 개념을 도입해야 한다. 이때 사각형으로 발생하는 곡선에서의 면적 차이가 사라져간다. 이를 수렴한다는 용어로 쓰면 '같지만 같지 않다'는 의미가 통한다. 무한히 쪼개기에 같다고 해도 맞고 아무리 무한히 쪼개도 완전히 같은 것과는 또 다른 개념 역시 맞다. 운명도 있음이 무한 분기하면서 없는 쪽으로 수렴해 있음과 없음이 공존한다. 즉, 운명적인(정해진 운명이) 길이 무한히 쪼개지기에 운명은 동시에 정해졌다고 보기 어렵다. 이는 운명이 일정한 주기로 순환을 한다는 의미와 같다. 정해진 운명이 새로운 운명의 길로 수렴해 간다고 해도 정해진 운명을 완전히 벗어날 수 없는 원리 속에 순환이 있다는 것이다. 운명의 주기적인 순환성은 운명의 있음과 없음이라는 얼개에 기막히게 들어맞는다."

Q. 순환성이라는 의미는 알겠지만 운명의 있음과 없음이 어떤 방식으로 존재한다는 뜻인지.

A. "앞서 '에너지 현상' 챕터에서 나선형 변증운동에 대한 설명을 했다. 이를 다시 상기해야 한다. 순환은 늘 새롭지만 반복되는 순환은 그 자체가 운명이다. 자연의 섭리는 순환의 기하학인 원 운동(또는 파동성)을 기저로 한다. 이 원 운동은 대부분 전진하면서 나아가는 나선형 변증운동이나. 테제(정)-안티테제(반)-진테제(합)가 지속되면 원 운동이다. 이 운동이 특정 방향으로 직진성을 띠는 것이 만물의 원리가 됐다. 자유 또는 자유의지가 이런 운동의 원리 속에 있다. 자유와 의식은 변증운동을 기본 원리로 테제와 안티테제가 돼 상호 존재를 확인하면서

진테제인 자유의지로 나아간다고 했다. 이 순환성이 원 운동이다. 이 때 자유의지는 더 큰 자유(정)가 되고 더 큰 의식(반)으로 나아가면서 더 큰 자유의지(합)를 만든다고도 했다. 이처럼 나선형 변증운동이 운명을 개척하는 자유인의 모습인 것을 안다면 자유의지가 소중하게 다가오는 느낌을 받는다. 이 때 운명적인 부가가치가 탄생하면서 부의 확장성이 지속된다. 운명의 주기적인 순환성은 자연과 생명의 에너지 공장과 같다. 반복되는 인간의 도전적인 운동성을 통해 수없이 다양한 부가 창출된다. 우리는 그것을 다시 운명으로 간주한다."

Q. 순환성을 통해 드러나는 부가가치는 늘 일정하지 않다고 본다. 때로는 마이너스 부가가치가 되기도 한다. 자유의지가 개척하는 운명적인 부의 길이란 무엇인가.

A. "다시 강조하지만 운명의 길이 무한성인 이유는 개인 간 영향을 미치는 상대적 운명 때문이다. 그런데 네트워크에서 무수히 분기되는 운명이 경쟁을 촉발하고 부가가치를 창출한다. 상호 부가가치를 창출하는 과정 속에서 운명적인 길이 선택되기 때문에 부가가치는 특정인에게 마이너스가 되기도 한다. 하지만 전체적인 부가가치는 반드시 상승하는 곡선을 탄다. 자유시장의 속성이다. 자의반 타의반 속 사람들의 운명은 숙명적인 자유인의 생명이다. 경쟁 속 이방인이지만 그것을 탈피하고자 하는 자유인이다. 이방인과 자유인의 이중성이다. 자유인의 중심에서 에너지가 움직이고 시공간을 주도하는 현실이 만들어진다. 시공간의 주인이 되면서 운명을 개척하는 숙명조차 또 다시 개척하는 자유인의 운명들이 모아져 부가가치가 증가한다. 자유시장을 근간으로

한 문명의 속살이다. 오늘날 수많은 부의 탑은 운명을 논하고 또한 탐하는 가운데 쌓여졌다. 이것인 운명적의 부의 길이 됐다."

Q. 운명적인 길을 가야 하는 인간은 부의 탑을 쌓는 것이 정해져 있다면 고통과 고난이 점철된 길을 가야 한다는 것 아닌지.

A. "고통과 고난이 따르는 미지의 길을 항해하는 것은 행복이다. 생명의 속성이고 자연의 원리다. 수많은 파도들이 순항을 방해하지만 그 조차 생명의 원천이다. 저항의 요소들이 자유인의 운명에 빛을 밝혀주는 등불이다. 자유인의 장벽들이 밝히는 등불을 통해 길을 찾아가는 삶이 행운의 주인공들이다. 이들 수많은 등불들이 자유시장을 비춘다. 모두가 행복한 길을 갈 수 있는데도 그것을 거부하는 일단의 사람들이 물론 있다. 스스로 불행을 끌어안고 불행을 원망하는 처지는 마치 늪에 빠진 상황처럼 벗어나기 힘들다. 자유의지가 가득한 자유인의 행복이 무엇인지 실체를 알았다면 고통과 고난의 실체가 삶의 일부라는 것을 받아들이게 된다."

Q. 누구나 편하게 살기를 원한다는 것을 생각해 보면 누구에게나 고통·고난이 행복이라고 설파하기는 쉽지 않다. 이를 받아들일 수 있도록 설명할 운명론적 근거가 있다면.

A. "운명은 살아있는 운동성이다. 움직이지 못하는 것은 삶의 마감이다. 죽음을 원하는 사람은 없다. 고통·고난이 이어지는 운동성이 축복인 이유다. 이 은총의 운동성은 에너지의 흐름이고 시공간 좌표를 갖는다. 보이지 않는 시공간 좌표이기에 4차원 이상의 좌표계다. 보이지

"운명은 있기도 하고 없기도 하는 이율배반의 진실이 있기에 운명의 유무는 중요하지 않다. 네트워크형 삶에서 무한 경우의 수로 분기되는 운명을 어떻게 대하느냐에 따라 부(富)를 개척하고 만들어 내는 능동적 운명을 소유하게 된다."

않는 곳에서 나선형 변증운동이 작동하기 시작하면 현실의 운명적 흐름도 유사하게 움직이면서 순환성을 따른다. 60초, 1시간, 24시간, 30일(한달), 4개월(계절), 1년, 10년, 12년, 60년, 120년, 360년 등이다. 이 순환체계에서 우리가 축복하는 특정 시점의 좌표들이 매우 많다. 1년에 한번 꼭 이벤트를 하는 생일은 대표적이다. 환갑, 진갑, 팔순 등은 생명의 이어짐에 대한 축복의 좌표계다. 결혼, 창업, 개국도 마찬가지다. 개인, 회사, 국가가 탄생한 좌표계다. 사계절과 24절기가 변하는데 따른 계절의 변화나 추수의 기쁨도 고통·고난을 수반한 행복한 시공간 순환의 좌표다."

Q. 좌표라는 용어를 책의 본문에서 많이 다뤘지만 수학적 사고가 약한 사람
들은 이해하기 어려운 표현이다. 순환의 좌표가 어떤 의미를 갖는지.

A. "데카르트가 발견하고 창안한 좌표는 자연을 보는 마법의 눈이다.
인간의 눈으로 보기 어려운 수많은 물체의 위치나 운동성을 좌표를 통
해 보게 됐다. 더불어 그 좌표를 통해 보이지 않는 이동하는 물체들을
통제 가능하게 됐다. 시계와 좌표를 통해 전 세계인들은 특정 시공간의
정해진 좌표를 공유하면서 치밀한 현대문명의 효율을 극대화 시켰다.
좌표는 곧 운명을 개척하는 자유의지에게 큰 부의 문을 열게 해주었다.
좌표계에서 표현되는 순환의 원운동은 인간의 오감으로 인지되지 않지
만 삼각함수라는 절묘한 도구에 의해서 드러난다. 원운동은 0과 0의 교
점인 기준을 중심으로 동일한 반지름을 필요로 한다. 순환의 매순간 위
치변환 좌표는 반지름과 특정 각의 크기만 알면 삼각함수를 통해 구해
진다. 아무리 큰 거시의 순환이나 360도를 넘는 무수히 다양한 순환이
있어도 특정 위치에서의 좌표를 알아낼 수 있다. 순환하는 운명 또한
무한히 분기하면서 무한한 운명들이 많아지지만 인류는 특정 시점이나
위치에서 이를 알아낼 수 있는 도구(좌표)를 활용하고 있다."

Q. 운명을 알아낸다는 것은 예측할 수 있다는 의미로 들린다. 그렇다면 다시
원점으로 회귀해 여전히 운명은 정해져 있다는 것 아닌가.

A. "운명의 진실을 반복해 설명했지만 끝내 흑백논리로 갈라야 하기를
원하는 사람들이 대부분인 것이 틀리지 않다. 순환하는 반복성을 통해
운명을 어느 정도 예측하는 것은 가능하다. 그 예측이 자연의 원리상 상
당한 타당성을 갖는다. 하지만 명리학이나 사주 또는 역학을 공부한 전

문가들을 보면 운명을 완벽하게 예측하는 경우는 없다. 이는 이들의 공부가 약해서가 아니다. 이 분야 학식이 아무리 뛰어나도 운명을 100% 맞추는 것은 불가능하다. 그것은 전술했지만 무한성 때문이다. 생명을 유지하는 삶이 현실이고, 그 현실이 운명이라고 할 때 생명과 현실은 삶과 시공간 간의 상호작용을 통해 무수히 많은 순환이라는 운명의 중심에 있게 된다. 우리는 이 순환 속에서 무한히 많은 현실을 마주한다. 절대 모르기에 절대 개척해야 할 현실은 누구에게나 매순간 이어진다. 굳이 운명을 알려고 하지 않는 강인한 자유의지가 원하는 현실을 운명적으로 만들어 낸다. 운명은 그래서 원하는 대로 소유할 수 있다."

부富의 열쇠(증보판)
돈과 인간의 질서

초판 1쇄 인쇄 2019년 10월 10일
초판 1쇄 발행 2019년 10월 20일

지은이 민경두
펴낸곳 논형
펴낸이 소재두
등록번호 제2003-000019호
등록일자 2003년 3월 5일
주소 서울시 영등포구 양산로 19길 15 원일빌딩 204호
전화 02-887-3561
팩스 02-887-6690
ISBN 978-89-6357-227-7 03320
값 32,000원

이 도서의 국립중앙도서관 출판예정도서목록(CIP)은 서지정보유통지원시스템 홈페이지(http://
seoji.nl.go.kr)와 국가자료공동목록시스템(http://www.nl.go.kr/kolisnet)에서 이용하실 수 있습
니다. (CIP제어번호: CIP2019015349)